中华人民共和国法律释义丛书

中华人民共和国民法典
物权编释义

黄薇/主编

法律出版社
LAW PRESS · CHINA

图书在版编目(CIP)数据

中华人民共和国民法典物权编释义 / 黄薇主编. --
北京：法律出版社，2020(2020.12 重印)
(中华人民共和国法律释义丛书)
ISBN 978-7-5197-4564-6

Ⅰ. ①中… Ⅱ. ①黄… Ⅲ. ①物权法-法律解释-中
国 Ⅳ. ①D923.25

中国版本图书馆 CIP 数据核字(2020)第 082257 号

中华人民共和国民法典物权编释义
ZHONGHUA RENMIN GONGHEGUO MINFADIAN WUQUANBIAN SHIYI

黄 薇 主编

策划编辑 张发靖 李 群
责任编辑 陶玉霞 陈昱希
装帧设计 李 瞻

出版 法律出版社
总发行 中国法律图书有限公司
经销 新华书店
印刷 三河市龙大印装有限公司
责任校对 张红蕊
责任印制 张建伟

编辑统筹 法规出版分社
开本 A5
印张 22.125
字数 539 千
版本 2020 年 7 月第 1 版
印次 2020 年 12 月第 3 次印刷

法律出版社/北京市丰台区莲花池西里 7 号(100073)
网址/www.lawpress.com.cn
投稿邮箱/info@lawpress.com.cn
举报维权邮箱/jbwq@lawpress.com.cn
销售热线/400-660-8393
咨询电话/010-63939796

中国法律图书有限公司/北京市丰台区莲花池西里 7 号(100073)
全国各地中法图分、子公司销售电话：
统一销售客服/400-660-8393/6393
第一法律书店/010-83938432/8433 西安分公司/029-85330678 重庆分公司/023-67453036
上海分公司/021-62071639/1636 深圳分公司/0755-83072995

书号：ISBN 978-7-5197-4564-6
定价：88.00 元

前　　言

编纂民法典是党的十八届四中全会确定的一项重大政治任务和立法任务，是以习近平同志为核心的党中央作出的重大法治建设部署。2020 年 5 月 28 日，十三届全国人大三次会议审议通过了《中华人民共和国民法典》。这是新中国成立以来第一部以“法典”命名的法律，是新时代我国社会主义法治建设的重大成果。民法典系统整合了新中国成立 70 多年来长期实践形成的民事法律规范，汲取了中华民族 5000 多年优秀法律文化，借鉴了人类法治文明建设有益成果。民法典的颁布，标志着我国依法保护民事权利将进入全新的“民法典时代”。

《中华人民共和国民法典》分 7 编及附则，共 1260 条 10 万多字，是我国法律体系中条文最多、体量最大、编章结构最复杂的一部法律。要实施好民法典，就必须让民法典走到群众身边、走进群众心里。

为了配合民法典的学习、宣传和实施，帮助读者及时准确理解民法典的内容，全国人大常委会法制工作委员会民法室参与立法工作的同志编写了“中华人民共和国民法典释义”系列图书。本套书分为 7 册，包括总则编释义、物权编释义、合同编释义、人格权编释义、婚姻家庭编释义、继承编释义、侵权责任编释义，由全国人大常委会法制工作委员会民法室主任黄薇同志任主编，参加撰写工作的还有杨明仑、杜涛、石宏、段京连、庄晓泳、孙娜娜、李恩正、朱书龙、宋江涛、孙艺超、马吾叶、罗鑫煌、魏超杰、王灯、朱虎、龙俊等。

本书按照释义编写体例，采用逐条解读的方式，通过提炼条文主旨、梳理立法意见、介绍立法经验、例举示范案例等形式，深刻阐释民法典全部内容，力求全面、准确反映立法原意。

因时间和水平有限，如有疏漏之处，敬请读者批评指正。

作　者

2020 年 7 月

目　　录

第二编　物　　权

第一分编　通　　则

---

① 条文主旨为编者所加，仅供参考。下同。

第二分编　所　有　权

第四分编 担 保 物 权

第二编　物　　权

物权是民事主体依法享有的重要财产权。物权法律制度调整因物的归属和利用而产生的民事关系，是最重要的民事基本制度之一。2007 年第十届全国人民代表大会第五次会议通过了《中华人民共和国物权法》。民法典第 2 编“物权”在物权法的基础上，按照党中央提出的完善产权保护制度，健全归属清晰、权责明确、保护严格、流转顺畅的现代产权制度的要求，结合现实需要，进一步完善了物权法律制度。物权编共 5 个分编、20 章、258 条。

法律属于上层建筑，是由经济基础决定并服务于经济基础的。我国经济制度的基础是生产资料的社会主义公有制，在社会主义初级阶段，坚持公有制为主体、多种所有制经济共同发展等基本经济制度。基本经济制度决定了我国物权制度的社会主义性质。物权包括所有权、用益物权和担保物权。物权的归属、范围和内容，都与我国基本经济制度密切相关，如果不反映、不体现我国的基本经济制度，就不可能制定出符合我国国情的、具有中国特色的物权制度。因此，民法典物权编必须体现我国的基本经济制度并以维护我国的基本经济制度为根本目的。民法典物权编主要从民事角度通过明确物的归属，权利人有哪些权利，他人负有哪些义务，侵害物权的法律责任等，来体现和维护我国的基本经济制度。

民法是调整平等主体之间关系的法律，是伴随市场经济的发展而逐步完备的。改革开放以来，我国实行社会主义市场经济。对于发展社会主义市场经济，中央政策很明确，就是要建立市场经济体制，利用市场的手段，发挥经济规律的作用，合理配置资源，发挥人力物力资源的最大效益，通过市场主体的公平竞争，发展生产力，促进经济繁荣，提高生活水平，增强综合国力。发展市场经济，就要建立与社会主义市场经济相适应的法律制度，而规范市场经济关系的基本法律就是民法。物权法律制度是民法的重要组成部分，通过确立物权归属和利用的基本规则，规范市场主体因物的归属和利用而产生的财产关系，保障市场主体的权利，维护市场经济秩序，为我国社会主义市场经济服务。

物权法律制度最直接的作用是明确物的归属，发挥物的效用。这主要体现在两个方面：(1)定分止争。商鞅在《商君书》中说："一兔走，百人逐之，非以兔可分以为百也，由名分之未定也，夫卖兔者满市，而盗不敢取，由名分已定也，故名分未定，尧、舜、禹、汤且皆如鹜焉而逐之，名分已定，贫盗不取。"生活中常常发生这样的事，房东把自己的房子先卖给甲，并把房子交给甲使用；后由于价格、熟人等多种原因又把该房子卖给乙，并和乙办理了房屋过户手续。试问，该房子究竟属于谁，乙能否要求甲腾出房子？解决"一物二卖"的问题，有多种办法，比如按照订立合同的先后确定房屋的归属，按照有无付款或者付款的先后确定房屋的归属，按照买方有无实际占有该房屋确定房屋的归属，还有一种办法就是按照房屋有无办理过户登记手续确定房屋的归属。上述几种解决办法都有一定道理。民法典物权编从维护经济秩序和市场交易安全出发，规定谁是该房屋的所有人，首先看该房屋有无办理过户登记手续，如果已经办理过户登记手续，不动产登记簿上登记的人就是房屋的所有人。甲虽然先买，但没有办理过户手续；乙虽然后买，但已经办理过户手续。不动产登记簿上的所有人是乙，因此，乙有权要求甲腾出房子。甲虽然没有办理过户手续，但甲和原房主之间订立的买卖房屋合同是有效的，甲受到的损失，可以按照合同要求原房主赔偿。因此，依据民法典物权编确定的规则就能够明确归属，定分止争，稳定经济秩序。(2)物尽其用。物可以自己用，也可以交由他人使用。民法典物权编为权利人充分利用财产留下很大空间,民法典物权编不仅有物的所有权人占有、使用、收益权利的规定,也有他人利用物的权利的规定,如用益物权、担保物权等。同时,从合理利用资源、维护公共利益出发,对权利人的权利也有不少限制,如民法典物权编有关严格保护耕地的规定,有关相邻关系的规定,以及征收、征用的规定等。民法典物权编就是要充分发挥物权法律制度定分止争和物尽其用这两个方面的作用,为权利人充分利用财产创造一个良好的法治环境,鼓励权利人创造财富,积累财富,使"有恒产者有恒心",保障安居乐业,促进经济发展和社会进步。

保护权利人的物权也是物权法律制度的宗旨。这主要体现在:一是通过一系列确定物权归属的规则明确物权属于谁。二是通过规定物权保护的途径与方式使物权受到侵害的权利人可以保护自己的合法权利。三是通过规定国有财产的范围、行使以及防止国有资产流失,加大对国有资产的保护力度保护国有资产;通过规定集体财产的范围、行使等保护农村和城镇的集体财产;通过规定私人所有权、业主的建筑物区分所有权等保护私人所有的合法财产;通过规定土地承包经营权、宅基地使用权等用益物权和担保物权保护权利人对物的利用的权利。总之,民法典物权编的目的之一,就是切实保护权利人的物权,维护广大人民群众切身利益,激发人们创造财富的活力,促进社会和谐。

第一分编 通 则

第一章 一般规定

本章共4条,对物权编的调整范围和基本原则作了规定。

第二百零五条　本编调整因物的归属和利用产生的民事关系。

【释义】 本条是关于物权编调整范围的规定。

本条规定了物权编规范的社会关系，也就是物权编的调整范围。物的归属是指物的所有人是谁，确定物的归属即是确定在民事上财产权属于谁，这是对物进行利用的前提。物权编调整物的归属关系，就要确定物的归属原则，这是物权编的重要内容。所有权人对其所有物无论自己使用还是交他人使用，都是对物的利用。对物的利用是对物拥有所有权的目的所在。物权编调整因物的利用而产生的相互关系，要确定对物进行利用的规则，这也是物权编的重要内容。因物的归属和利用而产生的民事关系都适用物权编。需要明确的是，物权编并不一般性地调整所有的物的归属和利用的关系，物权编只调整平等主体之间因物的归属和利用而产生的财产关系，也就是本条规定的“民事关系”。物权编是民法典的一编，民法调整横向的社会关系。经济社会管理活动中管理者与被管理者之间的纵向关系，也涉及财产的归属和利用问题，但此类关系主要是由行政法、经济法调整，不属于民法典物权编调整的范围。

第二百零六条　国家坚持和完善公有制为主体、多种所有制经济共同发展，按劳分配为主体、多种分配方式并存，社会主义市场经济体制等社会主义基本经济制度。

国家巩固和发展公有制经济，鼓励、支持和引导非公有制经济的发展。

国家实行社会主义市场经济，保障一切市场主体的平等法律地位和发展权利。

【释义】 本条是关于我国基本经济制度与社会主义市场经济原则的规定。

党的十九届四中全会通过的《中共中央关于坚持和完善中国特色社会主义制度 推进国家治理体系和治理能力现代化若干重大问题的决定》提出："公有制为主体、多种所有制经济共同发展，按劳分配为主体、多种分配方式并存，社会主义市场经济体制等社会主义基本经济制度，既体现了社会主义制度优越性，又同我国社会主义初级阶段社会生产力发展水平相适应，是党和人民的伟大创造。"中国特色社会主义物权制度是由社会主义基本经济制度决定的，与资本主义物权制度有本质区别。作为反映我国社会主义生产关系和维护社会主义经济制度的物权编，必须全面、准确地体现现阶段我国社会主义基本经济制度，体现党中央提出的"必须毫不动摇地巩固和发展公有制经济""必须毫不动摇地鼓励、支持和引导非公有制经济发展"这两个"毫不动摇"的精神。因此，物权编把社会主义基本经济制度两个"毫不动摇"作为物权编的基本原则，这一基本原则规定作为物权编的核心，贯穿并体现在整部物权编的始终。

实行社会主义市场经济与我国基本经济制度密切相关。发展社会主义市场经济是坚持和完善社会主义基本经济制度的必然要求。要巩固和发展公有制经济，鼓励、支持和引导非公有制经济的发展，就要提供一个共同发展的平台，这个平台就是社会主义市场经济。改革开放前，我国实行公有制基础上的计划经济，生产过程以及生产资料的配置主要靠计划与调拨来完成。所有制较为单一，只有全民所有制与集体所有制两种形式，虽然有小规模消费市场的存在，但形不成生产资料大市场，因此不是市场经济而是计划经济。改革开放以来，实行以公有制为主体、多种所有制经济共同发展的基本经济制度，实行社会主义市场经济。实行多种所有制经济共同发展，就要相应采取市场经济体制。多种所有制经济只有在市场经济中才能得到共同发展。市场经济是人类创造的发展经济的文明成果，能够最大限度地发挥生产者的积极性，合理配置资源，创造高效率的经济效益，促进经济繁荣。因此，宪法规定，国家实行社会主义市场经济。实行社会主义市场经济最重要的一条就是要保障市场主体的平等地位和发展权利,这是实行市场经济的前提。作为规范平等主体之间因物的归属和利用而产生的财产关系的物权编,物权关系的主体具有平等的法律地位是物权编调整的平等财产关系存在的前提,这也是物权编乃至民法存在的前提。没有平等关系就没有民法,没有平等的财产关系就没有物权编。因此,物权编将实行社会主义市场经济与保障一切市场主体的平等法律地位和发展权利作为基本原则。

第二百零七条　国家、集体、私人的物权和其他权利人的物权受法律平等保护,任何组织或者个人不得侵犯。

【释义】 本条是关于平等保护国家、集体和私人的物权原则的规定。

民法是调整平等主体之间的财产关系和人身关系的法律,作为民法重要组成部分的物权编,是调整平等主体之间因物的归属和利用而产生的财产关系的法律。物权编平等保护各个民事主体的物权是民法调整的社会关系的性质决定的。对于民法的平等原则,民法总则已有明确规定:民法调整平等主体的自然人、法人和非法人组织之间的人身关系和财产关系;民事主体的人身权利、财产权利以及其他合法权益受法律保护,任何组织或者个人不得侵犯;民事主体在民事活动中的法律地位一律平等;民事主体从事民事活动,应当遵循自愿、公平、诚实信用的原则。因此,本条规定了对国家、集体和私人的物权平等保护的原则。

宪法规定:"国家实行社会主义市场经济。"公平竞争、平等保护、优胜劣汰是市场经济的基本法则。在社会主义市场经济条件下,各种所有制经济形成的市场主体都在统一的市场上运作并发生相互关系,各种市场主体都处于平等地位,享有相同权利,遵守相同规则,承担相同责任。马克思说,"商品是天生的平等派"。如果对各种市场主体不给予平等保护,解决纠纷的办法、承担的法律责任不一样,那就不可能发展社会主义市场经济,也不可能坚持和完善社会主义基本经济制度。为适应社会主义市场经济发展的要求,党的十六届三中全会明确要"保障所有市场主体的平等法律地位和发展权利"。党的十八届三中全会提出,要完善产权保护制度,公有制经济财产权不可侵犯,非公有制经济财产权同样不可侵犯;国家保护各种所有制经济的产权和合法权益,保证各种所有制经济同等受法律保护。《中共中央、国务院关于完善产权保护制度依法保护产权的意见》明确提出,要坚持平等保护原则,健全以公平为核心原则的产权保护制度。即使不进入市场交易的财产,宪法也明确规定:"公民的合法的私有财产不受侵犯。""国家依照法律规定保护公民的私有财产权和继承权。"在财产归属依法确定的前提下,作为物权主体,不论是国家的、集体的物权,还是私人的物权,也都应当给予平等保护;否则,不同权利人的物权受到同样的侵害,国家的、集体的应当多赔,私人的可以少赔,势必损害群众依法创造、积累财富的积极性,不利于民富国强、社会和谐。需要说明的是,平等保护不是说不同所有制经济在国民经济中的地位和作用是相同的。依据宪法规定,公有制经济是主体,国有经济是主导力量,非公有制经济是社会主义市场经济的重要组成部分,它们在国民经济中的地位和作用是不同的。这主要体现在国家宏观调控、公共资源配置、市场准入等方面,对关系国家安全和国民经济命脉的重要行业和关键领域,必须确保国有经济的控制力,而这些在经济法、行政法中都有明确的规定。

另外还需要说明的是,本条规定了"其他权利人的物权",这是由于本条是从所有制的角度对物权主体分类规定平等保护原则的,尚有无法完全纳入"国家"、"集体"和"私人"的权利人,如公益性基金会等,因此规定了"其他权利人"。

第二百零八条　不动产物权的设立、变更、转让和消灭,应当依照法律规定登记。动产物权的设立和转让,应当依照法律规定交付。

【释义】 本条是关于物权公示原则的规定。

物权公示原则说的是两个方面的问题:第一个方面,物权人享有物权、物权的内容变更或者物权消灭以什么方式确定。比如买房屋或者买电视,买主什么时候拥有该房屋或者电视的所有权,以什么方式确定?某人决定将其所有的房屋与他人共有,以什么方式确定共有权?房屋出售什么时候丧失所有权,以什么方式确定?这些都是物权的设立、变更、转让和消灭的方式问题,称为物权变动。第二个方面,由于物权是排他的"绝对权""对世权",成千上万的义务人负有不作为的义务。因此必须让广大的义务人清楚地知道谁是权利人,不应该妨碍谁。而且,权利人转让自己的物时,也要让买主知道他有无资格转让该物。这都要求以令公众信服的特定方式确定,让大家很容易、很明白地知道该物是谁的,以维护权利人和社会公众的合法权益。这是物权的公信问题。

物权公示的主要方法是:不动产物权的设立、变更、转让和消灭经过登记发生效力,动产物权的设立、转让通过交付发生效力。也就是说,要获得不动产的所有权,就要进行登记;变更不动产所有权的内容,比如一人所有变为两人所有,也要进行登记;将不动产出售,还要进行登记。登记之后不动产所有权的设立、变动或者消灭才有效。要获得一个动产的所有权,要通过交付。比如买一台电视,就要通过交付,买主才有所有权;反之,出售一台电视,要交付给买主,卖主才失去所有权。因此,物权变动的关键点,不动产就是登记,动产就是交付。这是一方面。另一方面,要了解一项不动产属于谁所有,就要查不动产登记簿,要了解动产属于谁,就看谁占有它。简单地讲,确定物的归属就是不动产看登记,动产看占有。不动产不能移动,要靠不动产登记簿标明四至界限,除登记错误需要依法更正外,不动产登记簿上记载的人就是该不动产的权利人。不动产登记簿是公开的,有关人员都能查阅、复制。因此,不动产登记簿的公示性是最强的,最能适应市场交易安全便捷的需要,能最大限度地满足保护权利人的要求。动产可能频繁移动，动产在谁的手里，除有相反证据外，谁就是该动产的权利人。物权编有关财产归属的规定是人类文明的优秀成果，各国有关财产归属的规定大同小异，方法简单，一目了然。如果不采取这种方法，必然使经济秩序混乱不堪，最终影响经济的发展和社会的进步。

第二章 物权的设立、变更、转让和消灭

本章分 3 节，共 24 条，对确认物权的规则作了规定。不动产物权的设立、变更、转让和消灭，应当依法登记；除法律另有规定外，未经登记，不发生物权效力。动产物权的设立和转让，除法律另有规定外，自交付时发生效力。此外，本章第 1 节对不动产登记制度的一些重要内容作了规定，包括不动产统一登记原则、登记机构的职责、不动产登记的生效时间、登记资料的查询复制、更正登记、异议登记、预告登记以及登记错误责任等；本章第 2 节对船舶、航空器和机动车等物权的登记和动产物权生效时间的特殊情形作了规定；本章第 3 节对物权设立、变更、转让或者消灭的一些特殊情况作了规定，主要是非依法律行为而发生的物权变动问题。

第一节 不动产登记

第二百零九条 不动产物权的设立、变更、转让和消灭，经依法登记，发生效力；未经登记，不发生效力，但是法律另有规定的除外。

依法属于国家所有的自然资源，所有权可以不登记。

【释义】 本条是关于不动产物权登记生效以及依法属于国家所有的自然资源,所有权可以不登记的规定。

本编第 1 章规定了物权公示的基本原则,不动产物权的设立、变更、转让和消灭,应当依照法律规定登记。本条的规定,是对不动产公示原则的具体体现。

不动产,即土地以及房屋、林木等土地附着物。不动产的物权,在各国或地区都是物权编最重要的内容。不动产物权的重要意义和作用,又与不动产登记制度有着紧密的联系。本条规定,除法律另有规定外,不动产物权的设立、变更、转让和消灭,经依法登记,发生效力;未经登记,不发生效力。这表明,原则上不动产物权登记是不动产物权的法定公示手段,是不动产物权设立、变更、转让和消灭的生效要件,也是不动产物权依法获得承认和保护的依据。

关于不动产物权登记对不动产物权变动的效力,境外基本有两种立法体例:一种是登记生效主义;另一种是登记对抗主义。所谓登记生效主义,即登记决定不动产物权的设立、变更、转让和消灭是否生效,亦即不动产物权的各项变动都必须登记,不登记者不生效。这种体例为德国、我国台湾地区等所采纳,如《德国民法典》规定,为转让一项土地的所有权,为在土地上设立一项物权以及转让该项物权或者在该物权上设立其他权利,如法律没有另行规定时,必须有权利人和因该权利变更而涉及的其他人的合意,以及权利变更在不动产登记簿上的登记。我国台湾地区"民法"规定,不动产物权,依法律行为而取得、设定、丧失即变更者,非经登记,不生效力。《瑞士民法典》规定,取得土地所有权,须在不动产登记簿登记。我国土地管理法等法律以及最高人民法院的司法解释也是采用这种体例。按照这种体例,不动产物权的各种变动不仅需要当事人的法律行为,也需要登记,法律行为和登记的双重法律事实决定不动产物权变动的效力。登记对抗主义,即不动产物权的设立、变更、转让和消灭的生效,仅仅以当事人的法律行为作为生效的必要充分条件,登记与否不决定物权变动的效力。但是为交易安全的考虑,法律规定,不经登记的不动产物权不得对抗第三人。这种体例,为日本法律所采纳,《日本民法典》规定,不动产物权的取得、丧失及变更,除非依登记法规定进行登记,不得以之对抗第三人。我国民法学界一般认为,这两种体例相比,不论是在法理上,还是在实践效果上,登记生效主义都更为合理。在法理上,因物权的本质特征就是排他性,如果权利人获得的物权不能排他,就不能认为其是物权,因此而发生的物权变动自然应该无效。因此,不动产物权变动不登记就能够生效,不合法理。从实践意义上讲,不经登记的不动产物权变动对权利人和相对人均具有极大的风险,对交易的安全非常不利。2007年物权法起草过程中,立法机关对这个问题广泛征求过意见。大多数认为应当采用不动产物权登记生效的立法体例;同时,考虑到当时我国现行有关不动产物权的法律法规也体现了这一原则,如城市房地产管理法第60条规定,国家实行土地使用权和房屋所有权登记发证制度。第61条第3款规定,房地产转让或者变更时,应当向县级以上地方人民政府房产管理部门申请房产变更登记,并凭变更后的房屋所有权证书向同级人民政府土地管理部门申请土地使用权变更登记,经同级人民政府土地管理部门核实,由同级人民政府更换或者更改土地使用权证书。《中华人民共和国土地管理法实施条例》第6条中规定,土地所有权、使用权的变更,自变更登记之日起生效。社会各方面在实践中对这一原则也较为熟悉。因此,物权法作出了上述规定,这也有利于保持法律的连续性。民法典维持了物权法的这一规定。

不动产物权登记,最基本的效力表现为,除法律另有规定外,不动产物权的设立、变更、转让和消灭,经依法登记,发生效力;未经登记,不发生效力。例如,当事人订立了合法有效的买卖房屋合同后,只有依法办理了房屋所有权转让登记后,才发生房屋所有权变动的法律后果;不经登记,法律不认为发生了房屋所有权的变动。在不动产物权登记这个核心效力的基础上,还可以派生出不动产物权登记推定真实的效力,即除有相反证据证明外,法律认为记载于不动产登记簿的人是该不动产的权利人。这既是不动产物权交易安全性和公正性的需要,也是不动产物权公示原则的必然要求。因此,对不动产登记簿记载的权利为正确权利而取得该项权利的第三人,法律认可其权利取得有效而予以保护,但对明知不动产登记簿记载的权利有瑕疵而取得该项权利的人,法律则不予保护。正因为不动产物权登记具有这样的效力,本章才规定有异议登记的制度,在发生登记上的不动产物权和事实上的不动产物权不一致的情况下,事实上的权利人可以进行异议登记,将不动产登记可能有瑕疵的情况记入登记簿,以对抗第三人,防止自己利益受到损害。

本条规定,"未经登记,不发生效力,但是法律另有规定的除外。"这里的"法律另有规定的除外",主要包括三个方面的内容:一是本条第 2 款所规定的,依法属于国家所有的自然资源,所有权可以不登记。二是本章第 3 节规定的物权设立、变更、转让或者消灭的一些特殊情况,即主要是非依法律行为而发生的物权变动的情形:第一,因人民法院、仲裁委员会的法律文书,人民政府的征收决定等,导致物权设立、变更、转让或者消灭的,自法律文书生效或者人民政府的征收决定等行为生效时发生效力。第二,因继承取得物权的,自继承开始时发生效力。第三,因合法建造、拆除房屋等事实行为设立和消灭物权的,自事实行为成就时发生效力。三是考虑到现行法律的规定以及我国的实际情况尤其是农村的实际情况,本法并没有对不动产物权的设立、变更、转让和消灭,一概规定必须经依法登记才发生效力。例如,在土地承包经营权一章中规定,"土地承包经营权自土地承包经营权合同生效时设立"。同时还规定,"土地承包经营权互换、转让的,当事人可以向登记机构申请登记;未经登记,不得对抗善意第三人"。这里规定的是"未经登记,不得对抗善意第三人",而不是"不发生效力"。"地役权"一章规定,"地役权自地役权合同生效时设立。当事人要求登记的,可以向登记机构申请地役权登记;未经登记,不得对抗善意第三人"。在宅基地使用权一章,也没有规定宅基地使用权必须登记才发生效力,只是规定,“已经登记的宅基地使用权转让或者消灭的,应当及时办理变更登记或者注销登记”。也就是说,宅基地使用权不以登记为生效要件。

本条第 2 款规定,依法属于国家所有的自然资源,所有权可以不登记。本编规定,法律规定属于国家所有的财产,属于国家所有即全民所有。同时,在现行法律相关内容的基础上规定,矿藏、水流、海域属于国家所有;城市的土地,属于国家所有。法律规定属于国家所有的农村和城市郊区的土地,属于国家所有;森林、山岭、草原、荒地、滩涂等自然资源,属于国家所有,但法律规定属于集体所有的除外;野生动植物资源属于国家所有。本款作这样的规定,主要是出于两方面的考虑:第一,规定不动产物权登记生效,是物权公示原则的体现。法律明确规定哪些自然资源属于国家所有,比权利记载于登记机构管理的不动产登记簿有着更强的公示力,也就无需再通过不动产登记来达到生效的法律效果。第二,不动产物权登记生效,针对的主要是当事人通过法律行为进行物权变动的情况。本款所规定的国家依照法律规定对自然资源享有所有权,不属于因法律行为而产生物权变动的情况,因此也就无需进行登记来享有所有权。需要说明的是,本款只是规定依法属于国家所有的自然资源,所有权可以不登记,至于在国家所有的土地、森林、海域等自然资源上设立用益物权、担保物权,则需要依法登记生效。

关于本条第 2 款,在立法征求意见的过程中,有意见认为,这样规定不利于对国家所有的自然资源的管理,也不利于对自然资源的利用。建议将其修改为国家所有的自然资源也应登记,并具体规定由哪个部门登记、管理、开发和利用。应当指出,在实践中,为了加强对国有自然资源的管理和有效利用,有关管理部门对国有自然资源进行了资产性登记。一些法律法规也有这方面的规定,如草原法第 11 条第 2 款规定,未确定使用权的国家所有的草原,由县级以上人民政府登记造册,并负责保护管理。《中华人民共和国土地管理法实施条例》第 5 条第 2 款规定,未确定使用权的国有土地，由县级以上人民政府登记造册，负责保护管理。但这种资产性登记，与物权编规定的作为公示方法的不动产物权登记性质上是不同的，它只是管理部门为“摸清家底”而从事的一种管理行为，并不产生物权编上的效力。

第二百一十条　不动产登记，由不动产所在地的登记机构办理。

国家对不动产实行统一登记制度。统一登记的范围、登记机构和登记办法，由法律、行政法规规定。

【释义】 本条是关于不动产登记机构和国家实行统一登记制度的规定。

在物权法制定之前，不动产登记主要由不动产所在地的县级以上人民政府的相关不动产管理部门负责。涉及的部门主要有土地管理部门、房产管理部门、农业主管部门、林业主管部门、海洋行政主管部门、地质矿产主管部门等。在物权法立法过程中，不少部门、专家认为，登记机构特别是不动产登记机构不统一，必然出现重复登记、登记资料分散、增加当事人负担、资源浪费等弊端，不利于健全登记制度，应当统一登记机构。立法机关经研究，赞成上述意见，同时又要考虑统一登记涉及行政管理体制改革，实行统一登记需要有一个过程。因此，物权法规定“国家对不动产实行统一登记制度”的同时，又规定，“统一登记的范围、登记机构和登记办法，由法律、行政法规规定”。民法典维持了这一规定。

从境外情况看，一些国家和地区都规定在一国之内或一个统一司法区域内实行不动产统一登记的制度，即不论是土地、房屋还是其他不动产，也不论是何种不动产物权，均由统一的机构登记。至于具体的登记机构设置，则不尽相同，如德国的不动产登记机构为属于地方法院的土地登记局，瑞士大多为各州的地方法院，日本为司法行政机关法务局、地方法务局及其派出所，我国台湾地区的登记机关是属于行政机构的“地政局”。

为整合不动产登记职责，规范登记行为，方便群众申请登记，保护权利人合法权益，国务院于 2014 年 11 月制定发布了《不动产登记暂行条例》，并于 2019 年 3 月修订。目前，不动产登记工作应当按照《不动产登记暂行条例》来执行。2018 年 9 月 7 日，第十三届全国人大常委会立法规划公布，其中不动产登记法被列为一类立法项目。不动产统一登记的范围、登记机构和登记办法将是不动产登记法的重要内容。

第二百一十一条　当事人申请登记，应当根据不同登记事项提供权属证明和不动产界址、面积等必要材料。

【释义】 本条是关于当事人申请登记应当提供的必要材料的规定。

关于申请登记需要向登记机构提供哪些材料这些问题，有些国家是由专门的不动产登记法去作规定的，如《日本不动产登记法》规定，申请登记，应提供申请书、证明登记原因的材料、关于登记义务人权利的登记证明书、第三人许可、同意或承诺的证明、代理人权限的证明等。物权编在此只是原则性地作出一个衔接性的规定，当事人申请登记所需要提供的具体材料，还需要专门法律法规进行进一步明确。例如，《不动产登记暂行条例》第 16 条就明确规定，申请人应当提交下列材料，并对申请材料的真实性负责：(1)登记申请书；(2)申请人、代理人身份证明材料、授权委托书；(3)相关的不动产权属来源证明材料、登记原因证明文件、不动产权属证书；(4)不动产界址、空间界限、面积等材料；(5)与他人利害关系的说明材料；(6)法律、行政法规以及该条例实施细则规定的其他材料。

第二百一十二条　登记机构应当履行下列职责：

(一)查验申请人提供的权属证明和其他必要材料；

（二）就有关登记事项询问申请人；

（三）如实、及时登记有关事项；

（四）法律、行政法规规定的其他职责。

申请登记的不动产的有关情况需要进一步证明的，登记机构可以要求申请人补充材料，必要时可以实地查看。

【释义】 本条是对登记机构应当履行的职责的规定。

一些国家和地区关于不动产物权登记机构职责有不同的规定，德国法律规定不动产登记机关除有审查当事人的申请材料是否齐备的权利之外，对当事人申请登记的内容只有消极的登记义务。登记机关既没有权利也没有义务对当事人申请登记的涉及实质权利义务的内容进行调查，也无权对当事人的财产法律关系进行变更。我国台湾地区的"土地登记规则"也只规定了登记机关审查当事人的申请材料的职能。《日本不动产登记法》规定，登记官在有土地或者建筑物标示登记的申请时，或依职权进行其登记时，如有必要，可以调查土地或建筑物标示事项。

关于本条的意见主要集中在登记审查应当采用何种方式上，主要有形式审查和实质审查两种意见的争论。有的认为，登记机构应当对登记申请进行实质审查，以避免错误登记；有的认为，登记机构的审查主要是形式审查，实质审查是没有能力做到的。然而，对于何谓形式审查，何谓实质审查，也存在争论。有的学者从登记审查的范围对此二者进行界定，认为形式审查就是登记机构不审查登记申请是否与实体法上的权利关系一致，而仅审查登记申请在登记手续、提供材料等方面是否合法、齐备；实质审查则是不仅审查登记申请在登记手续上是否合法，还要审查其是否与实体法上的权利关系一致，实体法上的权利关系是否有效。有的学者则从登记机构的调查权限上界定实质审查，即登记机构接受了登记申请之后，应当对登记内容进行询问和调查，以确保登记内容的真实性。还有的学者认为登记机构的审查权限及于不动产物权变动的原因关系的，就是实质审查；反之，就是形式审查。

本条的两款规定，既没有试图界定什么是实质审查，什么是形式审查，更不去回答物权编要求不动产登记机构进行实质审查还是形式审查。本条的规定，是在调研我国不动产登记实际情况并听取各方面意见的基础上作出的，目的是使登记机构在各自的职权范围内，充分履行职责，尽可能地保证如实、准确、及时地登记不动产物权有关事项，避免登记错误。本条内容只是物权编作出的一个原则性规定，随着行政管理体制改革和不动产统一登记制度的建立，法律还将在总结实践经验的基础上对登记机构履行职责问题上作出更为具体的规定。例如，《不动产登记暂行条例》第 18 条规定，不动产登记机构应当对下列事项进行查验：(1)不动产界址、空间界限、面积等材料与申请登记的不动产状况是否一致；(2)有关证明材料、文件与申请登记的内容是否一致；(3)登记申请是否违反法律、行政法规规定。第 19 条规定，对下列事项不动产登记机构可以对申请登记的不动产进行实地查看：(1)房屋等建筑物、构筑物所有权首次登记；(2)在建建筑物抵押权登记；(3)因不动产灭失导致的注销登记；(4)不动产登记机构认为需要实地查看的其他情形。对可能存在权属争议，或者可能涉及他人利害关系的登记申请，不动产登记机构可以向申请人、利害关系人或者有关单位进行调查。

第二百一十三条　登记机构不得有下列行为：
(一)要求对不动产进行评估；
(二)以年检等名义进行重复登记；
(三)超出登记职责范围的其他行为。

【释义】　本条是关于登记机构禁止从事的行为的规定。

本章在第 212 条规定登记机构应当履行的职责的基础上，又作出本条的规定，主要是针对在立法调研过程中发现的一些问题。一些地方的不动产登记机构，履行职责态度不端正，管理不严格，不考虑如何准确及时登记申请事项，如何为当事人提供便利,而是利用手中职权给当事人设置重重障碍,在为单位和个人谋取私利上做足功夫,炮制出评估、年检等诸多名目,收取高额费用。这些现象在抵押登记领域尤为突出,群众的意见很大。这种情况从另一面也反映出在不动产登记方面法律法规还有待更加完善。因此,本条作出规定,对这些行为予以明确禁止,在明确列举“要求对不动产进行评估”和“以年检等名义进行重复登记”这两项反映较多问题的同时,又规定了一项兜底内容,即“超出登记职责范围的其他行为”,以防止这些登记机构改头换面,钻法律的空子;同时,也为当事人在权益受到侵害时提供法律武器。

第二百一十四条　不动产物权的设立、变更、转让和消灭,依照法律规定应当登记的,自记载于不动产登记簿时发生效力。

【释义】　本条是关于依法应当登记的不动产物权的设立、变更、转让和消灭何时发生效力的规定。

本法第209条第1款规定,除法律另有规定外,不动产物权的设立、变更、转让和消灭,经依法登记,发生效力,未经登记,不发生效力,确立了不动产物权登记生效的原则。本条则具体明确了不动产物权设立、变更、转让和消灭登记生效的时间,即“自记载于不动产登记簿时发生效力”。也就是说,不动产物权登记,自登记机构将不动产物权有关事项记载于不动产登记簿时,始告完成。

不动产登记簿是法律规定的不动产物权登记机构管理的不动产物权登记档案。一般认为,根据物权公示原则的要求,不动产登记簿应当具有这样一些特征:一是统一性,一个登记区域内的不动产登记簿只能有一个,这样该区域内的不动产物权变动的各种情况才能准确地得到反映,物权交易的秩序才能良好建立;二是权威性,不动产登记簿是国家建立的档案簿册,其公信力以国家的行为担保,并依此为不动产物权变动的可信性提供保障;

三是持久性,不动产登记簿将由登记机构长期保存,以便于当事人和利害关系人的利益获得长期的保障;四是公开性,不动产登记簿不应是秘密档案,登记机构不但应当允许权利人和利害关系人查阅复制,而且还要为他们的查阅复制提供便利。正因为不动产登记簿具有这些特征,不动产物权的设立、变更、转让和消灭只有在记载于不动产登记簿之后,才具有了公示力和排他力,因此,本条作出了上述规定。在这一点上,国外也有相似的规定,如《瑞士民法典》规定,物权在不动产登记簿主簿登记后,始得成立,并依次列顺序及日期。《德国民法典》规定,转让土地所有权、对土地设定权利以及转让此种权利或者对此种权利设定其他权利,需有权利人与相对人关于权利变更的协议,并应将权利变更在土地登记簿中登记注册,但法律另有其他规定的除外。

第二百一十五条　当事人之间订立有关设立、变更、转让和消灭不动产物权的合同,除法律另有规定或者当事人另有约定外,自合同成立时生效;未办理物权登记的,不影响合同效力。

【释义】 本条是关于合同效力和物权变动区分的规定。

本条规定的内容,在民法学中称为物权变动与其基础关系或者说原因关系的区分原则。以发生物权变动为目的的基础关系,主要是合同,它属于债权法律关系的范畴,成立以及生效应该依据合同法来判断。民法学将这种合同看成物权变动的原因行为。不动产物权的变动只能在登记时生效,依法成立生效的合同也许不能发生物权变动的结果。这可能是因为物权因客观情势发生变迁,使得物权的变动成为不可能;也可能是物权的出让人"一物二卖",其中一个买受人先行进行了不动产登记,其他的买受人便不可能取得合同约定转让的物权。有关设立、变更、转让和消灭不动产物权的合同和物权的设立、变更、转让和消灭本身是两个应当加以区分的情况。除非法律有特别规定,合同一经成立,只要不违反法律的强制性规定和社会公共利益,就可以发生效力。合同只是当事人之间的一种合意,并不必然与登记联系在一起。登记是针对民事权利的变动而设定的,它是与物权的变动联系在一起的,是一种物权变动的公示的方法。登记并不是针对合同行为,而是针对物权的变动所采取的一种公示方法,如果当事人之间仅就物权的变动达成合意,而没有办理登记,合同仍然有效。例如,当事人双方订立了房屋买卖合同之后,合同就已经生效,如果没有办理登记手续,房屋所有权不能发生移转,但买受人基于有效合同而享有的占有权仍然受到保护。违约的合同当事人一方应该承担违约责任。依不同情形,买受人可以请求债务人实际履行合同,即请求出卖人办理不动产转让登记,或者请求债务人赔偿损失。

区分合同效力和登记的效力为我国民法学界普遍赞同。有的学者提出,区分原则具有如下几个方面的实际意义:第一,有利于保护买受人依据合同所享有的占有权。在不动产买卖合同成立以后,即使没有办理不动产权利移转的登记手续,但是,因为合同已经生效,所以依据有效合同而交付之后,买受人因此享有的占有权仍然受到保护。即使买受人不享有物权,但是可以享有合法的占有权,针对第三人的侵害不动产的行为,可以提起占有之诉。第二,有利于确立违约责任。如果一方在合同成立之后没有办理登记,或者拒绝履行登记义务,由于合同已经成立并生效,此种拒不履行登记的行为构成违约,应当承担相应的违约责任。假如未办理登记导致合同无效,非违约方将无法要求违约方承担违约责任。第三,有利于保护无过错一方当事人。当事人之间买卖房屋未经登记的情况错综复杂,如果以登记为合同生效要件,则在因出卖人的原因而未办理登记手续的情况下,在房屋价格上涨之后,出卖人有可能以未办理登记将导致合同无效为理由,要求确认合同无效并返还房屋,这有可能鼓励一些不法行为人规避法律,甚至利用房屋买卖欺诈他人,而损害的却是善意的买受人的利益。特别是在房屋已经交付使用,买受人对房屋已进行了重大修缮的情况下,如果因未登记而确认合同无效并返还房屋,这确实会妨碍现有的财产秩序。如果严格地区分合同效力和登记效力,则可以防止此种现象的发生。

学者一般认为,区分两种效力不但是科学的,符合物权为排他权而债权为请求权的基本法理,而且被民法实践证明对分清物权法律制度和债权法的不同作用范围,区分当事人的不同法律责任,保障原因合同当事人的合法利益也是非常必要和行之有效的原则。曾有一段时期,我国的司法实践以及一些立法,对这个问题有不同的认识。目前,无论是民法学界,还是法律规定和司法实践,对于区分合同效力和登记效力,在认识上已经基本达成一致。合同法第44条第1款规定,依法成立的合同,自成立时生效。合同法还规定了导致合同无效的各种情形,在这些情形中,并没有不动产物权未依法登记的规定。担保法曾有抵押合同自登记之日起生效的规定,但物权编在“抵押权”一章,改变了这一规定,即不动产抵押登记,只产生抵押权生效的效力。司法实践也明确了区分合同效力与登记效力的原则,《最高人民法院关于适用〈中华人民共和国合同法〉若干问题的解释(一)》第9条第1款规定,依照合同法第44条第2款的规定,法律、行政法规规定合同应当办理批准手续,或者办理批准、登记等手续才生效,在一审法庭辩论终结前当事人仍未办理批准手续的,或者仍未办理批准、登记等手续的,人民法院应当认定该合同未生效;法律、行政法规规定合同应当办理登记手续,但未规定登记后生效的,当事人未办理登记手续不影响合同的效力,合同标的物所有权及其他物权不能转移。

第二百一十六条　不动产登记簿是物权归属和内容的根据。

不动产登记簿由登记机构管理。

【释义】 本条是关于不动产登记簿效力以及管理机构的规定。

在确立了不动产物权登记生效的原则之后，不动产登记簿就自然成为不动产物权的法律根据，这是不动产物权公示原则的当然体现，也是保障物权变动安全的必要手段。本条第1款的规定，在民法学上一般称为权利正确性推定原则，即在不动产登记簿上记载某人享有某项物权时，推定该人享有该项权利，其权利的内容也以不动产登记簿上的记载为准。在建立不动产登记制度的情况下，不动产登记成为不动产物权制度的基础，不动产登记簿所记载的权利的正确性推定效力对客观、公正的不动产交易秩序的建立有着极为重要的意义。

不动产登记簿记载的权利和事实上的权利应当是一致的，法律也要求登记机构正确履行职责，如实记载登记事项，但是由于现实经济生活的复杂性，也会产生两者不符的情形。在实际生活中，由于当事人自己的过错或者由于登记机关的过错，可能会出现登记的权利和事实上的权利不一致的情况。因此，规定不动产登记簿的推定正确效力，对实现不动产物权变动中的客观公正有十分重要的意义，正因为登记簿有此效力，第三人依据登记簿的取得才受到法律的保护，交易的安全才有了保障。由此可见，法律规定物权的归属和内容以不动产登记簿为根据，目的就是从国家公信力的角度对物权相对人的利益进行保护，从而建立一个能以客观标准衡量的公正的经济秩序，这也是物权公示原则的价值和要求。法律在为建立公正安全的交易秩序而保护相对人利益的同时，也为可能的事实权利人提供了异议登记、更正登记等救济手段。

本条的这一规定，是建立不动产登记制度的国家和地区普遍承认的原则。如《德国民法典》规定，在土地登记簿中为了某人登记一项权利的，应推定此人享有该项权利。在土地登记簿中注销一项权利的，应推定该项权利不复存在。为有利于根据法律行为取得一项权利或者取得该项权利上的权利的人，土地登记簿中所记载的内容应视为是正确的，对其正确性提出的异议已进行登记的或者取得人明知其为不正确的除外。《瑞士民法典》规定，出于善意而信赖不动产登记簿的登记,因而取得所有权或其他权利的人,均受保护。我国台湾地区“土地法”规定,“依本法所为之登记,有绝对效力”。

第二百一十七条　不动产权属证书是权利人享有该不动产物权的证明。不动产权属证书记载的事项,应当与不动产登记簿一致;记载不一致的,除有证据证明不动产登记簿确有错误外,以不动产登记簿为准。

【释义】 本条是关于不动产登记簿与不动产权属证书关系的规定。

不动产权属证书,即不动产的所有权证、使用权证等,是登记机关颁发给权利人作为其享有权利的证明。根据物权公示原则,完成不动产物权公示的是不动产登记,不动产物权的归属和内容应以不动产登记簿为根据。不动产物权证书只是不动产登记簿所记载内容的外在表现形式。在社会生活和交易过程中,不动产权利人为了证明自己的权利状况,可以出示权属证书。

实践中,仍存在重视不动产权属证书而轻视不动产登记簿的现象,这样将削弱不动产物权的公示性,影响不动产交易的安全。因此,本条规定,不动产权属证书是权利人享有该不动产物权的证明。不动产权属证书记载的事项,应当与不动产登记簿一致;记载不一致的,除有证据证明不动产登记簿确有错误外,以不动产登记簿为准。国外也有类似的规定,如《意大利民法典》规定,在不动产登记簿、复印件或证明是不同的情况下,登记簿的效力优先。

第二百一十八条　权利人、利害关系人可以申请查询、复制不动产登记资料,登记机构应当提供。

【释义】 本条是关于不动产登记资料查询、复制的规定。

不动产登记制度是建立和完善物权法律制度的基础。但是,究竟哪些人可以查询和复制登记资料,对此有不同的意见。有一种观点认为,任何人都可以查询和复制,所有的社会公众都可以进行查询。持这种观点的主要基于以下三个理由:第一个理由是,物权公示的目的就是要公开登记资料,让社会公众都能够知道物权归属的状况。第二个理由是,如果权利人选择进行登记,登记行为本身也就表明他并不把所要登记的内容作为个人隐私,登记的资料就是准备要公开的,因此不属于隐私的范畴,也不属于商业秘密。第三个理由是,如果一部分人可以进行查询、复制,而另外一部分人不能进行查询、复制,就需要作出一些限制性的规定,在实际操作中所需的成本比较高。还有一种观点认为,对于享有不动产物权而不想进行交易的权利人来说,没有必要使其不动产物权登记信息让社会公众都知道。对于想要受让不动产物权的当事人来说,也无需了解所有的不动产物权登记信息,需要了解的只是对方需要出让的不动产物权信息。因此,没有必要规定不动产登记资料向全社会公众开放。

对于这个问题,国外的规定也不一样,有的国家、地区是允许大家都可以查询,有的则作出某种限制。《瑞士民法典》规定,任何人均有权获悉在不动产登记簿上登记的不动产所有权人为何人。经初步证据证明为有利益关系者,有权请求查阅不动产登记簿或请求就此制作内容摘要。任何人不得提出其不知不动产登记簿上登记的抗辩。《日本不动产登记法》规定,任何人都可以缴纳手续费,而请求交付登记簿的誊本、节本或地图及建筑物所在图的全部或一部的副本。并且,以有利害关系部分为限,可以请求阅览登记簿及其附属文件或地图、建筑物所在图。德国法律规定,不动产权利人和相关利害关系人可以申请查询不动产登记簿。

经研究,认为物权公示本来的含义或者真正目的,不是要求全社会的人都知道特定不动产的信息。物权公示虽然是针对不特定的人,但这个不特定的人不是全社会的人。登记资料只要能够满足合同双方当事人以外或者物权权利人以外的人中可能和这个物权发生联系的这部分人的要求,就达到了登记的目的和物权公示的目的了。如果不加区别地认为所有人都可以去查询、复制登记资料,实际上是一种误导,做了没有必要的事情,甚至会带来不必要的麻烦。因此,本条规定,权利人、利害关系人可以申请查询、复制不动产登记资料,登记机构应当提供。

第二百一十九条　利害关系人不得公开、非法使用权利人的不动产登记资料。

【释义】 本条是关于利害关系人应当保护权利人个人信息的规定。

本条是编纂民法典过程中新增加的条文。明确利害关系人不得公开、非法使用权利人不动产登记资料的义务,目的是保护权利人的个人信息。根据本法第218条的规定,在权利人之外,只有利害关系人可以申请查询、复制登记资料。如此规定已经表明法律不认为不动产物权登记信息属于可以向社会公众开放查询的公开信息。除权利人外,登记资料只要能够满足与特定物权产生利害关系的人查询、复制的需要,就达到了物权公示的目的了。然而,利害关系人虽然依法有资格查询、复制不动产登记资料,本条明确,其仍有义务保护不动产权利人的个人信息,不得公开、非法使用权利人的不动产登记资料。

我国法律高度重视对自然人个人信息的保护,不断完善保护个人信息的法律规定。民法典总则编在"民事权利"一章明确规定:"自然人的个人信息受法律保护。任何组织或者个人需要获取他人个人信息的,应当依法取得并确保信息安全,不得非法收集、使用、加工、传输他人个人信息,不得非法买卖、提供或者公开他人个人信息。"此外,对个人信息的保护还涉及多部法律,如消费者权益保护法、网络安全法、商业银行法、执业医师法、居民身份证法等。这些法律从不同角度对自然人个人信息进行保护,明确相关民事主体的权利义务,规定相应的民事责任、行政责任以及刑事责任。

第二百二十条　权利人、利害关系人认为不动产登记簿记载的事项错误的,可以申请更正登记。不动产登记簿记载的权利人书面同意更正或者有证据证明登记确有错误的,登记机构应当予以更正。

不动产登记簿记载的权利人不同意更正的,利害关系人可以申请异议登记。登记机构予以异议登记,申请人自异议登记之日起十五日内不提起诉讼的,异议登记失效。异议登记不当,造成权利人损害的,权利人可以向申请人请求损害赔偿。

【释义】　本条是关于不动产更正登记和异议登记的规定。

更正登记与异议登记同样是保护事实上的权利人或者真正权利人以及真正权利状态的法律措施。与异议登记不同的是,更正登记是彻底地消除登记权利与真正权利不一致的状态,避免第三人依据不动产登记簿取得不动产登记簿上记载的物权。因此,也可以认为更正登记是对原登记权利的涂销登记,同时是对真正权利的初始登记。更正登记有两种方式:一种是经权利人(包括登记上的权利人和事实上的权利人)以及利害关系人申请的登记;另一种是登记机关自己发现错误后作出的更正登记。

建立不动产登记制度的国家和地区,一般都建立有更正登记制度。如《德国民法典》第 894 条规定,土地登记簿记载的土地物权、在此权利上设定的物权,或者依据第 892 条第 1 款确定的处分限制,与真正的权利状态不一致时,其权利未被登记、未被正确登记,或者被一个并不存在的权利负担的登记或者权利限制的登记受到损害的人,可以要求因更正登记而涉及其权利者的同意,为更正登记。《瑞士民法典》规定,物权的登记不正当,或正当的登记被不正当地涂销或者更改时,物权受到损害的人,得诉请更正登记。不动产登记簿管理人的更正登记,须得当事人同意或依法官的裁判始得完成。书写错误的更正,根据联邦委员会颁布的有关规定办理。我国台湾地区“土地登记规则”规定,登记人员或利害关系人于登记完毕后,发现登记错误或遗漏时,应申请更正登记。登记机关报经上级地政机关查明核准后更正之。

更正登记的目的是保护事实上的权利人的物权,许可真正的权利人或者利害关系人依据真正的权利状态对不动产登记簿记载的内容进行更正。但是,更正的程序可能较为费时,有时申请更正的权利人与登记簿上记载的权利人之间的争议一时难以化解,法律有必要建立异议登记制度,作为一种对真正权利人利益的临时性保护措施。所谓异议登记,就是将事实上的权利人以及利害关系人对不动产登记簿记载的权利所提出的异议记入登记簿,异议登记的法律效力是,登记簿上所记载权利失去正确性推定的效力,第三人也不得主张依照登记的公信力而受到保护。

由此可见,异议登记虽然可以对真正权利人提供保护,但这种保护应当是临时性的,因为它同时也给不动产物权交易造成了一种不稳定的状态。为使不动产物权的不稳定状态早日恢复正常,法律必须对异议登记的有效期间作出限制。因此,本条规定,申请人自异议登记之日起 15 日内不起诉的,异议登记失效。申请人在异议登记之日起 15 日内不起诉,说明异议登记的申请人不积极行使其权利,为使登记簿上记载的权利人的利益和正常的交易秩序不致受到严重的影响,法律规定这时该异议登记失去其效力。

由于异议登记可以使登记簿上所记载权利失去正确性推定的效力。同时,异议登记的申请人在提出异议登记的申请时也无需充分证明其权利受到了损害,因此,如果申请人滥用异议登记制度,将可能给登记簿上记载权利人的利益造成损害。所以,本条规定,异议登记不当,造成权利人损害的,权利人可以向申请人请求损害赔偿。

异议登记同样是境外不动产登记制度的重要组成部分,如《德国民法典》规定,发生登记错误的情形时,对抗土地登记簿的正确性的异议,可以纳入登记。在我国台湾地区“民法”中,原来也规定有异议登记制度,但是后来作了修改,将其纳入“民事诉讼法”中的“假处分”制度。所谓假处分，属于民事诉讼法中一种保全性质的强制执行程序，其目的在于将争议的法律关系状态暂时保持不变，以防止权利人处分其权利后，使得将来无法恢复。但在后来制定“土地登记规则”时，考虑到这一制度的积极意义，又将其纳入限制登记之中。《日本不动产登记法》中的假处分制度意义也是如此。

第二百二十一条　当事人签订买卖房屋的协议或者签订其他不动产物权的协议，为保障将来实现物权，按照约定可以向登记机构申请预告登记。预告登记后，未经预告登记的权利人同意，处分该不动产的，不发生物权效力。

预告登记后，债权消灭或者自能够进行不动产登记之日起九十日内未申请登记的，预告登记失效。

【释义】　本条是关于预告登记的规定。

预告登记，是指为保全一项请求权而进行的不动产登记，该项请求权所要达到的目的，是在将来发生不动产物权变动。这种登记是不动产登记的特殊类型。其他的不动产登记都是对现实的不动产物权进行登记，而预告登记所登记的，不是不动产物权，而是目的在于将来发生不动产物权变动的请求权。预告登记的本质特征是使被登记的请求权具有物权的效力。也就是说，进行了预告登记的请求权，对后来发生的与该项请求权内容相同的不动产物权的处分行为，具有对抗的效力，这样，所登记的请求权就得到了保护。

预告登记的功能是限制房地产开发商等债务人处分其权利，即本条规定的“预告登记后，未经预告登记的权利人同意，处分该不动产的，不发生物权效力”，以保障债权人将来实现其债权。正如有的学者所说，预告登记的实践意义在于，权利人所期待的未来发生的物权变动对自己有极为重要的意义，非要发生这种变动不可；而法律也认可这种变动对权利人的意义，并以法律予以保障。比如,老百姓购买预售的住房,它涉及公民的基本生存权利,所以法律上承认买受人获得指定的房屋的权利有特殊保护的必要。但是,因为购房人在与开发商订立预售合同后,只享有合同法上的请求权,该项权利没有排他的效力,所以购房人无法防止开发商将房屋以更高的价格出卖给他人,即“一房二卖”这种情况的发生,而只能在这种情况发生时主张开发商违约要求损害赔偿,而无法获得指定的房屋。在建立了预告登记制度的情况下,购房人如果将他的这一请求权进行预告登记,因为预告登记具有物权的排他效力,所以开发商违背预告登记内容的处分行为就不能发生法律效力。这些处分行为既包括“一房二卖”,也包括在已出售的房屋上设定抵押权等行为。这样,购房者将来肯定能够获得约定买卖的房屋。因此,预告登记对解决类似商品房预售中“一房二卖”这样的社会问题有着特殊的作用。依照本条规定,预告登记不仅可以针对当事人签订买卖房屋协议的情况,还包括签订其他不动产物权协议的情况。因而,建立预告登记制度,具有广泛的保障债权实现的意义。

预告登记,是德国中世纪民法创立的制度。根据《德国民法典》的规定,为保全目的在于转让或者废止一项土地上的物权的请求权,或者土地上负担的物权请求权,或者变更这些物权的内容或其顺位的请求权,可以在土地登记簿中将其纳入预告登记。预告登记可在满足两种条件之一的情况下进行:(1)不动产物权人的同意;(2)法院的临时处分命令。为预告登记而作出的临时处分,与民事诉讼法中规定的临时处分有所不同。根据《德国民事诉讼法》的规定,临时处分是在当事人认为存在将来不能实现其权利或者难以实现其权利的危险时实施的。而预告登记的临时处分命令的作出无需当事人证明请求权处于危险,只需证明存在可为预告登记的请求权即可。预告登记的请求权纳入预告登记后,即具有排他效力,可能妨害请求权的处分视为违反预告登记的处分而无效。预告登记是与所登记的请求权紧密结合在一起的,随着请求权的移转而移转,随着请求权的消灭而消灭。此外,预告登记还因债权人的放弃、所保全的请求权指向的物权纳入本登记、不动产物权人行使涂销预告登记的请求权而消灭。《瑞士民法典》规定,因下列原因之一,可以预登记对土地的处分限制:(1)官方为保全有争执的或有待执行的请求权所发布的命令;(2)出质、破产或遗产延期分割;(3)属法定预登记的,如家宅的设定及后位继承人的继承权等权利。处分的限制,经预登记后,始得对他人后取得的权利有对抗的效力。

《日本不动产登记法》将这种制度称为"假登记",在下列各项情形下进行:(1)未具备登记申请程序上需要的条件时;(2)欲保全法律所载权利的设定、移转、变更或者消灭的请求权时。我国台湾地区"土地法"中该制度的名称也是预告登记,该"土地法"规定,声请保全下列请求权之预告登记,应由请求权人检附登记名义人之同意书为之:(1)关于土地权利移转或使其消灭之请求权;(2)土地权利内容或次序变更之请求权;(3)附条件或期限之请求权。预告登记未涂销前,登记名义人就其土地所为之处分,对于所登记之请求权有妨碍者无效。本条对预告登记条件及法律效力的规定,较为接近我国台湾地区的规定。

第二百二十二条　当事人提供虚假材料申请登记,造成他人损害的,应当承担赔偿责任。

因登记错误,造成他人损害的,登记机构应当承担赔偿责任。登记机构赔偿后,可以向造成登记错误的人追偿。

【释义】　本条是关于不动产登记错误赔偿责任的规定。

实践中,登记错误的发生主要有两种情况:一是登记机构工作人员疏忽、过失等原因造成错误;二是登记申请人等采取欺骗手段或者与登记机关的人员恶意串通造成错误。

立法征求意见过程中,普遍认为,当事人提供虚假材料申请登记,给他人造成损害的,应当承担赔偿责任。对于登记错误登记机构应当如何承担责任,有不同的意见。有的提出,因登记机构的过错,致使不动产登记发生错误,因该错误登记致当事人或者利害关系人遭受损害的,登记机关应依照国家赔偿法的相应规定承担赔偿责任。这种意见认为,国家机关及其工作人员因执行公务的过错给公民、法人造成损害的,应承担国家赔偿的责任。具体承担责任的部门,包括政府、法院和检察院等。不动产物权登记是以国家的公信力为不动产的交易提供法律基础的行为,如果登记错误的原因是登记机构的过错,而当事人或者利害关系人因该登记受到损害,登记机关应当承担国家赔偿责任。同时认为,国家赔偿责任是过错责任,如登记机关没有过错,则不应承担责任。如果登记错误是登记机构和当事人、利害关系人的共同过错,则他们应当承担共同责任。有的意见提出,因不动产登记机构登记漏登、误登造成他人损失的,应当由不动产登记机构赔偿,但不赞同适用国家赔偿法并由国家出资赔偿,而是建议设立不动产登记赔偿基金,在不动产登记业务中根据一定的标准收取一定的费用,纳入不动产登记赔偿基金,该基金只能用于不动产登记赔偿,不能挪作他用。

立法过程中研究认为,对于登记机构应当具有什么性质还有不同意见,有待于进一步明确,目前不宜规定登记机构的国家赔偿责任。不动产登记赔偿基金可否设立,应当如何设立,也还可以进一步研究,即使以后规定,也宜由不动产登记的专门法律作出。民法典物权编作为民事基本法,对于登记错误责任问题,在本条作出的只是原则性的规定。本条第 2 款规定,因登记错误,给他人造成损害的,登记机构应当承担赔偿责任。这里造成登记错误的原因,既包括登记机构工作人员故意以及疏忽大意等过错,也包括当事人提供虚假材料欺骗登记机构等情形。登记错误的受害人处于相对弱势的地位,这样规定,是为了对受害人提供更加充分的保护。登记机构赔偿后,可以向造成登记错误的人追偿。

第二百二十三条　不动产登记费按件收取,不得按照不动产的面积、体积或者价款的比例收取。

【**释义**】 本条是关于不动产登记收费问题的规定。

在物权法立法征求意见过程中,有的意见提出,一段时间以来,许多地方存在不动产登记收费过高的问题,并且无论是对不动产所有权登记,还是对不动产抵押权等所谓不动产他项权利登记,普遍按不动产的面积作为计收登记费的标准,有的地方按照不动产转让或者抵押合同的标的额的相当比例收取登记费。一些群众对各地方的这些现象存在意见,认为其加重了交易负担。

多数意见认为,登记机构不是营利性组织,目前我国各地的不动产登记机构,从事的登记工作一般也只是对登记申请人提供的有关材料是否符合规定的条件进行审核,在此基础上收取登记费,不宜与不动产的面积、体积或者价款的比例等因素挂钩,不能把这些作为计费的标准,建议在法律中予以明确。有的部门提出,物权法不宜对登记收费问题作规定。有的专家也认为,登记收费的问题属于具体的程序性问题,可以由将来的不动产登记法去规定,物权法作为民事基本法,对此可以不作规定。立法机关经研究认为,物权法关系人民群众的切身利益,为社会各方面普遍关注,对于社会生活中反映较多,与人民群众利益较为密切的问题,应当在物权法中作出适当的规定。据此,物权法第 22 条规定:“不动产登记费按件收取,不得按照不动产的面积、体积或者价款的比例收取。具体收费标准由国务院有关部门会同价格主管部门规定。”

在编纂民法典整合物权法过程中,有的意见提出,这一条过细,又涉及行政管理问题,规定在民法典中有欠妥当。而且,目前登记机构实际工作中,早已做到了不动产登记费按件收取,不按照不动产的面积、体积或者价款的比例收取。建议删去这一规定。但也有意见认为,这条规定当初就是在存在争议的情况下,为了保护人民群众切身利益而规定在民事基本法当中的,实践证明该条发挥了很好的作用。登记机构实际工作的改进与国家对法律的推动关系很大。如果去掉这一规定,可能引发不正确的解读,不利于巩固工作成果。编纂民法典,是要对实践证明明显有问题的规定或者社会生活急需、各方面意见又基本一致的规定进行修改补充,类似于本条规定这样的内容,以不动为宜。立法机关采纳了这种意见。

第二节 动产交付

第二百二十四条 动产物权的设立和转让,自交付时发生效力,但是法律另有规定的除外。

【释义】 本条是关于动产物权的设立和转让何时发生效力的规定。

本编第1章规定了物权公示原则,以维护交易安全,为第三人利益提供切实保障。不动产物权以登记为公示手段,与此相对应,动产物权以占有和交付为公示手段。占有主要在静态下,即在不发生物权变动的情况下发挥动产物权的公示作用;而交付主要是在动态下,即在发生物权变动的情况下发挥动产物权的公示作用。

依照本条规定,“动产物权的设立和转让,自交付时发生效力”,指的是当事人通过合同约定转让动产所有权和设立动产质权两种情况。物权编所说的交付,指的是物的直接占有的转移,即一方按照法律行为要求,将物的直接占有移转给另一方的事实。本条规定的“法律另有规定的除外”主要指的是:第一,本节对动产物权的设立和转让的一些特殊情况。本法第226条规定:“动产物权设立和转让前,权利人已经占有该动产的,物权自民事法律行为生效时发生效力。”本法第227条规定:“动产物权设立和转让前,第三人占有该动产的,负有交付义务的人可以通过转让请求第三人返还原物的权利代替交付。”本法第228条规定:“动产物权转让时,当事人又约定由出让人继续占有该动产的,物权自该约定生效时发生效力。”第二,本章第3节对主要是非依法律行为而发生的物权变动问题所作的规定。第三,本法物权编第

4分编“担保物权”对动产抵押权和留置权的相关规定。

本条规定延续了我国民法的有关规定。民法通则第72条规定,按照合同或者其他合法方式取得财产的,财产所有权从财产交付时起转移,法律另有规定或者当事人另有约定的除外。在民法通则颁布时,我国尚没有不动产市场,故民法通则规定的这一原则,即是为动产所有权移转确定的。合同法第133条规定,标的物的所有权自标的物交付时起转移,但法律另有规定或者当事人另有约定的除外。一些国家和地区也有相似的立法例,如《德国民法典》规定,为转让一项动产所有权,必须有物的所有权人将物交付与受让人,以及双方就所有权的移转达成合意。为设立质权,必须由物的所有权人将物交付与债权人,以及双方为债权人设立质权的合意。《瑞士民法典》规定,动产所有权的移转,应移转占有。动产经将其占有转移质权人,始为出质。《日本民法典》规定,质权的设定,因向债权人交付标的物而发生效力。质权人不得使出质人代自己占有。我国台湾地区“民法”规定,动产物权之让与,非将动产交付,不生效力。

第二百二十五条　船舶、航空器和机动车等的物权的设立、变更、转让和消灭,未经登记,不得对抗善意第三人。

【释义】　本条是关于船舶、航空器和机动车等物权登记的规定。

法律对船舶、航空器的物权登记效力问题已有规定。海商法规定,船舶所有权的取得、转让和消灭,应当向船舶登记机关登记;未经登记的,不得对抗第三人。设定船舶抵押权,由抵押权人和抵押人共同向船舶登记机关办理抵押权登记;未经登记的,不得对抗第三人。民用航空法规定,民用航空器所有权的取得、转让和消灭,应当向国务院民用航空主管部门登记;未经登记的,不得对抗第三人。设定民用航空器抵押权,由抵押权人和抵押人共同向国务院民用航空主管部门办理抵押权登记;未经登记的,不得对抗第三人。

我国的上述法律规定,被民法学界和实务界普遍认可。为了保持法律的稳定性,本条延续了对这类动产登记对抗主义原则的规定。民法学一般认为,船舶、飞行器和汽车因价值超过动产,在法律上被视为一种准不动产,其物权变动应当以登记为公示方法。但在登记的效力上不采用登记生效主义,这是考虑到船舶、航空器和机动车等本身具有动产的属性,其物权变动并不是在登记时发生效力,其所有权转移一般在交付时发生效力,其抵押权在抵押合同生效时设立。但是,法律对船舶、航空器和汽车等动产规定有登记制度,其物权的变动如果未在登记部门进行登记,就不产生社会公信力,不能对抗善意第三人。所谓善意第三人,就是指不知道也不应当知道物权发生了变动的物权关系相对人。

第二百二十六条　动产物权设立和转让前,权利人已经占有该动产的,物权自民事法律行为生效时发生效力。

【释义】　本条是关于动产物权受让人先行占有问题的规定。

本条规定的是设立或者转让动产物权时的一种特殊的情形,即物权的受让人已经取得了动产的占有,而后又与动产的所有权人达成转移所有权或者设定质权合同的情形。例如,承租人或者借用人,依据租赁合同或者借用合同已经取得了动产的占有,而后又与动产的所有权人达成协议,购买该项动产或者在动产上设定质权。这种情况在实际生活中也经常发生,因此物权编需要加以规定。

本法所规定的民事法律行为是民法学上的概念。依照总则编的规定,民事法律行为是民事主体通过意思表示设立、变更、终止民事法律关系的行为。民事法律行为可以基于双方或者多方的意思表示一致成立,也可以基于单方的意思表示成立。本条涉及的主要是前一种情况。有效的民事法律行为须具备下列条件:(1)行为人具有相应的民事行为能力;(2)意思表示真实;(3)不违反法律、行政法规的强制性规定，不违背公序良俗。民事法律行为以行为人的意思表示作为构成要素。意思表示，是指行为人追求民事法律后果（民事法律关系的设立、变更或者消灭）的内心意思用一定的方式表示于外部的活动。民事法律行为是人们有目的、有意识的行为。所以，意思表示是民事法律行为的必要组成部分。每种民事法律行为都必须存在意思表示。缺少民法所确认的意思表示的行为就不是民事法律行为。意思表示是民事法律行为的构成要素，但并不等于民事法律行为。民事法律行为能够实现行为人所预期的民事法律后果，即设立、变更或者消灭民事法律关系。民事法律行为是一种目的性行为，即以设立、变更或终止民事法律关系为目的，民事法律行为的目的与实际产生的后果是相互一致的。本条规定的民事法律行为，主要指的是动产所有权人与受让人订立动产转让的协议以及与质权人订立动产出质协议。

在受让人已经取得对动产的占有又依据民事法律行为取得其物权的情况下，动产物权的公示已经在事先完成，物权受让人已经能够依物权的排他性行使物权。因此，物权的变动就在当事人之间的关于物权变动的协议生效时生效。

一些国家和地区对此也有类似的规定。如《德国民法典》规定，为转让一项动产所有权，必须有物的所有权人将物交付与受让人，以及双方就所有权的移转达成合意。如受让人已经占有该项动产的，则仅须让与所有权的合意而生效。为设立质权，必须由物的所有权人将物交付与债权人，以及双方为债权人设立质权的合意。债权人已经占有该项动产时，仅须质权成立的合意为必要。我国台湾地区“民法”规定，动产物权之让与，非将动产交付，不生效力。但受让人已占有动产者，于让与合意时，即生效力。

第二百二十七条　动产物权设立和转让前，第三人占有该动产的，负有交付义务的人可以通过转让请求第三人返还原物的权利代替交付。

【释义】 本条是关于动产物权指示交付的规定。

不动产物权的变动是通过登记簿的记载而被外部识别的，而动产物权的变动，则由交付这一行为完成。民法上，交付的原意仅指现实交付，即动产占有的现实转移。例如甲向乙出售蔬菜5斤，蔬菜自甲手中转至乙的菜篮里，由乙获得对蔬菜的直接控制和支配，此时法律意义的交付行为完成。通过交付这一行为，动产上物权的变动能够被人们从外部加以识别。但实践中，动产的交付并非必须是由出让人之手直接交到受让人之手，本条所规定的指示交付即是一种例外情形，它与现实交付具有同等效力。

关于现实交付的例外情形，除去本条所规定的指示交付外，本章还分别对简易交付和占有改定作了规定。在这三类例外情形中，法律关系最为复杂的当属本条所规定的指示交付，因为它不仅涉及动产物权的让与人与受让人两方主体，还牵涉一个"第三人"的问题。为了更准确地理解本条的规定，下面就指示交付的含义、适用情形以及返还请求权的性质等问题加以说明：

（一）指示交付的含义

指示交付，又称返还请求权的让与，是指让与动产物权的时候，如果让与人的动产由第三人占有，让与人可以将其享有的对第三人的返还请求权让与给受让人，以代替现实交付。举例说明，甲将自己的自行车出租给乙使用，租期1个月，租赁期未满之时，甲又将该自行车出售给丙，由于租期未满，自行车尚由乙合法使用，此时为使丙享有对该自行车的所有权，甲应当将自己享有的针对乙的返还原物请求权转让给丙以代替现实交付。

（二）指示交付适用的情形及"第三人"的范围

关于本条所规定的指示交付，其逻辑上的前提是，动产物权的让与人对其所转让的标的不享有物理意义上直接占有和直接控制的可能，出让人无法通过现实交付的方式使动产物权得以变动，因此才有本条指示交付适用的余地。条文中的"第三人"即指能够对转让标的（动产）进行物理意义上直接占有和直接控制的一方，例如，前例中根据租赁或者借用协议而占有自行车的乙，或者根据保管合同、动产质押协议等而占有动产的保管人、质权人等,都可以成为本条所规定的“第三人”。此外需要特别说明的是,在利用提单、仓单等证券进行动产物权变动时,接受货物而签发提单或者仓单的承运人或者仓储保管人都可能成为本条中的“第三人”。

除去这一类基于合同等关系而产生的能够对动产进行直接占有和控制的“第三人”外,还有一类“第三人”也在本条的适用范围之内,即不具备法律上的正当原因而占有动产的无权占有人。例如,甲将自己收藏的古董出售给乙,买卖合同达成时甲不知该古董已被丙盗去,甲此时只能向乙转让他对于丙的返还原物请求权来代替实际交付,而丙即是本条所指的“第三人”。

(三)让与人所让与的返还请求权的性质

指示交付中让与人所让与的返还请求权,属于债权请求权,还是物权请求权,学术界的争论比较激烈。因为指示交付产生的前提是,被出让的动产不在出让人手中,而是被第三人直接占有和控制。而第三人对动产的占有又可大体分为两种:一种为基于租赁或者质权合同等关系而发生的有权占有;另一种为没有正当法律依据的无权占有。因此向第三人请求返还原物的权利,也因有权占有和无权占有性质上的差别而有不同。

有的意见认为,指示交付中出让人让与的返还请求权仅指所有人的物上请求权,而非债权请求权;有的意见认为,在第三人基于租赁或者借用合同等而对动产进行有权占有的情况下,出让人转让给受让人的仅是债权上的请求权。如甲借钢笔于乙,同时又出卖钢笔于丙,甲转移给丙的是甲基于借用合同要求乙到期返还钢笔的请求权,性质上属于债权请求权;也有意见认为,指示交付中要求第三人返还原物的请求权,既包括物权的返还请求权,也包括债权的返还请求权。后一种意见渐为通说。

在第三人有权占有的情形下,出让人应当将其基于与第三人之间的合同关系而产生的债法上的请求权让与给受让人,此时让与人在指示交付时应当将其针对第三人享有的任何合同上的返还请求权都让与给受让人。如果让与人与第三人间的合同无效，出让人还应当将自己基于不当得利的返还请求权或者基于侵权损害赔偿的请求权让与给受让人。如果第三人对动产为无权占有，假设第三人从出让人处盗取该动产，出让人无法向受让人让与任何基于合同等关系而产生的返还原物请求权，那么出让人可以将其基于所有权的返还请求权让与给受让人。仍引前例，甲将钢笔借用给乙，后又出售于丙，此时丁自乙处盗走钢笔并赠与戊，此时甲向丙转让的基于所有权的返还原物请求权足以使丙取得该钢笔的所有权，需要说明的是，此项被让与的返还请求权不仅针对现时的无权占有人戊，对于戊将来的后手（排除善意取得的情形）也有效。

（四）指示交付的公示力

指示交付中，第三人对动产的实际占有和控制关系并未发生改变，出让人与受让人之间只是发生无形的返还请求权的转移，无论该返还请求权的转移是否采取特定的形式（对于第三人基于租赁等合同关系而占有动产的情形，出让人转让的返还请求权性质上属于债权请求权范畴，而根据债权转让的规则，出让人应当履行通知第三人的义务；但当第三人为无权占有的情形下，出让人转让的为基于所有权的物上请求权，不涉及通知的义务），都无法向外界展现物权的变动，因此此种交付方法的公示作用较弱，但由于动产善意取得制度的存在，因此对交易安全并未有太大阻碍。

第二百二十八条　动产物权转让时，当事人又约定由出让人继续占有该动产的，物权自该约定生效时发生效力。

【释义】　本条是关于动产物权占有改定的规定。

占有改定，是指动产物权的让与人使受让人取得对标的物的间接占有，以代替该动产现实移转的交付。占有改定的原因在于，社会生活中，出卖人虽然将其动产出卖，但是在某一段时间内仍然可能还有使用的需要;或者买受人已经取得了该动产的所有权但是需要出卖人对该动产进行暂时的保管或者改进。在《德国民法典》中,占有改定已经成为让与担保制度的法律基础。

占有改定以及本章规定的指示交付作为观念交付的主要方法,其前提是民法学理上直接占有同间接占有的区分,要准确地把握和理解占有改定的概念,有必要先对学理上间接占有的概念进行了解。学理上,占有作为一种对物进行控制和管领的事实状态,可分为直接占有和间接占有,其中直接占有即是不通过他人媒介而能够对自己所有或他人之物进行直接控制和管领的事实状态,例如甲对手中自己所有的钢笔,商店对于店中存放待售的货物,承租人、受寄人等对于他人之物的直接控制和管领等,直接占有侧重的是物理意义上对物现实、直接地控制。除去直接占有外,还有一类为间接占有,即因他人媒介的占有而对物享有间接的控制。间接占有的前提是间接占有人同媒介占有人(直接占有人)之间存在某种法律关系,例如承租人、受寄人或者基于其他类似的法律关系,对于他人之物为占有的称为直接占有,而该他人即出租人或者寄托人等称为间接占有。间接占有侧重在间接占有人通过与直接占有人的某种特定法律关系,而间接地对物进行控制和管领。本条所规定的占有改定即是出让人自己保留直接占有,而为受让人创设间接占有以代替现实交付的一种变通方法。

占有改定制度起源于罗马法中的占有协议,罗马法早期,对于交易形式非常严苛,例如略式物(罗马法中“物”分为要式物和略式物。要式物是通过要式买卖向他人转让的物品;而略式物多体现为债权、继承权、城市役权等无形物),只有经过让渡或者交付才能发生所有权移转,这使交易形式极为僵化,阻碍了交易的发展,因此只好扩展让渡内容,以占有协议的方式来缓解这种矛盾。后来占有协议的观念为大陆法系所接受,《德国民法典》《法国民法典》以及我国台湾地区“民法”均对此作了规定,即本条所规定的占有改定制度。

占有改定制度的产生及发展,在于经济实践中常常发生的一种混合交易。例如,所有权人甲将一项动产出卖给买受人乙,而乙同时又将该物出租给甲,这样做的目的是使出卖人甲既可获得卖价,又可享受使用的权利,而买受人乙既可以获得动产的所有权,又可获取租金。法律为满足双方当事人的需要,将法律关系简化,确定为占有改定制度。

占有改定必须符合下列三项要件:第一,让与人与受让人达成移转动产物权的合意,一般通过买卖或者让与担保的设定,使受让人取得动产所有权。第二,让与人与受让人之间还需具有某种使得受让人取得动产间接占有的具体法律关系,即本条所规定的由出让人继续占有该动产的双方约定。《德国民法典》中,这种具体的法律关系也被称为占有媒介关系。所谓占有媒介关系,是为了保护间接占有人和直接占有人的利益而由法律拟制出来的一种法律关系,具体到本条规定来说,出让人可以根据租赁关系、寄托关系以及其他类似关系为占有改定。第三,让与人已经对物进行了直接占有或者间接占有,否则不能发生占有改定的适用。当让与人间接占有标的物时,让与人可以使受让人取得更上一级的间接占有,这样可能存在多层次的占有关系。举例来说,甲将其寄放在乙处的某物出售给丙,同时又与丙签订借用合同以代替交付,则乙为直接占有人,甲、丙都为间接占有人。

最后需要说明的是,除去现实已经存在的动产,占有改定制度还适用于将来可取得的动产。例如,甲向乙购买一台尚未生产出的机器,同时双方约定该机器生产出来后由乙暂时保管。一旦该机器生产完毕,则甲取得间接占有以代替交付。

第三节 其他规定

物权的设立、变更、转让或者消灭,要发生效力就必须经由一定的方式使人们能够从外部得以察知,这即是物权公示原则的要求。物权的公示性决定了物权的效力,本章第 1 节及第 2 节分别对不动产登记以及动产交付等公示方法及其物权效力作了规定。而本节所规定的则是以上公示原则的例外，即不依物权变动的一般公示原则，而依法律的规定直接发生物权变动效力的情况。

第二百二十九条　因人民法院、仲裁机构的法律文书或者人民政府的征收决定等，导致物权设立、变更、转让或者消灭的，自法律文书或者征收决定等生效时发生效力。

【释义】　本条是关于因人民法院、仲裁机构的法律文书或者人民政府的征收决定等而导致物权设立、变更、转让或者消灭的规定。

物权的设立、变更、转让或者消灭，依其发生根据可以分为依民事法律行为而进行的物权变动，以及非依民事法律行为而发生的物权变动。依民事法律行为进行的物权变动，是指以一方当事人的单方意思表示或双方（或者多方）当事人共同的意思表示为基础进行的物权变动。此种物权变动必须遵循物权公示的一般原则才能发生效力，例如，甲将自有的私宅出售于乙，要想使私宅的所有权由甲移转至乙，双方必须去不动产登记机构办理变更登记，否则物权移转不生效力；又如，甲将收藏的古董出售于乙，要使乙获得古董的所有权，甲必须将古董或者现实交付给乙手中，或者采取关于简易交付、指示交付或者占有改定等观念交付的方法替代现实交付，而完成所有权的移转。但无论何种情形，物权变动的效力是同公示方法密切相关的。但在本条，物权的设立、变更、转让或者消灭，并非基于原权利人的意思表示，而是在无原权利人甚至法律有意识排除原权利人意思表示的情况下发生的物权变动，此种变动遵循的不是一般性的物权公示原则，而是法律的直接规定。

非依民事法律行为进行的物权变动，一般有如下几种：第一，因人民法院、仲裁机构的法律文书或者人民政府的征收决定等而发生的物权变动；第二，因继承而取得物权；第三，因合法建造，拆

除房屋等事实行为设立和消灭物权。而本条规定的是第一种情形,即基于公权力的行使而使物权发生变动的情形:

(一)因国家司法裁判权的行使、仲裁裁决而导致物权的设立、变更、转让或者消灭

基于国家司法裁判权的行使、仲裁裁决而产生的生效法律文书,即人民法院的判决书、调解书以及仲裁机构的裁决书、调解书等法律文书的生效时间,就是当事人的物权设立、变动的时间。这里需要说明两点:第一,导致物权变动的人民法院判决或者仲裁机构的裁决等法律文书,是指直接为当事人创设或者变动物权的判决书、裁决书、调解书等。例如,离婚诉讼中确定当事人一方享有某项不动产的判决、分割不动产的判决、使原所有人回复所有权的判决即属于本条所规定的设权、确权判决等。此类设权或者确权判决、裁决书、调解书本身,具有与登记、交付(移转占有)等公示方法相同的效力,因而依据此类判决、裁决书、调解书而进行的物权变动,无需再进行一般的物权公示而直接发生效力。例如,甲乙二人向法院诉请离婚,家中电脑经判决为乙所有,那么自法院判决生效时起,电脑的所有权归乙,尽管此时电脑仍处于甲的占有使用之中,未有交付(现实占有的转移)并不影响所有权的移转。第二,由于法院的判决或者仲裁机构的裁决等,所针对的只是具体当事人而非一般人,对当事人以外的第三人来说公示力和公信力较弱,因此根据本节规定,对于依照法院判决或者仲裁裁决而享有的物权,在处分时,如果法律规定需要办理登记的,不经登记,不发生物权效力。

(二)因国家行政管理权的行使而导致物权的设立、变更、转让或者消灭

因国家行政管理权的行使而导致物权变动的情况,主要指因人民政府的征收决定等而产生的物权变动。国家征收,是国家取得财产的特殊方式,按照土地管理法的规定,国家征收土地,县级以上人民政府要进行公告,这已起到了公示作用,而且集体所有土地被征收,即成为国家所有的自然资源,依照本编前述规定,依

法属于国家所有的自然资源，所有权可以不登记，因此人民政府的征收决定生效之时即发生物权变动的效力。

第二百三十条　因继承取得物权的，自继承开始时发生效力。

【释义】　本条是关于因继承而取得物权的规定。

除去因国家公权力的行使而导致的物权变动，可以不依一般的公示原则直接发生效力外，还有一类情形也导致物权的变动直接发生效力，即因继承而取得物权的情形。继承是导致物权变动的一个重要方式，根据继承编的规定，继承从被继承人死亡时开始。因此，本条所指的“继承开始”就是“被继承人死亡”之时。而此所谓“死亡”既包括自然死亡，如老死、病死、意外事故致死，也包括宣告死亡。在宣告死亡的情形，自判决所确定的死亡之时继承开始。本条所指的继承又可分为法定继承和遗嘱继承两类。法定继承，指的是在被继承人没有对其遗产的处理立有遗嘱的情况下，由法律直接规定继承人的范围、继承顺序、遗产分配的原则。继承编第 1127 条规定，遗产按照下列顺序继承：(1)第一顺序：配偶、子女、父母；(2)第二顺序：兄弟姐妹、祖父母、外祖父母。继承开始后，由第一顺序继承人继承，第二顺序继承人不继承；没有第一顺序继承人继承的，由第二顺序继承人继承。遗嘱是公民生前按照自己意愿处分自己不动产物权的一种单方民事法律行为。继承编第 1133 条规定，自然人可以依照本法规定立遗嘱处分个人财产，可以立遗嘱将个人财产指定由法定继承人的一人或者数人继承。

继承编规定，继承开始后，继承人放弃继承的，应当在遗产处理前，以书面形式作出放弃继承的表示；没有表示的，视为接受继承。由此可见，自继承开始后，所有继承人是基于法律的直接规定而取得物权，因此取得物权的生效时间始于继承开始。与此不同，继承编第 1125 条规定，受遗赠人应当在知道受遗赠后 60 日内,作出接受或者放弃受遗赠的表示;到期没有表示的,视为放弃受遗赠。这是因为遗赠本质上属于赠与关系。合同编规定,赠与合同是赠与人将自己的财产无偿给予受赠人,受赠人表示接受赠与的合同。受赠人表示接受,赠与法律关系才成立。需要说明的是,根据本节规定,因继承而取得物权,如果涉及的遗产为不动产,依照法律规定需要办理登记,但继承人未办理登记的,对该不动产的处分行为不发生效力。

第二百三十一条　因合法建造、拆除房屋等事实行为设立或者消灭物权的,自事实行为成就时发生效力。

【释义】 本条是关于因事实行为而设立或者消灭物权的规定。

第一,为了准确理解本条的规定,有必要对"事实行为"作进一步的解释。要理解"事实行为",就要从"法律事实"说起。法律事实又可分为自然事实和人的行为,其中自然事实包括两种:一是状态,即某种客观情况的持续,如下落不明、权利继续不行使、未成年人已成年等;二是事件,即某种客观情况的发生,如人的生死、果实自落于邻地、不可抗力事由的出现等。在法律实践中,引起法律后果的自然事实是有限的,仅限于法律的明文规定。能够产生法律后果的事实主要表现为人的行为,而人的行为又可分为法律行为、准法律行为和事实行为。法律行为因以意思表示为核心要素,所以又被称为表示行为。准法律行为虽有意思表示的外观,但不同于法律行为中的意思表示,法律行为中的意思表示是产生法律效果的依据,而准法律行为中的意思表示只是一种事实构成要素,其法律效果的产生是基于法律的直接规定,只不过在某些方面可以准用法律行为的相关规定。事实行为不以意思表示为要素,属于无关乎心理状态的行为,所以又叫非表示行为。由此可见,所谓事实行为应是指不以意思表示为要素的能够产生民事法律后果的法律事实。这一定义表明:首先,事实行为是人的行为,是人的一种有意识的活动,与自然事实有别;其次,事实行为是一种法律事实,即能够在人与人之间产生、变更或终止民事法律关系;最后,事实行为不以意思表示为要素,即行为人是否表达了某种心理状态,法律不予考虑,只要有某种事实行为存在,法律便直接赋予其法律效果。

第二,具体到本条的规定来说,能够引起物权设立或者消灭的事实行为,举例来讲:如用钢筋、水泥、砖瓦、木石建造房屋或者用布料缝制衣服,用木料制作家具,将缝制好的衣物抛弃或者将制作好的家具烧毁等。本条规定的"自事实行为成就时发生效力",就是指房屋建成之时、衣服制成之时、书柜完成之时或者衣服被抛弃之时、书柜被烧毁之时,这些物的所有权或为设立或为消灭。这些因事实行为而导致的物权的设立或者消灭,自事实行为成就时发生效力,而不需要遵循一般的物权公示方法(不动产为登记,动产为交付)即生效。

第三,我国存在许多因合法建造房屋等事实行为设立物权的情况,这种情形下的建房有些虽然缺少登记行为,但不能将这种行为形成的建筑物作为无主财产对待,对其所有权法律承认归建房人所有。比如,农民在宅基地上建造的住房,自建成之日起就取得该住房的所有权。但根据本节规定,此类合法建造的房屋,固然因建造完成而取得所有权,但如果按照法律规定应当办理登记而未登记的,所有权人其后的处分行为,不发生物权效力。

第二百三十二条　处分依照本节规定享有的不动产物权,依照法律规定需要办理登记的,未经登记,不发生物权效力。

【释义】 本条是关于非因民事法律行为享有的不动产物权变动的规定。

物权变动的公示方式,针对动产,一般采用交付,针对不动产,各国和地区的立法例多采登记。通过此种方法,物权变动可以被人们从外部察知,从而保护了交易的安全。但依照本节规定,物权的变动还可因法院判决、政府征收决定、继承以及合法建造房屋等,直接发生效力,而不必遵循依民事法律行为而进行的物权变动应当遵循的一般公示方法,这必然可能损害到交易秩序和交易安全,尤其是涉及不动产的物权变动时更甚。

因此,一些国家和地区立法皆对此作了限制规定。例如,依照《德国土地登记法》的规定,依继承、夫妻共同财产制度之权利取得等,可不依登记而发生物权取得之效力,但物权人非经登记不得处分其物权。《瑞士民法典》也有类似规定,因先占、继承、征收、强制执行或者法院判决等情况取得不动产,可以不经登记,但未经登记,不得处分。我国台湾地区"民法"规定,因继承、强制执行、公用征收、法院判决等而取得物权,以及定作人新建筑物之取得、因除斥期间完成时之典物所有权之取得、对于无主土地之国库取得以及因没收而取得等,皆可在登记之前取得物权,但非经登记不得处分。

考虑到对交易安全的保护,本法明确,依照本节规定享有的物权,处分该不动产物权时,依照法律规定需要办理登记的,未经登记,不发生物权效力。举例说明:甲乙向法院诉请离婚,法院判决原甲的房屋归乙所有,在判决生效之时,乙已经取得该房屋的所有权,但尚未去房产登记部门办理变更登记,此时乙将房屋转卖给丙,丙信赖乙出示的法院判决而与之交易。与此同时,甲将该房屋又转卖于丁,丁信赖的是登记簿上甲为所有权人的登记记录。那么,乙对丙的处分行为能否发生物权效力而由丙取得房屋的所有权呢?按照本条的规定,答案是否定的。尽管乙为真正的房屋所有权人,也有权对房屋进行处分,但未经登记,该处分行为不发生所有权转移的效力,丙只能请求乙承担返还价款等违约责任。

第三章　物权的保护

加强对物权的保护，是维护权利人合法权益的必然要求。本章共 7 条，针对物权受到侵害时如何保护权利人作出规定，权利人既有权依法请求返还原物、排除妨害、消除危险，也有权依法请求恢复原状、损害赔偿等。

第二百三十三条　物权受到侵害的，权利人可以通过和解、调解、仲裁、诉讼等途径解决。

【释义】　本条是关于物权纠纷解决方式的规定。

物权受到侵害，物权人有权选择和解、调解、仲裁、诉讼途径救济。和解是当事人之间在没有第三者参加的情况下自愿协商，达成协议。和解属于当事人处分自己民事实体权利的一种民事法律行为。和解可以发生在诉讼以前，双方当事人互相协商，达成协议，也可以发生在诉讼过程中。民事诉讼法第 50 条规定："双方当事人可以自行和解。"调解是通过第三人调停解决纠纷。通过调解达成的协议还可以依法申请司法确认。人民调解法第 33 条规定："经人民调解委员会调解达成调解协议后，双方当事人认为有必要的，可以自调解协议生效之日起三十日内共同向人民法院申请司法确认，人民法院应当及时对调解协议进行审查，依法确认调解协议的效力。人民法院依法确认调解协议有效，一方当事人拒绝履行或者未全部履行的，对方当事人可以向人民法院申请强制执行。人民法院依法确认调解协议无效的，当事人可以通过人民调解方式变更原调解协议或者达成新的调解协议，也可以向人民法院提起诉讼。"仲裁是当事人协议选择仲裁机构，由仲裁庭裁决解决争端。我国仲裁法是规范仲裁法律关系的专门法律。诉讼包括民事、行政、刑事三大诉讼,物权保护的诉讼主要指提起民事诉讼。

第二百三十四条　因物权的归属、内容发生争议的,利害关系人可以请求确认权利。

【释义】　本条是关于物权确认请求权的规定。

物权确认请求权是物权保护的一项基本权利,很多国家和地区的立法对此都有规定。例如,《意大利民法典》第950条规定了确定地界之诉:在相邻土地的地界未确定的情况下,每块土地的所有人都可以请求通过法律途径划定地界。允许通过任何方式进行举证。在没有其他证据的情况下,法官将根据地籍册标明的地界进行划定。第951条规定了设置界石之诉:如果在相邻的两块土地之间没有界石或者界石无法辨认,则每块土地的所有人都有权请求设置或者重建界石,并且由双方共同承担费用。第1079条规定了确认役权之诉和其他保护措施:对否认役权之人,役权人可以提起确认役权之诉,通过判决确认自己享有的役权并且请求停止妨碍或干扰役权行使的行为。此外,除损害赔偿以外,役权人还可以请求恢复原状。

物权确认请求权是物权保护请求权的一种。物权归属或者内容发生争议,物权人可以请求有关行政机关、人民法院等部门确认该物权的归属或者内容。

第二百三十五条　无权占有不动产或者动产的,权利人可以请求返还原物。

【释义】　本条是关于返还原物请求权的规定。

返还原物是物权请求权的一种。物权人的物被他人侵占,物权人的对物支配权受到侵害时,物权人有权请求返还原物,使物复归于物权人事实上的支配。很多境外立法例对此都有规定。例如,《德国民法典》第985条规定了返还请求权:所有权人可以要求占有人返还其物。第 986 条规定了占有人的抗辩:(1)占有人或者作为其权利来源的间接占有人对所有权人有权占有时,占有人可以拒绝将物返还。间接占有人对所有权人无权将占有让与占有人的,所有权人可以要求占有人将物返还于间接占有人,或者在间接占有人不能或者不愿重新承担占有时,所有权人可以要求将物返还于自己。(2)根据第 931 条的规定,因让与返还请求权而受让的物的占有人,可以其对受让的请求权享有的抗辩对抗新的所有权人。第 993 条规定了正当占有人的责任:(1)如果不存在第 986 条至第 992 条所规定的条件,以孳息依通常经营方法不能认为是物的收益的为限,占有人应当根据关于返还不当得利的规定将收取的孳息返还;此外,占有人既不负返还收益的义务,也不负损害赔偿义务。(2)对占有人保留收益期间,适用第 101 条的规定。第 1005 条规定了追诉权:占有物在物的所有权人以外的他人占有的土地上时,物的所有权人对土地的所有权人享有第 867 条规定的请求权。《瑞士民法典》第 641 条规定:(1)物的所有人,在法律规范的限制范围内,对该物得自由处分;(2)其有权请求物的扣留人返还该物并有权排除一切不当影响。第 948 条规定了返还所有物之诉:物品的所有人可以向占有或持有物品的人要求返还所有物;在提出返还请求之后,如果由于占有或持有物品之人的行为丧失了对物品的占有或持有,则物品的所有人还可以向他们提起返还所有物之诉。在这种情况下,被告承担为原告追回所有物的责任并且承担追回所有物所需要的全部费用;在无法追回的情况下,除赔偿原告的损失以外,还要向原告支付相当于物品价值的价款。如果物品的所有人直接从现占有人或持有人处取得了物品,则应当将获得的补偿金退还前占有人或前持有人。《意大利民法典》规定返还所有物之诉不因时效而消灭,但是,基于时效取得所有权的情况不在此限。我国台湾地区"民法"第 767 条规定了所有权人之物上请求权:所有人对于无权占有或侵夺其所有物者,得请求返还之。第 820 条规定了共有人请求权之行使:各共有人对于第三人,得就共有物之全部,为本于所有权之请求。但回复共有物之请求,仅得为共有人全体之利益为之。

返还原物请求权的产生,须有他人无权占有不动产或者动产的事实。无权占有就是没有法律根据、没有合法原因的占有。一般包括两种情形:一是占有人从占有之始就没有法律根据,如占有人占有的物是盗窃物。二是占有之初本来有法律根据,但是后来该根据消灭,如租赁他人之物,租赁期限届满而不返还。享有返还原物请求权的权利人应当是物权人,包括所有权人、用益物权人等。至于占有人,无论其是否为有权占有,均应依据占有请求权行使权利,而不能依返还原物请求权行使权利。

第二百三十六条　妨害物权或者可能妨害物权的,权利人可以请求排除妨害或者消除危险。

【释义】　本条是关于排除妨害、消除危险请求权的规定。

排除妨害也是一种物权请求权。妨害,是指以非法的、不正当的行为,包括施加无权施加的设施,影响了特定物的权利人行使物权。例如,在他人家门口堆放物品,妨碍他人通行。排除妨害请求的目的是消除对物权的障碍或者侵害,使物权恢复圆满状态。需要注意的是,被排除的妨害需具有不法性,倘若物权人负有容忍义务,则物权人不享有排除妨害请求权。

排除妨害请求权的境外立法例很多。例如,《德国民法典》第1004 条规定了排除和停止侵害请求权:(1)所有权人受到除剥夺或者扣留占有以外的其他方式的妨害时,可以要求妨害人排除妨害。所有权有继续受妨害之虞的,可以提起停止妨害之诉。(2)所有权人负有容忍妨害义务的,不享有上述请求权。《意大利民法典》第 949 条规定了否认所有权之诉:物品的所有人为宣告在自己的物品上不存在他人的权利,可以以惧怕遭受损害为由提起否认所有权之诉。我国台湾地区"民法"第 767 条规定了所有权人之物上请求权:所有人对于妨害其所有权者,得请求除去之。

消除危险也是一种物权请求权。消除危险请求权,是指对于某种尚未发生但确有发生可能性的危险,物权人也可以请求有关的当事人采取预防措施加以防止。例如,某人的房屋由于受到大雨冲刷随时有倒塌可能,危及邻居的房屋安全,此时邻居可以请求该房屋的所有人采取措施消除这种危险。物权人行使消除危险请求权,只需有危险存在的客观事实,而不论有关的当事人是否具有故意或者过失的主观过错。

第二百三十七条　造成不动产或者动产毁损的,权利人可以依法请求修理、重作、更换或者恢复原状。

【释义】　本条是关于物权的权利人可以依法请求修理、重作、更换或者恢复原状的规定。

物权法第36条规定:“造成不动产或者动产毁损的,权利人可以请求修理、重作、更换或者恢复原状。”本条在物权法规定的基础上,增加了“依法”二字。在民法典编纂立法过程中,不少意见提出,返还原物请求权、排除妨害、消除危险请求权属于物权请求权。而物权法第36条规定的修理、重作、更换或者恢复原状请求权,在性质上不属于物权法律制度上的物权请求权,而属于债权请求权。本条吸收这一意见,增加“依法”二字,以示区分。这里的“依法”,是指依照民法典侵权责任编以及其他相关法律规范的规定。这就意味着权利人行使这种权利,需要符合这些相关法律关于请求权具体要件等方面的规定。

有的意见提出,物权编应当删除债法上的修理、重作、更换或者恢复原状请求权。但也有意见认为,考虑到本章是关于物权保护的规定,为了体现保护的全面性,可以在适当修改完善的基础上继续保留。

有的意见提出,修理,是指物毁损时,通过一定的办法使其恢复到毁损之前的状态;重作,是指当物灭失、损毁到不能使用等情形时重新作相同性质、相同用途的物,使其达到与原物相同的价值;更换,是指物毁损并且有与此物相同的种类物存在时,予以更换。修理、重作、更换都属于恢复原状。有的意见提出,修理可看作恢复原状的一种具体手段,将它与恢复原状并行规定,明显不合理。重作和更换这两种责任方式具有独特性,无法纳入恢复原状之中。还有意见认为,“修理、重作、更换”不是法律概念,不具备法律概念应有的特性,也无法发挥法律概念的功能。“修理、重作、更换”不是一种独立的请求权,不具有民事责任的强制性,可以被其他请求权所涵盖。也有意见认为,民法通则第134条就将恢复原状及修理、重作、更换并行规定为民事责任的方式。民法总则第179条规定了承担民事责任的方式,因循其例,其中第5项为恢复原状,第6项为修理、重作、更换。为保持法律的连续性、稳定性,对此以不作修改为宜。

第二百三十八条　侵害物权,造成权利人损害的,权利人可以依法请求损害赔偿,也可以依法请求承担其他民事责任。

【释义】 本条是关于物权的权利人可以依法请求侵权人承担赔偿损失等民事责任的规定。

物权法第37条规定:“侵害物权,造成权利人损害的,权利人可以请求损害赔偿,也可以请求承担其他民事责任。”本条在物权法规定的基础上,增加了“依法”二字。在民法典编纂立法过程中,不少意见提出,返还原物请求权、排除妨害、消除危险请求权属于物权请求权。而物权法第37条规定的损害赔偿请求权,在性质上不属于物权法律制度上的物权请求权,而属于债权请求权。本条吸收这一意见,增加“依法”二字,以示区分。

有的意见提出,物权编应当删除债法上的损害赔偿请求权。但也有意见认为,考虑到本章是关于物权保护的规定,为了体现保护的全面性,可以在适当修改完善的基础上继续保留。

赔偿损失,是指行为人向受害人支付一定数额的金钱以弥补其损失的责任方式,是运用较为广泛的一种民事责任方式。赔偿的目的主要是补偿损害,使受到损害的权利得到救济,使受害人能恢复到未受到损害前的状态。除了赔偿损失,民法典总则编在民法通则的基础上，还规定了其他一些承担民事责任的方式，包括停止侵害、排除妨碍、消除危险、返还财产、恢复原状、修理、重作、更换、继续履行、支付违约金、消除影响、恢复名誉、赔礼道歉。这其中有的责任方式主要适用于违约责任领域，有的主要适用于人身权侵权领域。对于物权受到侵害而言，有的责任方式本章已作规定，有的在功能上可以被物权请求权所覆盖。赔礼道歉也是承担民事责任的一种方式，物权受到侵犯，物权人有权请求赔礼道歉。赔礼道歉是将道德规范法律化，它不仅可以用于侵犯人身权利的责任承担，也可以用于侵犯财产权利的责任承担。损坏了他人心爱的东西，侵权人赔个礼、道个歉，让物权人消消气，往往有利于化干戈为玉帛。

第二百三十九条　本章规定的物权保护方式，可以单独适用，也可以根据权利被侵害的情形合并适用。

【释义】　本条是关于物权保护方式的单用和并用的规定。

物权受到侵害的，当事人可以通过请求确认权利、返还原物、排除妨害、消除危险、修理、重作、更换、损害赔偿等方式保护自己的权利。上述保护方式，可以单独适用，也可以根据权利被侵害的情形合并适用。如果一种方式不足以救济权利人，就同时适用其他方式。

第二分编　所　有　权

第四章　一般规定

本章共6条，对于所有权基本内容、国家专有、征收征用等作了规定。

第二百四十条　所有权人对自己的不动产或者动产，依法享有占有、使用、收益和处分的权利。

【释义】　本条是关于所有权基本内容的规定。

通常认为，所有权是对物的支配权，这样讲是很抽象的，但准确地给所有权下定义则非常困难。其他国家和地区民法通常以规定所有权的内容的方式来说明所有权，有以下几种情形：一是作概括性规定，强调处分权。如德国规定，在不违反法律和第三人利益的范围内，物的所有权人可以随意处分其物，并排除他人的任何干涉。瑞士规定，物的所有人在法律规范的限制范围内，对该物得自由处分。二是规定两项具体内容，强调使用权和处分权。如意大利规定，在法律规定的范围内并且在遵守法律规定的义务的前提下，所有权人对所有物享有完全的、排他的使用和处分的权利。法国规定，所有权是指以完全绝对的方式，享有与处分物的权利，但法律或条例禁止的使用除外。三是规定三项具体内容，在规定使用权、处分权外，规定收益权或者占有权。如日本规定，所有人于法令限制的范围内，有自由使用、收益及处分所有物的权利。俄罗斯规定，财产的占有权、使用权和处分权属于财产的所有人。我国台湾地区规定，所有人，于法令限制之范围内，得自由使用、收益、处分其所有物，并排除他人之干涉。

民法通则第71条对所有权规定了四项内容："财产所有权是指所有人依法对自己的财产享有占有、使用、收益和处分的权利。"本条的规定与民法通则这一规定基本一致，物权法沿用民法通则四项内容的规定。民法典维持了此内容。

所有权的上述内容在传统理论上称为所有权的"权能"。虽然大陆法国家在所有权概念上对所有权权能的规定各有不同，但在理论上通常都认为所有权具有四项基本权能：

(1)占有。占有就是对于财产的实际管领或控制。拥有一个物的一般前提就是占有，这是财产所有者直接行使所有权的表现。所有人的占有受法律保护，不得非法侵犯。对于动产，除非有相反证明,占有某物即是判定占有人享有该物所有权的标准。除了前引《俄罗斯联邦民法典》明确规定了占有权之外,其他国家和地区民法在所有权的概念中虽然并不明确规定占有,但其所有权的内容包括这一权利是不言自明的。

(2)使用。使用是权利主体对财产的运用,以便发挥财产的使用价值。如使用机器生产产品,在土地上种植农作物。拥有物的目的一般是使用。其他国家和地区民法对于使用权一般都有明确规定。如前引日本、意大利、俄罗斯和我国台湾地区的规定。德国、瑞士虽然只有"处分"一词,但"随意处分"或者"自由处分"也当然包括使用。所有权人可以自己使用,可以授权他人使用,这些都是所有权人行使使用权的行为。

(3)收益。收益是通过财产的占有、使用等方式取得的经济效益。使用物并获益是拥有物的目的之一。对于收益权,其他国家和地区民法也有规定,有的国家只规定了使用权,没有明确规定收益权,这是因为其规定的使用权包括了收益权。收益通常与使用相联系,但是处分财产也可以带来收益。收益也包括孳息。孳息分为天然孳息和法定孳息。家畜生崽、果树结果等属于天然孳息;存款所得的利息、出租所得租金属于法定孳息。

(4)处分。处分是指财产所有人对其财产在事实上和法律上的最终处置。处分权一般由所有权人行使,但在某些情况下,非所有权人也可以有处分权,如运输的货物,如果发生紧急情况,承运人也可以依法进行处分。其他国家和地区的民法对所有权概念的规定都包括"处分"一词。同时规定使用权的,处分不包括使用,没有规定使用权的,处分也包括了使用。

除了上述各项权能,一般认为,所有权本身具有如下一些特性:

(1)完全性。或者称所有权为完全权,所有权是就标的物为一般支配的完全权。所有权作为一般的支配权,是用益物权、担保物权等他物权的源泉。与所有权不同,他物权仅在使用收益上于一定范围内有支配权。

(2)整体性。或者称为单一性。所有权不是占有、使用、收益和处分等各项权能量的总和,而是对标的物有统一支配力,是整体的权利,不能在内容或者时间上加以分割。所有权人可以在其物上设定他物权,即使其物的占有、使用、收益、处分等权能分别归他人享有,但所有权人的所有权性质不受影响。

(3)恒久性。所有权有永久性,其存在没有存续期间,不因时效而消灭。

(4)弹力性。或者称为"所有权弹性""归一力"。所有权人在其所有物上为他人设定权利,即使所有权的所有已知表征权利均被剥夺,也潜在地保留其完整性,这种剥夺终止后,所有权当然地重新恢复其圆满状态。

对于所有权的这些特性,其他国家和地区民法通常都没有明确规定,但也有的国家对所有权的一些特性作了明确规定,如《俄罗斯联邦民法典》第209条第2款的规定体现了所有权的整体性和弹力性:财产所有人有权根据自己的意志对属于他的财产实施不与法律和其他法律文件相抵触的并且不侵犯他人权利和受法律保护的利益的任何行为,其中包括将自己的财产让与他人所有;向他人移转财产的占有权、使用权和处分权,而自己仍为财产所有人;抵押自己的财产和以其他方式为财产设定负担;以其他方式处分财产。其中"向他人移转财产的占有权、使用权和处分权,而自己仍为财产所有人"的规定,表明了所有权的整体性和弹力性。

根据所有权的权能和所有权的特性,学者通常在理论上以"支配权"来定义所有权。如我国台湾地区有的学者认为,所有权谓以全面的物之支配权能为内容之权利。有的学者认为,所有权者,指于法令限制之范围内,对物为全面支配的权利。有的大陆学者认为,所有权作为一种民事权利,是民事主体依法对其物实行占有、使用、收益和处分并独立支配的权利。

所有权与所有制密切相关。所有权是所有制在法律上的体现,所有权的本质属性是由一定社会形态的所有制决定的。但是,人们常常对所有制产生误解,将所有制也理解为所有权,因而搞不清所有制与所有权究竟是什么关系。“所有制”与“所有权”仅一字之差,但其内涵却相去甚远。由于生产资料的占有形式是生产关系的重要内容,生产资料所有制成为生产关系的集中表现,通常以所有制表述特定的生产关系。但是,所有制不仅指生产资料的占有形式,而且指总和的生产关系,马克思曾说,私有制不是一种简单的关系,也绝不是什么抽象概念或原理,而是资产阶级生产关系的总和。我们说所有权是所有制在法律上的体现,这里的“所有制”指的是一定的以生产资料的占有为重要内容的生产关系。

还需要说明的是,所有权不仅仅是民法的专有名词,也不仅仅是民法上的权利。“所有权”一词使用甚广,在不同的含义上使用,也在各种政治法律关系中使用。在较广的含义上,所有权指政治法律制度中的所有权制度,是调整财产所有关系的法律规范的总称。我们说所有权是所有制的法律体现,就是在这个意义上使用“所有权”这一概念的。在这个意义上,所有权与所有制是个对应的概念。在较窄的含义上,所有权指所有人对特定财产所享有的占有、使用、收益和处分的权利。所有权的基本概念通常是由民法规定的,民法的所有权是一项民事权利,属于物权的一种。但是,所有权概念的使用却不限于民法,而是广泛使用于各个法律部门。或者说,规范所有权的法律不仅有民法,各个法律部门均有涉及所有权关系的法律规范。

法律调整的是人与人之间的关系,不是人与物之间的关系。权利体现的是社会关系。民法的所有权是基于所有物而产生的所有权人与他人的财产关系。民法上讲所有权,不仅要讲所有权人对所有物的权利,而且主要是讲所有权人与他人的关系。在行政法、经济法、刑法上也讲所有权,但由于这些法律调整的社会关系与民法不同,调整的所有权关系也与民法不同。由于民法调整平等主体之间的关系,因而民法上的所有权体现了平等的民事关系。行政法、经济法调整的是行政管理的关系,因而行政法、经济法上的所有权体现的是行政管理的关系。比如,国家依行政权征收集体和私人的财产，体现了行政管理的关系。

第二百四十一条　所有权人有权在自己的不动产或者动产上设立用益物权和担保物权。用益物权人、担保物权人行使权利，不得损害所有权人的权益。

【释义】　本条是关于所有权人设定他物权的规定。

所有权人在自己的不动产或者动产上设立用益物权和担保物权，是所有权人行使其所有权的具体体现。所有权人的各项所有权权能可以与所有权相分离。因而可以为他人设定用益物权和担保物权。由于用益物权与担保物权都是对他人的物享有的权利，因此都称为“他物权”，与此相对应，所有权称为“自物权”。现代各国和地区的民法贯彻效益原则，已逐渐放弃了传统民法注重对物的实物支配、注重财产归属的做法，转而注重财产价值形态的支配和利用。大陆法系和英美法系这两大法系有关财产的现代法律，都充分体现了以“利用”为中心的物权观念。传统的以物的“所有”为中心的物权观念，已经被以物的“利用”为中心的物权观念所取代。

但是，所有权是他物权的本源和基础。用益物权与担保物权的设定，源于所有权人对其所有权的行使。让渡对物的占有、使用，或者以物的价值为他人设定担保，正是所有权人对其所有权中诸项权能的行使。所有权人根据法律和合同，可以将使用权转移给非所有权人行使，非所有权人取得使用权、行使使用权，必须依据法律与合同的约定进行。所以，非所有人享有的使用权，不过是从所有权中分离出来的权能。所有权人根据法律或者合同用自己的物为他人债务提供担保，是对其物所有权中处分权的行使，非所有权人取得担保物权、行使担保物权，必须依据法律与合同的规定进行。所以，他人享有的担保权利，同样也是从所有权中分离出来的权能。因此，设定他物权，是所有权人行使所有权的结果。也正因如此，用益物权人、担保物权人行使权利必须依据法律或者合同的约定进行,不得损害所有权人的权益。

设定土地承包经营权、宅基地使用权、建设用地使用权是以土地为他人设定权利。在我国,土地实行公有制,土地属于国家或者集体所有,这与西方土地私有的情况有很大不同。对于土地承包、宅基地和建设用地,国家有大量的法律、行政法规以及地方法规和规章,要求政府部门严格依法办事,不能损害国家、集体的利益。土地承包经营权人、宅基地使用权人、建设用地使用权人也要依据法律和合同行使权利,履行义务,不得损害国家、集体的利益。

用益物权中有一项是地役权。地役权,是指在相邻关系以外,权利人按照合同约定处理两个或者两个以上不动产权利人之间在通行、通风、采光等方面产生的各种关系,以提高自己的生产或者生活水平。比如,甲公司和乙公司约定,借用乙公司的道路通行,以便利甲公司员工的出入。在我国,设立地役权的情况较为特殊。在国有土地上设定地役权的,通常是拥有土地使用权的单位而不是作为所有权人的国家,在集体土地上设定地役权的通常是承包土地的农户而不是作为土地所有权人的集体经济组织。

留置权为担保物权的一种。留置权是法律为了确保债务履行而设立的一种担保物权,当债务人不履行债务时,债权人依法留置已经合法占有的债务人的动产,并就该动产享有优先受偿的权利。比如,顾客不支付洗衣费,洗衣店依法有权留置衣物,在法定期限内顾客还不支付洗衣费,洗衣店依法有权就变卖衣物的价款中获取洗衣费。留置权是债权人留置债务人的动产,留置权的设定由债权人依法进行,而非动产的所有权人设定,但当事人约定不得留置的,债权人必须遵守约定,不得违背合同规定留置约定不得留置的债务人的动产。债权人留置债务人的动产、行使留置权必须依法进行,不得损害所有权人的权益。

第二百四十二条　法律规定专属于国家所有的不动产和动产,任何组织或者个人不能取得所有权。

【释义】 本条是关于国家专有的规定。

国家专有，是指只能为国家所有而不能为任何其他人所拥有。国家专有的财产由于不能为他人所拥有，因此不能通过交换或者赠与等任何流通手段转移所有权，这与非专有的国家财产的性质不同。非专有的国家财产是可以流转的，如国家用于投资的财产。国家专有的财产范围很宽，各项具体的专有财产由各个相关单行法律、行政法规规定，本条只作概括性规定。

国家专有的财产包括但不限于以下各项：

(1)国有土地。依据法律、行政法规的规定，属于国家所有的土地有：城市市区的土地；农村和城市郊区已被征收的土地；依法不属于集体所有的森林、山岭、草地、荒地、滩涂及其他土地等。

(2)海域。海域使用管理法规定，海域属于国家所有。

(3)水流。宪法规定，水流属于国家所有。

(4)矿产资源。宪法规定，矿藏属于国家所有。矿产资源法规定，矿产资源属于国家所有。有关法律、行政法规规定煤炭资源、石油资源、盐资源、水晶矿产等属于国家所有。

(5)无居民海岛。海岛保护法规定，无居民海岛属于国家所有。

(6)野生动物资源。野生动物保护法规定，野生动物资源属于国家所有。

(7)无线电频谱资源。本编第 5 章规定，无线电频谱资源属于国家所有。

国外有“公用财产”的概念，其他国家和地区的公用财产指社会公众共同使用的财产，如公共道路、公路、街道、桥梁、水库、图书馆、港口等。有的国家规定公用财产属于社会公有，不属于国家所有，但国家享有主权和管理权。公用财产不能转让，不适用取得时效。在这一点上，与我国的国家专有财产有类似的地方。

第二百四十三条　为了公共利益的需要，依照法律规定的权限和程序可以征收集体所有的土地和组织、个人的房屋以及其他不动产。

征收集体所有的土地，应当依法及时足额支付土地补偿费、安置补助费以及农村村民住宅、其他地上附着物和青苗等的补偿费用，并安排被征地农民的社会保障费用，保障被征地农民的生活，维护被征地农民的合法权益。

征收组织、个人的房屋以及其他不动产，应当依法给予征收补偿，维护被征收人的合法权益；征收个人住宅的，还应当保障被征收人的居住条件。

任何组织或者个人不得贪污、挪用、私分、截留、拖欠征收补偿费等费用。

【释义】 本条是关于征收的规定。

征收是国家以行政权取得集体、组织和个人的财产所有权的行为。征收的主体是国家，通常是政府部门，政府以行政命令的方式从集体、组织和个人取得土地、房屋等财产，集体、组织和个人必须服从。在物权法律制度上，征收是物权变动的一种极为特殊的情形。征收属于政府行使行政权，属于行政关系，不属于民事关系，但由于征收是所有权丧失的一种方式，是对所有权的限制，同时又是国家取得所有权的一种方式，因此外国民法通常都从这一民事角度对征收作原则规定。

征收导致所有权的丧失，当然对所有权人造成损害。因此，征收虽然是被许可的行为，但通常都附有严格的法定条件的限制。征收土地是世界一些国家和地区政府取得土地的常用办法，但在土地私有制国家里，征收土地的含义与我国有所不同，即表现为一种强制购买权，只有在正常收买无法取得土地时再动用征收权。其特点是：(1)只有为了公共目的，可以征收，非公共目的，不得动用征收权；(2)必须经过一定的程序，有的还需议会批准；(3)按市价予以补偿。由于征收本不属于民法规范，同时征收的情况极为复杂，因此，一些国家和地区的民法通常规定得较为简单，但都原则性地规定了公共利益的目的和公平补偿的内容。如法国规定，任何人不得被强制转让其所有权，但因公用并在事前受公正补偿时,不在此限。意大利规定,不得全部或部分地使任何所有权人丧失所有权,但是,为公共利益的需要,依法宣告征收并且给予合理补偿的情况不在此限。德国基本法规定,剥夺所有权只有为公共福利的目的才能被允许。剥夺所有权只有依照法律或者法律的原因进行,而且该法律对损害赔偿的方式和措施有所规定。该赔偿必须在对公共利益和当事人的利益进行公平地衡量之后确定。对损害赔偿的高低有争议时可以向地方法院提起诉讼。

在我国,由于公共建设任务繁重而征收较多,在城市是因城市规划拆迁而征收居民房屋,在农村是因公共建设、城市规划而征收集体土地。在征收集体所有土地和城乡居民房屋的过程中,侵害群众利益的问题时有发生,社会普遍关注。在民法典物权编的立法过程中,对于征收的问题意见较多,主要集中在公共利益的目的和征收补偿两个方面。

关于公共利益。有的认为,应当明确界定公共利益的范围,以限制有的地方政府滥用征收权力,侵害群众利益。在物权法的立法过程中,曾将"为了公共利益的需要"修改为"为了发展公益事业、维护国家安全等公共利益的需要",但有关部门和专家认为这样规定仍不清楚。经各方面反复研究,一致认为:在不同领域内,在不同情形下,公共利益是不同的,情况相当复杂,物权法难以对公共利益作出统一的具体界定,还是分别由土地管理法、城市房地产管理法等单行法律规定较为切合实际。现行有的法律如信托法、测绘法已经对公共利益的范围作了一些具体界定。本法延续了物权法的规定,未对"公共利益"作出具体界定。

关于征收补偿。有的认为,在现实生活中,存在征收土地的补偿标准过低、补偿不到位的问题,侵害群众利益,建议对补偿问题作出具体规定。有的建议规定为"相应补偿",有的建议规定为"合理补偿",有的建议规定为"充分补偿",有的建议规定"根据市场价格予以补偿"。针对群众反映较大的问题,本条第 2 款、第 3 款就补偿原则和补偿内容作了明确规定。考虑到各地的发展不平衡，具体的补偿标准和补偿办法，由土地管理法等有关法律依照本法规定的补偿原则和补偿内容，根据不同情况作出规定。在民法典物权编的立法过程中，有的常委委员、地方和部门提出，深入推进农村集体产权制度改革，是党中央作出的重大决策，民法典应当对农村集体所有土地的征地补偿制度予以完善。考虑到土地管理法在 2019 年修改时，对农村集体所有土地的征收补偿问题作了修改完善，本条第 2 款在物权法的基础上增加规定，征收集体所有的土地，应当依法及时足额支付农村村民住宅的补偿费用等，以与土地管理法第 48 条第 2 款相衔接。针对现实生活中补偿不到位和侵占补偿费用的行为，本条第 4 款明确规定，任何组织和个人不得贪污、挪用、私分、截留、拖欠征收补偿费等费用。

第二百四十四条　国家对耕地实行特殊保护，严格限制农用地转为建设用地，控制建设用地总量。不得违反法律规定的权限和程序征收集体所有的土地。

【释义】 本条是关于保护耕地、禁止违法征地的规定。

我国地少人多，耕地是宝贵的资源，且后备资源贫乏，如何保护我国宝贵的耕地资源，并合理利用，关系中华民族的生存。国家历来重视对耕地的保护，实行最严格的耕地保护制度，严格控制农用地转为建设用地，这是保障我国长远发展、经济平稳、社会安定的必然要求。为了切实加强土地调控，制止违法违规用地行为，针对现实生活中滥用征收权力、违法征地的行为，本条作了原则规定。

(一)耕地保护的基本政策

根据土地管理法等法律、行政法规的有关规定，有关耕地保护的基本政策是：

1. 严格控制耕地转为非耕地

国家保护耕地，严格控制耕地转为非耕地。国家实行严格的土地用途管制制度。通过制定土地利用总体规划，规定土地用途,严格限制农用地转为建设用地,控制建设用地总量,对各地实行特殊保护。通过对各项建设用地下达土地利用年度计划,控制建设占用土地的总量。农用地转用要依法办理农用地转用审批手续。通过这些措施,使各项建设占用耕地的总量降到最低限度。

按照有关法律规定,建设占用土地,涉及农用地转为建设用地的,应当办理农用地转用审批手续。永久基本农田转为建设用地的,由国务院批准。在土地利用总体规划确定的城市和村庄、集镇建设用地规模范围内,为实施该规划而将永久基本农田以外的农用地转为建设用地的,按土地利用年度计划分批次按照国务院规定由原批准土地利用总体规划的机关或者其授权的机关批准。在已批准的农用地转用范围内,具体建设项目用地可以由市、县人民政府批准。在土地利用总体规划确定的城市和村庄、集镇建设用地规模范围外,将永久基本农田以外的农用地转为建设用地的,由国务院或者国务院授权的省、自治区、直辖市人民政府批准。

2. 实行占用耕地补偿制度

非农业建设经批准占用耕地的,按照"占多少,垦多少"的原则,由占用耕地的单位负责开垦与所占用耕地的数量和质量相当的耕地;没有条件开垦或者开垦的耕地不符合要求的,应当按照省、自治区、直辖市的规定缴纳耕地开垦费,专款用于开垦新的耕地。

根据有关法律规定,省、自治区、直辖市人民政府应当制定开垦耕地计划,监督占用耕地的单位按照计划开垦耕地或者按照计划组织开垦耕地,并进行验收。省、自治区、直辖市人民政府应当严格执行土地利用总体规划和土地利用年度计划,采取措施,确保本行政区域内耕地总量不减少、质量不降低。耕地总量减少的,由国务院责令在规定期限内组织开垦与所减少耕地的数量与质量相当的耕地;耕地质量降低的,由国务院责令在规定期限内组织整治。新开垦和整治的耕地由国务院自然资源主管部门会同农业农村主管部门验收。个别省、直辖市确因土地后备资源匮乏,新增建设用地后,新开垦耕地的数量不足以补偿所占用耕地的数量的,必须报经国务院批准减免本行政区域内开垦耕地的数量,易地开垦数量和质量相当的耕地。

3. 永久基本农田保护制度

国家实行永久基本农田保护制度,对于经国务院农业农村主管部门或者县级以上地方人民政府批准确定的粮、棉、油、糖等重要农产品生产基地内的耕地,有良好的水利与水土保持设施的耕地,正在实施改造计划以及可以改造的中、低产田和已建成的高标准农田,蔬菜生产基地,农业科研、教学试验田以及国务院规定应当划为永久基本农田的其他耕地,根据土地利用总体规划划为永久基本农田,实行严格保护。划定永久基本农田主要是为了对耕地实行特殊保护。永久基本农田经依法划定后,任何单位和个人不得擅自占用或者改变其用途。永久基本农田涉及农用地转用或者土地征收的,必须经国务院批准。

4. 其他

对保护耕地还有许多规定。(1)保证耕地质量。各级人民政府应当采取措施,引导因地制宜轮作休耕,改良土壤,提高地力,维护排灌工程设施,防止土地荒漠化、盐渍化、水土流失和土壤污染。(2)非农业建设的用地原则。必须节约使用土地,可以利用荒地的,不得占用耕地;可以利用劣地的,不得占用好地。禁止占用耕地建窑、建坟或者擅自在耕地上建房、挖砂、采石、采矿、取土等。禁止占用永久基本农田发展林果业和挖塘养鱼。(3)禁止闲置、荒芜耕地。禁止任何单位和个人闲置、荒芜耕地。已经办理审批手续的非农业建设占用耕地,1 年内不用而又可以耕种并收获的,应当由原耕种该幅耕地的集体或者个人恢复耕种,也可以由用地单位组织耕种;1 年以上未动工建设的,应当按照省、自治区、直辖市的规定缴纳闲置费;连续 2 年未使用的,经原批准机关批准,由县级以上人民政府无偿收回用地单位的土地使用权;该幅土地原为农民集体所有的,应当交由原农村集体经济组织恢复耕种。(4)开发未利用土地。国家鼓励单位和个人按照土地利用总体规划,在保护和改善生态环境、防止水土流失和土地荒漠化的前提下,开发未利用的土地;适宜开发为农用地的,应当优先开发成农用地。国家依法保护开发者的合法权益。(5)土地复垦。因挖损、塌陷、压占等造成土地破坏,用地单位和个人应当按照国家有关规定负责复垦;没有条件复垦或者复垦不符合要求的,应当缴纳土地复垦费,专项用于土地复垦。复垦的土地应当优先用于农业。

(二)征收土地的条件与程序

按照宪法、土地管理法等有关法律规定,征收土地的条件与程序是:

1. 征收土地必须是为了公共利益的需要

根据土地管理法第45条的规定,有下列情形并且确需征收农民集体所有的土地的,可以依法实施征收:(1)军事和外交需要用地的;(2)由政府组织实施的能源、交通、水利、通信、邮政等基础设施建设需要用地的;(3)由政府组织实施的科技、教育、文化、卫生、体育、生态环境和资源保护、防灾减灾、文物保护、社区综合服务、社会福利、市政公用、优抚安置、英烈保护等公共事业需要用地的;(4)由政府组织实施的扶贫搬迁、保障性安居工程建设需要用地的;(5)在土地利用总体规划确定的城镇建设用地范围内,经省级以上人民政府批准由县级以上地方人民政府组织实施的成片开发建设需要用地的;(6)法律规定为公共利益需要可以征收农民集体所有的土地的其他情形。

2. 必须由政府作出

征地是一种政府行为,是政府的专有权力,其他任何单位和个人都没有征地权。同时,被征地单位必须服从,不得阻挠征地。

3. 必须依法取得批准

征收永久基本农田、永久基本农田以外的耕地超过35公顷的,以及其他土地超过70公顷的,由国务院批准。征收其他土地的,由省、自治区、直辖市人民政府批准。征收农用地的,应当依照有关规定先行办理农用地转用审批。

4. 必须予以公告并听取相关主体的意见

国家征收土地依照法定程序批准后，由县级以上地方人民政府予以公告并组织实施。县级以上地方人民政府拟申请征收土地的，应当开展拟征收土地现状调查和社会稳定风险评估，并将征收范围、土地现状、征收目的、补偿标准、安置方式和社会保障等在拟征收土地所在的乡（镇）和村、村民小组范围内公告至少30日，听取被征地的农村集体经济组织及其成员、村民委员会和其他利害关系人的意见。多数被征地的农村集体经济组织成员认为征地补偿安置方案不符合法律、法规规定的，县级以上地方人民政府应当组织召开听证会，并根据法律、法规的规定和听证会情况修改方案。

5. 必须依法对被征地单位进行补偿

拟征收土地的所有权人、使用权人应当在公告规定期限内，持不动产权属证明材料办理补偿登记。县级以上地方人民政府应当组织有关部门测算并落实有关费用，保证足额到位，与拟征收土地的所有权人、使用权人就补偿、安置等签订协议。相关前期工作完成后，县级以上地方人民政府方可申请征收土地。征收土地应当给予公平、合理的补偿，保障被征地农民原有生活水平不降低、长远生计有保障。征收土地应当依法及时足额支付土地补偿费、安置补助费以及农村村民住宅、其他地上附着物和青苗等的补偿费用，并安排被征地农民的社会保障费用。有关法律和行政法规对征收的具体补偿标准有专门规定。

6. 征地补偿费用的情况要向集体组织成员公布，接受监督

被征地的农村集体经济组织应当将征收土地的补偿费用的收支状况向本集体经济组织的成员公布，接受监督。同时规定，禁止侵占、挪用被征收土地单位的征地补偿费用和其他有关费用。

因此，法律、行政法规对于保护耕地、征收土地都有明确的规定。征收农村土地，应当按照特殊保护耕地的原则，依照法律规定的权限和程序进行，切实保护耕地，保护农民利益，保障社会安

定和经济的可持续发展。

第二百四十五条　因抢险救灾、疫情防控等紧急需要，依照法律规定的权限和程序可以征用组织、个人的不动产或者动产。被征用的不动产或者动产使用后，应当返还被征用人。组织、个人的不动产或者动产被征用或者征用后毁损、灭失的，应当给予补偿。

【释义】　本条是关于征用的规定。

征用是国家强制使用组织、个人的财产。强制使用就是不必得到所有权人的同意，在国家有紧急需要时即直接使用。国家需要征用组织、个人的不动产和动产的原因，是抢险、救灾、应对突发公共卫生事件等在社会整体利益遭遇危机的情况下，需要动用一切人力、物力进行紧急处理和救助。所以，法律允许在此种情况下限制单位和个人的财产所有权。

国家以行政权命令征用财产，被征用的组织、个人必须服从，这一点与征收相同。但征收是剥夺所有权，征用只是在紧急情况下强制使用组织、个人的财产，紧急情况结束后被征用的财产要返还给被征用的组织、个人，因此征用与征收有所不同。本章规定的征收限于不动产，本条规定的征用的财产既包括不动产也包括动产。

征用在国家出现紧急情况时采用，因此其他国家和地区通常在紧急状态法中规定，但也有的国家在民法中作了规定，如《意大利民法典》规定，在发生公共事务、军事、民事的重大紧急需求的情况下，可以对动产或者不动产进行征调。对动产或者不动产的所有权人应当给予合理补偿。考虑到征用如征收一样也是对所有权的限制，本法对征用作了规定。由于征用是对所有权的限制。并可能给所有权人造成不利的后果，因此，征用的采用亦有严格的条件限制：(1)征用的前提条件是发生紧急情况，因此征用适用于出现紧急情况时，平时不得采用；(2)征用应符合法律规定的权限和程序;(3)使用后应当将征用财产返还被征用人,并且给予补偿,但通常不及于可得利益的损失。

征用如征收一样也是较为复杂的问题,同时征用是政府行使行政权,不是民事关系,征用的具体问题应由相关的行政法规定。因此,本条仅从民事角度作了原则性规定。

第五章　国家所有权和集体所有权、私人所有权

本章共25条,规定了国家所有权和集体所有权、私人所有权。本章主要对国有财产的范围、国家所有权的行使、对国有财产的保护、集体所有权的范围、集体所有权的行使、对集体成员合法权益的保护、私人所有权的范围、企业法人的财产权等作了规定。

第二百四十六条　法律规定属于国家所有的财产,属于国家所有即全民所有。

国有财产由国务院代表国家行使所有权。法律另有规定的,依照其规定。

【释义】　本条是关于国有财产范围、国家所有的性质和国家所有权行使的规定。

国有经济是国民经济中的主导力量。加大对国有资产的保护力度,切实防止国有资产流失,是巩固和发展公有制经济的现实要求。物权编通过明确规定国有财产的归属和行使主体,对国有财产的合理开发利用,侵害国有财产的民事保护方法等,加大对国有资产的保护力度,防止国有资产流失。物权编的基本原则、物权的设立和转让、所有权人享有的权利、用益物权、担保物

权、物权的保护等一系列规定对国有财产都是适用的,并对国有财产作出若干特别规定。

（一）国有财产的范围

本条第 1 款是对国有财产范围的概括性规定。依据宪法、法律、行政法规,物权编明确规定矿藏、水流、海域、无居民海岛、无线电频谱资源、城市的土地、国防资产属于国家所有。法律规定属于国家所有的铁路、公路、电力设施、电信设施和油气管道等基础设施、文物、农村和城市郊区的土地、野生动植物资源,属于国家所有。除法律规定属于集体所有的外,森林、山岭、草原、荒地、滩涂等自然资源,属于国家所有。

在立法征求意见过程中,对于国有财产范围的不同意见主要是,国有财产的范围很广,如何在物权编中确定国有财产的范围,哪些应该明确写,哪些不应该写,对物的种类在文字上应该如何表述。有的意见认为,物权编具体列举的国有财产不够全面,应当增加规定空域、航道、频道、种质资源属于国家所有。考虑到国有财产范围很宽,难以逐项列全,所提出的增加规定的有些内容是否属于物权编上的物,也有争议。因此,本条对国有财产的范围作了概括性的规定:“法律规定属于国家所有的财产,属于国家所有即全民所有。”并以现行法律的规定为依据对国家所有的财产作了列举规定。现行法律、行政法规没有明确规定的,根据本条,可以在制定或者修改有关法律时作出具体规定。

（二）我国国家所有的性质

我国国家所有的性质是全民所有。宪法第 9 条第 1 款规定:“矿藏、水流、森林、山岭、草原、荒地、滩涂等自然资源,都属于国家所有,即全民所有;由法律规定属于集体所有的森林和山岭、草原、荒地、滩涂除外。”民法通则第 73 条第 1 款规定:“国家财产属于全民所有。”土地管理法第 2 条第 2 款规定:“全民所有,即国家所有土地的所有权由国务院代表国家行使。”本法根据宪法和民法通则规定,“国家所有即全民所有”,以更好地和宪法、民法通则的规定相衔接,进一步明确国家所有的性质。

（三）代表国家行使国家财产所有权的主体

本条第 2 款是对代表国家行使国家财产所有权的主体的规定。在征求意见过程中，有的意见认为，由“国务院代表国家行使国家所有权”可操作性不强。有的意见认为，国有自然资源的所有权实际上有不少是由地方人民政府具体行使的，应规定地方人民政府也有权代表国家具体行使国有自然资源的所有权。有的建议，明确实践中行使所有权的地方各级政府同国务院之间的关系是委托还是授权。有的意见认为，应该由全国人民代表大会代表国家行使国家财产所有权。立法机关经研究认为，依据宪法规定，全国人民代表大会是最高国家权力机关，国务院是最高国家权力机关的执行机关。全国人民代表大会代表全国人民行使国家权力，体现在依法就关系国家全局的重大问题作出决定，而具体执行机关是国务院。我国的许多法律已经明确规定由国务院代表国家行使所有权。例如，土地管理法第 2 条第 2 款规定：“全民所有，即国家所有土地的所有权由国务院代表国家行使。”矿产资源法第 3 条第 1 款中规定：“矿产资源属于国家所有，由国务院行使国家对矿产资源的所有权。”水法第 3 条中规定：“水资源属于国家所有。水资源的所有权由国务院代表国家行使。”草原法第 9 条第 1 款中规定：“国家所有的草原，由国务院代表国家行使所有权。”海域使用管理法第 3 条第 1 款中规定：“海域属于国家所有，国务院代表国家行使海域所有权。”企业国有资产法第 3 条规定：“国有资产属于国家所有即全民所有。国务院代表国家行使国有资产所有权。”

由国务院代表国家行使所有权也是现行的管理体制。本法规定：“国有财产由国务院代表国家行使所有权。法律另有规定的，依照其规定。”这样规定，既符合人民代表大会制度的特点，也体现了党的十六大关于国家要制定法律法规，建立中央政府和地方政府分别代表国家履行出资人职责，享有所有者权益的国有资产管理体制的要求。全国人民代表大会通过立法授权国务院代表国家行使国家所有权，正体现了全国人民代表大会的性质及其行使职权的特点。当然,国务院代表国家行使所有权,应当依法对人大负责,受人大监督。

国有财产由国务院代表国家行使所有权,同时依照法律规定也可以由地方人民政府等部门行使有关权利。我国很多法律法规对此都有相应的规定,如土地管理法第5条规定:“国务院自然资源主管部门统一负责全国土地的管理和监督工作。县级以上地方人民政府自然资源主管部门的设置及其职责,由省、自治区、直辖市人民政府根据国务院有关规定确定。”草原法第8条规定:“国务院草原行政主管部门主管全国草原监督管理工作。县级以上地方人民政府草原行政主管部门主管本行政区域内草原监督管理工作。乡(镇)人民政府应当加强对本行政区域内草原保护、建设和利用情况的监督检查,根据需要可以设专职或者兼职人员负责具体监督检查工作。”森林法第9条规定:“国务院林业主管部门主管全国林业工作。县级以上地方人民政府林业主管部门,主管本行政区域的林业工作。乡镇人民政府可以确定相关机构或者设置专职、兼职人员承担林业相关工作。”水法第12条规定:“国家对水资源实行流域管理与行政区域管理相结合的管理体制。国务院水行政主管部门负责全国水资源的统一管理和监督工作。国务院水行政主管部门在国家确定的重要江河、湖泊设立的流域管理机构(以下简称流域管理机构),在所管辖的范围内行使法律、行政法规规定的和国务院水行政主管部门授予的水资源管理和监督职责。县级以上地方人民政府水行政主管部门按照规定的权限,负责本行政区域内水资源的统一管理和监督工作。”矿产资源法第11条规定:“国务院地质矿产主管部门主管全国矿产资源勘查、开采的监督管理工作。国务院有关主管部门协助国务院地质矿产主管部门进行矿产资源勘查、开采的监督管理工作。省、自治区、直辖市人民政府地质矿产主管部门主管本行政区域内矿产资源勘查、开采的监督管理工作。省、自治区、直辖市人民政府有关主管部门协助同级地质矿产主管部门进行矿产资源勘查、开采的监督管理工作。”煤炭法第12条规定:“国务院煤炭管理部门依法负责全国煤炭行业的监督管理。国务院有关部门在各自的职责范围内负责煤炭行业的监督管理。县级以上地方人民政府煤炭管理部门和有关部门依法负责本行政区域内煤炭行业的监督管理。”渔业法第 6 条规定:“国务院渔业行政主管部门主管全国的渔业工作。县级以上地方人民政府渔业行政主管部门主管本行政区域内的渔业工作。县级以上人民政府渔业行政主管部门可以在重要渔业水域、渔港设渔政监督管理机构。”《中华人民共和国矿产资源法实施细则》第 3 条第 2 款规定:“国务院代表国家行使矿产资源的所有权。国务院授权国务院地质矿产主管部门对全国矿产资源分配实施统一管理。”

第二百四十七条　矿藏、水流、海域属于国家所有。

【释义】 本条是关于矿藏、水流、海域的国家所有权的规定。

(一)*矿藏属于国家所有*

矿藏,主要指矿产资源,即存在于地壳内部或者地表的,由地质作用形成的,在特定的技术条件下能够被探明和开采利用的,呈固态、液态或气态的自然资源。本法依据宪法规定矿藏属于国家所有。矿藏属于国家所有,指国家享有对矿产资源的占有、使用、收益和处分的权利。宪法第 9 条第 1 款规定:“矿藏、水流、森林、山岭、草原、荒地、滩涂等自然资源,都属于国家所有,即全民所有;由法律规定属于集体所有的森林和山岭、草原、荒地、滩涂除外。”矿产资源是国民经济和社会发展的重要物质基础,只有严格依照宪法的规定,坚持矿藏属于国家所有,即全民所有,才能保障我国矿产资源的合理开发、利用、节约、保护和满足各方面对矿产资源日益增长的需求,适应国民经济和社会发展的需要。矿产资源法第 3 条第 1 款规定:“矿产资源属于国家所有,由国务院行使国家对矿产资源的所有权。地表或者地下的矿产资源的国家所有权,不因其所依附的土地的所有权或者使用权的不同而改变。”一些具体的矿产行政法规也规定了一些矿产的国家所有权。

如2013年7月国务院修订的《乡镇煤矿管理条例》第3条第1款规定:“煤炭资源属于国家所有。地表或者地下的煤炭资源的国家所有权,不因其所依附的土地的所有权或者使用权的不同而改变。”2013年7月国务院发布的《中华人民共和国对外合作开采陆上石油资源条例》第3条规定:“中华人民共和国境内的石油资源属于中华人民共和国国家所有。”2013年7月国务院修订的《中华人民共和国对外合作开采海洋石油资源条例》第2条第1款规定:“中华人民共和国的内海、领海、大陆架以及其他属于中华人民共和国海洋资源管辖海域的石油资源,都属于中华人民共和国国家所有。”

国家对矿藏的所有权可以有多种行使方式。民法通则第81条第2款规定:“国家所有的矿藏,可以依法由全民所有制单位和集体所有制单位开采,也可以依法由公民采挖。国家保护合法的采矿权。”矿产资源法第3条第3款规定,“勘查、开采矿产资源,必须依法分别申请、经批准取得探矿权、采矿权,并办理登记”。第4条第1款规定:“国家保障依法设立的矿山企业开采矿产资源的合法权益。”依照规定,民事主体可以依法取得开发和经营矿藏的权利,其性质为采矿权。取得该权利后,通过开发和经营矿藏取得对矿藏的所有权。民事主体取得采矿权并不影响国家的所有权。国家保护合法的采矿权。但该采矿权与对矿藏的所有权不同,前者是他物权,后者是所有权。国家保障矿产资源的合理利用。

(二)水流属于国家所有

水流,指江、河等的统称。此处水流应包括地表水、地下水和其他形态的水资源。水是人类生存的生命线,人类因水而生存,因水而发展。然而,21世纪人类却面临着严重的水资源问题。水资源短缺几乎成为世界性的问题。我国是水资源贫乏的国家,人均水资源仅为世界平均水平的1/4。同时,水资源在时间和地区分布上很不平衡,由于所处的独特的地理位置和气候条件,我国面临水资源短缺、洪涝灾害频繁、水环境恶化三大水问题,对国民经济和社会发展具有全局影响。

本条规定水流属于国家所有。水流属于国家所有，指国家享有对水流的占有、使用、收益和处分的权利。宪法第 9 条中规定："矿藏、水流、森林、山岭、草原、荒地、滩涂等自然资源，都属于国家所有，即全民所有；由法律规定属于集体所有的森林和山岭、草原、荒地和滩涂除外。"水法第 3 条第 1 款规定："水资源属于国家所有。水资源的所有权由国务院代表国家行使。"在征求意见过程中，有的建议将"水流"修改为"水资源"。考虑到宪法中的用词是"水流"，物权编中仍然依照宪法使用"水流"一词。水流是我国最宝贵的自然资源之一，是实现可持续发展的重要物质基础。只有严格依照宪法的规定，坚持水流属于国家所有，即全民所有，才能保障我国水资源的合理开发、利用、节约、保护和满足各方面对水资源日益增长的需求，适应国民经济和社会发展的需要。

（三）海域属于国家所有

海域，是指中华人民共和国内水、领海的水面、水体、海床和底土。这是一个空间资源的概念，是对传统民法中"物"的概念的延伸与发展。内水，是指中华人民共和国领海基线向陆地一侧至海岸线的海域。领海这个概念是随公海自由原则的确立而形成的，它是指沿着国家的海岸、受国家主权支配和管辖下的一定宽度的海水带。我国是海洋大国，拥有近 300 万平方千米的管辖海域，相当于陆地国土面积的 1/3，拥有 18000 多千米的大陆岸线，14000 多千米的岛屿岸线，蕴藏着丰富资源，包括生物资源、矿产资源、航运资源、旅游资源等。对于丰富的资源，国家有责任实施管理。我国辽阔的海域，需要由国家行使管理职能。这些管理，是以海域的国家所有权为法律依据的。

本条明确规定海域属于国家所有。海域使用管理法第 3 条第 1 款中规定："海域属于国家所有，国务院代表国家行使海域所有权。任何单位或者个人不得侵占、买卖或者以其他形式非法转让海域。"长期以来，在海域权属问题上存在一些模糊认识，出现了一些不正常的现象。个别地方政府或者有关部门擅自将海域的所有权确定为本地所有或者某集体经济组织所有,用海单位在需要使用海域时直接向乡镇和农民集体经济组织购买或者租用;个别乡镇竟然公开拍卖海域或者滩涂;有的村民认为,祖祖辈辈生活在海边,海就是村里的。这些认识和行为,不仅导致海域使用秩序的混乱,而且损害了国家的所有权权益。因此,物权编明确规定海域属于国家所有。海域属于国家所有,指国家享有对海域的占有、使用、收益和处分的权利。这不仅能正本清源,纠正思想上的错误认识,而且有助于树立海域国家所有的意识和有偿使用海域的观念,使国家的所有权权益能在经济上得到实现。

第二百四十八条　无居民海岛属于国家所有,国务院代表国家行使无居民海岛所有权。

【释义】　本条是关于无居民海岛的国家所有权的规定。

本条是民法典物权编中增加的条文。有的意见提出,2009 年全国人大常委会通过的海岛保护法第 2 条规定:"本法所称海岛,是指四面环海水并在高潮时高于水面的自然形成的陆地区域,包括有居民海岛和无居民海岛。"海岛保护法第 4 条规定:"无居民海岛属于国家所有,国务院代表国家行使无居民海岛所有权。"为了更好地保护国家对无居民海岛的所有权,同时也为了宣示国家对无居民海岛的主权,有必要在民法典中明确规定无居民海岛属于国家所有。也有的意见认为,对于自然资源的所有权,物权编主要是从自然资源的类别角度进行规范,而非地理的自然形态。物权编已经规定了土地、矿藏、水流、森林、山岭、野生动植物等自然资源的所有权,这些自然资源也可能存在于无居民海岛上。海岛保护法规定无居民海岛属于国家所有,其角度与物权法不同,不宜将这一规定照搬到民法典物权编中。经研究,采纳了第一种意见。

本条规定无居民海岛属于国家所有,国务院代表国家行使无居民海岛所有权。有的意见提出,本法第 246 条已经规定了"国有财产由国务院代表国家行使所有权”,因此本条不要再重复规定“国务院代表国家行使无居民海岛所有权”。也有的意见认为,本法第246条第2款的规定是:“国有财产由国务院代表国家行使所有权。法律另有规定的,依照其规定。”而海岛保护法第4条规定“无居民海岛属于国家所有,国务院代表国家行使无居民海岛所有权”,并没有关于法律另有规定的表述,无居民海岛的所有权,也应当由国务院统一代表国家行使。经研究,采纳了第二种意见。

第二百四十九条　城市的土地,属于国家所有。法律规定属于国家所有的农村和城市郊区的土地,属于国家所有。

【释义】　本条是关于国家所有土地范围的规定。

土地是人类可利用的一切自然资源中最基本、最宝贵的资源。第一,它是人类赖以生存的基地,只有它的存在人类才能有立足之地,人类凭借土地栖息繁衍,土地是人类最珍贵的自然资源。第二,在人类生活中,土地是最基本的生产资料,人们在土地上从事生产,直接或间接地获取大量的财富,土地成为财富之母。第三,土地是为人类提供食物和其他生活资料的重要源泉,一切动植物繁殖滋生的营养物质皆取自土地,由而产生出人类赖以生存发展的各类生活资料,土地养育着人类。在人与土地之间的关系中,由于土地作为自然过程的产物,具有面积有限、不可创造的特点,因此,人们必须十分珍惜土地,严格保护和合理利用每一寸土地,必须重视土地的自然属性,遵循土地的自然规律。

我国实行土地的社会主义公有制。宪法第6条规定:“中华人民共和国的社会主义经济制度的基础是生产资料的社会主义公有制,即全民所有制和劳动群众集体所有制。”土地是宝贵的自然资源,同时也是最基本的生产资料。中华人民共和国成立以后,我国土地的社会主义公有制逐步确立,形成了全民所有土地即国家所有土地和劳动群众集体所有土地即农民集体所有土地这两种基本的土地所有制形式。土地管理法第2条第1款规定："中华人民共和国实行土地的社会主义公有制,即全民所有制和劳动群众集体所有制。"土地所有制的法律表现形式是土地所有权,即土地所有者对其土地享有占有、使用、收益和处分的权利。

土地由国家管理,这是土地的特殊作用和特殊地位所决定的。第一,土地是人类赖以生存的最基本的物质基础,是一个国家最珍贵的资源;必须由国家进行管理。第二,土地的开发利用涉及社会的整体利益,与国民经济的发展息息相关,直接影响社会进步与稳定,因此,土地应当由国家管理,从社会整体利益出发进行必要的控制。第三,土地是自然、经济、社会历史的结合体,土地的开发利用会受制于一定的自然、社会经济条件,应当由国家综合平衡,控制调节,获取符合公共利益的最佳成效。第四,我国实行土地社会主义公有制,国家应当具有统一监督管理土地的职能,而不是由某一个社会团体或经济组织来拥有这种职能。

本条规定了国家所有土地的范围,国家所有的土地包括:(1)城市的土地;(2)法律规定属于国家所有的农村和城市郊区的土地。

1. 城市的土地属于国家所有

"城市的土地属于国家所有",是指国家对于城市的土地享有所有权,且城市的土地所有权只属于国家。宪法第10条第1款规定:"城市的土地属于国家所有。"土地管理法第9条第1款中规定:"城市市区的土地属于国家所有。"

2. 法律规定属于国家所有的农村和城市郊区的土地属于国家所有

宪法第10条第2款规定,农村和城市郊区的土地,除由法律规定属于国家所有的以外,属于集体所有。土地管理法第9条第2款中规定,农村和城市郊区的土地,除由法律规定属于国家所有的以外,属于农民集体所有。农村和城市郊区的土地,除法律规定属于国家所有的以外,是属于农民集体所有的。但是法律规定属于国家所有的农村和城市郊区的土地属于国家所有。这里所讲的法律是全国人大及其常委会通过的具有法律约束力的规范性文件,包括宪法和其他法律。宪法第 9 条第 1 款就规定:"矿藏、水流、森林、山岭、草原、荒地、滩涂等自然资源,都属于国家所有,即全民所有;由法律规定属于集体所有的森林和山岭、草原、荒地、滩涂除外。"也就是说,国家法律未确定为集体所有的森林和山岭、草原、荒地、滩涂等,均属于国家所有。《中华人民共和国土地管理法实施条例》第 2 条规定,属于国家所有的土地是:"(一)城市市区的土地;(二)农村和城市郊区中已经依法没收、征收、征购为国有的土地;(三)国家依法征收的土地;(四)依法不属于集体所有的林地、草地、荒地、滩涂及其他土地;(五)农村集体经济组织全部成员转为城镇居民的,原属于其成员集体所有的土地;(六)因国家组织移民、自然灾害等原因,农民成建制地集体迁移后不再使用的原属于迁移农民集体所有的土地。"

第二百五十条　森林、山岭、草原、荒地、滩涂等自然资源,属于国家所有,但是法律规定属于集体所有的除外。

【释义】 本条是关于属于国家所有的森林、草原等自然资源的规定。

自然资源包括土地资源、水资源、矿产资源、生物资源、气候资源、海洋资源等。自然资源是国民经济与社会发展的重要物质基础。随着工业化和人口的发展,人类对自然资源的巨大需求和大规模的开采已导致资源基础的削弱、退化。以最低的环境成本确保自然资源的可持续利用,已经成为当代国家在经济、社会发展过程中面临的一大难题。自然资源的合理开发利用是人类生存和发展的必然要求和重要内容。宪法第 9 条第 2 款规定:"国家保障自然资源的合理利用,保护珍贵的动物和植物。禁止任何组织或者个人用任何手段侵占或者破坏自然资源。"

本条有关森林、山岭、草原、荒地、滩涂等自然资源所有权的规定是依据宪法作出的。宪法第 9 条第 1 款规定:"矿藏、水流、森林、山岭、草原、荒地、滩涂等自然资源，都属于国家所有，即全民所有；由法律规定属于集体所有的森林和山岭、草原、荒地、滩涂除外。"我国绝大多数自然资源都属于国家所有，这是我国不同于资本主义国家经济制度的基本特征之一。物权编根据宪法和有关法律的规定，对自然资源的归属作出规定，对进一步保护国有自然资源，合理开发利用国有自然资源，具有重要意义。

在立法征求意见过程中，有的人建议，删除"等自然资源"的表述。有的人认为，"土地"包括"山岭""荒地""滩涂"，建议删除本条中的"山岭""荒地""滩涂"。有的人认为，本条中"等"表述易生歧义，建议删除。宪法是我国的根本大法，制定法律要以宪法为依据，因此，本条在文字的表述上依据宪法作出了规定。

根据宪法，我国其他法律对自然资源的国家所有权也作出了相应的规定。森林法第14条第1款规定："森林资源属于国家所有，由法律规定属于集体所有的除外。"草原法第9条规定："草原属于国家所有，由法律规定属于集体所有的除外。国家所有的草原，由国务院代表国家行使所有权。任何单位或者个人不得侵占、买卖或者以其他形式非法转让草原。"

第二百五十一条　法律规定属于国家所有的野生动植物资源，属于国家所有。

【释义】 本条是关于属于国家所有的野生动植物资源的规定。

依据我国野生动物保护法第2条第2款的规定，该法保护的野生动物，即珍贵、濒危的陆生、水生野生动物和有重要生态、科学、社会价值的陆生野生动物。依据《中华人民共和国野生植物保护条例》第2条第2款的规定，野生植物，是指原生地天然生长的珍贵植物和原生地天然生长并具有重要经济、科学研究、文化价值的濒危、稀有植物。

野生动物是我国的一项巨大自然财富。我国野生动物资源十分丰富,不仅经济动物种类繁多,还有不少闻名世界的珍贵稀有鸟兽。野生动物作为自然生态系统的重要组成部分,是人类宝贵的自然资源,为人类的生产和生活提供了丰富的资源,对人类发展有重要的促进作用。我国也是世界上野生植物资源种类最为丰富的国家之一。野生植物是自然生态系统的重要组成部分,是人类生存和社会发展的重要物质基础,是国家重要的资源。野生植物资源作为社会经济发展中一种极为重要的资源,具有生态性、多样性、遗传性和可再生性等特点。

野生动植物是国家宝贵的种质资源,人类生产生活的重要物质基础,人类的衣食住行都与其密切相关。同时,它还是重要的战略资源,保存着丰富的遗传基因,为人类的生存与发展提供了广阔的空间。野生植物资源在国民经济和社会发展中具有非常重要的地位。

因此,本条规定,法律规定属于国家所有的野生动植物资源,属于国家所有。这样规定,有利于保护我国的野生动植物资源,有利于更加合理地利用野生动植物资源。野生动物保护法第 3 条规定:"野生动物资源属于国家所有。国家保障依法从事野生动物科学研究、人工繁育等保护及相关活动的组织和个人的合法权益。"1992 年 12 月国务院批准发布的《陆生野生动物资源保护管理费收费办法》规定:"野生动物资源属于国家所有。"

第二百五十二条　无线电频谱资源属于国家所有。

【释义】　本条是关于无线电频谱资源的国家所有权的规定。

几千年来,从烽火报信、快马传书、驿站梨花,到发明电报、电话、互联网,人们追求时空通信自由的努力从未停止过。人们梦想有朝一日拥有在任何时间、任何地点与任何人的无束缚通信自由。要获得这种自由,利用无线电波进行通信必不可少。无线电通信属于电信中的一种。根据国际电信联盟《无线电规则》,电信定义为利用有线电、无线电、光或其他电磁系统对于符号、信号、文字、图像、声音或任何性质的信息的传输、发射或接收。无线电通信则为使用无线电波的电信。无线电波定义为频率在3000GHz以下,不用人工波导而在空间传播的电磁波。作为传输载体的无线电波都具有一定的频率和波长,即位于无线电频谱中的一定位置,并占据一定的宽度。无线电频谱一般指9KHz~3000GHz频率范围内发射无线电波的无线电频率的总称。

所有的无线电业务都离不开无线电频率,就像车辆必须行驶在道路上。无线电频率是自然界存在的一种电磁波,是一种物质,是一种各国可均等获得的看不见、摸不着的自然资源,它具有以下六种特性:第一,它是有限的。尽管使用无线电频谱可以根据时间、空间、频率和编码四种方式进行频率的复用,但就某一频段和频率来讲,在一定的区域、一定的时间和一定的条件下使用频率是有限的。第二,它是排他的。无线电频谱资源与其他资源具有共同的属性,即排他性,在一定的时间、地区和频域内,一旦被使用,其他设备是不能再用的。第三,它具备复用性。虽然无线电频谱具有排他性,但在一定的时间、地区、频域和编码条件下,无线电频率是可以重复使用和利用的,即不同无线电业务和设备可以频率复用和共用。第四,它是非耗竭性的。无线电频谱资源又不同于矿产、森林等资源,它是可以被人类利用,但不会被消耗掉,不使用它是一种浪费,使用不当更是一种浪费,甚至由于使用不当产生干扰而造成危害。第五,它具有固有的传播特性。无线电波是按照一定规律传播,是不受行政地域的限制,传播既无省界也无国界。第六,它具有易污染性。如果无线电频率使用不当,就会受到其他无线电台、自然噪声和人为噪声的干扰而无法正常工作,或者干扰其他无线电台站,使其不能正常工作,使之无法准确、有效和迅速地传送信息。

无线电频谱资源是有限的自然资源。为了充分、合理、有效地利用无线电频谱,保证各种无线电业务的正常运行,防止各种无线电业务、无线电台站和系统之间的相互干扰,本条规定无线频谱资源属于国家所有。无线电频谱资源属于国家所有,是指国家对无线电频谱资源享有占有、使用、收益和处分的权利。《中华人民共和国无线电管理条例》第 3 条规定："无线电频谱资源属国家所有。国家对无线电频谱资源实行统一规划、合理开发、有偿使用的原则。"

在立法征求意见过程中，有的认为，规定频谱资源属于国家所有，不利于新技术的开发，会产生争议。《中华人民共和国无线电管理条例》第 5 条规定："国家鼓励、支持对无线电频谱资源的科学技术研究和先进技术的推广应用，提高无线电频谱资源的利用频率。"因此，规定无线电频谱资源属于国家所有并不会不利于新技术的开发，而会更有利于充分、合理、有效地利用无线电频谱资源。

第二百五十三条　法律规定属于国家所有的文物，属于国家所有。

【释义】 本条是关于文物的国家所有权的规定。

我国是一个拥有悠久历史和灿烂文化的文明古国，拥有极为丰富的文化遗产。我们的祖先在改造自然、改造社会的长期斗争中，创造了灿烂辉煌的古代文化，为整个人类文明历史作出过重要的贡献。保存在地上地下极为丰富的祖国文物是文化遗产的重要组成部分，是中华民族历史发展的见证。它真实地反映了我国历史各个发展阶段的政治、经济、军事、文化、科学和社会生活的状况，蕴藏着各族人民的创造、智慧和崇高的爱国主义精神，蕴含着中华民族特有的精神价值、思维方式、想象力，体现着中华民族的生命力和创造力，对世世代代的中华儿女都有着强大的凝聚力和激励作用。在建设具有中国特色的社会主义的新时期，在全国各族人民坚持四项基本原则，坚持改革开放总方针的伟大实践中，保护和利用好文物，对于继承和发扬中华民族的优秀文化和革命传统，增进民族团结和维护国家统一，增强民族自信心和凝聚力，促进社会主义物质文明和精神文明建设，团结国内外同胞推进祖国统一大业，以及不断扩大我国人民同世界各国人民的文化交流和友好往来，都具有重要的意义。文物保护法第 2 条规定：“在中华人民共和国境内，下列文物受国家保护：(一)具有历史、艺术、科学价值的古文化遗址、古墓葬、古建筑、石窟寺和石刻、壁画；(二)与重大历史事件、革命运动或者著名人物有关的以及具有重要纪念意义、教育意义或者史料价值的近代现代重要史迹、实物、代表性建筑；(三)历史上各时代珍贵的艺术品、工艺美术品；(四)历史上各时代重要的文献资料以及具有历史、艺术、科学价值的手稿和图书资料等；(五)反映历史上各时代、各民族社会制度、社会生产、社会生活的代表性实物。文物认定的标准和办法由国务院文物行政部门制定，并报国务院批准。具有科学价值的古脊椎动物化石和古人类化石同文物一样受国家保护。”

本条规定，法律规定属于国家所有的文物，属于国家所有。在此需要明确的是，并不是所有的文物都归国家所有，而是法律规定属于国家所有的文物，属于国家所有。文物的所有者可以是各类民事主体，民事主体可以按照法律规定享有对文物的所有权。依照文物保护法第 5 条的规定，以下文物属于国家所有：(1)中华人民共和国境内地下、内水和领海中遗存的一切文物，属于国家所有。(2)古文化遗址、古墓葬、石窟寺属于国家所有。国家指定保护的纪念建筑物、古建筑、石刻、壁画、近代现代代表性建筑等不可移动文物，除国家另有规定的以外，属于国家所有。(3)下列可移动文物，属于国家所有：①中国境内出土的文物，国家另有规定的除外；②国有文物收藏单位以及其他国家机关、部队和国有企业、事业组织等收藏、保管的文物；③国家征集、购买的文物；④公民、法人和其他组织捐赠给国家的文物；⑤法律规定属于国家所有的其他文物。文物保护法第 5 条中还规定：“属于国家所有的可移动文物的所有权不因其保管、收藏单位的终止或者变更而改变。国有文物所有权受法律保护，不容侵犯。”“国有不可移动文物的所有权不因其所依附的土地所有权或者使用权的改变而改变。”国家依法享有对法律规定属于国家所有的文物的所有权，也就是国家依法享有对其所有的文物的占有、使用、收益和处分的权利。

我国一些行政法规也对一些文物的国家所有权作出过规定。如1980年5月国务院批转国家文物事业管理局、国家基本建设委员会《关于加强古建筑和文物古迹保护管理工作的请示报告的通知》规定:“凡是由政府公布的各级文物保护单位其所有权属于国家,任何单位都不得据为己有。”《中华人民共和国水下文物保护管理条例》第2条规定:“本条例所称水下文物,是指遗存于下列水域的具有历史、艺术和科学价值的人类文化遗产:(一)遗存于中国内水、领海内的一切起源于中国的、起源国不明的和起源于外国的文物;(二)遗存于中国领海以外依照中国法律由中国管辖的其他海域内的起源于中国的和起源国不明的文物;(三)遗存于外国领海以外的其他管辖海域以及公海区域内的起源于中国的文物。前款规定内容不包括1911年以后的与重大历史事件、革命运动以及著名人物无关的水下遗存。”第3条规定:“本条例第二条第(一)、(二)项所规定的水下文物属于国家所有,国家对其行使管辖权;本条例第二条第(三)项所规定的水下文物,国家享有辨认器物物主的权利。”1987年5月国务院发布的《关于打击盗掘和走私文物活动的通告》规定:“我国地下、内水和领海中遗存的一切文物,统属国家所有,非经国家文化行政管理部门批准,任何单位和个人,不得以任何借口私自掘取。”

第二百五十四条　国防资产属于国家所有。

铁路、公路、电力设施、电信设施和油气管道等基础设施,依照法律规定为国家所有的,属于国家所有。

【释义】 本条是关于国防资产的国家所有权以及属于国家所有的基础设施的规定。

本条第1款规定,国防资产属于国家所有。国防是国家生存与发展的安全保障,是维护国家安全统一,确保实现全面建设小康社会目标的重要保障。建立强大巩固的国防是中国现代化建设的战略任务。规定国防资产的国家所有权对我国的国防建设有重大意义。国防法第 37 条第 2 款规定，国防资产归国家所有。根据国防法第 37 条的规定，国家为武装力量建设、国防科研生产和其他国防建设直接投入的资金、划拨使用的土地等资源，以及由此形成的用于国防目的的武器装备和设备设施、物资器材、技术成果等属于国防资产。国防法第 39 条第 1 款规定，国家保护国防资产不受侵害，保障国防资产的安全、完整和有效。

本条第 2 款规定铁路、公路、电力设施、电信设施和油气管道等基础设施，依照法律规定为国家所有的，属于国家所有。依据本款的规定，并不是所有的铁路、公路、电力设施、电信设施和油气管道等基础设施，都属于国家所有，而是依照法律规定为国家所有的基础设施才属于国家所有。此处的基础设施也不仅仅是包括铁路、公路、电力设施、电信设施和油气管道这几种，只要是依照法律规定为国家所有的基础设施都被包括在本条之内。

铁路、公路、电力设施、电信设施和油气管道等基础设施都是国家重要的基础设施，建设铁路、公路、电力设施、电信设施和油气管道等基础设施对方便人民生活、提高人民生活水平有重要意义，确保铁路、公路、电力设施、电信设施和油气管道等基础设施的安全对于国民经济发展和保障人民群众生命财产安全意义重大。因此，规定铁路、公路、电力设施、电信设施和油气管道等基础设施，依照法律规定为国家所有的，属于国家所有，对提高基础设施的建设速度、使用效率和保障基础设施的安全等都有重要意义。电力法第 4 条规定："电力设施受国家保护。禁止任何单位和个人危害电力设施安全或者非法侵占、使用电能。"

第二百五十五条　国家机关对其直接支配的不动产和动产，享有占有、使用以及依照法律和国务院的有关规定处分的权利。

【释义】　本条是关于国家机关的物权的规定。

本条是国家机关对其直接支配的物享有的物权的规定，规定国家机关对其直接支配的不动产和动产，享有占有、使用以及依照法律和国务院的有关规定处分的权利。国家机关的财产也是国有资产的重要组成部分。明确国家机关对其直接支配的财产享有的权利，哪些权利必须依照法律和国务院的有关规定行使，这对保护国家机关的财产具有重要意义。本条依照民法通则关于机关法人应当具备“必要的财产或者经费”、“与其业务活动相适应的经费来源”和“能够独立承担民事责任”等条件，从物权角度作出了上述规定。民法通则第37条规定：“法人应当具备下列条件：(一)依法成立；(二)有必要的财产或者经费；(三)有自己的名称、组织机构和场所；(四)能够独立承担民事责任。”民法通则第50条第1款规定：“有独立经费的机关从成立之日起，具有法人资格。”总则编与民法通则的规定大同小异，规定法人应当依法成立。法人应当有自己的名称、组织机构、住所、财产或者经费。法人成立的具体条件和程序，依照法律、行政法规的规定。法人以其全部财产独立承担民事责任。

保护国有财产权，防止国有财产流失，是我国的一项长期任务。除了物权编，还需要制定与国有财产管理相关的法律，进一步完善国有财产的管理制度。国有财产权作为一种物权，有关这种权利的归属及其内容的基本规则已经在物权编中作出规定，但也要看到，国有财产的行使及其监管又具有特殊性，因而单纯依靠物权编的规定是不够的，还需要制定与国有财产管理相关的法律，区分经营性财产和非经营性财产，建立不同的管理制度。依据本条规定，国家机关应当依法对其直接支配的财产行使占有、使用和处分的权利。国家机关对其占用的财产的处分必须依照法律和国务院的有关规定中的限制和程序进行。不得擅自处置国有财产。本条对国家机关对其直接支配的国有财产行使占有、使用和处分的权利作出了规定，加强了对国家机关直接占有的国有财产的保护。

第二百五十六条　国家举办的事业单位对其直接支配的不动产和动产，享有占有、使用以及依照法律和国务院的有关规定收益、处分的权利。

【释义】 本条是关于国家举办的事业单位的物权的规定。

国家举办的事业单位对其直接支配的不动产和动产，享有占有、使用以及依照法律和国务院的有关规定收益、处分的权利。国有事业单位的财产也是国有资产的重要组成部分。明确国有事业单位对其直接支配的财产享有的权利，哪些权利必须依照法律和国务院的有关规定行使，这对保护国有事业单位的财产具有重要意义。本条依照本法总则编和《事业单位登记管理暂行条例》规定的关于事业单位法人应当具备"必要的财产或者经费"、"与其业务活动相适应的经费来源"和"能够独立承担民事责任"等条件，从物权角度作出了上述规定。

本法第58条规定，法人应当依法成立。法人应当有自己的名称、组织机构、住所、财产或者经费。法人成立的具体条件和程序，依照法律、行政法规的规定。设立法人，法律、行政法规规定须经有关机关批准的，依照其规定。本法第88条规定，具备法人条件，为适应经济社会发展需要，提供公益服务设立的事业单位，经依法登记成立，取得事业单位法人资格；依法不需要办理法人登记的，从成立之日起，具有事业单位法人资格。《事业单位登记管理暂行条例》第6条规定："申请事业单位法人登记，应当具备下列条件：（一）经审批机关批准设立；（二）有自己的名称、组织机构和场所；（三）有与其业务活动相适应的从业人员；（四）有与其业务活动相适应的经费来源；（五）能够独立承担民事责任。"第15条规定："事业单位开展活动，按照国家有关规定取得的合法收入，必须用于符合其宗旨和业务范围的活动。事业单位接受捐赠、资助，必须符合事业单位的宗旨和业务范围，必须根据与捐赠人、资助人约定的期限、方式和合法用途使用。"

对国家举办的事业单位占用的财产，要根据事业单位的类型、财产的特殊性对其收益和处分的权利分别处理：一是国家举办的事业单位对其占用的财产毫无处分权利，比如，故宫博物院对其占用的某些财产；二是经过审批，国家举办的事业单位对其占用的财产具有部分处分权利；三是国家举办的事业单位对其占用的财产具有完全的处分权利。这就需要通过以后制定国有财产管理法对国家举办的事业单位如何有效行使、如何处分其占用的财产作出明确规定。

我国的一些法律对国家举办的事业单位的财产有占有、使用、收益和处分作了规定。如国防法第39条规定："国家保护国防资产不受侵害，保障国防资产的安全、完整和有效。禁止任何组织或者个人破坏、损害和侵占国防资产。未经国务院、中央军事委员会或者国务院、中央军事委员会授权的机构批准，国防资产的占有、使用单位不得改变国防资产用于国防的目的。国防资产经批准不再用于国防目的的，依照有关法律、法规的规定管理。"教育法第29条中规定，学校及其他教育机构行使管理、使用本单位的设施和经费的权利。高等教育法第38条规定："高等学校对举办者提供的财产、国家财政性资助、受捐赠财产依法自主管理和使用。高等学校不得将用于教学和科学研究活动的财产挪作他用。"第61条规定："高等学校的举办者应当保证稳定的办学经费来源，不得抽回其投入的办学资金。"第64条规定："高等学校收取的学费应当按照国家有关规定管理和使用，其他任何组织和个人不得挪用。"

国家举办的事业单位应当依法对其直接支配的财产行使占有、使用、收益和处分的权利，不得擅自处置国有财产。本条对国家举办的事业单位对其直接支配的国有财产行使占有、使用、收益和处分的权利作出了规定，加强了对国家举办的事业单位直接占有的国有财产的保护。

第二百五十七条　国家出资的企业，由国务院、地方人民政府依照法律、行政法规规定分别代表国家履行出资人职责，享有出资人权益。

【释义】 本条是关于国有出资的企业出资人制度的规定。

国有企业是我国国民经济的支柱。改革开放以来,特别是党的十四大提出建立社会主义市场经济体制、十四届三中全会提出建立现代企业制度以来,国有企业迅速发展,继续在国民经济中发挥着主导作用。但是,随着国有企业改革的不断深化,国有资产管理体制改革不断推进,国有资产管理面临的体制性障碍还未得到真正解决,政府的社会公共管理职能与国有资产出资人职能没有完全分开,一方面造成国有资产出资人不到位,国有资产监管职能分散,权利、义务和责任不统一,管资产和管人、管事相脱节;另一方面导致政府对企业进行行政干预,多头管理,影响了政企分开,制约了国有企业建立现代企业制度。为此,十五届四中全会的决定指出,政府对国家出资兴办和拥有股份的企业,通过出资人代表行使所有者职能,按出资额享有资产受益、重大决策和选择经营管理者等权利,对企业的债务承担有限责任,不干预企业日常经营活动。党的十六大作出改革国有资产管理体制的重大决策提出,继续调整国有经济的布局和结构,改革国有资产管理体制,是深化经济体制改革的重大任务。在坚持国家所有的前提下,充分发挥中央和地方两个积极性。国家要制定法律法规,建立中央政府和地方政府分别代表国家履行出资人职责,享有所有者权益,权利、义务和责任相统一,管资产和管人、管事相结合的国有资产管理体制。关系国民经济命脉和国家安全的大型国有企业、基础设施和重要自然资源等,由中央政府代表国家履行出资人职责。其他国有资产由地方政府代表国家履行出资人职责。2008年10月企业国有资产法的颁布,有助于维护国家基本经济制度,巩固和发展国有经济,加强对国有资产的保护,发挥国有经济在国民经济中的主导地位。

本条根据党的有关国有资产管理体制改革的政策,对国有企业出资人制度作了规定,即:“国家出资的企业,由国务院、地方人民政府依照法律、行政法规规定分别代表国家履行出资人职责,享有出资人权益。”为了更好地理解本条的含义,有以下四个问题需要解释：

第一，什么是国家出资的企业。国家出资的企业，不仅包括国家出资兴办的企业，如国有独资公司，也包括国家控股、参股有限责任公司和股份有限公司等。当然国家出资的企业不仅仅是以公司形式，也包括未进行公司制改造的其他企业。

第二，谁来代表履行国有企业的出资人职权。本条规定了由国务院和地方人民政府分别代表国家履行出资人职责，享有出资人权益。我国是一个大国，地域辽阔，国有企业众多，即使经过调整、改制，目前还有十几万户分布在各地。为了实现有效管理，都由中央政府直接管理这么多企业是困难的。因此，适宜的做法就是通过资产的划分和权利的划分，由中央政府和地方政府分别代表国家履行出资人的职责。企业国有资产法第11条规定，国务院国有资产监督管理机构和地方人民政府按照国务院的规定设立的国有资产监督管理机构，根据本级人民政府的授权，代表本级人民政府对国家出资企业履行出资人职责。国务院和地方人民政府根据需要，可以授权其他部门、机构代表本级人民政府对国家出资企业履行出资人职责。根据《企业国有资产监督管理暂行条例》的规定，国务院和地方人民政府的具体分工是：国务院代表国家对关系国民经济命脉和国家安全的大型国有及国有控股、国有参股企业，重要基础设施和重要自然资源等领域的国有及国有控股、国有参股企业，履行出资人职责。国务院履行出资人职责的企业，由国务院确定、公布。省、自治区、直辖市人民政府和设区的市、自治州级人民政府分别代表国家对由国务院履行出资人职责以外的国有及国有控股、国有参股企业，履行出资人职责。其中，省、自治区、直辖市人民政府履行出资人职责的国有及国有控股、国有参股企业，由省、自治区、直辖市人民政府确定、公布，并报国务院国有资产监督管理机构备案；其他由设区的市、自治州级人民政府履行出资人职责的国有及国有控股、国有参股企业，由设区的市、自治州级人民政府确定、公布，并报省、自治区、直辖市人民政府国有资产监督管理机构备案。本条规定的目的是充分调动中央和地方两个层面的积极性,使社会生产力得到进一步解放。同时中央政府和地方政府合理分工分别代表国家履行出资人职责,这就界定了各级政府的管理国有资产的权利和责任,改变了过去中央统一管理,地方责、权、利不明确的弊端。这有助于强化管理上的激励和约束机制,克服“出资人主体虚位”的现象。

需要明确的是,国家实行国有企业出资人制度的前提是国家统一所有,国家是国有企业的出资人。中央政府与地方政府都只是分别代表国家履行出资人职责,享有出资人权益。不能把国家所有与政府所有等同起来,更不能把国家所有与地方政府所有等同。

第三,履行出资人职责的法律依据。虽然中央政府和地方政府分别代表国家履行出资人职责,享有所有者权益,但它们都必须在国家统一制定法律法规的前提下行事。有关的法律主要有宪法、企业国有资产法、公司法等。行政法规主要有2019年3月2日修订的《企业国有资产监督管理暂行条例》。

第四,出资人职责和权益的内容是什么。简单地说,出资人职责就是股东的职能,履行出资人职责的机构代表本级人民政府对国家出资企业享有资产收益、重大决策和选择管理者等出资人权益;对国有资产保值、防止国有资产流失负监管责任。需要注意的是,中央政府和地方政府代表国家履行出资人职责时,要尊重、维护国有及国有控股企业经营自主权。宪法第16条中规定:“国有企业在法律规定的范围内有权自主经营。”根据宪法的规定和国有资产管理改革所遵循的政企分开的原则,中央政府和地方政府以及其设立的国有资产管理机构不能干预国家出资的企业依法行使自主经营权。企业国有资产法第14条第2款规定,履行出资人职责的机构应当维护企业作为市场主体依法享有的权利,除依法履行出资人职责外,不得干预企业经营活动。

第二百五十八条　国家所有的财产受法律保护,禁止任何组织或者个人侵占、哄抢、私分、截留、破坏。

【释义】 本条是关于国有财产保护的规定。

国有财产属全民所有,是国家经济、政治、文化、社会发展的物质基础。加大对国有财产的保护力度,切实防止国有财产流失,是巩固和发展公有制经济的重要内容。宪法第12条规定:“社会主义的公共财产神圣不可侵犯。国家保护社会主义的公共财产。禁止任何组织或者个人用任何手段侵占或者破坏国家的和集体的财产。”民法通则第73条规定:“国家财产属于全民所有。国家财产神圣不可侵犯,禁止任何组织或者个人侵占、哄抢、私分、截留、破坏。”在物权法立法过程中,有的意见认为,物权法既然要体现平等保护的原则,那就不宜强调对国有财产的保护。经研究,物权法应当坚持平等保护的原则;同时,从实际情况看,目前经济领域中受侵害最严重的恰恰是国有财产,物权法就加强对国有财产的保护、切实防止国有财产流失作出有针对性的规定,是必要的。因此,本条根据宪法和民法通则的规定,针对国有财产的特点,从物权的角度作出了保护国有财产的一般原则性规定,即:“国家所有的财产受法律保护,禁止任何组织或者个人侵占、哄抢、私分、截留、破坏。”

“国家所有的财产”,是指依法属于全民所有的财产,不仅包括国家拥有所有权的财产,如矿藏、水流、海域,无居民海岛,国有的土地以及森林、山岭、草原、荒地、滩涂等自然资源,野生动植物资源,无线电频谱资源,依法属于国家所有的文物,国有的铁路、公路、电力设施、电信设施和油气管道等基础设施,国家机关和国家举办的事业单位依法直接支配的国有财产,而且包括国家依法投入到企业的动产和不动产。国家的财政收入、外汇储备和其他国有资金也属于国家所有的财产。

这里的“侵占”,是指以非法占有为目的,将其经营、管理的国有财产非法占为己有。侵占的客体是国有财产。侵占的主体一般是经营、管理国有财产的单位或者个人,如国有企业、国家举办的事业单位等。构成侵占,还有一个要件是侵占主体要有主观故意,即以非法占有国有财产为目的。

这里的“哄抢”,是指以非法占有为目的,组织、参与多人一起强行抢夺国有财产的行为。哄抢的客体是国有财产。哄抢的主体可以是任何的组织或者个人,并且还需具备非法占有国有财产的主观故意。

这里的“私分”,是指违反国家关于国有财产分配管理规定,以单位名义将国有财产按人头分配给单位内全部或者部分职工的行为。例如,违反国家关于国有资金与企业资金的分账比例管理制度,由单位领导班子集体决策或者由单位负责人决定并由直接责任人员经手实施,擅自将国有资金转为企业资金,进而以单位分红、单位发奖金、单位下发的节日慰问费等名义私分国有财产。私分的主体只是单位,一般指负有经营、管理国有财产的国家机关、国有公司、企业、事业单位、人民团体等单位。

这里的“截留”,是指违反国家关于国有资金等国有财产拨付、流转的决定,擅自将经手的有关国有财产据为己有或者挪作他用的行为。如有的政府部门将其经手的,应当向农村集体支付的土地征收补偿费不及时支付或者留下挪作他用。截留的主体一般是指经手国有财产的单位或者相关责任人员。

这里的“破坏”,是指故意毁坏国有财产,影响其发挥正常功效的行为,如采取爆破的方式毁坏国有铁路,影响国家正常交通运输的行为。破坏的主体可以是任何的组织或者个人,而且需有主观上的毁坏国有财产的故意。

侵占、哄抢、私分、截留、破坏国有财产的,应当承担返还原物、恢复原状、赔偿损失等民事责任;触犯治安管理处罚法和刑法的,还应当承担相应的法律责任。有关组织的责任人也要依法追究行政责任甚至是刑事责任。

第二百五十九条　履行国有财产管理、监督职责的机构及其工作人员,应当依法加强对国有财产的管理、监督,促进国有财产保值增值,防止国有财产损失;滥用职权,玩忽职守,造成国有财产损失的,应当依法承担法律责任。

违反国有财产管理规定，在企业改制、合并分立、关联交易等过程中，低价转让、合谋私分、擅自担保或者以其他方式造成国有财产损失的，应当依法承担法律责任。

【释义】 本条是关于国有财产管理法律责任的规定。

加大对国有财产的保护力度，切实防止国有财产流失，是巩固和发展公有制经济的重要内容。从国有财产流失的主要情形看，加大对国有财产的保护力度，切实防止国有财产流失，一方面要加强对国有财产的管理、监督，另一方面要明确规定造成国有财产流失的应承担的法律责任。关于国有财产的管理、监督，以及造成国有财产流失的法律责任，公司法、刑法等法律以及国有财产监管的行政法规和部门规章已经有规定。物权法着重从其调整范围对加大国有财产的保护力度，切实防止国有财产流失作出规定，并与有关国有财产监管的法律作出衔接性的规定。因此，本条第1款对履行国有财产管理、监督职责的机构及其工作人员切实履行职责作了规定，同时第2款针对现实中存在的国有财产流失的突出问题作了规定。本次民法典编纂对本条未作修改。

（一）关于国有财产管理、监督机构及其工作人员的职责

根据党的十六大和十六届二中全会关于深化国有资产管理体制改革和设立专门国有资产管理监督机构的精神，经十届人大一次会议批准，设立了国务院国有资产监督管理委员会。地方政府也组建了相应的国有资产监督管理机构。十六届三中全会决定提出："国有资产管理机构对授权监管的国有资本依法履行出资人职责，维护所有者权益，维护企业作为市场主体依法享有的各项权利，督促企业实现国有资本保值增值，防止国有资产流失。"根据上述要求，国务院国有资产监督管理委员会除了根据国务院授权，依照公司法等法律和行政法规履行出资人职责外，还负有以下主要职责：(1)指导推进国有企业改革和重组；对所监管企业国有资产的保值增值进行监督，加强国有资产的管理工作；

推进国有企业的现代企业制度建设,完善公司治理结构;推动国有经济结构和布局的战略性调整。(2)代表国家向部分大型企业派出监事会;负责监事会的日常管理工作。(3)通过法定程序对企业负责人进行任免、考核并根据其经营业绩进行奖惩;建立符合社会主义市场经济体制和现代企业制度要求的选人、用人机制,完善经营者激励和约束制度。(4)通过统计、稽核对所监管国有资产的保值增值情况进行监管;建立和完善国有资产保值增值指标体系,拟订考核标准;维护国有资产出资人的权益。(5)起草国有资产管理的法律、行政法规,制定有关规章制度;依法对地方国有资产管理进行指导和监督。还有三点需要注意:一是履行国有资产管理、监督职责的机构不仅仅是中央政府和地方政府设立的国有财产监督管理委员会(局),而且包括其他机构,如财政部门、审计部门、水利部门、外汇管理部门、银行保险监督委员会等,还有国家机关和国家举办事业单位内部设立的国有财产管理部门等,都负有一定的国有财产管理、监督职责。二是国有财产监督管理机构应当支持企业依法自主经营,除履行出资人职责以外,不得干预企业的生产经营活动。三是本条强调了国有财产管理、监督职责的机构的工作人员的责任。如果滥用职权、玩忽职守,造成国有财产损失的,还要依法承担行政责任、刑事责任等。如刑法第397条规定,国家机关工作人员滥用职权或者玩忽职守,致使公共财产遭受重大损失的,处3年以下有期徒刑或者拘役。

(二)违反国有财产管理规定造成国有财产损失的法律责任

据了解,造成国有财产流失的,主要发生在国有企业改制、合并分立、关联交易的过程中。

国有企业改制,是指国有企业通过重组、联合、兼并、租赁、承包经营、合资、转让国有产权和股份制、股份合作制等多种形式,建立符合市场经济规律的以产权为核心的现代企业制度。而今,国有企业的公司化改革已经基本完成,除了部分带有政府职能性质或者占据垄断资源的机构还保留全资国有的产权结构外,绝大部分国有企业均已实现投资主体的多元化,并建立起以股东会、董事会、监事会为主要标志的现代企业管理体系。国有企业改制过程中,必须依法进行清产核资、财务审计、资产评估、公开信息。涉及国有产权转让的,应当采取拍卖、招投标等竞价转让方式以及国家法律法规规定的其他方式。

国有企业的分立,是指一个国有企业法人分成两个或者两个以上企业法人。因分立而保留的企业应申请变更登记;因分立而新开办的企业应申请开业登记。国有企业的合并,是指两个或两个以上的国有企业法人,合并为一个企业法人或合并为一个新的企业法人。因合并而保留的企业,应申请变更登记,因合并而终止的企业,应申请注销登记;因合并而新开办的企业,应申请开业登记。企业法人分立、合并,它的权利和义务由分立、合并后法人享有和承担。

本条中的关联交易,就是指企业关联方之间的交易。根据财政部颁布的《企业会计准则第 36 号——关联方披露》的规定,一方控制、共同控制另一方或对另一方施加重大影响,以及两方或两方以上同受一方控制、共同控制或重大影响的,构成关联方。所谓控制,是指有权决定一个企业的财务和经营政策,并能据以从该企业的经营活动中获取利益。所谓共同控制,是指按照合同约定对某项经济活动所共有的控制,仅在与该项经济活动相关的重要财务和经营决策需要分享控制权的投资方一致同意时存在。所谓重大影响,是指对一个企业的财务和经营政策有参与决策的权力,但并不能够控制或者与其他方一起共同控制这些政策的制定。由于关联交易方可以运用行政力量撮合交易的进行,从而有可能使交易的价格、方式等在非竞争的条件下出现不公正情况,形成对股东或部分股东权益的侵犯。

在上述的国有企业改制、合并分立、关联交易中,造成国有资产损失的常见有以下情形:(1)低价转让。有的不按规定进行国有资产评估或者压低评估价格;有的不把国家划拨的土地计入国有股;有的对专利、商标等无形资产不作评估;有的将国有资产无偿转让或者低价折股、低价出售给非国有单位或者个人;有的在经营活动中高价进、低价出。(2)违反财务制度,合谋私分侵占国有资产。有的将应收账款做成呆账、坏账,有的私设“小金库”或者设立“寄生公司”,以后再提取侵占私分。(3)擅自担保。有的根本不认真调查被担保人的资信情况,未经法定程序和公司章程规定,擅自向非国有单位或者个人担保,造成国有财产损失。此外,还包括以下情形:(1)通过管理层持股非法牟利。(2)低估企业财产,虚构企业债务,以降低持股所需资金;有的实际未出资,以拟收购的企业财产作为其融资担保。(3)贪污、挪用国有财产;虚假破产,逃避债务。(4)利用分立重组方式,把债务留在原企业,使原企业变成空壳企业,侵害银行的国有财产。(5)直接负责的主管人员玩忽职守,造成企业破产或者严重亏损等。

本条第2款针对上述现实中造成国有财产流失的主要情形,规定上述违反国有财产管理的行为,应当依法承担法律责任,包括赔偿损失等民事责任,纪律处分等行政责任,构成犯罪的,依法追究刑事责任。根据《企业国有资产监督管理暂行条例》第39条的规定,对企业国有资产损失负有责任受到撤职以上纪律处分的国有及国有控股企业的企业负责人,5年内不得担任任何国有及国有控股企业的企业负责人;造成企业国有资产重大损失或者被判处刑罚的,终身不得担任任何国有及国有控股企业的企业负责人。

第二百六十条　集体所有的不动产和动产包括:

(一)法律规定属于集体所有的土地和森林、山岭、草原、荒地、滩涂;

(二)集体所有的建筑物、生产设施、农田水利设施;

(三)集体所有的教育、科学、文化、卫生、体育等设施;

(四)集体所有的其他不动产和动产。

【释义】 本条是关于集体财产范围的规定。

宪法第6条规定,中华人民共和国的社会主义经济制度的基础是生产资料的社会主义公有制,即全民所有制和劳动群众集体所有制。集体所有根据所有人身份不同,可以分为农村集体所有和城镇集体所有。集体财产是广大人民群众多年来辛勤劳动积累的成果,是发展集体经济和实现共同富裕的重要物质基础。确认集体财产的范围,对保护集体的财产权益,维护广大集体成员的合法财产权益都具有重要意义。宪法和民法通则等法律对集体财产的范围作了规定,如宪法第9条第1款规定:"矿藏、水流、森林、山岭、草原、荒地、滩涂等自然资源,都属于国家所有,即全民所有;由法律规定属于集体所有的森林和山岭、草原、荒地、滩涂除外。"第10条第2款规定:"农村和城市郊区的土地,除由法律规定属于国家所有的以外,属于集体所有;宅基地和自留地、自留山,也属于集体所有。"民法通则第74条第1款规定:"劳动群众集体组织的财产属于劳动群众集体所有,包括:(一)法律规定为集体所有的土地和森林、山岭、草原、荒地、滩涂等;(二)集体经济组织的财产;(三)集体所有的建筑物、水库、农田水利设施和教育、科学、文化、卫生、体育等设施;(四)集体所有的其他财产。"物权法律制度保护集体所有权,首先要确定集体所有权的客体,即集体财产的范围,这是维护我国基本经济制度的重要内容,也是物权编的重要内容。因此,本条依据宪法和民法通则等有关法律的规定,以列举加概括的方式,对集体所有的不动产和动产的范围作出了规定。

(一)集体是集体财产所有权的主体

在2007年物权法立法过程中,曾有意见认为,集体所有的财产可以适用物权法关于共有的规定。经研究,集体所有和共有是不同的。共有是两个以上自然人、法人对一项财产享有权利,如两人出资购买一辆汽车,子女共同继承一栋房子等。共有人对共有的财产都享有占有、使用、收益和处分的权利,都有权要求分割共有财产。集体所有是公有制的一部分,集体的成员不能独自对集体财产行使权利,离开集体时不能要求分割集体财产。

（二）集体所有财产主要包括的内容

（1）法律规定属于集体所有的土地和森林、山岭、草原、荒地、滩涂。土地是人类社会生产和生活的物质基础。对广大农民来说，土地是其可以利用的一切自然资源中最基本、最宝贵的资源，是其安身立命的根本。在我国，土地公有制是我国土地制度的基础和核心，我国土地公有制的法律表现形式是国有土地所有权和集体土地所有权。宪法第10条第2款规定："农村和城市郊区的土地，除由法律规定属于国家所有的以外，属于集体所有；宅基地和自留地、自留山，也属于集体所有。"土地管理法也作了相同的规定。关于集体所有的土地，有两点需要说明：一是集体所有的土地的所有者只有农民集体，城镇集体没有土地的所有权。二是集体所有的土地主要包括耕地，也包括宅基地和自留地、自留山。除了土地外，根据宪法第9条第1款规定，森林、山岭、草原、荒地、滩涂等自然资源，根据法律规定，也可以属于集体所有。如森林法第14条第1款规定，森林资源属于国家所有，由法律规定属于集体所有的除外。草原法第9条第1款规定，草原属于国家所有，由法律规定属于集体所有的除外。

（2）集体所有的集体企业的厂房、仓库等建筑物；机器设备、交通运输工具等生产设施；水库、农田灌溉渠道等农田水利设施；以及集体所有的教育、科学、文化、卫生、体育等公益设施。需要说明的是，这里集体所有的财产主要有两个来源：一是集体自己出资兴建、购置的财产；二是国家拨给或者捐赠给集体的财产。

（3）除上述几种常见的集体财产外，集体财产还包括集体企业所有的生产原材料、半成品和成品，村建公路、农村敬老院等，本条不可能一一列举，因此还规定了一个兜底条款，即集体所有的其他不动产和动产，以对上述规定的补充。

第二百六十一条　农民集体所有的不动产和动产，属于本集体成员集体所有。

下列事项应当依照法定程序经本集体成员决定：

（一）土地承包方案以及将土地发包给本集体以外的组织或者个人承包；

（二）个别土地承包经营权人之间承包地的调整；

（三）土地补偿费等费用的使用、分配办法；

（四）集体出资的企业的所有权变动等事项；

（五）法律规定的其他事项。

【释义】 本条是关于农民集体所有财产归属以及重大事项集体决定的规定。

本条主要有以下几个含义：

（一）本集体成员集体所有

农民集体所有的特征就是集体财产集体所有、集体事务集体管理、集体利益集体分享。只有本集体的成员才能享有这些权利。农村集体成员有两个特征：一是平等性，即不分加入集体时间长短，不分出生先后，不分贡献大小，不分有无财产投入等，其成员资格都一律平等。二是地域性和身份性。一般来说，农村集体成员往往就是当地的村民，他们所生子女，自出生后自动取得该集体成员资格。此外，也有的成员是通过婚姻或收养关系迁入本集体取得成员资格。还有的是因移民迁入本集体而取得成员资格。

因下列情形，丧失农村集体成员资格：一是死亡，包括自然死亡和宣告死亡。二是因婚姻、收养关系以及因法律或政策的规定迁出本农村集体而丧失。如嫁到城里，取得城市户籍而丧失原集体经济组织成员资格；因被录用为国家公务员、全家户口迁入设区的市而丧失原集体成员资格。三是因国家整体征收农民集体土地或者整体移民搬迁等原因，原集体失去继续存在的条件而终止，其成员资格亦当然丧失。需要说明的是，农民只能在一个农民集体内享有成员权利，不能同时享有两个或者多个集体成员权利。

（二）农民集体所有的不动产和动产的范围

本条规定的农民集体所有的财产应当在上一条规定的集体

财产范围内,最主要的就是本集体所有的土地,以及法律规定属于集体所有的森林、山岭、草原、荒地、滩涂,集体所有的建筑物、生产设施、农田水利设施以及教育、科学、文化、卫生、体育设施等不动产和动产。

(三)重大事项须依法定程序经本集体成员决定

集体所有的特征就要求了民主管理集体事务,涉及集体成员重大利益的事项,必须依照法定程序经本集体成员决定。现实中,往往发生少数村干部擅自决定涉及全体村民利益的大事的情况,群众对此反映十分强烈。为了维护集体成员的合法权益,促进社会的和谐和稳定,本条明确规定了须经集体成员决定的事项:

1. 土地承包方案以及将土地发包给本集体以外的组织或者个人承包

土地承包方案以及将土地发包给本集体以外的组织或者个人承包,直接关系本集体成员的切身利益,直接关系以家庭承包经营为基础的双层经营体制的长期稳定。根据农村土地承包法的规定,土地承包应当按照下列程序进行:首先,由本集体经济组织成员的村民会议选举产生承包工作小组;其次,该承包工作小组依照法律、法规的规定拟订并公布承包方案;最后,依法召开本集体经济组织成员的村民会议,讨论承包方案。承包方案必须经本集体经济组织成员的村民会议 2/3 以上成员或者 2/3 以上村民代表同意。按照农村土地承包法的规定,农民集体所有的土地由本集体经济组织以外的单位或者个人承包的,必须经村民会议 2/3 以上成员或者 2/3 以上村民代表的同意,并报乡(镇)人民政府批准。

2. 个别土地承包经营权人之间承包地的调整

原则上,在承包期内,发包方不得调整承包地。如果因自然灾害严重毁损承包地等特殊情形需要适当调整的,按照农村土地承包法的规定,必须经本集体经济组织成员的村民会议 2/3 以上成员或者 2/3 以上村民代表的同意,并报乡(镇)人民政府和县级人民政府农村、林业和草原等主管部门批准。

3. 土地补偿费等费用的使用、分配办法

根据物权编关于征收补偿的规定，为了公共利益的需要，依照法律规定的权限和程序，可以征收农村集体所有的土地。征收集体所有的土地，应当支付土地补偿费、安置补助费以及农村村民住宅、其他地上附着物和青苗等的补偿费用。现实中，这部分费用一般支付给被征地的农村集体经济组织，其中大部分费用分配给本集体成员、补偿受影响的土地承包经营权人。因为征收集体土地直接影响被征地农民的生产生活，这部分费用的使用和分配办法必须经集体成员通过村民会议等方式决定。

4. 集体出资的企业的所有权变动等事项

实践中，很多农村集体经济组织都投资兴办企业，一方面实现共同致富，另一方面也解决了大量农业人口的就业问题。集体出资的企业收益属集体成员集体所有。如果将该企业出让或者抵押的，也要经过本集体成员讨论决定，不能由该企业负责人或者本集体管理人擅自作主。

5. 法律规定的其他事项

村民委员会组织法规定，本村享受误工补贴的人员及补贴标准；村集体经济项目的立项、承包方案及村公益事业的建设承包方案；宅基地的使用方案等涉及村民利益的事项，必须经村民会议讨论决定方可办理。此外，土地管理法规定，集体经营性建设用地出让、出租等，应当经本集体经济组织成员的村民会议 2/3 以上成员或者 2/3 以上村民代表的同意。

第二百六十二条　对于集体所有的土地和森林、山岭、草原、荒地、滩涂等，依照下列规定行使所有权：

（一）属于村农民集体所有的，由村集体经济组织或者村民委员会依法代表集体行使所有权；

（二）分别属于村内两个以上农民集体所有的，由村内各该集体经济组织或者村民小组依法代表集体行使所有权；

（三）属于乡镇农民集体所有的，由乡镇集体经济组织代表集体行使所有权。

【释义】 本条是关于由谁来代表农民集体行使所有权的规定。

根据我国广大农村集体所有权基本形式，本条规定相应的主体来代表集体行使所有权，这样规定与民法通则、土地管理法、农村土地承包法等现行法律的相关规定保持一致，也使党在农村的政策具有连续性和稳定性，进而保护和调动广大农民的积极性。

关于谁来行使集体所有权，本条的规定分为三种情况：

(1)属于村农民集体所有的，由村集体经济组织或者村民委员会代表集体行使所有权。这里的“村”是指行政村，即设立村民委员会的村，而非自然村。该行政村农民集体所有的土地等集体财产，就由该行政村集体经济组织或者村民委员会来代表集体行使所有权。“村民委员会”就是指村民委员会组织法中所规定的村民委员会(村委会)。村民委员会是在人民公社进行政社分开、建立乡政权的过程中，在全国农村逐步建立起来的农村基层群众性自治组织。农村实行家庭承包经营等责任制形式后，对以“三级所有，队为基础”的人民公社体制进行改革。在改革过程中，在原来生产大队，有的在生产小队的基础上建立了村民委员会。1985 年 2 月，生产大队管理体制的改革在全国全部完成，村民委员会在农村普遍建立起来。

还有一点需要说明，在 2007 年物权法立法过程中，曾有意见认为，村民委员会是农村基层群众性自治组织，不能代表集体行使所有权。经研究，在实践中，许多村没有集体经济组织或者不健全，难以履行集体所有土地的经营、管理等行使所有权任务，需要由行使自治权的村民委员会来代表行使集体所有权。因此，如果有以村为单位的农村集体经济组织，就由该村集体经济组织经营、管理；如果没有以村为单位的农村集体经济组织，则由村民委员会经营、管理。而且，民法通则、土地管理法和农村土地承包法都从法律上赋予了村民委员会对村集体所有土地等财产进行经营、管理的经济职能。所以，村民委员会行使村集体所有权，不但与农村经济发展的实际情况相适应，而且也符合多年来的法律实践。本法第 101 条规定,居民委员会、村民委员会具有基层群众性自治组织法人资格,可以从事为履行职能所需要的民事活动。未设立村集体经济组织的,村民委员会可以依法代行村集体经济组织的职能。

(2)分别属于村内两个以上农民集体所有的,由村内各该集体经济组织或者村民小组代表集体行使所有权。这里"分别属于村内两个以上农民集体所有",主要是指该农民集体所有的土地和其他财产在改革开放以前就分别属于两个以上的生产队,现在其土地和其他集体财产仍然分别属于相当于原生产队的村民小组的农民集体所有。这里的"村民小组",是指行政村内的由村民组成的自治组织。根据村民委员会组织法的规定,村民委员会可以根据村民居住状况、集体土地所有权关系等分设若干个村民小组。目前,全国多数农村地区在原来的生产大队一级设村委会,在原来的生产队一级设村民小组。土地管理法和农村土地承包法都赋予了村民小组对集体土地等财产经营、管理的职能。本条也因此作了类似的规定。根据上述规定,如果村内有集体经济组织的,就由村内的集体经济组织行使所有权;如果没有村内的集体经济组织,则由村民小组来行使。

(3)属于乡镇农民集体所有的,由乡镇集体经济组织代表集体行使所有权。这种情况包括:一是指改革开放以前,原来以人民公社为核算单位的土地,在公社改为乡镇以后仍然属于乡镇农民集体所有;二是在人民公社时期,公社一级掌握的集体所有的土地和其他财产仍然属于乡镇农民集体所有。上述两种情况下,由乡镇集体经济组织来行使所有权。

还需要解释的是"行使所有权"。一是行使集体所有权的客体,既包括集体所有的土地和森林、山岭、草原、荒地、滩涂,也包括集体所有的建筑物、生产设施、农田水利设施;集体所有的教育、科学、文化、卫生、体育等设施;以及集体所有的其他不动产和动产。二是行使所有权的内容就是对集体所有的财产享有占有、使用、收益和处分的权利,例如,对集体所有的土地进行发包,分配宅基地等。三是农村集体经济组织、村委会和村民小组不是集体财产的所有人，只是依法代表集体行使所有权，并且向所属集体负责，接受其监督。

第二百六十三条　城镇集体所有的不动产和动产，依照法律、行政法规的规定由本集体享有占有、使用、收益和处分的权利。

【释义】 本条是关于城镇集体财产权利的规定。

集体所有制经济是公有制的重要组成部分，而城镇集体经济是集体所有制经济的重要形式之一。根据宪法第8条第2款的规定，城镇中的手工业、工业、建筑业、运输业、商业、服务业等行业的各种形式合作经济，都是社会主义劳动群众集体所有制经济。根据《中华人民共和国城镇集体所有制企业条例》第4条的规定，城镇集体所有制企业是财产属于劳动群众集体所有、实行共同劳动、在分配方式上以按劳分配为主体的社会主义经济组织。劳动群众集体所有，是指本集体企业的劳动群众集体所有，或者是集体企业的联合经济组织范围内的劳动群众集体所有，又或者是投资主体有两个或者两个以上的集体企业，并且劳动群众集体所有的财产占主导地位。

城镇集体经济在我国社会主义经济长期发展中，发挥了举足轻重的作用。中华人民共和国成立后，国家对农业、手工业、资本主义工商业进行了改造，实行了合作，到了1956年年底，中华人民共和国的集体经济基本形成，当时手工业合作社集体经济的总量就达到了136亿元，为我国建立比较完整的社会主义工业体系起到了重要的支撑作用。长期以来，城镇集体经济在满足市场需求等方面作出了积极的贡献，尤其是在我国就业压力比较大的时候，解决了大批工人的就业，比如，20世纪60年代组织社会闲散人员上岗就业，70年代末安排回城知青和知青的子女就业，为扩大就业作出了巨大贡献。近年来，通过调整重组改制，新型的集体经济成为安置下岗职工和社会就业的重要组织。由此可见，在我国社会主义初级阶段，城镇集体经济仍然是我国经济发展的重要力量，对巩固社会主义经济基础，建设社会主义市场经济发挥至关重要的作用。物权编考虑到城镇集体经济在我国社会主义经济建设中所发挥的历史作用和现实作用，依据宪法、相关法律和法规，作出了本条的规定。

在物权法立法过程中，有的意见提出，物权法应当明确规定，城镇集体财产属于本集体成员集体所有。经反复研究，我国的城镇集体企业是在计划经济条件下逐步形成的。在几十年的进程中，几经变化，有些集体企业是由国有企业为安排子女就业、知青回城设立的，有些集体企业是国有企业在改制中为分离辅业、安置富余人员设立的。从在北京、上海、江苏和湖南等地调研的情况看，城镇集体企业产生的历史背景和资金构成十分复杂，有些企业最初是由个人现金入股或者实物折价入股的，后来有的退还了原始股，有的未退原始股；有的企业的资金来源主要是借贷，国家和其他方面都没有投资，但国家提供了政策支持。近年来，城镇集体企业通过改制又发生了很大变化，有的改制为股份有限公司，有的改制为职工全体持股，有的实际上已经成为私人企业。目前来看，城镇集体企业改革还在继续深化。鉴于这种历史和现实的情况，而且城镇集体财产不像农村集体财产属于本集体成员所有那样清晰、稳定，城镇集体企业成员也不像农村集体经济组织成员那样相对固定，因而难以不加区别地规定为“属于本集体成员集体所有”。因此，物权法第61条从物权的角度作了原则规定，即“城镇集体所有的不动产和动产，依照法律、行政法规的规定由本集体享有占有、使用、收益和处分的权利”。民法典维持这一规定不变。

为了更好地理解本条的含义，有以下几点需要说明：

第一，本条规定的集体财产权行使的主体是本集体。集体所有、集体管理、集体经营是集体所有制的应有之义，因此，行使城镇集体财产权的只能是该集体，而不能由个别集体成员独断专行。

第二,集体财产权的客体只能是属于该城镇集体所有的不动产和动产。如果城镇集体企业已经改制了,如成为有限责任公司或者股份有限公司、个人独资企业或者合伙企业的,就不适用本条,而分别适用公司法、个人独资企业法或者合伙企业法的有关规定。

第三,城镇集体财产权的内容,包括对本集体所有财产所享有的占有、使用、收益和处分的权利。作为本集体所有财产的所有人,当然享有所有权的"占有、使用、收益和处分"四项权能,全面支配本集体所有的财产。

第四,行使财产权应当依照法律、行政法规的规定。现行法律方面主要是宪法和本法等有关规定。行政法规目前主要是《中华人民共和国城镇集体所有制企业条例》。今后,随着城镇集体企业改革的不断深入,在实践经验比较成熟时,还会制定或者修改相关的法律、行政法规。

第二百六十四条　农村集体经济组织或者村民委员会、村民小组应当依照法律、行政法规以及章程、村规民约向本集体成员公布集体财产的状况。集体成员有权查阅、复制相关资料。

【释义】　本条是关于公布集体财产状况的规定。

集体所有的财产关系到每一个集体成员的切身利益,因此,每一个集体成员有权参与对集体财产的民主管理和民主监督。尊重集体成员的民主权利,保障集体成员的财产权益,才能调动劳动群众的积极性,推动集体经济向前发展。现实中,有的集体经济组织的管理人为政不勤、不是尽职尽责地为集体办事,而是以权谋私,挥霍浪费,造成了集体财产巨大的损失,损害了广大集体成员的权益。解决这一问题的根本在于必须建立健全民主管理、监督制度,形成有效的激励、约束、监督机制,充分调动广大集体成员的劳动积极性和创造性,促进集体经济的发展走上规范化和制度化的轨道。因此,本条从广大集体劳动群众普遍关心的问题和涉及群众切身利益的实际问题入手,规定了集体经济组织等行使集体财产所有权的组织应当向本集体成员公布集体财产的状况,这是完善集体事务民主监督和民主管理的基础。

(1)本条规范的主体是行使集体财产所有权的组织,既包括农村集体经济组织、城镇集体企业,也包括代表集体行使所有权的村民委员会、村民小组。

(2)公布的内容是本集体的财产状况,包括集体所有财产总量的变化(如集体财产的收支状况、债权债务状况),所有权变动的情况(如转让、抵押),集体财产使用情况(如农村集体土地承包),集体财产分配情况(征收补偿费的分配)等涉及集体成员利益的重大事项。

(3)公布的要求。本条规定,向本集体成员公布集体财产状况,应当依照法律、行政法规、章程和村规民约。如根据村民委员会组织法第 30 条的规定,下列事项及其实施情况,村民委员会至少每季度向本村村民公布 1 次,集体财务往来较多的,财务收支情况应当每月公布 1 次,涉及村民利益的重大事项应当随时公布,接受村民的监督:村集体经济所得收益的使用;村集体经济项目的立项、承包方案及村公益事业的建设承包方案;宅基地的使用方案;征地补偿费的使用、分配方案等。此外,公布集体财产状况,还要做到以下几点:一是公布内容简洁明了,便于集体成员了解。公布的形式和方法可根据实际情况因地制宜、灵活多样,如采用张榜公布、召开集体成员大会或者代表大会等。二是公布要做到及时。可以采取定期的形式,也可以根据集体财产重大变动事项,可以根据进展的不同阶段随时公布。三是公布要做到内容真实。公布的内容要真实可靠,有凭有据,不得谎报、虚报、瞒报。

根据村民委员会组织法第 31 条的规定,村民委员会不及时公布应当公布的事项或者公布的事项不真实的,村民有权向乡、民族乡、镇的人民政府或者县级人民政府及其有关主管部门反映。接到反映意见的乡镇人民政府或者县级人民政府及其有关主管部门,如民政局等政府机关,应当负责调查核实有关情况,责令村民委员会公布,经查证确有违法行为的,有关人员应当依法承担责任。

(4)集体成员有权查阅、复制相关资料。物权法、村民委员会组织法规定了村民委员会实行村务公开制度。村民委员会组织法第30条第4款规定,村民委员会应当保证所公布事项的真实性,并接受村民的查询。但是上述法律对集体成员是否有权主动查阅、是否有权对相关资料进行复制没有明确规定。为了使集体成员可以更好地监督集体财产状况,保障集体财产的安全,本条明确规定"集体成员有权查阅、复制相关资料",切实保障集体成员的知情权。

第二百六十五条　集体所有的财产受法律保护,禁止任何组织或者个人侵占、哄抢、私分、破坏。

农村集体经济组织、村民委员会或者其负责人作出的决定侵害集体成员合法权益的,受侵害的集体成员可以请求人民法院予以撤销。

【释义】 本条是关于集体财产权保护的规定。

集体经济是社会主义公有制的重要组成部分。集体所有的财产是劳动群众集体多年来通过辛苦劳动创造、积累的物质财富,是发展集体经济、实现共同富裕的物质基础。近年来,集体经济发展迅速,集体资产存量迅速增长,但由于集体资产的管理还相当薄弱等原因,造成集体资产的严重流失,不仅使集体经济遭受了损失,集体生产力受到破坏,而且直接损害劳动群众的切身利益,影响了社会的和谐发展。因此,依法保护集体财产是巩固和发展公有制经济的现实需要,也是物权法应有之义。宪法第12条规定:"社会主义的公共财产神圣不可侵犯。国家保护社会主义的公共财产。禁止任何组织或者个人用任何手段侵占或者破坏国家的和集体的财产。"本条第1款根据集体财产保护的特点,依据宪法作了规定:“集体所有的财产受法律保护,禁止任何组织或者个人侵占、哄抢、私分、破坏。”

本条规定的集体所有的财产,从内容上,主要是指本法所规定的集体所有的不动产和动产,包括法律规定属于集体所有的土地和森林、山岭、草原、荒地、滩涂;集体所有的建筑物、生产设施、农田水利设施;集体所有的教育、科学、文化、卫生、体育等设施;以及集体所有的其他不动产和动产。从所有者来讲,既包括农民集体所有的财产,也包括城镇集体所有的财产。

针对损害集体财产的主要行为,本条强调了禁止任何组织或者个人侵占、哄抢、私分、破坏集体财产。所谓的“侵占”,是指以非常占有为目的,将其经营、管理的集体财产非法占为己有。侵占的客体是集体所有的资产。侵占的主体一般是经营、管理集体资产的单位或者个人。构成侵占,还必须具有非法占有集体资产的主观故意。“哄抢”,是指以非法占有为目的,组织、参与多人一起强行抢夺集体财产的行为。哄抢的客体是集体财产。哄抢的主体可以是任何的组织或者个人,并且还需具备非法占有集体财产的主观故意。“私分”,是指违反集体财产分配管理规定,擅自将集体财产按人头分配给部分集体成员的行为,如有少数村委会干部将应分配给全体村民的征收补偿款擅自分掉据为己有。“破坏”,是指故意毁坏集体财产,致使其不能发挥正常功效的行为。如故意毁坏集体企业的机器设备或者农村集体所有的水利设施,影响集体经济组织生产经营的行为。破坏的主体可以是任何的组织或者个人,而且需有毁坏集体财产的主观故意。

侵占、哄抢、私分、破坏集体所有财产的,应当承担返还原物、恢复原状、赔偿损失等民事责任;触犯治安管理处罚法和刑法的,还应当承担相应的法律责任。有关单位的责任人也要依法承担行政甚至是刑事责任。

本条第 2 款规定了集体成员的撤销权。因为集体成员往往众多,集体所有的财产一般要由集体经济组织经营管理,在村农民集体所有的情况下,村民委员会也可以代表集体经营管理村集体所有的财产。因为“集体所有”的性质,集体所有的财产应当采取民主管理的模式,涉及集体成员重大利益的事项,应当依照法定程序或者章程规定,由本集体成员(或者其代表)来共同决定。本集体成员有权参与集体经济组织的民主管理,监督集体经济组织的各项活动和管理人员的工作。现实中,有的集体的负责人违反法定程序或者章程规定,擅自决定或者以集体名义作出决定低价处分、私分、侵占集体所有的财产,严重侵害集体成员的财产权益。针对这种情况,本条第2款赋予了集体成员请求人民法院撤销农村集体经济组织、村民委员会或者其负责人作出的不当决定的权利。关于集体成员的撤销权,主要有以下几项内容:一是,每个农村集体经济组织成员都可以针对集体经济组织(或者村民委员会)及其负责人作出的损害其权益的决定,向人民法院请求撤销该决定。二是,提起诉讼的事由,是农村集体经济组织、村民委员会及其负责人作出的决定,侵害了该集体成员的合法财产权益。三是,行使撤销权的期间,本条没有规定。本法第152条规定:“有下列情形之一的,撤销权消灭:(一)当事人自知道或者应当知道撤销事由之日起一年内、重大误解的当事人自知道或者应当知道撤销事由之日起九十日内没有行使撤销权;(二)当事人受胁迫,自胁迫行为终止之日起一年内没有行使撤销权;(三)当事人知道撤销事由后明确表示或者以自己的行为表明放弃撤销权。当事人自民事法律行为发生之日起五年内没有行使撤销权的,撤销权消灭。”

第二百六十六条　私人对其合法的收入、房屋、生活用品、生产工具、原材料等不动产和动产享有所有权。

【释义】　本条是关于私有财产范围的规定。

改革开放以来,随着经济发展,人民生活水平不断提高,私有财产日益增加,迫切要求切实保护他们通过辛勤劳动积累的合法财产。宪法第11条规定,在法律规定范围内的个体经济、私营经济等非公有制经济,是社会主义市场经济的重要组成部分。国家保护个体经济、私营经济等非公有制经济的合法的权利和利益。国家鼓励、支持和引导非公有制经济的发展,并对非公有制经济依法实行监督和管理。宪法第13条规定,公民的合法的私有财产不受侵犯。依法保护私有合法财产,既是宪法的规定和党的主张,也是人民群众普遍愿望和迫切要求。完善保护私有财产的法律制度,首先要明确私有财产的范围。本条依据宪法的精神,参照民法通则等法律,规定了:"私人对其合法的收入、房屋、生活用品、生产工具、原材料等不动产和动产享有所有权。"本条的内容主要有以下几点:

(一)所有权的主体——私人

这里的"私人"是与国家、集体相对应的物权主体,不但包括我国的公民,也包括在我国合法取得财产的外国人和无国籍人。不仅包括自然人,还包括个人独资企业、个人合伙等非公有制企业。

(二)私有财产的范围

(1)收入。是指人们从事各种劳动获得的货币收入或者有价物。主要包括:①工资。指的是定期支付给员工的劳动报酬,包括计时工资、计件工资、职务工资、级别工资、基础工资、工龄工资、奖金、津贴和补贴、加班加点工资和特殊情况下支付的报酬等。②从事智力创造和提供劳务所取得的物质权利,如稿费、专利转让费、讲课费、咨询费、演出费等。③因拥有债权、股权而取得的利息、股息、红利所得。④出租建筑物、土地使用权、机器设备、车船以及其他财产所得。⑤转让有价证券、股权、建筑物、土地使用权、机器设备、车船以及其他财产取得的所得。⑥得奖、中奖、中彩以及其他偶然所得。⑦从事个体经营的劳动收入、从事承包土地所获得的收益等。

(2)房屋。房屋是我国公民最主要最基本的生活资料,包括依法购买的城镇住宅,也包括在农村宅基地上依法建造的住宅,还包括商铺、厂房等建筑物。根据我国土地管理法、城市房地产管理法以及本法的规定,房屋仅指在土地上的建筑物部分,不包括其占有的土地,城镇房屋占用的土地属于国家所有,农村宅基地属于农民集体所有。私人可以对房屋享有所有权,对该房屋占用的土地只能依法享有建设用地使用权或者宅基地使用权。

(3)生活用品。是指用于生活方面的物品,包括家用电器、私人汽车、家具和其他用品。

(4)生产工具和原材料。生产工具,是指人们在进行生产活动时所使用的器具,如机器设备、车辆、船舶等运输工具。原材料,是指生产产品所需的物质基础材料,如矿石、木材、钢铁等。生产工具和原材料是重要的生产资料,是生产所必需的基础物质。

(5)除上述外,私人财产还包括其他的不动产和动产,如图书、个人收藏品、牲畜和家禽等。

(三)合法

这里必须强调的是,私人只能对其合法获得的财产才能享有所有权,换句话说,本法和其他法律只保护私人的合法财产权,对贪污、侵占、抢夺、诈骗、盗窃、走私等方式非法获取的财产,不但不能受到法律的保护,而且行为人还要依法承担没收、返还原物、赔偿损失等法律责任,构成犯罪的,还要依法追究刑事责任。

第二百六十七条　私人的合法财产受法律保护,禁止任何组织或者个人侵占、哄抢、破坏。

【释义】　本条是关于私有财产保护的规定。

改革开放以来,随着整个国民经济高速发展,私人的财富也相应日益增长,同时个体经济、私营经济等非公有制经济也迅速发展,在社会主义市场经济建设中发挥了重要的作用。广大人民群众迫切要求保护他们获得的合法财产。

在法律上明确保护私有财产,可以使财产所有人产生一种制度预期,对自己的财产产生安全感,一方面可以激励人们依法创造财富的积极性,另一方面可以起到鼓励交易的作用,有助于形成稳定有序的市场秩序,推动市场经济向前发展。我国 1982 年宪法第 13 条就明确规定了,国家保护公民的合法的收入、储蓄、房屋和其他合法财产的所有权,2004 年宪法修正案将该规定作了修改,对私有财产的保护作了进一步的规定:“公民的合法的私有财产不受侵犯。”“国家依照法律规定保护公民的私有财产权和继承权。”民法通则第 75 条也明确规定了,公民的合法财产受法律保护,禁止任何组织或者个人侵占、哄抢、破坏或者非法查封、扣押、冻结、没收。物权法依据宪法和民法通则的规定,根据平等保护的原则,在规定“国家所有的财产受法律保护,禁止任何单位和个人侵占、哄抢、私分、截留、破坏”“集体所有的财产受法律保护,禁止任何单位和个人侵占、哄抢、私分、破坏”的同时,按照私有财产保护的特点作了本条规定:“私人的合法财产受法律保护,禁止任何组织或者个人侵占、哄抢、破坏。”本次民法典编纂对本条仅作个别文字修改。

本条内容主要包括以下几个方面:

(一)私有财产的范围

这里的私有财产,是指私人拥有所有权的财产,不但包括合法的收入、房屋、生活用品、生产工具、原材料等不动产和动产,也包括私人合法的储蓄、投资及其收益,以及上述财产的继承权。

(二)合法

私有财产受到法律保护的前提是这些财产是合法的财产,非法取得的财产不受法律保护。例如,通过侵占、贪污、盗窃国有、集体资产而取得财产,法律不但不予以保护,而且还要依法追缴。行为人构成犯罪的,还要承担刑事责任。

(三)保护内容

保护私有财产的重要内容是私人的合法财产所有权不受侵犯,如非经依照法律规定的权限和程序,不得征收个人的房屋和其他不动产,也不得非法查封、扣押、冻结、没收私人合法的财产。

任何组织或者个人不得侵占、哄抢、破坏私人合法的财产。所谓的“侵占”,是指以非法占有为目的,将其保管、管理的私人财产非法占为己有。侵占的客体是私人合法的财产。侵占的主体一般是保管、管理他人财产的单位或者个人,并且具有非法占有该财产的主观故意。“哄抢”,是指以非法占有为目的,组织、参与多人一起强行抢夺他人财产的行为。哄抢的客体是他人财产。哄抢的主体可以是任何的组织或者个人,并且还需具备非法占有他人财产的主观故意。“破坏”是指故意毁坏他人所有的合法财产,致使其不能发挥正常功效的行为。如故意毁坏他人的车辆、毁坏他人房屋等行为。破坏的主体可以是任何的组织或者个人,而且需有主观上有毁坏他人财产的故意。侵占、哄抢、破坏私人合法财产的,应当承担返还原物、恢复原状、赔偿损失等民事责任;触犯治安管理处罚法和刑法的,还应当承担相应的行政责任、刑事责任。

第二百六十八条　国家、集体和私人依法可以出资设立有限责任公司、股份有限公司或者其他企业。国家、集体和私人所有的不动产或者动产投到企业的,由出资人按照约定或者出资比例享有资产收益、重大决策以及选择经营管理者等权利并履行义务。

【释义】 本条是关于企业出资人权利的规定。

本条内容主要包括以下几个方面:

(一)出资人与出资形式

所谓出资人,就是向企业投入资本的人。在计划经济体制下,我国的所有制结构比较单一,即只存在两种形式的公有制:一是国家所有制;二是集体所有制。在这种情况下,企业的出资主体只是国家和集体。同时,计划经济体制下的企业,投资结构也很单一,都是由国家和集体投资的独资企业。随着计划经济体制向市场经济体制的转变,社会投资结构发生了重大变化,由单一的国家、集体投资变为包括国家、集体、私人等多种所有制经济的投资；对企业的投资也由独资变为主体多元化的投资。

根据本条的规定，出资人可以是国家、集体，也可以是私人。国家作为出资人的，由国务院、地方人民政府依照法律、行政法规规定分别代表国家履行出资人的职责。根据《企业国有资产监督管理暂行条例》的规定，国务院代表国家对关系国民经济命脉和国家安全的大型国有及国有控股、国有参股企业，重要基础设施和重要自然资源等领域的国有及国有控股、国有参股企业，履行出资人职责。省、自治区、直辖市人民政府和设区的市、自治州级人民政府分别代表国家对由国务院履行出资人职责以外的国有及国有控股、国有参股企业，履行出资人职责。以集体资产设立企业的，由本集体作为出资人。随着国家鼓励、支持和引导非公有制经济的发展，私有资本也大量地投资到企业中。作为出资人，私人包括中国的公民，也包括外国的自然人和法人。

国家、集体和私人出资设立企业的主要形式是公司。我国改革开放以来，特别是党的十四大提出建立社会主义市场经济体制、十四届三中全会提出建立现代企业制度以来，许多国有企业进行了公司制改革，由单一投资主体改组为独资公司，多个投资主体依法改组为有限责任公司或者股份有限公司。非国有企业也相当多地采用了公司制的组织形式。根据公司法的规定，公司是企业法人，包括有限责任公司和股份有限公司。有限责任公司，是指公司股东对公司以其认缴的出资额承担有限责任的公司；股份有限公司，是指公司的资本划分为等额股份，公司股东以其认购的股份为限承担有限责任的公司。由国家单独出资形成的国有独资公司也是一种有限责任公司。

（二）出资人的权利和义务

出资人作为股东，按照公司法的规定，依法享有资产收益、参与重大决策和选择经营管理者等权利，本条也从出资人的角度作了同样的规定。

（1）享有资产收益。这是指出资人有权通过企业盈余分配从中获得红利。获得红利是出资人投资的主要目的,只要出资人按照章程或者其他约定,如期、足额地履行了出资义务,就有权向企业请求分配红利。一般而言,出资人应当按照其实缴出资比例或者股东协议、章程等约定分取红利。

(2)参与重大决策。出资人通过股东会或者股东大会等作出决议的方式决定企业的重大行为。企业的重大行为包括:企业资本的变化,如增加或者减少注册资本、利润分配和弥补亏损、公司的预算和决算事项;企业的融资行为,如发行公司债券;企业的对外投资,向他人提供担保、购置或者转让主要资产,变更主要业务等;企业的合并、分立、变更组织形式、解散、清算等;修改企业章程等。上述权利,由出资人按照章程或者法律规定的方式行使。按照公司法的规定,有限责任公司的股东会对公司增加或者减少注册资本、分立、合并、解散或者变更公司形式,必须经代表2/3以上表决权的股东通过。企业经营管理者必须尊重和保证出资人决定重大决策的权利,如在国家出资的企业里,国家作为出资人的,享有资产收益、重大决策以及选择经营管理者等权利,企业经营管理者无权决定依照有关法律和企业章程的规定应当由国家作为出资人决定的事项,不得擅自处分企业财产。

(3)选择经营管理者。出资人有权通过股东会或者股东大会作出决议选举或者更换公司的董事或者监事,决定董事或者监事的薪酬,通过董事会来聘任或者解聘经理等企业高级管理人员。

当然以上只是出资人享有的主要权利,除此之外,出资人还享有其他权利,如根据公司法的规定,有限责任公司的股东有权查阅本公司的章程、股东会会议记录、董事会会议决议、财务会计报告;董事、高级管理人员违反法律、行政法规或者章程的规定,损害股东利益的,股东可以向人民法院提起诉讼。

作为出资人,不但享有上述权利,还要履行相应的义务。如按照约定或者章程的规定,按期、足额地缴纳出资;不得滥用出资人的权利干涉企业正常的经营活动等。

第二百六十九条　营利法人对其不动产和动产依照法律、行政法规以及章程享有占有、使用、收益和处分的权利。

营利法人以外的法人,对其不动产和动产的权利,适用有关法律、行政法规以及章程的规定。

【释义】 本条是关于法人财产权的规定。

民法典总则编规定,法人应当依法成立。法人应当有自己的名称、组织机构、住所、财产或者经费。法人成立的具体条件和程序,依照法律、行政法规的规定。法人以其全部财产独立承担民事责任。各种类型的法人中,以取得利润并分配给股东等出资人为目的成立的法人,为营利法人。营利法人包括有限责任公司、股份有限公司和其他企业法人等。营利法人区别于非营利法人的重要特征,不是"取得利润",而是"利润分配给出资人"。是否从事经营活动并获取利润,与法人成立的目的没有直接关系,也不影响营利法人与非营利法人的分类。例如,基金会法人是非营利法人,但为了维持财产价值或者升值,也会将管理的资金用于经营活动。营利法人与非营利法人区分的关键在于利润的分配上,是否归属出资人。如果利润归属于法人,用于实现法人目的,则不是营利法人;如果利润分配给出资人,则属于营利法人。

民法典总则编规定,营利法人包括有限责任公司、股份有限公司和其他企业法人等。可见,营利法人基本上就是企业法人。依照公司法的规定,公司是指依照本法在中国境内设立的有限责任公司和股份有限公司。公司是企业法人,有独立的法人财产,享有法人财产权。公司以其全部财产对公司的债务承担责任。有限责任公司是股东以其出资额为限对公司承担责任,公司以其全部资产对公司债务承担责任的企业法人。有限责任公司类型比较适合中小企业,股东人数有最高数量限制,股东对公司承担有限责任,设立手续和公司的机关比较简单,具有非公众和非公开的性质。股份有限公司是其全部资本分为等额股份,股东以其所持有的股份为限对公司承担责任,公司以其全部资产对公司的债务承担责任的企业法人。股份有限公司通常是大型企业采取的一种组织形式,发起人需要达到一定人数,成立后股东人数没有上限,全部资本划分为等额股份,股东对公司承担有限责任。有限责任公司和股份有限公司都是以营利为目的的企业,存在和发展的最直接动力就是通过经营活动获得经济利益,创造利润,然后分配给出资人。因此,有限责任公司、股份有限公司是我国法律规定的最典型的营利法人类型。公司法还规定了一人有限责任公司和国有独资公司这两种特殊的有限责任公司。一人有限责任公司,是指只有一个自然人股东或者一个法人股东的有限责任公司。一人有限责任公司的股东不能证明公司财产独立于股东自己的财产的,应当对公司债务承担连带责任。国有独资公司,是指国家单独出资、由国务院或者地方人民政府授权本级人民政府国有资产监督管理机构履行出资人职责的有限责任公司。国有独资公司由国有资产监督管理机构履行出资人职责。不管这两种形式的公司出资人如何特殊,在取得利润并分配给其股东等出资人这个根本目的上,与普通公司没有区别,也属于营利法人的类型。此外,其他法律中规定的可以取得法人资格的企业,也属于营利法人。

具备法人条件的企业成为营利法人后,取得法律上独立的民事主体资格,成为自主经营、自负盈亏的生产者和经营者。出资人将其不动产或者动产投到营利法人后,即构成了营利法人独立的财产,营利法人享有法人财产权,即依照法律、行政法规以及章程的规定对该财产享有占有、使用、收益和处分的权利,出资人个人不能直接对其投入的资产进行支配,这是营利法人实现自主经营、自负盈亏,独立承担民事责任的物质基础。营利法人的出资人不得滥用出资人权利损害法人或者其他出资人的利益。滥用出资人权利给法人或者其他出资人造成损失的,应当依法承担民事责任。民法典总则编规定,营利法人的出资人不得滥用法人独立地位和出资人有限责任损害法人的债权人利益。滥用法人独立地位和出资人有限责任,逃避债务,严重损害法人的债权人利益的，应当对法人债务承担连带责任。

本条第 2 款规定，营利法人以外的法人对其不动产和动产的权利，适用有关法律、行政法规以及章程的规定。

依照民法典总则编的规定，营利法人之外的法人包括非营利法人和特别法人。为公益目的或者其他非营利目的成立，不向出资人、设立人或者会员分配所取得利润的法人，为非营利法人。非营利法人包括事业单位法人、社会团体法人和捐助法人。特别法人包括机关法人、农村集体经济组织法人、城镇农村的合作经济组织法人、基层群众性自治组织法人。

关于非营利法人。民法典总则编规定，具备法人条件，为适应经济社会发展需要，提供公益服务设立的事业单位，经依法登记成立，取得事业单位法人资格；依法不需要办理法人登记的，从成立之日起，具有事业单位法人资格。根据《事业单位登记管理暂行条例》第 2 条规定，事业单位，是指国家为了社会公益目的，由国家机关举办或者其他组织利用国有资产举办的，从事教育、科技、文化、卫生等活动的社会服务组织。事业单位依法举办的营利性经营组织，必须实行独立核算，依照国家有关公司、企业等经营组织的法律、法规登记管理。本法第 256 条规定，国家举办的事业单位对其直接支配的不动产和动产，享有占有、使用以及依照法律和国务院的有关规定收益、处分的权利。民法典总则编第 90 条规定，具备法人条件，基于会员共同意愿，为公益目的或者会员共同利益等非营利目的设立的社会团体，经依法登记成立，取得社会团体法人资格；依法不需要办理法人登记的，从成立之日起，具有社会团体法人资格。《社会团体登记管理条例》第 2 条规定，社会团体是指中国公民自愿组成，为实现会员共同意愿，按照其章程开展活动的非营利性社会组织。国家机关以外的组织可以作为单位会员加入社会团体。设立社会团体法人应当依法制定法人章程，社会团体的章程应当包括下列事项：(1)名称、住所；(2)宗旨、业务范围和活动地域；(3)会员资格及其权利、义务；(4)民主的组织管理制度，执行机构的产生程序；(5)负责人的条件和产生、罢免的程序;(6)资产管理和使用的原则;(7)章程的修改程序;(8)终止程序和终止后资产的处理;(9)应当由章程规定的其他事项。有关法律、行政法规外,章程也是社会团体法人对其不动产和动产行使权利的重要依据。民法典总则编规定,具备法人条件,为公益目的以捐助财产设立的基金会、社会服务机构等,经依法登记成立,取得捐助法人资格。依法设立的宗教活动场所,具备法人条件的,可以申请法人登记,取得捐助法人资格。法律、行政法规对宗教活动场所有规定的,依照其规定。基金会、社会服务机构和宗教活动场所在法人属性上具有同质性,我国将其命名为捐助法人,境外大陆法系国家和地区一般称其为"财团法人",是"社团法人"的对称。社团法人为人的组织体,其成立的基础在人,以成员为要件。而财团法人(捐助法人)为财产的集合体,其成立的基础在财产。捐助法人包括的范围广泛,除基金会、宗教活动场所外,还包括社会服务机构等,比如捐资设立的学校、医院、孤儿院、养老院、图书馆、文化馆、博物馆等。民法典总则编规定,设立捐助法人,应当依法制定法人章程。捐助法人没有会员大会等权力机构,关于捐助法人的组织管理、财产的管理使用,除了法律、行政法规的规定外,是由捐助人制定的捐助章程规定的。在捐助法人成立后,章程便成为独立的文件,约束捐助法人及其决策机构、执行机构的成员等。由此可见,由于捐助法人没有权力机构,相较于其他法人类型,章程的作用尤为重要,对于实现捐助人的捐助目的不可或缺。关于捐助法人章程,慈善法和《基金会管理条例》均作了较为详细的规定。如《基金会管理条例》专门就基金会章程应当载明的内容作了规范。基金会章程应当载明下列事项:(1)名称及住所;(2)设立宗旨和公益活动的业务范围;(3)原始基金数额;(4)理事会的组成、职权和议事规则,理事的资格、产生程序和任期;(5)法定代表人的职责;(6)监事的职责、资格、产生程序和任期;(7)财务会计报告的编制、审定制度;(8)财产的管理、使用制度;(9)基金会的终止条件、程序和终止后财产的处理。同时规定,基金会修改章程,应当征得其业务主管单位的同意,并报登记管理机关核准。关于非营利法人终止时的剩余财产处置,民法典总则编专门规定,为公益目的成立的非营利法人终止时,不得向出资人、设立人或者会员分配剩余财产。剩余财产应当按照法人章程的规定或者权力机构的决议用于公益目的;无法按照法人章程的规定或者权力机构的决议处理的,由主管机关主持转给宗旨相同或者相近的法人,并向社会公告。

关于特别法人。民法典总则编规定,有独立经费的机关和承担行政职能的法定机构从成立之日起,具有机关法人资格,可以从事为履行职能所需要的民事活动。机关法人的财产来源于国家和地方财政拨款。机关法人虽没有自己独立经营的财产,但是有独立的经费。这些独立的经费不来源于社会投资,也不源于国家投资,而是根据其工作需要,由国家和地方财政拨款形成的。因此,其最终责任承担也来源于国家财政经费。机关法人被撤销的,法人终止,其民事权利和义务由继任的机关法人享有和承担;没有继任的机关法人的,由作出撤销决定的机关法人享有和承担。本章规定,国家机关对其直接支配的不动产和动产,享有占有、使用以及依照法律和国务院的有关规定处分的权利。民法典总则编规定,农村集体经济组织依法取得法人资格。法律、行政法规对农村集体经济组织有规定的,依照其规定。城镇农村的合作经济组织依法取得法人资格。法律、行政法规对城镇农村的合作经济组织有规定的,依照其规定。居民委员会、村民委员会具有基层群众性自治组织法人资格,可以从事为履行职能所需要的民事活动。

第二百七十条　社会团体法人、捐助法人依法所有的不动产和动产,受法律保护。

【释义】　本条是关于保护社会团体法人、捐助法人依法所有的不动产和动产的规定。

关于财产受法律保护,本章规定,国家所有的财产受法律保护,禁止任何组织或者个人侵占、哄抢、私分、截留、破坏。集体所有的财产受法律保护,禁止任何组织或者个人侵占、哄抢、私分、破坏。私人的合法财产受法律保护,禁止任何组织或者个人侵占、哄抢、破坏。同时规定,国家、集体和私人依法可以出资设立有限责任公司、股份有限公司或者其他企业。国家、集体和私人所有的不动产或者动产,投到企业的,由出资人按照约定或者出资比例享有资产收益等权利。本条规定,社会团体法人、捐助法人依法所有的不动产和动产,受法律保护。

社会团体法人是非营利法人。民法典总则编规定,具备法人条件,基于会员共同意愿,为公益目的或者会员共同利益等非营利目的设立的社会团体,经依法登记成立,取得社会团体法人资格;依法不需要办理法人登记的,从成立之日起,具有社会团体法人资格。社会团体法人必须拥有会员。社会团体法人包括的范围十分广泛,既有为公益目的设立的,亦有为会员共同利益等非营利目的设立的。前者如中华慈善总会、中国红十字会等,后者如商会、行业协会等。社会团体既有依法登记成立的,也有依法不需要办理法人登记而成立的。对于需要办理登记程序的社会团体,依照《社会团体登记管理条例》第 7 条的规定,全国性的社会团体,由国务院的登记管理机关负责登记管理;地方性的社会团体,由所在地人民政府的登记管理机关负责登记管理;跨行政区域的社会团体,由所跨行政区域的共同上一级人民政府的登记管理机关负责登记管理。根据《社会团体登记管理条例》第 3 条的规定,参加中国人民政治协商会议的人民团体不进行登记;由国务院机构编制管理机关核定,并经国务院批准的社会团体可以免于登记。

捐助法人也是非营利法人。捐助法人是民法总则增加的法人类型。1986 年民法通则根据当时的经济社会发展状况,规定了企业法人、机关法人、事业单位法人和社会团体法人这四种法人类型。随着我国经济社会各方面蓬勃发展,这四种法人类型已不能满足经济社会发展的需求。基金会、社会服务机构无法纳入民法通则确立的法人分类。此外,寺庙等宗教活动场所也无法人资格。民法典总则编规定,具备法人条件,为公益目的以捐助财产设立的基金会、社会服务机构等,经依法登记成立,取得捐助法人资格。依法设立的宗教活动场所,具备法人条件的,可以申请法人登记,取得捐助法人资格。法律、行政法规对宗教活动场所有规定的,依照其规定。

(1)关于基金会。改革开放以来,由海内外人士捐资设立的儿童福利、残疾人福利以及教育科研方面的基金会大量增加。国务院于 1988 年制定的《基金会管理办法》受限于民法通则规定的四种法人类型,将基金会明确作为社会团体法人进行界定。但基金会与社会团体法人存在本质上的差别,如果混淆了这两类法人的不同性质,则有可能将基金会中的管理人员误认为是法人的成员,从而导致其设立宗旨和财产用途被非法改变。2004 年国务院发布《基金会管理条例》,规定基金会是指利用自然人、法人或者其他组织捐赠的财产,以从事公益事业为目的,按照本条例的规定成立的非营利性法人。

(2)关于社会服务机构。社会服务机构作为法律概念,最早出现在慈善法中。慈善法规定,慈善组织可以采取基金会、社会团体、社会服务机构等组织形式。慈善法规定的组织形式,对应的是民政部门登记的三类社会组织,即按照《基金会管理条例》登记的基金会,按照《社会团体登记管理条例》登记的社会团体,以及按照《民办非企业单位登记管理暂行条例》登记的民办非企业单位。慈善法用“社会服务机构”替代了“民办非企业单位”。《民办非企业单位登记管理暂行条例》将民办非企业单位定义为“企业事业单位、社会团体和其他社会力量以及公民个人利用非国有资产举办的,从事非营利性社会服务活动的社会组织”。在民政部门登记的非营利性民办学校、民办医院、民办养老院、民办博物馆、民办社会工作机构等组织,都是民办非企业单位。民办非企业单位是改革开放之后发展起来的一类新型社会组织,是社会力量参与社会事业的重要载体。1982年宪法明确国家鼓励社会力量兴办教育事业、医疗卫生设施,从国家根本法层面,为民办社会事业的发展提供了法律保障。随着计划经济体制被逐步打破,体制外的社会力量开始参与提供公共服务,各地涌现了大量民办学校、民办医院、民办研究所。1996年7月,中央政治局常委会专题研究民间组织管理工作,决定将这类组织命名为"民办非企业单位",归口民政部门统一登记。1998年10月,国务院颁布了《民办非企业单位登记管理暂行条例》,明确了民办非企业单位的内涵和外延。截至2016年年底,在各级民政部门登记的社会组织共有近70万个,其中民办非企业单位35.9万个。民办非企业单位发展非常迅速,已经占据我国社会组织的半壁江山。各类民办非企业单位广泛活跃在教育、科技、文化、卫生、体育、养老、社会工作、环境保护、法律援助等领域,在促进经济发展、繁荣社会事业、创新社会管理、提供公共服务、增加就业岗位、扩大对外交往等方面发挥了重要作用,已成为我国社会主义现代化建设不可或缺的重要力量。慈善法将"民办非企业单位"的名称修改为"社会服务机构",使这一组织形式的内涵外延更加清晰。2016年8月,中共中央办公厅、国务院办公厅印发《关于改革社会组织管理制度促进社会组织健康有序发展的意见》,提出我国社会组织的主体是社会团体、基金会和社会服务机构,进一步以中央文件的形式明确了社会服务机构的性质和地位。依照民法总则的规定,社会服务机构是民间力量通过捐助方式举办的非营利组织,以自身的资产对社会提供公益性的社会服务。相较于企事业单位和其他社会组织,社会服务机构主要具有以下特征:一是民间性。社会服务机构举办者是除国家机关以外的组织或个人,其举办资金主要不是国有资产,而是民间资金。二是非营利性。社会服务机构的利润不分配,举办者不是股东,不享有分配权,社会服务机构终止时,剩余财产不能私分,只能用于公益事业。当然,非营利组织可以通过服务活动获得收入,这是非营利组织生存和发展的基础。三是自主性。社会服务机构自筹资金、自聘人员,没有国家财政拨款和事业编制。同时,社会服务机构一经登记,就有了独立的法律地位,可以依法依章程独立自主地开展业务活动。根据民法总则的规定,今后设立民办学校、民办医院等非企业法人组织,设立人可以根据设立的目的,选择登记为营利法人,或者登记为社会服务机构。选择登记为营利法人的,法人存续期间可以分配利润,法人终止时,可以分配剩余财产。选择登记为社会服务机构的,取得捐助法人资格,享受国家财政、税收等各方面扶持,但法人存续期间不得分配利润,法人终止时,不可以分配剩余财产,剩余财产将继续用于公益目的。

(3)关于宗教活动场所。我国主要有佛教、道教、伊斯兰教、天主教、基督教五大宗教。宗教活动场所分寺院、宫观、清真寺、教堂(以下简称寺观教堂)以及其他固定宗教活动场所两类。筹备设立宗教活动场所,由宗教团体向拟设立的宗教活动场所所在地的县级人民政府宗教事务部门提出申请。其中设立寺观教堂,需逐级报省级政府宗教事务部门审批;设立其他固定宗教活动场所,由设区的市级政府宗教事务部门审批。经批准后,方可开展筹备工作。筹备完成后,由宗教活动场所管理组织向县级政府宗教事务部门申请登记,符合条件的,发给宗教活动场所登记证。信教公民的集体宗教活动,一般应当在经登记的宗教活动场所内举行,由宗教活动场所或者宗教团体组织的宗教教职人员或者符合本宗教规定的其他人员主持,按照教义教规进行。在民法总则立研过程中,有关部门和大多数宗教界人士表示,法人地位的缺失,给宗教活动场所参与社会活动带来了很多问题:一是宗教活动场所开展民事活动、维护自身合法权益困难重重,尤其在门票收入分配、拆迁补偿、订立合同、开设银行账户、房地产登记、机动车登记、诉讼维权、设立公益慈善组织等方面面临不少困难。二是宗教活动场所主体地位不明,容易出现宗教财产被侵占、被处分的情形,从而导致宗教财产流失。而且因为没有法人地位,宗教活动场所难以办理房产证、土地证。三是宗教界发挥积极作用受束缚。目前无法独立开展医院、扶贫、养老院等慈善性的事业,必须由宗教团体出面。四是宗教活动场所由于缺乏法人资格,不能按照法人来运作和进行监管,自我管理水平较低。随着经济社会的发展,财务管理不规范等宗教活动场所内部问题不断暴露,政府监管不到位和社会监督缺位也逐步显现,传统的场所管理模式受到了新的挑战。经研究认为,根据现行法律、行政法规,宗教活动场所尚无法取得法人地位。从现实情况看,赋予宗教活动场所法人地位具有必要性和可行性。经与中央、国务院有关部门共同研究,在民法总则"非营利法人"一节中规定,依法设立的宗教活动场所,具备法人条件的,可以申请法人登记,取得捐助法人资格。法律、行政法规对宗教活动场所有规定的,依照其规定。按照这一规定:一是宗教活动场所法人资格登记以具备法人条文为前提。考虑到不同宗教的做法不同,依法设立的宗教活动场所是否登记为法人,由其自行申请。二是不影响国家对宗教活动场所的规范和管理。宗教活动场所从事各类活动必须遵守国家法律法规,必须接受国家相关部门依据《宗教事务条例》等行政法规对其进行的规范和管理。三是赋予宗教活动场所法人地位不影响其与宗教团体的关系。宗教团体不同于宗教活动场所,宗教团体在性质上属于社会团体,在民政部门登记。《宗教事务条例》第 7 条第 1 款规定,宗教团体的成立、变更和注销,应当依照国家社会团体登记管理的有关规定办理登记。全国性宗教团体主要包括中国佛教协会、中国道教协会、中国伊斯兰教协会、中国天主教一会一团(天主教爱国会和天主教主教团)、中国基督教三自爱国运动委员会等。宗教团体与宗教活动场所无隶属关系,是相互独立的。但是《宗教事务条例》赋予了宗教团体部分管理宗教活动场所的职责,如筹备设立宗教活动场所应当由宗教团体提出申请;宗教活动场所符合法人条件的,应当经所在地宗教团体同意并报主管部门审查同意后,可以申请办理法人登记;宗教团体、寺观教堂拟在宗教活动场所内修建大型露天宗教造像,应当由宗教团体提出申请;宗教教职人员担任或者离任宗教活动场所主要教职,应当经宗教团体等。此外,宗教团体与宗教活动场所之间也有教务指导关系，宗教活动场所应当遵守宗教团体制定的规章制度。

第六章　业主的建筑物区分所有权

为解决居住问题，包括我国在内的世界各国纷纷兴建高层或者多层建筑物，由此产生一栋建筑物存在多个所有权人的情形。对此，其他国家和地区相继制定建筑物区分所有权的法律或者修改民法典以调整不同所有权人之间的关系。对于建筑物区分所有权，有些国家的民法典作了规定，一些国家和地区有专门立法。如法国的建筑物区分所有权法、日本的建筑物区分所有法、奥地利的区分所有权法、德国的住宅所有权法、美国的联邦公寓所有权法、英国的住宅法，意大利、瑞士在民法典中规定了建筑物共有的内容。我国香港特别行政区制定了多层大厦（业主立案法团）条例，我国台湾地区“民法”第799条、第800条及“公寓大厦管理条例”“土地登记规则”等对建筑物区分所有权的问题分别作了规定。

关于“建筑物区分所有权”一词的表述，各国和地区的立法不尽相同，主要有如下几种：住宅分层所有权、住宅所有权、公寓单元所有权、公寓所有权、单位所有权、水平财产权、楼层所有权、建筑物区分所有权等，我国采用的表述是建筑物区分所有权。在我国，随着住房制度的改革和高层建筑物的大量出现，住宅小区越来越多，业主的建筑物区分所有权已经成为私人不动产物权中的重要权利。对此，2007年通过的物权法专章对业主的建筑物区分所有权作了规定。民法典编纂沿用物权法规定，继续设专章对业主的建筑物区分所有权作出规定，并在物权法规定的基础上，针对实践中出现的新情况、新问题，对本章作了修改完善。

本章对业主的建筑物区分所有权作了规定，共17条，主要对业主对建筑物区分所有权的内容,业主对专有部分行使所有权,对专有部分以外的共有部分的共有和共同管理的权利的享有与行使,建筑区划内道路、绿地、公用设施、物业服务用房的归属,车位、车库等的归属,车位、车库应当首先满足业主需要,设立业主大会和选举业主委员会,业主共同决定的重大事项及表决程序,将住宅改变为经营性用房,业主大会、业主委员会决定的效力,建筑物及其附属设施的维修基金的归属、筹集与使用,建筑物共有部分及其附属设施的费用分摊、收益分配,对建筑物及其附属设施的管理,利用业主的共有部分产生的收入的归属,业主、业主大会、业主委员会、物业服务企业之间的关系,业主的有关义务以及对建筑区划内损害他人合法权益行为的管理,业主对侵害自己合法权益的行为有权请求行为人承担民事责任等内容作出了规定。

第二百七十一条　业主对建筑物内的住宅、经营性用房等专有部分享有所有权,对专有部分以外的共有部分享有共有和共同管理的权利。

【释义】 本条是对建筑物区分所有权基本内容的规定。

本条是物权法第 70 条的规定,本次民法典编纂对本条未作修改。

业主的建筑物区分所有权是物权上一项重要的不动产权利,是高层或者多层建筑物产生,并在一栋建筑物存在多个所有权人后出现的物权种类。建筑物区分所有权,一般是指数人区分一建筑物而各有其专有部分,并就共有部分按其专有部分享有共有的权利。业主,是指享有建筑物专有部分所有权的人。《物业管理条例》第 6 条第 1 款规定,房屋的所有权人为业主。《最高人民法院关于审理建筑物区分所有权纠纷案件具体应用法律若干问题的解释》第 1 条规定,依法登记取得或者根据物权法第 2 章第 3 节规定取得建筑物专有部分所有权的人,应当认定为物权法第 6 章所称的业主。基于与建设单位之间的商品房买卖民事法律行为,已经合法占有建筑物专有部分,但尚未依法办理所有权登记的人,可以认定为物权法第6章所称的业主。

（一）其他国家和地区对业主的建筑物区分所有权基本内容的规定

随着各国高层或者多层建筑物的产生,很多国家和地区对业主的建筑物区分所有权作了规定。如《德国住宅所有权法》第1条第2项规定,住宅所有权,指住宅的特别所有权与其所属的共同所有权的共有物应有部分相结合的权利。《法国建筑物区分所有权法》第1章中规定,建筑物区分所有权,指区分所有权人于“享益部分”(专有部分和共用部分)上享有的权利。《瑞士民法典》第712条之一规定,建筑物区分所有权,是不动产的共有的份额。我国台湾地区“民法”第799条规定,数人区分一建筑物,而各有其一部者,该建筑物及其附属物之共同部分,推定为各所有人之共有,其修缮费及其他负担,由各所有人,按其所有部分之价值分担之。我国台湾地区“公寓大厦管理条例”第3条第3项规定,区分所有,指数人区分一建筑物而各有其专有部分,并就其共用部分按其应有部分有所有权。

（二）我国业主的建筑物区分所有权的基本内容

根据本条的规定,业主的建筑物区分所有权包括对其专有部分的所有权、对建筑区划内的共有部分享有的共有和共同管理的权利。

一是业主对专有部分的所有权。即本条规定的,业主对建筑物内的住宅、经营性用房等专有部分享有所有权,有权对专有部分占有、使用、收益和处分。

二是业主对建筑区划内的共有部分的共有的权利。即本条规定的,业主对专有部分以外的共有部分如电梯、过道、楼梯、水箱、外墙面、水电气的主管线等享有共有的权利。本法规定,建筑区划内的道路,属于业主共有,但属于城镇公共道路的除外。建筑区划内的绿地,属于业主共有,但属于城镇公共绿地或者明示属于个人的除外。建筑区划内的其他公共场所、公用设施和物业服务用房,属于业主共有。占用业主共有的道路或者其他场地用于停放汽车的车位,属于业主共有。

对于建筑物的共有部分的共有方式,本法未作明确规定。从其他国家和地区的规定看,有的国家没有特别指出是何种共有方式,有的国家明确规定为按份共有。如《日本建筑物区分所有法》第14条第1款规定,各共有人的应有份,依其专有部分的使用面积比例而定。《意大利民法典》第1118条中规定,在权利证书未作相反规定的情况下,每个共有人对本法第1117条规定的共有物,根据楼层或者楼台层各单位的价值,按比例享有权利。《俄罗斯联邦民法典》第289条规定,在多套住宅房屋中,住宅所有人除拥有属于他的住宅占用的房舍外,房屋中共有财产所有权的份额也属于他所有。第290条中规定,多套住宅房屋中,承受房屋结构的公共房舍,在一套住宅中内外为多套住宅服务的机械、电力、卫生设备和其他设备,属于各住宅所有人按份共有。我国台湾地区"公寓大厦管理条例"第3条第3项规定,区分所有,指数人区分一建筑物而各有其专有部分,并就其共用部分按其应有部分有所有权。

三是业主对建筑区划内的共有部分的共同管理的权利。本法规定,业主可以自行管理建筑物及其附属设施,也可以委托物业服务企业或者其他管理人管理。业主可以设立业主大会,选举业主委员会,共同决定制定和修改业主大会议事规则,制定和修改管理规约,选举业主委员会或者更换业主委员会成员,选聘和解聘物业服务企业或者其他管理人,使用建筑物及其附属设施的维修资金,筹集建筑物及其附属设施的维修资金,改建、重建建筑物及其附属设施,改变共有部分的用途或者利用共有部分从事经营活动等。业主大会和业主委员会,对任意弃置垃圾、排放大气污染物或者噪声、违反规定饲养动物、违章搭建、侵占通道、拒付物业费等损害他人合法权益的行为,有权依照法律、法规以及管理规约,要求行为人停止侵害、消除危险、排除妨害、赔偿损失。

第二百七十二条　业主对其建筑物专有部分享有占有、使用、收益和处分的权利。业主行使权利不得危及建筑物的安全,不得损害其他业主的合法权益。

【释义】　本条是关于业主对专有部分行使所有权的规定。

本条是物权法第 71 条的规定,本次民法典编纂对本条未作修改。

(一)关于专有部分

本法第 271 条中规定,业主对建筑物内的住宅、经营性用房等专有部分享有所有权。根据本法规定,专有部分是指建筑物内的住宅、经营性用房等业主专有的部分。关于专有部分的界定,《最高人民法院关于审理建筑物区分所有权纠纷案件具体应用法律若干问题的解释》第 2 条规定,建筑区划内符合下列条件的房屋,以及车位、摊位等特定空间,应当认定为物权法第 6 章所称的专有部分:(1)具有构造上的独立性,能够明确区分;(2)具有利用上的独立性,可以排他使用;(3)能够登记成为特定业主所有权的客体。规划上专属于特定房屋,且建设单位销售时已经根据规划列入该特定房屋买卖合同中的露台等,应当认定为物权法第 6 章所称专有部分的组成部分。

其他国家一般规定,单独的楼层、住宅、办公室等独立单元,可以成为专有部分。如《日本建筑物区分所有法》第 1 条规定,一栋建筑物构造上区分为数部分,供作独立的住宅、店铺、办公室、仓库或其他用途使用时,其各部分得依本法规定,各自成为所有权的标的。又如《瑞士民法典》第 712 条之二第 1 款规定,特别权利标的物,可为单独的楼层,亦可为楼层内隔开的具有出入口的用于居住、办公或其他目的的单元;单元可包括隔开的房间。

美国的规定与其他国家的一般规定有所不同,专有部分指特定的"空间"。如《美国联邦公寓所有权法》第 2 条规定,所谓公寓,指一栋建筑物可供任何形式独立使用的部分,具有一个或一个以上的房间或封闭空间,且坐落在建筑物之一层或数层或部分楼板上,并有与公共街道相通或与某些街道相通的共用部分的直接出口。公寓所有权,即以公寓为标的的所有权。

(二)业主对建筑物专有部分的权利

业主对建筑物专有部分的权利是所有权的一种。本法第240条规定,所有权人对自己的不动产或者动产,依法享有占有、使用、收益和处分的权利。本条是对业主对建筑物专有部分享有所有权的具体权能的规定,即业主对其建筑物专有部分享有占有、使用、收益和处分的权利。按照这一规定,业主对建筑物内属于自己所有的住宅、经营性用房等专有部分可以直接占有、使用,实现居住或者营业的目的;也可以依法出租,获取收益;还可以出借,解决亲朋好友居住之难;或者在自己的专有部分上依法设定负担,例如,为保证债务的履行将属于自己所有的住宅或者经营性用房抵押给债权人,或者抵押给金融机构以取得贷款等;还可以将住宅、经营性用房等专有部分出售给他人,对专有部分予以处分。

其他国家和地区对专有部分权利的规定有两种情况:

一是规定对专有部分享有所有权。一些国家和地区规定,区分所有权人对专有部分享有所有权。如《德国住宅所有权法》将对专有部分的权利称之为"特别所有权",第13条中规定,各住宅所有权人于不违反法律或第三人权利的范围内,得自由处理特别所有权内的建筑物部分,如予以居住、使用、租赁或以其他方式予以利用,并排除他人之干涉。《法国建筑物区分所有权法》第9条中规定,区分所有权人对于享益部分中的专有部分享有自由使用的权利。《奥地利区分所有权法》第1条中规定,不动产的共有人于一特定住宅和店铺设定的单独使用和独立处分的权利,为住宅所有权。《俄罗斯联邦民法典》第288条中规定,住房所有人对属于他的住房依照其用途实现占有、使用和处分的权利。我国台湾地区"公寓大厦管理条例"第3条中规定,区分所有,指数人区分一建筑物而各有其专有部分;第4条中规定,除法律另有限制外,区分所有权人对其专有部分,得自由使用、收益、处分,并排除他人的干涉。

二是规定对特定部分享有独占使用权。瑞士的规定与德国、日本等国和我国台湾地区有所不同,《瑞士民法典》规定的建筑物区分所有权,没有专有部分,只有独占使用的部分。《瑞士民法典》第712条中规定,建筑物区分所有权,是不动产的共有的份额。区分所有人对建筑物的特定部分享有独占使用和内部改造的特别权利。区分所有人有自由管理、利用并装饰自己房间的权利。

(三)对专有部分行使权利的限制

业主的专有部分是建筑物的重要组成部分,但与共有部分又不可分离,例如,没有电梯、楼道、走廊,业主就不可能出入自己的居室、经营性用房等专有部分;没有水箱、水、电等管线,业主就无法使用自己的居室、经营性用房等专有部分。因此,建筑物的专有部分与共有部分具有一体性、不可分离性,故业主对专有部分行使专有所有权应受到一定限制,这与建筑物区分所有权的特殊性是分不开的。对此,本条规定,业主行使专有部分所有权时,不得危及建筑物的安全,不得损害其他业主的合法权益。

一是业主行使专有部分所有权时,不得危及建筑物的安全。例如,业主在对专有部分装修时,不得拆除房屋内的承重墙,不得在专有部分内储藏、存放易燃易爆等危险物品,危及整个建筑物的安全。

二是业主行使专有部分所有权时,不得损害其他业主的合法权益。本法第286条规定,业主应当遵守法律、法规以及管理规约。业主大会或者业主委员会,对任意弃置垃圾、排放污染物或者噪声、违反规定饲养动物、违章搭建、侵占通道、拒付物业费等损害他人合法权益的行为,有权依照法律、法规以及管理规约,请求行为人停止侵害、排除妨碍、消除危险、恢复原状、赔偿损失。本法第287条规定,业主对建设单位、物业服务企业或者其他管理人以及其他业主侵害自己合法权益的行为,有权请求其承担民事责任。

从其他国家和地区的规定看,对专有部分行使权利有一定的限制,规定对专有部分行使权利不得妨碍他人和公共利益。有的国家规定,区分所有权人对专有部分行使权利,不得妨害他人及公共利益。如《意大利民法典》第 1122 条规定,共有人在属于自己所有的楼层或者楼层部分不得进行损害共有部分的施工。《德国住宅所有权法》第 14 条中规定,在保存及修缮共有物的必要范围内,住宅所有权人应允许对特别所有权内的建筑物部分的进入及利用,但应赔偿因此所生的损害。《日本建筑物区分所有法》第 6 条中规定,区分所有人不得为对建筑物之保存有害的行为,或其他有关建筑物之管理或使用违反区分所有人共同利益的行为。区分所有人于保存、改良其专有部分或共用部分所必要的范围内,可以请求使用其他区分所有人的专有部分或不属自己所有的共用部分。于此情形,其他共有人受损害时,应向其支付偿金。《德国住宅所有权法》第 13 条第 1 项规定,各住宅所有权人于不违反法律或第三人权利的范围内,得自由处理特别所有权内的建筑物部分,如予以居住、使用、租赁或以其他方式予以利用,并排除他人之干涉。专有所有权的行使须受以下限制:(1)保护建筑物的使用目的;(2)保护建筑物的基础、结构、牢固及安全;(3)保护建筑物美学上的外观;(4)保护其他住宅所有权人的安全、安静及住宅环境秩序;(5)维护善良风俗、习惯及住宅居民的作息和名誉。《瑞士民法典》第 712 条中规定,区分所有人有自由管理、利用并装饰自己房间的权利,但不得妨碍其他区分所有人行使相同的权利,并不得以任何方式破坏建筑物的公用设施,或影响其使用及外观。我国台湾地区"公寓大厦管理条例"第 5 条规定,区分所有权人对专有部分的利用,不得有妨碍建筑物的正常使用及违反区分所有权人共同利益的行为。第 6 条规定,住户应遵守下列事项:一是于维护、修缮专有部分、约定专有部分或行使其权利时,不得妨碍其他住户之安宁、安全及卫生;二是其他住户因维护、修缮专有部分、约定专有部分或设置管线,必须进入其专有部分或约定部分时,不得拒绝;三是管理负责人或管理委员会因维护、修缮共用部分或设置管线，必须进入其专有部分或约定部分时，不得拒绝。

第二百七十三条　业主对建筑物专有部分以外的共有部分，享有权利，承担义务；不得以放弃权利为由不履行义务。

业主转让建筑物内的住宅、经营性用房，其对共有部分享有的共有和共同管理的权利一并转让。

【释义】　本条是关于业主对专有部分以外的共有部分权利义务的规定。

本条是物权法第 72 条的规定，本次民法典编纂对本条仅作个别文字修改。

(一)关于共有部分

业主专有部分以外的共有部分，通常是指除建筑物内的住宅、经营性用房等专有部分以外的部分，既包括建筑物内的走廊、楼梯、过道、电梯、外墙面、水箱、水电气管线等部分，也包括建筑区划内，由业主共同使用的物业管理用房、绿地、道路、公用设施以及其他公共场所等，但法律另有规定的除外。根据本法规定，建筑区划内的道路，属于业主共有，但属于城镇公共道路的除外。建筑区划内的绿地，属于业主共有，但属于城镇公共绿地或者明示属于个人的除外。建筑区划内的其他公共场所、公用设施和物业服务用房，属于业主共有。占用业主共有的道路或者其他场地用于停放汽车的车位，属于业主共有。目前，我国城镇居民住房情况复杂，仅所有权就有不同的情形。有的是在住房制度改革后，将原租住的公有住房，依照房改价购买为自己所有；有的是按照市场价格购买的商品房；有的是享受国家优惠政策购买的经济适用房；还有集资建房的。而农民因征地迁入高层或者多层建筑物居住的情况就更为复杂，因此，建筑区划内哪些部分为业主共有，还须根据具体情况具体确定。

关于共有部分的界定，《最高人民法院关于审理建筑物区分所有权纠纷案件具体应用法律若干问题的解释》第 3 条规定,除法律、行政法规规定的共有部分外,建筑区划内的以下部分,也应当认定为物权法第 6 章所称的共有部分:(1)建筑物的基础、承重结构、外墙、屋顶等基本结构部分,通道、楼梯、大堂等公共通行部分,消防、公共照明等附属设施、设备,避难层、设备层或者设备间等结构部分;(2)其他不属于业主专有部分,也不属于市政公用部分或者其他权利人所有的场所及设施等。

其他国家和地区关于建筑物区分所有权的共有部分的规定,有的国家规定共有部分中一些属于全体业主共有,另一些属于部分业主共有。有的国家还规定了哪些只能作为共有部分,哪些依约定才可以成为专有部分。如《日本建筑物区分所有法》第 4 条规定,通过数个专有部分的走廊、楼梯及其他构造上供区分所有人全体或部分共用的建筑物部分,不成为区分所有权的标的。第 11 条规定,共用部分属全体区分所有人共有,但一部分共用部分属共用该部分的区分所有人共有。《瑞士民法典》第 712 条中规定,下列物不得为特别权利的标的物:(1)建筑物的场地及建造楼房的建筑权;(2)对于楼房或其他区分所有人的房屋的存在、结构及坚固极为重要的或对楼房的外观及造型起决定性作用的装饰物;(3)其他区分所有人亦使用的设备。建筑物的其他组成部分,经区分所有人在设定建筑物区分所有权时或事后合意后,可宣布为共同所有;未作此宣布的,推定该部分有特别权利。《意大利民法典》第 1117 条规定,在权利证书未作相反规定的情况下,建筑物的下列部分属于不同楼层或者同一楼层不同单位的所有人所有:(1)建筑物占用的土地、地基、主墙、屋顶、屋顶平台、楼梯、大门、门廊、前庭、拱廊、天井以及其他所有必须共用的部分;(2)门房和看门人的住所,洗衣、晾衣的场所、中心供暖处以及安置其他类似公共服务设施的场所;(3)任何种类的供全体共有人使用和享用的工作物、设施、建筑物,如电梯、水井、蓄水池、水管、下水道、排水沟以及直到通向专属每个共有的支路起点以前的供水、供气、供电、供暖系统。我国台湾地区"民法"第 799 条中规定,数人区分一建筑物，而各有其一部者，该建筑物及其附属物之共同部分，推定为各所有人之共有。

（二）业主对共有部分，享有权利，承担义务；不得以放弃权利为由不履行义务

1. 业主对专有部分以外的共有部分享有权利，承担义务

业主对专有部分以外的共有部分的权利包括两部分内容，即共有和共同管理的权利。一是业主对专有部分以外的共有部分享有共有的权利，即每个业主在法律对所有权未作特殊规定的情形下，对专有部分以外的走廊、楼梯、过道、电梯、外墙面、水箱、水电气管线等共有部分，对物业管理用房、绿地、道路、公用设施以及其他公共场所等共有部分享有占有、使用、收益或者处分的权利。但是，如何行使占有、使用、收益或者处分的权利，还要依据本法及相关法律、法规和建筑区划管理规约的规定。例如，本法第 283 条规定，建筑物及其附属设施的费用分摊、收益分配等事项，有约定的，按照约定；没有约定或者约定不明确的，按照业主专有部分面积所占比例确定。业主对专有部分以外的共有部分的共有，还包括对共有部分共负义务。同样，业主对共有部分如何承担义务，也要依据本法及相关法律、法规和建筑区划管理规约的规定。例如，依据本法第 286 条的规定，业主对共有部分承担的义务有，不得在共有部分任意弃置垃圾、违章搭建，不得随意侵占通道等。二是业主对专有部分以外的共有部分不仅享有共有的权利，还享有共同管理的权利，有权对共用部分与公用设备设施的使用、收益、维护等事项行使管理的权利，同时对共有部分的管理也负有相应的义务。

《物业管理条例》对业主的权利和义务作了详细规定。第 6 条第 2 款规定，业主在物业管理活动中，享有下列权利：按照物业服务合同的约定，接受物业服务企业提供的服务；提议召开业主大会会议，并就物业管理的有关事项提出建议；提出制定和修改管理规约、业主大会议事规则的建议；参加业主大会会议，行使投票权；选举业主委员会成员，并享有被选举权；监督业主委员会的

工作;监督物业服务企业履行物业服务合同;对物业共用部位、共用设施设备和相关场地使用情况享有知情权和监督权;监督物业共用部位、共用设施设备专项维修资金(以下简称专项维修资金)的管理和使用;法律、法规规定的其他权利。第7条规定,业主在物业管理活动中,履行下列义务:遵守管理规约、业主大会议事规则;遵守物业管理区域内物业共用部位和共用设施设备的使用、公共秩序和环境卫生的维护等方面的规章制度;执行业主大会的决定和业主大会授权业主委员会作出的决定;按照国家有关规定交纳专项维修资金;按时交纳物业服务费用;法律、法规规定的其他义务。

2. 业主不得以放弃权利为由不履行义务

由于业主对专有部分以外的共有部分既享有权利,又负有义务,有的业主就可能以放弃权利为由,不履行义务。对此,本条明确规定,业主不得以放弃权利为由不履行义务。例如,除另有约定的外,业主不得以不使用电梯为由,不交纳电梯维修费用。

(三)业主转让建筑物内的住宅、经营性用房,其对共有部分享有的共有和共同管理的权利一并转让

业主的建筑物区分所有权是一个集合权,包括对专有部分享有的所有权、对建筑区划内的共有部分享有的共有和共同管理的权利,这些权利具有不可分离性。在这些权利中,业主对专有部分的所有权占主导地位,是业主对专有部分以外的共有部分享有共有和共同管理的权利的前提与基础。没有业主对专有部分的所有权,就无法产生业主对专有部分以外共有部分的共有和共同管理的权利。如果业主丧失了对专有部分的所有权,也就丧失了对共有部分的共有和共同管理的权利。因此本条规定,业主转让建筑物内的住宅、经营性用房,其对共有部分享有的共有和共同管理的权利一并转让。

有的国家和地区也有类似规定,在专有部分转让或者设定负担时,不得与共有部分相分离。如《德国住宅所有权法》第6条中规定,特别所有权,不得与其所属于的共有物应有部分相分离而

为让与或设定负担。《日本建筑物区分所有法》第 15 条规定，共有人的应有份随其专有部分处分。除本法另有所定情形外，共有人不得与其专有部分相分离而处理其应有份。第 22 条中规定，占地利用权为数人的所有权或其他权利时，区分所有人不得将其专有部分与其专有部分相关的占地利用权相分离而处分之。但是，规约另有规定时，不在此限。《奥地利区分所有权法》第 7 条中规定，住宅所有权人的住宅所有权的共有物的应有部分，不能与住宅所有权分割而为移转。《俄罗斯联邦民法典》第 290 条中规定，住宅所有人无权转让其住房中共有财产的所有权份额，也无权实施导致该份额脱离住宅所有权而单独移转的其他行为。我国台湾地区"公寓大厦管理条例"第 4 条中规定，专有部分不得与其所属建筑物共用部分之应有部分及其基地所有权或地上权应有部分分离而为移转或设定负担。

第二百七十四条　建筑区划内的道路，属于业主共有，但是属于城镇公共道路的除外。建筑区划内的绿地，属于业主共有，但是属于城镇公共绿地或者明示属于个人的除外。建筑区划内的其他公共场所、公用设施和物业服务用房，属于业主共有。

【释义】　本条是关于建筑区划内的道路、绿地、其他公共场所、公用设施和物业服务用房归属的规定。

本条是物权法第 73 条的规定，本次民法典编纂对本条仅作了个别文字修改。

在物权法起草、审议和征求意见过程中，多数意见反映，建筑区划内的道路、绿地、其他公共场所、公用设施和物业服务用房的所有权归属不明，导致业主与开发商、业主与物业公司纠纷多、矛盾大，物权法应当对建筑区划内的道路、绿地、其他公共场所、公用设施和物业服务用房的归属作出明确规定。物权法对道路、绿地、其他公共场所、公用设施和物业服务用房的归属作了规定，本次民法典编纂保留了物权法的相关规定，仅作了个别文字修改。根据本条规定：

（一）建筑区划内的道路，属于业主共有，但是属于城镇公共道路的除外

物权法制定过程中，对如何规定建筑区划内道路的归属，存在不同意见。有的意见认为，道路是市政设施，应当属于国家所有，业主享有使用权。有的意见认为，业主购房后对所购房屋拥有的所有权包括两部分：一部分是对建筑物内住宅、经营性用房等专有部分享有的专有的、独立的所有权；另一部分是对专有部分以外的道路、绿地、其他公共场所、公用设施和物业服务用房等共有部分以及建筑物的附属设施享有的共有和共同管理的权利。有的意见认为，建筑区划内的道路等，应当本着谁投资归谁所有的原则确定。实践中，道路有的归业主所有，有的归市政所有。例如，有的地方规定，建筑区划内 4 米以下宽的道路归业主，4 米以上宽的道路归市政。有些大的建筑区，如北京的天通苑，主干线道路产权归政府。经认真研究，建筑区划内的道路作为建筑物的附属设施原则归业主共有，但是属于城镇公共道路的除外。

（二）建筑区划内的绿地，属于业主共有，但是属于城镇公共绿地或者明示属于个人的除外

物权法制定过程中，对如何规定建筑区划内绿地的归属，存在不同意见。有的意见认为，绿地是土地的一种使用功能，其实质就是土地，城市土地属于国家所有，业主只有使用权，没有所有权。有的意见认为，城市的土地是国有的，无论是道路还是绿地，所有权只能归国家。有的意见认为，业主购房后对所购房屋拥有的所有权包括两部分：一部分是对建筑物内住宅、经营性用房等专有部分享有的专有的、独立的所有权；另一部分是对专有部分以外的道路、绿地、其他公共场所、公用设施和物业服务用房等共有部分以及建筑物的附属设施享有的共有和共同管理的权利。经调查研究认为，建筑区划内的绿地作为建筑物的附属设施原则归业主共有，但是属于城镇公共绿地或者明示属于个人的除外。

需要说明的是，本条规定的绿地、道路归业主所有，不是说绿地、道路的土地所有权归业主所有，而是说绿地、道路作为土地上的附着物归业主所有。《最高人民法院关于审理建筑物区分所有权纠纷案件具体应用法律若干问题的解释》第3条第2款规定，建筑区划内的土地，依法由业主共同享有建设用地使用权，但属于业主专有的整栋建筑物的规划占地或者城镇公共道路、绿地占地除外。

（三）建筑区划内的其他公共场所、公用设施和物业服务用房，属于业主共有

关于建筑区划内的其他公共场所、公用设施和物业服务用房的归属问题。有的意见认为，现实中，业主购房通常不支付物业管理用房的价款，对物业管理用房没有权利。有的意见认为，业主购房后对所购房屋拥有的所有权包括两部分：一部分是对建筑物内住宅、经营性用房等专有部分享有的专有的、独立的所有权；另一部分是对专有部分以外的道路、绿地、其他公共场所、公用设施和物业服务用房等共有部分以及建筑物的附属设施享有的共有和共同管理的权利。有的意见认为，建筑区划内的其他公共场所、公用设施和物业服务用房所有权的归属，应当本着谁投资归谁所有的原则确定。开发商在售楼时明确将小区的绿地、道路、物业管理用房等费用分摊给买房人的，就归业主共有。没有分摊，归开发商所有。经调查研究认为，建筑区划内的其他公共场所、公用设施和物业服务用房，属于业主共有。《物业管理条例》第37条规定，物业管理用房的所有权依法属于业主。未经业主大会同意，物业服务企业不得改变物业管理用房的用途。《上海市住宅物业管理规定》第43条规定，物业管理区域内的下列配套设施设备归业主共有：（1）物业管理用房；（2）门卫房、电话间、监控室、垃圾箱房、共用地面架空层、共用走廊；（3）物业管理区域内按规划配建的非机动车车库；（4）单独选址、集中建设的共有产权保障住房、征收安置住房小区的停车位；（5）物业管理区域内的共有绿化、道路、场地；（6）建设单位以房屋销售合同或者其他书面

形式承诺归全体业主所有的物业;(7)其他依法归业主共有的设施设备。建设单位申请房屋所有权首次登记时,应当提出前款规定的配套设施设备登记申请,由不动产登记机构在不动产登记簿上予以记载,但不颁发不动产权属证书。建设单位应当在物业管理区域内显著位置公开业主共有配套设施设备的位置、面积等信息。

第二百七十五条　建筑区划内,规划用于停放汽车的车位、车库的归属,由当事人通过出售、附赠或者出租等方式约定。

占用业主共有的道路或者其他场地用于停放汽车的车位,属于业主共有。

【释义】 本条是关于车位、车库归属的规定。

本条是物权法第74条第2款、第3款的规定,本次民法典编纂对这两款未作修改,但将这两款单独规定为1条,对车位、车库的归属作出规定。

随着经济社会的快速发展和人民生活水平的不断提高,我国机动车保有量持续快速增长,其中私人轿车拥有量增速明显。机动车保有量的迅猛增加,住宅小区机动车乱停乱放等现象日益严重,停车难、停车乱问题不断突出。车位、车库作为车辆的存放点,已成为私家车主的生活必需品。关于住宅小区车位、车库的归属和停车收费的纠纷日渐增多。

(一)关于车位、车库的类型

一般来说,车位,是指住宅小区内设置的以停放机动车为目的的开放式的场所。车库,是指住宅小区内设置的以停放机动车为目的具有一定封闭性的场所。实践中,按照不同的分类标准,我国住宅小区的车位、车库分为不同的类型。

按照建造地点和形态不同,车位、车库可以分为:(1)地下、半地下车库。地下、半地下车库,是指在住宅小区地下、半地下空间建造的用于停放汽车的车库，一般内部设有若干个划线编号且与房屋本体结构相连。(2)地面车位。地面车位，是指在住宅小区地面上直接设置的停车设施，一般以划线分割方式标明。地面车位一般是开放性的，地面上无构筑物。(3)首层架空车库。首层架空车库，是指将建筑物地面上的第一层架空而形成的车库，一般内部设有若干个划线编号且与房屋本体结构相连。(4)独立车库。独立车库有单独的四至，一般与单个业主的专有部分连为一体。

按照是否在建筑规划内，车位、车库可以分为：(1)规划内的车位、车库。规划内的车位、车库，是指开发商在开发住宅小区项目前，经政府核发的建设工程规划许可证批准同意，规划用于停放汽车的车位、车库。规划内的车位、车库可以是各种形态，如地下车库、半地下车库、地面车位、首层架空车库、独立车库、人防车库等。(2)规划外的车位、车库。规划外的车位、车库，是指开发商在开发住宅小区项目时，未纳入建设工程规划许可证规划，占用业主共有的道路或者其他场地用于停放汽车的车位、车库。规划外的车位、车库以地面车位居多，也有的以车库形式出现。规划外的车位、车库在建设年代较早的住宅小区较为多见。

(二)我国车位、车库的归属

在物权法起草过程中，业主的建筑物区分所有权中，如何规定车位、车库的所有权归属问题涉及广大业主的切身利益，社会普遍关注，争议较大。在征求意见过程中，主要有两种意见：一种意见认为，车位、车库应当归业主共有。主要理由：一是车位、车库已经摊入建筑成本，开发商将其再次买卖或者出租，侵害了业主的利益。二是在房屋销售过程中，开发商处于强势，如果车位、车库的所有权以有约定的按照约定的原则确定归属，对业主不利。另一种意见认为，车位、车库的归属，业主与开发商有约定的，按照约定；没有约定或者约定不明确的，属于业主共有。主要理由：一是从我国目前多数地方商品房销售的实际做法看，对车位、车库的归属，在商品房买卖合同中都有约定；从其他国家和地区看,车位、车库一般也归业主个人所有。二是车位、车库不像电梯、走廊、水箱、道路、绿地等应当共用,规定业主共有很难操作。三是开发商是否把车位、车库摊入成本,和商品房销售价格的高低没有必然联系,而且,也很难证明车库、车位的价值是否包括在建筑成本之中;目前对价格管理部门是否应当公开开发商的建筑成本仍有不同意见。四是对车位、车库的建造比例和车位、车库首先满足小区业主需要,应当作出行政管理的强制性规定,但地下车库和地面上的停车场,作为独立设施,如果不允许开发商销售或者出租,可能影响开发商建造车位、车库的积极性,对业主不利。

经对我国房地产市场的实际做法和存在的问题进行调查研究,并借鉴境外的通常做法,属于业主共有的财产,应是那些不可分割、不宜也不可能归任何业主专有的财产,如电梯等公用设施、绿地等公用场所。从房地产市场的情况看,一般来说,专门用来停放汽车的车库、车位的归属,是由当事人通过出售、附赠或者出租等方式约定归业主专有或者专用的。这样,既容易操作,也可以避免纠纷。如果规定车库、车位归业主共有,由于车库、车位和住宅的配套比例不同、业主之间享有的住宅面积不同、商品房销售的状况不同等原因,归业主共有很难操作,因此,本法区分不同的情况对车位、车库的归属作了规定:

一是建筑区划内,规划用于停放汽车的车位、车库的归属,由当事人通过出售、附赠或者出租等方式约定。建筑区划内,规划用于停放汽车的车位、车库,即开发商在开发项目前,经政府核发的建设工程规划许可证批准同意,规划用于停放汽车的车位、车库。此类车位、车库,在开发商开发后,通过出售、附赠或者出租等方式,与当事人约定车位、车库的归属和使用。

二是占用业主共有的道路或者其他场地用于停放汽车的车位,属于业主共有。规划外的占用业主共有的道路或者其他场地用于停放汽车的车位、车库,由于属于规划外,且是占用业主共有的道路或者其他场地建设的,较易形成属于业主共有的共识,属于业主共有。

关于车位、车库的归属，一些地方性法规根据实践的发展，在物权法的基础上作出进一步的规范。如《上海市住宅物业管理规定》第 61 条第 1 款规定，物业管理区域内，建设单位所有的机动车停车位数量少于或者等于物业管理区域内房屋套数的，一户业主只能购买或者附赠一个停车位；超出物业管理区域内房屋套数的停车位，一户业主可以多购买或者附赠一个。第 2 款规定，占用业主共有的道路或者其他场地用于停放机动车的车位，属于业主共有。第 3 款规定，建设单位所有的机动车停车位向业主、使用人出租的，其收费标准应当在前期物业合同中予以约定。业主大会成立前，收费标准不得擅自调整；业主大会成立后，需要调整的，建设单位应当与业主大会按照公平、合理的原则协商后，向区房屋行政管理部门备案。《福建省物业管理条例》第 64 条第 1 款规定，占用物业管理区域内业主共有的道路或者其他共有场地用于车辆停放收取的场地使用费属于全体业主所有，可以用于消防、电梯、人民防空等设施维护管理的必要支出。车位划定、车辆停放、管理和收费等事项，由业主大会决定，但不得占用消防车通道、消防登高面或者影响其他车辆和行人的正常通行。第 2 款规定，业主大会决定对共有车位车辆停放收取场地使用费的，可以将共有车位委托物业服务企业进行经营管理，取得的场地使用费按照本条例第 63 条第 2 款的规定执行。

第二百七十六条　建筑区划内，规划用于停放汽车的车位、车库应当首先满足业主的需要。

【释义】 本条是关于车位、车库应当首先满足业主需要的规定。

本条是物权法第 74 条第 1 款的规定，本次民法典编纂对本款内容未作修改，但将本款单独规定为 1 条。在民法典编纂过程中，有的意见提出，物权法第 74 条同时规定了车位、车库应当首先满足业主的需要和车位、车库的归属，建议分为两条规定。2018年8月审议的民法典各分编草案将物权法第74条的规定拆分为两条进行规定，草案第71条规定，车位、车库应当首先满足业主的需要。民法典各分编草案征求意见过程中，有的意见提出，应明确车位、车库是建筑区划内规划用于停放汽车的车位、车库。2019年4月审议的民法典物权草案将本条修改为，建筑区划内，规划用于停放汽车的车位、车库应当首先满足业主的需要。

现实生活中，不少小区没有车位、车库或者车位、车库严重不足，有的开发商将车位、车库高价出售给小区外的人停放，有的小区开发商公示车位、车库只售不租。为规范建筑区划内，规划用于停放汽车的车位、车库的使用，最大限度保障业主对车位、车库的需要，本条规定，建筑区划内，规划用于停放汽车的车位、车库应当首先满足业主的需要。

关于"首先满足业主的需要"的含义，物权法和民法典物权编未作明确规定，其含义可以根据总结实践经验不断完善。实践中司法解释和地方性法规根据实际情况的发展作出了一些规范和解释。如《最高人民法院关于审理建筑物区分所有权纠纷案件具体应用法律若干问题的解释》第5条第1款规定，建设单位按照配置比例将车位、车库，以出售、附赠或者出租等方式处分给业主的，应当认定其行为符合物权法第74条第1款有关"应当首先满足业主的需要"的规定。第2款规定，前款所称配置比例是指规划确定的建筑区划内规划用于停放汽车的车位、车库与房屋套数的比例。《上海市住宅物业管理规定》第62条第1款规定，物业管理区域内的机动车停车位，应当提供给本物业管理区域内的业主、使用人使用。建设单位尚未出售的停车位，应当出租给业主、使用人停放车辆，不得以只售不租为由拒绝出租。停车位不得转让给物业管理区域外的单位、个人；停车位满足业主需要后仍有空余的，可以临时按月出租给物业管理区域外的单位、个人。《福建省物业管理条例》第64条第3款规定，物业管理区域规划设置的机动车车位(库)应当首先满足业主需要。建设单位不得将物业管理区域内规划的车位(库)出售给本区域以外的单位或者个人。业主要求承租尚未处置的规划车位(库)的,建设单位不得以只售不租为由拒绝出租。《广州市房地产开发项目车位和车库租售管理办法》第4条第2款规定,住宅建筑区划内,规划用于机动车停放的车位、车库尚未出售的,建设单位应当予以出租。第3款规定,建设单位出租建筑区划内规划用于停放汽车的车位、车库前,须依法完成规划验收,不得以"只售不租"等名义拒绝提供停车服务。《珠海经济特区物业管理条例》第74条第1款规定,物业管理区域内,规划用于停放汽车的车位、车库,应当首先满足本区域业主的需要。第2款规定,建设单位对物业管理区域内规划用于停放汽车的车位、车库出租的,应当优先出租给本区域业主、物业使用人。在满足本区域业主、物业使用人需要后,建设单位可以将车位、车库出租给本区域业主、物业使用人以外的其他人,但租赁合同期限不得超过6个月。

第二百七十七条　业主可以设立业主大会,选举业主委员会。业主大会、业主委员会成立的具体条件和程序,依照法律、法规的规定。

地方人民政府有关部门、居民委员会应当对设立业主大会和选举业主委员会给予指导和协助。

【释义】　本条是关于设立业主大会和选举业主委员会的规定。

本条在物权法第75条基础上作了修改完善:一是第1款增加规定,业主大会、业主委员会成立的具体条件和程序,依照法律、法规的规定。二是第2款增加规定"居民委员会"。

(一)业主可以设立业主大会,选举业主委员会

房屋的所有权人为业主,业主是建筑区划内的主人。业主大会是业主的自治组织,是基于业主的建筑物区分所有权的行使产生的,由全体业主组成,是建筑区划内建筑物及其附属设施的管

理机构。因此,只要是建筑区划内的业主,就有权参加业主大会,行使专有部分以外共有部分的共有以及共同管理的权利,并对小区内的业主行使专有部分的所有权作出限制性规定,以维护建筑区划内全体业主的合法权益。故本条第1款首先规定,业主可以设立业主大会。《物业管理条例》第8条第1款规定,物业管理区域内全体业主组成业主大会。第2款规定,业主大会应当代表和维护物业管理区域内全体业主在物业管理活动中的合法权益。此外,一个物业管理区域成立一个业主大会。《物业管理条例》第9条第1款规定,一个物业管理区域成立一个业主大会。第2款规定,物业管理区域的划分应当考虑物业的共用设施设备、建筑物规模、社区建设等因素。具体办法由省、自治区、直辖市制定。住房和城乡建设部《业主大会和业主委员会指导规则》第2条规定,业主大会由物业管理区域内的全体业主组成,代表和维护物业管理区域内全体业主在物业管理活动中的合法权利,履行相应的义务。第3条规定,业主委员会由业主大会依法选举产生,履行业主大会赋予的职责,执行业主大会决定的事项,接受业主的监督。

如果建筑区划内业主人数众多的,可以设立本建筑物或者建筑区划内所有建筑物的业主委员会,故本条第1款中规定,业主可以选举业主委员会。业主委员会是本建筑物或者建筑区划内所有建筑物的业主大会的执行机构,按照业主大会的决定履行管理的职责。住房和城乡建设部《业主大会和业主委员会指导规则》第31条规定,业主委员会由业主大会会议选举产生,由5至11人单数组成。业主委员会委员应当是物业管理区域内的业主,并符合下列条件:(1)具有完全民事行为能力;(2)遵守国家有关法律、法规;(3)遵守业主大会议事规则、管理规约,模范履行业主义务;(4)热心公益事业,责任心强,公正廉洁;(5)具有一定的组织能力;(6)具备必要的工作时间。第32条规定,业主委员会委员实行任期制,每届任期不超过5年,可连选连任,业主委员会委员具有同等表决权。业主委员会应当自选举之日起7日内召开首次会议,推选业主委员会主任和副主任。第35条规定,业主委员会履行以下职责:(1)执行业主大会的决定和决议;(2)召集业主大会会议,报告物业管理实施情况;(3)与业主大会选聘的物业服务企业签订物业服务合同;(4)及时了解业主、物业使用人的意见和建议,监督和协助物业服务企业履行物业服务合同;(5)监督管理规约的实施;(6)督促业主交纳物业服务费及其他相关费用;(7)组织和监督专项维修资金的筹集和使用;(8)调解业主之间因物业使用、维护和管理产生的纠纷;(9)业主大会赋予的其他职责。《物业管理条例》第15条规定,业主委员会执行业主大会的决定事项,履行下列职责:(1)召集业主大会会议,报告物业管理的实施情况;(2)代表业主与业主大会选聘的物业服务企业签订物业服务合同;(3)及时了解业主、物业使用人的意见和建议,监督和协助物业服务企业履行物业服务合同;(4)监督管理规约的实施;(5)业主大会赋予的其他职责。第16条规定,业主委员会应当自选举产生之日起30日内,向物业所在地的区、县人民政府房地产行政主管部门和街道办事处、乡镇人民政府备案。业主委员会委员应当由热心公益事业、责任心强、具有一定组织能力的业主担任。业主委员会主任、副主任在业主委员会成员中推选产生。

(二)业主大会、业主委员会成立的具体条件和程序,依照法律、法规的规定

在民法典物权编草案编纂过程中,有意见提出,实践中,业主大会和业主委员会的成立比例不高,存在业主委员会成立难的问题,建议对业主大会、业主委员会成立的具体条件和程序作出规定。经研究,业主大会、业主委员会成立的具体条件和程序,可以根据各地的实际情况作出规定,不宜由法律统一规定,因此,民法典物权编对业主大会、业主委员会成立的具体条件和程序作出原则性的指引规定,规定业主大会、业主委员会成立的具体条件和程序,依照法律、法规的规定。此处法规包括行政法规和地方性法规,各地可以根据实际情况作出规定。2018年8月审议的民法

典各分编草案根据各方意见,增加了此规定。

《物业管理条例》和一些地方性法规对业主大会、业主委员会成立的具体条件和程序作了规定。《物业管理条例》第 9 条第 1 款规定,一个物业管理区域成立一个业主大会。第 2 款规定,物业管理区域的划分应当考虑物业的共用设施设备、建筑物规模、社区建设等因素。具体办法由省、自治区、直辖市制定。《上海市住宅物业管理规定》第 13 条第 1 款规定,业主大会由一个物业管理区域内的全体业主组成。第 2 款规定,一个物业管理区域内,房屋出售并交付使用的建筑面积达到 50%以上,或者首套房屋出售并交付使用已满 2 年的,应当召开首次业主大会会议,成立业主大会。但只有一个业主的,或者业主人数较少且经全体业主一致同意,决定不成立业主大会的,由业主共同履行业主大会、业主委员会职责。

(三)地方人民政府有关部门、居民委员会应当对设立业主大会和选举业主委员会给予指导和协助

由于业主大会是业主的自治组织,其成立应由业主自行筹备,自主组建。但是,一个建筑区划内,业主从不同的地方入住,互不相识,入住的时间又有先有后,有的相差几年,因此,成立业主大会和选举业主委员会对于业主来说有一定的难度。业主大会的设立和业主委员会的选举关系着业主如何行使自己的权利,维护自身的合法权益,关系广大业主的切身利益,关系建筑区划内的安定团结,甚至关系社会的稳定,对此,本条第 2 款规定,地方人民政府有关部门、居民委员会应当对设立业主大会和选举业主委员会给予指导和协助。地方人民政府有关部门、居民委员会应当向准备成立业主大会的业主予以指导,提供相关的法律、法规及规章,提供已成立业主大会的成立经验,帮助成立筹备组织,提供政府部门制定的业主大会议事规则、业主管理公约等示范文本,协调业主之间的不同意见,为业主大会成立前的相关活动提供必要的活动场所,积极主动参加业主大会的成立大会等。住房

和城乡建设部《业主大会和业主委员会指导规则》第 6 条规定，物业所在地的区、县房地产行政主管部门和街道办事处、乡镇人民政府负责对设立业主大会和选举业主委员会给予指导和协助，负责对业主大会和业主委员会的日常活动进行指导和监督。

2018 年 8 月民法典物权编一次审议后，有的常委委员、地方、部门、法学教学研究机构和社会公众提出，近年来，群众普遍反映业主大会、业主委员会成立难，建议草案对此作出有针对性的规定。2019 年 4 月审议的民法典物权编二审稿，在物权法的基础上增加规定：居民委员会应当对设立业主大会和选举业主委员会给予指导和协助。

（四）其他国家和地区对区分所有权人大会及其管理机构的相关规定

一些国家和地区规定，区分所有权人要成立区分所有权人会议，作为决策机构。如《日本建筑物区分所有法》第 3 条规定，区分所有人可以以其全体，就其建筑物、建筑物占地及附属设施的管理组成一个团体，依本法规定召开集会、制定规约、设置管理人。显系只供部分区分所有人共用的共用部分，由区分所有人管理时，亦同。《德国住宅所有权法》第 23 条规定：（1）住宅所有权人依本法或住宅所有权人的约定，得以决议决定的事项，应由住宅所有权人会议决议之；（2）召集会议时，必须载明会议事项，所作决议始生效力；（3）全体住宅所有权人以书面表示同意该决议时，虽未经会议，该决议也为有效。第 24 条规定：（1）住宅所有权人会议，每年至少由管理人召集一次；（2）有住宅所有权人约定的情况或 1/4 以上住宅所有权人以书面陈明目的及原因而请求时，管理人须召集住宅所有权人会议；（3）无管理人或管理人违反召开住宅所有权人会议的义务的，如设有管理委员会时，由该会主席或其代理人召集住宅所有权人会议；（4）召集以书面为之。无特别紧急的情事，召集会议的期间至少为一星期；（5）除另有决议外，管理人为住宅所有权人会议的主席；（6）会议作成的决议应当予以记录。记录应由主席及一位住宅所有权人签署,其设有管理委员会者亦应由该会主席或其代理人签署。各住宅所有权人均有阅览记录之权。《意大利民法典》第1136条中规定,共有人大会由建筑物2/3价值的共有权和2/3的共有人组成。《俄罗斯联邦民法典》第291条规定,为了保障多套住宅房屋的利用、住宅及其共有财产的使用,住宅所有人可以成立住房所有人协会。住房所有人协会是依照住房所有人协会法成立和进行活动的非商业组织。我国台湾地区"公寓大厦管理条例"第25条中规定,区分所有权人会议,由全体区分所有权人组成,每年至少应召开定期会议一次。有下列情形之一者,应召开临时会议:(1)发生重大事情有及时处理之必要,经管理负责人或管理委员会请求者;(2)经区分所有权人1/5以上及其区分所有权比例合计1/5以上,以书面载明召集之目的及理由请求召集者。区分所有权人会议由区分所有权人互推一人为召集人;召集人任期1年,连选得连任。召集人无法依前项规定互推产生时,区分所有权人得申请地方主管机关指定临时召集人,或依规约相互轮流担任,其任期至新召集人选出为止。

第二百七十八条　下列事项由业主共同决定:

(一)制定和修改业主大会议事规则;

(二)制定和修改管理规约;

(三)选举业主委员会或者更换业主委员会成员;

(四)选聘和解聘物业服务企业或者其他管理人;

(五)使用建筑物及其附属设施的维修资金;

(六)筹集建筑物及其附属设施的维修资金;

(七)改建、重建建筑物及其附属设施;

(八)改变共有部分的用途或者利用共有部分从事经营活动;

(九)有关共有和共同管理权利的其他重大事项。

业主共同决定事项,应当由专有部分面积占比三分之二以上的业主且人数占比三分之二以上的业主参与表决。决定前款第六项至第八项规定的事项,应当经参与表决专有部分面积四分之三以上的业主且参与表决人数四分之三以上的业主同意。决定前款其他事项,应当经参与表决专有部分面积过半数的业主且参与表决人数过半数的业主同意。

【释义】 本条是关于业主共同决定的重大事项及表决程序的规定。

本条在物权法第76条基础上作了修改完善:一是将使用建筑物及其附属设施的维修资金单列一项,并降低通过这一事项的表决要求。二是增加规定"改变共有部分的用途或者利用共有部分从事经营活动"为业主共同决定的重大事项。三是适当降低业主作出决议的门槛。

(一)关于业主共同决定的重大事项

本条规定,下列事项由业主共同决定:

1. 制定和修改业主大会议事规则

业主可以共同决定制定和修改业主大会议事规则。业主大会议事规则是业主大会组织、运作的规程,是对业主大会宗旨、组织体制、活动方式、成员的权利义务等内容进行记载的业主自律性文件。业主大会通过业主大会议事规则建立大会的正常秩序,保证大会内业主集体意志和行为的统一。制定和修改业主大会议事规则属于有关共有和共同管理权利的重大事项,需要由业主共同决定。《物业管理条例》第18条规定,业主大会议事规则应当就业主大会的议事方式、表决程序、业主委员会的组成和成员任期等事项作出约定。住房和城乡建设部《业主大会和业主委员会指导规则》第19条规定,业主大会议事规则应当对下列主要事项作出规定:(1)业主大会名称及相应的物业管理区域;(2)业主委员会的职责;(3)业主委员会议事规则;(4)业主大会会议召开的形式、时间和议事方式;(5)业主投票权数的确定方法;(6)业主代表的产生方式;(7)业主大会会议的表决程序;(8)业主委员会委员的资格、人数和任期等;(9)业主委员会换届程序、补选办法等;(10)业主大会、业主委员会工作经费的筹集、使用和管理;(11)业主大会、业主委员会印章的使用和管理。

2. 制定和修改管理规约

业主可以共同决定制定和修改管理规约。管理规约是业主自我管理、自我约束、自我规范的规则约定,规定建筑区划内有关建筑物及其附属设施的使用、维护、管理等事项,是业主对建筑物及其附属设施的一些重大事务的共同约定,涉及每个业主的切身利益,对全体业主具有约束力,属于有关共有和共同管理权利的重大事项,应当由业主共同制定和修改。《物业管理条例》第 17 条规定,管理规约应当对有关物业的使用、维护、管理,业主的共同利益,业主应当履行的义务,违反管理规约应当承担的责任等事项依法作出约定。管理规约应当尊重社会公德,不得违反法律、法规或者损害社会公共利益。管理规约对全体业主具有约束力。住房和城乡建设部《业主大会和业主委员会指导规则》第 18 条规定,管理规约应当对下列主要事项作出规定:(1)物业的使用、维护、管理;(2)专项维修资金的筹集、管理和使用;(3)物业共用部分的经营与收益分配;(4)业主共同利益的维护;(5)业主共同管理权的行使;(6)业主应尽的义务;(7)违反管理规约应当承担的责任。

其他国家和地区一般都规定区分所有权人可以制定规约,决定有关事项。如《德国住宅所有权法》第 15 条中规定,住宅所有权人得以约定特别所有权及共有物之使用规则。《日本建筑物区分所有法》第 30 条规定,区分所有人间关于管理或使用建筑物、其占地或附属设施的事项,除本法规定者外,可以以规约规定之。有关一部共用部分与全体区分所有人利害无关的事项,除全体区分所有人之以规约所定者外,可由共用的部分区分所有人以规约规定。《意大利民法典》第 1138 条第 1 款规定,当共有人为 10 人以上时,应当制定管理规则,这一规则应当包括按照每个共有人享有的权利和义务使用共有财产的规则和分摊费用的规定,保护建筑物装饰的规定以及有关管理的规定。我国台湾地区“公寓大厦管理条例”第23条规定,有关公寓大厦、基地或附属设施之管理使用及其他住户间相互关系,除法令另有规定外,得以规约定之。

3. 选举业主委员会或者更换业主委员会成员

业主可以共同决定选举业主委员会或者更换业主委员会成员。业主委员会是业主大会的执行机构,具体执行业主大会决定的事项,并就建筑区划内的一般性日常事务作出决定。业主通过业主大会选举能够代表和维护自己利益的业主委员会委员,成立业主委员会。对不遵守管理规约、责任心不强、不依法履行职责的委员予以更换。选举业主委员会或者更换业主委员会成员,属于有关共有和共同管理权利的重大事项,应当由业主共同决定。

4. 选聘和解聘物业服务企业或者其他管理人

业主可以共同决定选聘和解聘物业服务企业或者其他管理人。本法第284条规定,业主可以自行管理建筑物及其附属设施,也可以委托物业服务企业或者其他管理人管理。对建设单位聘请的物业服务企业或者其他管理人,业主有权依法更换。物业服务涉及建筑物及其附属设施的使用、维护、修理、更换,公共秩序、环境卫生、小区治安等诸多方面,物业服务企业或者其他管理人的物业管理水平如何,与业主利益有直接关系。选聘和解聘物业服务企业或者其他管理人,属于有关共有和共同管理权利的重大事项,应当由业主共同决定。本法合同编对业主与物业服务企业或者其他管理人合同解除的具体操作作了规定。本法第946条规定,业主依照法定程序共同决定解聘物业服务人的,可以解除物业服务合同。决定解聘的,应当提前60日书面通知物业服务人,但是合同对通知期限另有约定的除外。依据前款规定解除合同造成物业服务人损失的,除不可归责于业主的事由外,业主应当赔偿损失。

5. 使用建筑物及其附属设施的维修资金

业主可以共同决定使用建筑物及其附属设施的维修资金。《住宅专项维修资金管理办法》第 2 条规定，本办法所称住宅专项维修资金，是指专项用于住宅共用部位、共用设施设备保修期满后的维修和更新、改造的资金。建筑物及其附属设施的维修资金主要用于业主专有部分以外的共有部分的共用部位、共用设施设备保修期满后的维修、更新、改造、维护等，涉及业主的切身利益。《住宅专项维修资金管理办法》第 9 条规定，业主交存的住宅专项维修资金属于业主所有。因此，使用建筑物及其附属设施的维修资金，属于有关共有和共同管理权利的重大事项，应当由业主共同决定。

物权法第 76 条第 1 款第 5 项规定了筹集和使用建筑物及其附属设施的维修资金须经业主共同决定，第 2 款规定，决定前款第 5 项和第 6 项规定的事项，应当经专有部分占建筑物总面积 2/3 以上的业主且占总人数 2/3 以上的业主同意。决定前款其他事项，应当经专有部分占建筑物总面积过半数的业主且占总人数过半数的业主同意。根据物权法第 76 条的规定，决定筹集和使用建筑物及其附属设施的维修资金的表决要求比其他事项要高。在民法典物权编编纂过程中，有的意见提出，实践中有的住宅共用部位、共用设施设备保修期满后的维修和更新、改造需要使用维修资金，但因物权法规定的使用维修资金的表决要求过高，导致无法或者很难通过使用维修资金的决定，建议降低使用维修资金的表决要求。2019 年 4 月，第十三届全国人大常委会第十次会议《（全国人民代表大会宪法和法律委员会关于〈民法典物权编（草案）〉修改情况的汇报》中提到，完善公共维修资金使用的表决程序，降低通过这一事项的表决要求，将草案第 73 条规定的应当经参与表决的业主专有部分面积和人数占比“双过四分之三”同意，修改为“双过半数”同意。同时，将使用建筑物及其附属设施的维修资金单列一项，并降低了表决要求。

6. 筹集建筑物及其附属设施的维修资金

业主可以共同决定筹集建筑物及其附属设施的维修资金。

《住宅专项维修资金管理办法》对首次筹集维修资金作了规定,第7条规定,商品住宅的业主、非住宅的业主按照所拥有物业的建筑面积交存住宅专项维修资金,每平方米建筑面积交存首期住宅专项维修资金的数额为当地住宅建筑安装工程每平方米造价的5%~8%。直辖市、市、县人民政府建设(房地产)主管部门应当根据本地区情况,合理确定、公布每平方米建筑面积交存首期住宅专项维修资金的数额,并适时调整。购买了商品住宅和非住宅的业主需要按照相关规定交存专项维修资金。在专项维修资金使用部分或者全部后,为保障住宅共用部位、共用设施设备保修期满后的维修和更新、改造,就面临着再次筹集建筑物及其附属设施的维修资金的问题。筹集维修资金关系到业主的切身利益,是否筹集以及如何筹集,属于有关共有和共同管理权利的重大事项,应当由业主共同决定。

7. 改建、重建建筑物及其附属设施

业主可以共同决定改建、重建建筑物及其附属设施。建筑物及其附属设施的改建、重建,涉及业主建筑物区分所有权的行使、费用的负担,事关重大,属于有关共有和共同管理权利的重大事项,应当由业主共同决定。

8. 改变共有部分的用途或者利用共有部分从事经营活动

业主可以共同决定改变共有部分的用途或者利用共有部分从事经营活动,本项是民法典物权编编纂过程中增加规定的。在民法典物权编编纂过程中,有的意见提出,《最高人民法院关于审理建筑物区分所有权纠纷案件具体应用法律若干问题的解释》第7条规定,改变共有部分的用途、利用共有部分从事经营性活动、处分共有部分,以及业主大会依法决定或者管理规约依法确定应由业主共同决定的事项,应当认定为物权法第76条第1款第7项规定的有关共有和共同管理权利的"其他重大事项"。根据住房和城乡建设部《业主大会和业主委员会指导规则》第17条的规定,业主大会决定改变共有部分的用途,利用共有部分进行经营以及所得收益的分配与使用。这些规定扩展了常见的业主共同决定事项范围,鉴于改变共有部分的用途或者利用共有部分从事经营活动,关系到业主的切身利益,属于有关共有和共同管理权利的重大事项,应当由业主共同决定,建议民法典物权编在总结实践经验的基础上,将其增加规定为应该由业主共同决定的重大事项。2018年8月审议的民法典各分编草案在总结实践经验的基础上,增加规定了本项。

2018年8月,第十三届全国人大常委第五次会议《关于〈民法典各分编(草案)〉的说明》中提到,加强对建筑物业主权利的保护。强化业主对共有部分共同管理的权利。实践中,一些物业服务企业未征求业主意见擅自改变共有部分的用途或者利用外墙、电梯张贴广告等营利。对此,草案增加规定,改变共有部分的用途或者利用共有部分从事经营活动应当由业主共同决定。

9. 有关共有和共同管理权利的其他重大事项

除上述所列事项外,对建筑区划内有关共有和共同管理权利的其他重大事项,也需要由业主共同决定。例如,如何对物业服务企业的工作予以监督,如何与居民委员会协作,维护好建筑区划内的社会治安等。

一些国家和地区对区分所有权人大会的权利作了规定。如《瑞士民法典》第712条规定,除上述各条已规定的以外,区分所有人大会仍有下列特别权利:(1)有对不属管理人管辖事务的决定权;(2)有委任管理人并对其工作行使监督的权利;(3)有选举管理委员会或管理人,委托其负责管理事务,特别是诸如辅助管理人、审查业务活动的事务以及向大会报告工作、提出建议等权利;(4)有批准年度预算、结算及在区分所有人中分配费用的方案的权利;(5)有决定建立楼房更新基金,以进行维修及更新工作的权利;(6)有为楼房火灾及其他灾害保险以及缔结其他义务保险契约的权利。《意大利民法典》第1135条中规定,除了有关条文规定的权利外,共有人大会享有的权利是:(1)确认管理人的权限和应当支付报酬情况下的报酬数额;(2)通过年度必要费用预算以及应当由各共有人分摊的数额;(3)通过管理人的年度财务报告,决定节余的管理费的用途;(4)决定特殊管理费用,必要时,可以为特殊管理行为设立专项基金。第1128条中规定,在建筑物全部或者其价值的3/4的部分灭失的情况下,每个共有人都可以提出请求拍卖土地和材料,另有约定的除外。在小部分灭失的情况下,共有人大会可以通过决议重建共用部分,每个共有人根据各自的权利按比例享有重建的共用部分。《德国住宅所有权法》规定,以下事项以一致决方式进行决议:(1)住宅所有权的再区分;(2)住宅所有权的合并;新增添建筑物的结构;(3)改变共有权的持分(增加或减少);(4)改变专有所有权部分;(5)改变专有使用权部分;(6)改变共同关系的公约;(7)建筑计划的修正或改善;(8)改变共用部分与附属设施;(9)改变使用目的。《法国建筑物区分所有权法》第38条规定,建筑物之全体或一部遭受损坏时,区分所有权人应当举行集会,决定是否重建建筑物。我国台湾地区"公寓大厦管理条例"第11条中规定,共用部分及其相关设施之拆除、重大修缮或改良,应依区分所有权人会议决议为之。

(二)关于业主共同决定的重大事项的表决程序

1. 本款的修改过程

民法典编纂在物权法的基础上对业主共同决定的重大事项的表决程序作了修改。物权法第76条第2款规定,决定前款第5项和第6项规定的事项,应当经专有部分占建筑物总面积2/3以上的业主且占总人数2/3以上的业主同意。决定前款其他事项,应当经专有部分占建筑物总面积过半数的业主且占总人数过半数的业主同意。根据物权法第76条第2款的规定,一般的重大事项经专有部分占建筑物总面积过半数的业主且占总人数过半数的业主同意,决定筹集、使用建筑物及其附属设施的维修资金,改建、重建建筑物及其附属设施,应当经专有部分占建筑物总面积2/3以上的业主且占总人数2/3以上的业主同意。

在民法典编纂过程中,有的意见提出,物权法第76条第2款规定的业主共同决定的重大事项的表决程序要求较高,实践中很难达到法律规定的比例,导致业主共同作出决议较难,建议适当降低决议门槛。2018 年 8 月审议的民法典各分编草案对本款作了修改。第十三届全国人大常委第五次会议《关于〈民法典各分编(草案)〉的说明》中提到,加强对建筑物业主权利的保护,为了解决物业管理活动中业主作出决议难的问题,适当降低业主作出决议的门槛。民法典各分编草案第 73 条第 2 款规定,业主共同决定事项,应当由专有部分占比 2/3 以上的业主且人数占比 2/3 以上的业主参加表决。决定前款第 5 项至第 7 项规定的事项,应当经参加表决专有部分面积 3/4 以上的业主且参加表决人数 3/4 以上的业主同意。决定前款其他事项,应当经参加表决专有部分面积过半数的业主且参加表决人数过半数的业主同意。民法典各分编草案在物权法规定的基础上作了如下修改:一是增加规定参加表决的标准,即应当由专有部分占比 2/3 以上的业主且人数占比 2/3 以上的业主参加表决。二是以参加表决的业主为基数计算,一般的重大事项经参加表决专有部分面积过半数的业主且参加表决人数过半数的业主同意,决定筹集和使用建筑物及其附属设施的维修资金,改建、重建建筑物及其附属设施,改变共有部分的用途或者利用共有部分从事经营活动,应当经参加表决专有部分面积 3/4 以上的业主且参加表决人数 3/4 以上的业主同意。

民法典各分编草案征求意见过程中,有的意见提出,"参加表决"比较正式,实践中,业主可以通过多种形式参与表决,如问卷等,不一定通过出席会议参加表决的形式,建议将"参加表决"修改为"参与表决"。2019 年 4 月审议的民法典物权编草案二审稿第 73 条第 2 款规定,业主共同决定事项,应当由专有部分面积占比 2/3 以上的业主且人数占比 2/3 以上的业主参与表决。决定前款第 6 项至第 8 项规定的事项,应当经参与表决专有部分面积 3/4 以上的业主且参与表决人数 3/4 以上的业主同意。决定前款其他事项,应当经参与表决专有部分面积过半数的业主且参与表决人数过半数的业主同意。

此外,物权法第 76 条第 2 款规定,决定前款第 5 项和第 6 项规定的事项,应当经专有部分占建筑物总面积 2/3 以上的业主且占总人数2/3以上的业主同意。决定前款其他事项，应当经专有部分占建筑物总面积过半数的业主且占总人数过半数的业主同意。此处使用的是“专有部分占建筑物总面积”的表述。物权法实施后，《最高人民法院关于审理建筑物区分所有权纠纷案件具体应用法律若干问题的解释》第8条规定，物权法第76条第2款和第80条规定的专有部分面积和建筑物总面积，可以按照下列方法认定：(1)专有部分面积，按照不动产登记簿记载的面积计算；尚未进行物权登记的，暂按测绘机构的实测面积计算；尚未进行实测的，暂按房屋买卖合同记载的面积计算。(2)建筑物总面积，按照前项的统计总和计算。该规定将作为表决基数的建筑物总面积限缩为建筑物专有部分的总面积，以更简便易算，不违立法本意。如果总面积包括了专有部分和共有部分，而共有部分的公摊面积很大，业主的专有部分面积较少，则业主投票时就难以达到物权法所要求的“2/3表决权”的要求，所以，司法解释实际上采取了限缩解释的方法，将总面积认定为专有部分面积的总和，其规范目的在于判断业主表决权的表决能力，这有利于业主充分行使其共同管理权。住房和城乡建设部《业主大会和业主委员会指导规则》第23条规定，业主大会确定业主投票权数，可以按照下列方法认定专有部分面积和建筑物总面积：(1)专有部分面积按照不动产登记簿记载的面积计算；尚未进行登记的，暂按测绘机构的实测面积计算；尚未进行实测的，暂按房屋买卖合同记载的面积计算；(2)建筑物总面积，按照前项的统计总和计算。本次民法典编纂过程中，将“专有部分占建筑物总面积”修改为“专有部分面积占比”，“占比”的对象即为“专有部分面积的总和”。

2. 业主共同决定的重大事项的表决程序

本条第2款规定，业主共同决定事项，应当由专有部分面积占比2/3以上的业主且人数占比2/3以上的业主参与表决。决定前款第6~8项规定的事项，应当经参与表决专有部分面积3/4以上的业主且参与表决人数3/4以上的业主同意。决定前款其他事项，应当经参与表决专有部分面积过半数的业主且参与表决人数过半数的业主同意。

根据本条第2款的规定，业主共同决定重大事项的表决程序如下：

一是表决程序首先要有专有部分面积占比2/3以上的业主且人数占比2/3以上的业主参与表决。

关于专有部分面积占比和业主人数占比的计算。《最高人民法院关于审理建筑物区分所有权纠纷案件具体应用法律若干问题的解释》第8条规定，物权法第76条第2款和第80条规定的专有部分面积和建筑物总面积，可以按照下列方法认定：(1)专有部分面积，按照不动产登记簿记载的面积计算；尚未进行物权登记的，暂按测绘机构的实测面积计算；尚未进行实测的，暂按房屋买卖合同记载的面积计算；(2)建筑物总面积，按照前项的统计总和计算。第9条规定，物权法第76条第2款规定的业主人数和总人数，可以按照下列方法认定：(1)业主人数，按照专有部分的数量计算，一个专有部分按一人计算。但建设单位尚未出售和虽已出售但尚未交付的部分，以及同一买受人拥有一个以上专有部分的，按一人计算；(2)总人数，按照前项的统计总和计算。第8条、第9条两条属于表决基数的技术规则，该规则也妥当协调了建设单位、普通业主与大业主的利益关系，有助于明晰物权法第76条所规定的专有部分面积和业主人数两个表决基数规则。住房和城乡建设部《业主大会和业主委员会指导规则》第23条规定，业主大会确定业主投票权数，可以按照下列方法认定专有部分面积和建筑物总面积：(1)专有部分面积按照不动产登记簿记载的面积计算；尚未进行登记的，暂按测绘机构的实测面积计算；尚未进行实测的，暂按房屋买卖合同记载的面积计算；(2)建筑物总面积，按照前项的统计总和计算。第24条规定，业主大会确定业主投票权数，可以按照下列方法认定业主人数和总人数：(1)业主人数，按照专有部分的数量计算，一个专有部分按一人计算。但建设单位尚未出售和虽已出售但尚未交付的部分，以及同一买受人拥有一个以上专有部分的，按一人计算；(2)总人数，按照前项的统计总和计算。第25条规定，业主大会应当在业主大会议事规则中约定车位、摊位等特定空间是否计入用于确定业主投票权数的专有部分面积。一个专有部分有两个以上所有权人的，应当推选一人行使表决权，但共有人所代表的业主人数为一人。业主为无民事行为能力人或者限制民事行为能力人的，由其法定监护人行使投票权。

因此，参与表决的业主需同时满足两个条件：一是参与表决的业主的专有部分面积占比2/3以上，二是参与表决的业主人数占比2/3以上。例如，一个建筑区划内专有部分总面积为9万平方米，业主总人数为600人，那么业主共同决定重大事项，参与表决的业主首先需达到专有部分面积6万平方米以上且人数400人以上的条件。

二是决定前款第6项至第8项规定的事项，应当经参与表决专有部分面积3/4以上的业主且参与表决人数3/4以上的业主同意。筹集建筑物及其附属设施的维修资金，改建、重建建筑物及其附属设施，改变共有部分的用途或者利用共有部分从事经营活动是建筑区划内较为重大的事情，关系到每个业主的切身利益。为了保证对这三类事项决策的慎重，保证决策能够获得绝大多数业主的支持，本条第2款规定，决定这三类事项，应当经参与表决专有部分面积3/4以上的业主且参与表决人数3/4以上的业主同意。

根据本条规定，这三类事项决定的作出，必须同时具备两个条件，才为有效的决定：(1)经参与表决专有部分面积3/4以上的业主；(2)参与表决人数3/4以上的业主同意。例如，一个建筑区划内专有部分总面积为9万平方米，业主总人数为600人，那么业主共同决定重大事项，参与表决的业主首先需达到专有部分面积6万平方米以上且人数400人以上的条件。假设参与表决的业主专有部分面积正好为6万平方米，人数正好为400人，那此时业主共同决定筹集建筑物及其附属设施的维修资金，改建、重建建筑物及其附属设施，改变共有部分的用途或者利用共有部分从事经营活动这些事项时，需达到专有部分面积 45000 平方米以上的业主且 300 名以上的业主同意。

三是筹集建筑物及其附属设施的维修资金，改建、重建建筑物及其附属设施，改变共有部分的用途或者利用共有部分从事经营活动外的有关共有和共同管理权利的其他重大事项，属于建筑区划内的一般性、常规性事务，其决定的作出，应当经参与表决专有部分面积过半数的业主且参与表决人数过半数的业主同意。

根据这一规定，建筑区划内的一般性、常规性事务，必须同时符合如下两个条件：(1)经参与表决专有部分面积过半数的业主的同意；(2)参与表决人数过半数的业主同意。例如，一个建筑区划内专有部分总面积为 9 万平方米，业主总人数为 600 人，那么业主共同决定重大事项，参与表决的业主首先需达到专有部分面积 6 万平方米以上且人数 400 人以上的条件。假设参与表决的业主专有部分面积正好为 6 万平方米，人数正好为 400 人，那此时业主共同决定除本条第 1 款第 6~8 项之外的重大事项的，需达到专有部分面积 3 万平方米以上的业主且 200 名以上的业主同意。

3. 其他国家和地区关于业主共同决定的重大事项的表决程序的规定

其他国家和地区规定的区分所有权人会议对于建筑物的事项管理决策的规则，一般为多数原则。依情形的不同规定不同的多数：

(1)一般多数。《日本建筑物区分所有法》第 39 条规定，集会之议事，只要本法或规约无特别规定时，以区分所有人及表决权各半数决定之。表决权得以书面或由代理人行使。具体言之，以下事项属于普通决议事项：共用部分的管理事项；属于区分所有人共有之基地或附属设施之管理事项；管理人之选任和解任；对管理人的诉讼权之授予；无管理人时，有关规约、集会之议事录、书面决议等保管人之选任;集会主席之选任;管理组合法人之理事及监事之选任及解任;理事有数人时,代表理事之选任或共同代表之决定;管理组合法人之事务;请求停止违反共同利益行为之诉讼的提起;小规模灭失之修复。

《意大利民法典》第 1136 条第 2 款规定,由至少代表建筑物半数价值的共有权和半数以上共有人通过的决议有效。第 4 款规定,涉及聘任管理人或解聘管理人职务的决议、超出管理人权限的起诉或应诉的决议、重建建筑物的决议、明显超出正常费用范围的非常修缮的决议都应当由本条第 2 款规定的多数票通过。

我国台湾地区"公寓大厦管理条例"第 29 条中规定,区分所有权人会议之决议,除本条例或规约另有规定外,应有区分所有权人过半数及其区分所有权比例合计过半数之出席,以出席人数过半数及其区分所有权比例占出席人数区分所有权合计过半数之同意行之。各专有部分之区分所有权人有一表决权。数人共有一专有部分者,该表决权应推由一人行使。

(2)2/3 以上多数。《日本建筑物区分所有法》第 17 条中规定,共用部分之变更(以改良为目的且无须多额费用者除外),依全体区分所有人的决议或获表决权 2/3 以上多数的集会决议而实行。但是,区分所有人的定数可依规约减少至过半数。第 31 条中规定,规约的设定、变更或废止,依区分所有人表决权 3/4 以上多数通过的决议为之。第 47 条中规定,区分所有人组成的团体且区分所有人在 30 人以上的,依区分所有人及表决权 3/4 以上多数决定成为法人。第 55 条中规定,管理组合法人可以由区分所有人及表决权 3/4 以上的多数通过的集会决议解散。第 61 条规定,除另有规定外,建筑物的一部灭失时,集会可以以区分所有人及表决权各 3/4 以上多数,作出复原灭失部分的决议。第 62 条第 1 款规定,因破旧、损坏、一部灭失或其他事由,参酌建筑物的价额或其他事项,致维持或回复建筑物的效用需费过巨时,得透过集会,以区分所有人及表决权各 4/5 以上多数决,为拆毁建筑物且在建筑物基地上重新建筑同一使用目的的建筑物意旨的决议。

根据《意大利民法典》第1120条、第1136条的规定,改进共有财产或者为更方便地使用共有财产作出的改造决议须以由代表建筑物2/3价值的共有权和半数以上的共有人通过。

根据《法国建筑物区分所有权法》有关条文的规定,以下事项须以区分所有权人的过半数及全体议决权的2/3的同意后方可为之:规约的订定、修正;一部共用部分的出卖、共用部分的改良;共同设施的变更;建筑物的增建。

我国台湾地区"公寓大厦管理条例"第13条规定,公寓大厦因严重毁损、倾颓或朽坏,有危害公共安全之虞,或因地震、水灾、风灾、火灾或其他重大事变,肇致危害公共安全时,经区分所有权人会议决议,并应有区分所有权人2/3以上及其区分所有权比例合计2/3以上出席,以出席人数3/4以上及其区分所有权比例占出席人数区分所有权3/4以上的同意后,可以重建区分所有建筑物。第31条规定,区分所有权人会议之决议,关于下列各款事项,应有区分所有权人2/3以上及其区分所有权比例合计2/3以上出席,以出席人数3/4以上及其区分所有权比例占出席人数区分所有权之3/4以上之同意行之:规约之订定或变更;公寓大厦之重大修缮或改良;区分所有建筑物有第13条第2款或第3款情形之一须重建者;住户之强制迁离或区分所有权之强制出让;约定专用或共用事项。前项区分所有权比例之计算,准用第29条第3项、第4项之规定。

(3)多数原则的例外。其他国家和地区大多数规定了区分所有权人决策的多数原则,但有的国家明确规定,有的事项即使多数人决策亦为法律所禁止。如《意大利民法典》第1120条中规定,即使只涉及某一个共有人,亦不得进行任何可能损害建筑物的坚固性或者安全性、毁坏建筑装潢或者导致建筑物的某些共有部分无法使用或获益的改造。

第二百七十九条　业主不得违反法律、法规以及管理规约，将住宅改变为经营性用房。业主将住宅改变为经营性用房的，除遵守法律、法规以及管理规约外，应当经有利害关系的业主一致同意。

【释义】　本条是关于将住宅改变为经营性用房的规定。

本条在物权法第 77 条基础上作了修改完善，将“应当经有利害关系的业主同意”修改为“应当经有利害关系的业主一致同意”。

（一）业主不得违反法律、法规以及管理规约，将住宅改变为经营性用房

将住宅改变为经营性用房，使原本用于居住的房屋改为用于经营的房屋，住宅的性质、用途由居住变为商用。这一改变带来许多弊端，危害性大，主要表现有：一是干扰业主的正常生活，造成邻里不和，引发社会矛盾，这是当前物业小区的主要矛盾之一。二是造成小区车位、电梯、水、电等公共设施使用的紧张。三是容易产生安全隐患，例如，来往小区人员过多，造成楼板的承重力过大，外来人员流动快且杂，增加了小区不安全、不安定的因素，防火防盗压力大，隐患多。四是使城市规划目标难以实现。某个地区的住宅原规划本来是用来居住的，但由于将住宅大量改为经营性用房，用于商业目的，结果造成该地区交通拥堵、人满为患。五是造成国家税费的大量流失。因此，《物业管理条例》第 49 条规定，物业管理区域内按照规划建设的公共建筑和共用设施，不得改变用途。业主依法确需改变公共建筑和共用设施用途的，应当在依法办理有关手续后告知物业服务企业；物业服务企业确需改变公共建筑和共用设施用途的，应当提请业主大会讨论决定同意后，由业主依法办理有关手续。随着这方面实践经验的不断积累和完善，国家有关部门还将对这一问题作出具体的规定。另外，作为业主自我管理、自我约束、自我规范的建筑区划内有关建筑

物及其附属设施的管理规约也可以依法对此问题作出规定。

物权法作为规范业主建筑物区分所有权的基本法律,其第77条中明确规定,业主不得违反法律、法规以及管理规约,将住宅改变为经营性用房。据此,业主不得随意改变住宅的居住用途,是业主应当遵守的最基本的准则,也是业主必须承担的一项基本义务。

(二)业主将住宅改变为经营性用房的,除遵守法律、法规以及管理规约外,应当经有利害关系的业主一致同意

物权法第77条中规定,业主将住宅改变为经营性用房的,除遵守法律、法规以及管理规约外,应当经有利害关系的业主同意。即如果业主确实因生活需要,如因下岗无收入来源,生活困难,将住宅改变为经营性用房,一是必须遵守法律、法规以及管理规约的规定。如应要办理相应的审批手续,要符合国家卫生、环境保护要求等。二是在遵守法律、法规以及管理规约的前提下,还必须征得有利害关系的业主同意。这两个条件必须同时具备,才可以将住宅改变为经营性用房,二者缺一不可。

在民法典编纂过程中,有的意见提出,《最高人民法院关于审理建筑物区分所有权纠纷案件具体应用法律若干问题的解释》第10条规定,业主将住宅改变为经营性用房,未按照物权法第77条的规定经有利害关系的业主同意,有利害关系的业主请求排除妨害、消除危险、恢复原状或者赔偿损失的,人民法院应予支持。将住宅改变为经营性用房的业主以多数有利害关系的业主同意其行为进行抗辩的,人民法院不予支持。可见,将住宅改变为经营性用房应当经有利害关系业主全体一致同意,而非有利害关系业主多数同意,建议业主将住宅改变为经营性用房时应当经有利害关系的业主同意,进一步明晰为有利害关系业主"全体一致"同意。经研究,2018年8月审议的民法典各分编草案将"应当经有利害关系的业主同意"进一步明确为"应当经有利害关系的业主一致同意"。

如何确定业主为有利害关系的业主,因改变住宅为经营性用房的用途不同,影响的范围、程度不同,要具体情况具体分析。总之,不论是否是相邻或者不相邻的业主,凡是因住宅改变为经营性用房受到影响的业主,均是本条所说的有利害关系的业主。《最高人民法院关于审理建筑物区分所有权纠纷案件具体应用法律若干问题的解释》第 11 条规定,业主将住宅改变为经营性用房,本栋建筑物内的其他业主,应当认定为物权法第 77 条所称"有利害关系的业主"。建筑区划内,本栋建筑物之外的业主,主张与自己有利害关系的,应证明其房屋价值、生活质量受到或者可能受到不利影响。

第二百八十条　业主大会或者业主委员会的决定,对业主具有法律约束力。

业主大会或者业主委员会作出的决定侵害业主合法权益的,受侵害的业主可以请求人民法院予以撤销。

【释义】　本条是关于业主大会、业主委员会决定效力的规定。

本条在物权法第 78 条基础上作了修改完善,将"约束力"修改为"法律约束力"。

(一)业主大会或者业主委员会的决定,对业主具有法律约束力

根据本法第 277 条第 1 款中的规定,业主可以设立业主大会,选举业主委员会。业主大会是业主的自治组织,是基于业主的建筑物区分所有权的行使产生的,由全体业主组成,是建筑区划内建筑物及其附属设施的管理机构。业主大会依据法定程序作出的决定,反映了建筑区划内绝大多数业主的意志与心声。业主委员会是由业主大会从热心公益事业、责任心强、具有一定组织能力的业主中选举产生出来的,作为业主的代表履行对建筑物及其附属设施的具体管理职责,为全体业主服务的组织。业主委员会作为业主大会的执行机构,具体实施业主大会作出的决定。业主

大会或者业主委员会作为自我管理的权力机关和执行机关，其作出的决定，对业主应当具有法律约束力。因此，本条第 1 款规定，业主大会或者业主委员会的决定，对业主具有法律约束力。

《物业管理条例》第 8 条第 1 款规定，物业管理区域内全体业主组成业主大会。第 2 款规定，业主大会应当代表和维护物业管理区域内全体业主在物业管理活动中的合法权益。第 9 条第 1 款规定，一个物业管理区域成立一个业主大会。第 2 款规定，物业管理区域的划分应当考虑物业的共用设施设备、建筑物规模、社区建设等因素。具体办法由省、自治区、直辖市制定。第 19 条第 1 款规定，业主大会、业主委员会应当依法履行职责，不得作出与物业管理无关的决定，不得从事与物业管理无关的活动。住房和城乡建设部《业主大会和业主委员会指导规则》第 2 条规定，业主大会由物业管理区域内的全体业主组成，代表和维护物业管理区域内全体业主在物业管理活动中的合法权利，履行相应的义务。第 3 条规定，业主委员会由业主大会依法选举产生，履行业主大会赋予的职责，执行业主大会决定的事项，接受业主的监督。第 4 条规定，业主大会或者业主委员会的决定，对业主具有约束力。业主大会和业主委员会应当依法履行职责，不得作出与物业管理无关的决定，不得从事与物业管理无关的活动。

物权法第 78 条第 1 款规定，业主大会或者业主委员会的决定，对业主具有约束力。在民法典编纂过程中，有的意见提出，民法总则在表述约束力时都采用的"法律约束力"的表述，如民法总则第 119 条规定，依法成立的合同，对当事人具有法律约束力。第 155 条规定，无效的或者被撤销的民事法律行为自始没有法律约束力。建议将本条中的"约束力"修改为"法律约束力"，与民法总则的相关表述相统一。因此，民法典物权编作了相应修改。

对业主具有约束力的业主大会或者业主委员会的决定，必须是依法设立的业主大会、业主委员会作出的，必须是业主大会、业主委员会依据法定程序作出的，必须是符合法律、法规及规章，不违背公序良俗，不损害国家、公共和他人利益的决定。《物业管理条例》第 12 条第 4 款规定,业主大会或者业主委员会的决定,对业主具有约束力。第 19 条第 2 款规定,业主大会、业主委员会作出的决定违反法律、法规的,物业所在地的区、县人民政府房地产行政主管部门或者街道办事处、乡镇人民政府,应当责令限期改正或者撤销其决定,并通告全体业主。业主大会、业主委员会主要对建筑区划内,业主的建筑物区分所有权如何行使,业主的合法权益如何维护等事项作出决定,涉及许多方面,例如,可以对制定和修改业主大会议事规则作出决定,可以对制定和修改管理规约作出决定,可以对选举业主委员会或者更换业主委员会成员作出决定,可以对选聘和解聘物业服务企业或者其他管理人作出决定,可以对使用建筑物及其附属设施的维修资金作出决定,可以对筹集建筑物及其附属设施的维修资金作出决定,可以对改建、重建建筑物及其附属设施作出决定,可以对改变共有部分的用途或者利用共有部分从事经营活动作出决定。业主大会或者业主委员会的决定,对业主具有法律约束力。

（二）业主大会或者业主委员会作出的决定侵害业主合法权益的,受侵害的业主可以请求人民法院予以撤销

住房和城乡建设部《业主大会和业主委员会指导规则》第 36 条规定,业主委员会应当向业主公布下列情况和资料:(1)管理规约、业主大会议事规则;(2)业主大会和业主委员会的决定;(3)物业服务合同;(4)专项维修资金的筹集、使用情况;(5)物业共有部分的使用和收益情况;(6)占用业主共有的道路或者其他场地用于停放汽车车位的处分情况;(7)业主大会和业主委员会工作经费的收支情况;(8)其他应当向业主公开的情况和资料。现实中,有的业主大会或者业主委员会可能不遵守法律、法规、管理规约,或者不依据法定程序作出某些决定,侵害业主的合法权益,针对这一情形,为了切实保护业主的合法权益,本条第 2 款规定,业主大会或者业主委员会作出的决定侵害业主合法权益的,受侵害的业主可以请求人民法院予以撤销。这一规定,赋予了业主请求人民法院撤销业主大会或者业主委员会作出的不当决定的权利。

业主在具体行使这一权利时,还要依据本法总则编、民事诉讼法等法律的规定。例如,撤销的请求,要向有管辖权的人民法院提出,要有明确的诉讼请求和事实、理由等。《物业管理条例》第12条第5款规定,业主大会或者业主委员会作出的决定侵害业主合法权益的,受侵害的业主可以请求人民法院予以撤销。《最高人民法院关于审理建筑物区分所有权纠纷案件具体应用法律若干问题的解释》第12条规定,业主以业主大会或者业主委员会作出的决定侵害其合法权益或者违反了法律规定的程序为由,依据物权法第78条第2款的规定请求人民法院撤销该决定的,应当在知道或者应当知道业主大会或者业主委员会作出决定之日起1年内行使。

第二百八十一条　建筑物及其附属设施的维修资金,属于业主共有。经业主共同决定,可以用于电梯、屋顶、外墙、无障碍设施等共有部分的维修、更新和改造。建筑物及其附属设施的维修资金的筹集、使用情况应当定期公布。

紧急情况下需要维修建筑物及其附属设施的,业主大会或者业主委员会可以依法申请使用建筑物及其附属设施的维修资金。

【释义】　本条是关于建筑物及其附属设施的维修基金的归属、用途以及筹集与使用的规定。

本条在物权法第79条基础上作了修改完善:一是将“可以用于电梯、水箱等共有部分的维修”修改为“可以用于电梯、屋顶、外墙、无障碍设施等共有部分的维修、更新和改造”。二是增加规定第2款,紧急情况下需要维修建筑物及其附属设施的,业主大会或者业主委员会可以依法申请使用建筑物及其附属设施的维修资金。

随着我国住房制度改革的不断深入,人民群众的生活水平不断提高,居民个人拥有住宅的比例越来越高,住宅房屋的维修管理责任也相应地由过去的国家、单位承担转移到居民个人承担。而我国的住宅多为高层或者多层的群体建筑，又往往以住宅小区的形式开发建设，这样，建筑物及其附属设施的维修问题就日益彰显出来。建筑物及其附属设施能否正常、及时、顺利地维修，关系到建筑物及其附属设施能否正常使用及业主的安全，关系到全体业主的切身利益，关系到社会的和谐与稳定。因此，有必要对建筑物及其附属设施的维修资金作出规定。《住宅专项维修资金管理办法》第 2 条第 2 款规定，本办法所称住宅专项维修资金，是指专项用于住宅共用部位、共用设施设备保修期满后的维修和更新、改造的资金。

1998 年下发的《国务院关于进一步深化城镇住房制度改革加快住房建设的通知》明确提出，要建立住房专项维修资金制度。2000 年建设部发布的《关于进一步深化国有企业住房制度改革加快解决职工住房问题的通知》指出，出售公有住房，应当按照有关规定建立住宅共用部位共用设施设备维修基金，并健全维修基金使用与管理制度，实施有效监督。

(一)建筑物及其附属设施的维修资金的归属

针对实践中，业主疑问较多的有关建筑物及其附属设施的维修资金所有权归属问题，本条规定，建筑物及其附属设施的维修资金属于业主共有。《物业管理条例》第 53 条规定，住宅物业、住宅小区内的非住宅物业或者与单幢住宅楼结构相连的非住宅物业的业主，应当按照国家有关规定交纳专项维修资金。专项维修资金属于业主所有，专项用于物业保修期满后物业共用部位、共用设施设备的维修和更新、改造，不得挪作他用。专项维修资金收取、使用、管理的办法由国务院建设行政主管部门会同国务院财政部门制定。2007 年，为加强对住宅专项维修资金的管理和保障住宅共用部位、共用设施设备的维修和正常使用，维护住宅专项维修资金所有者的合法权益，建设部和财政部联合发布《住宅专项维修资金管理办法》，其中第 7 条规定，商品住宅的业主、非住宅的业主按照所拥有物业的建筑面积交存住宅专项维修资金，每平方米建筑面积交存首期住宅专项维修资金的数额为当地住宅建筑安装工程每平方米造价的5%~8%。直辖市、市、县人民政府建设(房地产)主管部门应当根据本地区情况,合理确定、公布每平方米建筑面积交存首期住宅专项维修资金的数额,并适时调整。第9条规定,业主交存的住宅专项维修资金属于业主所有。从公有住房售房款中提取的住宅专项维修资金属于公有住房售房单位所有。

(二)建筑物及其附属设施的维修资金的使用

住房建成后,随着时间的推移,必然面临着共有部分的维修、更新和改造问题,此时就需要使用建筑物及其附属设施的维修资金。关于建筑物及其附属设施的维修资金的用途以及如何使用等问题,本条规定,经业主共同决定,可以用于电梯、屋顶、外墙、无障碍设施等共有部分的维修、更新和改造。建筑物及其附属设施的维修资金的筹集、使用情况应当定期公布。

一是建筑物及其附属设施的维修资金的使用需经业主共同决定。建筑物及其附属设施的维修资金的使用涉及共有部分、共用设施设备的维修、更新、改造等,涉及业主能否正常使用建筑物及其附属设施,关系着每个业主的切身利益,因此,本条规定建筑物及其附属设施的维修资金的使用应当经业主共同决定。至于业主如何决定建筑物及其附属设施的维修资金的使用,要依据本法第278条作出决定。

二是关于建筑物及其附属设施的维修资金的用途,本条规定维修资金可以用于电梯、屋顶、外墙、无障碍设施等共有部分的维修、更新和改造。至于业主专有部分以外的哪些部分为共有部分,哪些设施为建筑物的附属设施,要根据每一栋建筑物、每一个建筑区划的不同情况具体分析。《住宅专项维修资金管理办法》第3条规定,本办法所称住宅共用部位,是指根据法律、法规和房屋买卖合同,由单幢住宅内业主或者单幢住宅内业主及与之结构相连的非住宅业主共有的部位,一般包括住宅的基础、承重墙体、柱、梁、楼板、屋顶以及户外的墙面、门厅、楼梯间、走廊通道等。

本办法所称共用设施设备,是指根据法律、法规和房屋买卖合同,由住宅业主或者住宅业主及有关非住宅业主共有的附属设施设备,一般包括电梯、天线、照明、消防设施、绿地、道路、路灯、沟渠、池、井、非经营性车场车库、公益性文体设施和共用设施设备使用的房屋等。第18条规定,住宅专项维修资金应当专项用于住宅共用部位、共用设施设备保修期满后的维修和更新、改造,不得挪作他用。

物权法第79条中规定,经业主共同决定,可以用于电梯、水箱等共有部分的维修。在民法典编纂过程中,有的意见提出,根据相关行政法规,供水设施的维修费用应由供水企业承担,按照住宅专项维修资金管理办法的规定,维修资金不只限于维修,还包括更新、改造,建议将"电梯、水箱等共有部分的维修"修改为"电梯、屋顶、外墙、无障碍设施等共有部分的维修、更新和改造"。经研究,2018年8月审议的民法典物权编草案作了相应修改。

三是为便于业主及时了解建筑物及其附属设施维修资金的筹集情况,依法监督维修资金的使用,本条还规定,建筑物及其附属设施的维修资金的筹集、使用情况应当予以公布。《住宅专项维修资金管理办法》第19条规定,住宅专项维修资金的使用,应当遵循方便快捷、公开透明、受益人和负担人相一致的原则。第30条规定,直辖市、市、县人民政府建设(房地产)主管部门,负责管理公有住房住宅专项维修资金的部门及业主委员会,应当每年至少一次与专户管理银行核对住宅专项维修资金账目,并向业主、公有住房售房单位公布下列情况:(1)住宅专项维修资金交存、使用、增值收益和结存的总额;(2)发生列支的项目、费用和分摊情况;(3)业主、公有住房售房单位分户账中住宅专项维修资金交存、使用、增值收益和结存的金额;(4)其他有关住宅专项维修资金使用和管理的情况。业主、公有住房售房单位对公布的情况有异议的,可以要求复核。

(三)紧急情况下建筑物及其附属设施的维修资金的使用

在民法典编纂过程中,有的意见提出,建筑物及其附属设施的维修资金目前主要由住建部门的专门机构管理,在实践中存在的突出问题有:一是收取难,特别是老旧小区存在拖欠维修资金的问题。二是签字表决难,特别是大型小区和业主实际入住不多的小区难以形成多数意见,更难以达到经专有部分占建筑物总面积2/3以上的业主且占总人数2/3以上的业主签字同意。三是维修资金的使用范围难以界定,新建电梯、维修屋顶等只和部分业主直接相关的维修可否动用全体业主的维修资金,目前有争议。四是提取使用程序烦琐,需要提出申请,提供符合“双过2/3”的业主签字同意证明,由管理机构抽查核对等,周期太长。五是使用监管难,存在物业或者业委会成员浪费、挪用、侵吞维修资金的情况。六是保值增值难。实践中,目前紧急动用维修资金的一般做法是,紧急申请,紧急公示,尽快使用维修,事后再找业主补签同意。建议增加规定紧急情况下维修申请使用建筑物及其附属设施的维修资金的相关规定。

经了解,目前一些地方性法规已经对紧急情况下维修资金的使用作了特别规定。《江苏省物业管理条例》第76条规定,发生下列危及房屋安全情形之一,需要立即对住宅物业共用部分、共用设施设备进行应急维修、更新和改造,相关的业主不能形成法定多数意见的,物业服务企业、业主委员会或者相关业主可以提出应急处置方案,经住宅专项维修资金代管部门复核后进行应急处置:(1)屋面防水损坏造成渗漏的;(2)电梯故障危及人身安全的;(3)公共护(围)栏破损严重,危及人身安全的;(4)楼体单侧外立面有脱落危险的;(5)专用排水设施因坍塌、堵塞、爆裂等造成功能障碍,危及人身、财产安全的;(6)危及房屋安全的其他情形。应急维修费用应当经过审计并向业主公示后,从相关业主的住宅专项维修资金分户账中按照专有面积分摊列支;其中涉及已售公有住房的,从公有住房住宅专项维修资金中列支。《安徽省物业管理条例》第89条规定,发生下列危及安全情形之一,需要使用专项维修资金的,由业主委员会、相关业主提出应急处置方案,或者物业服务企业提出建议,经业主委员会、相关业主同意,并报专项维修资金代管或者监管部门审核后,直接申请使用:(1)屋面、外墙体防水损坏造成渗漏的;(2)电梯故障危及人身安全的;(3)消防设施损坏的;(4)公共护(围)栏破损严重,危及人身、财产安全的;(5)楼体外立面有脱落危险的;(6)专用排水设施因坍塌、堵塞、爆裂等造成功能障碍,危及人身、财产安全的;(7)二次供水设施损坏的;(8)其他危及房屋安全的情形。应急维修费用应当向业主公示,并从相关业主的专项维修资金分户账中按照专有面积分摊列支。《河南省物业管理条例》第70条规定,物业管理区域内共用部位、共用设施设备出现下列紧急情况的,物业服务企业应当立即组织应急维修:(1)电梯、消防等共用设施设备故障损坏,无法正常使用的;(2)屋面、外墙渗漏的;(3)楼体外墙墙面有脱落危险的;(4)专用排水设施因坍塌、堵塞、爆裂等造成功能障碍的;(5)公共护栏(围)破损严重的;(6)其他紧急情况。出现前款情形之一的,物业管理行政主管部门接到申请后,应当即时核准并拨付专项维修资金。应急维修费用应当向业主公示。业主大会自行管理物业专项维修资金的,按照前款规定执行。《海南经济特区物业管理条例》第55条、《青海省物业管理条例》第83条、《新疆维吾尔自治区物业管理条例》第74条、《重庆市物业专项维修资金管理办法》第28条都对紧急情况下维修资金的使用作了相关规定。

也有的地方规定以专项维修资金的增值资金建立房屋应急解危专项资金,平衡紧急情况需要使用资金与业主决定使用较难的矛盾。如《天津市物业管理条例》第57条规定,专项维修资金的管理费用由市财政部门核定,在专项维修资金的增值资金中列支。专项维修资金增值资金除核定管理费用外,应当建立房屋应急解危专项资金,专项用于房屋应急解危支出。专项维修资金的具体管理办法,由市人民政府规定。

在征求意见过程中,针对一些地方对紧急情况下维修资金的使用作的特别规定,也有的意见提出,维修资金毕竟是业主的,应当经过大多数业主的知晓并同意,坚决反对任何组织未经业主共同决定就申请使用维修资金,如果业主们真的意识到情况紧急,那么应该团结起来,在短时间内完成法定的投票数量要求,绝对不能不经过业主投票,一旦开了这个紧急的口子,将会后患无穷。

经研究,2019年4月第十三届全国人大常委会第十次会议《全国人民代表大会宪法和法律委员会关于〈民法典物权编(草案)〉修改情况的汇报》中提到,有的常委委员、地方、部门、法学教学研究机构和社会公众提出,近年来,群众普遍反映业主大会、业主委员会成立难,公共维修资金使用难,以及物业管理不规范、业主维权难等问题,建议草案对此作出有针对性的规定。据此,宪法和法律委员会建议对该章草案作出如下修改:……三是根据一些地方的实践,在草案第76条中增加1款规定:紧急情况下需要维修建筑物及其附属设施的,业主大会或者业主委员会可以依法申请使用维修资金。据此,民法典物权编草案二审稿增加1款规定。根据本款规定,紧急情况下需要维修建筑物及其附属设施的,业主大会或者业主委员会可以依法申请使用维修资金。此处对紧急情况下需要维修建筑物及其附属设施使用维修资金作了指引性规定,即需"依法申请",此处的"依法",既包括法律,也包括行政法规、部门规章和地方性法规等。

第二百八十二条　建设单位、物业服务企业或者其他管理人等利用业主的共有部分产生的收入,在扣除合理成本之后,属于业主共有。

【释义】　本条是关于共有部分产生收益的归属的规定。

本条是本次民法典编纂新增加的条文。在民法典编纂过程中,有的意见建议,吸收司法解释的相关规定,增加规定:建设单位、物业服务企业或者其他管理人利用共有部分进行经营性活动的,业主可以请求行为人将扣除合理成本之后的收益用于补充专项维修资金或者业主共同决定的其他用途。《最高人民法院关于审理建筑物区分所有权纠纷案件具体应用法律若干问题的解释》

第 14 条规定，建设单位或者其他行为人擅自占用、处分业主共有部分、改变其使用功能或者进行经营性活动，权利人请求排除妨害、恢复原状、确认处分行为无效或者赔偿损失的，人民法院应予支持。属于前款所称擅自进行经营性活动的情形，权利人请求行为人将扣除合理成本之后的收益用于补充专项维修资金或者业主共同决定的其他用途的，人民法院应予支持。行为人对成本的支出及其合理性承担举证责任。

2018 年 8 月，第十三届全国人大常委会第五次会议《关于〈民法典各分编（草案）〉的说明》中提到，加强对建筑物业主权利的保护……第三，明确共有部分产生的收益属于业主共有（草案第 77 条）。民法典各分编草案第 77 条规定，建设单位、物业服务企业或者其他管理人等利用业主的共有部分产生的收益，在扣除合理成本之后，属于业主共有。

民法典各分编草案在征求意见过程中，有的意见提出，收益的含义本身就包含收入扣除成本的意思，为更加准确，避免实践操作中的歧义，建议将本条中的“收益”修改为“收入”。2019 年 4 月审议的民法典物权编草案吸收了这一意见。

根据本条规定，建设单位、物业服务企业或者其他管理人等利用业主的共有部分产生的收入，在扣除合理成本之后，属于业主共有。例如，很多小区会在业主的共有部分设置广告，这些广告收入，在扣除合理成本之后，应该属于业主共有。再如，占有业主共有的道路或者其他场地设置的车位，出租车位的租金收入，在扣除合理的成本之后，也应该属于业主共有。《最高人民法院关于审理建筑物区分所有权纠纷案件具体应用法律若干问题的解释》第 17 条规定，本解释所称建设单位，包括包销期满，按照包销合同约定的包销价格购买尚未销售的物业后，以自己名义对外销售的包销人。《物业管理条例》第 54 条规定，利用物业共用部位、共用设施设备进行经营的，应当在征得相关业主、业主大会、物业服务企业的同意后，按照规定办理有关手续。业主所得收益应当主要用于补充专项维修资金，也可以按照业主大会的决定使用。此外,本法第943条规定,物业服务人应当定期将服务的事项、负责人员、质量要求、收费项目、收费标准、履行情况,以及维修资金使用情况、业主共有部分的经营与收益情况等以合理方式向业主公开并向业主大会、业主委员会报告。

一些国家和地区对业主共有部分的收益作了规定,一般规定按份取得收益。如《日本建筑物区分所有法》第13条规定,各共有人可以按共用部分用途使用共用部分。第19条中规定了在规约无另外规定时,各共有人按其应有份比例收取共用部分产生的利益。《德国住宅所有权法》第13条中规定,各住宅所有权人得依第14条、第15条之规定,共同使用共有物,各住宅所有权人,就共有物之其他收益,享有依第16条所规定的应有部分。第16条中规定,各住宅所有权人享有与其应有部分相当的共有物的孳息。《奥地利区分所有权法》第8条中规定,与住宅所有权不相结合的非住宅所有权所存在的住宅和店铺的利用,依所有权人的应有部分予以使用。不动产(共用部分)的收益,由全体共有人依其应有部分的比例予以收取。我国台湾地区"公寓大厦管理条例"第9条中规定,各区分所有人按其共有的应有部分比例,对建筑物之共用部分及其基地有使用收益之权。但另有约定者,从其约定。住户对共用部分之使用应依其设置目的及通常使用方法为之。但另有约定者,从其约定。

第二百八十三条　建筑物及其附属设施的费用分摊、收益分配等事项,有约定的,按照约定;没有约定或者约定不明确的,按照业主专有部分面积所占比例确定。

【释义】　本条是关于建筑物及其附属设施费用分摊、收益分配的规定。

本条在物权法第80条基础上作了修改完善,将"按照业主专有部分占建筑物总面积的比例确定"修改为"按照业主专有部分面积所占比例确定"。

在民法典编纂过程中，有的意见提出，物权法第 80 条中规定，没有约定或者约定不明确的，按照业主专有部分占建筑物总面积的比例确定。其中关于建筑物总面积的计算，《最高人民法院关于审理建筑物区分所有权纠纷案件具体应用法律若干问题的解释》第 8 条规定，物权法第 76 条第 2 款和第 80 条规定的专有部分面积和建筑物总面积，可以按照下列方法认定：(1) 专有部分面积，按照不动产登记簿记载的面积计算；尚未进行物权登记的，暂按测绘机构的实测面积计算；尚未进行实测的，暂按房屋买卖合同记载的面积计算；(2) 建筑物总面积，按照前项的统计总和计算。此处"建筑物总面积"应该是"建筑物专有部分总面积"，建议修改。2018 年 8 月审议的民法典各分编草案吸收了这一意见，将"按照业主专有部分占建筑物总面积的比例确定"修改为"按照业主专有部分所占比例确定"。2019 年 4 月审议的民法典物权编草案，进一步修改为"按照业主专有部分面积所占比例确定"。

（一）关于建筑物及其附属设施费用分摊、收益分配等

本法第 271 条中规定，业主对专有部分以外的共有部分享有共有和共同管理的权利。第 273 条第 1 款规定，业主对建筑物专有部分以外的共有部分，享有权利，承担义务；不得以放弃权利为由不履行义务。第 282 条规定，建设单位、物业服务企业或者其他管理人等利用业主的共有部分产生的收入，在扣除合理成本之后，属于业主共有。根据这些规定，在日常生活中，业主对共有部分共有并且共同管理。为保障业主的居住安全，保证建筑物及其附属设施能够正常运转和使用，保证业主的正常生活，业主对共有部分的管理，涉及很多具体问题，如对建筑物及其附属设施进行养护和维修就涉及养护和维修的费用共同管理时如何分摊问题，如根据本法第 282 条利用业主的共有部分产生的收入，在扣除合理成本之后，属于业主共有，此时所得的收益如何分配等问题，都涉及共有及共同管理具体的操作。

本条规定，建筑物及其附属设施的费用分摊、收益分配等事

项,有约定的,按照约定;没有约定或者约定不明确的,按照业主专有部分面积所占比例确定。

一是建筑物及其附属设施的费用分摊,有约定的,按照约定;没有约定或者约定不明确的,按照业主专有部分面积所占比例确定。如果管理规约对建筑物及其附属设施的费用如何分摊有约定的,首先按照约定进行分摊。如果没有约定或者约定不明确的,则可以按照业主专有部分面积所占比例确定费用。例如,对业主共有的建筑物及其附属设施如公用设施和物业服务用房等进行维修,针对其费用问题,如果管理规约等有约定的,先按照约定,如果没有约定或者约定不明确的,按照业主专有部分面积所占比例确定。

二是建筑物及其附属设施的收益分配,有约定的,按照约定;没有约定或者约定不明确的,按照业主专有部分面积所占比例确定。建筑物及其附属设施不仅存在着养护、维修的问题,还存在经营收益如何分配的问题。例如,业主大会决定,将建筑物楼顶出租给企业做广告,广告收入如何分配,是居住顶层的业主多拿一些,还是业主平均分配;是作为业主大会、业主委员会的活动经费,还是作为维修资金用于建筑物及其附属设施的维修。按照本条规定,建筑物及其附属设施的收益分配,有约定的,按照约定;没有约定或者约定不明确的,按照业主专有部分面积所占比例确定。《物业管理条例》第54条规定,利用物业共用部位、共用设施设备进行经营的,应当在征得相关业主、业主大会、物业服务企业的同意后,按照规定办理有关手续。业主所得收益应当主要用于补充专项维修资金,也可以按照业主大会的决定使用。

如何规定业主对建筑物及其附属设施的费用负担、收益分配的问题,在物权法立法过程中有不同的看法。有的人认为,应当按照业主所有的专有部分的面积占建筑物总面积的比例确定。有的人认为,应当按照业主专有部分占建筑物的价值比例确定。还有的人提出,这一比例应当考虑业主专有部分的面积、楼层、朝向、购买时的价钱等综合因素。鉴于现实中情况复杂,各地及每个建筑区划的具体情况不同。业主如何负担建筑物及其附属设施的费用,如何分配建筑物及其附属设施的收益,是业主行使建筑物区分所有权的问题,业主可以依法处分,故本条规定,建筑物及其附属设施的费用分摊、收益分配等事项,有约定的,按照约定。对建筑物及其附属设施的费用分摊、收益分配等事项,没有约定或者约定不明确的,本条作了原则性、指导性规定,即按照业主专有部分面积所占比例确定。

(二)其他国家和地区关于建筑物及其附属设施费用分摊、收益分配等的规定

建筑物及其附属设施要进行维护、修缮等,费用如何分摊,其他国家和地区一般都规定了费用支出按比例承担的原则。如《德国住宅所有权法》第16条中规定,各住宅所有权人应按其应有部分的比例,对共有物予以保存、修缮等,并就因此而需要的费用负承担义务。《日本建筑物区分所有法》第19条中规定,规约无另外规定时,各共有人按其应有份比例承担共用部分负担。《瑞士民法典》第712条中规定,共同负担及共同费用,由楼层所有人按比例分担。下列负担及费用,应共同负担:(1)日常维修及更新土地或楼房的共同部分以及公用设备的费用;(2)管理事务的费用,包括管理人的酬金;(3)由区分所有人共同负担的公法规定的捐税;(4)不动产或区分所有人连带负责的担保债权人的利息及分期偿还的债务。个别的区分所有人对某些共同部分、公用设备无受益或受益甚微时,在分摊上述费用时应给予适当的照顾。《意大利民法典》第1123条规定,为养护、享用建筑物的共用部分支出的费用、为共同利益支出的劳务费、实施多数共有人通过的改造决议的费用由全体共有人根据各自享有的所有权的价值按比例承担,另有约定的除外。对于按照不同比例供共有人使用的物品,每个共有人按照实际使用的比例承担费用。在建筑物中有供内部某一特定部分共有人使用的楼梯、天井、屋顶平台、工作物或者设施的情况下,其养护费用由享有利益的那部分共有人承担。《奥地利区分所有权法》第8条中规定,共用部分的费用,应由全

体共有人依其应有部分的比例分担之。

我国台湾地区"民法"第 799 条规定,共同部分,其修缮费及其他负担,由各所有人,按其所有部分之价值分担之。我国台湾地区"公寓大厦管理条例"第 10 条中规定,共用部分、约定共用部分之修缮、管理、维护,由管理负责人或管理委员会为之。其费用由公共基金支付或由区分所有权人按其共有之应有部分比例负担之。但修缮费系因可归责于区分所有权人之事由所致者,由该区分所有权人负担。前项共用部分、约定共用部分的管理、维护费用,区分所有权人会议或规约另有规定者,从其规定。第 11 条规定,共用部分及其相关设施之拆除、重大修缮或改良等费用,由公共基金支付或由区分所有权人按其共有之应有部分比例分担。第 12 条规定,专有部分之共同壁及楼地板或其内的管线,其维修费用由该共同壁双方或楼地板上下双方之区分所有权人共同负担。但修缮费系因可归责于区分所有权人之事由所致者,由该区分所有权人负担。

第二百八十四条　业主可以自行管理建筑物及其附属设施,也可以委托物业服务企业或者其他管理人管理。

对建设单位聘请的物业服务企业或者其他管理人,业主有权依法更换。

【释义】　本条是对建筑物及其附属设施管理的规定。

本条是物权法第 81 条的规定,本次民法典编纂对本条未作修改。

(一)业主可以自行管理建筑物及其附属设施,也可以委托物业服务企业或者其他管理人管理

实践中,对建筑物及其附属设施进行管理主要有两种形式:一是业主委托物业服务企业或者其他管理人管理;二是业主自行管理。故本条第 1 款规定,业主可以自行管理建筑物及其附属设施,也可以委托物业服务企业或者其他管理人管理。

1. 业主可以委托物业服务企业或者其他管理人管理建筑物及其附属设施

物业服务企业，通常是指符合法律规定，依法向业主提供物业服务的民事主体（市场主体），包括物业公司以及向业主提供服务的其他组织。物业公司，是指依法设立、具有独立法人资格，从事物业服务活动的企业。《物业管理条例》第32条规定，从事物业管理活动的企业应当具有独立的法人资格。国务院建设行政主管部门应当会同有关部门建立守信联合激励和失信联合惩戒机制，加强行业诚信管理。

我国曾对物业管理企业实施资质管理，有关部门对符合不同条件的企业授予不同的资质等级，但随着国家简政放权步伐不断加快，住房和城乡建设部依法取消部分行政审批事项、职业资格事项，优化审批流程，在加强事中、事后监管方面作出相关规定，物业管理行业的门槛正在逐步取消。2004年发布的《物业管理企业资质管理办法》（于2007年改为《物业服务企业资质管理办法》）规定，不同资质等级的物业管理企业只能依据自己的资质水平承接不同的物业管理项目，《物业管理企业资质管理办法》第8条规定，一级资质物业管理企业可以承接各种物业管理项目。二级资质物业管理企业可以承接30万平方米以下的住宅项目和8万平方米以下的非住宅项目的物业管理业务。三级资质物业管理企业可以承接20万平方米以下住宅项目和5万平方米以下的非住宅项目的物业管理业务。同时，国家有关主管部门还制定了一系列规章制度，规范物业公司的行为，如《物业管理条例》《前期物业管理招标投标管理暂行办法》等。2015年《物业服务企业资质管理办法》修订，取消物业公司注册资本限制；物业管理师等67项职业资格被取消，人力资源和社会保障部和住房和城乡建设部取消物业管理师资格考试，各地先后停止物业管理人员岗位证书（职业资格）考试和颁证。2016年，删除《物业管理条例》第33条和第61条两条与企业资质管理相关的条款，同时取消了物业管理人员从业资格限制。2017年，国务院发布《关于第三批取消中央指定地方实施行政许可事项的决定》,取消了物业服务企业二级及以下资质认定,全国各地停止审批物业服务企业二级及以下资质审批。同年 9 月,国务院常务会议召开,会议决定,再取消物业一级资质核定。在前期已取消物业服务企业二级及以下资质认定的基础上,再取消物业服务企业一级资质核定。2018 年,《物业服务企业资质管理办法》废止,按照业主自我管理与社会化服务相结合的原则,积极推动将物业管理纳入社区治理体系。

根据本条规定,业主委托物业服务企业或者其他管理人管理建筑物及其附属设施。《物业管理条例》对物业服务企业作了相关规定,如第 3 条规定,国家提倡业主通过公开、公平、公正的市场竞争机制选择物业服务企业。第 39 条规定,物业服务企业可以将物业管理区域内的专项服务业务委托给专业性服务企业,但不得将该区域内的全部物业管理一并委托给他人。

2. 业主可以自行管理建筑物及其附属设施

对建筑物及其附属设施进行管理,并非必须委托物业服务企业或者其他管理人,除委托物业服务企业或者其他管理人外,也有业主自行管理的。根据本条规定,业主可以自行管理建筑物及其附属设施,这大多发生在只有一个业主或者业主人数较少的建筑区划。随着经济的发展、科技的进步,建筑领域不断出现新技术、新产品,建筑物及其附属设施的科技含量也越来越高,管理更为复杂,业主自行管理有一定难度,所以还是提倡选择专业化、市场化、社会化的物业管理公司对建筑物及其附属设施进行管理为好。《物业管理条例》第 4 条规定,国家鼓励物业管理采用新技术、新方法,依靠科技进步提高管理和服务水平。

(二)对建设单位聘请的物业服务企业或者其他管理人,业主有权依法更换

通常情况下,一栋楼或者一个住宅小区建好后,就要对建筑物及其附属设施进行管理,但业主们是陆陆续续迁入居住的,业主大会尚未成立,不能及时委托物业管理公司。在这种情况下,

只能由建设单位选聘物业管理公司对建筑物及其附属设施进行管理。本法第939条规定,建设单位依法与物业服务人订立的前期物业服务合同,以及业主委员会与业主大会依法选聘的物业服务人订立的物业服务合同,对业主具有法律约束力。《物业管理条例》第3章专章规定了前期物业管理,对前期物业服务企业的选聘等制定了一些规定。如第24条规定,国家提倡建设单位按照房地产开发与物业管理相分离的原则,通过招投标的方式选聘物业服务企业。住宅物业的建设单位,应当通过招投标的方式选聘物业服务企业;投标人少于三个或者住宅规模较小的,经物业所在地的区、县人民政府房地产行政主管部门批准,可以采用协议方式选聘物业服务企业。第26条规定,前期物业服务合同可以约定期限;但是,期限未满、业主委员会与物业服务企业签订的物业服务合同生效的,前期物业服务合同终止。对于建设单位前期选聘的物业服务企业或者管理人,业主可能满意,也可能不满意,如果不满意,业主都入住后,有权对建设单位选聘的物业服务企业或者其他管理人进行更换。本法第940条规定,建设单位依法与物业服务人订立的前期物业服务合同约定的服务期限届满前,业主委员会或者业主与新物业服务人订立的物业服务合同生效的,前期物业服务合同终止。故本条第2款规定,对建设单位聘请的物业服务企业或者其他管理人,业主有权依法更换。

(三)其他国家和地区对管理人的相关规定

1. 管理人的选任与解任

一些国家和地区一般都规定了管理人的选任与解任问题,有些国家规定了在管理人选任与解任上法院的作用。如《日本建筑物区分所有法》第25条规定,以规约无另外规定情形为限,区分所有人可以依集会决议,选任或解任管理人。管理人有不正当行为或其他不适任的情事时,各区分所有人可以请求法院将其解任。第34条中规定,集会由管理人召集,管理人每年召集一次集会。1/5以上且持有表决权1/5以上的区分所有人,可以对管理人开示会议目的事项,请求召开集会。但是,此定数可以依规约减少。

《德国住宅所有权法》第26条中规定,住宅所有权人以多数方式决议管理人的选任和解任。无管理人者,于紧急情况下,在住宅所有权人选任管理人之前,法院得依就管理人之选任有合法利益的住宅所有权人或第三人的申请,而选任管理人。第29条规定:(1)住宅所有权人得以多数决定的方式决议设立管理委员会;(2)管理委员会由一位住宅所有权人任主席及两位住宅所有权人任助理委员组成;(3)管理委员会辅助管理人执行其职务;(4)管理委员会于住宅所有权人会议决议经营计划及其结算,报告账目费用前,应予以审查并表示意见;(5)管理委员会会议由主席视需要而召集之。

《瑞士民法典》第712条中规定,大会上无法委任管理人时,每个建筑物区分所有人均可请求法官任命管理人。建筑物区分所有人大会通过决议,可随时罢免管理人。由法官制定的管理人,在任职届满前,未经法官同意不得罢免。

《意大利民法典》第1129条规定:(1)当共有人为4人以上时,应当由共有人大会聘任一名管理人。如果共有人大会未聘任管理人,则根据一名或数名共有人的请求,由司法机关作出任命;(2)管理人的任职期限为1年,共有人大会可以随时解除管理人的职务;(3)此外,除本法第1131条最后一款规定的情况外,在管理人连续2年未报告管理账目或者在管理人有严重违章嫌疑的情况下,司法机关可以根据共有人的请求解除管理人的职务;(4)聘任管理人以及因一定事由终止管理人职务的决定都应当记载于特别登记簿上。

我国台湾地区"公寓大厦管理条例"第27条规定,公寓大厦应成立管理委员会或推选管理负责人。公寓大厦成立管理委员会者,应由管理委员互推一人为主任委员,主任委员对外代表管理委员会。管理委员会之组织及选任应于规约中定之。管理委员、主任委员及管理负责人任期1年,连选得连任。

2. 管理委员会的职责

一些国家和地区对于管理委员会的职责专门作了规定。如

《意大利民法典》第1130条中规定了管理人的职责：(1)执行共有人大会通过的决议，监督共有规则的遵守情况；(2)制定共有财产的使用规则，为公共利益提供服务从而使共有人能够更好地享用共有财产；(3)征收各种费用，分摊为建筑物共有部分的正常维修和公共服务支出的必要费用；(4)完成保全建筑物共有部分固有权利的行为。第1131条中规定，在权限范围内，管理人享有代理共有人的权利，可以对共有人或第三人提起诉讼。可以作为被告参加任一涉及建筑物共有部分的诉讼。

《日本建筑物区分所有法》第57条中规定，管理人或于集会被指定的区分所有人，得依集会决议为其他区分所有人提起诉讼。

《德国住宅所有权法》第27条中规定，管理人的权利义务如下：(1)执行住宅所有权人会议的决议并监督住宅规则的执行；(2)采取必要措施保存及修缮共有物；(3)在紧急情况下，采取其他保存共有物的措施；(4)管理共有基金。管理人得以全体住宅所有权人的名义为下列行为：(1)于住宅所有权人共同事务内，请求、受领及清偿负担与应支付的费用等；(2)履行或受领与共有物之长期管理有关的支付或给付；(3)以全体住宅所有权人的名义为接受及送达的意思表示；(4)采取其他法律上对住宅所有权人不利益的措施；(5)基于住宅所有权人决议的授权，于诉讼上或诉讼外为权利主张。该条中还规定，该条规定的管理人的职务与权限不得以住宅所有权人的约定加以限制。第28条还规定了管理人制作经营计划、结算及账目报告等事项。

我国台湾地区"公寓大厦管理条例"第34条规定，管理委员会之职责如下：(1)共有及共用部分之清洁、维护、修缮及一般改良；(2)住户违反第6条第1项之协调；(3)住户共同事务应兴革事项之建议；(4)住户违规情事之制止；(5)公寓大厦及周围之安全及环境维护事项；(6)收益、公用基金及其他经费之收支、保管及运用；(7)区分所有权人会议决议事项之执行；(8)规约、会议记录、使用执照誊本竣工图说及有关文件之保管；(9)管理服务之委任、雇佣及监督;(10)会计报告、结算报告及其他管理事项之提出及公告;(11)其他规约所定事项。第35条规定,管理委员会有当事人能力。管理委员会为原告或被告时应将诉讼事件要旨速告区分所有权人。

第二百八十五条　物业服务企业或者其他管理人根据业主的委托,依照本法第三编有关物业服务合同的规定管理建筑区划内的建筑物及其附属设施,接受业主的监督,并及时答复业主对物业服务情况提出的询问。

物业服务企业或者其他管理人应当执行政府依法实施的应急处置措施和其他管理措施,积极配合开展相关工作。

【释义】　本条是关于物业服务企业或者其他管理人与业主关系以及物业服务企业或者其他管理人执行政府依法实施的管理措施的义务的规定。

本条在物权法第82条基础上作了修改完善:一是在"管理建筑区划内的建筑物及其附属设施"前增加"依照本法第三编有关物业服务合同的规定"。二是增加了"并及时答复业主对物业服务情况提出的询问"的规定。三是增加了第2款"物业服务企业或者其他管理人应当执行政府依法实施的应急处置措施和其他管理措施,积极配合开展相关工作"。

(一)物业服务企业或者其他管理人与业主关系

本条第1款规定,物业服务企业或者其他管理人根据业主的委托,依照本法第三编有关物业服务合同的规定管理建筑区划内的建筑物及其附属设施,接受业主的监督,并及时答复业主对物业服务情况提出的询问。

1. 业主与物业服务企业或者其他管理人之间是一种合同关系

根据本法第284条的规定,业主可以选择物业服务企业或者其他管理人对建筑区划内的建筑物及其附属设施进行管理。选聘物业服务企业或者其他管理人的办法、程序等，应当依据第 278 条的规定由业主共同决定。业主选好物业服务企业或者其他管理人后，应当签订物业管理合同，将自己对建筑物及其附属设施的管理权利委托给选聘的物业服务企业或者其他管理人。《物业管理条例》第 34 条第 1 款规定，业主委员会应当与业主大会选聘的物业服务企业订立书面的物业服务合同。因此，业主与物业服务企业或者其他管理人之间是一种合同关系。本次民法典编纂过程中，根据合同实践的发展，在民法典合同编典型合同中，专章增加了物业服务合同相关规定，对物业服务合同的内涵、权利义务关系等作了规定。本法第 937 条规定，物业服务合同是物业服务人在物业服务区域内，为业主提供建筑物及其附属设施的维修养护、环境卫生和相关秩序的管理维护等物业服务，业主支付物业费的合同。物业服务人包括物业服务企业和其他管理人。

在物业服务合同中，业主应当对自己委托物业服务企业或者其他管理人的权限范围、双方的权利义务、合同期限、违约责任等作出规定。本法第 938 条规定，物业服务合同的内容一般包括服务事项、服务质量、服务费用的标准和收取办法、维修资金的使用、服务用房的管理和使用、服务期限、服务交接等条款。物业服务人公开作出的有利于业主的服务承诺，为物业服务合同的组成部分。物业服务合同应当采用书面形式。《物业管理条例》第 34 条第 2 款规定，物业服务合同应当对物业管理事项、服务质量、服务费用、双方的权利义务、专项维修资金的管理与使用、物业管理用房、合同期限、违约责任等内容进行约定。

2. 物业服务企业或者其他管理人根据业主的委托，依照本法第三编有关物业服务合同的规定管理建筑区划内的建筑物及其附属设施

物业服务企业或者其他管理人与业主签订委托合同后，应当根据业主的委托，依照本法合同编有关物业服务合同的规定和合同的约定向业主提供相应的服务。本次民法典编纂在合同编增加了“物业服务合同”一章，对物业服务合同的内容、权利义务等

作出了明确规定,因此,在本条"管理建筑区划内的建筑物及其附属设施"前增加"依照本法第三编有关物业服务合同的规定",对合同内容以及权利义务作出进一步的指引性规定。

本法以及行政法规总结实践经验,对物业服务企业或者其他管理人的管理行为作了一些规范性的规定。如本法合同编规定,物业服务人将物业服务区域内的部分专项服务事项委托给专业性服务组织或者其他第三人的,应当就该部分专项服务事项向业主负责。物业服务人不得将其应当提供的全部物业服务转委托给第三人,或者将全部物业服务支解后分别转委托给第三人。物业服务人应当按照约定和物业的使用性质,妥善维修、养护、清洁、绿化和经营管理物业服务区域内的业主共有部分,维护物业服务区域内的基本秩序,采取合理措施保护业主的人身、财产安全。对物业服务区域内违反有关治安、环保等法律法规的行为,物业服务人应当及时采取合理措施制止、向有关行政主管部门报告并协助处理。《物业管理条例》中规定,物业服务企业应当按照物业服务合同的约定,提供相应的服务。物业服务企业未能履行物业服务合同的约定,导致业主人身、财产安全受到损害的,应当依法承担相应的法律责任。物业服务企业可以将物业管理区域内的专项服务业务委托给专业性服务企业,但不得将该区域内的全部物业管理一并委托给他人。物业使用人在物业管理活动中的权利义务由业主和物业使用人约定,但不得违反法律、法规和管理规约的有关规定。物业服务企业可以根据业主的委托提供物业服务合同约定以外的服务项目,服务报酬由双方约定。物业管理区域内,供水、供电、供气、供热、通信、有线电视等单位应当向最终用户收取有关费用。物业服务企业接受委托代收钱款费用的,不得向业主收取手续费等额外费用。对物业管理区域内违反有关治安、环保、物业装饰装修和使用等方面法律、法规规定的行为,物业服务企业应当制止,并及时向有关行政管理部门报告。有关行政管理部门在接到物业服务企业的报告后,应当依法对违法行为予以制止或者依法处理。物业服务企业应当协助做好物业管理区域内的安全防范工作。发生安全事故时,物业服务企业在采取应急措施的同时,应当及时向有关行政管理部门报告,协助做好救助工作。物业服务企业雇请保安人员的,应当遵守国家有关规定。保安人员在维护物业管理区域内的公共秩序时,应当履行职责,不得侵害公民的合法权益。

此外,本法合同编还对合同期限届满前后及合同终止如何处理作了规定。本法第947条规定,物业服务期限届满前,业主依法共同决定续聘的,应当与原物业服务人在合同期限届满前续订物业服务合同。物业服务期限届满前,物业服务人不同意续聘的,应当在合同期限届满前90日书面通知业主或者业主委员会,但是合同对通知期限另有约定的除外。第948条规定,物业服务期限届满后,业主没有依法作出续聘或者另聘物业服务人的决定,物业服务人继续提供物业服务的,原物业服务合同继续有效,但是服务期限为不定期。当事人可以随时解除不定期物业服务合同,但是应当提前60日书面通知对方。第949条规定,物业服务合同终止的,原物业服务人应当在约定期限或者合理期限内退出物业服务区域,将物业服务用房、相关设施、物业服务所必需的相关资料等交还给业主委员会、决定自行管理的业主或者其指定的人,配合新物业服务人做好交接工作,并如实告知物业的使用和管理状况。原物业服务人违反前款规定的,不得请求业主支付物业服务合同终止后的物业费;造成业主损失的,应当赔偿损失。第950条规定,物业服务合同终止后,在业主或者业主大会选聘的新物业服务人或者决定自行管理的业主接管之前,原物业服务人应当继续处理物业服务事项,并可以请求业主支付该期间的物业费。

3. 物业服务企业或者其他管理人管理建筑区划内的建筑物及其附属设施,接受业主的监督

物业管理是否符合合同约定,涉及建筑区划内的建筑物及其附属设施能否正常有效的运转,建筑区划内的治安、环保、卫生、消防等许多方面,涉及每个业主的切身利益,关系着社会的和谐与安定,因此,在履行物业服务合同的过程中,物业服务企业或者

其他管理人应当接受业主的监督。《物业管理条例》中规定,业主可以监督物业服务企业履行物业服务合同,对物业共用部位、共用设施设备和相关场地使用情况享有知情权和监督权。业主委员会应当及时了解业主、物业使用人的意见和建议,监督和协助物业服务企业履行物业服务合同。业主对物业服务企业或者其他管理人的监督具体可以采取如下不同形式,如对物业服务企业履行合同的情况提出批评、建议,查询物业服务企业在履行合同中形成的有关物业管理的各种档案材料。查询物业服务企业的收费情况等。业主对物业服务企业的监督有利于其更好地向业主提供服务,履行好合同规定的义务。此外,本法第 943 条规定,物业服务人应当定期将服务的事项、负责人员、质量要求、收费项目、收费标准、履行情况,以及维修资金使用情况、业主共有部分的经营与收益情况等以合理方式向业主公开并向业主大会、业主委员会报告。

4. 物业服务企业或者其他管理人应当及时答复业主对物业服务情况提出的询问

在民法典编纂过程中,有的意见提出,《最高人民法院关于审理建筑物区分所有权纠纷案件具体应用法律若干问题的解释》第 13 条规定,业主请求公布、查阅下列应当向业主公开的情况和资料的,人民法院应予支持:(1)建筑物及其附属设施的维修资金的筹集、使用情况;(2)管理规约、业主大会议事规则,以及业主大会或者业主委员会的决定及会议记录;(3)物业服务合同、共有部分的使用和收益情况;(4)建筑区划内规划用于停放汽车的车位、车库的处分情况;(5)其他应当向业主公开的情况和资料。建议增加业主知情权的相关规定。经研究,2018 年 8 月审议的民法典各分编草案第 80 条规定,物业服务企业或者其他管理人根据业主的委托管理建筑区划内的建筑物及其附属设施,并接受业主的监督。物业服务企业或者其他管理人应当及时答复业主对物业服务情况提出的质询。在征求意见过程中,有的意见建议,将业主知情权的内容单列一款,且将“质询”修改为“询问”更为柔和。

2019 年 4 月审议的民法典物权编草案二审稿吸收了这一意见。2020 年 5 月提交大会审议的民法典草案对本条作了进一步修改，将两款合并为一款规定，即本条第 1 款，物业服务企业或者其他管理人根据业主的委托，依照本法第 3 编有关物业服务合同的规定管理建筑区划内的建筑物及其附属设施，接受业主的监督，并及时答复业主对物业服务情况提出的询问。

根据本条第 1 款的规定，业主有权对物业服务企业或者其他管理人询问物业服务情况，业主对物业服务情况提出询问的，物业服务企业或者其他管理人应当及时答复。此外，本法第 943 条还规定，物业服务人应当定期将服务的事项、负责人员、质量要求、收费项目、收费标准、履行情况，以及维修资金使用情况、业主共有部分的经营与收益情况等以合理方式向业主公开并向业主大会、业主委员会报告。

（二）物业服务企业或者其他管理人执行政府依法实施的管理措施的义务

本条第 2 款规定，物业服务企业或者其他管理人应当执行政府依法实施的应急处置措施和其他管理措施，积极配合开展相关工作。

本款是 2020 年 5 月提交大会审议的民法典草案增加的内容。在新冠肺炎疫情防控中，广大物业服务企业执行政府依法实施的防控措施，承担了大量具体工作，得到了社会普遍认可，还在近期的有关地方立法中引发关注。在民法典编纂过程中，有的意见提出，应该在民法典草案中增加相关规定。2020 年 5 月《关于〈中华人民共和国民法典（草案）〉的说明》中提到，结合疫情防控工作，明确物业服务企业和业主的相关责任和义务，增加规定物业服务企业或者其他管理人应当执行政府依法实施的应急处置措施和其他管理措施，积极配合开展相关工作，业主应当依法予以配合。

1. 有关法律、法规对物业服务企业相关责任和义务的规定

特种设备安全法、消防法、《物业管理条例》和有关地方立法对物业服务企业执行政府依法实施的管理措施职责作了规定，主要是

执行政府依法实施的应急处置措施和其他日常管理措施，具体是：

一是日常管理。消防法规定，住宅区的物业服务企业应当对管理区域内的共用消防设施进行维护管理，提供消防安全防范服务。《物业管理条例》规定，对物业管理区域内违反有关治安、环保、物业装饰装修和使用等方面法律、法规规定的行为，物业服务企业应当制止，并及时向有关行政管理部门报告。此外，一些部门规章和地方立法对物业服务企业应当承担的日常管理职责，包括小区内的环境保护、制止违章建设和不文明行为，协助政府有关部门做好小区内的治安秩序维护、消防安全宣传、人口与计划生育、户籍管理、爱国卫生运动等作出了规定。归纳上述法律、法规等的规定，物业服务企业依据法律、法规等的规定，在小区日常管理中承担了比较多的责任，其职责定位主要是协助、配合政府有关部门维护小区内的环境卫生、消防安全和相关秩序等。

二是应急处置措施。目前，还没有法律对物业服务企业在应急处置方面的职责作出规定，但行政法规、地方立法在此方面已经有所规定。例如，《物业管理条例》规定，物业服务企业应当协助做好物业管理区域内的安全防范工作。发生安全事故时，物业服务企业在采取应急措施的同时，应当及时向有关行政管理部门报告，协助做好救助工作。《上海市实施〈中华人民共和国突发事件应对法〉办法》规定，居民委员会、村民委员会以及物业服务企业应当加强值班工作。《天津市物业管理条例》规定，在物业管理区域内发生治安案件或者各类灾害事故时，应当及时向公安和有关部门报告，并积极协助做好调查和救助工作。此外，在传染病疫情防控方面，地方政府的规范性文件中也有规定。例如2009年《北京市人民政府关于进一步明确责任突出重点加强甲型H1N1流感预防控制工作的通知》中就明确提出，物业服务企业应当根据有关卫生管理的规定配合做好防控工作。

2. 物业服务企业或者其他管理人执行政府依法实施的应急处置措施和其他管理措施，积极配合开展相关工作的相关实践

实践中，已经开展物业服务企业或者其他管理人执行政府依法实施的应急处置措施和其他管理措施，积极配合开展相关工作

的实践和立法探索。如新冠肺炎疫情的防控工作，由政府统一安排，依法组织实施防控措施。物业服务企业在疫情防控宣传、制定防控方案、信息收集和报告、小区出入管控、重点消杀、卫生管理、配合业主隔离等方面都发挥了重要作用。如 2020 年 1 月，《民政部、国家卫生健康委关于进一步动员城乡社区组织开展新型冠状病毒感染的肺炎疫情防控工作的紧急通知》中明确规定，有条件的城乡社区可在社区、小区出入路口对外来车辆、人员进行登记。动员居(村)民小组长、楼门栋长等自治组织成员、物业服务企业和志愿者，对居民院落(楼、门、栋)、小区、驻区单位、商业企业等进行细致摸排。在地方层面，各地出台的有关疫情防控的文件中，不少对物业服务企业应承担的职责作出了规定。

因此，本条增加一款，规定物业服务企业或者其他管理人的责任和义务，物业服务企业或者其他管理人应当执行政府依法实施的应急处置措施和其他管理措施，积极配合开展相关工作。

第二百八十六条　业主应当遵守法律、法规以及管理规约，相关行为应当符合节约资源、保护生态环境的要求。对于物业服务企业或者其他管理人执行政府依法实施的应急处置措施和其他管理措施，业主应当依法予以配合。

业主大会或者业主委员会，对任意弃置垃圾、排放污染物或者噪声、违反规定饲养动物、违章搭建、侵占通道、拒付物业费等损害他人合法权益的行为，有权依照法律、法规以及管理规约，请求行为人停止侵害、排除妨碍、消除危险、恢复原状、赔偿损失。

业主或者其他行为人拒不履行相关义务的，有关当事人可以向有关行政主管部门报告或者投诉，有关行政主管部门应当依法处理。

【释义】　本条是关于业主有关义务、制止损害他人合法权益行为并追究其法律责任以及向有关行政主管部门报告或者投诉的规定。

本条在2007年通过的物权法第83条的基础上作了修改完善:一是增加规定“相关行为应当符合节约资源、保护生态环境的要求”。二是增加规定“对于物业服务企业或者其他管理人执行政府依法实施的应急处置措施和其他管理措施,业主应当依法予以配合”。三是将“业主大会和业主委员会”修改为“业主大会或者业主委员会”。四是将“要求行为人停止侵害、消除危险、排除妨害、赔偿损失”修改为“请求行为人停止侵害、排除妨碍、消除危险、恢复原状、赔偿损失”。五是增加第3款规定。

(一)业主应当遵守法律、法规和管理规约以及业主的配合义务

1.业主应当遵守法律、法规以及管理规约,相关行为应当符合节约资源、保护生态环境的要求

遵守法律、法规以及管理规约是居住于建筑区划内的业主应当履行的最基本的义务。本条第1款中规定,业主应当遵守法律、法规以及管理规约,相关行为应当符合节约资源、保护生态环境的要求。

业主首先应当遵守法律、法规,法律、法规对业主的义务作了一些规定,如本法第944条第1款、第2款规定,业主应当按照约定向物业服务人支付物业费。物业服务人已经按照约定和有关规定提供服务的,业主不得以未接受或者无需接受相关物业服务为由拒绝支付物业费。业主违反约定逾期不支付物业费的,物业服务人可以催告其在合理期限内支付;合理期限届满仍不支付的,物业服务人可以提起诉讼或者申请仲裁。第945条规定,业主装饰装修房屋的,应当事先告知物业服务人,遵守物业服务人提示的合理注意事项,并配合其进行必要的现场检查。业主转让、出租物业专有部分、设立居住权或者依法改变共有部分用途的,应当及时将相关情况告知物业服务人。第272条中规定,业主行使权利不得危及建筑物的安全,不得损害其他业主的合法权益。《物业管理条例》第7条规定,业主在物业管理活动中,履行下列义务:(1)遵守管理规约、业主大会议事规则;(2)遵守物业管理区域内物业共用部位和共用设施设备的使用、公共秩序和环境

卫生的维护等方面的规章制度;(3)执行业主大会的决定和业主大会授权业主委员会作出的决定;(4)按照国家有关规定交纳专项维修资金;(5)按时交纳物业服务费用;(6)法律、法规规定的其他义务。

此外,业主还应当遵守管理规约。根据本法第 278 条规定,业主共同决定制定和修改管理规约。《物业管理条例》第 17 条规定,管理规约应当对有关物业的使用、维护、管理,业主的共同利益,业主应当履行的义务,违反管理规约应当承担的责任等事项依法作出约定。管理规约应当尊重社会公德,不得违反法律、法规或者损害社会公共利益。管理规约对全体业主具有约束力。此外,建设单位在销售物业之前,可以制定临时管理规约,业主也应该遵守,如果建设单位制定的临时管理规约侵害业主的合法权益或者业主认为不合适,可以依法修改。《物业管理条例》第 22 条规定,建设单位应当在销售物业之前,制定临时管理规约,对有关物业的使用、维护、管理,业主的共同利益,业主应当履行的义务,违反临时管理规约应当承担的责任等事项依法作出约定。建设单位制定的临时管理规约,不得侵害物业买受人的合法权益。第 23 条规定,建设单位应当在物业销售前将临时管理规约向物业买受人明示,并予以说明。物业买受人在与建设单位签订物业买卖合同时,应当对遵守临时管理规约予以书面承诺。

业主应当遵守法律、法规以及管理规约,不仅本法在此作了规定,《物业管理条例》等行政法规、规章也对此作了规定。例如,《物业管理条例》第 47 条规定,物业使用人在物业管理活动中的权利义务由业主和物业使用人约定,但不得违反法律、法规和管理规约的有关规定。物业使用人违反本条例和管理规约的规定,有关业主应当承担连带责任。

2. 业主对物业服务企业或者其他管理人依法实施的应急处理措施和其他管理措施的配合义务

本条第 1 款中规定,对于物业服务企业或者其他管理人执行政府依法实施的应急处置措施和其他管理措施,业主应当依法予以配合。此规定是2020年5月提交大会审议的民法典草案增加的内容。在新冠肺炎疫情防控中,广大物业服务企业执行政府依法实施的防控措施,承担了大量具体工作,得到了社会普遍认可,还在近期受到了有关地方立法的关注。在民法典编纂过程中,有的意见提出,应该在民法典草案中增加相关规定。2020年5月《关于〈中华人民共和国民法典(草案)〉的说明》中提到,结合疫情防控工作,明确物业服务企业和业主的相关责任和义务,增加规定物业服务企业或者其他管理人应当执行政府依法实施的应急处置措施和其他管理措施,积极配合开展相关工作,业主应当依法予以配合。

(二)业主大会或者业主委员会制止损害他人合法权益行为并追究其法律责任

对任意弃置垃圾、排放污染物或者噪声、违反规定饲养动物、违章搭建、侵占通道、拒付物业费等损害他人合法权益的行为如何处置,本条规定了以下几种办法:一是业主大会、业主委员会依照法律、法规以及管理规约的规定,要求其停止侵害、消除危险、排除妨碍、赔偿损失。二是受到侵害的业主个人依据民事诉讼法等法律的规定,向人民法院提起诉讼。三是共同受到侵害的业主,推选代表人,依据民事诉讼法等法律的规定,向人民法院提起诉讼。

关于"损害他人合法权益的行为"的界定,《最高人民法院关于审理建筑物区分所有权纠纷案件具体应用法律若干问题的解释》第15条规定,业主或者其他行为人违反法律、法规、国家相关强制性标准、管理规约,或者违反业主大会、业主委员会依法作出的决定,实施下列行为的,可以认定为物权法第83条第2款所称的其他"损害他人合法权益的行为":(1)损害房屋承重结构,损害或者违章使用电力、燃气、消防设施,在建筑物内放置危险、放射性物品等危及建筑物安全或者妨碍建筑物正常使用;(2)违反规定破坏、改变建筑物外墙面的形状、颜色等损害建筑物外观;(3)违反规定进行房屋装饰装修;(4)违章加建、改建,侵占、挖掘公共通道、道路、场地或者其他共有部分。第 14 条第 1 款规定，建设单位或者其他行为人擅自占用、处分业主共有部分、改变其使用功能或者进行经营性活动，权利人请求排除妨害、恢复原状、确认处分行为无效或者赔偿损失的，人民法院应予支持。第 4 条规定，业主基于对住宅、经营性用房等专有部分特定使用功能的合理需要，无偿利用屋顶以及与其专有部分相对应的外墙面等共有部分的，不应认定为侵权。但违反法律、法规、管理规约，损害他人合法权益的除外。

除以法律的形式规定建筑物区分所有权人行使所有权要受到限制外，有的国家在实务中也规定建筑物区分所有权人不得作出违反共同利益的行为，如《日本公寓大厦管理规约》一般都规定建筑物区分所有权人不得有下列行为：(1)将专有部分供作居住或所定用途以外之使用；(2)搬入重量物、肮脏恶臭物、危险物等妨害他人之物品；(3)带有噪音、振动或其他令人厌恶之使用行为；(4)变更建筑物专有部分之基本结构或外观；(5)饲养有危害或困扰他人之虞的动物；(6)体育用品或较重物品之任意投掷；(7)共用部分之不法占有或任意堆放物品；(8)新设、附加或变更电气、瓦斯、给水排水等设施，致影响其容许量；(9)私自设置专用庭院、阳台或停车场等构造物；(10)违反公序良俗之行为。

我国台湾地区"公寓大厦管理条例"第 5 条规定，区分所有权人对专有部分的利用，不得有妨碍建筑物的正常使用及违反区分所有权人共同利益的行为。第 6 条中规定，住户应遵守下列事项：(1)于维护、修缮专有部分、约定专有部分或行使其权利时，不得妨碍其他住户之安宁、安全及卫生。(2)他住户因维护、修缮专有部分、约定专有部分或设置管线，必须进入其专有部分或约定部分时，不得拒绝。(3)管理负责人或管理委员会因维护、修缮共用部分或设置管线，必须进入其专有部分或约定部分时，不得拒绝。第 8 条中规定，公寓大厦周围上下、外墙面、楼顶平台及防空避难室，非依法令规定并经区分所有权人会议之决议，不得有变更构造、颜色、使用目的、设置广告物或其他类似之行为。第 16

条中规定,住户不得任意弃置垃圾、排放各种污染物、恶臭物质或发生喧嚣、振动及其他与此相类似的行为。住户不得于防火间隔、防火巷弄、楼梯间、共同走廊、防空避难设备等处所堆置杂物、设置栓栏、门扇或营业使用,或违规设置广告物或私设路障及停车位,侵占巷道妨碍出入。住户饲养动物,不得妨碍公共卫生、公共安宁及公共安全。但法令或规约另有禁止饲养之规定时,从其规定。

关于损害他人合法权益行为的民事责任。物权法第83条中规定,“要求行为人停止侵害、消除危险、排除妨害、赔偿损失”。在民法典编纂过程中,有的意见建议,本条民事责任的表述应该与民法总则第179条对民事责任的表述相统一。经研究,本条民事责任的表述修改为“请求行为人停止侵害、排除妨碍、消除危险、恢复原状、赔偿损失”。

(三)业主或者其他行为人拒不履行相关义务,有关当事人可以向有关行政主管部门报告或者投诉,有关行政主管部门应当依法处理

在民法典编纂过程中,有的意见提出,除要求行为人承担民事责任外,有关当事人还可以向有关行政主管部门投诉,建议增加相关内容。经研究,2019年4月,第十三届全国人大常委会第十次会议《全国人民代表大会宪法和法律委员会关于〈民法典物权编(草案)〉修改情况的汇报》中提到,加强对业主维权的保障,在草案第81条中增加一款规定:在建筑区划内违反规定饲养动物、违章搭建、侵占通道等的行为人拒不履行相关义务的,有关当事人可以向有关行政主管部门投诉,有关行政主管部门应当依法处理。例如,行为人违章搭建的,有关当事人可以依法向住建部门投诉,相关部门应当依法处理。2020年5月提交大会审议的《中华人民共和国民法典(草案)》进一步将“投诉”修改为“报告或者投诉”,并将“行为人”修改为“业主或者行为人”。

(四)其他国家和地区对区分所有权人行使权利损害他人及公共利益责任的规定

对于区分所有权人行使权利损害他人及公共利益的情况,有

些国家或地区规定了一定的措施和应当承担的责任，也有的国家或地区规定了强制让与其专有部分等较为严厉的措施：

1. 一般责任

《日本建筑物区分所有法》第 57 条中规定，区分所有人违反第 6 条中“区分所有人不得为对建筑物之保存有害的行为，或其他有关建筑物之管理或使用违反区分所有人共同利益的行为”的规定，实施该行为或有实施该行为之虞时，“其他区分所有权人全体或管理组合法人可以为区分所有人的共同利益，请求其停止该行为、消除行为后果，或采取防止该行为发生的必要措施”。第 58 条规定，依第 57 条的规定“不能除去其障害，不能确保共用部分的利用，致其他区分所有人维持共同生活为困难时，其他区分所有人的全体或管理组合法人，可以根据集会决议，依诉讼请求禁止实施该行为的区分所有人在相当期间禁止使用其专有部分”。

《俄罗斯联邦民法典》第 293 条中规定，如果住房所有人不按其用途使用住房，多次侵犯邻居权利和利益，或者对住房管理不善而任其毁坏，地方自治机关可以警告住房所有人必须消除违法行为，而如果这些行为导致房屋毁坏，则可以指定住房所有人限期对房屋进行修缮。

我国台湾地区“公寓大厦管理条例”第 6 条规定，违反本条中“于维护、修缮专有部分、约定专有部分或行使其权利时，不得妨碍其他住户之安宁、安全及卫生”的规定，“经请求仍不停止时，管理人或管理委员会得诉请法院为必要的处置”。第 8 条规定，公寓大厦周围上下、外墙面、楼顶平台及防空避难室，非依法令规定并经区分所有权人会议之决议，不得有变更构造、颜色、使用目的、设置广告物或其他类似之行为。住户违反前项规定，管理负责人或管理委员会应予制止，经制止而不遵从者，应报请各该主管机关依第 49 条第 1 项处以罚金后，该住户应于 1 个月内回复原状。未回复原状者，由主管机关回复原状，其费用由该住户负担。

2. 强制搬迁

《德国住宅所有权法》第 18 条规定，住宅所有权人违反法律规定的义务或禁止性规定使他住宅所有权人遭受重大损害,致不能期待他住宅所有权人与其继续维持共同关系的,他住宅所有权人得请求让与该住宅所有权人的住宅所有权。下列情形,得剥夺住宅所有权人的住宅所有权:(1)住宅所有权人虽经警告,仍屡次重大违反第 14 条规定的义务的;(2)住宅所有权人迟延履行费用义务,其数额超过其住宅所有权总价值的 3%,且迟延期间逾 3 个月的。

《奥地利区分所有权法》第 10 条规定,当住宅所有权人有下列情况时,由多数其他共有人以诉讼的方式将其从共同关系中驱逐:(1)未履行共同关系中应承担的义务,并且未于法院第一次直接先行审理的裁判终结前履行义务;(2)利用单独所有权部分与共用部分时,致他住宅所有权人重大损害的;(3)因疏忽大意、粗野,或其他不正当的行为致他住宅所有权人产生厌恶,或于自己的单独所有权内为应受处罚的行为,或为不合于伦理的行为,情节重大的。

《日本建筑物区分所有法》第 59 条中规定,于第 57 条第 1 款规定的情形,因第 6 条第 1 款规定的行为显著造成区分所有人共同生活之障害,而依第 56 条第 1 款的请求不能除去其障害,不能确保共同部分的利用,致其他区分所有人维持共同生活为困难时,其他区分所有人之全体或管理组合法人,得基于区分所有人会议决议,以诉讼请求拍卖与该行为有关的区分所有人的区分所有权及基地利用权。

《俄罗斯联邦民法典》第 293 条规定,如果住房所有人不按其用途使用住房,多次侵犯邻居权利和利益,或者对住房管理不善而任其毁坏,地方自治机关可以警告住房所有人必须消除违法行为,而如果这些行为导致房屋毁坏,则可以指定住房所有人限期对房屋进行修缮。如果在警告之后住房所有人仍然继续侵犯邻居的权利和利益,或者仍不按其用途使用房屋,或者无正当理由而不对房屋进行必要修缮,则法院可以根据地方自治机关的起诉作出判决,对房屋进行公开拍卖,而将拍卖所得款项在扣除执行法院判决所需费用之后付给房屋所有人。

我国台湾地区“公寓大厦管理条例”第 22 条规定，住户有下列情形之一者，由管理负责人或管理委员会促请其改善，于 3 个月内仍未改善者，管理人或管理委员会得依区分所有权人会议之决议，诉请法院强制其迁离：(1)积欠依本条例应分担之费用，经强制执行后再度积欠金额达其区分所有权总价的 1%者；(2)违反本条例规定经依第 39 条第 1 项第 1~4 款处以罚金后，仍不改善或续犯者；(3)其他违反法令或规约情节重大者。

第二百八十七条　业主对建设单位、物业服务企业或者其他管理人以及其他业主侵害自己合法权益的行为，有权请求其承担民事责任。

【释义】　本条是关于业主对侵害自己合法权益的行为，有权请求实施侵害者承担民事责任的规定。

本条是在物权法第 83 条第 2 款中“业主对侵害自己合法权益的行为，可以依法向人民法院提起诉讼”的规定基础上的修改完善——将业主对侵害自己合法权益的行为，有权请求行为人承担民事责任的规定单列一条作了规定。在民法典编纂过程中，有的意见提出，物权法第 83 条规定的是业主的有关义务、业主大会和业主委员会制止损害他人合法权益行为，建议对业主侵害自己合法权益的行为作单独规定。2018 年 8 月审议的《民法典各分编(草案)》吸收了这一意见，单列一条并作了修改完善。

法律及行政法规等规定了一些业主的权利，如本法第 274 条规定，建筑区划内的道路，属于业主共有，但是属于城镇公共道路的除外。建筑区划内的绿地，属于业主共有，但是属于城镇公共绿地或者明示属于个人的除外。建筑区划内的其他公共场所、公用设施和物业服务用房，属于业主共有。第 275 条第 2 款规定，占用业主共有的道路或者其他场地用于停放汽车的车位，属于业主共有。第 280 条第 2 款规定，业主大会或者业主委员会作出的决定侵害业主合法权益的,受侵害的业主可以请求人民法院予以撤销。第 281 条中规定,建筑物及其附属设施的维修资金,属于业主共有。第 282 条规定,建设单位、物业服务企业或者其他管理人等利用业主的共有部分产生的收入,在扣除合理成本之后,属于业主共有。《物业管理条例》第 6 条中规定,业主在物业管理活动中,享有下列权利:(1)按照物业服务合同的约定,接受物业服务企业提供的服务;(2)提议召开业主大会会议,并就物业管理的有关事项提出建议;(3)提出制定和修改管理规约、业主大会议事规则的建议;(4)参加业主大会会议,行使投票权;(5)选举业主委员会成员,并享有被选举权;(6)监督业主委员会的工作;(7)监督物业服务企业履行物业服务合同;(8)对物业共用部位、共用设施设备和相关场地使用情况享有知情权和监督权;(9)监督物业共用部位、共用设施设备专项维修资金(以下简称专项维修资金)的管理和使用;(10)法律、法规规定的其他权利。同时也规定了一些建设单位、物业服务企业或者其他管理人以及其他业主的义务。根据本条规定,业主对建设单位、物业服务企业或者其他管理人以及其他业主侵害自己合法权益的行为,有权请求其承担民事责任。具体的民事责任,可以依据本法第 179 条的相关规定确定。

第七章　相邻关系

本章共 9 条,对处理相邻关系的原则、用水与排水、通行、通风、采光和日照等相邻关系作了规定。

相邻关系是指不动产的相邻各方因行使所有权或者用益物权而发生的权利义务关系。

相邻关系与地役权的重要区别之一是相邻关系的"必需"性,即不动产权利人一定要借助相邻不动产,才能对自己的不动产正常使用，因此，他有权要求相邻的不动产一方提供必要的便利。很多教科书把这种权利称为"相邻权"。例如，甲承包的土地不能直接通到公路，甲要到自己的土地上进行耕作或运输种子、化肥、农作物等，必须要经过乙的承包地才能到达公路。按照相邻关系的规定，甲有权通行于乙的土地，乙无权阻拦。地役权合同则是不动产的权利人之间，就一方使用另一方的不动产签订的许可使用的合同。

按照相邻关系的规定，不动产权利人在对自己的不动产行使权利时，要克制自己对权利的任意使用，以避免给相邻不动产造成损害。例如，在建造建筑物时，要注意避免损害相邻建筑物的通风、采光和日照；在使用自己的不动产时，要控制废水、废气、噪声等给相邻不动产造成损害；在自己的土地上开掘地基时，要避免邻地及建筑物发生动摇。

相邻关系与地役权是互相联系而又有区别的两个概念。相邻关系是指两个以上相互毗邻的不动产所有人，在行使所有权时，因相邻各方给予便利或者接受限制而发生的权利义务关系。相邻关系不是一种单独的物权，而是所有权的延伸和扩展，是所有权权能的体现。但也有学者认为，相邻关系从权利角度来讲可以称为相邻权，它是为调节在行使不动产所有权中的权益冲突而产生的权利。地役权是指土地所有权人使用别人土地的权利。地役权发生在两个不同归属的土地之间。为他人利用而提供便利的土地叫供役地，接受便利而得以使用或者经营的土地叫需役地。所以，地役权是存在于他人土地之上的物权，属于他物权。

相邻关系和地役权的区别主要体现在：(1)两者的设立方式不同。相邻关系是法定的，而地役权通常是由当事人各方通过合同设立的。(2)两者受到损害后的救济请求权不同。相邻关系受到侵害后，一般提起所有权的行使受到妨害之诉。地役权受到损害之后，受害人可以直接提起地役权受损害之诉。(3)两者提供便利的内容不同。地役权的设立是为了使所有权人的权利得到更好的行使，是一个比较高的标准。而相邻关系的规定是为了维持生产、生活的必备条件,对他们的各自权利给予一定限制,这是为了达到权利正常使用的最低标准。

第二百八十八条　不动产的相邻权利人应当按照有利生产、方便生活、团结互助、公平合理的原则,正确处理相邻关系。

【释义】 本条是关于处理相邻关系原则的规定。

本条是物权法第84条的规定,本次民法典编纂对本条未作修改。

本条首先要回答的是"不动产的相邻权利人"的范围。这里有以下几个问题:

第一,相邻的不动产不仅指土地,也包括附着于土地的建筑物。相邻土地权利人之间的相邻关系的内容是非常丰富的,如通行、引水、排水,以及临时占用邻人土地修建建筑物等。但相邻的建筑物权利人之间的相邻关系的内容也很丰富。无论是在农村还是在城市,建筑物之间的通风、采光等相邻关系直接关系到人们的生活。

第二,不动产的相邻关系一般指相互毗邻的不动产权利人之间的关系,但也并不尽然。例如,河流上游的权利人排水需要流经下游的土地,当事人之间尽管土地并不相互毗邻,但行使权利是相互邻接的。

第三,相邻的不动产权利人,不仅包括不动产的所有人,而且包括不动产的用益物权人和占有人。

法律设立不动产相邻关系的目的是尽可能确保相邻的不动产权利人之间的和睦关系,解决相邻的两个或者多个不动产所有人或使用人因行使权利而发生的冲突,维护不动产相邻各方利益的平衡。在现代社会,世界各国的立法取向更加注重不动产所有权的"社会性义务",给不动产所有权提出了更多的限制性要求。人们逐渐认识到对不动产所有权的行使不能是绝对的,为避免所有权人绝对行使权利而妨碍社会的进步和公共利益的需要,有必要对所有权的行使，特别是不动产物权的行使加以必要的限制。基于相邻关系的规定，如果甲是一个不动产权利人，这种限制来自两个方面：一是，甲不能在其不动产内胡作非为，从而影响邻人对其不动产的正常使用及安宁。很多国家、地区对此均有规定。例如，《瑞士民法典》第 684 条第 1 项规定，任何人在行使其所有权时，特别是在其土地上经营工业时，对邻人的所有权有不造成过度侵害的注意义务。我国台湾地区“民法”第 774 条规定，土地所有人经营工业及行使其他权利，应注意防免邻地之损害。二是，甲对其不动产行使所有权时，要为邻人对其不动产的使用提供一定的便利，即容忍邻人在合理范围内使用自己的不动产。邻人对甲的不动产的使用前提是：邻人如果不使用甲的土地，就不能对其土地进行正常的经营和管理。例如，邻人的土地属于袋地，非通行于甲的土地就不能到达其地。此种情况下，按照相邻关系的规定，甲必须为邻人通行于甲的土地，或者从甲的土地上引水、排水提供必要的便利。

我国早在 1986 年通过的民法通则中就规定了处理不动产相邻关系的原则。民法通则第 83 条规定：“不动产的相邻各方，应当按照有利生产、方便生活、团结互助、公平合理的精神，正确处理截水、排水、通行、通风、采光等方面的相邻关系。给相邻方造成妨碍或者损失的，应当停止侵害，排除妨碍，赔偿损失。”虽然民法通则对相邻关系的规定仅此一条，却揭示了相邻关系的本质特征。相邻关系是法定的，一是体现在不动产权利人对相邻不动产权利人的避免妨害之注意义务；二是体现在不动产权利人在非使用邻地就不能对自己的不动产进行正常使用时，有权在对邻地损害最小的范围内使用邻地，邻地权利人不能阻拦。这就是“团结互助、公平合理”的原则要求。

处理相邻关系的原则，不仅是人们在生产、生活中处理相邻关系应遵从的原则，也是法官审理相邻关系纠纷案件应遵从的原则。特别是在法律对相邻关系的某些类型缺乏明确规定的情况下，需要法官以处理相邻关系的一般原则评判是非。例如，我国民法典物权编对树木根枝越界的相邻关系问题没有作出规定。在我国农村此类纠纷还是常见的。例如,甲家树木的枝蔓越界到乙家,乙家认为越界的枝蔓影响了其家采光,从而起诉到法院,要求甲家砍断越界的枝蔓。法官在审理此案时,首先要依据当地的习惯对此类纠纷进行处理。如果当地也没有相应的习惯,法官要依我国法律规定的处理相邻关系的一般原则审理此案。法官要查证越界枝蔓是否对乙家的生活造成了严重影响,也要查明砍断越界枝蔓对甲家会产生多少影响,因为该树可能是经济价值较高的果树。如果法官认定越界枝蔓严重妨害了乙家的采光,同时砍断越界枝蔓对甲家的生产损失不大,则判决甲家砍断越界枝蔓。反之,如果法官认定越界枝蔓对乙家的生活影响不大,但砍断越界枝蔓可能对甲家的生产造成较大损失,可以判决保留越界枝蔓,但甲家应给乙家一定补偿。总之,判决要体现公平合理的原则,保持邻里团结友爱的和睦关系。

第二百八十九条　法律、法规对处理相邻关系有规定的,依照其规定;法律、法规没有规定的,可以按照当地习惯。

【释义】 本条是关于处理相邻关系依据的规定。

本条是物权法第85条的规定,本次民法典编纂对本条未作修改。

需要用法律调整的相邻关系的种类很多,随着社会经济的发展,其范围还在不断扩大。因此,民法典物权编不可能对需要调整的相邻关系一一列举,只能择其主要,作出原则性规定。世界各国对相邻关系种类的规定也是有繁有简。但是在现实生活中,基于相邻关系发生的纠纷的种类很多,人民法院或者其他有权调解、处理的机关在处理纠纷时,又必须依据一定的规范。所以本条规定:法律、法规对处理相邻关系有规定的,依照其规定;法律、法规没有规定的,可以按照当地习惯。

我国有些法律、法规对处理相邻关系作出了规定。例如,我国建筑法对施工现场相邻建筑物的安全、地下管线的安全，以及周围环境的安全都提出了要求。该法第 39 条第 2 款规定，施工现场对毗邻的建筑物、构筑物和特殊作业环境可能造成损害的，建筑施工企业应当采取安全防护措施。第 40 条规定，建设单位应当向建筑施工企业提供与施工现场相关的地下管线资料，建筑施工企业应当采取措施加以保护。第 41 条规定，建筑施工企业应当遵守有关环境保护和安全生产的法律、法规的规定，采取控制和处理施工现场的各种粉尘、废气、废水、固体废物以及噪声、振动对环境的污染和危害的措施。

处理民事关系，首先应当依照民事法律的规定。在民事法律未作规定的情况下，法官在处理民事纠纷时，依习惯作出判断。本法第 10 条规定，处理民事纠纷，应当依照法律；法律没有规定的，可以适用习惯，但是不得违背公序良俗。很多大陆法系国家或地区都有类似的规定。例如，《瑞士民法典》第 1 条第 2 款规定，如本法无相应规定时，法官应依据惯例；如无惯例时，依据自己作为立法人所提出的规则裁判。我国台湾地区“民法”第 1 条规定，民事法律所未规定者，依习惯；无习惯者，依法理。

平等主体之间的财产关系和人身关系的种类和内容极其广泛和复杂，调整这些关系的民法是难以涵盖全部的。因此，有的民事关系在没有相应法律进行调整时，适用当地风俗习惯或者交易惯例是一种必然要求。在法制社会里，民事主体之间发生了某种纠纷，不能说由于没有相应法律作为依据，法院就拒绝审理，这不利于社会的和谐与稳定。

作为审案依据的“习惯”必须是当地多年实施且为当地多数人所遵从和认可的习惯，这种习惯已经具有“习惯法”的作用，在当地具有类似于法律一样的约束力。同时，这种习惯以不违背公序良俗为限。因此，当邻里因为不动产的使用而发生纠纷时，如果没有相应的民事法律进行调整，在是否适用习惯作为审案的依据，以及适用何种习惯作为审案的依据问题上，法官具有自由裁量权。

在整个民法体系中,处理相邻关系需要以习惯作为依据所占的比例是比较大的。理由就是相邻关系的种类繁多且内容丰富。由于本法对相邻关系的规定比较原则和抽象,更是需要大量以习惯作为标准来处理相邻关系纠纷。例如,本章没有规定果实自落于邻地的归属问题。果树的枝蔓越界是常有发生的,但越界枝蔓上的果实自落于邻地上,该果实的所有权到底归谁所有,本法没有作出明确规定。很多国家或地区的民法规定了"邻地人的果实取得权",如德国、法国、意大利和我国台湾地区等均有规定:果实自落于邻地的,视为属于邻地的权利人所有,但邻地为公用地的除外。在我国民间,因果实自落于邻地后的归属问题,可能会产生大量纠纷。鉴于我国民法典和其他法律对此没有明确作出规定,法官在审理此类案件时,只能以当地习惯作为判断的标准。如果当地习惯允许果树的所有人取回果实,则法院应当支持果树所有人的主张;反之,从世界各国的通例来看,果实自落于邻地的,应当属于邻地人所有。这应当是绝大多数地方的习惯,因为成文法也多是从习惯法演变而来。

第二百九十条　不动产权利人应当为相邻权利人用水、排水提供必要的便利。

对自然流水的利用,应当在不动产的相邻权利人之间合理分配。对自然流水的排放,应当尊重自然流向。

【释义】　本条是关于用水、排水相邻关系的规定。

本条是物权法第86条的规定,本次民法典编纂对本条未作修改。

相邻的不动产权利人基于用水、排水而发生的相邻关系的内容非常丰富,我国水法第28条规定,任何单位和个人引水、截(蓄)水、排水,不得损害公共利益和他人的合法权益。根据水法并参考国外或地区立法例,关于水的相邻关系的内容大概有以下几项:

(一)对自然流水的规定

(1)尊重自然流水的流向及低地权利人的承水、过水义务。例如,法国、意大利、瑞士、日本和我国台湾地区均规定,从高地自然流至之水,低地权利人不得妨阻。

(2)对水流地权利人变更水流或者宽度的限制。例如,日本和我国台湾地区均有规定,水流地权利人,如对岸的土地属于他人时,不得变更水流或者宽度。两岸的土地均属于一个权利人时,该权利人可以变更水流或者宽度,但应给下游留出自然水路。当地对此有不同习惯的,从其习惯。

(3)对自然流水使用上的合理分配。我国对跨行政区域的河流实行水资源配置制度。我国水法第45条第1款规定,调蓄径流和分配水量,应当依据流域规划和水中长期供求规划,以流域为单元制定水量分配方案。法国、意大利、瑞士和我国台湾地区均规定,自然流水为低地所必需的,高地权利人纵因其需要,也不得妨堵其全部。

(二)蓄水、引水、排水设施损坏而致邻地损害时的修缮义务

日本和我国台湾地区均规定,土地因蓄水、引水、排水所设置的工作物破溃、阻塞,致损及他人的土地,或者有损害发生的危险时,土地权利人应以自己的费用进行必要的修缮、疏通和预防。但对费用的承担另有习惯的,从其习惯。

(三)排水权

日本和我国台湾地区均规定,高地权利人为使其浸水之地干涸,或者排泄家用、农工业用水至公共排水通道时,可以使其水通过低地,但应选择于低地损害最小的处所和方法为之。在对低地仍有损害的情况下,应给予补偿。水流因事变在低地阻塞时,高地权利人为保障自己的排水,有权以自己的费用在低地建造疏通流水的必要工事。但对费用的承担另有习惯的,从其习惯。

(四)土地权利人为引水或排水而使用邻地水利设施的权利

日本和我国台湾地区均规定,土地权利人为引水或排水,可以使用邻地的水利设施,但应按其受益的程度,负担该设施的设

置及保存费用。

(五)用水权

由于我国法律规定水资源属于国家所有,我国水法第48条第1款规定,直接从江河、湖泊或者地下取用水资源的单位和个人,应当按照国家取水许可制度和水资源有偿使用制度的规定,向水行政主管部门或者流域管理机构申请领取取水许可证,并缴纳水资源费,取得取水权。但是,家庭生活和零星散养、圈养畜禽饮用等少量取水的除外。

法国和我国台湾地区均规定,河流两岸、水井所在地等水源地的权利人有自由用水权,但公法对水资源的利用有特别规定的除外。

我国台湾地区“民法”规定,土地权利人因家用或者土地利用所必须,自己取水则费用、劳力过于巨大,可以通过支付偿金的方式使用邻地权利人的有余之水。

(六)水源地权利人的物上请求权

瑞士和我国台湾地区均规定,他人因建筑等行为而使水源地的水资源造成损害,如使水资源减少或受到污染,无论其出于故意还是过失,水源地权利人都可以请求损害赔偿。如果该水资源属于饮用水或者利用土地所必需的,并可以请求恢复原状。

(七)堰的设置与利用

日本和我国台湾地区均规定,水流地权利人有设堰的必要时,如对岸土地属于他人的,可以使其堰附着于对岸,但对于因此而发生的损害,应支付赔偿金。对岸土地的权利人,可以使用此堰,但是应当按其受益程度,负担该堰的设置及保存费用。关于设堰,如法律另有规定或者当地另有习惯的,从其规定或习惯。

我国《最高人民法院关于贯彻执行〈中华人民共和国民法通则〉若干问题的意见(试行)》,从审判的角度对水的相邻关系作了规定,主要是:

(1)关于自然流水的分配与使用。一方擅自堵截或者独占自然流水,影响他方正常生产、生活的,他方有权请求排除妨碍;造成他方损失的,受益人应负赔偿责任。

(2)关于自然流水以及生产、生活用水的排放。相邻一方必须使用另一方的土地排水的,应当予以准许;但应在必要限度内使用并采取适当的保护措施排水,如仍造成损失的,由受益人合理补偿。相邻一方可以采取其他合理的措施排水而未采取,向他方土地排水毁损或者可能毁损他方财产,他方要求致害人停止侵害、消除危险、恢复原状、赔偿损失的,应当予以支持。

(3)关于房屋滴水。处理相邻房屋滴水纠纷时,对有过错的一方造成他方损害的,应当责令其排除妨碍、赔偿损失。

第二百九十一条　不动产权利人对相邻权利人因通行等必须利用其土地的,应当提供必要的便利。

【释义】 本条是关于相邻关系中通行权的规定。

本条是物权法第 87 条的规定,本次民法典编纂对本条未作修改。

不动产权利人原则上有权禁止他人进入其土地,但他人因通行等必须利用或进入其土地的,不动产权利人应当提供必要的便利。这些情形是:

第一,他人有通行权的。不动产权利人必须为相邻袋地的权利人提供通行便利。从国外一些规定来看,土地被他人土地包围,与公路没有适宜的联通,致使不能正常使用的,土地权利人可以通行周围的土地以到达公路。但土地权利人应选择损害最小的处所及方法通行,仍有损害的,应支付偿金。例如,《法国民法典》第 682 条规定,土地被他人土地包围,且在为工业、农业或商业利用其土地或为进行建筑或小块土地上的建筑作业而无任何出路或出路不足通至公共道路时,其所有人可要求在其邻人土地上取得足够的通道,以保证其土地的完全通达,但应负担与通道所造成的损害相当的赔偿。

袋地的形成如是因土地的分割或者一部的让与而致不通公

路时,袋地的权利人只能通行受让人或者让与人的土地,而且无需支付偿金。例如,《法国民法典》第684条规定,如因出卖、交换、分割或其他任何契约所产生的土地划分而造成被他人土地的包围,其通道只能在作为此类行为的客体的土地上要求取得。但在划分的土地上不能建立足够的通道时,适用第682条的规定。

日本和我国台湾地区还规定,袋地的权利人于必要时,还可以在周围的土地上开设道路。但对周围土地造成损害的,应支付赔偿金。

我国《最高人民法院关于贯彻执行〈中华人民共和国民法通则〉若干问题的意见(试行)》,从审判的角度对相邻关系中的通行权作了规定,主要是:

(1)一方必须在相邻一方使用的土地上通行的,应当予以准许;因此造成损失的,应当给予适当补偿。

(2)对于一方所有的或者使用的建筑物范围内历史形成的必经通道,所有权人或者使用权人不得堵塞。因堵塞影响他人生产、生活,他人要求排除妨碍或者恢复原状的,应当予以支持。但有条件另开通道的,可以另开通道。

第二,依当地习惯,许可他人进入其未设围障的土地刈取杂草,采集枯枝、枯干,采集野生植物,或放牧牲畜等。例如,《瑞士民法典》第699条规定,任何人须在地方习惯容许的范围内,进入森林及牧场,并取得野生浆果、香菇(草)及其他出产物;但主管官署为耕作的利益,个别限定范围禁止之者,不在此限。关于为狩猎及捕鱼之必要而进入他人所有地,州法可作出详细的规定。

第三,他人物品或者动物偶然失落于其土地时,应允许他人进入其土地取回。例如,《瑞士民法典》第700条规定,物因水、风、雪崩或其他自然力或偶然事件而被移至他人地内,或大小牛仔、蜂群、鸟类及鱼类等偶至他人地内者,土地所有人应许权利人入其地内巡查取回。《德国民法典》第962条规定,蜂群的所有人,在追踪之际,可进入他人之土地。蜂群移住他人的空虚蜂房时,蜂群所有人,为捕获蜂群,得开启蜂房,取出蜂窝或破坏而消除之。在此情形,所有人应赔偿因此产生的损害。

第二百九十二条　不动产权利人因建造、修缮建筑物以及铺设电线、电缆、水管、暖气和燃气管线等必须利用相邻土地、建筑物的,该土地、建筑物的权利人应当提供必要的便利。

【释义】　本条是关于利用相邻土地的规定。

本条是物权法第88条的规定,本次民法典编纂对本条未作修改。

本条规定的使用邻地包括两种情形:一是因建造、修缮建筑物而临时使用邻地;二是在邻地上安设管线。

(一)因建造、修缮建筑物而临时使用邻地

土地权利人因建造、修缮建筑物暂时而且有必要使用相邻的土地、建筑物的,相邻的土地、建筑物的权利人应当提供必要的便利。例如,甲要在自己的建设用地使用权范围内建筑自己的房屋,有必要将脚手架临时搭在相邻的乙的土地范围内,乙不能阻拦,而应提供必要的便利。很多国家对这种基于建筑而临时使用相邻土地的相邻关系作了规定。例如,《日本民法典》第209条规定:(1)土地所有人,于疆界或疆界附近建造、修缮墙壁或建筑物时,于必要范围内,可以使用邻地。但是,未经邻人允许,不得进入其住宅;(2)于前款情形,邻人受损害时,可以请求偿金。

为了解决因施工而临时占用邻人土地而产生的纠纷,《最高人民法院关于贯彻执行〈中华人民共和国民法通则〉若干问题的意见(试行)》规定,相邻一方因施工临时占用他方使用的土地,占用的一方如未按照双方约定的范围、用途和期限使用的,应当责令其及时清理现场,排除妨碍,恢复原状,赔偿损失。

(二)在邻地上安设管线

从建筑工程学角度讲,土地权利人非经过邻人的土地而不能安设电线、水管、煤气管等管线,而此等管线又为土地权利人所必需,该土地权利人有权通过邻人土地的上下安设,但应选择损害最小的处所及方法安设,仍有损害的,应支付偿金。

很多国家或地区对在相邻土地上安设管线的问题作出了规定。例如,《瑞士民法典》第 691 条第 1 款规定,土地所有人已取得全部损害赔偿时,有许可水道、疏水管、煤气管等类似管道及地上、地下电缆在其土地安设的义务。但以非经其土地不能安设,或需大费用始能安设的为限。我国台湾地区“民法”专设“管线安设权”一条,即第 786 条规定,土地所有人,非通过他人之土地,不能安设电线、水管、煤气管或其他筒管,或虽能安设而需费过巨者,可以通过他人土地之上下而安设。但应择其损害最少之处所及方法为之,并应支付补偿金。依前项规定,安设电线、水管、煤气管或其他筒管后,如情事有变更时,他土地所有人可以请求变更其安设。前项变更安设之费用,由土地所有人负担,但另有习惯者,从其习惯。

第二百九十三条　建造建筑物,不得违反国家有关工程建设标准,不得妨碍相邻建筑物的通风、采光和日照。

【释义】 本条是关于通风、采光和日照的规定。

本条是物权法第 89 条的规定,本次民法典编纂对本条仅作个别文字修改。

通风、采光和日照是衡量一个人居住质量的重要标准之一。随着城市化的发展,在现代都市,建筑物的通风、采光和日照问题日益成为社会关注的问题之一。城市土地价值的提升,导致建筑物之间的距离较过去有所缩小,高层建筑进一步普及,这些变化使得建筑物之间通风、采光和日照的矛盾越来越多。所以,2007 年通过的物权法在民法通则规定的基础上,对通风、采光和日照的问题作了进一步规定。本次民法典编纂未作修改。

有些国家在民法中规定了建造建筑物的一些具体标准。例如,意大利、瑞士和日本的民法典均规定,不动产权利人建造建筑物时,应与相邻建筑物保持适当的距离,并且对其限制在适当的高度内,不得妨碍相邻建筑物的通风和采光。《意大利民法典》规定,相邻土地上的建筑物不是一体的,应保持不少于 3 米的距离。

因为我国地域辽阔,各地经济发展很不平衡,所以在民法典物权编中很难规定具体的标准。又因我国社会发展不断向前推进,各阶段对建设工程标准的要求也有所不同,因此不宜在民法典物权编中规定具体的标准。所以本条只是原则规定,即建造建筑物,不得违反国家有关工程建设标准,妨碍相邻建筑物的通风、采光和日照。2012 年住房和城乡建设部发布国家标准《建筑采光设计标准》,2018 年住房和城乡建设部发布国家标准《城市居住区规划设计标准》。按照上述标准,旧区改造住宅日照标准按照大寒日的日照不低于 1 小时执行。

第二百九十四条　不动产权利人不得违反国家规定弃置固体废物,排放大气污染物、水污染物、土壤污染物、噪声、光辐射、电磁辐射等有害物质。

【释义】 本条是关于相邻不动产之间排放、施放污染物的规定。

本条是物权法第 90 条的规定,本次民法典编纂增加规定"土壤污染物",并将"光、电磁波辐射"修改为"光辐射、电磁辐射"。

在现代社会,人们生活环境的质量日益受到社会的重视,各国政府都在加大环境保护的力度,其中重要的举措就是加强有关环境保护方面的立法。但是保护环境不能只靠环境保护法,在与环境有关的相邻关系,以及侵害环境的民事责任等方面,还应由民法作出调整,加以规范。2007 年制定的物权法是进入 21 世纪后制定的重要民事法律之一,应充分体现对人文的关怀,因此,非常有必要对相邻不动产之间基于环境而产生的相邻关系问题作出规定。物权法第 90 条对相邻不动产之间排放、施放污染物作了规定。

大陆法系多数国家和地区都把"不可称量物质侵入"的禁止

性规定作为“相邻关系”一章的重要内容。所谓“不可称量物质侵入”是指煤气、蒸汽、热气、臭气、烟气、灰屑、喧嚣、振动,以及其他类似物质侵入相邻不动产。大陆法系多数国家或地区的民法中都规定了不可称量物质侵入相邻不动产时,如何调整、处理双方的相邻关系,只不过论述的角度有所不同。《德国民法典》第906条规定,在不损害或仅轻微损害的前提下,土地权利人不得禁止相邻不动产的煤气、蒸汽、臭气、烟气、煤烟、热气、噪声、振动或其他类似物质侵入自己的土地,但是如果此种妨害超出预期的程度时,可以向造成损害的相邻土地权利人请求相当数额的金钱作为赔偿。我国台湾地区“民法”第793条规定,土地所有人,于他人之土地有煤气、蒸汽、热气、臭气、烟气、灰屑、喧嚣、振动及其他相类者侵入时,可禁止之。但其侵入轻微,或按土地形状、地方习惯,认为相当者,不在此限。

通过《德国民法典》和我国台湾地区“民法”的规定来看,明确规定了相邻关系中的容忍义务,即遭受来自相邻不动产的污染物侵害时,此种侵害如果是轻微的,或者按地方习惯认为不构成损害的,则应当容忍,不能阻止相邻不动产排放或施放污染物。只有此种侵害超过必要的限度或者可容忍的限度时,就可以通过法律途径要求相邻不动产权利人停止侵害、消除危险、排除妨害以及赔偿损失。这样规定的目的是维持相邻不动产之间的和睦关系,因为一个人不可能生活在真空里,来自相邻不动产的污染物的侵害是不可避免的,但这种侵害不能超过一个合理的度。例如,一群人共同居住在一栋建筑物中,甲在装修时产生的噪声势必对其邻居造成一定的侵害,但其上下左右的邻居为维持和睦的邻里关系,应当负容忍义务。因为谁家都可能需要装修,并且装修总是能在一段时间之内完成的,此种噪声侵害并不是永久的,所以应当是可以容忍的。但是,甲也应当遵守建筑物的管理规约,不得在邻居晚上休息时释放施工噪声。

本条虽然没有明确规定相邻不动产权利人之间排放污染物的容忍义务,但按照本法第288条规定的处理相邻关系的“有利生产、方便生活、团结互助、公平合理”的原则,已经包含了相邻不动产权利人之间应当互负容忍义务。但互负容忍义务是有限度的,在国家规定的标准以内应当容忍,如果超过国家规定的标准,受害的不动产权利人有权要求侵害人停止侵害、消除危险、排除妨害以及赔偿损失。

本条规定的大气污染物,主要包括燃煤的煤烟污染;废气、粉尘和恶臭污染;机动车船的尾气污染等。我国大气污染防治法第8条规定,国务院生态环境主管部门或者省、自治区、直辖市人民政府制定大气环境质量标准,应当以保障公众健康和保护生态环境为宗旨,与经济社会发展相适应,做到科学合理。第9条规定,国务院生态环境主管部门或者省、自治区、直辖市人民政府制定大气污染物排放标准,应当以大气环境质量标准和国家经济、技术条件为依据。第12条规定,大气环境质量标准、大气污染物排放标准的执行情况应当定期进行评估,根据评估结果对标准适时进行修订。例如,目前我国北方城市大气总悬浮颗粒物的50%来自扬尘,其中建筑施工是扬尘的重要来源。如果某一居民区的旁边是一个施工现场,该居民区的居民认为该施工现场的粉尘超过国家规定的标准的,可以要求其停止侵害、消除危险、排除妨害以及赔偿损失。

水是一种基本的环境因素,也是重要的资源。它的开发、利用和保护的情况如何,不仅直接关系到农业生产和工业生产的发展,而且直接关系到人民生活和整个国民经济的发展。水污染是我国环境保护中的一个突出问题。随着工业生产的增长和城市的发展,排向江河、湖泊的污水量不断增加,特别是未经处理的工业废水带着大量的有毒、有害污染物质,排放到自然水体,造成了水体污染,破坏了生态平衡。我国水污染防治法第12条规定,国务院环境保护主管部门制定国家水环境质量标准。省、自治区、直辖市人民政府可以对国家水环境质量标准中未作规定的项目,制定地方标准,并报国务院环境保护主管部门备案。第13条规定,国务院环境保护主管部门会同国务院水行政主管部门和有关省、自治区、直辖市人民政府,可以根据国家确定的重要江河、湖泊流域水体的使用功能以及有关地区的经济、技术条件,确定该重要江河、湖泊流域的省界水体适用的水环境质量标准,报国务院批准后施行。第14条规定,国务院环境保护主管部门根据国家水环境质量标准和国家经济、技术条件,制定国家水污染物排放标准。省、自治区、直辖市人民政府对国家水污染物排放标准中未作规定的项目,可以制定地方水污染物排放标准;对国家水污染物排放标准中已作规定的项目,可以制定严于国家水污染物排放标准的地方水污染物排放标准。地方水污染物排放标准须报国务院环境保护主管部门备案。向已有地方水污染物排放标准的水体排放污染物的,应当执行地方水污染物排放标准。第15条规定,国务院环境保护主管部门和省、自治区、直辖市人民政府,应当根据水污染防治的要求和国家或者地方的经济、技术条件,适时修订水环境质量标准和水污染物排放标准。在相邻关系中,我国的一个突出的纠纷是上游向下游排污,导致下游污染,影响下游人民的生活和工农业生产。按照本条和水污染防治法的规定,上游企业向河道排放污水,必须符合国家规定的排污标准。

随着我国工业化、城市化的发展以及人民生活水平的提高,固体废物污染防治工作面临着许多新的情况和问题,主要表现在以下几个方面:一是固体废物产生量持续增长,工业固体废物每年增长7%,城市生活垃圾每年增长4%;二是固体废物处置能力明显不足,导致工业固体废物(很多是危险废物)长年堆积,垃圾围城的状况十分严重;三是固体废物处置标准不高,管理不严,不少工业固体废物仅仅做到简单堆放,城市生活垃圾无害化处置率仅达到20%左右;四是农村固体废物污染问题日益突出,畜禽养殖业污染严重,大多数农村生活垃圾没有得到妥善处置;五是废弃电器产品等新型废物不断增长,造成新的污染。我国固体废物污染环境防治法第14条规定,国务院生态环境主管部门应当会同国务院有关部门根据国家环境质量标准和国家经济、技术条件,制定固体废物鉴别标准、鉴别程序和国家固体废物污染环境防治技术标准。在相邻关系中,不动产权利人不得违反国家规定的标准,向相邻不动产倾倒、堆放、丢弃、遗撒固体废物。

我国环境保护法第 42 条规定,排放污染物的企业事业单位和其他生产经营者,应当采取措施,防治在生产建设或者其他活动中产生的废气、废水、废渣、医疗废物、粉尘、恶臭气体、放射性物质以及噪声、振动、光辐射、电磁辐射等对环境的污染和危害。

在相邻关系中,不动产向相邻不动产施放噪声是难免的,但是要控制施放噪声的分贝以及施放噪声的时间,不得影响相邻不动产正常的生产、生活;随着城市化的发展,高层建筑的玻璃幕墙造成的光污染,以及霓虹灯等造成的光污染越来越多。解决此类纠纷,一是要求建筑单位在建筑物设计上,要考虑相邻不动产可能遭受的损害;二是要给予受损害的相邻不动产充分、合理的补偿。随着近代无线电技术的发展,电磁波污染日益受到社会的重视。我国《广播电视设施保护条例》第 11 条规定:"广播电视信号发射设施的建设,应当符合国家有关电磁波防护和卫生标准;在已有发射设施的场强区内,兴建机关、工厂、学校、商店、居民住宅等设施的,除应当遵守本条例有关规定外,还应当符合国家有关电磁波防护和卫生标准。"

第二百九十五条　不动产权利人挖掘土地、建造建筑物、铺设管线以及安装设备等,不得危及相邻不动产的安全。

【释义】 本条是关于维护相邻不动产安全的规定。

本条是物权法第 91 条的规定,本次民法典编纂对本条未作修改。

不动产权利人有权在自己具有使用权的土地范围内进行工程建设,但是要注意相邻不动产的安全,避免给相邻不动产造成不应有的损害。

所谓"不得危及相邻不动产的安全"主要包括以下几个方面:

第一,在自己的土地上开挖地基时,要注意避免使相邻土地的地基发生动摇或有动摇之危险，致使相邻土地上的建筑物受到损害。很多国家或地区对此有规定，例如，《瑞士民法典》第685条第1款规定，所有人在挖掘或建筑时，不得使邻人的土地发生动摇，或有动摇的危险，或使其土地上的设施受到危害。我国台湾地区“民法”第794条规定，土地所有人开掘土地或为建筑时，不得因此使邻地之地基动摇或发生危险，或使邻地之工作物受其损害。

第二，在相邻不动产的疆界线附近处埋设水管时，要预防土沙崩溃、水或污水渗漏到相邻不动产。《日本民法典》第238条对此有规定。

第三，不动产权利人在自己的土地范围内种植的竹木根枝伸延，危及另一方建筑物的安全和正常使用时，应当消除危险，恢复原状。我国《最高人民法院关于贯彻执行〈中华人民共和国民法通则〉若干问题的意见（试行）》规定，相邻一方在自己使用的土地上挖水沟、水池、地窖等或者种植的竹木根枝伸延，危及另一方建筑物的安全和正常使用的，应当分别情况，责令其消除危险，恢复原状，赔偿损失。

第四，不动产权利人在相邻土地上的建筑物有倒塌的危险从而可能危及自己土地及建筑物安全时，有权要求相邻不动产权利人消除危险。例如，《德国民法典》第908条规定，因与邻地相关的建筑物或其他工作物有倒塌的危险，或因建筑物或工作物的一部分有崩离的危险，致土地有受损害之虞时，所有人对发生的损害可能应负责的人，得请求采取为防止危险发生所必要的措施。我国台湾地区“民法”第795条规定，建筑物或其他工作物之全部，或一部有倾倒之危险，致邻地有受损害之虞者，邻地所有人，得请求为必要之预防。

我国建筑法对施工现场相邻建筑物的安全、地下管线的安全提出了明确要求。该法第39条第2款规定：“施工现场对毗邻的建筑物、构筑物和特殊作业环境可能造成损害的，建筑施工企业应当采取安全防护措施。”第40条规定：“建设单位应当向建筑施工企业提供与施工现场相关的地下管线资料，建筑施工企业应当采取措施加以保护。”

第二百九十六条　不动产权利人因用水、排水、通行、铺设管线等利用相邻不动产的，应当尽量避免对相邻的不动产权利人造成损害。

【释义】　本条是关于在使用相邻不动产时避免造成损害的规定。

本条在物权法第92条的基础上作了修改完善，删除了“造成损害的，应当予以赔偿”的规定。

本法第290条第1款规定，不动产权利人应当为相邻权利人用水、排水提供必要的便利。第291条规定，不动产权利人对相邻权利人因通行等必须利用其土地的，应当提供必要的便利。第292条规定，不动产权利人因建造、修缮建筑物以及铺设电线、电缆、水管、暖气和煤气管线等必须利用相邻土地、建筑物的，该土地、建筑物的权利人应当提供必要的便利。这三条都是从义务的角度写的，即不动产权利人应当按照有利生产、方便生活、团结互助、公平合理的原则，为相邻不动产权利人因用水、排水、通行、铺设管线等而使用自己的不动产的行为负容忍义务，即提供必要的便利。但从使用一方来讲，在行使相邻权的同时，也要负尽量避免对被使用的相邻不动产的权利人造成损害的义务。

利用相邻土地引水、排水可能无法避免给相邻土地的权利人造成损失，但应选择损害最小的处所或方法进行引水或者排水，仍有损害的情况下，要给予相邻土地的权利人以补偿。参照我国台湾地区“民法”的规定，关于用水、排水的补偿有以下几项：(1)第779条规定，高地所有人，因使浸水之地干涸，或排泄家用、农工业用之水，以至河渠或沟道，得使其水通过低地。但应择于低地损害最少之处所及方法为之。前项情形，高地所有人，对于低地所受之损害，应支付赔偿金。(2)第780条规定，土地所有人,因使其土地之水通过,得使用高地或低地所有人所设之工作物。但应按其受益之程度,负担该工作物设置及保存之费用。(3)第 782 条规定,水源地或井之所有人,对于他人因工事杜绝、减少或污秽其水者,可以请求损害赔偿。如其水为饮用,或利用土地所必要者,并可以请求回复原状;但不能回复原状者,不在此限。(4)第 783 条规定,土地所有人因其家用或利用土地所必要,非以过巨之费用及劳力不能得水者,应支付补偿金,对邻地所有人,请求给予有余之水。

利用相邻土地通行,一般都会对相邻土地的权利人造成损害,特别是在相邻土地上开路的情况下,损害是避免不了的,享有通行权的人必须给予补偿。我国《最高人民法院关于贯彻执行〈中华人民共和国民法通则〉若干问题的意见(试行)》第 100 条规定,一方必须在相邻一方使用的土地上通行的,应当予以准许;因此造成损失的,应当给予适当补偿。参照我国台湾地区"民法"关于通行补偿的规定:(1)第 787 条规定,土地因与公路无适宜之联通,致不能为通常之使用者,土地所有人可以通行周围地以至公路,但对于通行地因此所受之损害,应支付赔偿金。(2)第 788 条规定,有通行权人,于必要时,可开设道路。但对于通行地因此所受之损害,应支付赔偿金。

关于必须利用相邻不动产铺设管线的,应选择相邻不动产损害最小之处所或方法进行,并按照损害的大小,给予补偿。我国台湾地区"民法"第 786 条规定,土地所有人,非通过他人之土地,不能安设电线、水管、煤气管或其他筒管,或虽能安设而需费过巨者,可以通过他人土地之上下而安设。但应择其损害最少之处所及方法为之,并应支付补偿金。

关于在自己的土地上进行建筑活动,而有必要临时使用相邻土地、建筑物,如有损害,应当对相邻土地、建筑物的权利人给予补偿。我国台湾地区"民法"第 792 条规定,土地所有人,因邻地所有人在其疆界或近旁,营造或修缮建筑物或其他工作物有使用其土地之必要，应许邻地所有人使用其土地，但因而受损害者，得请求赔偿金。”

物权法第92条规定，不动产权利人因用水、排水、通行、铺设管线等利用相邻不动产的，应当尽量避免对相邻的不动产权利人造成损害；造成损害的，应当给予赔偿。根据该条规定，在无法避免造成损害的情况下，要给予赔偿，这也是公平合理原则的体现。民法典编纂过程中，有的意见提出，造成损害的，应当给予赔偿，可以由侵权责任编调整，无需在本条作出特别规定。经研究，2018年8月审议的《民法典各分编（草案）》删除了“造成损害的，应当给予赔偿”的规定，删除此规定，并非是造成损害无需赔偿，而是如果造成损害，可以依据民法典侵权责任编的规定请求损害赔偿。

第八章　共　　有

本章是关于共有的规定，共14条，对区分按份共有和共同共有，对共有物的管理及费用负担、共有物的处分及重大修缮、共有物的分割、共有的内部关系和外部关系等内容作了规定。

第二百九十七条　不动产或者动产可以由两个以上组织、个人共有。共有包括按份共有和共同共有。

【释义】　本条是关于共有概念和共有形式的规定。

本条是物权法第93条的规定，本次民法典编纂对本条仅作了个别文字修改。

（一）关于共有的概念

共有是指多个权利主体对一物共同享有所有权。共有的主体称为共有人,客体称为共有财产或共有物。各共有人之间因财产共有形成的权利义务关系,称为共有关系。

财产的所有形式可分为单独所有和共有两种形式。单独所有是指财产所有权的主体是单一的,即一个人单独享有对某项财产的所有权。所谓共有,是指某项财产由两个或两个以上的权利主体共同享有所有权。换言之,是指多个权利主体对一物共同享有所有权。例如,两个人共同所有一艘船舶。我国海商法第10条规定:“船舶由两个以上的法人或者个人共有的,应当向船舶登记机关登记;未经登记的,不得对抗第三人。”

在共有的概念中要区分共有与公有的关系问题。共有和公有不同。“公有”是指社会经济制度,即公有制。就公有财产权来说,它和共有在法律性质上的不同,主要表现在:第一,共有财产的主体是多个共有人,而公有财产的主体是单一的,在我国为国家或集体组织。全民所有的财产属于国家所有,集体所有的财产则属于某集体组织成员集体所有。第二,公有财产已经脱离个人而存在,它既不能实际分割为个人所有,也不能由个人按照一定的份额享有财产权利。在法律上,任何个人都不能成为公有财产的权利主体。所以,有人认为集体所有是一种共同共有的观点是不对的,集体所有是一种抽象的概念,集体所有的财产不能量化到集体经济组织的成员。而在共有的情况下,特别是在公民个人的共有关系中,财产并没有脱离共有人而存在。共有财产在归属上为共有人所有,是共有人的财产。所以,单个公民退出或加入公有组织并不影响公有财产的完整性,但是,公民退出或加入共有组织(如合伙),就会对共有财产发生影响。

(二)关于共有的形式

在德国民法中,共有指按份共有,没有提出共同共有的概念,但事实上规定了共同共有的法律关系。如《德国民法典》第718条规定的合伙,《德国商法典》第105条、第106条规定的合伙公司、夫妻共同财产和尚未分割的共同继承财产的所有权等。这种共有关系并没有规定在《德国民法典》物权编中的“共有”一节中,而是在它的第 2 编即债务关系编的第 14 节“团体”和第 15 节“共同关系”之内。而我国台湾地区“民法”，共有事实上包括“按份共有”、“公同共有”（共同共有）及“准共有”。我国民法典物权编虽然也把共有分为按份共有与共同共有，但哪些是按份共有，哪些是共同共有，并无明确规定。根据本条规定，共有包括按份共有和共同共有。按份共有和共同共有的区别在于，按份共有人对共有的不动产或者动产按照其份额享有所有权，共同共有人对共有的不动产或者动产共同享有所有权。

第二百九十八条　按份共有人对共有的不动产或者动产按照其份额享有所有权。

【释义】　本条是关于按份共有的规定。

本条是物权法第 94 条的规定，本次民法典编纂对本条未作修改。

按份共有，又称分别共有，是与共同共有相对应的一项制度。指数人按应有份额对共有物共同享有权利和分担义务的共有。

在按份共有中，各共有人对共有物享有不同的份额。各共有人的份额，又称应有份，其具体数额一般是由共有人约定明确的。例如，甲、乙合购一辆汽车，甲出资 3 万元，乙出资 2 万元，甲、乙各按出资的份额对汽车享有权利、分担义务。在按份共有中，各共有人的应有份必须是明确的，如果按份共有人对共有的不动产或者动产享有的份额，没有约定或者约定不明确的，依照本法第 309 条规定，按照出资额确定；不能确定出资额的，视为等额享有。

在按份共有中，每个共有人对共有财产享有的权利和承担的义务，是依据其不同的份额所确定的。共有人的份额决定了其权利义务的范围。共有人对共有物持有多大的份额，就对共有物享有多大权利和承担多大义务，份额不同，共有人对共有财产的权利义务也不同。例如，甲乙二人共同出资购买一处房屋，甲出资 6 万元，乙出资 4 万元。甲乙二人共同决定将该房屋出租获取收益。在租金的分配上,甲有权获得租金总额的60%,乙则获得租金总额的40%。反之,在对该房屋维修费用的负担上,甲应负担60%,而乙则承担40%。

按份共有与分别所有是不同的。在按份共有中,各个共有人的权利不是局限在共有财产的某一部分上,或就某一具体部分单独享有所有权,而是各共有人的权利均及于共有财产的全部。当然,在许多情况下,按份共有人的份额可以产生和单个所有权一样的效力,如共有人有权要求转让其份额,但是各个份额并不是一个完整的所有权,如果各共有人分别单独享有所有权,则共有也就不复存在了。

第二百九十九条　共同共有人对共有的不动产或者动产共同享有所有权。

【释义】 本条是关于共同共有的规定。

本条是物权法第95条的规定,本次民法典编纂对本条未作修改。

共同共有是指两个或两个以上的民事主体,根据某种共同关系而对某项财产不分份额地共同享有权利并承担义务。共同共有的特征是:第一,共同共有根据共同关系而产生,以共同关系的存在为前提,如夫妻关系、家庭关系;第二,在共同共有关系存续期间内,共有财产不分份额。这是共同共有与按份共有的主要区别;第三,在共同共有中,各共有人平等地对共有物享受权利和承担义务。

关于共同共有的形式,我国学界普遍认为共同共有包括夫妻共有、家庭共有和遗产分割前的共有。

(一)夫妻共有

共同共有最典型的形式就是夫妻共有。本法第1062条规定,夫妻在婚姻关系存续期间所得的下列财产,为夫妻的共同财产,归夫妻共同所有:(1)工资、奖金、劳务报酬;(2)生产、经营、投资的收益;(3)知识产权的收益;(4)继承或者受赠的财产,但是本法第1063条第3项规定的除外;(5)其他应当归共同所有的财产。夫妻对共同财产,有平等的处理权。例如,夫妻双方出卖、赠与属于夫妻共有的财产,应取得一致的意见。夫妻一方明知另一方处分财产而未作否定表示的,视为同意。夫妻财产制是婚姻制度的组成部分,夫妻共有财产的范围、夫妻共有财产权的行使、夫妻共有财产的分割等问题,均应遵守本法婚姻家庭编的相关规定。如本法第1066条规定,婚姻关系存续期间,有下列情形之一的,夫妻一方可以向人民法院请求分割共同财产:(1)一方有隐藏、转移、变卖、毁损、挥霍夫妻共同财产或者伪造夫妻共同债务等严重损害夫妻共同财产利益的行为;(2)一方负有法定扶养义务的人患重大疾病需要医治,另一方不同意支付相关医疗费用。

(二)家庭共有

家庭共有财产是指家庭成员在家庭共同生活关系存续期间,共同创造、共同所得的财产,如家庭成员交给家庭的财产,家庭成员共同受赠的财产,以及在此基础上购置和积累起来的财产等。概言之,家庭共有财产是家庭成员的共同劳动收入和所得。家庭共有财产和家庭财产的概念是不同的。家庭财产是指家庭成员共同所有和各自所有的财产的总和,包括家庭成员共同所有的财产、夫妻共有财产和夫妻个人财产、成年子女个人所有的财产、其他家庭成员各自所有的财产等。家庭共有财产则不包括家庭成员各自所有的财产。

区分家庭共有财产与家庭成员个人财产的主要意义在于:(1)本法第1153条第2款规定,遗产在家庭共有财产之中的,遗产分割时,应当先分出他人的财产。家庭共有财产的某一共有人死亡,财产继承开始时,必须把死者在家庭共有财产中的应有部分分出,作为遗产继承,而不能把家庭共有财产都作为遗产继承。(2)我国个人独资企业法第18条规定,个人独资企业投资人在申请企业设立登记时明确以其家庭共有财产作为个人出资的,应当依法以家庭共有财产对企业债务承担无限责任。《个人独资企业登记管理办法》第10条第2款规定,个人独资企业投资人以个人财产出资或者以其家庭共有财产作为个人出资的,应当在设立申请书中予以明确。(3)《最高人民法院关于贯彻执行〈中华人民共和国民法通则〉若干问题的意见(试行)》规定,民法通则第35条第1款中关于“以各自的财产承担清偿责任”,是指合伙人以个人财产出资的,以合伙人的个人财产承担;合伙人以其家庭共有财产出资,以其家庭共有财产承担;合伙人以个人财产出资,合伙的盈余分配所得用于其家庭成员生活的,应先以合伙人的个人财产承担,不足部分以合伙人的家庭共有财产承担。

(三)遗产分割前的共有

本法第1121条第1款规定,继承从被继承人死亡时开始。被继承人死亡的,其遗产无论在谁的占有之下,在法律上皆作为遗产由继承人所有,但有数个继承人且在遗产未分割前,理论上由其继承人共有。因遗产分割前,不能确定各继承人对遗产的份额,理论上认为该共有为共同共有。本法第1151条规定,存有遗产的人,应当妥善保管遗产,任何组织或者个人不得侵吞或者争抢。我国台湾地区“民法”第1151条规定,继承人有数人时,在分割遗产前,各继承人对于遗产全部为公同共有。所谓“公同共有”即我们所说的“共同共有”。

(四)关于合伙的共有性质

我国大陆很多学者把我国台湾地区“民法”中归入共同共有的“合伙”认为是按份共有。经查我国台湾地区“民法”第668条规定,各合伙人之出资,及其他合伙财产,为合伙人全体之公同共有。第682条第1款规定,合伙人于合伙清算前,不得请求合伙财产之分析。第683条规定,合伙人非经他合伙人全体同意,不得将自己之股份转让于第三人。从我国台湾地区“民法”的规定看,其对合伙财产的规定符合共同共有的某些特征。第一,是共同管理,个人不得处分;第二,是在共有关系解除前,不得分割共有财产。我国多数学者认为合伙财产属于按份共有的理由是:第一,共同共有是不能划分份额的,而在合伙财产中,实际是按投资比例划分份额。第二,按份共有是按照自己的份额享有共有财产的收益,而合伙人对收益的分配主要也是以投资比例确定。我国台湾地区“民法”第 677 条第 1 款规定,分配损益之成数,未经约定者,按照各合伙人出资额之比例定之。反观,共同共有人对共有财产的收益则是不分份额的共同享有。因此,“合伙财产”是归入按份共有,还是归入共同共有,是一个值得研究的问题。本法第 969 条规定,合伙人的出资、因合伙事务依法取得的收益和其他财产,属于合伙财产。合伙合同终止前,合伙人不得请求分割合伙财产。

第三百条　共有人按照约定管理共有的不动产或者动产;没有约定或者约定不明确的,各共有人都有管理的权利和义务。

【释义】 本条是关于共有物管理的规定。

本条是物权法第 96 条的规定,本次民法典编纂对本条未作修改。

多人共有一物的,对共有物的管理是事关各共有人的大事,所以也是关于共有的法律规范中的重要内容。

本条规定的对共有物的“管理”是一个外延宽泛的大概念。包括共有人对共有物的保存、使用方法和简易修缮。对共有物的处分和重大修缮则不属于对共有物管理的内容,在本章中另条规定。另外,本条没有区分按份共有、共同共有而对共有物的管理分别作出规定,应当说按份共有人与共同共有人对共有物的管理的权利、义务上还是略有区别的。

(一)按份共有人对共有物的管理

1. 按份共有人对共有物的保存

对共有物的保存是指以维持共有物的现状为目的,保持共有物的完好状态,通过相应的管理措施,避免共有物的毁损、灭失。例如,甲乙二人共购一辆出租汽车并获得运营权。甲乙二人在共同经营这辆出租汽车时,可以就如何维护、保养这辆汽车进行约定,如该车每跑5000公里必须做保养;每晚停止营运后要置放于某安全地点以避免被盗等内容。甲乙二人应当遵守双方关于保存该车的规定。如果甲乙二人没有就该车如何保存作出约定,那么甲和乙各自应尽自己妥善保存的义务。

2. 按份共有人对共有物的使用方法

按份共有人对共有物的使用与按份共有人决定对共有物的使用方法是两个性质不同的问题。按份共有人对共有物的使用及收益分配是本法第298条调整的内容,即各共有人按照其份额对共有物享有所有权。而按份共有人商定对共有物的使用方法则属于对共有物管理的内容。因为对共有物的使用方法决定着共有物的状态及使用寿命。例如,全体共有人可以约定以下几种对共有物的使用方法:一是各共有人对共有物分部分或者分时间使用;二是将共有物交个别共有人使用,由使用的共有人对不使用的共有人给予补偿;三是将共有物出租,租金在共有人中按各自的份额分配。

3. 按份共有人对共有物的简易修缮

对共有物的简易修缮与对共有物的重大修缮不同。对共有物的简易修缮是出于对共有物的保存目的,即保持共有物现有的状态。如给共有的房屋破损的玻璃换上好的玻璃等。而对共有物作重大修缮,目的往往是增加共有物的效用或价值。如将共有居住房屋改造成商业用房出租。对共有物的重大修缮,往往需费过巨,依照本法第301条的规定,需要在按份共有人中间实行多数决定通过。而对共有物的简易修缮,往往需费甚少,按本条规定,只需共有人按约定办理。如果没有约定或者约定不明确的,各共有人都有义务对共有物作简易修缮。例如,我国台湾地区“民法”第820条规定,共有物,除契约另有订定外,由共有人共同管理之。共有物之简易修缮,及其他保存行为,可由各共有人单独为之。

(二)共同共有人对共有物的管理

共同共有人对共有物享有共同的权利,承担共同的义务。在

对共有物的管理上,也主要体现在以下三个方面:

第一,在对共有物的保存上,有约定的按约定办理。没有约定或者约定不明确的,各共有人都有妥善保存的权利和义务。所谓对共有物保存的约定,主要是对共有物保存方式的约定,使共有物处于良好状态,以至于共有物对全体共有人发挥更大的功效。例如,夫妻可以对共有的汽车商定如何保养、存放,以避免汽车毁损、灭失。有约定的,依约定,没有约定的,夫妻当中主要使用汽车的一方要妥善保存。

第二,在对共有物的使用方法上,也要遵循有约定的依约定,没有约定的,共有人在各自使用时,要尽合理的注意义务,以避免共有物毁损。

第三,在对共有物简易修缮问题上,共有人要商量确定。商量不通的,各共有人都有权利和义务进行修缮。因为共有物的有些小毛病如不及时修理,可能导致损失进一步扩大,对全体共有人都是不利的。

第三百零一条　处分共有的不动产或者动产以及对共有的不动产或者动产作重大修缮、变更性质或者用途的,应当经占份额三分之二以上的按份共有人或者全体共同共有人同意,但是共有人之间另有约定的除外。

【释义】 本条是关于共有物处分或者重大修缮、变更性质或者用途的规定。

本条在物权法第 97 条的规定上作了修改完善,将"重大修缮"修改为"重大修缮、变更性质或者用途"。

在民法典编纂过程中,有的意见提出,考虑到对共有物实施转让、抵押等处分或者变更共有物的性质或用途,对按份共有人的利益影响巨大,建议增加相关规定。经研究,2018 年 8 月审议的《民法典各分编(草案)》将本条中的"重大修缮"修改为"重大修缮、变更性质或者用途"。

本条区分按份共有和共同共有，对共有物的处分或者重大修缮、变更性质或者用途问题作出了不同的规定。

（一）对按份共有物的处分或者重大修缮、变更性质或者用途

根据本条规定，处分按份共有的不动产或者动产以及对共有的不动产或者动产重大修缮、变更性质或者用途的，应当经占份额2/3以上的按份共有人同意，但是共有人之间另有约定的除外。

1. 对按份共有物的处分

本法在对按份共有物的处分问题上兼顾效益原则和公平原则，实行“多数决”原则。即占份额2/3以上的按份共有人同意，即可处分共有物。传统民法从公平原则出发，规定只有在全体按份共有人同意的前提下，才能对共有物进行处分。例如，《德国民法典》第747条第2款规定，整个共有物仅能由全体共有人共同处分。我国台湾地区“民法”第820条第2款规定，共有物之处分、变更及设定负担，应征得共有人全体之同意。在2007年物权法起草过程中，经过对此问题深入细致的研究，认为传统民法的规定存在一定弊端，并不能适应新时代对物尽其用的要求。全体同意原则不仅使按份共有人间易滋生矛盾，丧失合作信心，也阻碍物之及时有效的利用。在当今社会，机会稍纵即逝，很多情况下，等到每个共有人都首肯，机会早已丧失，使物不能尽其用。因此，物权法在对按份共有的共有物处分问题上采用“多数决”的原则。但如果按份共有人约定对共有物的处分应经全体共有人一致同意，则应当依照约定行事。本次民法典编纂沿用了物权法的规定，未作修改。

为了提高共有物的使用效率，按份共有人可以转让其在共有物上的财产份额，当然可以用自己在共有物上的份额设定负担。例如，甲、乙、丙兄弟三人各出资30万元购置一套房屋。甲乙二人因做生意缺钱，可以以二人在该房屋上的份额向银行质押并获得贷款60万元。如果甲乙二人到期不能归还银行借款，丙对甲乙二人在该房屋上的份额有优先购买权，丙可以向甲乙二人各支

付30万元，甲乙二人在向银行还贷的同时，也消灭了与丙的按份共有关系。

2. 对按份共有物的重大修缮、变更性质或者用途

按份共有人对共有物的重大修缮，在我国台湾地区被称为对共有物的改良。对共有物的重大修缮或称改良行为，是在不改变共有物性质的前提下，提高共有物的效用或者增加共有物的价值。例如，甲、乙、丙兄弟三人决定将共有的房屋重建。由于对共有物的重大修缮较对共有物的保存而言需用的花费较大，需要各共有人按照自己所占共有物份额的比例支付重大修缮费用，因此为维护多数共有人的利益，本法对共有物作重大修缮的行为规定实行"绝对多数决"的原则，即占共有物2/3以上份额的共有人同意，才能对共有物作重大修缮。对按份共有物的变更性质或者用途对共有人的利益影响重大，也应经占共有物2/3以上份额的共有人同意。

经查大陆法系有些国家或地区的立法，对共有物的改良实行"相对多数决"原则。例如，我国台湾地区"民法"第820条第3款规定，共有物之改良，非经共有人过半数，并其应有部分合计已过半数者之同意不得为之。由此可以看出，我国台湾地区立法对共有物的改良实行"相对多数决"原则，但是其强调不但份额过半数，共有人的人数也要过半数的前提下，才能对共有物进行改良。本条只是规定占份额2/3以上共有人同意，即可对共有物进行重大修缮、变更性质或者用途。应当说，本条这样规定是有其合理性的。因为既能体现物尽其用的原则，又能兼顾多数共有人的利益，可以说是兼顾了效率原则与公平原则。

(二)对共同共有物的处分或者重大修缮、变更性质或者用途

根据本条规定，处分共同共有的不动产或者动产以及对共有的不动产或者动产重大修缮、变更性质或者用途的，应当经全体共同共有人同意，但是共有人之间另有约定的除外。

1. 对共同共有物的处分

共同共有根据共同关系而产生，以共同关系的存在为前提。

共同共有最重要的特征之一就是各共有人平等地对共有物享受权利和承担义务。因此,处分共有物必须经全体共同共有人同意。例如,甲乙二人为夫妻关系,甲乙二人共同共有一辆汽车。在对这辆汽车的转让问题上,必须在甲乙二人一致同意转让的前提下,才能将该车转让。

对共同共有物的处分须经全体共有人"一致决"的原则是传统民法的通例,例如,《瑞士民法典》第 653 条第 2 款规定,行使所有权,特别是对物的处分,除有特别约定外,须经全体共同共有人一致同意。我国台湾地区"民法"第 828 条规定,公同共有人之权利义务,依其公同关系所由规定之法律或契约另有规定外,公同共有物之处分及其他之权利行使,应征得公同共有人全体之同意。

我国在司法实践中也坚持对共有物的处分须经全体共同共有人"一致决"的原则。《最高人民法院关于贯彻执行〈中华人民共和国民法通则〉若干问题的意见(试行)》中规定,共同共有人对共有财产享有共同的权利,承担共同的义务。在共同共有关系存续期间,部分共有人擅自处分共有财产的,一般认定无效。其他共有人明知而未提出异议的,可以认定有效。

法律规定对共有物的处分须经全体共同共有人同意,但共有人另有约定的除外。例如,甲乙二人为夫妻关系,甲乙二人可以对共有财产约定一个各自可以处分的财产范围,如对价值 100 元以下的共有财产的处分,可以不经过另一共有人的同意。如果双方有此约定,则依约定行事。

2. 对共同共有物的重大修缮、变更性质或者用途

无论是夫妻共有财产,还是家庭共有财产,对共有财产作重大修缮、变更性质或者用途,特别是对价值较大的共有财产作重大修缮、变更性质或者用途,往往事关各共有人的利益,一般需要从共有财产中支付费用,还可能基于修缮而使共有人在一段时间内不能使用,或者影响共有物所创造的价值。所以本条规定,在对共有物作重大修缮、变更性质或者用途的,须经全体共同共有

人一致同意,但共有人另有约定的除外。

3. 关于对共同共有物规定“一致决”的理论基础

共同共有以法律规定的或者合同约定的共同关系为前提,而这种共有关系的当事人之间在多数情况下具有一定的人身关系,如婚姻关系或者亲属关系。家庭是社会的细胞,家庭成员之间除具有人身关系之外,还具有一定的财产关系,而共同共有则属于家庭财产的一个常态。法律为了维护家庭关系的稳定,有必要对夫妻共有、家庭共有等共有形式的共有人之间的权利义务作出明确规定,在保护各共有人利益的同时,也维护共有人之间的和睦。

共同共有最重要的特征之一就是各共有人平等地对共有物享受权利和承担义务。本法第1062条第2款规定,夫妻对共同财产,有平等的处理权。平等地对共有物行使所有权是共同共有的本质特征。我国是一个具有两千多年封建历史的国家,封建的父权主义、夫权主义在一些家庭中还有所表现。在对共同共有物的处分及行使其他权利的问题上,侵害妇女或其他共有人利益的情况仍然很多。男女平等是我国婚姻制度的基本原则,在对夫妻共同财产或者家庭共同财产的处分等权利方面,也必须贯彻平等的原则。

第三百零二条　共有人对共有物的管理费用以及其他负担,有约定的,按照其约定;没有约定或者约定不明确的,按份共有人按照其份额负担,共同共有人共同负担。

【释义】 本条是关于共有物管理费用负担的规定。

本条是物权法第98条的规定,本次民法典编纂对本条仅作了个别文字修改。

对共有物的管理费用主要包括以下几项:

第一,对共有物的保存费用,即为保持共有物免于毁损、灭失,处于良好安全状态或使用状态而支付的费用。例如,对共有的汽车在一年中支付的保险费、养路费、车船使用税、保养费、存放费等。

第二,对共有物作简易修缮或者重大修缮所支出的费用,如修理共有的电视机所支付的修理费;装修共有的房屋所支付的费用。

对共有物的其他费用负担,例如,因为共有物对共有人以外的人造成损害,须向受害人支付的偿金。如共有的房屋倒塌造成他人损害,而向受害人赔偿的医疗费、误工损失费等。

在按份共有中,对共有物的管理费用以及其他负担,有约定的,按照约定;没有约定或者约定不明确的,按份共有人按照其份额负担。

在共同共有中,对共有物的管理费用以及其他费用负担,原则上由共同共有人共同负担,即以其他的共有财产,如共有的积蓄支付。但是共同共有人另有约定的,依照其约定。我国婚姻法允许夫妻约定财产制,夫妻可以把家庭财产,部分约定为共同所有,部分约定为各自所有。例如,甲乙二人为夫妻,双方在结婚之时约定婚后各自的工资收入为各自所有,奖金收入为共同共有。同时约定对家庭生活所必需的生活用品的购买实行 AA 制。婚后甲乙二人商定共买一辆汽车,约定双方各出资 10 万元,同时约定所购汽车为夫妻共同财产。在购买汽车后,在对汽车的费用支出问题上,如果甲乙二人有约定,则依约定行事。如甲乙二人约定对该车的所有管理费用支出也实行 AA 制,则依此约定。如果甲乙二人没有对该车的管理费用支出作出约定,则由二人共同负担,即从二人共有的奖金中支付该车的管理费用。

第三百零三条　共有人约定不得分割共有的不动产或者动产,以维持共有关系的,应当按照约定,但是共有人有重大理由需要分割的,可以请求分割;没有约定或者约定不明确的,按份共有人可以随时请求分割,共同共有人在共有的基础丧失或者有重大理由需要分割时可以请求分割。因分割造成其他共有人损害的,应当给予赔偿。

【释义】 本条是关于共有财产分割原则的规定。

本条是物权法第 99 条的规定,本次民法典编纂对本条仅作个别文字修改。

本条规定了三种分割共有财产的基本原则:

(一)依据共有人约定分割的原则

无论是按份共有,还是共同共有,共有人对共有财产的分割有约定的依其约定。共有人约定不得分割共有的不动产或者动产,以维持共有关系的,应当按照约定,但共有人有重大理由需要分割的,可以请求分割。例如,没有经济收入的某个共有人的父亲病重,需要分割共有财产,获得给父亲看病的费用。在这种情形下,虽然共有人有不能分割共有财产的约定,但共有人的父亲患病属于本条规定的有重大理由需要分割共有财产的情形。

(二)依法分割的原则

共有人对共有财产是否可以分割,在什么情况下可以分割,没有约定,或者约定不明确的,应当依据本法的规定予以分割。即本条规定的,按份共有人可以随时请求分割,共同共有人在共有的基础丧失或者有重大理由需要分割时可以请求分割。

1. 按份共有人可以随时请求分割

按份共有是各共有人按照确定的份额对共有财产享有权利承担义务的共有。按份共有人对其应有份额享有相当于分别所有的权利。因此,按份共有关系存续期间,按份共有人有权请求从共有财产中分割出属于自己的份额。这种请求不需要征得其他共有人的同意,只要共有人提出请求,就会产生分割的后果。

2. 共同共有人在共有的基础丧失或者有重大理由需要分割时可以请求分割

共同共有是共有人对全部共有财产不分份额地享有权利承担义务的共有。在共有关系存续期间,各共有人对共有财产没有确定的份额,无论在权利的享有上还是在义务的负担上都无份额比例之分。那么,在共有人对共有财产的分割没有约定的情况下,通常共有人只有在共同共有关系消灭时才能协商确定各自的财产份额,对共有财产予以分割。因此,本条规定共同共有人在共有的基础丧失或者有重大理由需要分割时可以请求分割共有财产。共同共有人共有的基础丧失,如夫妻财产的共同共有,因婚姻关系的解除而失去了共有的基础,在这种情况下,夫或者妻一方可以请求分割共有的财产。有重大理由需要分割,如在婚姻关系存续期间,夫妻二人约定由原来的夫妻共同财产制,改变为夫妻分别财产制,在这种情况下,夫或者妻一方也可以请求分割共有的财产。本次民法典还增加规定了婚姻关系存续期间,夫妻一方可以向人民法院请求分割共同财产的情形,即本法第 1066 条规定。

(三)损害赔偿的原则

共有财产关系的客体为一项特定的统一的财产,如图书馆,其功能、作用、价值是确定的。因某些法定的特殊原因,共有人分割共有财产,会使共有财产的功能丧失或者削弱,降低它的价值,有可能给其他共有人造成损害。因此,本条规定,因分割对其他共有人造成损害的,应当给予赔偿。

第三百零四条　共有人可以协商确定分割方式。达不成协议,共有的不动产或者动产可以分割且不会因分割减损价值的,应当对实物予以分割;难以分割或者因分割会减损价值的,应当对折价或者拍卖、变卖取得的价款予以分割。

共有人分割所得的不动产或者动产有瑕疵的,其他共有人应当分担损失。

【释义】　本条是关于共有物分割方式的规定。

本条是物权法第 100 条的规定,本次民法典编纂对本条仅作个别文字修改。

(一)关于共有物的分割方式

分割共有的不动产或者动产,可以采取各共有人间协商确定的方式。协商的内容,由共有人自由决定,当然须得共有人全体同意。当无法达成协议时,共有人可提请法院进行裁判分割。裁判分割应遵循本条关于实物分割、变价分割或者折价赔偿的原则规定:(1)实物分割。在不影响共有物的使用价值和特定用途时,可以对共有物进行实物分割。例如,甲乙二人共有房屋两间,或甲乙共有粮食若干吨,即可采取实物分割的方式,每人分得一间房屋或数吨粮食。(2)变价分割。如果共有物无法进行实物分割,例如,甲乙共有一头牛或者一辆汽车,实物分割将减损物的使用价值或者改变物的特定用途时,应当将共有物进行拍卖或者变卖,对所得价款进行分割。还有一种情形,也适用变价分割的方式,即各共有人都不愿接受共有物,这时也可采取将共有物出卖,分割价金的方式。例如,甲乙二人共有奶牛 50 头,实物分割是可行的,但甲乙二人都不愿接受,因此只能先将 50 头奶牛变卖,对所得价金进行分割。(3)折价赔偿。折价赔偿的分割方式主要存在于以下情形,即对于不可分割的共有物或者分割将减损其价值的,如果共有人中的一人愿意取得共有物,可以由该共有人取得共有物,并由该共有人向其他共有人作价赔偿。

(二)共有人分割所得的不动产或者动产有瑕疵的,其他共有人应当分担损失

本条第 2 款规定,共有人分割所得的不动产或者动产有瑕疵的,其他共有人应当分担损失,即瑕疵担保责任,包括权利的瑕疵担保责任和物的瑕疵担保责任。前者指共有人应担保第三人就其他共有人分得之物不得主张任何权利;后者指共有人对其他共有人应担保其分得部分于分割前未隐含瑕疵。本款的规定是为了防止共有物分割后,共有人发现权利或者利益受到侵害而得不到赔偿的情况发生。此种瑕疵担保责任,应同于合同编中出卖人对买受人所负的瑕疵担保责任。关于共有人瑕疵担保责任,外国立法如《德国民法典》、《日本民法典》及我国台湾地区“民法”均有明确规定,即解除共有关系时,各共有人对于其他共有人分割而得的物,按其份额负与出卖人同一的担保责任。

第三百零五条　按份共有人可以转让其享有的共有的不动产或者动产份额。其他共有人在同等条件下享有优先购买的权利。

【释义】 本条是关于按份共有人的优先购买权的规定。

本条是物权法第 101 条的规定,本次民法典编纂对本条未作修改。

在按份共有关系中,因同一物之上同时存在两个以上共有人,为了减少共有人的人数,简化或消除共有关系,提高共有物的利用效率,大陆法系的民事立法大都规定,在按份共有人将共有份额转让给第三人时,其他按份共有人有权行使优先购买权。

(一)按份共有人可以转让其享有的共有份额

本条第 1 句规定了在共有关系存续期间,按份共有人有权转让其享有的共有的不动产或者动产份额。民法通则第 78 条第 3 款中规定,按份共有财产的每个共有人有权要求将自己的份额分出或者转让。

规定各共有人有权处分其份额有如下原因:一是按份共有中各共有人的所有权可划分为份额,各共有人拥有其份额,自然有权将其份额进行处分,这是买卖自由原则的体现,也是所有权的本质所决定的。二是我国现行法的规定也未限制共有人处分其份额的权利。三是其他国家和地区有类似的立法例。如《德国民法典》第 747 条规定,各共有人可以自由处分其份额;整个共有物仅能由全体共有人共同处分。《意大利民法典》第 1103 条规定,每个共有人都可以在自己享有的财产份额范围内处分自己的权利、允许他人享用自己的财产。《瑞士民法典》第 646 条规定,各共有人对其应有份额享有所有人的全部权利及义务。对其应有份额可转让、质押或供债权人扣押。我国台湾地区“民法”第 819 条规定,各共有人,可以自由处分其应有部分。共有物之处分、变更及设定负担,应征得共有人全体之同意。

共有人转让共有份额后,受让人可能继续与其他原共有人共有,或者分割共有份额。共有人请求分割共有物的行为是一种单方法律行为,一经作出即生效力。分割共有物的方法依据当事人约定,如果当事人没有约定或约定不明时,则按照以下方法加以分割:(1)如果共有物能够分割,则将共有物按照共有人各自的份额加以分配;(2)如果共有物不适合分割,如分割会减少共有物的价值,则可以将共有物拍卖或变卖而分割其价金,或者共有人之一取得共有物,向其他共有人按照各自的份额支付相应的对价。

在一般情况下,按份共有人转让其享有的共有份额,无需得到其他共有人同意。但各共有人不得侵害其他共有人的利益,并受法律的限制。法律有特别规定的,共有人处分其份额应遵守法律的规定。如海商法第 16 条规定,船舶共有人就共有船舶设定抵押权,应当取得持有 2/3 以上份额的共有人的同意,共有人之间另有约定的除外。城市房地产管理法第 38 条第 4 项规定,共有房地产,未经其他共有人书面同意的,不得转让。此外,在共有关系中有禁止共有人出让其份额的约定的,对共有人应当具有约束力。共有人之一不按照约定处分自己应有份额的,应当无效。但是这种约定是对所有权关系的特别限制,不能对抗善意第三人,如果第三人受让其份额为善意无过失,发生共有份额所有权转移的后果。

(二)共有人转让其份额时其他共有人享有优先购买权

本条第 2 句规定了共有人转让其份额时其他共有人在同等条件下享有优先购买权。法律规定其他共有人优先购买权,是为了简化共有关系,防止因外人的介入而使共有人内部关系趋于复杂。此处优先购买权是共有人相对于非共有人而言的,在共有人之间并无优先的问题。此种优先购买权仅具有债的效力,不得对抗善意第三人。而且共有人有相反的约定的,依其约定。关于共有人的优先购买权,民法通则第 78 条中规定,按份共有财产的每个共有人有权要求将自己的份额分出或者转让。但在出售时,其他共有人在同等条件下,有优先购买的权利。本法第 860 条第 1 款规定,合作开发完成的发明创造,申请专利的权利属于合作开发的当事人共有;当事人一方转让其共有的专利申请权的,其他各方享有以同等条件优先受让的权利。但是,当事人另有约定的除外。其他国家和地区法律都有类似规定。《俄罗斯联邦民法典》第 250 条中规定,在向他人出售共有财产份额时,按份共有财产的其他共有人有按出售价格和其他同等条件优先购买所售份额的权利,但公开拍卖的情况除外。我国台湾地区"土地法"第 34 条规定,共有人出卖其应有部分时,其他共有人可以以同一价格共同或单独优先承买。

根据本条规定,按份共有人行使优先购买权有以下条件:

首先,行使优先购买权应是在"同等条件"下。其次,行使优先购买权需作出购买的民事法律行为。此处"同等条件下"是指其他共有人就购买该份额所给出的价格等条件与欲购买该份额的非共有人相同。即当其他共有人与此外的其他人出价相同时,其他共有人有优先购买的权利。物权法出台后,《最高人民法院关于适用〈中华人民共和国物权法〉若干问题的解释(一)》对如何判断"同等条件"作了规定。第 10 条规定,物权法第 101 条所称的"同等条件",应当综合共有份额的转让价格、价款履行方式及期限等因素确定。第 12 条第 1 款规定,按份共有人向共有人之外的人转让其份额,其他按份共有人根据法律、司法解释规定,请求按照同等条件购买该共有份额的,应予支持。第 2 款规定,其他按份共有人的请求具有下列情形之一的,不予支持:(1)未在本解释第 11 条规定的期间内主张优先购买,或者虽主张优先购买,但提出减少转让价款、增加转让人负担等实质性变更要求;(2)以其优先购买权受到侵害为由,仅请求撤销共有份额转让合同或者认定该合同无效。

此外,本条仅规定按份共有人将其享有的共有的不动产或者动产份额转让给按份共有人之外的人时,其他共有人在同等条件下享有优先购买的权利,未规定按份共有人之间转让其享有的共有份额的,其他共有人是否也在同等条件下享有优先购买的权利。物权法实施后,相关司法解释对此作了规定。《最高人民法院关于适用〈中华人民共和国物权法〉若干问题的解释(一)》第13条规定,按份共有人之间转让共有份额,其他按份共有人主张根据物权法第101条规定优先购买的,不予支持,但按份共有人之间另有约定的除外。

第三百零六条　按份共有人转让其享有的共有的不动产或者动产份额的,应当将转让条件及时通知其他共有人。其他共有人应当在合理期限内行使优先购买权。

两个以上其他共有人主张行使优先购买权的,协商确定各自的购买比例;协商不成的,按照转让时各自的共有份额比例行使优先购买权。

【释义】　本条是关于共有人行使优先购买权的规定。

本条规定是编纂民法典新增加的条文,物权法未规定本条内容。在民法典编纂过程中,有的意见提出,物权法第101条规定了按份共有人的优先购买权,但对按份共有人如何行使共有权,以及如果有两个以上共有人都主张行使优先购买权的,如何行使优先购买权问题没有明确规定,实践中有需求,建议增加相关规定予以明确。

虽然物权法未规定上述问题,但物权法实施后,相关司法解释对此问题作了具体规定。《最高人民法院关于适用〈中华人民共和国物权法〉若干问题的解释(一)》第10~14条对按份共有人的优先购买权的实现作了明确规定。在总结司法实践经验的基础上,民法典物权编增加了本条规定。

(一)按份共有人优先购买权的行使

首先,按份共有人转让其享有的共有的不动产或者动产份额的,应当将转让条件及时通知其他共有人。按份共有人欲转让其享有的共有的不动产或者动产份额的,其他共有人决定是否行使同等条件下的优先购买权,前提是其知道欲转让份额的按份共有人的转让条件,这是按份共有人可以行使优先购买权的前提条件。因此,根据本条规定,按份共有人首先应当将转让条件及时通知其他共有人。

其次,其他共有人应当在合理期限内行使优先购买权。根据本条规定,其他共有人知道了转让条件后,应当在合理期限内行使优先购买权。因具体的行使期限情况比较复杂,本条未规定具体的期限,只规定了其他共有人应当在“合理期限”内行使优先购买权,实践中如何确定“合理期限”,可以参考司法解释的相关规定。《最高人民法院关于适用〈中华人民共和国物权法〉若干问题的解释(一)》第 11 条规定,优先购买权的行使期间,按份共有人之间有约定的,按照约定处理;没有约定或者约定不明的,按照下列情形确定:(1)转让人向其他按份共有人发出的包含同等条件内容的通知中载明行使期间的,以该期间为准;(2)通知中未载明行使期间,或者载明的期间短于通知送达之日起 15 日的,为 15 日;(3)转让人未通知的,为其他按份共有人知道或者应当知道最终确定的同等条件之日起 15 日;(4)转让人未通知,且无法确定其他按份共有人知道或者应当知道最终确定的同等条件的,为共有份额权属转移之日起 6 个月。

(二)两个以上共有人主张行使优先购买权

如果三人以上按份共有,其中一个按份共有人欲转让其享有的共有的不动产或者动产份额,其他两个以上共有人都主张行使优先购买权的,如何处理。根据本条第 2 款的规定,首先两个以上其他共有人主张行使优先购买权的,协商确定各自的购买比例。如果协商不成的,按照转让时各自的共有份额比例行使优先购买权。例如,甲、乙、丙三人按份共有一房屋,甲占 50%,乙占 20%,丙占 30%。如果甲欲转让其享有的共有房屋份额,乙丙都想购买,都主张行使优先购买权的,按照本条规定,先协商确定各自的购买比例,如果协商不成,就按照转让时各自的共有份额比例行使优先购买权,即乙可以优先购买甲的份额的 40%,丙可以优先购买甲的份额的 60%。《最高人民法院关于适用〈中华人民共和国物权法〉若干问题的解释(一)》第 14 条规定,两个以上按份共有人主张优先购买且协商不成时,请求按照转让时各自份额比例行使优先购买权的,应予支持。

第三百零七条　因共有的不动产或者动产产生的债权债务,在对外关系上,共有人享有连带债权、承担连带债务,但是法律另有规定或者第三人知道共有人不具有连带债权债务关系的除外;在共有人内部关系上,除共有人另有约定外,按份共有人按照份额享有债权、承担债务,共同共有人共同享有债权、承担债务。偿还债务超过自己应当承担份额的按份共有人,有权向其他共有人追偿。

【释义】　本条是关于因共有财产产生的债权债务关系的对外以及对内效力的规定。

本条是物权法第 102 条的规定,本次民法典编纂对本条仅作个别修改。

(一)因共有财产产生的债权债务关系的对外效力

本条第 1 句中规定了因共有财产产生的债权债务关系的对外效力。按照本条规定,不论是按份共有还是共同共有,只要是因共有的不动产或者动产产生的债权债务,在对外关系上,共有人对债权债务享有连带债权、承担连带债务,但法律另有规定或者第三人知道共有人不具有连带债权债务关系的除外。连带的方法,是共有人享有连带债权时,任一共有人都可向第三人主张债权,共有人承担连带债务时,第三人可向任一共有人主张债权。合伙企业法第 38 条规定,合伙企业对其债务,应先以其全部财产进行清偿。第 39 条规定,合伙企业不能清偿到期债务的,合伙人承担无限连带责任。

本条对因共有财产产生的债权债务关系的对外效力不区分按份共有和共同共有,是为了保护善意第三人的权益,对于第三人来说,很难获知共有人的共有关系的性质,此种情形下若不使各共有人承担连带义务,很容易发生共有人推托履行义务的可能，对债权人不利。在第三人不知道共有人内部关系的情况下，法律规定共有人对其享有连带债权、承担连带债务，第三人即可向共有人中的任何一共有人主张其债权，保护了善意第三人的权利。但是，当法律另有规定或者第三人知道共有人不具有连带债权债务关系时，共有人不用承担连带责任而应当按照约定或者共有人享有的份额各自享有债权、承担债务。

（二）因共有财产产生的债权债务关系的对内效力

本条第1句还规定了因共有财产产生的债权债务关系的对内效力。按照本条规定，因共有财产产生的债权债务关系，在共有人内部关系上，除共有人另有约定外，按份共有人按照份额享有债权、承担债务，共同共有人共同享有债权、承担债务。

按份共有人按照其份额对共有的物享有所有权，在内部关系上，除共有人另有约定外，按份共有人按照其份额享有权利，承担义务。共同共有人共同对共有的物享有所有权。在内部关系上，共同共有人共同享有权利、承担义务。

（三）共有人的追偿权

偿还债务超过自己应当承担份额的按份共有人，有权向其他共有人追偿。这样规定的理论基础是按份共有人在内部关系上是按照其份额承担义务的。合伙企业法第40条规定，合伙人由于承担无限连带责任，清偿数额超过该法第33条第1款规定的其亏损分担比例的，有权向其他合伙人追偿。其他国家也有类似的立法例。《意大利民法典》第1115条第3款规定，清偿了连带债务又没有得到补偿的共有人，在共有财产的分割中，除取得自己的份额以外，还应当取得与本应获得的补偿相适应的份额作为补偿。

第三百零八条　共有人对共有的不动产或者动产没有约定为按份共有或者共同共有，或者约定不明确的，除共有人具有家庭关系等外，视为按份共有。

【释义】 本条是关于共有关系不明时对共有关系性质推定的规定。

本条是物权法第 103 条的规定,本次民法典编纂对本条未作修改。

在 2007 年物权法征求意见过程中,有的认为,按照传统民法共有人对共有的不动产或动产没有约定为按份共有或者共同共有,或者约定不明确的,应视为共同共有。有的建议,删除本条"除共有人具有家庭关系等外"中的"等"字,不宜将推定的共同共有范围扩大到家庭关系之外的其他社会关系。

共同共有是指共有人对全部共有财产不分份额地享受权利和承担义务的共有。共同共有的共有人只有在共有关系消灭时才能协商确定各自的份额。当共有人对共有的不动产或动产没有约定为按份共有或者共同共有,或者约定不明确的,如果推定为共同共有,共有人对共有财产的份额还是不明确的。因此,本法规定:共有人对共有的不动产或者动产没有约定为按份共有或者共同共有,或者约定不明确的,除共有人具有家庭关系等外,视为按份共有。这样规定,在共有人对共有的不动产或者动产没有约定为按份共有或者共同共有,或者约定不明确时,就能很明确地确定各共有人享有的份额。

第三百零九条　按份共有人对共有的不动产或者动产享有的份额,没有约定或者约定不明确的,按照出资额确定;不能确定出资额的,视为等额享有。

【释义】 本条是关于按份共有人份额不明时份额的确定原则的规定。

本条是物权法第 104 条的规定,本次民法典编纂对本条未作修改。

按份共有,是指数人按照各自的份额,对共有财产分享权利,分担义务。按份共有的主体须为二人以上,称为共有人;客体须为物,称为共有物;共有人所享有的权利,为所有权。但此处的所有权不是数个,而是一个。即数个所有权人对一个物共同享有一个所有权。

所谓份额,在我国台湾地区“民法”中称作应有部分,在日本称作持分,即各共有人对其所有权在分量上应享有的比例。这个份额是抽象的,并不是指共有物具体的或实体的部分,它既不是对共有物在量上的划分,也不是就共有物划分使用部分。份额是对共有物的所有权在观念上的划分,只是确定各共有人行使权利的比例或者范围而已。各按份共有人有权依其应有份额,对共有物的全部行使权利。如两人共同出资购买了一套房屋,每人的应有份额为 1/2,并非每人对这套房屋各享有一个所有权,而是在这套房屋上只有一个所有权,每人对这套房屋都享有 1/2 的所有权。又如 A、B 二人共有一头羊,二者的份额相等,不能说羊头和腿属于 A,羊的其他部分属于 B,只能是在对羊的利用上二者享有同等权利,或平均分配卖羊所得的价金。

按份共有人对共有的不动产或者动产享有的份额,有约定时,按照其约定确定份额,没有约定或者约定不明确时,首先按照出资额确定按份共有人享有的份额,在不能确定出资额的情况下,推定为等额享有。按份共有依共有人意思而成立,共有人应有份额依共有人的约定而定;没有特别约定,但共有关系基于有偿行为而发生的,按其出资比例而确定。既然共有关系的成立是当事人意思自治的结果,那么各共有人应有份额也应贯彻同样原则,即由当事人约定,当事人没有约定应有份额时则依出资比例确定共有份额,在不能确定出资额的情况下,推定为等额享有,不仅易于操作,且能简化当事人之间的法律关系,符合社会生活中最基本的公平正义。

很多国家和地区都有类似的立法例。《德国民法典》第 742 条规定,在产生疑问时,应认为各共有人享有均等的份额。《意大利民法典》第 1101 条规定,推定共有人按均等份额享有共有财产。共有人根据各自享有的财产份额按比例享有利益,承担负担。《瑞士民法典》第 646 条规定：(1)一物按份额为数人所有，且该物外部又不能分割的，该所有人为共有人；(2)除另有约定外，共有人对该物的应有份额为均等。《日本民法典》第 250 条规定，各共有人的应有部分不明时，推定为均等。我国台湾地区"民法"第 817 条规定，数人按其应有部分，对于一物有所有权者，为共有人。各共有人之应有部分不明者，推定其为均等。《俄罗斯联邦民法典》第 245 条中规定，如果按份共有人的份额不能依照法律确定，而且共有人的协议也未作出规定，则所有份额均等。

第三百一十条　两个以上组织、个人共同享有用益物权、担保物权的，参照适用本章的有关规定。

【释义】 本条是关于用益物权和担保物权的准共有的规定。

本条是物权法第 105 条的规定，本次民法典编纂对本条作了个别文字修改。

民法典物权编中的共有制度是专为所有权的共有而规定的，但实际生活中，并非只有所有权才能共有，其他财产权，如他物权、知识产权等财产权均可共有。比如，2 人以上共同享有一块土地的建设用地使用权。此种情况就是两个以上的主体共同享有用益物权。如甲、乙、丙三人分别借款给债务人丁，三人同时就丁所有的房屋设定一个抵押权，份额为均等，并办理一个抵押权登记时，就发生抵押权的准共有。此种情况就是两个以上的主体共同享有担保物权。本条对用益物权和担保物权的准共有作出了规定。两个以上的主体共同享有用益物权和担保物权的按份共有或共同共有，在性质上与对所有权的共有没有差别，为了条文的简约以及对实践中这种情况的处理，本条规定两个以上组织、个人共同享有用益物权、担保物权的，参照本章规定。

所谓准共有是指数人按份共有或者共同共有数人共同共有所有权以外的财产权。准共有具有以下特征：(1)准共有的标的物是所有权之外的财产权，包括用益物权、担保物权等。(2)准共有即准用共有的有关规定,各人就所有权之外的财产究竟是准用共同共有还是按份共有,应当视其共有关系而定。(3)准共有准用按份共有或共同共有的前提,是规范该财产权的法律没有特别规定。如果有,则应首先适用该特别规定。

关于准共有,很多国家和地区都有类似立法例。《德国民法典》第 741 条规定,数人共同享有一权利者,除法律另有其他规定外,准用第 742~758 条规定。《日本民法典》第 264 条规定,本节规定,准用于数人有所有权以外财产权的情形。但法令另有规定时,不在此限。我国台湾地区"民法"第 831 条规定,本节规定,于所有权以外之财产权,由数人共有或公同共有者准用之。

第九章　所有权取得的特别规定

本章共 12 条,规定了善意取得、遗失物的善意取得、善意受让人取得动产后的原有权利消灭、拾得遗失物返还、收到遗失物的处理、遗失物保管、拾金不昧、无人认领的遗失物归国家所有、拾得漂流物、发现埋藏物或者隐藏物、从物随主物转让、天然孳息及法定孳息归属、添附等内容。

所有权取得可分为一般取得和特别取得,善意取得、拾得遗失物等财产取得方式是所有权的特别取得。本章规定善意取得、拾得遗失物等所有权取得的特别方式。

讲所有权的特别取得需先讲物权的取得。物权的取得又作物权的发生,物权的取得可分为原始取得和继受取得,原始取得指非基于他人的权利和意志取得物权,继受取得指基于他人的权利和意志取得物权。继受取得又分为移转取得和创设取得,移转取得指按原状取得他人物权,创设取得指于他人所有权上设定用益物权。

物权的取得可细分为不动产物权的取得、动产物权的取得、用益物权的取得。某些法律事实能够引起这三种物权的发生,某些法律行为仅能引起其中一种或两种物权的发生。

能够取得不动产物权、动产物权、用益物权的法律事实主要有以下行为和事实:(1)合同。通过买卖、互易、赠与取得物权。(2)善意取得。受让人基于对不动产登记、动产占有的信赖,以对价善意受让不动产、动产的物权,纵使出让人无转让的权利,受让人依然能够取得该不动产、动产的物权。(3)继承、遗赠。自然人死亡后,继承人、受遗赠人取得遗产的物权。自然人死亡的时间,是继承人、受遗赠人取得遗产物权的时间。(4)赔偿、补偿。通过获得赔偿、补偿取得物权。(5)判决、裁决。通过人民法院判决、仲裁庭裁决取得物权。判决、裁决生效的时间是当事人取得物权的时间。(6)划拨。通过划拨取得物权。(7)时效。通过取得时效取得物权。

能够取得一种或两种物权的法律事实主要有以下行为和事实:(1)生产。通过生产劳动取得物的所有权。产品成就的时间是当事人取得产品所有权的时间。(2)先占。通过先占取得动产所有权。(3)添附。通过添附取得动产所有权。(4)收归。将无主物、无人认领的遗失物等、无人继承又无人受遗赠的遗产收归国有,将无人继承又无人受遗赠的遗产收归集体所有。(5)征收。通过征收税费和政府有偿征收,取得物的所有权。(6)没收。通过没收从事违法活动的财产,取得物的所有权。(7)罚款。通过罚款取得金钱所有权。

财产权的取得还可分为合法取得和违法取得。财产权的合法取得,指财产权的取得符合法律规定。本法第 8 条规定,民事主体从事民事活动,不得违反法律,不得违背公序良俗。所有权的取得,应当符合法律规定。财产权的违法取得,指财产权的取得违反法律规定。对于违法取得的偷盗物、抢劫物、抢夺物、贪污物,偷盗人、抢劫人、抢夺人、贪污人不能取得物的所有权,这些物品的所有人不变。

第三百一十一条　无处分权人将不动产或者动产转让给受让人的,所有权人有权追回;除法律另有规定外,符合下列情形的,受让人取得该不动产或者动产的所有权:

(一)受让人受让该不动产或者动产时是善意;

(二)以合理的价格转让;

(三)转让的不动产或者动产依照法律规定应当登记的已经登记,不需要登记的已经交付给受让人。

受让人依据前款规定取得不动产或者动产的所有权的,原所有权人有权向无处分权人请求损害赔偿。

当事人善意取得其他物权的,参照适用前两款规定。

【释义】　本条是关于善意取得的规定。

本条是物权法第106条的规定,本次民法典编纂对本条仅作了个别文字修改。

善意取得,指受让人以财产所有权转移为目的,善意、对价受让且占有该财产,即使出让人无转移所有权的权利,受让人仍取得其所有权。善意取得既适用于动产,又可适用于不动产。

(一)善意取得制度的适用条件

根据本条第1款的规定,无处分权人将不动产或者动产转让给受让人的,所有权人有权追回;除法律另有规定外,符合本法规定的条件的,受让人取得该不动产或者动产的所有权。即根据本条善意取得制度的规定,即使处分物的处分人为无处分权人,其将不动产或者动产转让的,所有权人有权追回该不动产或者动产,但是如果符合本条规定的条件,则除法律另有规定的外,由受让人取得该不动产或者动产的所有权。例如,甲将实际所有权是乙的房屋以合理的价格出卖给丙并办理了过户登记,丙如果对甲并非房屋所有人,没有房屋处分权的事不知情,此时,虽然甲无权处分该房屋,但是根据本条规定,丙可以善意取得本房屋的所有权。

有的意见认为,善意取得对所有权人保护不利。善意取得对所有权人是有一定限制，但善意取得基于占有的公信力，旨在维护交易安全，这项制度的存在是必要的。根据本条规定，产生善意取得的法律后果，需同时符合以下条件，三项条件必须同时具备，否则不构成善意取得。

1. 受让人受让该不动产或者动产时是善意

适用善意取得制度，首先受让人受让该不动产或者动产时须是善意的，即受让人受让该不动产或者动产时不知道出让人是无处分权人，否则不构成善意取得。在上文所举的例子中，丙在受让该房屋时必须是不知道甲是无权处分人的。

关于如何认定"善意"，《最高人民法院关于适用〈中华人民共和国物权法〉若干问题的解释（一）》第 15 条规定，受让人受让不动产或者动产时，不知道转让人无处分权，且无重大过失的，应当认定受让人为善意。真实权利人主张受让人不构成善意的，应当承担举证证明责任。第 16 条规定，具有下列情形之一的，应当认定不动产受让人知道转让人无处分权：（1）登记簿上存在有效的异议登记；（2）预告登记有效期内，未经预告登记的权利人同意；（3）登记簿上已经记载司法机关或者行政机关依法裁定、决定查封或者以其他形式限制不动产权利的有关事项；（4）受让人知道登记簿上记载的权利主体错误；（5）受让人知道他人已经依法享有不动产物权。真实权利人有证据证明不动产受让人应当知道转让人无处分权的，应当认定受让人具有重大过失。第 17 条规定，受让人受让动产时，交易的对象、场所或者时机等不符合交易习惯的，应当认定受让人具有重大过失。

关于如何认定"受让该不动产或者动产时"，《最高人民法院关于适用〈中华人民共和国物权法〉若干问题的解释（一）》第 18 条规定，物权法第 106 条第 1 款第 1 项所称的"受让人受让该不动产或者动产时"，是指依法完成不动产物权转移登记或者动产交付之时。当事人以物权法第 25 条规定的方式交付动产的，转让动产法律行为生效时为动产交付之时；当事人以物权法第 26 条规定的方式交付动产的，转让人与受让人之间有关转让返还原物请求权的协议生效时为动产交付之时。法律对不动产、动产物权的设立另有规定的,应当按照法律规定的时间认定权利人是否为善意。

2. 以合理的价格转让

适用善意取得制度,第二个条件是以合理的价格转让,即受让人是以合理的价格,以符合一般人认知的正常的市场价格受让该不动产或者动产。在上文所举的例子中,丙必须以合理的价格受让该房屋。因为建立善意取得制度的意义之一是保障正常的市场秩序,降低交易成本,善意取得制度可以通过制度保证受让人在善意、对价受让时取得交易物。关于如何认定“以合理的价格”,《最高人民法院关于适用〈中华人民共和国物权法〉若干问题的解释(一)》第 19 条规定,物权法第 106 条第 1 款第 2 项所称“合理的价格”,应当根据转让标的物的性质、数量以及付款方式等具体情况,参考转让时交易地市场价格以及交易习惯等因素综合认定。

3. 转让的不动产或者动产依照法律规定应当登记的已经登记,不需要登记的已经交付给受让人

适用善意取得制度,第三个条件是转让的不动产或者动产依照法律规定应当登记的已经登记,不需要登记的已经交付给受让人,即交易的不动产或者动产已经依法发生了物权变动的效力。本法第 209 条第 1 款规定,不动产物权的设立、变更、转让和消灭,经依法登记,发生效力;未经登记,不发生效力,但是法律另有规定的除外。第 224 条规定,动产物权的设立和转让,自交付时发生效力,但是法律另有规定的除外。《最高人民法院关于适用〈中华人民共和国物权法〉若干问题的解释(一)》对特殊动产如何适用善意取得作了规定,该司法解释第 20 条规定,转让人将物权法第 24 条规定的船舶、航空器和机动车等交付给受让人的,应当认定符合物权法第 106 条第 1 款第 3 项规定的善意取得的条件。

此外,《最高人民法院关于适用〈中华人民共和国物权法〉若干问题的解释(一)》对善意取得制度适用的排除作了规定,该司

法解释第21条规定,具有下列情形之一,受让人主张根据物权法第106条规定取得所有权的,不予支持:(1)转让合同因违反合同法第52条规定被认定无效;(2)转让合同因受让人存在欺诈、胁迫或者乘人之危等法定事由被撤销。

善意取得既适用于动产,又可适用于不动产。当事人出于善意,从无处分权人手中购买了房屋并登记过户,善意人取得房屋所有权。善意取得制度常被认为仅适用于动产,其实不然,不动产也适用善意取得制度。瑞士就有不动产的善意取得制度,《瑞士民法典》第973条中规定,出于善意而信赖不动产登记簿的登记,因而取得所有权或其他权利的人,均受保护。

善意取得与可追认的无处分权人处分财产行为有别。善意取得制度中的出让人与可追认的无处分权人处分财产行为中的出让人均是无处分权人,故善意取得是无处分权人处分财产行为的特别规定。善意取得中的受让人是善意第三人,善意取得行为自始有效,无需权利人追认。可追认的无处分权人处分财产行为中的受让人非善意第三人,其知出让人无处分权仍受让财产,故该行为是可追认的行为。权利人追认的,让与行为自始有效;权利人不追认的,让与行为自始无效。

善意取得是所有权特别取得的重要方式,许多立法例对此都有规定。例如,《德国民法典》第932条规定,无权利人的善意取得:物虽不属于让与人,受让人也得因第929条规定的让与成为所有人,但在其依此规定取得所有权的当时为非善意者,不在此限。在第12章第29条第3款规定的情况下,仅在受让人从让与人取得占有时,始适用本条规定。《法国民法典》规定,受让人明知或因重大过失而不知物不属于让与人者,视为非善意者。第2279条规定对于动产,占有即等于所有权证书。《瑞士民法典》第714条规定,以所有权移转为目的善意取得动产的,依照占有的规定,其占有受保护的,即使该动产的让与人无此转让权,该善意占有人仍取得该动产的所有权。第933条规定,凡以善意受让动产所有权或有限物权的人,即使转让人未被授予让与权,亦应保护受让人取得该动产的事实。第1153条规定,从非所有权人处取得物品转让的人可以通过占有取得所有权,但是,以实行占有之时具有善意并且持有适当的所有权转移证书为限。在权利证书未表明所有权上附有其他人的权利并且取得方具有善意的情况下,占有人无任何负担地取得所有权。可以以同样的方式取得用益权、使用权和质权。第1154条规定,误信出让人为所有权人或者误信前占有人已经取得了物品的所有权的理由不适用于知晓原因不法仍然取得物品的人。《日本民法典》第192条规定,平稳而公然地开始占有动产者,如系善意且无过失,则即时取得行使于该动产上的权利。我国台湾地区"民法"第801条规定,动产之受让人占有动产,而受关于占有规定之保护者,纵让与人无移转所有权之权利,受让人仍取得其所有权。第886条规定,质权人占有动产,而受关于占有规定之保护者,纵出质人无处分其质物之权利,质权人仍取得质权。第948条规定,以动产所有权,或其他物权之移转或设定为目的,而善意受让该动产之占有者,纵其让与人无让与之权利,其占有仍受法律之保护。

(二)受让人依据善意取得规定取得不动产或者动产的所有权的,原所有权人有权向无处分权人请求损害赔偿

受让人依照善意取得制度的规定取得不动产或者动产的所有权的,原所有权人会因为无权处分人的处分行为丧失不动产或者动产的所有权,那么此时,如何处理原所有权人与无权处分人之间的关系,如何保护原所有权人的权利。本条第2款规定,受让人依据善意取得规定取得不动产或者动产的所有权的,原所有权人有权向无处分权人请求损害赔偿。例如,甲将实际所有权是乙的房屋以合理的价格出卖给丙并办理了过户登记,丙为善意受让人,此时,虽然甲无权处分该房屋,但是丙根据善意取得的规定取得了本房屋的所有权,此时乙因此受到的损失,有权向甲请求损害赔偿。

(三)当事人善意取得其他物权的,参照适用前两款规定

本条第3款规定,当事人善意取得其他物权的,参照适用前

两款规定。根据本条规定,当事人可以参照适用本条第 1 款、第 2 款的规定,善意取得其他物权。

第三百一十二条　所有权人或者其他权利人有权追回遗失物。该遗失物通过转让被他人占有的,权利人有权向无处分权人请求损害赔偿,或者自知道或者应当知道受让人之日起二年内向受让人请求返还原物;但是,受让人通过拍卖或者向具有经营资格的经营者购得该遗失物的,权利人请求返还原物时应当支付受让人所付的费用。权利人向受让人支付所付费用后,有权向无处分权人追偿。

【释义】　本条是关于遗失物的善意取得的规定。

本条是物权法第 107 条的规定,本次民法典编纂对本条仅作了个别文字修改。

遗失物的善意取得是善意取得的特殊问题,有此立法例。例如,《德国民法典》第 935 条规定对丢失的物无善意取得:(1)从所有权人处盗窃的物、由所有权人遗失或者因其他原因丢失的物,不发生根据第 932 条到第 934 条的规定取得的所有权。所有权人为间接占有人的,物为占有人所丢失时,亦同。(2)对于金钱或者无记名证券以及以公开拍卖方式出让的物,不适用上述规定。《法国民法典》第 2279 条规定,占有物如系遗失物或盗窃物时,其遗失人或被害人自遗失或被盗之日起 3 年内,可以向占有人请求回复其物;但占有人可以向其所由取得该物之人行使求偿的权利。第 2280 条规定,现实占有人如其占有的盗窃物或遗失物系由市场、公卖或贩卖同类物品的商人处买得者,其原所有人仅在偿还占有人所支付的价金时,始得请求回复其物。《瑞士民法典》第 934 条规定,因动产被窃、丢失或因其他违反本意而丧失占有的,可以在丧失的 5 年内请求返还。但前款的动产被拍卖或经市场或经专营商人转卖的,对第一位及其后的善意取得人,非经赔偿已支付的价格,不得请求返还。前款以外的返还给付,亦适用有关善意占有人请求权的规定。第 935 条规定,货币及不记名证券,即使系未经所有人同意而丧失占有的,所有人亦不得向善意取得人请求返还。《日本民法典》第 193 条规定,盗赃、遗失物的特则:于前条情形,占有物系盗赃或遗失物时,受害人或遗失人自被盗或遗失之时起 2 年间,可以向占有人请求回复其物。第 194 条规定,盗赃及遗失物,如系占有人由拍卖处、公共市场或出卖同种类物的商人处善意买受者时,受害人或遗失人除非向占有人清偿其支付的代价,不得回复其物。《俄罗斯联邦民法典》第 152 条规定,如果财产是有偿取得,而取得人不知道或者不可能知道向他出让财产的人没有转让该财产的权利,所有人只有在财产由他或他交给占有的人所遗失,或者从他们二者那里被盗窃,或者由于不依赖他们意志的其他原因而丧失占有的情况下,才有权要求返还该财产。如果财产是无偿的从没有出让该财产权利的人那里取得的,则所有人在任何情况下都有权要求返还该财产。第 154 条规定,对于货币和不记名有价证券,不能向善意取得人要求返还。我国台湾地区"民法"第 949 条规定,占有物如系盗赃或遗失物,其被害人或遗失人,自被盗或遗失之时起 2 年以内,可以向占有人请求回复其物。第 950 条规定,盗赃或遗失物,如占有人由拍卖或公共市场,或由贩卖与其物同种之物之商人,以善意买得者,非偿还其支出之价金,不得回复其物。第 951 条规定,盗赃或遗失物,如系金钱或无记名证券,不得向其善意占有人请求回复。

动产的善意取得亦受限制。出让人让与的动产若是货币或者无记名有价证券之外的遗失物,遗失人有权向善意取得人请求返还原物。善意取得人应当返还,善意取得人返还后可以向让与人追偿。倘若该遗失物是由善意取得人在拍卖市场、公共市场或者在贩卖与其同类之物的商人处购得的,遗失人须偿还其购买之价金,方能取回其物。遗失物若是货币或者无记名有价证券,遗失人无权向善意取得人请求返还原物,只能向出让人请求返还同种类物或者请求其他赔偿。

对于善意取得,有人认为应当规定盗赃物的善意取得。本法不规定盗赃物的善意取得,立法考虑是,对被盗、被抢的财物,所有权人主要通过司法机关依照刑法、刑事诉讼法、治安管理处罚法等有关法律的规定追缴后退回。在追赃过程中,如何保护善意受让人的权益,维护交易安全和社会经济秩序,可以通过进一步完善有关法律规定解决,2007 年的物权法对此未作规定。本次民法典编纂对此亦未作规定。

第三百一十三条　善意受让人取得动产后,该动产上的原有权利消灭。但是,善意受让人在受让时知道或者应当知道该权利的除外。

【释义】　本条是关于善意受让人取得动产后,该动产上的原有权利消灭的规定。

本条是物权法第 108 条的规定,本次民法典编纂对本条仅作了个别文字修改。

善意受让人取得动产后,该动产上的原有权利消灭,也有此立法例,例如,《德国民法典》第 936 条规定第三人权利的消灭:(1)在出让物上设定第三人权利的,该项权利因取得所有权而消灭。但在第 929 条第 2 句规定的情况下,上述规定仅在受让人从出让人处取得占有时,始得适用之。根据第 929 条 a 或者第 930 条的规定进行出让时,或者根据第 931 条的规定出让的物是由出让人间接占有时,第三人的权利仅在受让人基于出让而取得物的占有时,始行消灭。(2)如果受让人于该法第 936 条第 1 款规定的时间内,对该项权利非出于善意时,第三人的权利不消灭。(3)在第 931 条规定的情形下,权利属于第三占有人的,该项权利即使对善意受让人也不消灭。

善意受让人取得动产后,该动产上的原有权利消灭。例如,该动产上有抵押的权利,抵押权消灭。但是,善意受让人取得动产时,知道该动产已被抵押,抵押权不消灭。

第三百一十四条　拾得遗失物,应当返还权利人。拾得人应当及时通知权利人领取,或者送交公安等有关部门。

【释义】 本条是关于拾得遗失物返还的规定。

本条是物权法第 109 条的规定,本次民法典编纂对本条未作修改。

拾得遗失物应当返还,有许多此立法例。例如,《德国民法典》第 965 条规定了拾得人的通知义务:(1)拾得并占有遗失物者,应立即通知遗失人或所有人或其他有权受领的人。(2)拾得人不认识有权受领的人或不知其所在者,应立即将遗失物及有可能对查明有权受领人有关的重要的情事报告主管官署。遗失物的价值不超过 10 马克者,不需要报告。第 967 条规定了交付义务:拾得人有权,并依主管官署的命令有义务将遗失物或其拍卖所得价金交付于主管官署。《瑞士民法典》第 720 条规定了遗失物的招领及上交:(1)拾得遗失物的人应通知失主,如失主不明,应将遗失物交付警署或自行采取适宜的招领方法;(2)遗失物的价值明显超过 10 法郎的,拾得人有将遗失物交付警署的义务。《日本遗失物法》第 1 条规定了拾得物的处置:拾得他人物品的人,应急速将其物品向遗失人、所有人或其他有物品回复请求权的人返还,或者将其物交给警察署长。但依法令的规定禁止私人所有或持有的物品,不在返还的范围。我国台湾地区"民法"第 803 条规定,拾得遗失物者应通知其所有人。不知所有人或所有人所在不明者,应为招领之揭示,或报告警署或自治机关,报告时,应将其物一并交存。第 804 条规定,遗失物经揭示后,所有人不于相当期间认领者,拾得人应报告警署或自治机关,并将其物交存。我国《铁路旅客运输规程》第 55 条规定,对旅客的遗失物品应设法归还原主。如旅客已经下车,应编制客运记录,注明品名、件数等移交下车站。不能判明时,移交列车终点站。

遗失物是非故意抛弃而丢失的物品。遗失物与废弃物不同,废弃物是故意抛弃之物。丢失遗失物的人,称遗失物丢失人。拾得遗失物,是发现并占有遗失物。拾得遗失物的人,称拾得人。拾得人拾得遗失物,知道遗失物所有人的,应当在及时通知其领取,或者送交遗失物。拾得人拾得遗失物,不知道遗失物丢失人的,可以张贴招领告示,寻找遗失物丢失人。也可以将遗失物上缴公安机关或者有关单位。例如,学生将捡到的手套交给学校。

第三百一十五条　有关部门收到遗失物,知道权利人的,应当及时通知其领取;不知道的,应当及时发布招领公告。

【释义】　本条是关于有关部门收到遗失物的处理的规定。

本条是物权法第 110 条的规定,本次民法典编纂对本条未作修改。

有关部门收到遗失物的处理,也有此立法例。例如,《日本遗失物法》第 1 条第 2 项规定了拾得物的处置:将物件提交给警察署长后,警察署长应将其返还给应接受返还者。如应受返还者的姓名或居所不明,应依命令所定进行公告。

有关单位收到遗失物,应当查找遗失物丢失人,请其认领。无人认领的,上缴公安机关。

公安机关收到遗失物,应当查找遗失物丢失人,请其认领。或者存放遗失物品招领处,待人认领。自公安机关收到遗失物发布招领公告之日起 1 年内无人认领的,遗失物归国家所有。公安机关可以拍卖、变卖遗失物,所得价金上缴国库。

第三百一十六条　拾得人在遗失物送交有关部门前,有关部门在遗失物被领取前,应当妥善保管遗失物。因故意或者重大过失致使遗失物毁损、灭失的,应当承担民事责任。

【释义】　本条是关于遗失物保管的规定。

本条是物权法第 111 条的规定,本次民法典编纂对本条未作修改。

对遗失物的保管,有许多此立法例。例如,《德国民法典》第

966 条规定了保管义务:拾得人有保管遗失物的义务。《瑞士民法典》第 721 条规定,对遗失物应妥善保管。我国《铁路旅客运输规程》第 56 条规定,客流量较大的车站应设失物招领处。失物招领处对旅客遗失物品应妥善保管,正确交付。遗失物品需通过铁路向失主所在站转送时,物品在 5 千克以内的免费转送,超过 5 千克时,到站按品类补收运费;但对第 52 条中所列物品及食品不办理转送。根据《最高人民法院关于贯彻执行〈中华人民共和国民法通则〉若干问题的意见(试行)》第 94 条的规定,拾得物灭失、毁损,拾得人没有故意的,不承担民事责任。拾得人将拾得物据为己有的,拒不返还而引起诉讼的,按照侵权之诉处理。

拾得人拾得遗失物,在返还失主或者送交有关部门前,应当妥善保管遗失物。有关部门收到遗失物后在遗失物被领取前,也应当妥善保管遗失物。拾得人或者有关部门因故意或者重大过失致使遗失物损坏灭失的,应当承担民事责任。

遗失物不易保管或者保管费用过高的,公安机关可以及时拍卖、变卖,保存价金。拾得人和有关单位不能自行拍卖、变卖遗失物。

第三百一十七条　权利人领取遗失物时,应当向拾得人或者有关部门支付保管遗失物等支出的必要费用。

权利人悬赏寻找遗失物的,领取遗失物时应当按照承诺履行义务。

拾得人侵占遗失物的,无权请求保管遗失物等支出的费用,也无权请求权利人按照承诺履行义务。

【释义】　本条是关于权利人在领取遗失物时应尽义务的规定。

本条是物权法第 112 条的规定,本次民法典编纂对本条未作修改。

(一)权利人领取遗失物时,应当向拾得人或者有关部门支付保管遗失物等支出的必要费用

对返还遗失物是拾金不昧还是获取报酬,有不同立法例。例如,《德国民法典》第970条规定了偿还费用:拾得人出于保管或保存遗失物的目的,或出于查明有权受领人的目的而支出拾得人依当时情况认为必要支付的费用者,可以向有权受领人请求偿还之。第971条规定了拾得人的报酬:(1)拾得人可以向有权受领人请求拾得人的报酬。遗失物价值在500欧元以下者,其报酬为5%,超过此数部分,依价值的3%,关于动物,依价值的3%。如果遗失物仅对受领人有价值的,拾得人的报酬应按公平原则衡量确定之。(2)拾得人违反报告义务,或在询问时隐瞒遗失物的,上述请求权即告消灭。第972条规定了拾得人的留置权:拾得人可基于费用偿还请求权与报酬请求权对遗失物实施留置。第978条规定在公共行政机关或者交通机构中拾得:拾得人为该机关或该交通机构的公务员,或拾得人违反交存义务时,无此请求权。《瑞士民法典》第722条规定:(1)遗失物交与失主的,拾得人有请求赔偿全部费用及适当拾得报酬的权利;(2)住户人、承租人或公共场所管理机关在其住宅内或在其管理的公共场所拾得遗失物,无拾得报酬请求权。《日本遗失物法》第3条规定了费用负担:遗失物的保管费、公告费及其他必要费用,由受物品返还的人或取得物品的所有权而将其领取的人负担。第4条规定了酬劳金:受物品返还的人,应向拾得者给付不少于物品价格5%、不多于物品价格20%的酬劳金。但国库或其他公法人不得请求酬劳金。第9条规定了拾得人的权利丧失:因侵占遗失物或其他准用本法规定的物品而受处罚的人,及自拾得之日起7日内不办理第1条第1项、第11条第1项手续的人,丧失首领第3条费用及第4条酬劳金的权利及取得遗失物所有权的权利。我国台湾地区“民法”第805条规定,遗失物拾得后6个月内,所有人认领者,拾得人或警署或自治机关,于揭示及保管费受偿还后,应将其物返还之。拾

得人对于所有人,可以请求其物3/10之报酬。我国刑法第270条规定,将代为保管的他人财物非法占为己有,数额较大,拒不退还的,处2年以下有期徒刑、拘役或者罚金;数额巨大或者有其他严重情节的,处2年以上5年以下有期徒刑,并处罚金。将他人的遗忘物或者埋藏物非法占为己有,数额较大,拒不交出的,依照前款的规定处罚。本条罪,告诉的才处理。

拾得人拾得遗失物,有人主张拾得人应获得报酬,遗失物所有人不支付酬金的,拾得人享有留置权。2007年制定的物权法未采纳这种意见。路不拾遗、拾金不昧是崇高的道德风尚,立法要有价值取向,弘扬中华传统美德。拾得人因拾得遗失物、寻找遗失物丢失人、保管遗失物而实际支付的费用,可以按无因管理请求遗失物所有人偿还。无人认领的,由公安机关在上缴国库前支付。因此,本条第1款规定,权利人领取遗失物时,应当向拾得人或者有关部门支付保管遗失物等支出的必要费用。

(二)权利人悬赏寻找遗失物的,领取遗失物时应当按照承诺履行义务

本条第2款规定,权利人悬赏寻找遗失物的,领取遗失物时应当按照承诺履行义务。例如,甲丢失一贵重物品,登报承诺如果有人拾得该物并归还,其愿意支付人民币5000元作为报酬,此时,如有人拾得该物并归还,甲应当按照承诺履行支付人民币5000元的义务。本法第499条规定,悬赏人以公开方式声明对完成特定行为的人支付报酬的,完成该行为的人可以请求其支付。

(三)拾得人侵占遗失物的,无权请求保管遗失物等支出的费用,也无权请求权利人按照承诺履行义务

本条第3款规定,拾得人侵占遗失物的,无权请求保管遗失物等支出的费用,也无权请求权利人按照承诺履行义务。拾得人隐匿遗失物据为己有的,构成侵犯所有权。遗失物所有人可以请拾得人偿还,公安机关可以责令拾得人交出。拾得人丧失报酬和费用请求权。拾得人将数额较大的遗失物占为己有,拒不交出的,构成犯罪,依刑法惩处。

第三百一十八条　遗失物自发布招领公告之日起一年内无人认领的，归国家所有。

【释义】 本条是关于无人认领的遗失物归国家所有的规定。

本条在物权法第 113 条的基础上作了修改完善，将物权法第 113 条中规定的“六个月”修改为“一年”。

无人认领的遗失物归国家所有，有许多立法例。例如，《法国民法典》第 713 条规定，无主财产属于国家。第 714 条规定，不属于任何人之物，得为公众共同使用。我国民事诉讼法第 192 条规定，人民法院受理申请后，经审查核实，应当发出财产认领公告。公告满 1 年无人认领的，判决认定财产无主，收归国家或者集体所有。海关法第 51 条规定，进出境物品所有人声明放弃的物品、在海关规定期限内未办理海关手续或者无人认领的物品，以及无法投递又无法退回的进境邮递物品，由海关依照本法第 30 条的规定处理。第 30 条规定，进口货物的收货人自运输工具申报进境之日起超过 3 个月未向海关申报的，其进口货物由海关提取依法变卖处理，所得价款在扣除运输、装卸、储存等费用和税款后，尚有余款的，自货物依法变卖之日起 1 年内，经收货人申请，予以发还；其中属于国家对进口有限制性规定，应当提交许可证件而不能提供的，不予发还。逾期无人申请或者不予发还的，上缴国库。确属误卸或者溢卸的进境货物，经海关审定，由原运输工具负责人或者货物的收发货人自该运输工具卸货之日起 3 个月内，办理退运或者进口手续；必要时，经海关批准，可以延期 3 个月。逾期未办手续的，由海关按前款规定处理。前两款所列货物不宜长期保存的，海关可以根据实际情况提前处理。收货人或者货物所有人声明放弃的进口货物，由海关提取依法变卖处理；所得价款在扣除运输、装卸、储存等费用后，上缴国库。邮政法第 33 条规定，邮政企业对无法投递的邮件，应当退回寄件人。无法投递又无法退回的信件，自邮政企业确认无法退回之日起超过 6 个月无人认领的，由邮政企业在邮政管理部门的监督下销毁。无法投递又无法退回的其他邮件，按照国务院邮政管理部门的规定处理；其中无法投递又无法退回的进境国际邮递物品，由海关依照海关法的规定处理。《物资部仓库盘盈物资及无主货管理暂行办法》第 4 条对无主货的确认作了规定，盘点检查中发现的不明货主物资，自发现之日起 3 个月内，仓库应采取必要措施寻找货主。3 个月期满后确实找不到货主时方可确认为无主货。记入无主货账。第 6 条规定，盘盈物资和无主货要单独存放，单独及时建账、建卡，专人保管和保养。第 7 条规定，盘盈物资入账后即可处理；无主货从确认之日起，半年内要继续寻找货主，半年内未找到货主，又无人认领时，可做变卖处理。

公安机关收到遗失物，应当查找遗失物丢失人，请其认领。或者存放遗失物品招领处，待人认领。自公安机关收到遗失物发布招领公告之日起 1 年内无人认领的，遗失物归国家所有。公安机关可以拍卖、变卖遗失物，所得价金缴国库。

物权法第 113 条规定，遗失物自发布招领公告之日起 6 个月无人认领的，归国家所有。在民法典编纂过程中，有的意见提出，6 个月的时间过短，不利于物归还主，建议延长。2018 年 8 月，提交审议的《民法典各分编（草案）》将本条中的“六个月”修改为“一年”。

第三百一十九条　拾得漂流物、发现埋藏物或者隐藏物的，参照适用拾得遗失物的有关规定。法律另有规定的，依照其规定。

【释义】　本条是关于拾得漂流物、发现埋藏物或者隐藏物的规定。

本条是物权法第 114 条的规定，本次民法典编纂对本条仅作了个别文字修改。

（一）立法例

关于拾得漂流物、发现埋藏物或者隐藏物的处理，境外及境内法律法规均有不少规定：

(1)境外立法例。《日本遗失物法》第12条规定，准遗失物，关于因错误而占有的物品，他人遗忘的物品，或者逃逸的家畜，准用该法及民法第240条的规定；但关于因错误而占有的物品，不得请求第3条的费用及第4条的酬劳金。日本民法第241条规定了埋藏物的发现：关于埋藏物，依特别法规定进行公告后6个月内，其所有人不明时，拾得人取得其所有权。我国台湾地区“民法”第810条规定，拾得漂流物或沉没品者，适用关于拾得遗失物之规定。

(2)境内法律的相关规定。民法通则第79条第1款规定，所有人不明的埋藏物、隐藏物归国家所有。接收单位应当对上缴的单位或个人，给予表扬或者物质奖励。《最高人民法院关于贯彻执行〈中华人民共和国民法通则〉若干问题的意见(试行)》第93条规定，公民、法人对于挖掘、发现的埋藏物、隐藏物，如果能够证明属其所有，而且根据现行的法律、政策又可以归其所有的，应当予以保护。《河道管理条例》第33条规定，在河道中流放竹木，不得影响行洪、航运和水工程安全，并服从当地河道主管机关的安全管理。在汛期，河道主管机关有权对河道上的竹木和其他漂流物进行紧急处置。《中华人民共和国城镇国有土地使用权出让和转让暂行条例》第2条第1款规定，国家按照所有权与使用权分离的原则，实行城镇国有土地使用权出让、转让制度，但地下资源、埋藏物和市政公用设施除外。刑法第270条规定，将代为保管的他人财物非法占为己有，数额较大，拒不退还的，处2年以下有期徒刑、拘役或者罚金；数额巨大或者有其他严重情节的，处2年以上5年以下有期徒刑，并处罚金。将他人的遗忘物或者埋藏物非法占为己有，数额较大，拒不交出的，依照前款的规定处罚。本条罪，告诉的才处理。

(二)处理方式

漂流物、埋藏物和隐藏物的现实问题非常复杂，应当区别情况分别处理：

(1)拾得漂流物或者失散的饲养动物,应当归还失主,因此支出的费用由失主偿还。拾得漂流物、失散的饲养动物,可参照拾得遗失物的相关规定。漂流物是指漂流在水上的遗失物。失散的饲养动物是指走失的他人饲养的动物。

(2)发现埋藏物。埋藏物是指埋藏于地下的物品。埋藏物品的人,称埋藏人。发现埋藏物的人,称发现人。发现人发现埋藏物,可视情况分别处理:一是能够判定埋藏人,且埋藏物不易为他人发现,发现人可以不挖取埋藏物,并将埋藏物继续掩埋好,且将发现情况告知埋藏人。二是能够判定埋藏人,且埋藏物易为他人发现,发现人可依前种情形处理,也可以将埋藏物挖出,交还埋藏人。三是不能判定埋藏人,且埋藏物不易为他人发现,发现人可以不挖取埋藏物,并将埋藏物继续掩埋好。发现人可以将发现情况告知有关单位或者公安机关。四是不能判定埋藏人,且埋藏物易为他人发现,发现人可依前种情形处理,也可以挖取埋藏物,按拾得不知遗失物丢失人的遗失物的办法处理。发现人发现的埋藏物倘若是文物,应依文物保护法处理。

(3)发现隐藏物。隐藏物是隐藏于它物之中的物品,如隐藏于夹墙中的物品。隐藏物品的人,称隐藏人,发现隐藏物的人,称发现人。发现隐藏物适用发现埋藏物的相关规定。

(4)漂流物、埋藏物、隐藏物与文物保护法的适用。由于漂流物、埋藏物和隐藏物的概念在外延上同"文物"的概念存在交叉,在如何处理埋藏物和隐藏物的问题上,有的意见认为,埋藏物和隐藏物的问题复杂,近期的埋藏物、隐藏物可视为遗失物处理,但历史上的埋藏物,属于文物。根据文物保护法第5条规定,中华人民共和国境内地下、内水和领海中遗存的一切文物,属于国家所有。第27条规定,一切考古发掘工作,必须履行报批手续;从事考古发掘的单位,应当经国务院文物行政部门批准。地下埋藏的文物,任何单位或者个人都不得私自发掘。文物保护法第32条规定,在进行建设工程或者在农业生产中,任何单位或者个人发现文物,应当保护现场,立即报告当地文物行政部门,文物行政部门接到报告后，如无特殊情况，应当在24小时内赶赴现场，并在7日内提出处理意见。文物行政部门可以报请当地人民政府通知公安机关协助保护现场；发现重要文物的，应当立即上报国务院文物行政部门，国务院文物行政部门应当在接到报告后15日内提出处理意见。依照前款规定发现的文物属于国家所有，任何单位或者个人不得哄抢、私分、藏匿。

考虑到文物保护法中对构成文物的物（包括漂流物、埋藏物和隐藏物）的权属及处理程序作了详细规定，因此对于文物的处理不宜笼统参照拾得遗失物的有关规定，所以本条规定了但书，“法律另有规定的，依照其规定”。此外，由于遗失物、漂流物、埋藏物和隐藏物的概念在外延上同“文物”的概念存在交叉，无论是遗失物、漂流物、埋藏物或者隐藏物，只要构成“文物”，文物保护法的规定将优先适用。

第三百二十条　主物转让的，从物随主物转让，但是当事人另有约定的除外。

【释义】　本条是关于从物随主物转让的规定。

本条是物权法第115条的规定，本次民法典编纂对本条仅作了个别文字修改。

主物与从物的划分规则，是指在两个以上的物发生互相附着或者聚合而且在经济上发生密切的关联之后，当物上的权利发生变动时，为确定物的归属所适用的规则。物的主从关系的划分并非人为拟制，而是经济实践的反映。现实中的物常常是由许多单一物结合在一起组成的物。当物上的权利发生变动时，必须考虑各部分是否也随之发生权利的变动，因此制定主物与从物之间的关系规则非常必要。

要准确把握本条关于主物转让的，从物随主物转让的一般规则，需要首先对主物和从物的概念进行理解。主物、从物的概念不同于物的整体与其重要成分之间的关系。物的重要成分是物的组成部分，而主物和从物在聚合之前分别为独立的物，如自行车与车锁，在聚合之前为独立的物。在聚合之后，根据它们的作用可以决定主从关系，并决定权利的变动。但物的重要成分与物的整体本身就是一个物，如汽车与其发动机，如果没有发动机的作用，汽车就不能称之为汽车，也就无法发挥它的整体效用。因此法律上的规则是，不许可在物的整体上和该物的重要成分上分设两个独立的权利；而主物从物之间的关系却不同，在从物随主物转让的一般规则下，均承认当事人例外约定的效力。例如，甲将自行车出售给乙，完全可以约定自行车车锁不售仍由甲所有。

正是基于对主物、从物仍为两物的认识，各国立法例均作出规定，许可原权利人依特别的约定对从物进行处分。这一考虑的基本原因在于：主物和从物毕竟是两个物，从物附着于主物一般也有其可分性，从物与主物的分离并不妨碍主物的经济效用的发挥。

最后一点需要说明的是，在主物和从物的关系中，必须有从物附着于主物的事实，即主物和从物必须发生空间上的联系，并且从物对主物需发挥辅助性的作用。我国台湾地区“民法”还特别强调，主从物除发生附着关系外，还必须具有同属一人的事实。此外，《德国民法典》和《瑞士民法典》中还强调，从物必须为动产。

第三百二十一条　天然孳息，由所有权人取得；既有所有权人又有用益物权人的，由用益物权人取得。当事人另有约定的，按照其约定。

法定孳息，当事人有约定的，按照约定取得；没有约定或者约定不明确的，按照交易习惯取得。

【释义】 本条是关于天然孳息及法定孳息归属的规定。

本条是物权法第116条的规定，本次民法典编纂对本条仅作了个别文字修改。

孳息是与原物相对而言的，指由原物而产生的物，包括天然孳息与法定孳息。

（一）天然孳息的概念和归属

天然孳息是指依物的自然属性所产生的物。天然孳息的范围非常广，主要来源于种植业和养殖业，如耕作土地获得粮食和其他出产物，种植果树产生果实，包括竹木的枝根，养殖牲畜获得各种子畜和奶产品等。天然孳息是原物的出产物，一方面人们占有使用原物并对其进行生产劳动，其目的就是获得出产物、收获物，所以法律规定天然孳息的归属，实际上就是对劳动的保护；另一方面，日常生活中也常发生原物在脱离所有权人的情况下而产生孳息的情形，因此确定孳息的归属尤显必要。

天然孳息，自从与原物脱离后，会立即产生归属的问题，但是天然孳息的处理原则，民法中甚为复杂。对天然孳息，罗马法的处理原则是“生根的植物从属于土地”，即原物的所有权人有取得孳息的权利，但是法律允许其他人提出可以对抗原物所有权人的抗辩。考察德国、日本及我国台湾地区立法例，关于天然孳息归属的基本规则，是在承认原物的所有权人有取得权利的大前提下，同时许可他人享有排斥原物所有权人的取得权利。他人的这一权利可以基于物权产生，如基于用益物权；也可因债权产生，如因当事人约定而取得孳息。因此，本法明确规定：天然孳息，由所有权人取得；既有所有权人又有用益物权人的，由用益物权人取得。当事人另有约定的，按照约定。

（二）法定孳息的概念和归属

法定孳息是指依一定的法律关系由原物所生的物，是原物的所有权人进行租赁、投资等特定的民事法律活动而应当获得的合法收益。如房屋出租所得的租金，依股本金所得的股息等。在德国民法中，法定孳息被称为权利的孳息，确定法定孳息的归属，是对产生法定孳息的民事法律关系的承认和保护。

法定孳息（利息、租金等），按照一般的交易规则，利息应由债权人取得，租金应由出租人取得，但也不排除其他情形的存在。如在德国民法中还有为第三人设定的专以取得孳息为目的的物权类型,即动产(特指有价证券)的用益权。因此,关于法定孳息的归属,原则上更为变通。本法规定,当事人有约定的,按照约定取得;没有约定或者约定不明确的,按照交易习惯取得。

第三百二十二条　因加工、附合、混合而产生的物的归属,有约定的,按照约定;没有约定或者约定不明确的,依照法律规定;法律没有规定的,按照充分发挥物的效用以及保护无过错当事人的原则确定。因一方当事人的过错或者确定物的归属造成另一方当事人损害的,应当给予赔偿或者补偿。

【释义】　本条是关于添附的规定。

本条是本次民法典编纂新增加的规定。

(一)添附的含义

加工、附合、混合统称添附,是指不同所有人的物被结合、混合在一起成为一个新物,或者利用别人之物加工成为新物的事实状态。其中附合、混合为物与物相结合,加工为劳力与他人之物相结合。添附的发生有的基于人的行为,也有的基于自然的偶然因素。添附包括三种情况:

(1)加工。加工是指将他人的物加工制造成新物。加工是一种事实行为,是劳动与动产的结合,包括劳力、知识技术与时间的投入。比如,在他人的纸张上作画成为艺术品,或将他人的树根进行雕刻成为根雕艺术品等。值得注意的是,本条中的加工是一种事实行为,加工他人材料制造成新物,不包括加工承揽合同的情况。

关于加工物的归属问题,有材料主义与加工主义两种观点。材料主义认为,有材料才能加工,加工后虽形式发生改变,但材料的本质并未变化,因此应由材料所有人取得加工物的所有权。加工主义认为,加工物的形成是加工人劳动的成果,应由加工人取得所有权。其他国家和地区有两种立法例,一种是以材料主义为原则,以加工主义为例外,如法国、日本和我国台湾地区。另一种是以加工主义为原则,以材料主义为例外,如德国和瑞士。

(2)附合。附合是指不同所有人的物密切结合在一起而成为一种新物，如误将他人的油漆刷了自己的墙。

(3)混合。混合是指不同所有人的物掺合、融合在一起而成为新物。比如，误将两人的米混合在一起、误将两人的油混合在一起等。无法识别，或者虽有办法识别分离，但若进行识别分离则经济上不合理。混合和附合不同在于，混合后各所有人的原物已达不能凭视觉识别的程度。

(二)添附制度的立法过程

民法典出台前，我国法律没有关于添附制度的规定。《最高人民法院关于贯彻执行〈中华人民共和国民法通则〉若干问题的意见(试行)》第 86 条规定，非产权人在使用他人的财产上增添附属物，财产所有人同意添附，并就财产返还时附属物如何处理有约定的，按约定处理；没有约定又协商不成，能够拆除的，可以责令拆除；不能拆除的，也可以折价归财产所有人；造成财产所有人的损失的，应当负责赔偿责任。

物权法立法过程中，添附制度虽几经修改，但最终未规定添附制度：

民法典物权编草案编纂过程中，有的意见提出，添附是非常重要的所有权取得方式，物权编应该对添附制度作出规定。2018 年 8 月，十三届全国人大常委会第五次会议审议的《民法典各分编(草案)》第 117 条在物权法的基础上增加了添附制度的规定，即本条规定的内容。本条内容在物权法草案三审稿的基础上将"赔偿"修改为"赔偿或者补偿"。这个修改主要是在物权编草案征求意见稿征求意见的过程中，有的意见提出，在双方都无过错的情况下，不应当进行赔偿，而应当由获得物的一方补偿另一方当事人，建议将"赔偿"修改为"赔偿或者补偿"。

(三)其他国家和地区关于添附的规定

1. 德国

关于加工物，德国民法采"加工主义"为原则，"材料主义"为例外。《德国民法典》第 950 条中规定，因对一项或数项材料进行加工或改造而制成一个新的动产的人,取得此新物的所有权,加工或改造的价值显著低于材料的价值的除外。书写、素描、绘画、印刷、雕刻或类似的表面处理,也视为加工。关于对因上述规定而丧失权利的人的赔偿,《德国民法典》的规定主要是依据不当得利的原则,并且,德国民法并未将加工人是否有恶意这一因素作为影响添附物归属的要件加以规定,恶意只产生侵权责任损害赔偿的问题,并不影响添附物的归属。《德国民法典》第951条规定,因第946~950条的规定丧失权利的人,可以向因发生权利变更而受利益的人请求返还不当得利的规定给予金钱补偿。不得请求恢复原状。关于因侵权行为发生的损害赔偿义务的规定,以及关于费用偿还和关于设备取回权的规定,不因此而受影响。

关于附合,《德国民法典》第947条规定,数动产互相结合,致使其成为一合成物的重要成分的,各原所有人成为此物的共有人;各应有部分按各物在附合时具有的价值比例确定。各物中的一物应视为主物的,其所有人取得单独所有权。对于混合物,《德国民法典》规定,准用第947条关于附合的规定。

2. 法国

关于加工,法国民法采取了不同于《德国民法典》的做法,采"材料主义"为原则,"加工主义"为例外。《法国民法典》第570条规定,如某一手工业者或其他任何人使用不属于其本人的材料做成一种新的物品,无论被使用的材料是否能恢复原来的形态,此种材料的所有人均有权请求已做成的物品,并偿还加工的手工费用。第571条规定,但是,如果加工费用极高,远远超过所使用的材料的价金,技艺在此时应视为主要部分;与此情形,加工人有权留置其加工的物品,并向材料所有人偿还材料的价金。

关于添附,《法国民法典》规定得非常详尽,它分专节规定了与不动产之物有关的添附权和有关动产的添附权。关于不动产之物的添附,《法国民法典》第555条规定,第三人使用属于自己的材料在他人土地上进行的建筑、栽种或工程,土地所有权人有权:或者保留此种建筑、栽种或工程的所有权,或者强制第三人拆除之。如土地所有权人要求拆除建筑、工程或者铲除栽种物,费用由第三人负担,并且该第三人不得请求任何补偿;与此同时,该第三人还得就土地所有人可能受到的损失负担损害赔偿之责。如土地所有人宁愿保留已经进行的建筑、栽种或工程的所有权,应由其选择,向第三人偿还:或者相当于其土地所增价值的款项,或者按支付之日计算的材料的成本费用与劳力费用。在计算时,应该考虑到建筑、栽种与工程的现状。如地上的建筑、栽种物或工程是由第三人善意而为,因而不会受到返还果实之处罚时,虽然该第三人被追夺了所有权,但土地所有人仍不得要求其拆除此种建筑与工程或者铲除已进行的栽种,不过他可以选择向该第三人偿还前款所指的这一种或那一种费用。

关于动产的添附,《法国民法典》第565~577条作了详细规定。第565条规定,分别属于两个不同所有人的两件动产物品的添附权,应完全按自然平衡的原则处理。第566条规定,在分别属于不同主人的两件物品虽然汇合在一起形成一个整体,但两者尚能分开,一物虽然脱离一物仍可存在,整个添附权属于占有该物之主要部分的主人。但该人应向另一人支付其已被汇合之物的价金。

3. 意大利

《意大利民法典》第934~940条规定了添附、加工、附合与混合制度。关于加工物,《意大利民法典》采取德国民法的做法,以"加工主义"为原则,"材料主义"为例外。《意大利民法典》第940条规定,某人为制作新的物品使用了不属于他的材料,无论能否使材料恢复原有的形态,加工人取得加工物的所有权并且承担向材料的所有人支付材料费的责任,材料的价值明显超过加工费的情况除外。在后一种情况下,材料的所有人取得加工物的所有权并且承担支付加工费的责任。

关于不动产添附,《意大利民法典》第934~937条与《法国民法典》中的规定极为相似。关于动产的添附,《意大利民法典》第939条规定,当为制成一件物品将分别属于不同所有人的数件物品组合或混合在一起时,如果能够不造成显著损害的进行分离,则每个所有权人保留对自己物品享有的所有权并且有权请求分离。在无法分离的情况下,各物品的所有人按其物品于合成时的价值比例共有合成物。

4. 瑞士

《瑞士民法典》规定的添附制度基本上承袭了《德国民法典》的做法,唯一的不同是在加工物的问题上,《瑞士民法典》规定了恶意这一因素对加工物归属的影响。《瑞士民法典》第726条规定,加工或改造他人的物,加工费高于原料本身的价值时,加工人取得物的所有权。反之,所有权归属于原料的所有人。但是,前款情形,加工人为恶意人时,即使加工费高于原料本身的价值,仍应将加工物判与原料所有人。上述情形,不妨碍请求损害赔偿及返还不当得利的权利。关于混合或者附合,《瑞士民法典》第727条规定,不同所有人的动产相互混合或附合,以至非有重大损失或劳力不能分离,或虽能分离但耗资过大时,各动产所有人以其动产附合时的价值,共有合成物。一动产与他人另一同类动产混合或附合,并为他人动产的附属部分时,该全物归属于主要部分的所有人。前款规定,不妨碍请求损害赔偿及返还不当得利的权利。

5. 日本

关于加工,日本民法采"材料主义"为原则,"加工主义"为例外,同《法国民法典》类似。《日本民法典》第246条规定,为他人动产加工时,加工物的所有权属于材料所有人。但是,因加工致使其价格显著超过材料价格时,加工人取得该物的所有权。关于添附,《日本民法典》因循了《法国民法典》的设计,详见《日本民法典》第242~248条。关于不动产的附合,《日本民法典》第242条规定,不动产的所有人,取得作为其不动产之从的附合物的所有权。但是,不妨碍他人因权原而使其物附属的权利。关于动产的附合,该法第243条规定,分属于数个所有人的数个动产,因附合至非毁损不能分离时,其合成物的所有权,属于主动产的所有人。该法第244条规定,附合的动产,不能区别主从时,各动产的所有人,按其动产于附合当时的价格比例,共有合成物。

6. 我国台湾地区“民法”

关于加工,我国台湾地区“民法”第 814 条规定,加工于他人之动产者,其加工物之所有权,属于材料所有人。但因加工所增之价值显逾材料之价值者,其加工物之所有权属于加工人。关于附合和混合,该法第 811 条规定,动产因附合而为不动产之重要成分者,不动产所有人,取得动产所有权。第 812 条规定,动产与他人之动产附合,非毁损不能分离,或分离需费过巨者,各动产所有人,按其动产附合时之价值,共有合成物。前项附合之动产,有可视为主物者,该主物所有人,取得合成物之所有权。第 813 条规定,动产与他人之动产混合,不能识别,或识别费过巨者,准用前条之规定。关于添附的效果,该法第 815 条规定,依前四条之规定,动产之所有权消灭者,该动产上之其他权利,亦同消灭。第 816 条规定,因前五条之规定,丧失权利而受损害者,可以依关于不当得利之规定,请求赔偿金。

(四)因添附产生的物的归属

添附是所有权取得的一种方式,在多数国家立法例中,法律通常规定由一人取得添附物的所有权,或共有合成物,目的在于防止对物进行不经济的分离。

1. 因添附产生的物的归属的确定

根据本条规定,因加工、附合、混合而产生的物的归属,按照以下原则确定:

首先,有约定的,按照约定。当事人之间如果就因添附产生的物的归属有约定的,确定因添附产生的物的归属时,先按照当事人的约定。

其次,没有约定或者约定不明确的,依照法律规定。如果当事人未就因添附产生的物的归属事先作约定,或者事先约定了,但约定不明确的,依照法律规定确定物的归属。

最后,法律没有规定的,按照充分发挥物的效用以及保护无过错当事人的原则确定。如果当事人未就因添附产生的物的归

属事先作出约定,也没有相应的法律规定的,按照两个原则确定物的归属:

一是充分发挥物的效用原则。法律把添附作为取得所有权的一种根据,其原因就在于添附发生后,要回复各物之原状事实上已不可能,或者虽有可能但经济上很不合理,因此有必要使添附物归一方所有或各方共有。确定添附物的归属时,应以充分发挥物的效用为原则。一般情况下,加工他人的动产的,加工物的所有权属于材料的所有权人。但是,因加工致使其价值显著大于原材料价值的,可以由加工人取得该加工物的所有权。动产因附合而为不动产的重要成分,可以由不动产所有权人取得该动产的所有权。

二是保护无过错当事人原则。在考虑充分发挥物的效用确定添附物的同时,还需考虑当事人是否有过错。如一般情况下,加工他人的动产的,加工物的所有权属于材料的所有权人。但是,因加工致使其价值显著大于原材料价值的,可以由加工人取得该加工物的所有权。如果加工人明知被加工的物是他人之物,故意对原材料进行加工,即使加工价值显著大于原材料价值,也可以综合考虑充分发挥物的效用和保护无过错当事人原则,将添附物判决由材料的所有权人所有。

2. 当事人之间的赔偿或者补偿

将添附物确定归一方所有,会造成另一方的损害。根据本条规定,因一方当事人的过错或者确定物的归属造成另一方当事人损害的,应当给予赔偿或者补偿。例如,加工的情况下,确定添附物归加工人所有的,所有人应支付材料的原所有者相当的价款,确定添附物归材料所有人所有的,所有人应支付给加工人其加工的劳动报酬。又如,误将他人的油漆刷了房屋的墙,此种情况下,油漆的所有权只能归房屋所有人,但应支付他人油漆的价款。一方当事人有过错,造成另一方当事人损害的,应当给予赔偿;一方当事人无过错,因确定物的归属造成另一方当事人损害的,应当给予补偿。

第三分编 用益物权

第十章 一般规定

本章共 7 条,主要规定了用益物权人享有的基本权利、国有和集体所有的自然资源组织和个人可以取得用益物权,自然资源使用制度,用益物权人的权利行使,用益物权人因征收、征用有权获得补偿,海域使用权,探矿权等受法律保护等内容。

第三百二十三条　用益物权人对他人所有的不动产或者动产,依法享有占有、使用和收益的权利。

【释义】 本条是关于用益物权人享有的基本权利的规定。

本条是物权法第 117 条的规定,本次民法典编纂对本条未作修改。

用益物权是权利人对他人所有的不动产或者动产,依法享有占有、使用和收益的权利。用益物权是以对他人所有的物为使用、收益的目的而设立的,因而被称作"用益"物权。用益物权制度是物权法律制度中一项非常重要的制度,与所有权制度、担保物权制度等一同构成了物权制度的完整体系。

(一)用益物权人的基本权利

依照本条规定,用益物权人对他人所有的不动产或者动产,依照法律规定享有占有、使用和收益的权利。

1. 占有的权利

"占有"是对物的实际控制。用益物权作为以使用、收益为目的的物权,自当以权利人对物的实际占有为必要。利用他人之物为使用、收益,必然要对物予以实际支配。没有占有就不可能实现对物的直接利用。

2. 使用、收益的权利

“使用”是依物的自然属性、法定用途或者约定的方式,对物进行实际上的利用。“收益”是通过对物的利用而获取经济上的收入或者其他利益。用益物权的设立目的是对物的使用和收益。比如,在他人的土地上自建房屋以供居住;在他人的土地上耕种、畜牧以供自用或出售而获得收益;在他人土地上建造楼宇用以出售、出租以取得收益等。

(二)用益物权的特征

作为物权体系的重要组成部分,用益物权具备物权的一般特征,同时还具有自身的特性,除了以对物的实际占有为前提、以使用、收益为目的以外,还有以下几个方面的特征:

1. 用益物权是由所有权派生的物权

所有权是权利人对自己的不动产或者动产,依法享有占有、使用、收益和处分的权利,包括在自己的财产上设立用益物权或担保物权的权利。用益物权则是在他人所有的财产上设立的权利,即对他人的财产享有占有、使用和收益的权利。因此,用益物权被作为“他物权”,以相对于所有权的“自物权”。

2. 用益物权是受限制的物权

相对于所有权而言,用益物权是不全面的、受一定限制的物权。因此,用益物权属于“定限物权”,以区别于所有权的“完全物权”。其一,所有权是物权权利种类中最完全、也是最充分的权利。所有权的权利人对自己的财产,依法享有完全的直接支配力,包括占有、使用、收益和处分。而用益物权只具有所有权权能的一部分权能,其权利人享有的是对财产占有、使用和收益的权利。虽然权利人依法可以将其享有的用益物权予以转让、抵押等,但不具有对财产的所有权进行处分的权利。其二,所有权具有恒久性,只要所有物存在,所有权人对所有物便享有永久的权利。而用益物权则具有期限性。虽然设定的期限往往较长,但不是永久期限,期限届满时,用益物权人应将占有、使用之物返还于所有权人。其三,用益物权人必须根据法律的规定及合同的约定正确行使权利。用益物权人应当保护和合理利用所有权人的不动产或者动产,按照设定权利时约定的用途和使用方法来利用所有权人的财产,不得损害所有权人的权益。

3. 用益物权是一项独立的物权

用益物权是对所有权有所限制的物权。用益物权虽由所有权派生,以所有权为权源,并属于"他物权""定限物权",但用益物权一经设立,便具有独立于所有权而存在的特性。所有权对物的支配力受到约束,对物占有、使用和收益的权能由用益物权人行使,所有权人不得干涉。所有权人不得随意收回其财产,不得妨碍用益物权人依法行使权利。用益物权具有对物的直接支配性和排他性,可以对抗所有权人的干涉。同时,用益物权的义务人包括任何第三人,用益物权可以对抗所有第三人的侵害,包括干预、占有和使用客体物等。因此,用益物权是一项独立的物权。

4. 用益物权一般以不动产为客体

用益物权多以不动产尤其是土地为使用收益的对象。由于不动产特别是土地的稀缺性、不可替代性且价值较高,以及土地的所有权依法不可移转性,使在土地等不动产上设立用益物权成为经济、社会发展的必然要求。而动产的特性决定了通常可以采用购买、租用等方式获得其所有权和使用权。

(三)建立用益物权制度的意义

用益物权制度的建立,对社会、经济发展有着重要意义。归结起来,一是促进资源的有效利用,二是维护资源的有序利用。

1. 促进资源的有效利用

随着社会、经济的发展,人们对物质尤其是对土地等资源的需求不断扩大,而土地等资源相对稀缺、不可替代。为了社会和经济的持续发展,必然要提高对土地等资源的有效利用,充分发挥其效用。在对资源的利用过程中,通过建立对物的利用予以保障的机制,以实现资源有效、充分利用的目的,便成为物权尤其是用益物权法律制度的任务之一。用益物权法律制度,可以在不能取得土地等资源的所有权或不必取得他人之物的所有权时,使用益物权人可以通过对他人所有之物的占有、使用而获得收益,同时为社会提供财富。而对于所有人,也可以通过设定用益物权,将其所有的土地等资源交由他人使用收益,由此所有人可以不必直接使用其所有物也能获得收益。所有权人和用益物权人都可取得相应利益,表明资源的使用价值得到更为有效、充分的实现。对整个社会而言,社会的资源得到有效利用,社会的整体利益也就得到了最大程度地实现和满足。

2. 维护资源的有序利用

维护资源的有序利用,有以下四层含义:

首先,通过用益物权制度,确定所有权人与用益物权人之间的权利义务,以达到权利人之间的利益平衡。用益物权制度并非单纯为维护用益物权人的利益而建立的制度,而是在维护用益物权人权利的同时,兼顾所有权人利益的制度。所以说,用益物权制度是平衡用益物权人和所有权人之间利益保障的法律制度。

其次,用益物权制度所规定的所有权人与用益物权人之间的权利义务,是法定的权利义务,当事人不得随意变更。这样就避免了一方利用其社会或者经济上的优势地位,迫使对方放弃权利,或者无端地增加本不应由对方履行的义务。以此来保障双方权利义务关系的长久与稳定。

再次,用益物权一般需要通过登记的公示方法将土地等资源上的权利状态昭示社会。通过公示来保障用益物权人的权利不为他人所侵害,并保障交易的安全。同时,通过对用益物权的设立目的、土地等资源的用途等进行登记,防止用益物权人任意改变土地等资源的原有用途。

最后,用益物权制度赋予了权利人对土地等资源的占有、使用和收益的权利。同时,还要求权利人在行使权利时,应当承担保护和合理开发利用资源、保护生态环境的义务。这对保护和合理开发利用土地等资源,促进社会经济的可持续发展有重要意义。

（四）用益物权的权利类型

用益物权的权利类型，在不同的国家有不同的制度安排，这主要是根据一国的政治、经济、历史和文化的不同背景而决定的。通常来说，以传统民法上的地上权、地役权和永佃权最具代表性。我国的用益物权制度，是根据我国的社会主义基本经济制度决定的。民法典物权编专章规定的用益物权种类有土地承包经营权、建设用地使用权、宅基地使用权、居住权和地役权。

第三百二十四条　国家所有或者国家所有由集体使用以及法律规定属于集体所有的自然资源，组织、个人依法可以占有、使用和收益。

【释义】　本条是关于国有和集体所有的自然资源，组织和个人可以取得用益物权的规定。

本条是物权法第118条的规定，本次民法典编纂对本条作了个别文字修改。

在我国，国家对土地等资源实行公有制，它是我国生产资料社会主义公有制的重要组成部分。我国宪法第10条第1款、第2款规定，城市的土地属于国家所有。农村和城市郊区的土地，除由法律规定属于国家所有的以外，属于集体所有；宅基地和自留地、自留山，也属于集体所有。根据宪法的规定，土地公有制有两种形式：一是国家所有；二是集体所有。城市市区的土地属于国家所有即全民所有。随着社会主义建设事业的不断发展，城市作为政治、经济和文化的中心，在国家和社会生活中具有突出作用。城市中各种形式的用地十分重要和宝贵。因此，城市的土地属于国家所有。在农村和城市郊区，土地是从事农业生产的主要生产资料，是农村劳动群众集体所有制的重要物质基础。为了促进农村各项事业的发展，保障农村和城市郊区劳动者的合法权益，农村和城市郊区的土地除法律规定属于国家所有的以外，一律属于集体所有。宅基地和自留地、自留山，虽然由农民个人使用，但也属于农民集体所有。

土地等自然资源的公有制,决定了组织、个人利用土地等资源,必然要在国家所有或者集体所有的土地等资源上取得用益物权。

物权制度具有较强的本土性,与一国的基本经济制度密切相关。用益物权制度也不例外。从国外的法律规定看,凡实行计划经济体制的国家,其民法典上没有物权法编,没有用益物权制度,仅规定所有权制度且非常简单。这是因为实行计划经济体制的国家,一般运用行政手段组织经济运行。国有土地的使用关系采取无偿的划拨方式,作为国有土地所有者的国家将国有土地划拨给国有企业无偿使用。农村土地则由作为所有者的集体自己使用,农户在集体所有的土地上进行生产劳动,按劳取酬,不发生所有权与使用权的分离。无论是国有土地还是集体所有的土地的使用,都不采取设立用益物权的方式,因而不需要用益物权制度。实行市场经济体制的国家,其民法典上都有物权法编,都规定了完备的所有权制度和用益物权制度。建立较为完备的所有权、用益物权等物权制度,也是实行社会主义市场经济的基本法律保障。

民法典物权编上的用益物权,是不动产所有权与不动产使用权分离的法律形式。凡实行市场经济体制的国家,均有用益物权制度。但用益物权制度所发挥的作用及其意义,又因实行土地公有制或者土地私有制,而有程度的差别。在资本主义的市场经济国家,土地归私人所有,土地所有者自己使用土地,是土地使用关系的主要形式;土地所有者自己不使用而交给他人使用,是土地使用关系的次要形式。我国是在土地公有制基础上实行社会主义市场经济,城市土地归国家所有,农村土地归集体所有。作为土地所有者的国家自己不使用土地而交给各类企业等使用,是国有土地使用关系的主要形式;作为土地所有者的农民集体自己不使用土地而交给农户使用,是农村土地使用关系的主要形式。因此,用益物权制度,对于实行社会主义市场经济的我国所具有的意义和所发挥的作用,要远远超过对于实行资本主义市场经济的国家所具有的意义和所发挥的作用。

民法典物权编根据我国的基本经济制度,以及建立和完善社会主义市场经济体制的要求,在“用益物权”分编中设专章分别规定了土地承包经营权、建设用地使用权、宅基地使用权等用益物权。

土地承包经营权是指权利人依法对农民集体所有和国家所有由农民集体使用的耕地、林地、草地等享有占有、使用和收益的权利,有权从事种植业、林业、畜牧业等农业生产。民法典物权编明确将农村土地承包经营权规定为用益物权,赋予了农民长期而有保障的土地使用权。本法对承包经营权人的基本权利、承包经营权的期限和期满后的继续承包、承包经营权的流转、承包地的调整和收回、承包地被征收的补偿等作了规定。

建设用地使用权是指权利人依法对国家所有的土地享有占有、使用和收益的权利,有权利用该土地建造建筑物、构筑物及其附属设施。建设用地使用权是用益物权中的一项重要权利。建设用地使用权人通过出让或者划拨的方式取得对国家所有的土地使用和收益的权利,有权利用该土地建造建筑物、构筑物及其附属设施。本法对建设用地使用权的取得方式、分层设立建设用地使用权、建设用地使用权的转让和出资或者抵押、建设用地使用权期满后的续期等作了规定。

宅基地使用权是指权利人依法对集体所有的土地享有占有和使用的权利,有权依法利用该土地建造住宅及其附属设施。本法对宅基地使用权的取得、行使和转让等作了原则性的规定。

第三百二十五条　国家实行自然资源有偿使用制度,但是法律另有规定的除外。

【释义】　本条是关于我国自然资源使用制度的规定。

本条是物权法第119条的规定,本次民法典编纂对本条作了个别文字修改。

对他人所有的土地等不动产的使用和收益一直是世界各国用益物权制度的主要内容。随着社会经济的发展,土地资源、矿产资源、水资源等自然资源的使用和收益问题日益成为现代用益物权制度的重要课题。

土地等自然资源一方面是整个社会赖以存续的共同物质基础,具有社会性;另一方面又只能在具体的使用中实现价值,使用权属必须确定。在资本主义制度下,通过用益物权制度,所有权人之外的权利人也可以就土地等自然资源进行使用和分享收益,这在一定程度上克服了私有制的狭隘局限,有利于物尽其用。我国是社会主义公有制国家,自然资源主要归国家所有即全民所有。国家通过自然资源的有偿使用制度,适应社会主义市场经济发展的客观要求,为合理利用资源打下了基础。

(一)我国的自然资源使用制度

我国的自然资源使用制度是建立在社会主义公有制基础上,适应社会主义市场经济发展的,按照土地管理法、矿产资源法、水法等法律以及国务院的有关规定,对自然资源实行有偿使用为原则、无偿利用为例外的制度。

1. 自然资源的有偿使用制度

自然资源有偿使用制度,是指国家以自然资源所有者和管理者的双重身份,为实现所有者权益,保障自然资源的可持续利用,向使用自然资源的组织和个人收取自然资源使用费的制度。目前,法律规定了土地资源、矿产资源、水资源等自然资源的有偿使用制度,例如,土地管理法第2条第5款规定,国家依法实行国有土地有偿使用制度。但是,国家在法律规定的范围内划拨国有土地使用权的除外。矿产资源法第5条规定,国家实行探矿权、采矿权有偿取得的制度;但是,国家对探矿权、采矿权有偿取得的费用,可以根据不同情况规定予以减缴、免缴。具体办法和实施步骤由国务院规定。开采矿产资源,必须按照国家有关规定缴纳资源税和资源补偿费。水法第7条规定,国家对水资源依法实行取水许可制度和有偿使用制度。但是,农村集体经济组织及其成员使用本集体经济组织的水塘、水库中的水的除外。国务院水行政主管部门负责全国取水许可制度和水资源有偿使用制度的组织实施。

之所以对于土地资源、矿产资源、水资源等自然资源实行有偿使用制度,是因为:(1)在社会主义公有制条件下,只有实行自然资源有偿使用制度,才能使自然资源所有权在经济上更充分地得到实现,从而真正保障社会主义公有制的主体地位。自然资源是巨大的社会财富,随着经济和社会的发展,其价值日益上升。只有收益归公有,才能充分体现自然资源的社会主义公有制。在自然资源使用制度改革前,国家曾长期以行政手段无偿提供土地资源、水资源等自然资源给企业、事业单位使用。本应归公有的大量资源收益留在使用者手中,国家缺乏调剂余缺的力量,难以实现自然资源在社会化生产中的优化配置,自然资源的公有制在很大程度上被虚化。通过改革,推行自然资源的有偿使用制度,国家代表全体人民掌握了自然资源的收益,就有了足够的财力进行宏观调控,组织社会生产。(2)在社会主义市场经济条件下,只有实行自然资源有偿使用制度,才能充分发挥市场对经济发展的积极作用。社会主义市场经济是一个包括了生产资料市场、消费品市场以及资金、劳动力、自然资源等生产要素使用权市场的完整体系。重要自然资源作为基本的生产要素,其使用权不进入市场流通,社会主义市场体系就不完善,难以充分发挥市场优化配置、公平竞争的作用。在过去的使用制度下,自然资源使用者既没有压力,也没有动力,多占少用,早占晚用,占优用劣、占而不用甚至乱占滥用,严重浪费了宝贵的自然资源。同时,占有资源较多且质量优越的企业,与占有较少、质量较差的企业实际上处于不平等竞争的地位。通过有偿的、能流动的自然资源使用制度,将自然资源的使用权作为生产要素交市场调节,才能合理配置自然资源,实现最大的资源利用效益。

2. 自然资源的无偿使用

土地管理法、水法等法律同时规定了自然资源的无偿使用作为有偿使用基本原则的例外。例如,土地管理法第2条、水法第7条的例外条款。

之所以在自然资源使用制度改革后仍然保留无偿使用自然资源的例外情况,主要是因为:(1)通过划拨等方式无偿取得土地等自然资源的使用权的情况仍然有存在的必要性。一些公益事业、公共建设仍然需要有相应的扶持。(2)农村集体经济组织和农民已有的使用水资源等自然资源的权益应当得到维护,以避免增加农民负担。这也是促进农业和农村持续、稳定、健康发展,实现全面建设小康社会的目标以及构建和谐社会所必需的。

无偿使用作为自然资源使用制度中的例外和补充,其适用范围和条件是受到严格限制的。以划拨取得土地使用权为例:土地管理法第54条对划拨土地明确规定为四种情形。城市房地产管理法第40条,对划拨取得土地使用权的房地产的转让规定了限制条件。对自然资源的无偿使用必须严格遵守法律规定的范围和条件,发挥对自然资源有偿使用制度的有益补充作用。

(二)自然资源使用制度和用益物权制度的关系

以有偿使用为基本原则,以无偿使用为例外和补充的自然资源使用制度是物权法用益物权制度的重要基础。用益物权编中,对建设用地使用权、探矿权、采矿权、取水权等用益物权的规定与已经颁布实施多年的土地管理法、矿产资源法、水法等法律中有关自然资源使用制度的规定是一致的。要准确把握自然资源使用制度和用益物权制度的关系还应当注意以下两点:

第一,自然资源使用制度与用益物权制度的基础是一致的。它们都建立在社会主义公有制基础上,并且服务于社会主义市场经济的发展。

第二,尽管自然资源使用制度和用益物权制度是相通的,但是他们各自属于不同的法律部门,有各自独特的领域。自然资源使用制度属于经济法的范畴,用益物权制度中除了与自然资源使用制度相关的权利,还有地役权这样独有的权利类型。自然资源使用制度和用益物权制度在各自的领域内,按照各自的内在规律发挥作用并且互相协调，才能全面调整相应的社会关系。

第三百二十六条　用益物权人行使权利，应当遵守法律有关保护和合理开发利用资源、保护生态环境的规定。所有权人不得干涉用益物权人行使权利。

【释义】　本条是关于用益物权人应当保护和合理开发利用资源、保护生态环境，以及所有权人不得干涉用益物权人行使权利的规定。

本条是物权法第120条的规定，本次民法典编纂增加规定“保护生态环境”的规定。

本条分别从用益物权人和所有权人的角度，规定了两个方面的内容：一是用益物权人行使权利，应当遵守法律有关保护和合理开发利用资源、保护生态环境的规定；二是所有权人不得干涉用益物权人行使权利。

（一）用益物权人行使权利，应当遵守法律有关保护和合理开发利用资源、保护生态环境的规定

用益物权是在他人所有的不动产或者动产上享有的占有、使用和收益的权利。在我国，多为在国家所有或者集体所有的土地上设立建设用地使用权、农村土地承包经营权和宅基地使用权，以及行使对国家所有的矿产资源、水资源等自然资源开发利用的权利。用益物权人在行使权利的同时，应当履行遵守法律有关保护和合理开发利用土地等资源的规定的义务。

土地、矿产、水资源等自然资源，具有不可再生性或者稀缺匮乏性。拿土地资源来说，土地是人类可利用的一切自然资源中最基本、最宝贵的资源，是人类最基本的生产资料。我国人多地少，特别是耕地少，是我国的基本国情。我国国土总面积约960万平方千米，居世界第三位。但人均占有国土面积不到世界人均占有量的1/3。而在我国国土总面积中，不能或者难以利用的沙漠、戈壁等又占去相当大一部分。我国目前的可耕地为18.4亿亩，人

均1.4亩。耕地资源还存在着几个突出的问题：一是人均占有耕地的数量少；二是耕地总体质量差，生产水平低，抗自然灾害的能力差；三是耕地退化严重；四是耕地后备资源匮乏。我国每年因各项建设占用以及自然灾害毁损等还在造成耕地不断减少，而我国的人口却还在不断增长。人增地减的趋势已经成为我国经济社会发展中的一个重大问题和严峻挑战。因此，十分珍惜、合理利用土地和切实保护土地特别是耕地，是我国的基本国策。合理开发土地，保护土地资源是促进社会经济可持续发展的基本要求。强化土地等资源的保护，保证对土地等资源的永续利用，是资源利用中一个特别重要的问题。因此，本条明确要求：用益物权人行使权利，应当遵守法律有关保护和合理开发利用资源、保护生态环境的规定。

对保护和合理开发利用资源、保护生态环境，我国相关法律都作出了明确规定。例如，土地管理法第3条规定，十分珍惜、合理利用土地和切实保护耕地是我国的基本国策。各级人民政府应当采取措施，全面规划，严格管理，保护、开发土地资源，制止非法占用土地的行为。第4条第4款规定，使用土地的单位和个人必须严格按照土地利用总体规划确定的用途使用土地。第30条规定，国家保护耕地，严格控制耕地转为非耕地。第37条规定，非农业建设必须节约使用土地，可以利用荒地的，不得占用耕地；可以利用劣地的，不得占用好地。禁止占用耕地建窑、建坟或者擅自在耕地上建房、挖砂、采石、采矿、取土等。禁止占用永久基本农田发展林果业和挖塘养鱼。

又如，农村土地承包法第1条规定，农村土地承包经营应当遵守法律、法规，保护土地资源的合理开发和可持续利用。未经依法批准不得将承包地用于非农建设。未经依法批准不得将承包地用于非农建设。国家鼓励增加对土地的投入，培肥地力，提高农业生产能力。第18条规定，承包人承担维持土地的农业用途，未经依法批准不得用于非农建设的义务；依法保护和合理利用土地，不得给土地造成永久性损害的义务；法律、行政法规规定的其他义务。

再如,矿产资源法第3条第2款规定,国家保障矿产资源的合理开发利用。禁止任何组织或者个人用任何手段侵占或者破坏矿产资源。各级人民政府必须加强矿产资源的保护工作。第29条规定,开采矿产资源,必须采取合理的开采顺序、开采方法和选矿工艺。矿山企业的开采回采率、采矿贫化率和选矿回收率应当达到设计要求。第30条规定,在开采主要矿产的同时,对具有工业价值的共生和伴生矿产应当统一规划,综合开采,综合利用,防止浪费;对暂时不能综合开采或者必须同时采出而暂时还不能综合利用的矿产以及含有有用成分的尾矿,应当采取有效的保护措施,防止损失破坏。第32条第2款规定,开采矿产资源,应当节约用地。耕地、草原、林地因采矿受到破坏的,矿山企业应当因地制宜地采取复垦利用、植树种草或者其他利用措施。

作为相关的用益物权人,在享有权利的同时,应当严格遵守有关法律,积极保护和合理开发利用自然资源。

(二)所有权人不得干涉用益物权人行使权利

所有权人不得干涉用益物权人行使权利,是由所有权与用益物权、所有权人与用益物权人之间的关系决定的。用益物权虽由所有权派生,但它是一项独立的物权,当事人依法取得用益物权后对所有人的不动产或动产享有占有、使用、收益和依法转让该用益物权的权利。用益物权具有直接支配性和排他性,可以依法直接行使权利,不受第三人的侵害和所有权人的干涉。比如,农村土地承包经营权人依法享有承包地使用、收益和土地承包经营权流转的权利,有权自主组织生产经营和处置产品。发包人应当尊重承包人的生产经营自主权,不得干涉承包人依法进行正常的生产经营活动。土地承包经营权流转的主体是承包人,承包人有权依法自主决定土地承包经营权是否流转和流转的方式。承包期内发包人不得调整承包地。因自然灾害严重毁损承包地等特殊情形,需要适当调整承包的耕地和草地的,应当依照农村土地承包法等法律规定办理。承包期内发包人不得收回承包地。农村土地承包法等法律另有规定的依照其规定。

所有权人不得干涉用益物权人行使权利,是用益物权人正常行使权利的基本保障。当然,如果用益物权人在行使权利时存在违背法律规定、未合理利用和保护资源等损害所有权人权益的行为,所有权人有权依法制止,并要求其赔偿损失。

第三百二十七条　因不动产或者动产被征收、征用致使用益物权消灭或者影响用益物权行使的,用益物权人有权依据本法第二百四十三条、第二百四十五条的规定获得相应补偿。

【释义】　本条是关于用益物权人因征收、征用有权获得补偿的规定。

本条是物权法第 121 条的规定,本次民法典编纂对本条未作修改。

用益物权是当事人依照法律规定,对他人所有的不动产享有占有、使用和收益的权利。用益物权虽由所有权派生出来,但它是一项独立的物权。用益物权人是对他人所有的物享有占有、使用和收益的权利人,虽然不是物的所有权人,但也是具有独立物权地位的权利人。在他人的不动产或者动产被征收、征用,致使所有权消灭或者影响所有权行使的,应当依法给予所有权人补偿。同时,因他人的不动产或者动产被征收、征用致使用益物权消灭或者影响用益物权行使的,用益物权人也有权依法获得相应的补偿。

我国宪法第 10 条第 3 款规定,国家为了公共利益的需要,可以依照法律规定对土地实行征收或者征用并给予补偿。这一规定表明征收和征用,应当遵循三个原则:

一是公共利益需要的原则。实施征收、征用,必须是出于公共利益的需要,这是征收、征用的前提条件。公共利益通常是指全体社会成员的共同利益和社会的整体利益。

二是依照法定程序的原则。征收、征用在一定程度上限制了他人的财产权。为了防止这种手段的滥用，平衡他人财产保护和公共利益需要的关系，征收、征用必须严格依照法律规定的程序进行。

三是依法给予补偿的原则。尽管征收和征用是为了公共利益需要，但都不能采取无偿剥夺的方式，必须依法给予补偿。补偿的方式应视财产的类别而加以区别对待。在征收过程中，征收的对象一般都是不动产，并且是所有权的改变，一般都要给予金钱补偿、相应的财产补偿或者其他形式的补偿。在征用过程中，如果是非消耗品，使用结束后，原物还存在的，应当返还原物，对于物的价值减少的部分要给予补偿；如果是消耗品，通常要给予金钱补偿。

征收主要是针对不动产，而不动产中又以征收集体所有的土地最具代表性，因此，对征收集体土地，如何对所有权人即农民集体和用益物权人即承包经营权人给予补偿，就显得尤为重要。

本法第 243 条第 2 款规定，征收集体所有的土地，应当依法及时足额支付土地补偿费、安置补助费以及农村村民住宅、其他地上附着物和青苗等的补偿费用，并安排被征地农民的社会保障费用，保障被征地农民的生活，维护被征地农民的合法权益。该款明确规定了要给予集体所有土地的用益物权人补偿。而具体补偿范围和标准，则要根据土地管理法的规定办理。在适用土地管理法第 48 条的规定时，应当把握以下几点：

一是征地补偿和安置补助的原则是征收土地应当给予公平、合理的补偿，保障被征地农民原有生活水平不降低、长远生计有保障。征收土地后通过补偿和采取各项安置措施，要使被征地农民的生活水平达到征地前的生活水平。如果达不到，应当采取相应的措施，包括提高补偿标准。

二是征收土地应当依法及时足额支付土地补偿费、安置补助费以及农村村民住宅、其他地上附着物和青苗等的补偿费用，并安排被征地农民的社会保障费用。

三是征收农用地的土地补偿费、安置补助费标准由省、自治区、直辖市通过制定公布区片综合地价确定。制定区片综合地价应当综合考虑土地原用途、土地资源条件、土地产值、土地区位、土地供求关系、人口以及经济社会发展水平等因素,并至少每3年调整或者重新公布一次。

四是征收农用地以外的其他土地、地上附着物和青苗等的补偿标准,由省、自治区、直辖市制定。对其中的农村村民住宅,应当按照先补偿后搬迁、居住条件有改善的原则,尊重农村村民意愿,采取重新安排宅基地建房、提供安置房或者货币补偿等方式给予公平、合理的补偿,并对因征收造成的搬迁、临时安置等费用予以补偿,保障农村村民居住的权利和合法的住房财产权益。

五是县级以上地方人民政府应当将被征地农民纳入相应的养老等社会保障体系。被征地农民的社会保障费用主要用于符合条件的被征地农民的养老保险等社会保险缴费补贴。被征地农民社会保障费用的筹集、管理和使用办法,由省、自治区、直辖市制定。

本法第245条规定,因抢险救灾、疫情防控等紧急需要,依照法律规定的权限和程序可以征用组织、个人的不动产或者动产。被征用的不动产或者动产使用后,应当返还被征用人。组织、个人的不动产或者动产被征用或者征用后毁损、灭失的,应当给予补偿。根据这一规定,组织、个人的不动产或者动产被征用或者征用后毁损、灭失,致使用益物权消灭,或者影响用益物权行使的,应当对用益物权人给予补偿。

第三百二十八条　依法取得的海域使用权受法律保护。

【释义】 本条是关于海域使用权的法律保护规定。

本条是物权法第122条的规定,本次民法典编纂对本条未作修改。

海洋被称为"蓝色国土",在人类文明的发展史上起着重要的作用。根据本法第247条的规定,海域属于国家所有。国家是海域所有权的唯一主体。海域与土地具有相同的属性，随着海洋科学技术的发展，海域可以通过技术手段加以区分并进行排他性的使用，海域越来越成为被人类利用的重要资源。1993年财政部和国家海洋局颁布的《国家海域使用管理暂行规定》第一次规定了海域使用权制度。此后，一些沿海省市也先后出台了有关海域使用权方面的地方性政府规章。2001年我国颁布了海域使用管理法，从法律上确立了海域使用权制度。该法规定的海域是指我国内水、领海的水面、水体、海床和底土，范围从海岸线开始到领海外部界线为止。我国海域的面积达38万平方千米。

海域使用权是指组织或者个人依法取得对国家所有的特定海域排他性使用权。组织和个人使用海域，必须依法取得海域使用权。海域使用权取得的方式主要有三种：一是组织和个人向海洋行政主管部门申请；二是招标；三是拍卖。有关组织和个人使用海域的申请被批准或者通过招标、拍卖方式取得海域使用权后，海域使用权人应当办理登记手续。依照法律规定属于国务院批准用海的，由国务院海洋行政主管部门登记造册，向海域使用权人颁发海域使用权证书；属于地方人民政府批准用海的，由地方人民政府登记造册，向海域使用权人颁发海域使用权证书。根据使用海域不同的用途，海域使用权最高期限分别为：养殖用海15年；拆船用海20年；旅游、娱乐用海25年；盐业、矿业用海30年；公益事业用海40年；港口、修造船厂等建设工程用海50年。海域作为国家重要的自然资源实行有偿使用制度。组织和个人使用海域，应当按照国务院的规定缴纳海域使用金。为了切实保护养殖用海渔民的利益，目前海域主管部门在实际工作中对有争议的海域、海洋自然保护区、渔业资源保护区、传统赶海区等涉及公共利益的海域不进行招标和拍卖。同时，对于专业渔民使用海域从事养殖生产的，可以在规定的面积内减缴或者免缴海域使用金。海域使用权作为一项重要的财产权利，可以依法转让、继承。

海域使用管理法颁布后，海域使用权制度日趋完善。截至2006年年底，全国累计发放海域使用权证书39395本，确权海域面积113万公顷。海域使用权制度在维护海域使用权人的合法权益，规范海洋开发利用秩序，促进海域的合理开发和海洋产业的健康发展等方面取得了良好的效果。海域使用权已成为与建设用地使用权等性质相同的用益物权。

在2007年物权法起草过程中，有人提出，海域使用权应与建设用地使用权等并列为用益物权，建议专章规定海域使用权，强化海域使用权的物权特点，增加海域使用权抵押以及设立海域使用权时优先考虑渔民利益等内容。物权法没有对海域使用权专章规定，主要是考虑到海域使用权是一个综合性的权利，包括利用海域从事建设工程、海水养殖、海底探矿采矿、旅游等多种活动。物权法有关用益物权的规定，是根据土地的不同用途产生的不同法律关系分别规定为土地承包经营权、建设用地使用权和宅基地使用权，没有综合规定为土地使用权。因此，如果将海域使用权专章规定，会造成物权法用益物权编体系的不平衡。所以，强化海域使用权的物权特点，弥补现行海域使用管理法不足的问题，还是应当留待修改海域使用管理法时一并解决。因此，本条只是对海域使用权作了原则性的规定，确立了海域使用权用益物权的属性，任何组织和个人使用海域必须依法取得海域使用权，依法取得的海域使用权受法律保护。根据特别法优先于普通法的原则，海域使用权首先应当适用海域使用管理法的规定；海域使用管理法没有规定的，适用本法的有关规定。

第三百二十九条　依法取得的探矿权、采矿权、取水权和使用水域、滩涂从事养殖、捕捞的权利受法律保护。

【释义】　本条是关于探矿权、采矿权、取水权、使用水域和滩涂从事养殖、捕捞权利的规定。

本条是2007年通过的物权法第123条的规定，本次民法典编纂对本条未作修改。

我国对自然资源实行有偿使用制度。矿产资源法、水法、渔业法分别对组织和个人利用自然资源的权利作出了规定。探矿权、采矿权、取水权和从事养殖、捕捞的权利具有自身的特点，与一般的用益物权有所不同。用益物权一般是通过合同设立，探矿权、采矿权、取水权和从事养殖、捕捞的权利是经行政主管部门许可设立。考虑到探矿权、采矿权、取水权和从事养殖、捕捞的权利主要是对国家自然资源的利用，权利人取得这些权利后，即享有占有、使用和收益的权利，其权能与用益物权是一致的，同时也需要办理登记并进行公示，符合物权的公示的原则。因此，2007 年制定的物权法对这些权利作了原则性、衔接性的规定。

（一）探矿权、采矿权

民法通则规定，国家所有的矿藏，可以依法由全民所有制单位和集体所有制单位开采，也可以依法由公民采挖。1986 年颁布的矿产资源法规定，“勘查矿产资源，必须依法登记。开采矿产资源，必须依法申请取得采矿权”，但是在当时计划经济体制下，探矿权人、采矿权人是无偿取得探矿权和采矿权的。之后修改的矿产资源法规定国家实行探矿权、采矿权有偿使用的制度。根据矿产资源法的规定，勘查、开采矿产资源，必须依法分别申请、经批准取得探矿权、采矿权，并办理登记。矿产资源法第 5 条规定，国家实行探矿权、采矿权有偿取得的制度；但是，国家对探矿权、采矿权有偿取得的费用，可以根据不同情况规定予以减缴、免缴。具体办法和实施步骤由国务院规定。开采矿产资源，必须按照国家有关规定缴纳资源税和资源补偿费。

关于探矿权、采矿权的转让问题，1986 年颁布的矿产资源法曾明确规定，采矿权不得买卖、出租，不得用作抵押。买卖、出租采矿权或者将采矿权用作抵押的，没收违法所得，处以罚款，吊销采矿许可证。修改后的矿产资源法虽然仍规定禁止将探矿权、采矿权倒卖牟利，但是已经允许探矿权、采矿权进行有条件的转让，探矿权、采矿权财产权的特征得到了进一步的明确。根据矿产资源法的规定，探矿权、采矿权的转让应当符合以下条件：（1）探矿权人有权在划定的勘查作业区内进行规定的勘查作业，有权优先取得勘查作业区内矿产资源的采矿权。探矿权人在完成规定的最低勘查投入后,经依法批准,可以将探矿权转让他人。(2)已取得采矿权的矿山企业,因企业合并、分立,与他人合资、合作经营,或者因企业资产出售以及有其他变更企业资产产权的情形而需要变更采矿权主体的,经依法批准可以将采矿权转让他人采矿。

(二)取水权

1988 年颁布的水法对取水权作出了规定。当时主要是从资源配置和行政管理的角度规范取水权制度的。修改后的水法,进一步明确了国家对水资源实行有偿使用制度,并完善了取水许可制度。对水利用的方式主要有三种:一是直接从江河、湖泊或者地下取用水资源的组织和个人,应当按照国家取水许可制度和水资源有偿使用制度的规定,向水行政主管部门或者流域管理机构申请领取取水许可证,并缴纳水资源费,取得取水权。但是,家庭生活和零星散养、圈养畜禽饮用等少量取水的除外。二是农村集体经济组织及其成员使用本集体经济组织的水塘、水库中的水的,不需要申请取水许可。三是家庭生活和零星散养、圈养畜禽饮用等少量取水,不需要申请取水许可。国务院水行政主管部门负责全国取水许可制度和水资源有偿使用制度的组织实施。

申请取水权应当按照以下程序:在建设项目立项前,应当先提出取水许可预申请,经审批后才能立项。在建设项目经批准后,再提出取水许可申请。提取地下水的,在打水前应当提出取水许可预申请,然后根据抽水试验,批准取水权。取水权有优先顺序的规定。首先应当满足城乡居民生活用水,并兼顾农业、工业、生态环境用水以及航运等需要。在干旱和半干旱地区开发、利用水资源,应当充分考虑生态环境用水需要。取水许可证有效期限一般为 5 年,最长不超过 10 年。有效期届满,需要延续的,取水单位或者个人应当在有效期届满 45 日前向原审批机关提出申请,原审批机关应当在有效期届满前,作出是否延续的决定。

目前,我国法律对取水权能否转让未作规定。实践中正对取水权转让的问题进行研究和探索。

(三)从事养殖、捕捞的权利

我国渔业法对从事养殖和捕捞的权利作出了规定。根据渔业法第 11 条的规定,国家对水域利用进行统一规划,确定可以用于养殖业的水域和滩涂。单位和个人使用国家规划确定用于养殖业的全民所有的水域、滩涂的,使用者应当向县级以上地方人民政府渔业行政主管部门提出申请,由本级人民政府核发养殖证,许可其使用该水域、滩涂从事养殖生产。核发养殖证的具体办法由国务院规定。

我国对于捕捞业实行捕捞许可证制度。渔业捕捞许可证是国家批准从事捕捞生产的证书。从事捕捞生产的组织和个人,必须向县级以上主管部门提出申请,取得渔业捕捞许可证后,方准进行作业。县级以上渔业行政主管部门,按不同作业水域、作业类型、捕捞品种和渔船马力大小,实行分级审批发放。捕捞许可证也有一定的期限,比如,内陆水域捕捞许可证的有效期限为 5 年。需要指出的是,本法规定的捕捞活动应当是发生在国家享有所有权的水域进行的,对于在公海、经济毗连区等我国不享有国家所有权的水域从事的捕捞行为,渔业法可以对此进行调整,但不属于本法调整的范畴。

从以上规定可以看到,矿产资源法、水法、渔业法等单行法律对相关的权利都作了较为全面的规定。但是,由于这些法律多是从行政管理的角度对权利进行规范的,这些权利的物权属性并不明确,财产权利的内容并不完善,更缺少对这些权利相应的民事救济措施。因此实践中也出现了一些侵犯权利人合法权益的行为。比如,内水的传统捕捞区被改变用途后,从事捕捞的渔民无法得到相应的补偿和安置。所以,民法典物权编有必要作出衔接性的规定,明确这些权利受物权以及相关法律的保护。至于进一步完善这些权利的问题,可以通过修改相关法律加以解决。根据特别法优于普通法适用的原则,探矿权、采矿权,取水权,利用水域、滩涂从事养殖、捕捞的权利,应当首先适用矿产资源法、水法和渔业法等法律的规定;矿产资源法、水法和渔业法等法律没有规定的,适用本法的有关规定。

第十一章　土地承包经营权

本章共 14 条,规定了农村土地承包经营权这种用益物权。原物权法对土地承包经营权就作了规定,在物权编起草过程中,主要是为了落实中央有关农村土地制度改革的要求,对原物权法的相关规定作了修改。

实行以家庭承包经营为基础、统分结合的双层经营体制,是我国改革开放历史新时期的重要标志性举措,是我国农村改革的重大成果,是我国宪法确立的农村基本经营制度。2002 年,农村土地承包法制定施行,特别是 2007 年物权法制定以来,对稳定农村基本经营制度,赋予农民长期而有保障的土地承包经营权,增加农民收入,促进农业、农村经济健康发展和农村社会和谐稳定,发挥了重大作用。

党的十八大以来,以习近平同志为核心的党中央陆续对稳定和完善农村基本经营制度、深化农村集体土地制度改革提出一系列方针政策。2013 年党的十八届三中全会通过的《中共中央关于全面深化改革若干重大问题的决定》提出,加快构建新型农业经营体系。坚持家庭经营在农业中的基础性地位,推进家庭经营、集体经营、合作经营、企业经营等共同发展的农业经营方式创新。坚持农村土地集体所有权,依法维护农民土地承包经营权,发展壮大集体经济。稳定农村土地承包关系并保持长久不变,在坚持和完善最严格的耕地保护制度前提下,赋予农民对承包地占有、使用、收益、流转及承包经营权抵押、担保权能,允许农民以承包经营权入股发展农业产业化经营。鼓励承包经营权在公开市场上向专业大户、家庭农场、农民合作社、农业企业流转,发展多种形式规模经营。2014 年中央一号文件《关于全面深化农村改革加快推进农业现代化的若干意见》提出，稳定农村土地承包关系并保持长久不变，在坚持和完善最严格的耕地保护制度前提下，赋予农民对承包地占有、使用、收益、流转及承包经营权抵押、担保权能。在落实农村土地集体所有权的基础上，稳定农户承包权、放活土地经营权，允许承包土地的经营权向金融机构抵押融资。2014 年 7 月《国务院关于进一步推进户籍制度改革的意见》提出，土地承包经营权和宅基地使用权是法律赋予农户的用益物权，集体收益分配权是农民作为集体经济组织成员应当享有的合法财产权利。坚持依法、自愿、有偿的原则，引导农业转移人口有序流转土地承包经营权。进城落户农民是否有偿退出"三权"，应根据党的十八届三中全会精神，在尊重农民意愿前提下开展试点。现阶段，不得以退出土地承包经营权、宅基地使用权、集体收益分配权作为农民进城落户的条件。2014 年 11 月中共中央办公厅、国务院办公厅《关于引导农村土地经营权有序流转发展农业适度规模经营的意见》提出，伴随我国工业化、信息化、城镇化和农业现代化进程，农村劳动力大量转移，农业物质技术装备水平不断提高，农户承包土地的经营权流转明显加快，发展适度规模经营已成为必然趋势。实践证明，土地流转和适度规模经营是发展现代农业的必由之路，有利于优化土地资源配置和提高劳动生产率，有利于保障粮食安全和主要农产品供给，有利于促进农业技术推广应用和农业增效、农民增收，应从我国人多地少、农村情况千差万别的实际出发，积极稳妥地推进。坚持农村土地集体所有，实现所有权、承包权、经营权三权分置，引导土地经营权有序流转，坚持家庭经营的基础性地位，积极培育新型经营主体，发展多种形式的适度规模经营，巩固和完善农村基本经营制度。2015 年中央一号文件《关于加大改革创新力度加快农业现代化建设的若干意见》提出，抓紧修改农村土地承包方面的法律，明确现有土地承包关系保持稳定并长久不变的具体实现形式，界定农村土地集体所有权、农户承包权、土地经营权之间的权利关系，保障好农村妇女的土地承包权益。2015 年党的十八届五中全会通过的《中共中央关于制定国民经济和社会发展第十三个五年规划的建议》提出,稳定农村土地承包关系,完善土地所有权、承包权、经营权分置办法,依法推进土地经营权有序流转,构建培育新型农业经营主体的政策体系。2015 年 11 月中共中央办公厅、国务院办公厅印发《深化农村改革综合性实施方案》提出,把握好土地集体所有制和家庭承包经营的关系,现有农村土地承包关系保持稳定并长久不变,落实集体所有权,稳定农户承包权,放活土地经营权,实行"三权分置"。抓紧修改有关法律,落实中央关于稳定农村土地承包关系并保持长久不变的重大决策,适时就二轮承包期满后耕地延包办法、新的承包期限等内容提出具体方案。2016 年中央一号文件《中共中央、国务院关于落实发展新理念加快农业现代化实现全面小康目标的若干意见》提出,稳定农村土地承包关系,落实集体所有权,稳定农户承包权,放活土地经营权,完善"三权分置"办法,明确农村土地承包关系长久不变的具体规定。2016 年,《中共中央办公厅、国务院办公厅关于完善农村土地所有权承包权经营权分置办法的意见》提出,现阶段深化农村土地制度改革,顺应农民保留土地承包权、流转土地经营权的意愿,将土地承包经营权分为承包权和经营权,实行所有权、承包权、经营权(以下简称"三权")分置并行,着力推进农业现代化,是继家庭联产承包责任制后农村改革又一重大制度创新。"三权分置"是农村基本经营制度的自我完善,符合生产关系适应生产力发展的客观规律,展现了农村基本经营制度的持久活力,有利于明晰土地产权关系,更好地维护农民集体、承包农户、经营主体的权益;有利于促进土地资源合理利用,构建新型农业经营体系,发展多种形式适度规模经营,提高土地产出率、劳动生产率和资源利用率,推动现代农业发展。完善"三权分置"办法,不断探索农村土地集体所有制的有效实现形式,落实集体所有权,稳定农户承包权,放活土地经营权,充分发挥"三权"的各自功能和整体效用,形成层次分明、结构合理、平等保护的格局。2018 年中央一号文件《中共中央、国务院关于实施乡村振兴战略的意见》提出,巩固和完善农村基本经营制度。落实农村土地承包关系稳定并长久不变政策,衔接落实好第二轮土地承包到期后再延长30年的政策,让农民吃上长效“定心丸”。全面完成土地承包经营权确权登记颁证工作,实现承包土地信息联通共享。完善农村承包地“三权分置”制度,在依法保护集体土地所有权和农户承包权前提下,平等保护土地经营权。农村承包土地经营权可以依法向金融机构融资担保、入股从事农业产业化经营。实施新型农业经营主体培育工程,培育发展家庭农场、合作社、龙头企业、社会化服务组织和农业产业化联合体,发展多种形式适度规模经营。2019年11月,《中共中央、国务院关于保持土地承包关系稳定并长久不变的意见》,明确要坚持农户家庭承包经营,坚持承包关系长久稳定,赋予农民更加充分而有保障的土地权利,巩固和完善农村基本经营制度,为提高农业农村现代化水平、推动乡村全面振兴、保持社会和谐稳定奠定制度基础;要坚持稳定基本经营制度、尊重农民主体地位、推进农业农村现代化、维护农村社会稳定等原则;同时对保持土地集体所有、家庭承包经营的基本制度长久不变,保持农户依法承包集体土地的基本权利长久不变,保持农户承包地稳定等提出了明确的要求和落实的具体举措。

为落实党中央的这一系列改革要求,全国人大常委会开始着手修改农村土地承包法和相关法律。2015年,修改农村土地承包法列入第十二届全国人大常委会立法规划。2015年全国人大常委会通过授权决定,授权开展“两权”抵押试点。与此同时,全国人大常委会启动了农村土地承包法的修改工作,并于2017年11月进行了初次审议。2017年10月,全国人大农业农村委提请十二届全国人大常委会第三十次会议审议农村土地承包法修正案草案。2018年10月,十三届全国人大常委会第六次会议进行了再次审议。2018年12月,十三届全国人大常委会第七次会议最终高票通过了《关于修改〈中华人民共和国农村土地承包法〉的决定》。新修改的农村土地承包法,将“三权分置”、承包期届满后再延长30年、维护进城农户的土地承包经营权益、保护农村妇女土地承包权益等农村土地制度改革要求转变为法律规范。

民法典作为民事基本法,物权编是关于物权的基本规则,对于涉及5亿多农村人口根本利益的农村土地承包经营权这一重要的用益物权,必须根据农村的新情况、农业的新发展、农民的新需求作出相应的修改,以满足实施乡村振兴战略的需要。在起草民法典物权编的过程中,主要是围绕落实党中央的改革要求,结合农村土地承包法的修改,对原物权法有关农村土地承包经营权的规定作了相应的修改。

第三百三十条　农村集体经济组织实行家庭承包经营为基础、统分结合的双层经营体制。

农民集体所有和国家所有由农民集体使用的耕地、林地、草地以及其他用于农业的土地,依法实行土地承包经营制度。

【释义】 本条是对双层经营体制与土地承包经营制度的规定。

(一)家庭承包经营为基础、统分结合的双层经营体制

长期稳定和不断完善以家庭承包经营为基础、统分结合的双层经营体制,是党在农村的基本政策。农村集体经济组织实行家庭承包经营为基础、统分结合的双层经营体制,是我国宪法确立的农村集体经济组织的经营体制。1978年,针对改革开放以前人民公社体制存在的弊端,安徽省凤阳县小岗村等地的农民开始探索搞家庭承包经营,拉开了以探索新的农村土地经营体制为发端的农村改革序幕,由此引发的农村改革终成燎原之势在全国兴起。这场农村集体经营方式转变的改革由点到面、由山区到广大农村,具体形式从定额计酬、小段包工到实行联产到组、到劳、到户等多种形式的生产责任制,最终发展到包产到户。对于各地农村掀起的家庭承包责任制高潮,中央顺应人民群众的呼声,从政策上给予了支持,1981年党的十一届六中全会充分肯定了联产计酬责任制。此后,党中央在诸多文件中都强调要稳定和完善家庭

联产承包责任制,并进一步从法律上确认了家庭承包经营制度。1986 年通过的民法通则规定了农村承包经营户,民法通则第 27 条规定,农村集体经济组织的成员,在法律允许的范围内,按照承包合同规定从事商品经营的,为农村承包经营户;第 81 条第 3 款规定,公民、集体依法对集体所有的或者国家所有由集体使用森林、山岭、草原、荒地、滩涂、水面的承包经营权,受法律保护。承包双方的权利和义务,依照法律由承包合同规定。

"双层经营"包含了两个经营层次:一是家庭分散经营层次。家庭分散经营是指农村集体经济组织的每一个农户家庭全体成员为一个生产经营单位,承包集体农村土地后,以家庭为单位进行的农业生产经营。二是集体统一经营层次。集体统一经营就是农村集体经济组织以村或者村民小组(或者乡镇)为生产经营单位,对集体所有的土地、房屋等集体资产享有、行使集体所有权,并组织本集体经济组织成员开展统一的生产经营。需要注意的是,双层经营的基础是家庭承包,但必须统分结合,不能因为家庭经营而忽略集体经营,特别是必须强调对农村土地的集体所有权,承包方享有的仅仅是对农村土地的用益物权。

四十多年来的农村改革的实践证明,实行家庭承包经营,符合生产关系要适应生产力发展要求的规律,使农户获得了充分的经营自主权,充分调动了亿万农民的生产积极性,极大地解放和发展了农村生产力。实现了我国农业的巨大发展和农村经济的全面繁荣,使广大农民的生活从温饱迈向小康。实行家庭承包经营,符合农业生产的特点,可以使农户根据市场需求和效益原则确定农业生产的品种和结构,使农民成为了独立的市场主体。家庭承包经营是集体经济组织内部的一个经营层次,是双层经营体制的基础。集体经营层次具有生产服务、组织协调和资产积累等功能。农村集体经济组织的主要任务是管理好集体资产,协调好利益关系,组织好生产服务和集体资源开发,壮大经济实力,特别是要增强服务功能,解决一家一户难以解决的困难。这种双层经营体制,不仅适应以手工劳动为主的传统农业,也能适应采用先进科学技术和生产手段的现代农业,具有广泛的适应性和旺盛的生命力,必须长期坚持。农村土地承包经营之所以产生如此伟大的成就,原因在于:一是农村土地承包经营给了农民充分的生产经营自主权。实行家庭承包经营,突破了计划经济的束缚,种什么、怎么种、种多少,都由农民自己决定,农户可以因地制宜安排生产,根据市场的需求组织安排生产。二是打破了收益分配上的"大锅饭",使农民的利益和劳动成果直接挂钩,使农民得到了可以看得见的物质利益。三是家庭承包经营适合我国农业生产的特点。我国农业最显著的特点是人多地少,我国农民人均可耕地才一亩左右,这就要求生产者精心照料农业生产的全过程。农民承包土地后,生产责任感大大增强,他们精耕细作、科学种田,努力提高劳动生产率。归根结底,家庭承包经营这种生产关系,使农户获得充分的经营自主权,得到了实惠;能够极大地调动农民的积极性,解放和发展农村生产力;农村土地承包经营方式这种生产关系适应我国农村生产力发展的要求。农村土地承包经营方式既适应传统农业,也适应农业现代化发展的要求,在统分结合的经济体制下,农村土地承包经营可以容纳不同的生产发展水平,在现阶段乃至今后,仍具有旺盛的生命力。家庭承包经营赋予了农民生产经营自主权,确立了农户自主经营、自负盈亏的市场主体地位,他们自觉地顺应市场需求,调整产品结构,渴求农业科技,实行科学种田,努力提高劳动生产率,以获得最大的经济效益。农村土地承包经营中以家庭承包经营为主。家庭承包经营虽然是一种传统的农业经营方式,但是它没有过时,即使在发达国家,占主导地位的农业经营方式也是家庭农场。家庭经营并不排斥现代化。我国的家庭承包经营虽然规模小,但在统分结合的双层经营体制下,农村集体经济组织可以发挥它的优势,在管好集体资产的同时,协调好利益关系,组织好生产服务和集体资源开发,能够解决一家一户难以办到的事情,推动我国农业向专业化、商品化、现代化发展。

正因如此，本条第 1 款规定，农村集体经济组织实行家庭承包经营为基础、统分结合的双层经营体制。将农村集体经济组织的双层经营体制写入民法典中。

（二）农村土地承包的方式

本条第 2 款规定，农民集体所有和国家所有由农民集体使用的耕地、林地、草地以及其他用于农业的土地，依法实行土地承包经营制度。

土地承包经营权作为一种用益物权，属于他物权，这种他物权是针对特定对象而设定的，即是农民集体所有和国家所有由农民集体使用的农村土地。农村土地是指农民集体所有和国家所有依法由农民集体使用的耕地、林地、草地，以及其他依法用于农业的土地。因此，能够设立土地承包经营权的土地仅仅是农村土地，排除了城市的国有建设用地。需要说明是，这里的农村土地与我们通常所说农民集体所有的土地不是一个概念，二者的范围有所不同。一般所说的农民集体所有的土地是指所有权归集体的全部土地，其中主要有农业用地、农村建设用地等。而根据农村土地承包法的规定，能够设定土地承包经营权的土地只能是农业用地，主要包括以下几种类型：一是农民集体所有的耕地、林地、草地。农民集体所有的耕地、林地、草地是指所有权归集体的耕地、林地、草地。用于农业的土地中数量最多，涉及范围最广，与每一个农民利益最密切的是耕地、林地和草地。这些农村土地，多采用人人有份的家庭承包方式，集体经济组织成员都有承包的权利。二是国家所有依法由农民集体使用的耕地、林地、草地。国家所有依法由农民集体使用的耕地、林地、草地与农民集体所有的耕地、林地、草地的区别在于所有权属于国家，但依法由农民集体使用。三是其他依法用于农业的土地。用于农业的土地，主要有耕地、林地和草地，还有一些其他依法用于农业的土地，如养殖水面、菜地等。养殖水面主要是指用于养殖水产品的水面，养殖水面属于农村土地不可分割的一部分，也是用于农业生产的,所以也包括在本条所称的农村土地的范围之中。此外,还有荒山、荒丘、荒沟、荒滩等“四荒地”,“四荒地”依法是要用于农业的,也属于本条所称的农村土地。

根据农村土地承包法的规定,对于不同的农村土地,应采取的承包方式是不同的。农村土地承包经营制度,包括两种承包方式,即家庭经营方式的承包和以招标、拍卖、公开协商等方式的承包。第一种就是农村集体经济组织内部的家庭承包方式。所谓家庭承包方式是指,以农村集体经济组织的每一个农户家庭为一个生产经营单位,作为承包人承包农民集体的耕地、林地、草地等农业用地,对于承包地按照本集体经济组织成员是人人平等地享有一份的方式进行承包。其主要特点:一是集体经济组织的每个人,不论男女老少,都平均享有承包本农民集体的农村土地的权利,除非他自己放弃这个权利。也就是说,这些农村土地对本集体经济组织的成员来说,是人人有份的,任何组织和个人都无权剥夺他们的承包权。二是以户为生产经营单位承包,也就是以一个农户家庭的全体成员作为承包方,与本集体经济组织或者村委会订立一个承包合同,享有合同中约定的权利,承担合同中约定的义务。承包户家庭中的成员死亡,只要这个承包户还有其他人在,承包关系仍不变,由这个承包户中的其他成员继续承包。三是承包的农村土地对每一个集体经济组织的成员是人人有份的,这主要是指耕地、林地和草地,但不限于耕地、林地、草地,凡是本集体经济组织的成员应当人人有份的农村土地,都应当实行家庭承包的方式。第二种就是其他方式的承包。由于有些农业用地并不是本集体经济组织成员都能均分,如菜地、养殖水面等由于数量少,在本集体经济组织内做不到人人有份,只能由少数农户来承包;有的“四荒地”虽多,但本集体经济组织成员有的不愿承包,有的根据自己的能力承包的数量不同。这些不宜采取家庭承包方式的农村土地,可以采取招标、拍卖、公开协商等方式承包。不论是采取哪种方式承包,都必须按照农村土地承包法规定的原则、程序和方式进行。

第三百三十一条　土地承包经营权人依法对其承包经营的耕地、林地、草地等享有占有、使用和收益的权利,有权从事种植业、林业、畜牧业等农业生产。

【释义】 本条是土地承包经营权人享有的基本权利的规定。

本条进一步明确了土地承包经营权的物权性质,明确规定了土地承包经营权人依法对其承包经营的耕地、林地、草地等享有占有、使用和收益的权利,有权从事种植业、林业、畜牧业等农业生产。

(一)承包经营权人的基本权利

本条规定了承包人对承包地享有的占有、使用和收益这几项最基本、最重要的权利。这些权利都是法定权利,即使在承包合同中没有约定,承包人也依法享有这些权利,任何组织和个人不得剥夺和侵害。

1. 依法享有对承包地占有的权利

占有的权利是土地承包经营权人对本集体所有的土地直接支配和排他的权利。土地承包经营权是在集体或国家所有由集体使用的土地上使用、收益的权利,为实现其使用、收益的目的,必然以对土地占有为前提。

2. 依法享有对承包地使用的权利

农村土地承包经营权设立的目的,就在于让承包人在集体的土地上进行耕作、养殖或者畜牧等农业生产。因此,承包人在不改变土地的农业用途的前提下,有权对其承包的土地进行合理且有效的使用。至于从事农业生产的方式、种类等均由承包人自行决定,其他任何第三人都无权进行干涉。对承包土地的使用不仅仅表现为进行传统意义上的耕作、种植等,对于因进行农业生产而修建的必要的附属设施,如建造沟渠、修建水井等构筑物,也应是对承包土地的一种使用。所修建的附属设施的所有权应当归承包人享有。实行土地承包经营制度以来,农民获得了生产经营自主权,但在有的地方农户选择种植作物的权利仍然受到各种限制。一些地方的领导人为了突出“政绩”，不讲科学，不考察市场需求，强令农户大面积种植单一作物，即强行推广所谓“一乡一品”“一村一品”等项目。这是对承包方享有的使用土地的权利的侵害，严重损害了土地利用的效率，不利于充分实现承包方对承包地依法使用的权利。

3. 依法获取承包地收益的权利

收益权是承包人获取承包地上产生的收益的权利，这种收益主要是从承包地上种植的农林作物以及畜牧中所获得的利益。例如，粮田里产出的粮食，果树产生的果实等。承包人还有权自由处置产品，可以自由决定农林牧产品是否卖、如何卖、卖给谁等。无论是从土地利用效率的角度，还是从生存保障的角度，承包方对承包地享有的收益权都是农村集体土地家庭承包制度的重要内容。对承包人的收益权应当依法保护，使其得到充分的实现。

需要注意是，土地承包经营权人作为用益物权的主体，其所享有的占有、使用和收益的权能，很重要的一个表现就是自主组织生产经营和处置产品的权利。自主组织生产经营是指农户可以在法律规定的范围内决定如何在土地上进行生产经营，如选择种植的时间、品种等；产品处置权是指农户可以自由决定农产品是否卖，如何卖，卖给谁等。发包方和相关的行政管理部门可以对农户的生产提供指导性的建议或者提供各种生产、技术、信息等方面的服务，但应当尊重承包方的生产经营自主权，不得干涉承包方依法进行正常的生产经营活动，不得违背农民意愿强制农户种植某种作物。

（二）承包经营权人的其他权利

承包经营权人的上述权利，体现了作为用益物权的承包经营权的最基本的权利，还有一些权利内容也体现了承包经营权的物权性质。这些权利有的是由物权编规定，有些则在农村土地承包法中有进一步的明确规定。主要包括以下内容：

1. 承包期及承包期届满后的延期

根据农村土地承包法和物权编的相关规定，耕地的承包期为

30年,草地的承包期为30~50年,林地的承包期为30~70年。并进一步明确,耕地的承包期届满后可以再延长30年,林地、草地的承包期相应延长。

2. 依法互换、转让土地承包经营权

承包方承包土地后,可以行使承包经营权自己经营;也可以将承包地依法互换、转让。农村集体经济组织根据本地的特点,将承包地划分发包。各地地形地势不同,历史使用原因不同,与农户居住的远近等生活便利条件不同。农户承包土地后,可以依法进行互换。中央文件明确指出,鼓励农民在自愿前提下采取互换并地方式解决承包地细碎化问题。农村土地承包法和物权编的相关条文对此也作了明确规定,承包方之间为方便耕种或者各自需要,可以对属于同一集体经济组织的土地的土地承包经营权进行互换,并向发包方备案。同时,承包方还可转让承包地,农村土地承包法第34条规定,经发包方同意,承包方可以将全部或者部分的土地承包经营权转让给本集体经济组织的其他农户,由该农户同发包方确立新的承包关系,原承包方与发包方在该土地上的承包关系即行终止。农户依法互换、转让土地承包权的,任何组织和个人不得强迫或限制,依法互换、转让土地承包经营权的收益归农户所有。

3. 依法流转土地经营权

在农村土地承包法修改过程中,重要任务之一就是贯彻"三权分置"改革要求。所谓"三权分置"就是要坚持农村土地集体所有权,稳定农户承包权,放活土地经营权。"三权分置"改革的核心问题是家庭承包的承包户在经营方式上发生转变,即由农户自己经营,转变为保留土地承包权,允许承包方将承包地流转给他人经营,实现土地承包经营权和土地经营权的分离。关于"三权分置"改革的具体要求和土地经营权流转,本法第339条作了进一步的规定。

4. 承包期内,发包人不得收回承包地

农村土地承包法进一步明确规定,国家保护进城农户的土地承包经营权。不得以退出土地承包经营权作为农户进城落户的条件。承包期内,承包农户进城落户的,引导支持其按照自愿有偿原则依法在本集体经济组织内转让土地承包经营权或者将承包地交回发包方,也可以鼓励其流转土地经营权。承包期内,承包方交回承包地或者发包方依法收回承包地时,承包方对其在承包地上投入而提高土地生产能力的,有权获得相应的补偿。

5. 承包地被依法征收、征用、占用的,有权依法获得相应的补偿

土地承包经营权作为一种用益物权,这种他物权是受到法律保护的。但是根据宪法和物权编及其他法律的有关规定,国家为了公共利益的需要,可以依照法律规定对土地实行征收或者征用并给予补偿。征收土地是国家为了社会公共利益的需要,将集体所有的土地转变为国有土地的一项制度。征用是国家强制使用单位、个人的财产。不论是征收还是征用,都必须基于公共利益的需要,按照法定程序进行,给予补偿。本法第243条规定,为了公共利益的需要,依照法律规定的权限和程序可以征收集体所有的土地和组织、个人的房屋以及其他不动产。征收集体所有的土地,应当依法及时足额支付土地补偿费、安置补助费以及农村村民住宅、其他地上附着物和青苗等的补偿费用,并安排被征地农民的社会保障费用,保障被征地农民的生活,维护被征地农民的合法权益。征收组织、个人的房屋以及其他不动产,应当依法给予征收补偿,维护被征收人的合法权益;征收个人住宅的,还应当保障被征收人的居住条件。任何组织或者个人不得贪污、挪用、私分、截留、拖欠征收补偿费等费用。第245条规定,因抢险救灾、疫情防控等紧急需要,依照法律规定的权限和程序可以征用组织、个人的不动产或者动产。被征用的不动产或者动产使用后,应当返还被征用人。组织、个人的不动产或者动产被征用或者征用后毁损、灭失的,应当给予补偿。占用是指兴办乡镇企业和村民建设住宅经依法批准使用本集体经济组织农民集体所有的土地或者乡(镇)村公共设施和公益事业建设经依法批准使用

农民集体所有土地的行为。根据土地管理法的有关规定，为乡(镇)村公共设施和公益事业建设，需要使用土地的而收回农民集体所有的土地的，对土地使用权人应当给予适当补偿。因此，土地被征收、征用、占用的，承包方有权获得征收、征用、占用土地的补偿费。具体补偿标准应当根据土地管理法等相关法律、法规确定。任何组织和个人不得非法截流、占用、滥用承包方应得的补偿费。必须使承包方合法利益得到切实保护，使失去承包地的农民的生活得到切实保障。

6. 法律、行政法规规定的其他权利

其他法律、行政法规对土地承包经营权人所享有的权利作了规定的，土地承包经营权人即享有这些权利。例如，农村土地承包法第 32 条规定，承包人应得的承包收益，依照继承法的规定继承。林地承包的承包人死亡，其继承人可以在承包期内继续承包。此外，农业法、渔业法、草原法、森林法等法律也对土地承包经营权人所享有的权利作了规定。

(三)物权化的承包经营权有利于对权利的保护

物权编将农村土地承包经营权规定为用益物权，体现了党中央加强产权保护的理念。在农村土地承包法颁布之前，人们对土地承包经营权大多是从债权的角度即承包合同的角度来认识的。2002 年颁布的农村土地承包法将土地承包经营权作为用益物权，但未明确使用“用益物权”的概念。物权法制定时，即根据物权的特征和土地承包经营权的实际状况，将土地承包经营权确立为用益物权，这样更有利于保护土地承包经营权人的利益。

(1)土地承包经营权中的各项权利为法定权利，不得随意变更。而合同权利依双方当事人约定，难以避免因发包人违反合同等行为对土地承包经营权造成侵害。

(2)土地承包经营权作为用益物权，期限较长，比较稳定。而合同的期限一般较短也容易发生变化。

(3)承包人享有经营自主权，发包人不得干涉。而合同可以变更，难以避免发包人强令承包人不变更就解除合同的现象发生。

(4)承包人作为用益物权人,可以对抗发包人的侵害,土地承包经营权不能被任意剥夺,承包地被违法收回后,可以要求返还。而合同有可能随意解除,承包地被违法收回的,承包人虽有可能获得金钱赔偿,但返还承包地并不必然。

(5)承包人可以以用益物权人的地位直接对抗第三人的侵害,包括政府的违法干预。

(6)承包人依用益物权享有自主将土地承包经营权流转的权利基础,任何人不得强迫或者阻碍。而依合同关系难以形成流转的基础,而且往往受到对方的限制。

(7)在征地补偿时,承包人可以作为独立的权利主体,土地承包经营权可以作为独立的财产权利获得相应的补偿,而不是仅作为合同一方当事人被忽视。

第三百三十二条　耕地的承包期为三十年。草地的承包期为三十年至五十年。林地的承包期为三十年至七十年。

前款规定的承包期限届满,由土地承包经营权人依照农村土地承包的法律规定继续承包。

【释义】 本条是关于土地承包期限的规定。

土地承包经营权是一种他物权,他物权与所有权相比的一个差别就是,他物权一般都是有期限的物权,本条规定的就是土地承包经营权的期限,即承包期限。承包期限是指农村土地承包经营权存续的期间,在这个期间内,承包方享有土地承包经营权,依照法律的规定和合同的约定,行使权利,承担义务。承包期限是土地承包制度的一项重要内容,它关系到农民是否可以得到更加充分而有保障的土地权利,关系到以家庭承包经营为基础、统分结合的双层经营体制的稳定和完善,关系到农业、农村经济发展和农村社会稳定。

本条规定与修改后的农村土地承包法的规定保持了一致,与物权法的规定相比,主要是删除了第 1 款中“特殊林木的林地承包期,经国务院林业行政主管部门批准可以延长”的规定,并对第2款作了衔接性修改。

(一)耕地、草地、林地的承包期

我国对土地实行用途管理制度。土地管理法按照土地的用途,将土地划分为农用地、建设用地和未利用地,其中的农用地又包括耕地、林地、草地、农田水利用地和养殖水面等。本条第1款根据我国农村土地家庭承包的实际情况,对不同用途的土地的承包期限作出规定。

1. 耕地的承包期

耕地是指种植农作物的土地,包括灌溉水田、望天田(又称天水田)、水浇地、旱地和菜地。1982年年底全国农村67%的基本核算单位实行了包干到户,1984年以后一直稳定在99%以上,实行家庭承包经营的耕地一直占耕地总面积的97%左右。因此,我国农村实行土地承包经营制度的土地主要是耕地。

承包期限对于农户的土地承包经营权而言至关重要,因此,我国历来不少法律和国家有关政策都对土地承包期有明确规定,也经历了一个发展变化的过程。在我国农村实行联产承包生产责任制之初,承包期一般都比较短。后来认识到,承包期限过短,难以调动承包人增加投入、合理开发土地的积极性,甚至可能导致短期行为和对土地的掠夺式经营。这样,国家实行土地承包经营制度就失去了积极意义。因此,1984年,国家有关政策要求,土地承包期限应当适当延长。土地承包期一般应在15年以上。根据这一精神,全国各地陆续将土地承包期确定为15年。但也有一些地方为了解决人地矛盾,频繁调整土地,真正达到15年的很少。1993年,一些较早实行家庭承包经营的地方,第一轮土地承包即将到期,为了及时指导,国家提出,在原定的耕地承包期到期之后,再延长30年不变。此后,随着延包工作的陆续开展,国家有关政策曾多次对土地承包的期限问题作出规定。1993年指出,为了稳定土地承包关系,鼓励农民增加投入,提高土地的生产率,在原定的耕地承包期到期后,再延长30年不变。1997年指出,土地承包再延长30年不变,营造林地和“四荒”地等开发性生产的承包期可以更长。1986年通过并于1998年修改的土地管理法也明确规定,农民集体所有的土地由本集体经济组织的成员承包经营,从事种植业、林业、畜牧业、渔业生产。土地承包经营期限为30年。从实际情况看,截至2000年,全国已有98%左右的村组开展了延包工作。据统计,在开展延包工作的地方,承包期达到30年的耕地面积占92%,如果扣除沿海发达地区、城镇郊区实行招标承包的责任田以及各地预留的机动地,实行家庭承包的耕地承包期达到30年的占95%以上。承包期不足30年的,大多数在已经或者列入城镇建设规划范围内的城镇郊区。土地承包期限的长短,应考虑到我国农村的实际情况,根据农业生产经营的特点、农业经济的发展趋势以及当前的农业承包经营政策等因素确定。2002年制定农村土地承包法时,将耕地的承包期规定为30年,符合当时有关法律的规定和农村的实际做法,同当时国家政策的规定也是一致的。

党的十八大以来,党中央在诸多文件中,一再强调要“稳定承包权”,并强调“保持土地承包关系稳定并长久不变”。因此,本条第1款仍保留原物权法、农村土地承包法的规定,继续明确耕地的承包期为30年,这是同党的十九大精神和中央有关文件的规定相一致的。

2. 草地、林地的承包期

草地是指生长草本植物为主,用于畜牧业的土地,包括天然草地、改良草地和人工草地。草原是草地的主体。我国是草原资源大国,天然草原近60亿亩,占国土总面积的41.7%。草原总面积仅次于澳大利亚,居世界第二位。

林地是指生长乔木、竹类、灌木、沿海红树林的土地,包括有林地、灌木林地、疏林地、未成林造林地以及迹地和苗圃等。林地承包经营政策是我国农村林业的基本政策。

同耕地相比,草地和林地有其特殊性。以林地为例:

首先,林地上一般生长着多年生的乔木、竹类、灌木等,而耕地主要是用于种植农作物，一般是一年一季或者两季，有的是三季，很少种植多年生植物。

其次，从事林业开发投资大，林木生长期、收益期长，风险也比较大。如榉木、水青冈、红豆杉、柚木的采伐或经营期限至少在50~60年。又如，我国特有的银杏树，其木材、果实、叶子等均有较高的经济价值，但生长极为缓慢，所以又称“公孙树”，形容祖辈种树到孙子辈才结实。目前我国的很多寺庙中都生长着千年以上的银杏树。浙江东阳地区种植的香榧树，15年开始结果，100年才进入丰产期，并可延续四五百年，有的可达上千年。

最后，我国对森林实行限额采伐制度，林地上种植的林木不能任意采伐。采伐必须申请采伐许可证并按照要求完成更新造林任务。因此，承包方的生产经营和处置产品的权利受到较多限制。

对于草地、林地的承包期限，在2002年制定农村土地承包法之前，其他法律对此没有明确规定。土地管理法曾规定，农民集体所有的土地由本集体经济组织的成员承包经营，从事种植业、林业、畜牧业、渔业生产。土地承包经营期限为30年。草原法曾经也只是规定，全民所有的草原、集体所有的草原和集体长期固定使用的全民所有的草原，可以由集体或者个人承包从事畜牧业生产。国家政策也曾规定，土地承包期再延长30年不变，营造林地和“四荒”地等开发性生产的承包期可以更长。2002年制定农村土地承包法时，根据国家关于“营造林地和‘四荒’地等开发性生产的承包期可以更长”的政策精神和我国农村土地承包的实际做法，在第20条对草地和林地的承包期作出了规定，即草地的承包期为30~50年。林地的承包期为30~70年；特殊林木的林地承包期，经国务院林业行政主管部门批准可以延长。原物权法也作了同样的规定。2018年修改后的农村土地承包法，对这一条规定没有作出大的改动，只是删除了“特殊林木的林地承包期，经国务院林业行政主管部门批准可以延长”。这一句话，主要是由于农村土地承包法施行十多年来，实践中基本没有出现国务院主管部门批准延长的情况，这一规定实际上从未真正落地过。物权编根据农村土地承包法修改情况，对物权法的规定也作了相应的修改。因此，本条第 1 款规定，耕地的承包期为 30 年。草地的承包期为 30~50 年。林地的承包期为 30~70 年。

（二）土地承包期届满后的延长

本条第 2 款规定，前款规定的承包期限届满，由土地承包经营权人依照农村土地承包的法律规定继续承包。本款规定，主要是为了与修改后的农村土地承包法相衔接。

党的十九大提出，保持土地承包关系稳定并长久不变，第二轮土地承包到期后再延长 30 年。2019 年 11 月，《中共中央、国务院关于保持土地承包关系稳定并长久不变的意见》，进一步明确规定：第二轮土地承包到期后再延长 30 年；现有承包地在第二轮土地承包到期后由农户继续承包，承包期再延长 30 年，以各地第二轮土地承包到期为起点计算。保持土地承包关系稳定并长久不变，有利于坚持和完善农村基本经营制度，坚持农村土地集体所有，坚持家庭经营基础性地位。耕地承包期届满后再延长 30 年，是保持土地承包关系稳定并长久不变的重大举措，彰显了党中央坚定保护农民土地权益的决心，给农民又一颗“定心丸”，稳定了农民预期，符合广大农民群众的意愿。从实行第一轮土地承包算起，我国农村土地承包关系将稳定 75 年，这意味着今后土地集体所有、家庭承包经营的农村基本经营制度不会改变，集体经济组织成员依法承包集体土地的基本权利不会改变。包括农户承包的土地（地块）总体上稳定不变。这样既体现了土地承包关系稳定的主基调，又有利于处理坚持土地集体所有与保护农民财产权的关系，有利于处理土地流转、适度规模经营与化解人地突出矛盾的关系。新一轮承包期再延长 30 年，时间上是在 2050 年前后，与第二个百年战略构想在时间节点上高度契合，既稳定了农村土地承包关系，也为届时完善政策预留了空间，是一个充满政治智慧的制度安排。2017 年 10 月习近平总书记在参加党的十九大贵州代表团审议时说，“确定 30 年时间，是同我们实现强国目标的时间点相契合的。到建成社会主义现代化强国时,我们再研究新的土地政策”。为了贯彻落实党的十九大精神,保持土地承包关系稳定并长久不变,2018 年修改后的农村土地承包法增加规定“前款规定的耕地承包期届满后再延长三十年”,即第二轮土地承包到期后再延长 30 年。土地承包期再延长 30 年,就使我国农村土地承包关系从第一轮承包开始保持稳定长达 75 年。根据该规定,第二轮土地承包到期后,不得将承包地打乱重分,应当由农户继续承包,将耕地承包期再延长 30 年。再延长的 30 年期限,以各地第二轮土地承包到期为起点计算。在农村土地承包法修改过程中,有些意见提出,现行农村土地承包法对耕地、林地、草地的承包期都作了规定,保持农村土地承包关系长期稳定应当包括草地和林地的承包关系,这次修改不能只对耕地承包期届满后延长 30 年作出规定,建议对草地、林地承包期届满后延期的问题也作出规定。为了保持草地、林地承包关系的稳定,修改后的农村土地承包法吸收了这些意见,增加规定:草地、林地承包期届满,由土地承包经营权人依照农村土地承包的法律规定继续承包。根据这一规定,草地、林地的承包期届满后,比照耕地承包期届满后再延长 30 年的规定,作相应延长。例如,如果草地、林地的现承包期为 40 年,该承包期届满后再延长 40 年;如果草地、林地的现承包期为 50 年,该承包期届满后再延长 50 年。

本条第 2 款规定,承包期限届满,由土地承包经营权人依照农村土地承包的法律规定继续承包。所谓“依照农村土地承包的法律规定”所指的就是农村土地承包法的有关规定,继续承包就是承包期限的延长。根据《中共中央、国务院关于保持土地承包关系稳定并长久不变的意见》的规定,现有承包地在第二轮土地承包到期后由农户继续承包,承包期再延长 30 年,以各地第二轮土地承包到期为起点计算。以承包地确权登记颁证为基础,已颁发的土地承包权利证书,在新的承包期继续有效且不变不换,证书记载的承包期限届时作统一变更。对个别调地的,在合同、登记簿和证书上作相应变更处理。

第三百三十三条　土地承包经营权自土地承包经营权合同生效时设立。

登记机构应当向土地承包经营权人发放土地承包经营权证、林权证等证书，并登记造册，确认土地承包经营权。

【释义】　本条是关于土地承包经营权设立和登记的规定。

（一）土地承包经营权的设立

在物权编起草过程中，关于土地承包经营权设立的时间有不同的意见。一些地方、单位和学者提出，土地承包经营权的设立应采取采登记生效要件主义，当事人必须登记，承包经营权自登记之日起成立，在程序上也应当是先登记后发证。也有的意见认为，我国目前的土地承包经营权一般都是在订立合同后就取得的，土地承包经营权证和林权证等证书也是由人民政府有关机构事后向承包方颁发的，是为了对承包人的土地承包经营权予以确认，要求对所有承包人的承包经营权都进行登记发证不符合现实，同时还可能进一步加重农民的负担。对此，经研究认为，一方面，从民法理论上而言，关于物权登记的效力，一般有两种做法：一是登记生效主义，即登记是不动产物权变动的必要条件，未经登记，不生效力；二是登记对抗主义，即是当事人在物权变动后未经登记，在当事人之间也可有效成立，但是不能对抗善意第三人。因此，不论是选择哪种立法模式，在理论上都没有障碍。因此，物权编第209条第1款规定，不动产物权的设立、变更、转让和消灭，经依法登记，发生效力；未经登记，不发生效力，但是法律另有规定的除外。另一方面，从实践看，需要考虑我国农村的实际情况，特别是在农村土地承包法制定之前的农村现实：一是承包方案经村民会议或村民代表会议讨论同意，集体经济组织成员相互熟悉，承包的地块人所共知，能够起到相应的公示作用；二是农村土地承包经营权的确权发证工作直到前几年才全面完成，实际上往往滞后于土地承包合同的签订，不能因此而否定农户的承包经营权。在农村土地承包实践中，土地承包经营权都是在土地承包合同生效时就设立,登记造册是对土地承包经营权的确认程序而已。因此,本条第 1 款规定,土地承包经营权自土地承包经营权合同生效时设立。根据本款规定,土地承包经营权的设立,不以登记为生效的要件,土地经营权的设立以土地承包合同生效为准。

因此,要确定取得土地承包经营权的时间,就必须根据承包合同的生效时间判断。根据合同法的基本原则,合同的生效必须以合同的成立为基础。合同的成立是指订约当事人就合同的主要内容形成合意。对于合同的成立时间,原合同法及民法典合同编都有规定,一般而言,承诺生效时合同成立。合同编还对书面形式合同的成立作出了规定,即当事人采用合同书形式订立合同的,自双方当事人签名、盖章或者按印时成立。农村土地承包法明确规定土地承包合同应当采用书面形式。因此,承包合同成立的时间应当是当事人签名、盖章或者按印之时。

合同生效是指合同产生法律约束力。合同生效后,当事人依法受到合同的约束,必须遵循合同的规定,依照诚信原则,正确行使权利,履行义务,而不得滥用权利,违反义务。对于合同的生效时间,总则编规定,民事法律行为自成立时生效,但是法律另有规定或者当事人另有约定的除外。合同编规定,依法成立的合同,自成立时生效。合同的生效,除了附条件、附期限的合同以外,在通常情况下,与合同的成立是一致的。农村土地承包法第 23 条规定,承包合同自成立之日起生效。因此,农村土地承包法的规定与总则编关于民事法律行为的生效时间,以及合同编关于合同生效时间的规定是一致的,即承包合同自成立之日起生效。

当然,根据总则编、合同编的相关规定,判断土地承包合同是否真正有效,还不能有法律规定的合同无效或者可撤销等事由。本法第 155 条规定,无效的或者被撤销的民事法律行为自始没有法律约束力。对合同在哪些情形下可以认定无效或者可以被撤销,总则编作出了详细规定,这些规定也适用于土地承包合同。本法第 143 条规定了民事法律行为有效的要件,即具备下列条件的民事法律行为有效:(1)行为人具有相应的民事行为能力;(2)意思表示真实;(3)不违反法律、行政法规的强制性规定,不违背公序良俗。根据总则编的有关规定,可以综合以下几个方面判断。首先,承包合同不得违反土地管理法等法律、行政法规的强制性规定,不得违背公序良俗,否则合同无效。本法第153条规定,违反法律、行政法规的强制性规定的民事法律行为无效。但是,该强制性规定不导致该民事法律行为无效的除外。违背公序良俗的民事法律行为无效。本法第154条还规定,行为人与相对人恶意串通,损害他人合法权益的民事法律行为无效。其次,签订人应具有完全的民事行为能力,承包方代表不能是限制民事行为能力人或者无民事行为能力人。本法第144条规定,无民事行为能力人实施的民事法律行为无效。最后,承包合同当事人双方的意思表示应当真实。如果签订承包合同时,具有欺诈、胁迫事由的,欺诈、胁迫的一方当事人可以请求撤销土地承包合同。依照本法第148条的规定,一方以欺诈手段,使对方在违背真实意思的情况下实施的民事法律行为,受欺诈方有权请求人民法院或者仲裁机构予以撤销。依照本法第150条的规定,一方或者第三人以胁迫手段,使对方在违背真实意思的情况下实施的民事法律行为,受胁迫方有权请求人民法院或者仲裁机构予以撤销。

(二)土地经营权的登记

物权法上的登记制度,是土地等不动产物权公示的方法。其功能是对物权的设立、变更、转让或者消灭产生公示作用。登记不仅可以表彰物权的设立,明确归属而且有助于解决物权的冲突。物权法第127条第2款规定:“县级以上地方人民政府应当向土地承包经营权人发放土地承包经营权证、林权证、草原使用权证,并登记造册,确认土地承包经营权。”物权编起草过程中,有的意见提出,应当根据农村土地承包法的修改情况,对物权法的规定加以修改。因此,本条第2款规定,登记机构应当向土地承包经营权人发放土地承包经营权证、林权证等证书,并登记造册,确认土地承包经营权。该款规定就是与农村土地承包法第24条第1款规定相衔接。

农村土地承包法第24条第1款规定，国家对耕地、林地和草地等实行统一登记，登记机构应当向承包方颁发土地承包经营权证或者林权证等证书，并登记造册，确认土地承包经营权。土地承包经营权登记制度通过国家登记机构对土地承包经营权予以确认，有利于明确权利归属，稳定土地承包关系，也有利于维护农村土地承包经营权互换、转让和土地经营权流转的安全。物权法第127条第2款、2002年农村土地承包法第23条都规定，土地承包经营权由县级以上人民政府负责登记。实践中对耕地、林地、草地等承包权的登记机构并不统一，实行分散登记。在农村土地承包法修改中对登记问题专门进行了研究。考虑到，对耕地、林地、草地等进行统一登记，相对于分散登记：一是有利于明确土地承包经营权的权利归属，避免登记重复、登记矛盾等现象的存在，对保护土地承包经营权依法互换、转让和土地经营权流转、促进交易安全具有重要作用，为提高农村土地的利用效率打下了良好基础；二是有利于提高社会管理效率，避免了多个登记部门之间的扯皮、推卸等现象；三是有利于提高群众办事效率，群众需要查明土地承包经营权的权利归属、办理土地承包经营权互换、转让登记等，只需要到统一的登记机构即可，不需要跑多个登记部门，节省了金钱和时间上的成本。基于此，2018年修改后的农村土地承包法确立了土地承包经营权统一登记制度。农村土地承包法第24条第1款规定，国家实行土地承包经营权统一登记制度，由统一的登记机构对耕地、林地、草地等进行登记。

物权编根据修改后农村土地承包法的规定，再次明确登记机构应当向承包方颁发土地承包经营权证或者林权证等证书，并登记造册，对土地承包经营权予以确认。土地承包经营权证书、林权证等证书，是承包方享有土地承包经营权的法律凭证。承包方签订承包合同，取得土地承包经营权后，登记机构应当颁发土地承包经营权证或者林权证等证书，并登记造册，将土地的使用权属、用途、面积等情况登记在专门的簿册上，以确认土地承包经营权。颁发土地承包经营权证书、林权证等证书,并登记造册,是登记机构的职责,不得推卸。长期以来,一些地方存在承包地块面积不准、四至不清、空间位置不明、登记簿不健全等问题,导致农民土地权益依法保障程度低。为把农户承包地搞准、搞清、搞实,党的十八大以后,中央对确权登记颁证工作作出了一系列决策部署。2013年习近平总书记指出,建立土地承包经营权登记制度,是实现土地承包关系稳定的保证,要把这项工作抓紧抓实,真正让农民吃上“定心丸”。2014年中央明确提出用五年左右时间基本完成土地承包经营权确权登记颁证工作。截至2018年6月底,31个省(区、市)均开展了承包地确权工作,确权面积13.9亿亩,超过二轮家庭承包地(账面)面积。这次农村土地承包经营权确权登记颁证工作使土地承包经营权的权属等情况更加清晰,使土地承包经营权的登记更加完整、真实、准确。

在物权编起草、审议过程中,有的常委委员、部门提出,如何保障农村妇女的土地承包权益是一个比较突出的问题。前几年农业农村部进行土地确权登记试点,总结推广试点经验,明确提出“在土地承包经营权确权登记簿和权证上写上妇女名字”,实现农村妇女“证上有名、名下有权”,实践效果很好,建议增加一句规定,“土地承包经营权属证书应当将具有土地承包经营权的全部家庭成员列入”。农村土地承包法第24条第2款明确规定,土地承包经营权证或者林权证等证书应当将具有土地承包经营权的全部家庭成员列入。根据农村土地承包法的相关规定,土地承包合同由承包方代表签署。实践中土地承包合同一般都是由农户的男性长辈签署土地承包合同,土地承包合同也仅体现该承包方代表的姓名、住所等情况,不列明农户内其他家庭成员情况。虽然土地承包合同由农户代表实际签订,但土地承包经营权的权利主体是农户,而不是该农户代表。为了平等保护农户内每位家庭成员,尤其是农户内妇女的土地承包权益,这次修改农村土地承包法增加规定,进一步明确土地承包经营权证或者林权证等证书应当将具有土地承包经营权的全部家庭成员列入。因此,登记机构在制作、颁发土地承包经营权证或者林权证等证书,并登记造册时,应当将农户内具有土地承包经营权的全部家庭成员查清并列入,对农户内每位家庭成员的土地承包经营权益予以确认。考虑到农村土地承包法关于土地承包经营权登记已经有了明确的具体规定,物权编不再重复规定。

此外,需要注意的是,根据本法第 223 条规定,不动产登记费按件收取,不得按照不动产的面积、体积或者价款的比例收取。农村土地承包法第 24 条第 3 款规定,登记机构除按规定收取证书工本费外,不得收取其他费用。因此,登记机关颁发土地承包经营权证或者林权证等证书,除按规定收取证书工本费外,不得收取其他费用。这样,有利于防止登记机构借登记之机乱收费,以减轻农民负担,有利于维护农民的合法权益和农村社会的稳定。

第三百三十四条　土地承包经营权人依照法律规定,有权将土地承包经营权互换、转让。未经依法批准,不得将承包地用于非农建设。

【释义】 本条是关于土地承包经营权互换、转让的规定。

根据本条规定,土地承包经营权人有权将土地承包经营权互换、转让,但是必须依照法律规定,且不得将承包地用于非农建设。这里的依照法律规定,主要就是依照农村土地承包法的相关规定。农村土地承包法第 33 条、第 34 条对土地承包经营权的互换、转让作了明确规定。因此,理解物权编本条的规定,需要结合农村土地承包法的相关规定。

(一)土地承包经营权的互换

属于同一集体经济组织所有的土地有好有次,有远有近,有朝阳有背阴,有种粮有种菜。面对以户为单位、人人有份的承包,发包方应当本着公开、公平、公正的原则,以好坏搭配、兼顾远近、考虑用途的精神,合理分配承包地。这样一来,各承包户得到的承包地通常是东一块、西一块,成片的土地往往分别由不同的农户承包。分块承包农村土地,带来了一些耕作上的不便。比如,相邻两块地,一农户种植低矮的庄稼,但相邻的他人的承包地却种植高秆作物,为此,双方可能会因为农作物的采光、通风问题发生纠纷。又如,农业现代化的发展,要求越来越多的农业机具用于耕种、收割,但土地分属不同的承包经营权人,太小的地块常常使农机具不能施展拳脚。再如,有的农户擅长种小麦,有的农户精于种棉花,但农户承包的几块土地,可能分别适于种植不同的作物,由一个农户承包,其技术专长就得不到尽情发挥。为此,在一些地方,农民为了耕作方便或者出于其他考虑,通过互换土地承包经营权的方式,达到资源的最佳配置。2014年《中共中央办公厅、国务院办公厅关于引导农村土地经营权有序流转发展农业适度规模经营的意见》中也明确提出:"鼓励农民在自愿前提下采取互换并地方式解决承包地细碎化问题。"

因此,农村土地承包法第33条规定,承包方之间为方便耕种或者各自需要,可以对属于同一集体经济组织的土地的土地承包经营权进行互换,并向发包方备案。根据此条规定,土地承包经营权互换,是土地承包经营权人将自己的土地承包经营权交换给他人行使,自己行使从他人处换来的土地承包经营权。互换从表面上看是地块的交换,但从性质上看,是由交换承包的土地引起的权利本身的交换。权利交换后,原有的发包方与承包方的关系,变为发包方与互换后的承包方的关系,双方的权利义务同时作出相应的调整。互换土地承包经营权,是农户在自愿的基础上,在同一集体经济组织内部,对人人有份的承包经营权进行的交换。该种交换改变了原有的权利分配,涉及承包义务的履行,因此,应当报发包方备案。由于土地承包经营权互换通常都是对等的,也未剥夺互换双方的土地承包经营权,因此,只要不违反法律,侵害他人的合法权益,发包方就不应干涉。

需要注意的是:第一,土地承包经营权互换只是土地承包经营权人改变,不是土地用途及承包义务的改变,互换后的土地承包经营权人仍然要按照发包时确定的该土地的用途使用土地,履行该地块原来负担的义务，比如，发包时确定某地块用于种植粮食作物，承包经营权互换后不能用于开挖鱼塘。第二，家庭承包的土地，不仅涉及不同集体经济组织的土地权属，也关系农户的生存保障。因此，承包方只能与属于同一集体经济组织的农户互换土地承包经营权，不能与其他集体经济组织的农户互换土地承包经营权。

（二）土地承包经营权的转让

土地承包经营权转让，指土地承包经营权人将其拥有的未到期的土地承包经营权以一定的方式和条件移转给他人的行为。农村土地承包法第 34 条规定，经发包方同意，承包方可以将全部或者部分的土地承包经营权转让给本集体经济组织的其他农户，由该农户同发包方确立新的承包关系，原承包方与发包方在该土地上的承包关系即行终止。土地承包经营权转让不同于土地承包经营权互换。互换土地承包经营权，承包方与发包方的关系虽有变化，但互换土地承包经营权的双方只不过是对土地承包经营权进行了置换，并未丧失该权利。而转让土地承包经营权，承包方与发包方的土地承包关系即行终止，转让方也不再享有土地承包经营权。根据农村土地承包法第 34 条的规定，转让土地承包经营权的条件是：

第一，程序上，转让土地承包经营权需要征得发包方的同意。征得发包方同意，是完全有必要的。首先，从合同原理而言，承包方转让土地承包经营权，意味着其与发包方所签订的承包合同的权利义务要一并转移给他人，也是需要征得相对方同意的。其次，从土地所有权的角度而言，发包方作为集体土地所有权的代表方，代表集体行使土地所有权，用益物权人发生变动，征得其同意也是合理的。最后，从管理的角度看，为了避免转让方与受让方日后因为转让发生争议，经过发包方同意确认双方转让了土地承包经营权，也有助于避免纠纷。

第二，主体上，转让方为承包方，受让方必须是本集体经济组织的其他农户。需要注意的是，与原农村土地承包法的规定有所不同。2002年农村土地承包法对转让方有一定限制,要求转让方必须是"有稳定的非农职业或者有稳定的收入来源",即不是任何承包方都可以转让,必须有了稳定的非农收入的承包方才可以。转让方根据自己的情况自主决定是否转让土地承包经营权,只要依法、自愿,法律不再限制。2002年农村土地承包法规定,受让方只要是从事农业生产经营的农户即可。2018年农村土地承包法规定,受让方必须是本集体经济组织的农户。因此,不允许再将土地承包经营权转让给本集体经济组织以外的人。

第三,后果上,受让方与发包方成立新的承包关系,转让方与发包方的原承包关系终止。土地承包经营权转让后,意味着承包方将土地承包合同的所有权利义务转移给受让方,承包方与发包方之间的权利义务关系也就终止了。土地承包经营权转让后,出让方的全部权利义务转移给受让方,在受让方和发包方之间形成新的承包关系。需要注意的是,承包人转让的土地承包经营权,可以是全部也可以是部分,对于已经转让的,不论是全部转让还是部分转让,受让方都应与发包人确立新的承包关系。对于未转让的部分,原承包人与发包人应重新确立承包关系,变更原有的承包合同。

(三)未经依法批准,不得将承包地用于非农建设

土地承包经营权转让,应当按照土地的原有用途使用土地,不得改变承包地的原有用途。承包地应当用于种植业等农业生产,不得改变农用土地的用途,将其用于非农业建设。比如,不得在承包地上建窑、建坟或者擅自在承包地上建房、挖砂、采石、取土等。

第三百三十五条　土地承包经营权互换、转让的,当事人可以向登记机构申请登记;未经登记,不得对抗善意第三人。

【释义】　本条是关于互换、转让土地承包经营权时登记的规定。

对土地承包经营权的互换、转让进行登记,指互换、转让土地承包经营权的当事人,申请国家有关登记部门将土地承包经营权互换、转让的事项记载于不动产登记簿上。登记的主要目的在于将土地承包经营权变动的事实予以公示,使他人明确土地承包经营权的权利人。

登记制度是不动产物权制度的基石,具有极其重要的意义,但各国立法对于不动产登记有不同的态度:一是采登记生效主义,即不动产物权的设立、变动不登记不生效;二是采登记对抗主义,即不登记不得对抗善意第三人。本条对于土地承包经营权的互换、转让采用登记对抗主义。也就是说,当事人签订土地承包经营权的互换、转让合同,并经发包方备案或者同意后,该合同即发生法律效力,不强制当事人登记。这样规定,一方面,从中国农村的实际出发,农民承包的是本集体经济组织所有的土地,承包方案又是经村民会议通过的,聚集而居的农户对于自己和本集体经济组织的其他农户的承包地的情况应当是清楚的,实际上已经起到公示作用。另一方面,考虑到在某些情况下,土地承包经营权互换、转让后,如果并未将变动的事实通过登记的方式予以公示,他人比较难以了解到土地承包经营权发生了变动,会由此受到损害。因此,本法将登记的决定权交给农民,当事人要求登记的,可以登记。未经登记,不能对抗善意第三人。也就是说,不登记将产生不利于土地承包经营权受让人的法律后果。比如,承包户A将某块土地的土地承包经营权转让给B,但没有办理变更登记。之后,A又将同一块地的土地承包经营权转让给C,同时办理了变更登记。如果B与C就该块土地的承包经营权发生纠纷,由于C取得土地承包经营权进行了登记,他的权利将受到保护。B将不能取得该地块的土地承包经营权。因此,土地承包经营权的受让人为更好地维护自己的权益,要求办理登记更为可靠。

根据本条规定,土地承包经营权互换、转让的,当事人要求登记的,应当向登记机构申请办理登记。申请登记时,应当提交土地变更登记申请书及相关资料,内容包括:转让人与受让人的姓名、住所,土地坐落、面积、用途,土地承包合同、土地承包经营权转让或者互换合同、土地承包经营权证书,以及登记部门要求提供的其他文件。登记部门收到变更登记的申请及上述文件后,经调查、审核,符合变更登记规定的,变更注册登记,更换或者更改土地承包经营权证书。

第三百三十六条　承包期内发包人不得调整承包地。

因自然灾害严重毁损承包地等特殊情形,需要适当调整承包的耕地和草地的,应当依照农村土地承包的法律规定办理。

【释义】 本条是关于承包地能否调整的规定。

(一)发包人不得调整承包地

我国农村人多地少,大部分地区经济还比较落后,在相当长的时期内,土地不仅是农民的基本生产资料,而且是农民最主要的生活保障。以家庭联产承包为主的责任制和统分结合的双层经营体制,是我国农村经济的一项基本制度。保持土地承包关系稳定并长久不变,是党和国家农村政策的核心内容,多年来,中央在这个问题上的政策没有变化。

赋予农民长期而有保障的土地使用权,保持农村土地承包关系的长期稳定,是将土地承包经营权物权化的立法宗旨和指导思想。对承包土地的频繁调整:一是不利于土地承包关系的稳定,不符合承包经营权物权化的要求;二是不利于农民对土地的长期投入,容易造成短期效应,导致对土地生产力的破坏。因此,不论是物权法,还是农村土地承包法都明确规定,承包期内发包方不得调整承包地。2019年11月,《中共中央、国务院关于保持土地承包关系稳定并长久不变的意见》再次明确要求,“农户承包地要保持稳定,发包方及其他经济组织和个人不得违法调整”。

物权编保留了此款规定,再次明确承包期内发包方不得调整承包地。在民法典中明确发包人在承包期内不得随意调整承包地,维护了土地承包关系的长期稳定,再次给农民吃了“定心丸”。

发包方在承包期内不得调整承包地：一是发包方不得单方要求调整承包地。发包方一般不得以任何理由要求承包方调整承包地。当然，如果承包方自己有合理理由，请求发包方适当调整，只要符合有关规定，发包方是可以调整的。二是在承包期内，发包方不得调整。这里的承包期就包括二轮承包期，也包括根据法律规定延长后的承包期，都不得延长。三是发包方只有在符合法律规定的情形下，根据第 2 款的规定才可以适当调整承包地。

(二)关于承包地的调整

考虑到在几十年的承包期内，农村的情况会发生很大的变化，完全不允许调整承包地也难以做到。如果出现个别农户因自然灾害严重毁损承包地等特殊情形，仍然不允许对承包地进行小调整，将使一部分农民失去土地。在农村的社会保障制度尚不健全、实现非农就业尚有困难的情况下，将使这部分农民失去最基本的生活来源，既有悖于社会公平，也不利于社会稳定。因此，在特殊情形下，应当允许按照法律规定的程序对个别农户之间的承包地进行必要的小调整。2019 年 11 月，《中共中央、国务院关于保持土地承包关系稳定并长久不变的意见》明确，第二轮土地承包到期后应坚持延包原则，不得将承包地打乱重分，确保绝大多数农户原有承包地继续保持稳定。对少数存在承包地因自然灾害毁损等特殊情形且群众普遍要求调地的村组，届时可按照大稳定、小调整的原则，由农民集体民主协商，经本集体经济组织成员的村民会议 2/3 以上成员或者 2/3 以上村民代表同意，并报乡(镇)政府和县级政府农业等行政主管部门批准，可在个别农户间作适当调整，但要依法依规从严掌握。

本条第 2 款规定，因自然灾害严重毁损承包地等特殊情形，需要适当调整承包的耕地和草地的，应当依照农村土地承包的法律规定办理。农村土地承包法第 28 条第 2 款规定，承包期内，因自然灾害严重毁损承包地等特殊情形对个别农户之间承包的耕地和草地需要适当调整的，必须经本集体经济组织成员的村民会议 2/3 以上成员或者 2/3 以上村民代表的同意，并报乡(镇)人民政府和县级人民政府农业农村、林业和草原等主管部门批准。承包合同中约定不得调整的,按照其约定。

一是调整的事由。关于在哪些情况下可以调整承包地,本款规定是“因自然灾害严重毁损承包地等特殊情形”,即只有在特殊情形下,才可以适当调整承包地。在一般情形下,不应当采取调整承包地的方法,而应当主要通过土地流转、发展第二、三产业等途径,用市场的办法解决。这里的“特殊情形”,主要是指部分农户因自然灾害严重毁损承包地的。当然,在承包方发生了因自然灾害严重毁损承包地等特殊情形需要调整土地时,并不是必然发生对个别农户之间承包的耕地和草地进行调整,如果集体经济组织依法预留了机动地,或者有通过依法开垦等方式增加的土地,或者发包方依法收回和承包方依法、自愿交回的土地,应当先用这些土地解决无地农民的承包地问题,只有在没有上述土地的情况下,才可以对个别农户之间承包的耕地和草地进行适当调整。需要指出的是,人地矛盾突出并不是调整承包地的事由。根据《中共中央、国务院关于保持土地承包关系稳定并长久不变的意见》的规定,稳定承包关系必须继续提倡“增人不增地、减人不减地”原则。为避免承包地的频繁变动,防止耕地经营规模不断细分,进入新的承包期后,因承包方家庭人口增加、缺地少地导致生活困难的,要帮助其提高就业技能,提供就业服务,做好社会保障工作。因家庭成员全部死亡而导致承包方消亡的,发包方应当依法收回承包地,另行发包。

二是调整的范围。调整是对个别农户之间承包的土地进行小范围适当调整,调整只限于个别农户,不能对所有农户进行普遍调整。

三是调整的对象。允许进行必要的调整的土地仅限于耕地和草地,对于林地,即使在上述特殊情形下,也不允许调整。因为林地的承包经营与耕地、草地的承包经营相比有其特殊性。林业生产经营周期长,收益慢,风险大,承包期也较长。稳定林地承包经营权,有利于调动承包人植树造林的积极性,鼓励对林地的长期投入,防止乱砍滥伐,保护生态环境。林地一般作为农民增收的手段,不像耕地那样,属于农民基本的生活保障。因此,对林地承包经营权不适用耕地和草地有关调整的规定,应当确保林地承包经营权的长期稳定,否则会导致林权不稳,出现林地纠纷,引发乱砍滥伐,破坏森林资源。因此,林地不能调整。

四是调整的程序。调整还应当经过法定程序,未经法定程序不得进行调整。农村土地承包法规定的法定程序是:经本集体经济组织成员的村民会议2/3以上成员或者2/3以上村民代表的同意,并报乡(镇)人民政府和县级人民政府农业农村、林业和草原等主管部门批准。这样规定是为了体现多数农民的意愿,防止随意调整承包地。由于土地所有者及发包主体的不同,“本集体经济组织成员的村民会议”的含义是不同的:如果土地是由村集体经济组织或者村民委员会发包的,这里的“村民会议”应当指村集体范围内的村民会议,即由村集体经济组织成员组成的村民会议;如果土地是由村内各集体经济组织或者村民小组发包的,这里的“村民会议”应当指村民小组范围内的村民会议,即由村民小组成员组成的村民会议。村民会议2/3以上成员,应当指组成村民会议的全体成员的2/3以上成员;2/3以上村民代表,应当指由村民代表组成的村民会议的全体代表的2/3以上代表。

五是合同约定优先。因特殊情形需要对个别农户之间的承包地进行调整,而承包合同中又约定不得调整的怎么办?对此,农村土地承包法规定,承包合同中约定不得调整的,按照其约定。即如果承包合同中约定不得调整的,也不得调整。这样规定既符合承包人的意愿,也有利于维护承包关系的长期稳定。当然,如果发包人和承包人尤其是承包人自愿协商变更的,可以按照变更后的承包合同办理。

第三百三十七条　承包期内发包人不得收回承包地。法律另有规定的,依照其规定。

【释义】 本条是关于承包地能否收回的规定。

本条首先规定:“承包期内发包人不得收回承包地。”这一规定对保持土地承包关系稳定并长久不变具有重要意义。赋予农民长期而有保障的土地使用权,维护农村土地承包关系的长期稳定,是土地承包经营权立法的重要指导思想。其原因在于我国农村人多地少,大部分地区经济还比较落后,第二、三产业不够发达,大多数农民难以实现非农就业,仍然从事农业生产,农民对土地的依赖性较强,在相当长的时期内,土地仍是农民的基本生产资料和最主要的生活来源。因此,必须保持土地承包关系的长期稳定,不得随意收回和调整承包地。在中国特色社会主义进入新时代的关键时期,全面贯彻党的十九大和十九届二中、三中全会精神,应保持土地承包关系稳定并长久不变,赋予农民更加充分而有保障的土地权利。继续明确发包方不得随意收回承包地对推动实施乡村振兴战略、保持农村社会和谐稳定都具有重大意义。根据本条规定,除法律对承包地的收回有特别规定外,在承包期内,无论承包方发生什么样的变化,只要作为承包方的家庭还存在,发包方都不得收回承包地。如承包方家庭中的一人或者数人死亡的;子女升学、参军或者在城市就业的;妇女结婚,在新居住地未取得承包地的;承包方在农村从事各种非农产业的等,只要作为承包方的农户家庭没有消亡,发包方都不得收回其承包地。但因家庭成员全部死亡而导致承包方消亡的,发包方应当收回承包地,另行发包。

当然,承包地并非一律不得收回,根据有关规定,在符合法律规定的情形下,也是可以收回的。党的十八大以来,中央提出到 2020 年实现约一亿农民转移人口落户城镇的目标,出台了推进户籍制度改革、实施居住证等举措,确保到 2020 年我国户籍人口城镇化率提高到 45%左右。近年来,农村劳动力大量转移进城。据统计,2017 年,进城务工的农村人口达 2.87 亿人,我国常住人口城镇化率达到 58.52%,户籍人口城镇化率也达到了 42.35%。预计 2035 年,我国常住人口城镇化率将达到 70%。大量农民离土离乡、进城就业,农村土地流转、人地分离的现象将十分普遍,这对保护农民的土地权益提出了更高要求。在加快户籍制度改革,促进农业转移人口市民化的过程中,要充分尊重农民意愿,让他们自己选择,切实维护好广大农民群众的合法权益。特别是要注意保障进城落户农户的土地承包经营权,不得以退出土地承包经营权作为农民进城落户的条件。支持引导其自愿有偿的转让相关权益,使他们能安心在城镇工作生活,提高城镇化发展质量,促进社会和谐稳定。因此,《中共中央、国务院关于保持土地承包关系稳定并长久不变的意见》明确:维护进城农户土地承包权益,现阶段不得以退出土地承包权作为农户进城落户的条件。对承包农户进城落户的,引导支持其按照自愿有偿原则依法在本集体经济组织内转让土地承包权或将承包地退还集体经济组织,也可鼓励其多种形式流转承包地经营权。对长期弃耕抛荒承包地的,发包方可以依法采取措施防止和纠正弃耕抛荒行为。农村土地承包法第 27 条第 2~4 款规定,国家保护进城农户的土地承包经营权。不得以退出土地承包经营权作为农户进城落户的条件。承包期内,承包农户进城落户的,引导支持其按照自愿有偿原则依法在本集体经济组织内转让土地承包经营权或者将承包地交回发包方,也可以鼓励其流转土地经营权。承包期内,承包方交回承包地或者发包方依法收回承包地时,承包方对其在承包地上投入而提高土地生产能力的,有权获得相应的补偿。

根据农村土地承包法的规定,承包农户即使全家都进城落户,不管是否纳入城镇住房和社会保障体系,也不管是否丧失农村集体经济组织成员身份,其进城落户前所取得的农村土地承包经营权仍然受国家保护。在农户进城落户的问题上,一定要强调自愿原则,充分尊重农民意愿,让他们自己选择,不能强迫命令"逼"农民进城,特别是不得以退出土地承包经营权作为农户进城落户的条件。农民不管是进城落户前还是落户后,是否保留土地承包经营权,应由农民选择。

农户进城落户后,其所取得的土地承包经营权不受任何影响。农户既可以根据自己的意愿,并按照农业生产季节回来耕作;也可以按照自愿有偿原则依法在本集体经济组织内转让土地承包经营权;还可以依法向他人流转土地经营权;当然,如果农户自愿将承包地交回发包方,也是允许的。以上种种进城农户对自身土地承包权益的处分,都是允许的,由农户自主选择。有关部门或者各地方可以根据实际情况在一定程度上支持、引导或者鼓励,但要建立在自愿原则的基础上。

承包方在交回承包地或者发包方依法收回承包地时,发包方应对承包方已向承包地的资产投入予以补偿。如承包方对盐碱度较高的土地或者荒漠化的土地进行治理,使其成为较为肥沃的土地,在交回承包地时,发包方应当对承包方因治理土地而付出的投入给予相应的经济补偿。

第三百三十八条　承包地被征收的,土地承包经营权人有权依据本法第二百四十三条的规定获得相应补偿。

【释义】 本条是关于承包地被征收,土地承包经营权人有权获得补偿的规定。

土地承包经营权是在集体所有的土地上派生出来的用益物权,土地承包经营权人是享有用益物权的权利人。农村土地承包法规定,承包方的权利之一就是,承包地被依法征收、征用、占用的,有权依法获得相应的补偿。因此,承包人对承包的土地依法享有在承包期内占有、使用、收益等权利,承包地被依法征收的,承包人有权依法获得相应的补偿。

我国宪法规定,国家为了公共利益的需要,可以依照法律规定对土地实行征收或者征用并给予补偿。本条明确规定,承包地被征收的,土地承包经营权人有权依据本法第243条的规定获得相应补偿。相应的补偿包括哪些呢?这需要结合本法第243条和土地管理法的相关规定判断。本法第243条第1款规定,为了公共利益的需要,依照法律规定的权限和程序可以征收集体所有的土地和组织、个人的房屋以及其他不动产。第 2 款规定,征收集体所有的土地,应当依法及时足额支付土地补偿费、安置补助费以及农村村民住宅、其他地上附着物和青苗等的补偿费用,并安排被征地农民的社会保障费用,保障被征地农民的生活,维护被征地农民的合法权益。关于补偿的标准,土地管理法有相应的规定。土地管理法第 48 条第 1～3 款规定,征收土地应当给予公平、合理的补偿,保障被征地农民原有生活水平不降低、长远生计有保障。征收土地应当依法及时足额支付土地补偿费、安置补助费以及农村村民住宅、其他地上附着物和青苗等的补偿费用,并安排被征地农民的社会保障费用。征收农用地的土地补偿费、安置补助费标准由省、自治区、直辖市通过制定公布区片综合地价确定。制定区片综合地价应当综合考虑土地原用途、土地资源条件、土地产值、土地区位、土地供求关系、人口以及经济社会发展水平等因素,并至少每 3 年调整或者重新公布 1 次。因此,征地补偿的具体标准,由各省、自治区、直辖市根据当地的具体情况制定。

第三百三十九条　土地承包经营权人可以自主决定依法采取出租、入股或者其他方式向他人流转土地经营权。

【释义】 本条是关于土地经营权流转的规定。

(一)关于"三权分置"改革

随着我国工业化、信息化、城镇化和农业现代化进程,农村劳动力大量转移,农业物质技术装备水平不断提高,农户承包地流转明显加快。一方面,不少农户不愿、不能直接经营承包地。另一方面,大量不同的投资主体想发展现代农业,参与农业生产经营,需要大规模获得农村土地。承包户通过各种方式将承包地流转给他人经营,出现农村土地的承包主体与经营主体相分离的现象。与此同时,涌现出众多家庭农场、农民专业合作社、农业经营企业等新型经营主体。土地流转和适度规模经营成为发展现代农业的必由之路。但在实践中,流转双方都有不少顾虑:承包方担心长期流转给他人经营,是否会丧失土地承包经营权,以致有的承包方宁愿让土地抛荒也不愿流转;而由于农业生产经营具有投入大、周期长、见效慢的特征,实际经营方则担心承包方会解除合同而不敢进行长期投资,这也制约了农业的规模化经营。

正是在这种背景下,党中央提出探索“三权分置”改革。2013年7月,习近平总书记在武汉农村综合产权交易所调研时指出,深化农村改革,完善农村基本经营制度,要好好研究农村土地所有权、承包权、经营权三者之间的关系。在2013年的中央农村工作会议上习近平总书记指出,顺应农民保留土地承包权、流转土地经营权的意愿,把农民土地承包经营权分为土地承包权和经营权,实现两权分置并行,这是我国农村改革的又一次重大创新。2014年中央一号文件《关于全面深化农村改革加快推进农业现代化的若干意见》提出,要在落实农村土地集体所有权的基础上,稳定农户承包权、放活土地经营权。2014年11月,《中共中央办公厅、国务院办公厅关于引导农村土地经营权有序流转发展农业适度规模经营的意见》提出,要坚持农村土地集体所有权,稳定农户承包权,放活土地经营权,以家庭承包经营为基础,推进家庭经营、集体经营、合作经营、企业经营等多种经营方式共同发展。鼓励承包农户依法采取转包、出租、互换、转让及入股等方式流转承包地。抓紧研究探索集体所有权、农户承包权、土地经营权在土地流转中的相互权利关系和具体实现形式。2015年11月,中共中央办公厅、国务院办公厅印发的《深化农村改革综合性实施方案》提出,深化农村土地制度改革的基本方向是:落实集体所有权,稳定农户承包权,放活土地经营权。落实集体所有权,就是落实“农民集体所有的不动产和动产,属于本集体成员集体所有”的法律规定,明确界定农民的集体成员权,明晰集体土地产权归属,实现集体产权主体清晰。稳定农户承包权,就是要依法公正地将集体土地的承包经营权落实到本集体组织的每个农户。放活土地经营权,就是允许承包农户将土地经营权依法自愿配置给有经营意愿和经营能力的主体，发展多种形式的适度规模经营。2016年10月，《中共中央办公厅、国务院办公厅关于完善农村土地所有权承包权经营权分置办法的意见》指出，改革开放之初，在农村实行家庭联产承包责任制，将土地所有权和承包经营权分设，所有权归集体，承包经营权归农户，极大地调动了亿万农民积极性，有效解决了温饱问题，农村改革取得重大成果。现阶段深化农村土地制度改革，顺应农民保留土地承包权、流转土地经营权的意愿，将土地承包经营权分为承包权和经营权，实行所有权、承包权、经营权（以下简称“三权”）分置并行，着力推进农业现代化，是继家庭联产承包责任制后农村改革又一重大制度创新。

根据党中央、国务院出台的一系列关于“三权分置”的文件精神，“三权”分别是指集体所有权、农户承包权和土地经营权，“三权分置”就是要落实集体所有权，稳定农户承包权，放活土地经营权，充分发挥“三权”的各自功能和整体效用，形成层次分明、结构合理、平等保护的格局。“三权”中，农村土地集体所有权是土地承包经营权的前提，是农村基本经营制度的根本，必须得到充分体现和保障。农户享有土地承包权是农村基本经营制度的基础，是集体所有的具体实现形式，要稳定现有土地承包关系并保持长久不变。在土地流转中，从承包方的土地承包经营权中派生出土地经营权。赋予流转受让方更有保障的土地经营权，是完善农村基本经营制度的关键。

“三权分置”是农村基本经营制度的自我完善，符合生产关系适应生产力发展的客观规律，展现了农村基本经营制度的持久活力，有利于明晰土地产权关系，更好地维护农民集体、承包农户、经营主体的权益；有利于促进土地资源合理利用，构建新型农业经营体系，发展多种形式适度规模经营，提高土地产出率、劳动生产率和资源利用率，推动现代农业发展。集体土地所有权、土地承包经营权已经有较为完备的法律制度保障。宪法明确规定，农村和城市郊区的土地除由法律规定属于国家所有的以外属于集体所有。土地管理法、物权法对集体土地所有权、土地承包经营权有更为明确详细的规定,建立了比较完整的权利保护体系。2018年中央一号文件《中共中央、国务院关于实施乡村振兴战略的意见》提出,完善农村承包地"三权分置"制度,在依法保护集体土地所有权和农户承包权前提下,平等保护土地经营权。本次农村土地承包法修改的重要任务之一就是,要从法律制度上落实和确认"三权分置"改革要求,将"三权分置"的改革成果法治化,从法律上确认土地经营权的法律地位,进一步巩固和完善农村的基本经营制度,为实施乡村振兴战略提供法治保障。

(二)"三权分置"的法律安排

"三权分置"改革的核心问题是家庭承包的承包户在经营方式上发生转变,即由农户自己经营,转变为将承包地流转给他人经营,实现土地承包经营权和土地经营权的分离。"三权分置"是农村土地经营方式在改革过程中两次"两权"分离的结果:第一次"两权"分离,农户通过家庭承包的方式,从集体土地所有权中分离出土地承包经营权,实现了集体统一经营向承包方家庭经营的转变;第二次"两权"分离,承包方通过出租(转包)、入股等方式,将承包地流转给他人经营,从土地承包经营权中分离出土地经营权,实现了从承包方直接经营到交由他人经营的转变。

1. 承包方享有土地承包经营权

第一次"两权"分离后,承包方从集体土地所有权中分离获得土地承包经营权。土地承包经营权是一种用益物权。承包方享有的土地承包经营权的具体权利包括:依法享有直接支配和排他占有承包地的权利;依法享有承包地使用、收益的权利,有权自主组织生产经营和处置产品;依法互换、转让土地承包经营权;依法流转土地经营权,等等。

2. 承包方自己经营

承包方取得土地承包经营权这种用益物权后,最直接的目的就是占有并使用承包地,开展农业生产经营,这是最直接的经营方式,也是法律赋予其土地承包经营权这一用益物权的根本价值和目的所在。自己经营就是承包户以家庭成员为主要劳动力,在自己所承包的农村土地上直接从事农业生产经营。这是农村土地的最主要的经营方式。

3. 承包方保留土地承包权,流转土地经营权

承包方除自己经营外,还可以通过与他人签订合同,将土地经营权流转给他人,由他人经营。土地经营权是从土地承包经营权中派生出来的新的权利。从法律性质上而言,土地承包经营权人流转土地经营权后,其所享有的土地承包经营权并未发生改变,正如在集体土地所有权上设定土地承包经营权后,集体土地所有权的性质并未发生改变一样。因此,在经营方通过流转取得土地经营权后,承包方享有的土地承包经营权的法律性质并未改变,只是承包方行使土地承包经营权的方式发生了改变而已,从直接行使转变为间接行使。需要特别说明的是,物权法规定的流转对象为土地承包经营权,流转的方式包括转包、出租、互换、转让和其他方式。在物权编起草过程中,根据农村土地承包法的修改,相应地对"流转"的法律性质进行了修改,流转的对象仅限于土地经营权,不再包括土地承包经营权;流转的方式限于转包(出租)、入股或者其他方式,而不再包括互换和转让。土地承包经营权仍可以在本集体经济组织内部互换或者转让。

4. 受让方享有土地经营权

承包方采取出租(转包)、入股或者其他方式流转土地经营权后,受让方即获得土地经营权。土地经营权人有权在合同约定的期限内占有农村土地,自主开展农业生产经营并取得收益。

(三)土地经营权的设立

土地经营权作为一种新的权利类型,不是凭空产生的,需要特定主体通过一定民事法律行为,依照法律规定的原则和方式,按照法律程序设立。

1. 土地经营权设立的主体

土地经营权流转有双方当事人,一方是作为出让方的土地承包经营权人,另一方是作为受让方的土地经营权人,就是通过流转获得土地经营权的个人或者组织。设立土地经营权的主体就

是承包方和受让方,双方经过协商一致以合同方式设立土地经营权。由于家庭承包是以户为单位的,绝大多数承包户的家庭成员都是有数人的。因此,土地经营权设立的出让方就是承包方,而不是承包农户的个别家庭成员。在具体设立过程中,代表出让方的可能是承包家庭成员代表。土地经营权流转的受让方范围很广,既可以是本集体经济组织的成员,也可以是非本集体经济组织的成员;既可以是个人,也可以是合作社、公司等组织;既可以是法人,也可以是非法人组织。当然,土地经营权流转的受让方并非毫无限制,根据法律的规定,受让方必须具有农业经营能力或者资质,特别是工商企业作为土地经营权的受让方,还需要通过相应的资格审查。因此,承包方不是可以随意选择受让方的,也需要对受让方经营能力进行必要的审查。

2. 土地经营权设立的客体

土地经营权的客体就是农村土地。根据农村土地承包法第2条的规定,农村土地是指农民集体所有和国家所有依法由农民集体使用的耕地、林地、草地,以及其他依法用于农业的土地。土地经营权的客体包括耕地、林地、草地,以及其他依法用于农业的土地,比如养殖水面、荒山、荒丘、荒沟、荒滩等。农村的建设用地,如宅基地则不能成为土地经营权的客体。

3. 土地经营权设立的原则

土地承包经营权是设立土地经营权的前提和基础,设立土地经营权的原则就是应当由承包方自主决定、依法设立。所谓自主决定,是指承包方是否设立土地经营权应当由其自己决定,自愿参与土地经营权的流转。土地经营权设立的时间、对价及其给付方式、设立方式、期限长短等,都应当由承包方自主决定,与受让方协商一致后确定。集体经济组织、基层群众自治组织以及有关政府部门都不得干预。所谓依法设立,是指承包方设立土地经营权应当根据农村土地承包法和相关法律规定的程序、实体要求设立,不能违反法律的强制性要求。比如,土地经营权的设立应当确保土地的农业用途,未经依法批准不得用于非农建设;土地经营权的设立应当向发包方备案等。

4. 土地经营权流转的方式

根据本条规定，土地承包经营权人可以自主决定依法采取出租、入股或者其他方式向他人流转土地经营权。具体而言，土地经营权流转的方式主要有三种：

第一种是出租。出租就是承包方以与非本集体经济组织成员的受让方签订租赁合同的方式设立土地经营权，由受让方在合同期限内占有、使用承包地，并按照约定向承包方支付租金。

第二种是入股。入股就是承包方将土地经营权作为出资方式，投入到农民专业合作社、农业公司等，并按照出资协议约定取得分红。承包方以土地经营权入股后，即成为农民专业合作社的成员或者公司的股东，享有法律规定的合作社成员或公司股东的权利，可以参与合作社、公司的经营管理，与其他成员、股东一道共担风险、共享收益。为了促进和规范土地经营权入股行为，农业农村部等部门2018年12月出台了《关于开展土地经营权入股发展农业产业化经营试点的指导意见》，对土地经营权入股的基本原则、入股的实现形式、运行机制、风险防范等作了详细规定。

第三种为其他方式。其他方式就是出租、入股之外的方式，比如，根据农村土地承包法第47条中的规定，承包方可以用承包地的土地经营权向金融机构融资担保。这也是一种设立土地经营权的方式。在当事人以土地经营权设定担保物权时，一旦债务人未能偿还到期债务，担保物权人就有权就土地经营权优先受偿。

第三百四十条　土地经营权人有权在合同约定的期限内占有农村土地，自主开展农业生产经营并取得收益。

【释义】 本条是关于土地经营权人享有的基本权利的规定。

（一）土地经营权的含义

土地经营权是受让方根据流转合同的约定对承包方承包的

农村土地依法占有，利用其开展农业生产经营并取得收益的权利。

1. 权利的主体

土地经营权的权利主体就是根据土地经营权流转合同取得土地经营权的自然人或者组织。在承包方设立土地经营权后，受让方即成为土地经营权人。土地经营权人可以是自然人，也可以是法人；可以是本集体经济组织的自然人，也可以是非本集体经济组织的自然人；可以是农民专业合作社，也可以是从事农业生产经营的公司。要成为土地经营权人，还必须具备一定的条件，即具有农业经营能力或者资质。土地经营权人如果没有农业经营能力，获得土地经营权后，难以充分有效利用农业用地，无疑会造成农业用地的资料浪费，不利于维护承包方的利益，也不利于农业的发展。

2. 权利的客体

土地经营权的客体就是农村土地。农村土地是指农民集体所有和国家所有依法由农民集体使用的耕地、林地、草地，以及其他依法用于农业的土地。土地经营权的客体包括耕地、林地、草地，以及其他依法用于农业的土地，如养殖水面、荒山、荒丘、荒沟、荒滩等。

3. 权利的取得

土地经营权是由承包方通过一定的民事法律行为设立的，这种民事法律行为就是与受让方签订土地经营权流转合同。根据合同法的规定，合同的订立需要经过要约、承诺等阶段，双方意思表示达成一致方能成立。因此，土地经营权的取得也需要经过这么一个过程。订立过程可能是先由承包方发出要约，向有租赁承包地意向的经营主体作出欲出租承包地的意思表示；也可能是由经营主体向承包方发出想承租土地的意思表示；还可能是由承包方委托集体经济组织统一发出出租承包地的意思表示。接受要约的一方可能认同要约人的意思表示，直接作出承诺，双方意思表示达成一致，订立合同；受要约人也可能对要约的内容进行修改后，作出反要约，此时需要双方进一步协商，达成一致才能构成承诺。因此，要取得土地经营权，必须经过双方协商一致，并签订书面的流转合同。实践中，这个协商过程可能是承包方与受让方一对一私下进行，也可能是通过政府建立的交易平台公开进行。

4. 权利的期限

土地承包经营权是一种用益物权，而且是有期限物权。所谓有期限物权，是指权利的存续是有一定的期限的。根据法律的规定，耕地的承包期为 30 年，草地的承包期为 30～50 年，林地的承包期为 30～70 年。因此，土地承包经营权是有期限的。土地经营权作为土地承包经营权所派生的权利，也是有期限的。根据农村土地承包法的规定，土地经营权流转的期限不得超过承包期的剩余期限。这里的不得超过就是最长期限，当事人可以在合同约定土地经营权的期限，可以是 1 年、2 年、3 年、5 年或者 10 年等，只要不超过承包期的剩余期限即可。

5. 权利的消灭

土地经营权是有期限的权利，因此，一旦双方约定的流转期限届满，土地经营权人的权利自然因到期而消灭。土地经营权也可能因为土地经营权流转合同的解除、被撤销或者宣告无效等事由而解除。根据总则编的规定，民事法律行为可能因重大误解、受欺诈或者胁迫、显失公平等事由而被撤销，因违反法律、行政法规的强制性规定、违背公序良俗等被宣告无效。因此，如果土地经营权流转合同存在被撤销或者无效事由，经人民法院或者仲裁机构宣告撤销或者无效后，所取得的土地经营权当然随之消灭。此外，双方当事人还可以协商一致解除土地经营权流转合同，一方可以基于约定或者法定事由行使单方解除权而解除土地经营权流转合同，流转合同一旦解除，基于合同取得的土地经营权也归于消灭。土地经营权消灭后，受让方则需返还对承包地的占有。

（二）土地经营权的权利内容

根据本条规定，土地经营权人有权在合同约定的期限内占有农村土地,自主开展农业生产经营并取得收益。根据物权编及农村土地承包法等相关法律规定,土地经营权人的权利具体包括以下几个方面的内容:

1. 占有权

土地经营权人取得土地经营权后,即有权占有承包方的承包地。所谓占有,就是对承包地享有支配权并排除他人非法干涉。土地经营权人对承包地的占有是直接占有,是对承包地的实际控制。土地经营权人占有承包地是合法占有,这项权利受到侵害时,土地经营权人有权要求侵权人承担排除妨碍、停止侵权、赔偿损失等民事责任。占有的对象就是承包地,包括耕地、林地、草地。

2. 使用权

使用权,是指按照物的属性和功能,不损毁或改变物的性质,对物加以生产或生活上的利用。土地经营权人对承包地享有使用权,就是利用承包地开展农业生产经营的权利。土地经营权人不得将农业用地转为非农用地,不得用来建设房屋、工场等。此外,需要注意的是,土地经营权人还必须严格按照农业用地种类性质使用承包地。土地经营权人流转受让的是耕地,就必须从事种植业,不得变更为林业或者牧业用途;同样,如果流转受让的是林地或者草地,也不得开垦成为耕地。特别是如果受让的是基本农田,还必须遵守国务院有关基本农田保护的行政法规和部门规章的相关规定。对于土地经营权人的使用权,双方当事人应当在流转合同中依法约定土地的性质、种类和用途,确保土地经营权人依法按照合同约定使用承包地。

3. 收益权

土地经营权人占有、使用流转取得的承包地,最终目的就是取得农业生产经营的收益。比如,利用耕地种植粮食作物、经济作物,产出粮食等农产品;利用林地种植林木后,依法砍伐林木;利用草地放牧牛羊等。这些收益权都属于土地经营权人,任何人不得侵害。此外,土地经营权人也有权利用农业生产设施,开展附随性的经济活动,比如,开农家乐、果蔬采摘等商业经营获取收益,这些收益权同样也受法律保护。

4. 改良土壤、建设附属设施的权利

农村土地承包法第 43 条规定,经承包方同意,受让方可以依法投资改良土壤,建设农业生产附属、配套设施,并按照合同约定对其投资部分获得合理补偿。因此,土地经营权人经承包方同意,可以对承包地进行改良。比如,通过平整土地、培肥地力、修缮沟渠等,建设高标准农田,提升改良耕地的品质。土地经营权人还可以建设农业生产附属、配套设施,如安装建设农业生产所需的大棚、自动喷灌系统等。土地经营权人进行改良土壤、建设设施的,在土地经营权到期后,还可以根据合同约定获得合理补偿,承包方应当根据约定向其支付相应的补偿费。

5. 再流转的权利

农村土地承包法第 46 条规定,经承包方书面同意,并向本集体经济组织备案,受让方可以再流转土地经营权。根据此规定,土地经营权人可以再次流转其土地经营权。这种再流转受到几方面限制:一是在程序上,既要征得承包方的书面同意,还必须向发包方备案;二是再次流转的权利义务应当与承包方所签流转合同约定保持一致,不能超出原合同约定的权利范围;三是在流转期限上,再次流转的期限不得超过原流转期限的剩余期限。

6. 以土地经营权融资担保的权利

农村土地承包法第 47 条第 1 款中规定,受让方通过流转取得的土地经营权,经承包方书面同意并向发包方备案,可以向金融机构融资担保。根据此规定,土地经营权人可以以土地经营权提供担保向金融机构融资。需要注意的是,土地经营权人以土地经营权设定担保同样要征得承包方的书面同意,并且向发包方备案。

7. 其他权利

土地经营权人还可以根据法律规定或者合同约定享有其他权利。比如,在流转合同有约定的情况下,承包地被依法征收或者征用时,土地经营权人可以获得相应补偿等。

当然,土地经营权人依法享有权利的同时,也应当遵守法律规定和合同约定的义务。比如,按照合同约定支付流转价款、按照法律规定利用承包地等。

第三百四十一条　流转期限为五年以上的土地经营权,自流转合同生效时设立。当事人可以向登记机构申请土地经营权登记;未经登记,不得对抗善意第三人。

【释义】 本条是关于土地经营权设立与登记的规定。

(一)土地经营权设立的时间

土地经营权设立需要双方就流转事项达成一致,这种一致的意思需要通过一定的载体予以体现,这就是土地经营权流转合同。土地经营权流转合同涉及在农村土地上设定权利义务,事关重大,且大多土地经营权流转期限较长。采用书面形式签订土地承包经营权流转合同,有利于明确记载双方的权利义务,便于事后留存证据备查,能够有效避免因合同内容而引发的纠纷。根据农村土地承包法的相关规定,土地经营权流转还需要报发包方备案,因此,双方当事人签订土地经营权流转合同后,还应当报送作为发包方的本集体经济组织或者村民委员会备案。

根据农村土地承包法的相关规定,土地经营权流转合同的主要条款包括:(1)双方当事人的姓名、住所。这是合同必须具备的条款,当事人就是合同订立的主体,是权利义务的承受人。合同中如果不写明当事人,谁与谁做交易都搞不清楚,就无法确定权利的享受和义务的承担,发生纠纷也难以解决。土地经营权流转合同也必须写明双方当事人,而且必须写得准确、清楚。(2)流转土地的名称、坐落、面积、质量等级。标的是合同当事人的权利义务指向的对象,是合同成立的必要条件,是所有合同的必备条款。土地经营权流转合同的标的自然是承包方所承包的农村土地。在签订土地经营权流转合同时,首先应准确填写所流转地块的名称、四至,明确合同标的物所指。在标明地块的名称、四至的同时,还应记载地块的面积大小。土地的质量等级是指土地管理部门依法评定的土地等级,是反映土地生产能力的重要指标之一。在流转土地经营权时,当事人可以根据国家标准对承包地的质量等级进行测定,将测定出的土地质量等级写入合同。(3)流转期限和起止日期。土地经营权与土地承包经营权一样,都属于有期限的权利。当事人仅在合同约定的期限内享有权利,期限届满,权利即告消灭。因此,在土地经营权流转合同中,当事人双方首先应当写明土地经营权流转的期限,即写清楚土地经营权流转的起止日期,从何年何月何日起至何年何月何日止。(4)流转土地的用途。土地经营权流转的承包地只能用于从事种植业、林业、畜牧业和渔业生产。因此,双方在土地经营权流转合同中应当注明,所流转的承包地的具体用途是用于种植业、林业、畜牧业还是渔业。土地经营权人使用流转的承包地时,必须按照合同约定的用途使用,不得改变土地用途,包括不能将用于种植业的土地改为从事林业、畜牧业或者渔业。更不能将农用地改作非农用地。(5)双方当事人的权利和义务。合同应当载明当事人双方的权利义务,这样才能知道当事人各自享有什么权利,需要履行什么义务。对于土地经营权流转合同而言,双方首先应当明确土地经营权的流转方式,只有明确了流转方式,才能对双方的权利义务作出基本的规定。不同的流转方式,当事人之间的权利义务是不同的。例如,采取出租方式流转,必须规定出租方的权利、义务和承租方的权利、义务。(6)流转价款及支付方式。双方应当在流转合同中约定流转价款,价款应当根据流转方式不同而分别确定。在流转合同中,还应当约定流转价款的支付方式等。(7)土地被依法征收、征用、占用时有关补偿费的归属。(8)违约责任。为了保证土地经营权流转合同的义务严格得到履行,为了更加及时地解决流转纠纷,当事人应当在流转合同中约定违约责任,比如违约金、赔偿金额以及赔偿金的计算方法等。当然,当事人除约定上述内容外,还可以在合同中约定其他条款,如争议解决办法、不可抗力条款等内容。

根据本条的规定,流转期限为 5 年以上的土地经营权,自流转合同生效时设立。一般而言合同成立之时即生效,因此,一旦双方当事人签订的土地经营权流转合同成立并生效,此时,土地经营权即设立。

(二)土地经营权的登记

关于土地经营权的法律性质,理论界一直存在不同意见。有的意见认为,土地经营权应该是承租权,是根据租赁合同享有的权利,本质是债权。有的意见认为,土地经营权是设立在土地承包经营权之上的用益物权,属于物权。有的意见认为,土地经营权是派生于土地承包经营权的债权,是债权性利用关系的法律表达,同时为了赋予其更强的效力,使其具有一定的物权效力。还有的意见认为,土地经营权究竟是债权或者物权,是一个政策选择问题,有稳定需要的就建构为物权,租赁、转包等利用关系可维系其债权性质。土地经营权的登记问题与土地经营权的性质问题密切相关,对此理论界也有不同的意见。有的意见提出,应当一律要求登记,赋予土地经营权人更强的保护,也可以避免因为土地流转引发各种纠纷。有的意见提出,土地经营权的价款支付模式不同,有的是年付,不应当赋予物权效力,只有受让方付清全部或者一定比例的流转价款后,土地经营权人才有权申请登记。有的意见提出,不应当强制要求登记,应当允许当事人自愿申请。经研究,在"三权分置"改革实践中,不同类型的土地经营权人对于土地经营权的需求存在差异:从事经济作物、大棚蔬菜种植的经营者,开展观光农业、休闲农业的经营者等,由于前期基础投入较大,获得收益的期限较长,因此希望能长期稳定获得土地经营权;水稻等粮食农作物都是一年一收,且粮食价格波动较大,所以从事粮食种植的经营者觉得短期获得土地经营权是可以的。所以,法律不宜简单规定土地经营权的性质,应当根据土地经营权流转期限长短的不同,作出不同的法律安排。因此,本条规定,土地经营权流转期限为 5 年以上的,当事人可以向登记机构申请土地经营权登记，取得物权效力。

本条规定，土地经营权未经登记不得对抗善意第三人。根据本条的规定，土地经营权登记后，可以对抗任何人，包括善意第三人。所谓善意第三人是指不知道也不应当知道承包地上设有土地经营权的人。物权具有排他效力、优先效力。所谓排他效力是指在同一标的物上不得同时成立两个以上不相容的物权。物权的优先效力就是物权优先于债权的效力，以及物权相互之间也有的优先效力。对于土地经营权而言，受让方一旦在流转的承包地上申请土地经营权登记，其他人就不得再在同一地块上申请土地经营权登记，包括土地承包经营权人本人。登记后的土地经营权相对于债权而言同样具有优先效力。例如，甲将自己的承包地流转给乙后，乙未申请土地经营权登记。事后，甲又与丙签订土地经营权流转合同，丙对于甲已经与乙签订流转合同并不知情，丙申请土地经营权登记。之后，当事人之间因为土地使用发生纠纷。此时，丙的土地经营权因申请登记具有对抗效力，因此可以对抗乙的债权。从权利保护的角度而言，申请土地经营权登记对于土地经营权人具有更强的保护力。当然，由于土地经营权登记必然会对承包方的土地承包经营权形成更大的限制，受让方登记土地经营权后，由于物权排他性，这就意味着承包方自己将不能在承包地设定其他的土地经营权，承包方也就无法以该承包地的土地经营权向金融机构融资担保。

流转期限 5 年以上的未登记的土地经营权能够对抗恶意第三人，即可以对抗知情第三人。例如，甲与乙签订土地经营权流转合同，后甲又与丙串通签订土地经营权流转合同并申请土地经营权登记。由于丙明知乙已经取得土地经营权，则其属于恶意第三人。此时，乙的土地经营权仍可以对抗丙。未申请登记的土地经营权受本法侵权责任编的保护。根据农村土地承包法第 56 条的规定，任何组织和个人侵害土地承包经营权、土地经营权的，应当承担民事责任。因此，一旦有人侵害土地经营权人的权利，土地经营权人有权要求侵权人承担停止侵害、排除妨碍、消除危险、恢复原状、赔偿损失等民事责任。

第三百四十二条　通过招标、拍卖、公开协商等方式承包农村土地,经依法登记取得权属证书的,可以依法采取出租、入股、抵押或者其他方式流转土地经营权。

【释义】 本条是关于以其他方式承包取得的土地经营权流转的规定。

根据农村土地承包法的规定,我国的农村土地承包制度包括:农村集体经济组织内部的家庭承包方式及其他方式的承包。以家庭承包方式取得的承包地的承包方,可以自主决定依法采取出租、入股或者其他方式向他人流转土地经营权;以其他方式承包农村土地的,承包方取得土地经营权。这两种土地经营权存在诸多区别,本法在其流转的规定方面也有较大不同。根据农村土地承包法的规定,通过家庭承包方式的承包取得土地承包经营权后,登记机构应当向承包方颁发土地承包经营权证或者林权证等证书,并登记造册,确认土地承包经营权。承包方在此基础上,可以直接向他人流转土地经营权。但是,以招标、拍卖、公开协商等方式取得的土地经营权,承包方有的与发包人是债权关系,如承包菜地,约定承包期3年,其间是一种合同关系。而承包"四荒地",由于期限较长,投入又大,双方需要建立一种物权关系,以便更好地得到保护。因此,应当依法登记取得权属证书。在此前提下,土地经营权才具备流转的基础,承包方才可以依法向他人流转土地经营权。要注意的是,通过其他方式的承包所取得的土地经营权是通过市场化的行为并支付一定的对价获得的,其流转无需向发包人备案或经发包人同意。对受让方也没有特别限制,接受流转的一方可以是本集体经济组织以外的个人、农业公司等。

第三百四十三条　国家所有的农用地实行承包经营的,参照适用本编的有关规定。

【释义】 本条是关于国有农用地实行承包经营的法律适用的规定。

我国宪法和法律规定,矿藏、水流、森林、山岭、草原、荒地、滩涂等自然资源,属于国家所有,但法律规定属于集体所有的森林和山岭、草原、荒地、滩涂除外。法律规定属于国家所有的农村和城市郊区的土地,属于国家所有。土地管理法规定,国家所有依法用于农业的土地可以由单位或者个人承包经营,从事种植业、林业、畜牧业、渔业生产。本条规定,国家所有的农用地实行承包经营的,参照本法的有关规定。

对于国家所有用于农业的土地,有的由农民集体长期使用,实行农村土地承包经营制度;有的由单位(包括集体)或者个人承包经营;有的通过组建国有农场、林场等进行生产经营;有的还没有完全开发利用。对交由农民集体使用以外的国有农用地实行承包经营的,可以根据实际情况,在承包方式、承包期限、承包的权利义务等方面参照本法的有关规定执行,以促进国有农用地资源的合理开发利用,维护承包人的合法权益。

第十二章　建设用地使用权

本章共 18 条,主要规定了建设用地使用权设立的方式,建设用地使用权出让合同的内容,建设用地使用权的登记,建设用地使用权转让、互换、出资或者赠与时当事人的权利和义务,建设用地使用权期限届满前收回建设用地的补偿原则,建设用地使用权期限届满后续期以及集体土地作为建设用地的原则等内容。

第三百四十四条　建设用地使用权人依法对国家所有的土地享有占有、使用和收益的权利,有权利用该土地建造建筑物、构筑物及其附属设施。

【释义】 本条是关于建设用地使用权概念的规定。

本条是2007年通过的物权法第135条的规定,本次民法典编纂对本条未作修改。

建设用地使用权是用益物权中的一项重要权利。出让人通过设立建设用地使用权,使建设用地使用权人对国家所有的土地享有了占有、使用和收益的权利,建设用地使用权人可以利用该土地建造建筑物、构筑物及其附属设施。建设用地包括住宅用地、公共设施用地、工矿用地、交通水利设施用地、旅游用地、军事设施用地等。本条中的建筑物主要是指住宅、写字楼、厂房等。构筑物主要是指不具有居住或者生产经营功能的人工建造物,如道路、桥梁、隧道、水池、水塔、纪念碑等;附属设施主要是指附属于建筑物、构筑物的一些设施。

在2007年物权法的起草过程中,有人建议,用"土地使用权"代替"建设用地使用权"的概念。本章没有采用"土地使用权"的概念,是因为根据土地管理法的规定,我国的土地分为农用地、建设用地和未利用地。"土地使用权"是一个广义的概念,包括农用地使用权、建设用地使用权等权利。如果采取"土地使用权"的概念,就需要把土地承包经营权、建设用地使用权和宅基地使用权放入一章规定,而土地承包经营权、建设用地使用权和宅基地使用权在权利的设立、利用等方面有着较大的区别,当事人的权利和义务也不尽相同。比如,建设用地使用权一般是有偿取得,宅基地使用权是无偿取得;建设用地使用权可以依法转让和抵押,宅基地使用权的转让和抵押有严格的限制。因此,物权法根据土地的用途,将土地使用权分解为土地承包经营权、建设用地使用权和宅基地使用权,并分章对这些权利作出了规定。本次民法典编纂沿用了物权法的规定,本章主要规定了当事人如何通过出让和划拨方式取得建设用地使用权,以及取得建设用地使用权后的权利和义务,同时也对集体土地作为建设用地的问题作出了原则性规定。

建设用地使用权类似于大陆法系国家和地区民法中的地上

权制度,但也有所区别。地上权主要是指在他人土地上建造建筑物而取得使用该土地的权利。一些国家和地区的地上权还包括在他人土地上种植竹木的权利。我国的建设用地使用权仅包括在国家所有的土地上建造建筑物、构筑物和其他附属物的权利。另外,在土地私有的国家,土地所有权可以进行流转,设立地上权主要是以地上权人使用为目的。而我国的土地所有权不允许流转,建设用地使用权可以流转。

第三百四十五条　建设用地使用权可以在土地的地表、地上或者地下分别设立。

【释义】 本条是关于建设用地使用权分层设立的规定。

本条是2007年通过的物权法第136条第1句的规定,本次民法典编纂未作修改。

土地资源具有稀缺性和不可再生性,如何充分地发掘土地的价值,是各国共同面临的课题。随着人类社会的进步和发展,特别是现代化专业技术的进步,分层次开发土地成为了土地利用的新趋势。我国一些地区也出现利用地下空间建造地下商场、车库等设施,利用地上空间建造空中走廊、天桥等情况。对于空间利用的问题,我国有的地方在出让土地时也进行过探索:将建设用地使用权人对空间享有的权利通过出让土地的四至、建筑物的高度和深度加以确定,其中建筑物的高度根据规划确定;深度根据技术指标确定的建筑物的基底位置确定。确定范围之外的土地使用权仍属于国家,国家可以再次出让。由于我国现行法律、行政法规未对土地分层出让的问题作出规定,实践中对于专门利用地下或者地上空间的权利性质仍不明确,造成一些土地登记机构无法办理登记手续,相关设施权利人的权利得不到确认和法律上的保护。因此,2007年制定物权法时,对土地分层次利用的权利进行规范就势在必行。

如何在物权法中规定空间利用的权利,在2007年物权法起草过程中有不同的意见。有人建议,在用益物权一编对“空间利用权”设专章,对空间利用权的设定、期限、转让、抵押等问题作出规定。有人建议,空间权可分为空间基地使用权、空间农地使用权、空间邻地利用权等,应当把这些权利放入物权法相应的章节里分别规定。

罗马法中存在“谁拥有土地谁拥有土地之无限上空”的主张,但是该观点在现代社会中已经被抛弃,即使在土地私有的国家也不存在因拥有土地而当然享有该土地上下空间权利的问题。随着经济与社会的发展,人们对土地的需求量越来越大,土地分层次利用的问题也日益突出。为了适应土地利用由平面趋向立体化发展的趋势,增加土地分层利用的效用,有的大陆法系国家和地区在民法地上权中规定空间利用的问题,有的国家和地区单行法中也涉及空间利用权的内容,1966 年日本编纂民法典时,增加了空间地上权的内容。我国台湾地区“民法”制定时,仅就普通地上权作了规定,未规定空间地上权。1988 年我国台湾地区制定的“大众捷运法”确立了空间地上权的内容,规定大众捷运系统主管机关因路线工程上之必要,可以穿越公有、私有土地之上空或者地下,其土地所有人、占有人或者使用人不得拒绝,必要时可以就其需用之空间范围协议取得地上权,协议不成时,通过征收来取得,并给予相应的补偿。据了解,我国台湾地区正在对“民法”进行修订,其中对于“地上权”的一项重要修正,就是明确规定“空间地上权”,即地上权得在他人土地上下之一定空间范围内设定。英美法系国家对于空间利用权也有相应的规定。19 世纪 20 年代,美国城市开始进入土地的立体开发时期,将土地上下空间的利用从土地地表分离出来,在一定高度予以分割,在此基础上以一定空间为客体允许让渡、租赁。1927 年,美国伊利诺伊州制定的关于铁道上空让渡、租赁的空间权立法,是美国历史上第一部关于空间权的成文法。1973 年,俄克拉何马州也出台了空间法,使已获得承认的空间权以成文法的形式加以确认。根据该法的规定,空间权是一种不动产,可以成为所有、让渡、租赁、担保及继承的标的,并且在征税及征收上适用不动产的有关规定。

我国城市的土地属于国家所有,农村的土地属于集体所有。土地的性质决定了土地上下空间的所有权属于国家和集体,当事人只能通过设定建设用地使用权等用益物权的方式取得对土地以及上下空间的使用。目前,集体土地需要征收为国家所有后才能出让,国家在出让建设用地使用权时,只要对建筑物的四至、高度、建筑面积和深度作出明确的规定,那么该建筑物占用的空间范围是可以确定的。根据本法第 348 条第 2 款第 3 项的规定,建设用地使用权出让时,应当在合同中明确规定建设物、构筑物及其附属设施占用的空间。这样建设用地使用权人对其取得的建设用地的范围就能界定清楚。比如,同一块土地地下 10 米至地上 70 米的建设用地使用权出让给甲公司建写字楼;地下 20～40 米的建设用地使用权出让给乙公司建地下商场。在分层出让建设用地使用权时,不同层次的权利人是按照同样的规定取得土地使用权的,在法律上他们的权利和义务是相同的,只不过其使用权所占用的空间范围有所区别。所以,建设用地使用权的概念完全可以解决对不同空间土地的利用问题,物权法没有引入空间利用权的概念。本次民法典编纂沿用了物权法的规定。因此,本条规定,建设用地使用权可以在土地的地表、地上或者地下分别设立。

第三百四十六条　设立建设用地使用权,应当符合节约资源、保护生态环境的要求,遵守法律、行政法规关于土地用途的规定,不得损害已经设立的用益物权。

【释义】 本条是关于设立建设用地使用权的规定。

本条在 2007 年通过的物权法第 136 条第 2 句的基础上作了修改完善,在“新设立的建设用地使用权,不得损害已设立的用益物权”的基础上,增加规定“设立建设用地使用权,应当符合节约资源、保护生态环境的要求,应当遵守法律、行政法规关于土地用途的规定”。

(一)设立建设用地使用权应当符合节约资源、保护生态环境的要求

在民法典编纂过程中,有的意见提出,民法总则第 9 条对绿色原则作了规定,民事主体从事民事活动,应当有利于节约资源、保护生态环境。为进一步体现绿色原则,设立建设用地使用权也应当符合节约资源、保护生态环境,建议增加相关规定。经研究,2018 年 8 月审议的《民法典各分编(草案)》将物权法第 136 条第 2 句单列成条,并增加了相关规定。

节约资源、保护生态环境的要求,在我国宪法和许多法律中都有规定。如宪法第 9 条第 2 款规定,国家保障自然资源的合理利用,保护珍贵的动物和植物。禁止任何组织或者个人用任何手段侵占或者破坏自然资源。民法通则第 124 条规定,违反国家保护环境防止污染的规定,污染环境造成他人损害的,应当依法承担民事责任。本法侵权责任编第 7 章专门规定了环境污染和生态破坏的民事法律责任,对举证责任分配、第三人过错等内容进行了明确规定。环境保护法第 6 条规定,一切单位和个人都有保护环境的义务。地方各级人民政府应当对本行政区域的环境质量负责。企业事业单位和其他生产经营者应当防止、减少环境污染和生态破坏,对所造成的损害依法承担责任。公民应当增强环境保护意识,采取低碳、节俭的生活方式,自觉履行环境保护义务。消费者权益保护法第 5 条规定,国家保护消费者的合法权益不受侵害。国家采取措施,保障消费者依法行使权利,维护消费者的合法权益。国家倡导文明、健康、节约资源和保护环境的消费方式,反对浪费。

绿色原则是贯彻宪法关于保护环境的要求,同时也是落实党中央关于建设生态文明、实现可持续发展理念的要求。在本条中增加规定设立建设用地使用权应当符合节约资源、保护生态环境的要求也是本法总则编绿色原则的具体体现。

(二)设立建设用地使用权应当遵守法律、行政法规关于土地用途的规定

我国法律、行政法规有很多关于土地用途的规定,如土地管理法第4条规定,国家实行土地用途管制制度。国家编制土地利用总体规划,规定土地用途,将土地分为农用地、建设用地和未利用地。严格限制农用地转为建设用地,控制建设用地总量,对耕地实行特殊保护。前款所称农用地是指直接用于农业生产的土地,包括耕地、林地、草地、农田水利用地、养殖水面等;建设用地是指建造建筑物、构筑物的土地,包括城乡住宅和公共设施用地、工矿用地、交通水利设施用地、旅游用地、军事设施用地等;未利用地是指农用地和建设用地以外的土地。使用土地的组织和个人必须严格按照土地利用总体规划确定的用途使用土地。第21条第1款规定,城市建设用地规模应当符合国家规定的标准,充分利用现有建设用地,不占或者尽量少占农用地。因此,本条规定,设立建设用地使用权应当遵守法律、行政法规关于土地用途的规定。

(三)设立建设用地使用权,不得损害已设立的用益物权

如果在同一土地上已经设立了用益物权,又要在这块土地上设立建设用地使用权,如何调整同一块土地不同用益物权人之间的关系呢?本法第345条规定,建设用地使用权可以在土地的地表、地上或者地下分别设立。根据本法的规定,不动产的权利人根据相邻关系的规定,应当为相邻各权利人提供必要的便利,并在其权利受到损害时,可以请求相邻权利人补偿。不动产的权利人想提高自己土地的便利和效益,可以通过设定地役权取得对他人土地的利用。以上规定完全适用于分层设立的建设用地使用权。在土地分层出让的情况下,不同层次的建设用地使用权人之间应当适用相邻关系的规定。如果建设用地使用权人一方需要利用另一方的建设用地,同样可以通过设定地役权来解决。本法第378条规定,土地所有权人享有地役权或者负担地役权的,设

立土地承包经营权、宅基地使用权等用益物权时,该用益物权人继续享有或者负担已设立的地役权。总之,本法所有适用于"横向"不动产之间的相邻关系和地役权等规定都适用于"纵向"不动产之间。新设立的建设用地使用权,不得损害已设立的用益物权。

第三百四十七条　设立建设用地使用权,可以采取出让或者划拨等方式。

工业、商业、旅游、娱乐和商品住宅等经营性用地以及同一土地有两个以上意向用地者的,应当采取招标、拍卖等公开竞价的方式出让。

严格限制以划拨方式设立建设用地使用权。

【释义】　本条是关于建设用地使用权出让方式的规定。

本条是 2007 年通过的物权法第 137 条的规定,本次民法典编纂将物权法第 137 条第 3 款中"采取划拨形式的,应当遵守法律、行政法规关于土地用途的规定"的内容整合到本法第 346 条作出规定。

(一)设立建设用地使用权,可以采取出让或者划拨等方式

建设用地使用权出让的方式主要有两种:有偿出让和无偿划拨。有偿出让是建设用地使用权出让的主要方式,是指出让人将一定期限的建设用地使用权出让给建设用地使用权人使用,建设用地使用权人向出让人支付一定的出让金。有偿出让的方式主要包括拍卖、招标和协议等。划拨是无偿取得建设用地使用权的一种方式,是指县级以上人民政府依法批准,在建设用地使用权人缴纳补偿、安置等费用后将该幅土地交付其使用,或者将建设用地使用权无偿交付给建设用地使用权人使用的行为。划拨土地没有期限的规定。

我国在计划经济时期,土地出让主要是采取单一的无偿划拨的方式。1988 年修改的土地管理法规定,"国家依法实行国有土

地有偿使用制度”。1990 年颁布的《中华人民共和国城镇国有土地使用权出让和转让暂行条例》规定,国有土地使用权实行有偿出让制度。1994 年颁布的城市房地产管理法和 1998 年修订的土地管理法基本确立了国有土地的使用采取有偿出让和无偿划拨两种方式。在物权法起草过程中,有人提出,为了保护国家的土地资源,应当取消以划拨方式出让建设用地,不论什么用途,都应当采取有偿出让的方式。那么,2007 年制定的物权法为什么仍然将划拨作为建设用地出让的方式呢?因为我国土地管理法和城市房地产管理法对于采用划拨方式设立建设用地使用权的范围有严格的限制。根据土地管理法第 54 条的规定,下列建设用地,经县级以上人民政府依法批准,可以以划拨方式取得:(1)国家机关用地和军事用地;(2)城市基础设施用地和公益事业用地;(3)国家重点扶持的能源、交通、水利等基础设施用地;(4)法律、行政法规规定的其他用地。由于国家机关用地和军事用地等情况会长期存在,完全取消以划拨方式设立建设用地使用权不现实,划拨方式还会在相当长的时期内存在。但是,并不表明属于以上划拨范围的用地,就当然可以采取划拨的方式。划拨方式应当是“确属必需的”才能采取。通过划拨方式取得的建设用地使用权,没有期限的规定,但是该权利仍是一项独立的财产权利,其性质属于用益物权,应当适用“建设用地使用权”一章的规定。考虑到划拨建设用地的特殊性,有关法律对划拨建设用地的用途、转让条件和抵押等方面都有一些限制性规定。比如,城市房地产管理法规定,设定房地产抵押权的土地使用权是以划拨方式取得的,依法拍卖该房地产后,应当从拍卖所得的价款中缴纳相当于应缴纳的土地使用权出让金的款额后,抵押权人方可优先受偿。随着我国土地管理制度的改革和深化,划拨建设用地的范围和程序更趋严格和规范。近年来,国务院就划拨土地的问题多次作出规定,明确要严格控制划拨用地范围,经营性基础设施用地要逐步实行有偿使用。运用价格机制抑制多占、滥占和浪费土地。经依法批准利用原有划拨土地进行经营性开发建设的,应当按照市场价补缴土地出让金。经依法批准转让原划拨土地使用权的,应当在土地有形市场公开交易,按照市场价补缴土地出让金;低于市场价交易的,政府应当行使优先购买权。为了切实加强土地调控,制止违法违规用地行为,作为民事基本法律的物权编也对划拨建设用地的问题作出了明确规定:"严格限制以划拨方式设立建设用地使用权。"

(二)采取招标、拍卖等公开竞价的方式出让

本条第2款规定,工业、商业、旅游、娱乐和商品住宅等经营性用地以及同一土地有两个以上意向用地者的,应当采取招标、拍卖等公开竞价的方式出让。

招标、拍卖等公开竞价的方式,具有公开、公平和公正的特点,能够充分体现标的物的市场价格,是市场经济中较为活跃的交易方式。我国土地资源的稀缺性,决定了采取公开竞价的方式能够最大程度体现土地的市场价值。从保护土地资源和国家土地收益的大局看,采取公开竞价的方式不仅是必要的,而且其适用范围应当不断扩大。城市房地产管理法第13条规定,土地使用权出让,可以采取拍卖、招标或者双方协议的方式。商业、旅游、娱乐和豪华住宅用地,有条件的,必须采取拍卖、招标方式;没有条件,不能采取拍卖、招标方式的,可以采取双方协议的方式。采取双方协议方式出让土地使用权的出让金不得低于按国家规定所确定的最低价。近年来,由于建设用地总量增长过快,工业用地出现的问题日益突出,低成本工业用地过度扩张,违法违规用地、滥占耕地的现象屡禁不止。2004年,《国务院关于深化改革严格土地管理的决定》中提出,工业用地也要创造条件逐步实行招标、拍卖、挂牌出让。2006年8月,《国务院关于加强土地调控有关问题的通知》中规定,国家根据土地等级、区域土地利用政策等,统一制订并公布各地工业用地出让最低价标准。工业用地出让最低价标准不得低于土地取得成本、土地前期开发成本和按规定收取的相关费用之和。工业用地必须采用招标拍卖挂牌方式出让,其出让价格不得低于公布的最低价标准。低于最低价标准

出让土地,或以各种形式给予补贴或返还的,属非法低价出让国有土地使用权的行为,要依法追究有关人员的法律责任。本条根据现行法律的规定,并结合现实中土地出让的新情况,进一步扩大了采取公开竞价出让建设用地的范围,从“豪华住宅”扩大到“商品住宅”,并把“工业用地”纳入公开竞价出让方式的范围,同时明确对于同一土地有两个以上意向用地者的,一律采取公开竞价的方式。该规定已发展了现行城市房地产管理的规定,符合国家利用土地的政策。

建设用地使用权有偿出让的方式中招标和拍卖都属于公开竞价的方式。协议是出让人和建设用地使用权人通过协商方式有偿出让土地使用权。协议的方式由于没有引入竞争机制,相对缺乏公开性,现实中一些地区和部门为了招商引资,将本来应当采取的公开竞价方式改为协议方式,或者压低协议出让的价格,随意减免土地出让金,造成土地资源收益的流失,严重损害国家的利益。因此,有人提出,应当取消协议方式出让土地。但是,一些需要扶持的行业和大型设施用地,仍较适宜采取协议的方式出让,协议的出让方式还是有存在的必要。为了防止协议出让土地时可能滋生的腐败行为,严格土地出让秩序,城市房地产管理法规定,采取双方协议方式出让土地使用权的出让金不得低于按国家规定所确定的最低价。国务院、国土资源部也曾多次颁布相关的文件,要求各级人民政府要依照基准地价制订并公布协议出让土地最低价标准。协议出让土地除必须严格执行规定程序外,出让价格不得低于最低价标准。违反规定出让土地造成国有土地资产流失的,要依法追究责任;情节严重的,依照刑法第410条规定,以非法低价出让国有土地使用权罪追究刑事责任。物权法虽然保留了协议出让方式,但是由于扩大了公开竞价出让方式的范围,因此,协议出让的适用范围已经越来越窄,程序则更趋严格。本次民法典编纂对此未作修改。

有人提出,现实中除了招标、拍卖的方式外,还有挂牌等公开竞价出让建设用地的方式,建议增加相关内容。挂牌出让方式是指市、县国土资源管理部门发布挂牌公告，按公告规定的期限将拟出让宗地的交易条件在指定的土地交易场所挂牌公布，接受竞买人的报价申请并更新挂牌价格，根据挂牌期限截止时的出价结果或现场竞价结果确定土地使用者的行为。挂牌方式可以说是土地主管部门将拍卖和招标的特点相结合创设的一项土地出让制度。由于现行法律还没有对挂牌出让方式作出规定，该方式在法律上如何定性和规范，还需要根据实践经验不断完善。我国土地制度正在改革阶段，今后可能还会出现一些新的公开竞价的出让方式。因此本法仅列举了现行法律中已作规定的拍卖和招标两种出让方式，没有对现实中存在的公开竞价方式一一列举，但这并不表明出让土地时不能采取挂牌或者其他公开竞价方式。

第三百四十八条　通过招标、拍卖、协议等出让方式设立建设用地使用权的，当事人应当采用书面形式订立建设用地使用权出让合同。

建设用地使用权出让合同一般包括下列条款：

（一）当事人的名称和住所；

（二）土地界址、面积等；

（三）建筑物、构筑物及其附属设施占用的空间；

（四）土地用途、规划条件；

（五）建设用地使用权期限；

（六）出让金等费用及其支付方式；

（七）解决争议的方法。

【释义】　本条是对建设用地使用权出让合同内容的规定。

本条对2007年通过的物权法第138条作了修改完善，将第4项“土地用途”修改为“土地用途、规划条件”，将第5项“使用期限”修改为“建设用地使用权期限”。

以出让方式设立建设用地使用权的，不论是采取拍卖、招标等公开竞价方式，还是采取协议的方式，双方当事人应当签订建设用地使用权出让合同,以明确双方当事人的权利和义务。建设用地使用权合同属于民事合同,虽然各级人民政府代表国家,以土地所有人的身份与建设用地使用权人签订出让合同,但是该合同属于国家以民事主体的身份与其他主体从事的交易行为。

建设用地使用权出让合同的内容主要包括:

(1)当事人的名称和住所。当事人的名称和住所是合同中最基本的要件。如果不写明当事人,合同由谁履行就不明确,当事人的权利和义务更无从谈起。虽然出让的土地属于国家所有,但是在出让合同中,国家并不列为出让人。目前,一般是由市、县人民政府土地行政主管部门代表国家作为出让人。实践中,曾出现过经济开发区管理委员会作为出让人的情况,根据2005年《最高人民法院关于审理涉及国有土地使用权合同纠纷案件适用法律问题的解释》的规定,开发区管理委员会作为出让人与受让方订立的土地使用权出让合同,应当认定无效。

(2)土地界址、面积等。建设用地出让合同中应当明确标明出让建设用地的具体界址、面积等基本的用地状况。为了准确界定建设用地的基本数据,建设用地使用权合同一般会附"出让宗地界址图",标明建设用地的位置、四至范围等,该附件须经双方当事人确认。

(3)建筑物、构筑物及其附属设施占用的空间。根据本法第345条的规定,建设用地使用权可以在土地的地表、地上或者地下分别设立。因此,在分层设立建设用地使用权的情况下,必须界定每一建设用地使用权具体占用的空间,即标明建设用地占用的面积和四至,建筑物、构筑物以及附属设施的高度和深度,使建设用地使用权人行使权利的范围得以确定。

(4)土地用途、规划条件。土地用途是建设用地使用权合同的重要内容。土地用途可以分为工业、商业、娱乐、住宅等用途。我国对建设用地实行用途管制,不同用途的建设用地的使用期限是不同的。为了保证建设用地使用权人按照约定的用途使用建设用地,在合同期限内,建设用地使用权人不得擅自改变建设用地的用途;需要改变建设用地使用权用途的,应当征得出让人的同意并经土地行政主管部门和城市规划行政主管部门批准,重新签订或者更改原有的建设用地使用权出让合同,调整土地出让金,并办理相应的登记。2007年物权法仅规定了“土地用途”,在民法典编纂过程中,有的意见提出,实践中还应在合同中注明规划条件,建议增加相关内容。2018年8月提请审议的《民法典各分编(草案)》增加规定了“规划条件”。

(5)建设用地使用权期限。以出让方式设立的建设用地使用权都有期限的规定。比如,居住用地70年;工业用地50年;教育、科技、文化、卫生、体育用地50年;商业、旅游、娱乐用地40年;综合或者其他用地50年。建设用地使用权出让的期限自出让人向建设用地使用权人实际交付土地之日起算,原划拨土地使用权补办出让手续的,出让年限自合同签订之日起算。

(6)出让金等费用及其支付方式。以出让方式取得建设用地使用权是有偿的,建设用地使用权人应当按照约定支付出让金等费用。出让金等费用及其支付方式,土地管理法和城市房地产管理法对此都作了规定,明确规定应当按照国务院规定的标准和办法,缴纳土地使用权出让金等土地有偿使用费和其他费用后,方可使用土地。同时,也明确了合同双方当事人的违约责任。建设用地使用权人未按照出让合同约定支付出让金等费用的,出让人有权解除合同,并可以请求违约赔偿。建设用地使用权人按照出让合同约定支付出让金的,市、县人民政府土地行政主管部门必须按照出让合同约定,提供出让的土地;未按照出让合同约定提供出让的土地的,土地使用者有权解除合同,由土地行政主管部门返还出让金,土地使用者并可以请求违约赔偿。根据最高人民法院相关司法解释的规定,经市、县人民政府批准同意以协议方式出让的土地使用权,土地使用权出让金低于订立合同时当地政府按照国家规定确定的最低价的,应当认定土地使用权出让合同约定的价格条款无效。关于出让金的支付方式,根据城镇国有土地使用权出让和转让暂行条例的规定,土地使用者应当在签订土地使用权出让合同后 60 日内,支付全部土地使用权出让金。不过,目前对于采取拍卖、招标等公开竞价方式设立的建设用地使用权,其出让金的支付方式可以采取一次性支付或者分期支付的办法。逾期未全部支付的,出让人有权解除合同,并可请求违约赔偿。

(7)解决争议的方法。因履行建设用地使用权合同发生争议的,出让人和建设用地使用权人可以双方协商解决,协商不成的,提交双方当事人指定的仲裁委员会仲裁,或者依法向人民法院起诉。

第三百四十九条　设立建设用地使用权的,应当向登记机构申请建设用地使用权登记。建设用地使用权自登记时设立。登记机构应当向建设用地使用权人发放权属证书。

【释义】 本条是关于建设用地使用权登记的规定。

本条对物权法第 139 条作了修改完善,将“建设用地使用权证书”修改为“权属证书”。

建设用地使用权登记是指县级以上人民政府将土地的权属、用途、面积等基本情况登记在登记簿上,并向建设用地使用权人颁发使用权证书。设立建设用地使用权,建设用地使用权人应当向登记机构申请建设用地使用权登记。登记机构应当向建设用地使用权人发放权属证书。建设用地使用权适用登记生效的原则,经登记生效。根据土地管理法的规定,我国目前的建设用地使用权是由县级以上人民政府登记造册,核发证书。

以划拨方式设立建设用地使用权的,根据目前的规定当事人不需要签订合同,而是通过“国有土地划拨决定书”的形式,将建设用地使用权交给建设用地使用权人使用。但是,划拨土地也应当按照以下规定办理登记手续:新开工的大中型建设项目使用划拨国有土地的,建设用地使用权人应当在接到县级以上人民政府发给的建设用地批准书之日起 30 日内,持建设用地批准书申请土地预告登记。建设项目竣工验收后,建设单位应当在该建设项目竣工验收之日起30日内,持建设项目竣工验收报告和其他有关文件申请建设用地使用权登记。其他项目使用划拨国有土地的,建设用地使用权人应当在接到县级以上人民政府批准用地文件之日起30日内,持批准用地文件申请建设用地使用权登记。

目前,我国的土地登记是以宗地为基本单元。使用两宗以上建设用地的建设用地使用权人应当分宗申请登记。两个以上建设用地使用权人共同使用一宗建设用地的,应当分别申请登记。跨县级行政区使用土地的,应当分别向建设用地所在地县级以上地方人民政府土地管理部门申请登记。

第三百五十条　建设用地使用权人应当合理利用土地,不得改变土地用途;需要改变土地用途的,应当依法经有关行政主管部门批准。

【释义】　本条是关于土地用途的规定。

本条是物权法第140条的规定,本次民法典编纂对本条未作修改。

土地资源的重要性和稀缺性要求建设用地使用权人必须合理地利用土地。加强对土地用途的管制,是我国土地管理的重要内容。现行有关土地管理的法律、法规以及规范性文件,都对土地用途有着相关的规定。加强对土地用途的管制,也一直是我国土地行政主管部门对土地市场进行整治的内容之一。

我国法律对以划拨方式使用建设用地的用途有着明确的规定,建设用地使用权人应当严格依照其用途使用土地。以出让方式设立的建设用地使用权,不同的土地用途其出让金是不同的。建设用地使用权出让合同中对土地用途需要作出明确的规定,擅自改变约定的土地用途不仅是一种违约行为,而且也是违法行为。

建设用地使用权人以无偿或者有偿方式取得建设用地使用

权后,确需改变土地用途的,应当向土地行政主管部门提出申请。土地行政主管部门经过审查后,认为改变的土地用途仍符合规划,同意对土地用途作出调整的,根据目前的规定,还需要报市、县人民政府批准,然后出让人和建设用地使用权人应当重新签订建设用地使用权出让合同或者变更合同相应的条款,并按照规定补交不同用途和容积率的土地差价。如果是将以划拨方式取得的建设用地使用权改为有偿使用方式的,在改变土地用途后,建设用地使用权人还应当补缴出让金。以变更合同条款的形式改变土地用途的,要依法到登记机构办理变更登记,签订新的建设用地使用权合同的,应办理登记手续。

第三百五十一条　建设用地使用权人应当依照法律规定以及合同约定支付出让金等费用。

【释义】 本条是关于建设用地使用权人支付出让金等费用的义务的规定。

本条是物权法第141条的规定,本次民法典编纂对本条未作修改。

我国实行土地公有制,建设用地使用权人使用国家所有的土地,国家收取土地出让金等费用,是国家所有权在经济上的体现。

(一)应当支付土地出让金等费用的情形

(1)在取得建设用地使用权时,采用出让等有偿使用方式的,应当支付出让金等费用。土地管理法第2条第5款规定,国家依法实行国有土地有偿使用制度。但是,国家在法律规定的范围内划拨国有土地使用权的除外。第55条第1款规定,以出让等有偿使用方式取得国有土地使用权的建设单位,按照国务院规定的标准和办法,缴纳土地使用权出让金等土地有偿使用费和其他费用后,方可使用土地。城市房地产管理法第3条、第16条也有类似的规定。根据有关规定,划拨取得建设用地使用权的,在取得使用权时国家不收取出让金。

(2)在建设用地使用权转让时,通过划拨取得的建设用地使用权应当补缴出让金。城市房地产管理法第40条规定,以划拨方式取得土地使用权的,转让房地产时,应当按照国务院规定,报有批准权的人民政府审批。有批准权的人民政府准予转让的,应当由受让方办理土地使用权出让手续,并依照国家有关规定缴纳土地使用权出让金。以划拨方式取得土地使用权的,转让房地产报批时,有批准权的人民政府按照国务院规定决定可以不办理土地使用权出让手续的,转让方应当按照国务院规定将转让房地产所获收益中的土地收益上缴国家或者作其他处理。此外,城市房地产管理法第51条还规定,设定房地产抵押权的土地使用权是以划拨方式取得的,依法拍卖该房地产后,应当从拍卖所得的价款中缴纳相当于应缴纳的土地使用权出让金的款额后,抵押权人方可优先受偿。

(二)支付土地出让金等费用的意义

出让金等费用的本质是应当归国家所有的土地收益。这一本质是由我国的土地有偿使用制度决定的。在过去很长一段时期内,国有土地是由国家以行政手段无偿交给用地单位使用的。这种土地使用制度有很多弊端:(1)土地资源配置效益差,利用效率低,土地资源浪费严重,国家却缺乏调节余缺的机制。(2)国有土地收益大量流失,土地收益留在了用地者的手中,国家的土地所有权虚置。(3)市场机制缺失,土地作为生产力要素其价值得不到正常体现,导致市场主体实际上的不平等地位。由于不同企业都从政府无偿得到不同位置和数量的土地,拥有较多土地且位置优越的企业,与缺乏土地或位置较差的企业,实际上处于不平等的竞争地位。

旧体制严重的弊端,使实行国有土地有偿使用制度,收取出让金等费用具有了重要意义。(1)土地公有制是社会主义公有制的重要组成部分,在市场经济条件下,实行国有土地有偿使用制度,通过收取出让金等费用取得土地收益,才能使国家对土地的所有权在经济上得到实现,才能真正保障社会主义公有制的主体地位。(2)土地是巨大的社会财富,而且会随着经济和社会的发展不断增值。国家掌握了国有土地的收益,就有足够的财力组织社会化大生产,更好地实现社会主义国家的经济职能。(3)土地是基本的生产要素,通过收取或者补交出让金使土地使用权进入市场,有助于形成包括消费品市场、生产资料市场和资金、劳动力、土地等生产要素市场的完整的社会主义市场体系。通过充分发挥市场调节的作用,合理配置土地资源,实现最大的土地利用效益,进而推进社会主义市场经济的健康发展。

(三)不交纳出让金等费用的法律责任

正是因为交纳出让金等费用对国家和社会意义重大,法律、行政法规对不交纳出让金等费用的行为规定了相应的法律责任。例如,城市房地产管理法第 67 条规定,违反城市房地产管理法第 40 条第 1 款的规定转让房地产的,由县级以上人民政府土地管理部门责令缴纳土地使用权出让金,没收违法所得,可以并处罚款。在有出让合同的情况下,不支付出让金的行为同时还是一种违约行为。因此,除了行政法上的责任,法律、行政法规还规定了相应的违约责任。例如,城市房地产管理法第 16 条规定,土地使用者必须按照出让合同约定,支付土地使用权出让金;未按照出让合同约定支付土地使用权出让金的,土地管理部门有权解除合同,并可以请求违约赔偿。《中华人民共和国城镇国有土地使用权出让和转让暂行条例》第 14 条规定,土地使用者应当在签订土地使用权出让合同后 60 日内,支付全部土地使用权出让金。逾期未全部支付的,出让方有权解除合同,并可请求违约赔偿。

总之,通过支付出让金等费用,向国家上缴土地收益,是国家土地有偿使用制度的重要内容,也是土地管理法、城市房地产管理法等有关法律、行政法规中规定的法定义务。本法第 348 条已经将出让金等费用及其支付方式列为建设用地使用权出让合同的条款之一,按时、足额支付出让金,更是建设用地使用权人的合同义务,应当一秉诚实信用,认真履行。

第三百五十二条　建设用地使用权人建造的建筑物、构筑物及其附属设施的所有权属于建设用地使用权人,但是有相反证据证明的除外。

【释义】 本条是关于建设用地使用权人建造的建筑物、构筑物及其附属设施权属的规定。

本条是物权法第142条的规定,本次民法典编纂对本条作了个别文字修改。

关于建筑物、构筑物及其附属设施的归属,土地私有制的国家一般通过土地权利吸收地上物权利的原则来解决。例如,在德国,在地上权范围内建造的建筑物、构筑物及其附属设施被视为地上权的组成部分,在地上权消灭时,满足法定条件,建筑物、构筑物及其附属设施作为土地的添附,转归土地所有权人。我国是社会主义公有制国家,建筑物、构筑物及其附属设施的所有权具有相对独立性。建设用地使用权人依法取得国有土地的使用权后,就有权利用该土地建造建筑物、构筑物及其附属设施。根据本法第231条的规定,合法建造房屋的,自事实行为成就时取得建筑物的所有权。在多数情况下,建设用地使用权人建造的建筑物、构筑物及其附属设施的所有权属于建设用地使用权人。

建设用地使用权人建造的建筑物、构筑物及其附属设施由建设用地使用权人所有作为通常情况,但仍然存在以下例外:一部分市政公共设施,是通过开发商和有关部门约定,由开发商在房地产项目开发中配套建设的,但是所有权归国家。这部分设施,其性质属于市政公用,其归属就应当按照有充分的证据证明的事先约定来确定,而不是当然地归建设用地使用权人。后续通过房地产交易成为建设用地使用权人的权利人也应当尊重这种权属划分。

掌握本条规定还应当注意,这里规定的建筑物、构筑物及其附属设施必须是合法建造产生的。对于非法占地、违规搭建,土地管理法第 74 条、第 77 条、第 83 条以及其他法律法规的有关规定都明确规定了制裁措施,这种违章建筑会被没收和强制拆除,更不会产生合法的所有权,因此并不在本条的调整范围内。

第三百五十三条　建设用地使用权人有权将建设用地使用权转让、互换、出资、赠与或者抵押,但是法律另有规定的除外。

【释义】 本条是关于建设用地使用权流转方式的规定。

本条是物权法第 143 条的规定,本次民法典编纂对本条作了个别文字修改。

(一)关于建设用地使用权流转的法律依据

同支付出让金等费用一样,建设用地使用权的依法流转,也是我国土地有偿使用制度的重要内容。有关法律、行政法规对此已经有了明确的规定,例如,土地管理法第 2 条第 3 款规定,任何单位和个人不得侵占、买卖或者以其他形式非法转让土地。土地使用权可以依法转让。城市房地产管理法第 37 条规定,房地产转让,是指房地产权利人通过买卖、赠与或者其他合法方式将其房地产转移给他人的行为。第 48 条规定,依法取得的房屋所有权连同该房屋占用范围内的土地使用权,可以设定抵押权。以出让方式取得的土地使用权,可以设定抵押权。《中华人民共和国城镇国有土地使用权出让和转让暂行条例》第 4 条规定,依照本条例的规定取得土地使用权的土地使用者,其使用权在使用年限内可以转让、出租、抵押或者用于其他经济活动,合法权益受国家法律保护。第 19 条第 1 款规定,土地使用权转让是指土地使用者将土地使用权再转移的行为,包括出售、交换和赠与。

根据这些法律、行政法规的规定,建设用地使用权可以依法转让、互换、出资、赠与或者抵押。

(二)关于对建设用地使用权流转的限制

法律、行政法规还规定了对建设用地使用权流转的限制。对于划拨取得的建设用地使用权,其流转受到一定限制。本条规定的除外条款所指的就是这些限制性规定。

1. 关于划拨取得的建设用地的流转

根据法律、行政法规的规定,对于划拨取得的建设用地,其流转要通过行政审批,并交纳相应土地出让金或者土地收益。例如,城市房地产管理法第40条规定,以划拨方式取得土地使用权的,转让房地产时,应当按照国务院规定,报有批准权的人民政府审批。有批准权的人民政府准予转让的,应当由受让方办理土地使用权出让手续,并依照国家有关规定缴纳土地使用权出让金。以划拨方式取得土地使用权的,转让房地产报批时,有批准权的人民政府按照国务院规定决定可以不办理土地使用权出让手续的,转让方应当按照国务院规定将转让房地产所获收益中的土地收益上缴国家或者作其他处理。第51条规定,设定房地产抵押权的土地使用权是以划拨方式取得的,依法拍卖该房地产后,应当从拍卖所得的价款中缴纳相当于应缴纳的土地使用权出让金的款额后,抵押权人方可优先受偿。此外,《中华人民共和国城镇国有土地使用权出让和转让暂行条例》中也有相应的规定。

2. 关于以出让方式取得的建设用地使用权流转的限制

根据法律和行政法规的规定,即便是以出让方式取得的建设用地使用权,在有些情况下也是不能直接进入流转的。例如,城市房地产管理法第38条规定,下列房地产,不得转让:(1)以出让方式取得土地使用权的,不符合城市房地产管理法第39条规定的条件的;(2)司法机关和行政机关依法裁定、决定查封或者以其他形式限制房地产权利的;(3)依法收回土地使用权的;(4)共有房地产,未经其他共有人书面同意的;(5)权属有争议的;(6)未依法登记领取权属证书的;(7)法律、行政法规规定禁止转让的其他情形。第39条规定,以出让方式取得土地使用权的,转让房地产时,应当符合下列条件:(1)按照出让合同约定已经支付全部土地使用权出让金,并取得土地使用权证书;(2)按照出让合同约定进行投资开发,属于房屋建设工程的,完成开发投资总额的25%以上,属于成片开发土地的,形成工业用地或者其他建设用地条件。转让房地产时房屋已经建成的,还应当持有房屋所有权证书。《中华人民共和国城镇国有土地使用权出让和转让暂行条例》第19条第2款规定,未按土地使用权出让合同规定的期限和条件投资开发、利用土地的,土地使用权不得转让。总之,建设用地使用权的流转及其限制,在有关法律、行政法规中已经有了比较完备的规定。在本条的贯彻和执行中要注意吸取已有规定在贯彻实施中的成果和经验,使建设用地使用权的流转更为有序,实现地尽其利。

第三百五十四条　建设用地使用权转让、互换、出资、赠与或者抵押的,当事人应当采用书面形式订立相应的合同。使用期限由当事人约定,但是不得超过建设用地使用权的剩余期限。

【释义】 本条是关于建设用地使用权人处分建设用地使用权的合同形式和期限的规定。

本条是2007年通过的物权法第144条的规定,本次民法典编纂对本条作了个别文字修改。

(一)建设用地使用权的流转应当采用书面形式

城市房地产管理法第15条第1款规定,土地使用权出让,应当签订书面出让合同。根据城市房地产管理法第15条以及有关法律法规的规定,土地使用权出让应当采用书面合同。本条规定,建设用地使用权转让、互换、出资、赠与或者抵押的,当事人应当采用书面形式订立相应的合同。

在合同法理论上,必须采取书面形式的合同属于一种要式合同,要式合同一般适用于交易复杂、涉及利益巨大的情形。建设用地使用权流转之所以必须采用书面形式的要式合同,是因为建设用地使用权涉及对土地这一重要自然资源的利用,关系到国家、社会和用地人的重大利益,要求采用书面形式可以有效地明确权利、义务,避免潜在争议。不仅我国现有法律作了这样的规定,其他国家和地区关于土地等不动产的交易也都要求采用书面形式。本条规定不但与我国的现有规定是一致的,也符合国际通行做法。

(二)建设用地使用权流转的使用期限不得超过建设用地使用权的剩余期限

这也是符合现有法律规定的。城市房地产管理法第43条规定:“以出让方式取得土地使用权的,转让房地产后,其土地使用权的使用年限为原土地使用权出让合同约定的使用年限减去原土地使用者已经使用年限后的剩余年限。”其他国家关于地上权的规定中也有类似的时间限制。之所以作出这样的限制,是因为建设用地使用权本身就是一种有时限的权利。从理论上说,建设用地使用权人不能超出自己的权利范围流转权利。现实中也不允许用益物权人这样扩张权利,侵害作为所有权人的国家的利益。所以在建设用地使用权期限确定的情况下,建设用地使用权的流转必须受到这一期限的限制。

第三百五十五条　建设用地使用权转让、互换、出资或者赠与的,应当向登记机构申请变更登记。

【释义】 本条是关于建设用地使用权流转后变更登记的规定。

本条是物权法第145条的规定,本次民法典编纂对本条未作修改。

本法第214条规定,不动产物权的设立、变更、转让和消灭,依照法律规定应当登记的,自记载于不动产登记簿时发生效力。建设用地使用权作为重要的用益物权,不但其取得需要登记,其流转也需要及时变更登记。否则该流转行为就无法发生法律效力,权利人的利益就得不到充分保障。

《土地登记规则》针对国有土地使用权变更的不同情况对变

更登记作了规定,主要包括以下内容:

(1)国有土地使用权的转让。有下列情形之一的,土地使用权转让双方当事人应当在转让合同或者协议签订后30日内,涉及房产变更的,在房产变更登记发证后15日内,申请变更登记:①依法转让土地使用权的;②因买卖、转让地上建筑物、附着物等一并转移土地使用权的。房屋所有权变更而使土地使用权变更的,在申请变更登记时,应当提交变更后的房屋所有权证书。

(2)划拨改出让。划拨土地使用权依法办理土地使用权出让手续的,土地使用者应当在缴纳土地使用权出让金后30日内,申请变更登记。

(3)企业入股。企业将通过出让或者国家入股等形式取得的国有土地使用权,再以入股方式转让的,转让双方当事人应当在入股合同签订之日起30日内,申请变更登记。

(4)单位合并、分立。因单位合并、分立、企业兼并等原因引起土地使用权变更的,有关各方应当在合同签订后30日内或者在接到上级主管部门的批准文件后30日内,申请变更登记。

(5)交换、调整。因交换、调整土地而发生土地使用权、所有权变更的,交换、调整土地的各方应当在接到交换、调整协议批准文件后30日内,申请变更登记。

(6)因抵押而取得土地使用权。因处分抵押财产而取得土地使用权的,取得土地使用权的权利人和原抵押人应当在抵押财产处分后30日内,申请变更登记。

(7)因购买房改房而获得国有土地使用权。出售公有住房,售房单位与购房职工应当在县级以上地方人民政府房产管理部门登记房屋所有权之日起30日内,申请变更登记。

(8)抵押合同变更,主要是合同主体变更,而使抵押的土地使用权发生变化。土地使用权抵押期间,抵押合同发生变更的,抵押当事人应当在抵押合同发生变更后15日内,申请变更登记。

(9)土地使用权出租合同的变更。土地使用权出租期间,租赁合同发生变更的,出租人和承租人应当在租赁合同发生变更后

15日内，申请变更登记。

(10)因继承而获得土地使用权或者土地他项权利。依法继承土地使用权和土地他项权利的，继承人应当在办理继承手续后30日内，申请变更登记。

(11)其他。其他形式的土地使用权和土地他项权利变更，当事人应当在发生变更之日起30日内，申请变更登记。

2014年，国务院颁布《不动产登记暂行条例》，对不动产登记作出具体规定，进一步完善建设用地使用权流转后变更登记的规定。

第三百五十六条　建设用地使用权转让、互换、出资或者赠与的，附着于该土地上的建筑物、构筑物及其附属设施一并处分。

【释义】 本条是关于建筑物、构筑物及其附属设施随建设用地使用权的流转而一并处分的规定。

本条是物权法第146条的规定，本次民法典编纂对本条未作修改。

根据法律和行政法规的规定，建设用地使用权流转时，其地上建筑物和其他附着物同时流转。城市房地产管理法第32条规定，房地产转让、抵押时，房屋的所有权和该房屋占用范围内的土地使用权同时转让、抵押。《中华人民共和国城镇国有土地使用权出让和转让暂行条例》第23条规定，土地使用权转让时，其地上建筑物、其他附着物所有权随之转让。第33条第1款规定，土地使用权抵押时，其地上建筑物、其他附着物随之抵押。

在我国，建筑物、其他附着物的归属虽然具有相对独立性，但在转让中必须实行"房地一致"原则，以避免出现"空中楼阁"的尴尬局面。实行"房随地走"，作为实现房地一致的方式之一，已经在法律实践和社会生活中得到普遍接受。本条规定与已有法律制度是一致的，也符合社会生活实际。

第三百五十七条　建筑物、构筑物及其附属设施转让、互换、出资或者赠与的，该建筑物、构筑物及其附属设施占用范围内的建设用地使用权一并处分。

【释义】 本条是关于建设用地使用权随建筑物、构筑物及其附属设施的流转而一并处分的规定。

本条是物权法第 147 条的规定，本次民法典编纂对本条未作修改。

根据法律和行政法规的规定，地上建筑物和其他附着物所有权流转时，其使用范围内的建设用地使用权随之流转。本法第 397 条第 1 款规定，以建筑物抵押的，该建筑物占用范围内的建设用地使用权一并抵押。以建设用地使用权抵押的，该土地上的建筑物一并抵押。第 398 条规定，乡镇、村企业的建设用地使用权不得单独抵押。以乡镇、村企业的厂房等建筑物抵押的，其占用范围内的建设用地使用权一并抵押。《中华人民共和国城镇国有土地出让转让暂行条例》第 24 条规定，地上建筑物、其他附着物的所有人或者共有人，享有该建筑物、附着物使用范围内的土地使用权。土地使用者转让地上建筑物、其他附着物所有权时，其使用范围内的土地使用权随之转让，但地上建筑物、其他附着物作为动产转让的除外。第 33 条第 2 款规定，地上建筑物、其他附着物抵押时，其使用范围内的土地使用权随之抵押。

本条规定了实现"房地一致"的另一种方式"地随房走"，这也已被法律实践和社会生活普遍接受。在理解和适用本条规定时，要特别注意和第 356 条的衔接，这两条实际上作为一个整体，只要建设用地使用权和地上房屋有一个发生了转让，另外一个就要相应转让。从法律后果上说，不可能也不允许，把"房"和"地"分别转让给不同的主体。此外，本条中所讲的附属设施占用范围内的建设用地使用权可能是一宗单独的建设用地使用权，也有可能是共同享有的建设用地使用权中的份额，特别是在建筑物区分所有的情况下。转让占用范围内的建设用地使用权不可能也不应该导致对业主共同享有的建设用地使用权的分割。在这种情况下，除本条外，还要依据业主的建筑物区分所有权的有关规定，才能全面确定当事人的权利义务。

第三百五十八条　建设用地使用权期限届满前，因公共利益需要提前收回该土地的，应当依据本法第二百四十三条的规定对该土地上的房屋以及其他不动产给予补偿，并退还相应的出让金。

【释义】 本条是建设用地使用权提前收回及其补偿的规定。

本条是物权法第148条的规定，本次民法典编纂对本条作了个别文字修改。

以出让方式设立的建设用地使用权都有期限。建设用地使用权期限届满前，出让人能否收回建设用地使用权？根据土地管理法第58条的规定，为了公共利益需要使用土地的，由有关人民政府自然资源主管部门报经原批准用地的人民政府或者有批准权的人民政府批准，可以收回国有土地使用权，并应当对土地使用权人给予适当补偿。在实践中，当事人一般也在建设用地使用权出让合同中对提前收回的情况作出约定。国土资源部和国家工商局制定的《国有建设用地使用权出让合同》（示范文本）有提前收回建设用地的内容：在特殊情况下，根据社会公共利益需要提前收回国有建设用地使用权的，出让人应当依照法定程序报批，并根据收回时地上建筑物、构筑物及其附属设施的价值和剩余年期国有建设用地使用权的评估市场价格及经评估认定的直接损失给予土地使用者补偿。本条对提前收回的补偿标准作了更细化的规定。首先，对于建设用地上的房屋及其他不动产，应当依据征收的规定给予补偿。本法第243条第1款规定："为了公共利益的需要，依照法律规定的权限和程序可以征收集体所有的土地和组织、个人的房屋以及其他不动产。"第3款规定："征收组织、个人的房屋以及其他不动产，应当依法给予征收补偿，维护被征收人的合法权益；征收个人住宅的，还应当保障被征收人的居住条件。”因此，有关征收的规定是补偿的依据。其次，对于房屋所占用的建设用地，不适用征收的规定。征收是国家把集体所有的土地和单位、个人的不动产变为国有的财产，是一种改变所有权的法律行为。我国城市的土地属于国家所有，建设用地使用权人取得的是对土地使用的权利，国家收回本来就属于自己的建设用地，不适用有关征收的规定。但是，为了公共利益的需要，国家可以提前收回建设用地使用权。由于建设用地使用权人是按照建设用地的使用期限交纳出让金的，所以，提前收回建设用地使用权的，出让人还应当向建设用地使用权人退还相应的出让金。比如，某商场的建设用地使用权期限是40年，该商场30年后被征收，那么对于该商场需要根据征收的规定给予补偿，同时，还应当退还该商场所有权人10年的出让金。

第三百五十九条　住宅建设用地使用权期限届满的，自动续期。续期费用的缴纳或者减免，依照法律、行政法规的规定办理。

非住宅建设用地使用权期限届满后的续期，依照法律规定办理。该土地上的房屋以及其他不动产的归属，有约定的，按照约定；没有约定或者约定不明确的，依照法律、行政法规的规定办理。

【释义】　本条是建设用地使用权续期与土地上的房屋及其他不动产归属的规定。

本条对物权法第149条作了修改完善，第1款增加规定“续期费用的缴纳或者减免，依照法律、行政法规的规定办理”。

国家通过出让的方式，使建设用地使用权人获得一定期限内利用土地的权利。根据《中华人民共和国城镇国有土地使用权出让和转让暂行条例》的规定，土地使用权出让的最高年限为：居住用地70年；工业用地50年；教育、科技、文化、卫生、体育用地50

年;商业、旅游、娱乐用地 40 年、综合或者其他用地 50 年。因此,建设用地使用权期限届满后,面临建设用地使用权如何续期的问题。城市房地产管理法第 22 条第 1 款规定,土地使用权出让合同约定的使用年限届满,土地使用者需要继续使用土地的,应当至迟于届满前一年申请续期,除根据社会公共利益需要收回该幅土地的,应当予以批准。经批准准予续期的,应当重新签订土地使用权出让合同,依照规定支付土地使用权出让金。2007 年制定物权法草案时,曾经根据现行法律的规定,对建设用地使用权的续期作出了规定。但是,物权法草案向全社会征求意见后,一些部门和群众对建设用地使用权续期的规定提出了不同的意见。有人提出,一幢公寓多户居住,建设用地使用权期限届满,是由住户个人申请续期还是业主委员会统一申请续期,意见不一致时怎么办,需要明确。建设用地使用权续期的问题,确实和老百姓的利益息息相关,应当保障老百姓安居乐业,使有恒产者有恒心。如果规定住宅建设用地需要申请续期,要求成千上万的住户办理续期手续,不仅难以操作,加重了老百姓的负担,也增加了行政管理的成本,不利于社会的安定。在听取各方面的意见后,物权法草案对住宅建设用地使用权和非住宅建设用地使用权的续期分别作出了规定,明确规定住宅建设用地使用权期限届满的,自动续期。续期的期限、土地使用费支付的标准和办法,由国务院规定。"住宅建设用地使用权自动续期"的规定得到了普遍的赞成。同时,有人提出,住户买房时已经支付了土地出让金,续期后不应再交费。有的人认为,续期的应交少量的土地使用费。考虑到住宅建设用地使用权续期后是否支付土地使用费,关系到广大群众的切身利益。绝大多数住宅建设用地使用权的期限为 70 年,如何科学地规定建设用地使用权人届时应当承担的义务,目前还缺少足够的科学依据,应当对此慎重研究,物权法以不作规定为宜。而且物权法不作规定,也不影响国务院根据实际情况作出相关规定。因此,2007 年制定的物权法对住宅建设用地使用权期限届满后是否支付土地使用费的问题未作规定。

有人担心,住宅建设用地使用权自动续期会影响城市规划和建设。物权法第 148 条规定,建设用地使用权期间届满前,因公共利益需要提前收回该土地的,应当依照物权法第 42 条的规定对该土地上的房屋及其他不动产给予补偿。在建设用地使用权续期后,因为公共利益需要收回的,也可以适用同样的原则。

2016 年 11 月,《中共中央、国务院关于完善产权保护制度依法保护产权的意见》提出,要研究住宅建设用地等土地使用权到期后续期的法律安排,推动形成全社会对公民财产长久受保护的良好和稳定预期。根据党中央批准的有关工作安排,该项工作由国务院有关部门研究,提出方案后,国务院提出法律修改议案,修改城市房地产管理法或者物权法。目前,国务院有关部门尚未正式提出方案和修法议案。因此,本条根据物权法第 149 条、城市房地产管理法第 22 条规定,对此先作出一个原则性规定,即:住宅建设用地使用权期限届满的,自动续期。续期费用的缴纳或者减免,依照法律、行政法规的规定办理。

为什么非住宅建设用地使用权没有采取自动续期的规定?这是因为非住宅建设用地和住宅建设用地有较大的区别。非住宅建设用地的使用期限相对比较短,使用用途也各不相同。有的建设用地使用权人仅需要在特定的期限内使用建设用地,过了该期限,就没有使用该土地的必要。因此,不宜将自动续期作为非住宅建设用地使用权适用的一般原则,是否续期应当由建设用地使用权人自己决定。根据本条第 2 款的规定,非住宅建设用地使用权期限届满后的续期,依照法律规定办理,即建设用地使用权可以在建设用地使用权期限届满前 1 年申请续期。只要建设用地使用权人提出续期的要求,出让人就应当同意,只有在公共利益需要使用该建设用地的情况下,出让人才有权拒绝建设用地使用权人续期的要求,收回该土地。

第三百六十条　建设用地使用权消灭的,出让人应当及时办理注销登记。登记机构应当收回权属证书。

【释义】 本条是对建设用地使用权注销登记的规定。

本条对物权法第150条作了修改完善,将“建设用地使用权证书”修改为“权属证书”。

建设用地使用权消灭的情况主要包括:建设用地使用权期限届满、建设用地使用权提前收回以及因自然灾害等原因造成建设用地使用权灭失等情形。建设用地使用权消灭后,出让人应当及时办理注销登记。《土地登记规则》第54条规定,县级以上人民政府依法收回国有土地使用权的,土地管理部门在收回土地使用权的同时,办理国有土地使用权注销登记,注销土地证书。第55条规定,国有土地使用权出让或者租赁期满,未申请续期或者续期申请未获批准的,原土地使用者应当在期满之日前15日内,持原土地证书申请国有土地使用权注销登记。第56条规定,因自然灾害等造成土地权利灭失的,原土地使用者或者土地所有者应当持原土地证书及有关证明材料,申请土地使用权或者土地所有权注销登记。

考虑到出让人全面掌握建设用地使用权消灭的情形,所以,本条规定,注销登记由出让人及时办理。建设用地使用权注销后,登记机构应当收回权属证书。

第三百六十一条　集体所有的土地作为建设用地的,应当依照土地管理的法律规定办理。

【释义】 本条是对集体所有的土地作为建设用地的法律适用的规定。

本条是物权法第151条的规定,本次民法典编纂对本条作了个别文字修改。

2004年土地管理法第63条中规定,农民集体所有的土地的使用权不得出让、转让或者出租用于非农业建设。除耕地外,农民集体所有的土地只能用于乡(镇)村企业、乡(镇)村公共设施和公益事业以及农民住宅建设。因此,根据2004年土地管理法的规定，农民集体还不能直接出让自己的土地使用权，使集体所有的土地使用权直接进入土地一级市场。农民集体所有的土地必须经过征收才能变为建设用地。随着我国土地制度改革不断深化，国务院先后出台了一系列涉及农村集体建设用地的规定。

2007 年制定物权法时，考虑到我国土地制度改革正在深化，各地的情况差异较大，土地行政主管部门正在进行土地制度试点和研究，尚待总结实践经验，并在此基础上规范和完善。而且，集体建设用地制度如何改革，还是需要通过修改土地管理法等法律从根本上解决这个问题，目前物权法对此作出规定的时机还不成熟。但是，作为民事基本法律的物权法，还是有必要作出原则且灵活的规定，为今后土地制度改革留下空间。因此，本条对建设用地使用集体所有的土地的情况仅作了原则性规定，明确集体所有的土地作为建设用地的，应当按照土地管理的法律规定办理。

2019 年土地管理法修改，增加了集体经营性建设用地的相关规定。该法第 23 条规定，各级人民政府应当加强土地利用计划管理，实行建设用地总量控制。土地利用年度计划，根据国民经济和社会发展计划、国家产业政策、土地利用总体规划以及建设用地和土地利用的实际状况编制。土地利用年度计划应当对土地管理法第 63 条规定的集体经营性建设用地作出合理安排。土地利用年度计划的编制审批程序与土地利用总体规划的编制审批程序相同，一经审批下达，必须严格执行。第 63 条规定，土地利用总体规划、城乡规划确定为工业、商业等经营性用途，并经依法登记的集体经营性建设用地，土地所有权人可以通过出让、出租等方式交由单位或者个人使用，并应当签订书面合同，载明土地界址、面积、动工期限、使用期限、土地用途、规划条件和双方其他权利义务。前款规定的集体经营性建设用地出让、出租等，应当经本集体经济组织成员的村民会议 2/3 以上成员或者 2/3 以上村民代表的同意。通过出让等方式取得的集体经营性建设用地使用权可以转让、互换、出资、赠与或者抵押，但法律、行政法规另有规定或者土地所有权人、土地使用权人签订的书面合同另有约定的除外。集体经营性建设用地的出租,集体建设用地使用权的出让及其最高年限、转让、互换、出资、赠与、抵押等,参照同类用途的国有建设用地执行。具体办法由国务院制定。第 66 条规定,有下列情形之一的,农村集体经济组织报经原批准用地的人民政府批准,可以收回土地使用权:(1)为乡(镇)村公共设施和公益事业建设,需要使用土地的;(2)不按照批准的用途使用土地的;(3)因撤销、迁移等原因而停止使用土地的。依照前款第 1 项规定收回农民集体所有的土地的,对土地使用权人应当给予适当补偿。收回集体经营性建设用地使用权,依照双方签订的书面合同办理,法律、行政法规另有规定的除外。第 82 条规定,擅自将农民集体所有的土地通过出让、转让使用权或者出租等方式用于非农业建设,或者违反本法规定,将集体经营性建设用地通过出让、出租等方式交由单位或者个人使用的,由县级以上人民政府自然资源主管部门责令限期改正,没收违法所得,并处罚款。根据本条规定,集体所有的土地作为建设用地的,应当依照土地管理的法律规定办理。

第十三章　宅基地使用权

本章共 4 条,规定了宅基地使用权的权利内容,宅基地使用权的取得、行使和转让以及宅基地灭失后的重新分配等事项。

第三百六十二条　宅基地使用权人依法对集体所有的土地享有占有和使用的权利,有权依法利用该土地建造住宅及其附属设施。

【释义】 本条是关于宅基地使用权的权利内容的规定。

本条是物权法第 152 条的规定,本次民法典编纂对本条未作修改。

理解和掌握本条规定要注意下列要点：

（一）宅基地归集体所有

这是宅基地使用权能够成为用益物权的前提。根据宪法第10条第2款中的规定，宅基地和自留地、自留山一样，属于集体所有。土地管理法第9条规定，城市市区的土地属于国家所有。农村和城市郊区的土地，除由法律规定属于国家所有的以外，属于农民集体所有；宅基地和自留地、自留山，属于农民集体所有。因此，农民使用宅基地是对集体所有的土地的使用。

（二）宅基地的用途是建造住宅及其附属设施

根据土地管理法和国家的有关规定，土地的利用必须符合国家对土地的用途管制。我国人多地少，只有严格管制土地用途，控制建设用地总量，保护耕地，才能有效地保护资源，实现优化配置。因此，农民取得宅基地，必须依法办理有关手续，不得超量多占，也不得违反有关规划，改变土地用途。对于有的地方存在的多占宅基地，造成土地浪费的情况应当予以纠正。

（三）宅基地使用权是一种带有社会福利性质的权利，是农民的安身之本

宅基地使用权和土地承包经营权一样，由作为集体成员的农民无偿取得，无偿使用。宅基地使用权是农民基于集体成员的身份而享有的福利保障。在我国社会保障体系尚无法覆盖广大农村的现实下，土地承包经营权解决了农民的基本衣食来源，宅基地使用权解决了农民的基本居住问题。这两项制度以其鲜明的福利色彩成为维护农业、农村稳定的重要制度。正是因为保障功能依然是宅基地使用权制度的首要功能，因此，对于宅基地使用权取得、行使和转让的规定，必须尊重我国现实，以利于保护农民利益，构建和谐社会。

第三百六十三条　宅基地使用权的取得、行使和转让，适用土地管理的法律和国家有关规定。

【释义】 本条是关于宅基地使用权的取得、行使和转让适用法律的衔接性规定。

本条是物权法第153条的规定,本次民法典编纂对本条作了个别文字修改。

理解和掌握本条的立法精神,应当注意以下几个方面:

(一)有关宅基地使用权取得、行使和转让的规定

土地管理法对宅基地使用权作了规定。根据土地管理法第62条的规定,农村村民一户只能拥有一处宅基地,其宅基地的面积不得超过省、自治区、直辖市规定的标准。人均土地少、不能保障一户拥有一处宅基地的地区,县级人民政府在充分尊重农村村民意愿的基础上,可以采取措施,按照省、自治区、直辖市规定的标准保障农村村民实现户有所居。农村村民建住宅,应当符合乡(镇)土地利用总体规划、村庄规划,不得占用永久基本农田,并尽量使用原有的宅基地和村内空闲地。编制乡(镇)土地利用总体规划、村庄规划应当统筹并合理安排宅基地用地,改善农村村民居住环境和条件。农村村民住宅用地,由乡(镇)人民政府审核批准;其中,涉及占用农用地的,依照土地管理法第44条的规定办理审批手续。农村村民出卖、出租、赠与住宅后,再申请宅基地的,不予批准。国家允许进城落户的农村村民依法自愿有偿退出宅基地,鼓励农村集体经济组织及其成员盘活利用闲置宅基地和闲置住宅。国务院农业农村主管部门负责全国农村宅基地改革和管理有关工作。

此外,中共中央、国务院通过有关文件,多次强调农村居民建住宅要严格按照所在的省、自治区、直辖市规定的标准,依法取得宅基地。农村居民每户只能有一处不超过标准的宅基地,多出的宅基地,要依法收归集体所有。同时,禁止城镇居民在农村购置宅基地。

(二)关于宅基地使用权取得、行使和转让的争议

在2007年物权法的起草过程中,关于宅基地使用权的取得、行使和转让,曾经引发了热烈的讨论。主要有以下几方面的争议:

1. 关于宅基地使用权取得的争议

(1)宅基地使用权是否应当有偿取得。第一种意见认为,宅基地使用权是村民最基本的居住保障,集体经济组织成员应当无偿取得。第二种意见认为,目前农村存在宅基地分配不均、批少占多等问题,无偿取得宅基地,既无法满足农民群众改善居住条件的需要,也影响集体经济组织的收益。宅基地应当有偿使用。第三种意见认为,完全实施有偿使用制度,多数农民难以承受,建议对保障基本居住的宅基地部分,继续采用无偿取得制度,而对超过基本居住范围的部分实行有偿使用制度。对超标多占的宅基地,可以采取累进制计算使用费。

(2)宅基地的取得是否应坚持"一户一宅"原则。一种意见认为,农村因继承等原因拥有两处以上宅基地的情况很普遍,"一户一宅"过于绝对,难以执行。另一种意见认为,作为分配制度,应当坚持"一户一宅"的原则。

(3)还有的意见认为,现实中农村面临的土地问题很复杂,需要通过专门的法律法规来规定,物权法不能完全解决。

2. 关于宅基地使用权转让和抵押的争议

(1)关于宅基地使用权的转让。对宅基地使用权可否放开转让,一直存有不同意见。一种意见认为,宅基地使用权和地上房屋是农民的基本生活条件,如果允许放开转让,可能导致农村土地都被转让出去,农民流离失所,也不利于保护土地资源。另一种意见认为,随着城市化的发展,很多农民进入城市,也有不少城镇居民下乡购房,已经出现宅基地使用权向外流转的情况,特别是在城市附近或者比较发达的地区。宅基地上的房屋属于农民个人所有,应允许转让,或者可对转让作出一定的限制。

(2)关于宅基地使用权可否抵押。一种意见认为,宅基地使用权是农民安身立命的基本生活保障,若规定宅基地使用权可以抵押,在实现抵押权时,就面临要么农民居无定所,要么抵押权落空的两难境地。另一种意见认为,农民可抵押的财产有限,在保障农民基本居住的前提下,应当允许宅基地使用权抵押,以缓解农民贷款难的问题。为了防范因此而出现的风险,可以有条件地适当放开。

(3)还有的意见认为,宅基地使用权转让和抵押的问题比较复杂,不宜一概而论。物权法对这个问题可以暂不作具体规定,待各方面的认识进一步统一,获得一些经验的时候,再根据实际情况,通过土地管理法等其他法律解决。

(三)2007 年物权法第 153 条规定的主要考虑

为准确体现国家土地管理制度的有关内容,2007 年的物权法第 153 条关于宅基地使用权的取得和行使的规定经过了反复研究、多次修改,立法考虑主要是:

1. 关于宅基地使用权的取得

宅基地使用权的取得主要涉及国家土地管理制度。土地管理法以及有关法规中已经对宅基地使用权的取得及其必要限制作出了明确规定。实际中遇到的问题应当依照这些规定处理。有关法律法规实施中出现的问题,可以通过国家土地管理制度的进一步发展完善,逐步解决。物权法作为调整平等主体间财产关系的民事法律,对国家土地管理制度的具体内容可以不作重复规定,只作出必要的衔接性规定即可。

2. 关于宅基地使用权的转让和抵押

我国地少人多,必须实行最严格的土地管理制度。目前,我国农村社会保障体系尚未全面建立,宅基地使用权是农民基本生活保障和安身立命之本。从全国范围看,放开宅基地使用权转让和抵押的条件尚不成熟。特别是农民一户只有一处宅基地,这一点与城市居民是不同的。农民一旦失去住房及其宅基地,将丧失基本生存条件,影响社会稳定。为了维护现行法律和现阶段国家有关农村土地政策,也为今后修改有关法律或者调整有关政策留有余地,本法的规定应当与土地管理的法律规定保持一致。

我国的土地管理制度正在改革,有关法律法规也正在完善。对于宅基地使用权的转让和抵押问题,为适应未来发展的需要,给进一步深化改革留有空间,2007 年物权法对宅基地使用权的转让和抵押问题作出衔接性的规定是必要的。本次民法典编纂对本条仅作了个别文字修改。

第三百六十四条　宅基地因自然灾害等原因灭失的，宅基地使用权消灭。对失去宅基地的村民，应当依法重新分配宅基地。

【释义】　本条是关于宅基地灭失后重新分配问题的规定。

本条是2007年通过的物权法第154条的规定，本次民法典编纂增加规定“依法”。

理解和把握本条规定需要注意以下几个方面：

（一）重新分配宅基地的客观原因是自然灾害导致宅基地的灭失

虽然从物理属性上讲，土地是不可能消灭的，但是从用途角度上说，自然灾害等原因可能使土地不再适用于某种用途。例如，由于河流改道，原来的住宅和宅基地有可能完全被淹没；又如，由于山体滑坡，原来住宅所在的土地不能再建房居住。在发生这类自然灾害，原有宅基地不可能再用于建设住宅的情况下，就必须对丧失居住条件的集体的成员提供新的宅基地以维持生计。

（二）可以享受重新分配宅基地的权利人应当是因此而丧失宅基地的集体的成员

宅基地使用权是基于集体成员身份享有的一种保障性的权利。作为基本保障，宅基地使用权不应当流转到集体之外，也不应当无限扩大，变相侵占集体土地，特别是耕地。因此，因自然灾害等原因重新分配宅基地时，应当按照规定的标准分配给仍然属于本集体且丧失基本居住条件的村民。对于多占的宅基地的情况，要予以纠正，不应当把多占宅基地的人员也纳入重新分配宅基地的村民中。

（三）重新分配宅基地应当按照国家有关规定，注意节约利用和保护耕地

根据土地管理法第62条和国家的有关规定，宅基地应当符

合乡(镇)土地利用总体规划,尽可能利用原有的宅基地和村内空闲地。尽量珍惜每一寸土地,特别是要严格限制对耕地的占用。在重新分配宅基地的情况下,也要按照国家规定的原则,统筹安排,厉行节约,尽可能保证将适宜耕作的土地用于农业生产,严格遵守国家关于土地用途管制和耕地保护的规定。

第三百六十五条　已经登记的宅基地使用权转让或者消灭的,应当及时办理变更登记或者注销登记。

【释义】 本条是关于宅基地使用权的变更登记和注销登记的规定。

本条是物权法第155条的规定,本次民法典编纂对本条未作修改。

宅基地使用权涉及国家对土地资源的管理,更是一种重要的用益物权。从长远发展上看,对宅基地使用权的设立、变更和消灭进行登记,既有利于加强土地管理,又有利于彰显物权的状态,从而减少争端。目前,有的地方的宅基地使用权的登记制度不够完善,有的宅基地使用权还没有登记。尽管这一现状还没有引发大的矛盾和纠纷,但在宅基地使用权发生变动时就有可能带来潜在的风险。本条考虑到我国广大农村的实际情况以及登记制度的现状,虽然没有明确要求所有宅基地使用权一旦发生变更一律登记,但是对于已经登记的宅基地使用权转让或者消灭的,则明确规定了应当及时办理变更或者注销登记。本条规定既契合我国物权制度发展的大方向,也有利于从实际出发,未雨绸缪,防患于未然。

目前,关于宅基地使用权变更登记与注销登记的规定,主要见于《土地登记规则》中。《土地登记规则》第37条规定:“有下列情形之一的,土地使用权转让双方当事人应当在转让合同或者协议签订后三十日内,涉及房产变更的,在房产变更登记发证后十五日内,持转让合同或者协议、土地税费缴纳证明文件和原土地证书等申请变更登记:(一)依法转让土地使用权的;(二)因买卖、转让地上建筑物、附着物等一并转移土地使用权的;房屋所有权变更而使土地使用权变更的,在申请变更登记时,应当提交变更后的房屋所有权证书。"第 39 条规定:"因交换、调整土地而发生土地使用权、所有权变更的,交换、调整土地的各方应当在接到交换、调整协议批准文件后三十日内,持协议、批准文件和原土地证书共同申请变更登记。"第 56 条规定:"因自然灾害等造成土地权利灭失的,原土地使用者或者土地所有者应当持原土地证书及有关证明材料,申请土地使用权或者土地所有权注销登记。"第 58 条规定:"土地使用者、所有者和土地他项权利者未按照本规则规定申请注销登记的,土地管理部门可以依照规定直接办理注销土地登记,注销土地证书。"

本条对宅基地使用权的取得、行使和转让作了与其他法律和国家有关规定的衔接性规定,已经为未来宅基地使用权制度的发展完善留下了空间。本条对宅基地使用权变更登记和注销登记的规定,将随着我国的土地使用制度和宅基地使用权制度的发展完善,逐渐发挥其应有的作用。

第十四章　居　住　权

本章规定了居住权制度,共 6 条。居住权是指居住权人对他人所有住宅的全部或者部分及其附属设施,享有占有、使用的权利。本章主要对居住权概念、居住权合同内容、居住权的设立、居住权的限制、居住权的消灭和以遗嘱方式设立居住权等作了规定。

第三百六十六条　居住权人有权按照合同约定,对他人的住宅享有占有、使用的用益物权,以满足生活居住的需要。

【释义】 本条是关于居住权概念的规定。

居住权是大陆法系传统的物权形态,是指居住权人对他人住宅的全部或者部分及其附属设施,享有占有、使用的权利。

(一)居住权制度的起源

居住权制度起源于罗马法,最早产生于古罗马的婚姻家庭关系中,作为人役权的一种形式,其产生与当时罗马社会家庭状况及概括继承制有着密切联系,是社会发展到一定阶段的产物。罗马家庭法本质上是家父或家长的法,罗马家庭则是以家长权利为核心的人的集合体。在这一集合体中由家长代替其他家族成员行使权利以维护家庭秩序,进而实现稳定整个社会秩序和防卫国家的目的。在财产继承方面,罗马共和国实行概括继承制,即遗嘱是家长意志最后付诸实践,将其权利概括转移给另一个家族男性成员的体现。正是基于这种特殊的家庭继承关系,随着罗马共和国疆域的不断扩展,非罗马公民大量增加,妻子人身从属于原家长,与丈夫地位互不隶属且不享有夫家继承权的万民法婚姻大量出现。特别是到了共和国末期,奴隶解放日益增多,每遇家长亡故,那些没有继承权又缺乏劳动能力的妻子和奴隶的生存和生活就成了问题。因此,丈夫和家主就把一部分家产的收益权、使用权、居住权等遗赠给妻子和被解放的奴隶,使他们生有所靠、老有所养。该制度的设立初衷,是解决家庭成员的居住和供养。

罗马法的居住权制度主要有以下特点:一是伦理性。居住权制度与罗马社会现实密不可分,是为了调整处于无夫权婚姻和概括继承制之下的婚姻家庭关系而产生,是为了家庭生活中的弱者而确立,体现了罗马法对家庭生活中弱者的人文关怀。二是人身性。居住权具有较强的人身专属性,主要由权利人通过遗嘱设立。居住权只能由特定权利人针对特定房屋享有,权利人不得将居住权转让,原则上也不得出租,不得作为权利人遗产被继承。三是长期性。居住权的伦理性和人身性决定了它的期限性,一旦该权利人死亡,居住权便因为失去存在的必要而归于消灭。居住权的具体期限主要由权利人通过遗嘱的方式加以规定,最长期限为权利人终生。四是无偿性。因为居住权具有强烈的家庭伦理性,其产生主要是为了解决没有继承权的妻子和奴隶的住房问题,具有扶危济困的道义色彩和救助性质,故罗马法上设定的居住权都是无偿的。五是排他性。作为物权的一种,居住权拥有一般物权所共有的排他性特征,即法律将特定房屋的居住权利归属于某个权利主体,由其直接支配享受其利益,并排除他人对其居住的侵害或干预。

(二)一些国家和地区关于居住权制度的规定和研究

目前,一些国家主要是欧洲国家的民法典大多继受和发展了居住权制度,如《法国民法典》《德国民法典》《意大利民法典》《瑞士民法典》《奥地利民法典》等。此外,我国澳门特别行政区民法典也规定了居住权制度。一些东亚国家和地区虽普遍继受了西方物权制度,却大多未规定居住权等人役权制度,如韩国、我国台湾地区等都没有规定居住权制度。还有的国家如日本,最初未继受居住权制度,随着理论和实践的发展,根据实际需要,在最近的民法修改中,在相关章节增加了关于居住权制度的规定。

1. 法国

《法国民法典》在第 2 卷"财产以及所有权的各类变更"的第 3 编"用益权、居住权与使用权"中规定了居住权制度。法典规定:一是居住权依法律或者依人的意思设立。二是居住权限于居住权人及其家庭成员所用,且以其家庭居住所需为限。三是居住权不得让与,也不得出租。四是居住权人以善良管理人之注意为其享有权益的附加义务。

2. 德国

《德国民法典》在第 3 编"物权法"的第 4 章"役权"中规定了居住权制度。法典规定:一是居住权是指在排除所有人的情况下,将建筑物或者建筑物的一部分作为住宅加以使用的权利。二是居住权人有权将其家庭以及符合身份的服侍和对于护理来说是必要的人员接纳入住宅中。三是居住权被限制于建筑物的一部分的,权利人可以合用指定供居住者共同使用的工作物和设备。

3. 意大利

《意大利民法典》在第3编“所有权”的第5章“用益权、使用权和居住权”中规定了居住权制度。法典规定：一是对房屋享有居住权的人可以在自己和家庭需要的限度内享用房屋。二是规定了家庭的范围。在居住权设立时居住权人尚未结婚的情况下，家庭的范围应当包括居住权发生以后出生的子女。即使收养、认领以及领养是在居住权发生以后完成的，家庭的范围同样应当包括养子女、认领的私生子女和领养的子女。家庭的范围还应当包括由于为权利人本人或者权利人的家庭提供服务而与权利人一起生活的人员。三是居住权不得转让或租赁。四是对房屋享有居住权并且占用全部房屋的人，承担正常修缮费和其他房屋的税费，如果仅占用一部分房屋，则按照享用的比例承担支付上述费用的义务。

4. 瑞士

《瑞士民法典》在第4编“物权法”的第2部分“限制物权”的第21章“役权及土地负担”中规定了居住权制度。法典规定：一是居住权系指居住建筑物的全部或一部分的权利。二是居住权不得转让或继承。三是居住权通常以权利人的个人必需为标准。四是如居住权未明文限定某权利人本人时，得收留其家属或家人同住。五是居住权仅以建筑物的某部分为限时，权利人得使用公共设施。六是权利人有专属居住权的，得负担通常保养费用。权利人仅享有共用权的，保养费用由所有人负担。

5. 日本

日本虽继受了西方物权制度，最初却一直未规定居住权制度，直至2018年日本修改民法，在第5编继承中增加一章规定配偶之居住权利，规定了配偶居住权和配偶短期居住权。配偶居住权是指被继承人的配偶于继承开始时居住在属于被继承人财产的建筑物，符合一定条件时，就其居住的建筑物的全部，取得无偿使用及收益的权利。并在配偶居住权一节中，对配偶居住权的取得、存续期间、使用收益、建筑物的修缮以及返还等作了规定。

6. 我国澳门特别行政区

我国澳门特别行政区民法典在第3卷“物权”的第3编“用益权、使用权及居住权”中的第2章规定了“使用权和居住权”。法典规定：一是使用权系指权利人及其亲属得在本身需要之限度内使用他人特定物及收取有关孳息之权能，涉及住房之使用权，称为居住权。二是居住权不得在其受益人死后继续维持。三是居住权人之亲属，仅包括配偶、受权利人抚养之子女、以及其他应由权利人抚养之血亲。四是居住权人不得将其权利转予他人或出租予他人，亦不得以任何方式在其权利上设定负担。五是居住权人须按比例承担一般修补、管理开支、税捐及按年支付之负担。

7. 我国台湾地区

我国台湾地区未规定居住权制度。对于未规定居住权的原因，我国台湾地区“民法”物权编的立法理由书中称，欧洲诸国民法于地役权及人役权皆设有规定。惟东西习惯不同，人之役权为东亚各国所无，日本民法仅规定地役权，而于人之役权无明文，我国台湾地区习惯与日本相同，故“民法”亦只设地役权也。

（三）规定居住权制度的意义

在物权法以及民法典物权编制定过程中，关于是否规定居住权制度一直争议较大。物权法制定过程中，经过反复研究讨论，考虑到居住权制度的适用面很窄，最终未规定居住权制度。民法典编纂过程中，经过反复研究讨论，增加规定居住权制度，主要考虑到以下几个方面：

一是增加规定居住权制度是加快建立多主体供给、多渠道保障、租购并举的住房制度的需要。党的十九大报告提出，要加快建立多主体供给、多渠道保障、租购并举的住房制度，让全体人民住有所居。为落实党中央的要求，认可和保护民事主体对住房保障的灵活安排，满足特定人群的居住需求，民法典物权编增加规定居住权制度。居住权是一种用益物权，其与租赁不同，租赁必须支付租金，居住权一般具有无偿性，而且一般情况下还有长期的期限保障，这些特性导致其是租赁合同无法完全取代的。居住权制度,在一定程度上为人民住有所居提供了更多的制度选择和制度保障。

二是增加规定居住权制度是住房商品化和市场化发展的反映。随着住房商品化和市场化的发展,住房从过去由行政分配并几乎是无偿使用的状况,发展到成为商品、价格主要由市场调节。居住是人民基本的需求,土地资源的有限性及房屋价格的上升,使有些群体出现难以解决居住问题的可能性增加。增加规定居住权制度让所有权人根据自身需要,通过意思自治,在自己所有的住房上为他人设立居住权,解决他人居住困难,满足他人生活居住的需要。通过居住权制度,居住权人取得占有、使用住宅的用益物权,以其物权的特有方法为非所有人提供了通过法律行为比较稳定地使用他人财产的可能性,保障居住权人对房屋的独立支配权。

三是增加规定居住权制度是房屋在居民财产体系中地位提高的体现。房屋是最主要的建筑物,房屋所有权是自然人最主要的财产权之一,房屋财产价值在居民个人财产体系中地位越来越高,个人所有的住宅在社会房屋总量中所占的比例也大幅上升。房屋权利的财产权化,必然形成对住宅所有权的实现方式的多元化的需求。居住权制度为有效利用房屋提供了一个重要的法律途径,有利于发挥房屋的效用。增加规定居住权制度为住宅所有权人实现多元化需求提供了必要的法律手段。设立居住权,是住宅所有权人行使所有权的手段和途径之一。

四是增加规定居住权制度是更好地满足住宅所有权人意思自由的需求。居住权制度以物权效力确认了对住宅的使用权,为住宅所有权人提供了更多的实现其对住宅自由支配意志的途径和选择。例如,住宅所有权人在其年老时,可以将其住宅出卖,同时约定住宅的受让人在该房屋上为其设定居住权,并一次性或分期向其支付价款,以作为其养老金。遗嘱人也可以用遗嘱的方式为其生存的配偶设定一个居住权,而指定其住宅的所有权由其子女继承,这既可以解决其生存配偶的居住问题,也可以满足遗嘱人将其遗产由其子女继承的愿望。住宅所有权人可以通过选择适用居住权制度对其所有的住宅作出符合其意思的安排，住宅所有权人、居住权人以及第三人的利益都得到最大的实现，有利于发挥物的效用。

（四）居住权的含义和法律特征

本条规定，居住权人有权按照合同约定，对他人的住宅享有占有、使用的用益物权，以满足生活居住的需要。根据本条规定，居住权有以下法律特征：

1. 居住权是在他人住宅上设立的物权

居住权是居住权人在他人所有的住宅上设立的物权。设立居住权是住宅所有权人处分自己财产的一种方式，住宅所有权人根据自己的意思自由在自己所有的住宅的全部或者部分为他人设立居住权。此外，根据本条规定，居住权只能在他人所有的住宅上设立，不能在其他类型的房屋上设立居住权。

2. 居住权是一种用益物权

用益物权是以支配标的物的使用价值为内容的物权。我国的用益物权主要包括土地承包经营权、建设用地使用权、宅基地使用权、居住权和地役权等。根据本法的规定，居住权是一种用益物权，是指居住权人对他人所有的住宅的全部或者部分及其附属设施享有占有、使用的权利，以满足生活居住的需要。特别应注意的是，并非所有居住他人住宅的权利均是本条规定的居住权。如果当事人之间存在抚养、扶养、赡养、租赁、借用等关系，也同样可能享有居住他人住宅的权利。但由此而享有的权利不具有物权的排他效力，不是本条所规定的居住权，不能适用本章的规定。

此外，2018 年 8 月，第十三届全国人大常委会第五次会议审议的民法典各分编草案第 159 条第 1 款规定，居住权人有权按照合同约定，对他人的住宅享有占有、使用的权利，以满足生活居住的需要。在立法过程中，有的意见提出，居住权是一种新的用益物权，虽然作为用益物权的一种规定在用益物权部分，但大多数人对居住权不熟悉，居住权与其他居住的权利的区别不明显。为强调居住权是一种用益物权,2019 年 4 月,第十三届全国人大常委会第十次会议审议的民法典物权编草案二审稿第 159 条将“对他人的住宅享有占有、使用的权利”修改为“对他人的住宅享有占有、使用的用益物权”。

3. 居住权是为特定自然人设定的

居住权是住宅所有人为特定自然人的利益在自己所有的住宅上设定的权利,法人或其他组织不能享有居住权。享有居住权的主体范围具有有限性,居住权人以外的人一般不能享有居住权,但有的国家允许居住权人的家庭成员居住,并详细规定了可以居住的自然人的范围。

4. 居住权是为特定自然人生活居住的需要而设定的权利

居住权人只能将享有居住权的住宅用于满足其生活居住的需要,一般情况下,居住权人不能将其享有居住权的住宅出租,但是当事人另有约定的除外。根据本法第 369 条的规定,居住权不得转让、继承。

5. 居住权人按照合同约定对他人的住宅享有占有、使用的权利

一般情况下,当事人通过订立居住权合同并对居住权进行登记后设立居住权。居住权人对他人的住宅享有的占有、使用等具体权利义务,根据所有权人和居住权人之间订立的居住权合同确定。居住权人为充分地使用其居住的住宅,对住宅的各种附属设施亦有使用权。

第三百六十七条　设立居住权,当事人应当采用书面形式订立居住权合同。

居住权合同一般包括下列条款:

(一)当事人的姓名或者名称和住所;

(二)住宅的位置;

(三)居住的条件和要求;

(四)居住权期限;

(五)解决争议的方法。

【释义】 本条是对居住权合同形式和内容的规定。

(一)居住权合同的形式

根据本法的规定,居住权既可以基于当事人的约定设立,也可以基于被继承人的遗嘱设立。本条是对居住权合同的合同形式和内容的规定。根据本条第1款的规定,设立居住权,当事人应当采用书面形式订立居住权合同。住宅所有权人为满足他人生活居住的需要想在自己所有的住宅上为他人设立居住权的,途径之一就是与他人订立居住权合同,再按照订立的居住权合同向登记机构申请居住权登记。因设立居住权需明确一些具体的权利义务,本条规定,设立居住权的,当事人应当采用书面形式订立居住权合同。

(二)居住权合同的内容

本条第2款规定是2019年4月民法典物权编草案二审稿增加规定的内容。2019年12月民法典草案在二审稿的基础上又作了修改完善。根据本条第2款的规定,居住权合同一般包括下列条款:

1.当事人的姓名或者名称和住所

当事人的姓名或者名称和住所,是合同中最基本的要件。如果不写明当事人,合同由谁履行就不明确,当事人的权利和义务更无从谈起。居住权合同的当事人一般为住宅的所有权人和居住权人。2019年4月审议的民法典物权编草案二审稿本项规定的是“当事人的姓名和住所”,有的意见提出,有的老年人以房养老,可能存在将住宅出售给法人或者非法人组织,购买住宅的法人或者非法人组织在住宅上给老年人设立居住权的情况,建议增加当事人的名称的规定。2019年12月审议的民法典草案将本项修改为“当事人的姓名或者名称和住所”。

2.住宅的位置

居住权合同中应当明确住宅的具体位置,以确定当事人设立居住权的住宅。一般情况下,合同中明确的住宅的位置应与住宅房屋产权证上的位置一致。

3. 居住的条件和要求

居住权合同中可以约定居住的条件和要求，主要包括当事人的权利义务。设立居住权的合同应当尽可能清晰地确定当事人之间的权利义务关系，避免纠纷的发生，或者在发生纠纷时有明确的规则可供遵循。在权利方面，当事人可以协商约定居住权人占有使用的具体权利，如是否可以与其家属共同居住，是否可以让其所雇佣的保姆等为其生活所需的服务、护理人员居住。在义务方面，当事人可以协商约定双方的义务，如不得改变房屋的结构、用途，保管房屋，承担房屋的日常负担及返还房屋等义务。有的国家法律直接对居住的权利和义务作了规定。例如，《法国民法典》第627条规定，使用权人以及享有居住权的人，应以善良管理人的态度享用其权利。

4. 居住权期限

民法典物权编草案二审稿未规定本项，这是2019年12月审议的民法典草案增加规定的内容。有的意见提出，为扩大居住权的适用范围，应该允许当事人对居住权期限进行约定。居住权制度创设初始，为达到保护居住权人的目的，赋予居住权长期性的特点，使其一般持续至居住权人终生。为保障当事人设立居住权的意思自由，扩大居住权制度的适用性，根据本法的规定，当事人可以就居住权的存续期限作出约定。当事人可以根据不同情况、不同需求在居住权合同中约定居住权的期限。例如，给未成年人设立居住权的，可以约定居住权期限存续至未成年人成年之时。如果当事人未对居住权期限作出约定，根据本法的规定，居住权人死亡的，居住权消灭。

5. 解决争议的方法

居住权合同可以就合同履行发生争议的解决方法作出约定。因履行居住权合同发生争议的，所有权人和居住权人可以双方协商解决，协商不成的，提交双方当事人指定的仲裁委员会仲裁，或者依法向人民法院起诉。

需要注意的是，本条第2款所规定的内容并非全部都是居住权合同必须约定的内容。当事人应当对第 1 项"当事人的姓名或者名称和住所"、第 2 项"住宅的位置"作出明确约定,如果欠缺这两项内容将导致居住权的主体和客体不明,不可能设立居住权。其他各项均非合同必须约定的内容,如果当事人未作约定,不影响居住权的设立。

第三百六十八条　居住权无偿设立,但是当事人另有约定的除外。设立居住权的,应当向登记机构申请居住权登记。居住权自登记时设立。

【释义】 本条是关于居住权设立的规定。

本条是关于居住权设立的规定,本条规定在立法过程中不断修改完善。2018 年 8 月审议的民法典各分编草案仅规定了 1 款,即"设立居住权的,应当向登记机构申请居住权登记。居住权自登记时设立"。在征求意见过程中,有的地方、法学教学研究机构和社会公众建议进一步完善居住权制度的相关规定,明确居住权是无偿设立的用益物权,并对居住权合同的内容进行规范。2019 年 4 月审议的民法典物权编草案二审稿将该款单列一条,并在下一条中增加规定"居住权无偿设立"。有的意见提出,居住权应以无偿设立为原则,但应允许当事人作例外约定。2019 年 12 月审议的民法典草案将"居住权无偿设立"移至本条并修改为"居住权无偿设立,但是当事人另有约定的除外"。

(一)居住权一般情况下无偿设立

居住权制度产生初始,是房屋所有权人为与其有特定人身关系的人设立,无偿性是居住权制度的特征之一。设立居住权一般情况下带有扶助、友善、帮助的性质。按照本条的规定,居住权无偿设立,即居住权人无需向房屋的所有人支付对价。

居住权是用益物权的一种,一般情况下具有无偿性,其与房屋租赁存在本质区别。主要表现在:一是保护方式存在区别。居住权是一种支配权,租赁权是一种请求权。居住权为一种独立的用益物权,具有物权的所有特征:对世性、绝对性、直接支配性等。租赁法律关系属于债权,具有相对性,租赁权人只能对抗特定的债务人。尽管房屋租赁权的效力强化后,租赁权人也具有对抗第三人的效力,但与作为物权的居住权在对抗效力和对抗范围上存在区别。二是设立方式存在区别。居住权需要经过登记才发生物权的效力,租赁权只需要双方的合意就发生法律效力,其设立不以登记为条件。三是期限存在区别。租赁权的租期由合同双方当事人约定,但不得超过20年,超过20年的部分无效;如果双方未约定租期,为不定期租赁,对于不定期租赁,任何一方当事人都可以随时解除合同。居住权具有长期性的特点,除当事人另有约定外,通常至居住权人死亡时居住权消灭。四是取得权利支付的对价存在区别。取得居住权一般是无偿的,带有扶助、友善、帮助的性质。居住权人即便在特殊情况下需要向房屋的所有人支付费用,费用也是很少的。而租赁合同则是一种双务、有偿合同,取得租赁权,以支付租金为条件。

但是,本条规定,居住权无偿设立,当事人另有约定的除外。根据本条的规定,居住权以无偿设立为原则,当事人可以就是否无偿设立作出约定。

居住权人是否需要承担居住房屋产生的日常维护费用由当事人约定。有的国家在法律中明确规定,居住权人应当承担居住房屋产生的日常维护费用。如《瑞士民法典》第778条规定,如居住权人对住宅或套房享有独立的居住权,则日常养护费用应当由其承担;如居住权人和所有权人共同居住,则日常养护费用应当由所有权人承担。《意大利民法典》第1025条规定,对土地享有使用权并且取得全部孳息的人承担耕作的全部费用;对房屋享有居住权并且占用全部房屋的人,与用益权人一样,承担正常修缮费和其他房屋的税费。如果仅收取一部分孳息或者占用一部分房屋,则按照享用的比例承担支付上述费用的义务。

（二）设立居住权的,应当向登记机构申请居住权登记

我国物权制度有“登记生效”与“登记对抗”两种物权变动模

式。对于居住权的设立,采用登记生效的物权变动模式。不动产登记簿是确定居住权的根本依据。居住权的设立登记是指将设立居住权的事实依法记载于不动产登记簿的行为。本条规定,设立居住权的,应当向登记机构申请居住权登记。居住权自登记时设立。根据本条的规定,当事人签订居住权合同后,居住权并未设立,当事人需持居住权合同到不动产登记机构申请居住权登记。不动产登记机构将设立居住权的情况登记在不动产登记簿上,居住权自登记时设立。如果仅就住宅的部分设立居住权应当在此居住权合同中予以明确,并在不动产登记簿上予以明确。

第三百六十九条　居住权不得转让、继承。设立居住权的住宅不得出租,但是当事人另有约定的除外。

【释义】 本条是关于居住权限制的规定。

居住权一般为满足特定自然人生活居住的需要设立,通常只具有占有、使用的权能,一般情况下居住权人不得利用房屋进行收益。居住权不得转让、继承,设立居住权的住宅不能出租是居住权的权利特征之一。因此,本条规定,居住权不得转让、继承。设立居住权的住宅不得出租,但是当事人另有约定的除外。

一是居住权不得转让。居住权人对他人的住宅享有占有、使用的权利,但只能由居住权人本人享有,居住权人不得将其享有的居住权转让。

二是居住权不得继承。居住权人死亡的,居住权消灭,居住权人的继承人不能继承居住权人对住宅享有的居住权。

三是设立居住权的住宅不得出租。居住权是占有、使用他人住宅的权利,其目的是满足权利人生活居住的需要。因此,一般情况下,居住权人对设立居住权的住宅不享有收益权。本条规定,设立居住权的住宅不得出租,但是当事人另有约定的除外。一般情形下,居住权人不能将住宅出租给他人以收取租金,但如果当事人根据需要达成协议,也可以将设立居住权的住宅出租。

其他国家和地区也对居住权的限制作了明确规定，如不得转让、继承、出租等。如《法国民法典》第 634 条规定，居住权既不得转让，也不得出租。《意大利民法典》第 1024 条规定，使用权和居住权不得转让或租赁。《瑞士民法典》第 776 条第 2 款规定，居住权不得转让，也不得继承。《葡萄牙民法典》第 1488 条规定，使用权人及居住权人均不得将其权利转予他人或出租予他人，亦不得以任何方式在其权利上设定负担。《西班牙民法典》第 525 条规定，不得以任何形式将使用权和居住权出租、出让给他人。我国澳门特别行政区民法典第 1412 条第 2 款规定，使用权及居住权，不得在其受益人死后继续维持。

第三百七十条　居住权期限届满或者居住权人死亡的，居住权消灭。居住权消灭的，应当及时办理注销登记。

【释义】　本条是关于居住权消灭的规定。

由于居住权制度设计的目的是保障居住权人的生活居住的需要，其期限一般具有长期性、终生性。本条规定，居住权期限届满或者居住权人死亡的，居住权消灭。

根据本条规定，居住权消灭主要包括两种情形：

一是居住权期限届满。当事人可以根据自己的意思自由在居住权合同中约定居住权期限，居住权期限届满的，居住权消灭。例如，住宅所有权人给未成年人设立居住权的，可以约定居住权至居住权人成年时消灭，作出如此约定的，居住权人成年时，居住权即消灭。又如，当事人可以约定自合同签订之日起 20 年后，居住权消灭，作出如此约定的，约定期限届满的或者居住权人死亡的，居住权消灭。居住权因期限届满消灭的，居住权人有返还房屋的义务。

2018 年 8 月的民法典各分编草案和 2019 年 4 月审议的民法典物权编草案二审稿未规定“居住权期限届满”。物权编草案二审后征求意见过程中，有的常委委员、社会公众建议对居住权合同的内容、居住权的设立和期限等规定予以进一步完善，以使这一制度在实践中发挥更大的作用。2019 年 12 月审议的民法典草案在居住权合同条款中增加规定“居住权期限”，同时在本条中增加规定“居住权期限届满的或者居住权人死亡的，居住权消灭”，当事人可以根据意思自由约定居住权期限。

二是居住权人死亡。当事人可以根据意思自由约定居住权期限，如果没有约定，居住权一般至居住权人死亡时消灭。

本条规定，居住权消灭的，应当及时办理注销登记。根据本条的规定，居住权消灭的，当事人应当及时到不动产登记机构办理注销登记，将登记于不动产登记簿的居住权信息注销。

其他国家和地区对居住权期限也有类似规定。如我国澳门特别行政区民法典第 1412 条第 2 款规定，使用权及居住权，不得在其受益人死后继续维持。

第三百七十一条　以遗嘱方式设立居住权的，参照适用本章的有关规定。

【释义】 本条是关于以遗嘱方式设立居住权的规定。

（一）关于居住权的设立方式

根据本法的规定，设立居住权，有以下几种方式，不同的设立方式，居住权设立的时间不同。

一是合同。当事人订立居住权合同是设立居住权最主要的形式。通过订立居住权合同设立居住权的，必须到登记机构申请居住权登记，居住权自登记时设立。

二是遗嘱。住宅所有权人可以以遗嘱的方式为他人设立居住权，即住宅所有权人在自己的遗嘱里明确为他人设立居住权。

三是法院判决。除本章规定的以合同和遗嘱方式设立居住权外，居住权还可以通过法院判决的形式设立。本法第 229 条规定，因人民法院、仲裁机构的法律文书或者人民政府的征收决定等，导致物权设立、变更、转让或者消灭的，自法律文书或者征收决定等生效时发生效力。《最高人民法院关于适用〈中华人民共和国婚姻法〉若干问题的解释(一)》第27条第3款规定，离婚时，一方以个人财产中的住房对生活困难者进行帮助的形式，可以是房屋的居住权或者房屋的所有权。司法实践中，如离婚判决时，法官可以依法将居住权判给一些有特殊需要的人，这也是依法律规定设定居住权的一种方式。

(二)以遗嘱方式设立居住权的，参照适用本章的有关规定

本法第366~370条对居住权概念、居住权合同内容、居住权的设立、居住权的限制、居住权的消灭作了规定。当事人以遗嘱方式设立居住权的，本章的相关规定如居住权的限制和消灭等都参照适用。

第十五章　地　役　权

本章共14条。对地役权的概念、设立地役权的形式及内容、地役权人和供役地权利人的权利义务、地役权的消灭等作出规定。

地役权概念源于罗马法，是最早的他物权制度。时至今日，法国、意大利、德国、瑞士、日本等国的民法典均规定了地役权，我国台湾地区“民法”原来也称之为“地役权”，2010年将其修改为“不动产役权”。

第三百七十二条　地役权人有权按照合同约定，利用他人的不动产，以提高自己的不动产的效益。

前款所称他人的不动产为供役地，自己的不动产为需役地。

【释义】 本条是关于地役权的规定。

地役权是传统民法用益物权中的一项重要权利，是按照合同约定利用他人的不动产，以提高自己不动产效益的权利。例如，甲乙两工厂相邻，甲工厂原有东门，甲为了使本厂职工上下班通行方便，想开一个西门，但必须借用乙工厂的道路通行。于是，甲乙两工厂约定，甲向乙支付使用费，乙工厂允许甲工厂的员工通行，为此双方达成书面协议，在乙工厂的土地上设立了通行地役权。此时，乙地称为供役地，甲地称为需役地。地役权具有以下特点：

第一，地役权的主体为不动产的权利人。地役权人是为了提高自己不动产的效益而设立地役权。供役地人是在自己的不动产上设置地役权而便利他人行使不动产权利。因此，二者都是不动产的权利人，既可以是不动产的所有权人，如集体土地所有权人、建筑物的所有权人，也可以是不动产的使用权人，如土地承包经营权人、建设用地使用权人、宅基地使用权人。

第二，地役权是按照合同设立的。地役权合同是地役权人和供役地权利人之间达成的以设立地役权为目的和内容的合同。设立地役权，当事人应当采取书面形式订立地役权合同。根据本法第 373 条第 2 款的规定，地役权合同一般包括下列条款：(1)当事人的姓名或者名称和住所；(2)供役地和需役地的位置；(3)利用目的和方法；(4)地役权期限；(5)费用及其支付方式；(6)解决争议的方法。

第三，地役权是利用他人的不动产。在地役权关系中，需役地和供役地属于不同的土地所有权人或者土地使用权人。利用他人的不动产来提高自己不动产的效益，是地役权设立的主要目的。所谓利用他人的不动产，并不以实际占有他人不动产为要件，而是对他人的不动产设置一定的负担。这种负担主要表现在：一是容忍义务。如允许他人通行于自己的土地，以使自己行使土地的权利受到某种限制。二是不妨害地役权人行使权利的义务。在某些情况下，地役权人为了使用供役地便利，需要在供役地上修建必要的附属设施，如为实现排水地役权，而要在供役地建筑一个水泵。这时,供役地权利人就不得妨害地役权人行使其权利。

第四,地役权是为了提高自己不动产的效益。地役权的设立,必须是以增加需役地的利用价值和提高其效益为前提。此种"效益"既包括生活上得到的便利,也包括经营上获得的效益,如为需役地的便利而在供役地上排水、通行、铺设管线等,还包括非财产的利益,即精神上或者感情上获得的效益,如为需役地上的视野宽广而设定的眺望地役权等。

第五,地役权具有从属性。地役权虽然为独立的一种用益物权,但是与其他用益物权相比,地役权从属于需役地,其目的是提高需役地的效益,必须与需役地相结合而存在。这种从属性主要体现在地役权的存续以需役地的存在为前提,与需役地的所有权或者其他物权相伴相随。本章中的许多相关规定都充分体现了地役权的从属性,比如,一般而言,地役权不得单独转让,土地承包经营权、建设用地使用权等转让的,地役权一并转让。

关于地役权的含义,在不少国家和地区的民法典中均有类似规定。《日本民法典》第 280 条规定,地役权人,按设定行为所确定的目的,享有用他人土地为自己土地提供便益的权利,但不得违反第 3 章第 1 节关于公共秩序的规定。《德国民法典》第 1018 条规定,对一块土地可以为另一块土地的现时所有人的利益,以这样的方式设定负担,使另一块土地的现时所有人有权在个别关系中使用该土地,或者一定的行为不得在该土地上实施,或者某项权利的行使被排除,而该项权利系基于被设定负担的土地的所有权而对另一块土地发生的(地役权)。《瑞士民法典》第 730 条规定,甲地所有人,为乙地的利益,得允许乙地所有人进行某些特定方式的侵害,或为乙地所有人的利益,在特定范围内,不行使自己的所有权,以使自己的土地承受负担。我国台湾地区"民法"第 851 条规定,称不动产役权者,谓以他人不动产供自己不动产通行、汲水、采光、眺望、电信或其他以特定便宜之用为目的之权。

在立法过程中,对于"地役权"的称谓,有不同意见。有的意见认为,“地役权”的概念晦涩难懂,不够通俗,不宜为一般民众所接受,建议采用“邻地利用权”或者其他老百姓易懂的名称。也有的意见提出,应当借鉴我国台湾地区的经验,将“地役权”修改为“不动产役权”。考虑到自罗马法以来,大陆法系国家及地区的民法都把地役权作为一项重要的物权加以规定,如德国、法国、瑞士、韩国、日本等国家。且物权法制定实施以来,地役权已经为人民群众所熟知和运用,不宜更换为另一个全新的名称。因此,本法采用了传统民法“地役权”的概念。

第三百七十三条　设立地役权,当事人应当采用书面形式订立地役权合同。

地役权合同一般包括下列条款:

(一)当事人的姓名或者名称和住所;

(二)供役地和需役地的位置;

(三)利用目的和方法;

(四)地役权期限;

(五)费用及其支付方式;

(六)解决争议的方法。

【释义】　本条是关于地役权合同的规定。

民法典总则编第 135 条规定,民事法律行为可以采用书面形式、口头形式或者其他形式;法律、行政法规规定或者当事人约定采用特定形式的,应当采用特定形式。一般而言,法律对民事法律行为的形式不会有严格的要求,但在特殊情形下,会专门作出要求。如《瑞士民法典》第 732 条规定,关于设定地役权的契约,须用书面形式,始生效力。本条第 1 款作了同样的规定,明确设立地役权,当事人应当采用书面形式订立地役权合同。因此,根据本款规定,设立地役权的民事法律行为属于要式法律行为,必须采用书面方式这一特定形式。民法典合同编第 469 条规定,当事人订立合同,可以采用书面形式、口头形式或者其他形式;书面形式是合同书、信件、电报、电传、传真等可以有形地表现所载内容的形式;以电子数据交换、电子邮件等方式能够有形地表现所载内容,并可以随时调取查用的数据电文,视为书面形式。根据合同编的规定,设立地役权可以采用合同书或者数据电文等形式。考虑到设立地役权事关不动产权利的行使,关系重大,为避免因权利义务内容不明确而生纠纷,法律规定地役权设立应当以合同书的形式。

本条第 2 款对于地役权合同的主要条款作了详细规定。根据第 2 款的规定,地役权合同一般包括以下条款:

(一)当事人的姓名或者名称和住所

当事人是合同的主体,如果不写明当事人,就无法确定权利的享有者和义务的承担者,发生纠纷也难以解决。按照我国的土地制度,地役权合同的双方当事人可以是土地所有人、建设用地使用权人、宅基地使用权人和土地承包经营权人等权利人。在订立地役权合同时,要尽量写清楚双方当事人的有关信息。自然人应当写明自然人的姓名、住址、身份证号码,法人应当写明法人的名称和住所,以及法定代表人的姓名等。当然,关于合同主体,还可以补充更为详尽的信息,比如双方的联系方式,法人的联络人等。

(二)供役地和需役地的位置

标的是合同当事人的权利义务指向的对象,是合同成立的必要条件,是所有合同的必备条款。没有标的,合同不能成立,合同关系无法建立。合同标的物应当明确,地役权合同所指向的标的物都是不动产,即供役地和需役地。签订地役权合同,应当标明供役地和需役地具体位置,包括地块名称、地块编码、面积、东南西北四至等内容。地块位置可以按照不动产权属证书所记载的内容写明,在条件具备的情况下,也可以用现代定位技术明确所涉地块的精确位置,并附上测绘图纸,这样就能更准确地表明地役权合同的标的物所在。

(三)利用目的和方法

地役权的内容表现为对供役地设定一定的负担。这种负担可以是积极的，即地役权人可以在供役地上为一定的行为，如通行、取水、排水、铺设管线等。这种负担也可以是消极的，即供役人在供役地上不得为一定的行为，如不得在自己的地块上盖建高楼影响需役地的采光、眺望等。地役权合同当事人应当在合同中约定所设立地役权的目的为何。如需役地一方是为了通行，则应在合同中明确地役权为通行而设；如需役地是为了排水而需借用邻地铺设管道，则应在合同中明确为排水所设。除了在合同中明确设立地役权的目的外，实现此目的的具体方法也应当明确，因为不同的方法对供役地的影响是不同的。比如，为了通行设立的地役权，实现的方法是铺设行人过道，还是铺设汽车马路；为了铺设管线设立的地役权，是将管线架立在供役地的空中，还是铺设在供役地的地下，是铺设在地表还是地下深层。

（四）地役权期限

地役权作为一种他物权，属于有期限物权。因此，有必要明确地役权的存续期限，即利用供役地的具体起止时间。地役权的期限是地役权存续的依据，应有明确的约定。在地役权合同中，应当将地役权期限尽量明确，如从某年某月某日至某年某月某日。当然这种期限也可以是不确定的，比如为通行设立的地役权，双方约定地役权期限至需役地上所建大厦竣工之日；为铺设管线设立的地役权，可以约定地役权期限至管线报废之日。地役权合同如果没有约定或者约定不明确的，地役权人可以随时终止合同。

（五）费用及其支付方式

地役权设立可以是有偿的，也可以是无偿的，均由双方当事人约定。对于有偿设立的地役权，地役权人与供役地权利人在合同中，应当明确约定费用及其支付方式。具体而言，应当约定地役权费用的金额、币种，是分期支付还是一次性支付；分期支付的话，应当明确各期费用金额，支付的具体时间或者期限。支付方式是以现金支付，是通过银行转账支付，还是通过支票或者其他方式支付。通过转账支付的，还应当明确收款方的账户名称、账号。代收费用的,应当明确代收人的名称或者姓名、账户等内容。

6. 解决争议的方法

解决争议的方法指合同争议的解决途径和方式。双方当事人可以通过和解、调解、仲裁、诉讼等途径解决争议。在签订地役权合同时,当事人双方应当选择一种双方都接受的争议解决方法。需要注意的是,根据我国相关法律规定,仲裁和诉讼只能选择其中的一种方式,不能同时选择。如果当事人选择仲裁方式,应当明确所选择的仲裁机构,并按照仲裁机构的要求拟定仲裁条款。如果选择诉讼方式,应当明确管辖法院。

当事人签订合同的目的,是在特定需役地和供役地上设立具体内容的地役权。因此,合同的条款是否齐备、准确,决定了合同能否顺利地履行、实现订立合同的目的。这里规定的地役权内容,只是一般地役权合同应当包括的条款,但不限于这些内容,并不是说合同中缺了其中任何一项就会导致合同不成立或者无效。有关合同主要条款的规定只起到提示性与示范性的作用。

地役权是由双方当事人通过约定设立的。对于地役权的内容法律不作严格限制,只要双方约定的内容不违反法律的强制性规定,就尊重当事人的约定。但地役权也是受限制的,如果地役权人滥用自己的权利,那么,供役地权利人有权解除地役权。对此,物权编还规定,地役权人违反法律规定或者合同约定,滥用地役权的,以及有偿利用供役地,约定的付款期限届满后在合理期限内经两次催告未支付费用的,供役地权利人有权解除地役权合同,地役权消灭。

第三百七十四条　地役权自地役权合同生效时设立。当事人要求登记的,可以向登记机构申请地役权登记;未经登记,不得对抗善意第三人。

【释义】 本条是关于地役权的设立与登记的规定。

(一)地役权的设立

根据前条规定,设立地役权必须签订书面地役权合同。根据本条规定,地役权自地役权合同生效时设立。要判断地役权何时设立,必须知道地役权合同何时生效。

本法总则编第 136 条第 1 款规定,民事法律行为自成立时生效,但是法律另有规定或者当事人另有约定的除外。本法合同编第 490 条第 1 款规定,当事人采用合同书形式订立合同的,自当事人均签名、盖章或者按指印时合同成立。在签名、盖章或者按指印之前,当事人一方已经履行主要义务,对方接受时,该合同成立。第 502 条第 1 款规定,依法成立的合同,自成立时生效,但是法律另有规定或者当事人另有约定的除外。

根据上述规定,一般而言,地役权合同的成立以双方当事人均签字、盖章或者按指印之时为准,如果一方先签字另一方后签字的,应以后签字的时间为成立之时。通常而言,合同成立之时即为生效之时。但是合同成立后要生效,还得具备合同生效的要件,且应排除合同无效事由的存在。因此,一般而言,地役权合同成立之时就生效,地役权即告设立。当然,当事人可以在地役权合同中附生效条件或者附生效期限。比如双方约定,地役权合同自需役地一方当事人支付价款后方生效。在当事人有约定生效时间或者生效条件时,只有到了约定的时间或者满足了生效的条件时,地役权合同方能生效。这就是本条规定的当事人另有约定的情形。

(二)地役权的登记

关于地役权登记的效力,立法过程中对于是否必须登记,有不同意见。一种意见认为,地役权应当登记,如果该权利不通过登记予以公示,必然会损害第三人的利益。例如,地役权人和供役地权利人达成协议设立了地役权,这实际上是在供役地上设立了负担,供役地的价值将因此而减少。如果供役地权利人将其土地的使用权转让给第三人,第三人在受让该土地时,不知道该土地上已设立了地役权,仍然以没有负担的土地的价值购买,必然会蒙受损失。另一种意见认为,应将地役权登记生效作为基本原则,将登记对抗作为例外。

一般而言,不动产物权以登记为要件。如《瑞士民法典》第731条第1款规定,地役权的设立,应在土地登记簿登记。考虑到我国的实际情况,随着我国人口的增长和工业化的发展,土地资源越来越缺乏,为了解决土地资源的有限性与人类日益增长的需要之间的矛盾,需要通过确认土地之上的各种物权,以实现土地的高效率利用。在农村,地役权80%~90%都是不登记的。为了方便群众,减少成本,民法典物权编对地役权实行登记对抗主义。

所谓登记对抗主义,主要指不登记不得对抗不知道也不应知道土地设有地役权,而受让了该土地使用权的第三人。例如,甲房地产开发公司从他人手中取得位于市中心广场附近一块土地的使用权,以"观景"为理念设计并建造了高层观景商品住宅楼。该地前边有一所学校乙,为了防止乙今后建造高楼挡住自己的观景视野,甲以每年向乙支付10万元补偿费为对价,与乙约定:乙在30年内不得在校址兴建高层建筑。合同签订后,双方没有办理地役权登记。一年后学校乙迁址,将房屋全部转让给房地产商丙,但乙未向丙提及自己与甲之间的约定。丙购得该学校后就建起了高层住宅。甲要求丙立即停止兴建,遭到丙的拒绝后,甲便向法院提起诉讼。按照本条规定,法院不能支持甲的主张,因为本案中甲乙双方虽然订立了地役权合同,但没有登记,乙转让土地又没有告知丙该土地上设有地役权,因此,丙的合法权益应受保护,甲房地产开发公司只能基于合同,要求学校乙承担违约责任,而无权要求丙房地产商停止兴建高楼和承担责任。因此,为了更好地维护自己的地役权,地役权人最好进行登记。

需要注意的是,地役权不登记,并非意味着地役权就不能对抗第三人,未登记的地役权,仅仅是不得对抗善意第三人。地役权属于用益物权,与债权不同(债权为相对权,不具有排他性),物权为绝对权。因此,地役权一经设立即具有对世效力。虽然地役权未经登记,但作为物权,仍可以对抗侵权行为人,如果他人非法侵害当事人的地役权,未登记的地役权人仍可以请求排除妨碍、赔偿损失。此外,未登记的地役权还可以对抗恶意第三人,所谓恶意第三人包括以不公正手段获得地役权登记的人,或者明知该地役权已经存在的第三人。

第三百七十五条　供役地权利人应当按照合同约定,允许地役权人利用其不动产,不得妨害地役权人行使权利。

【释义】 本条是关于供役地权利人义务的规定。

地役权作为一种用益物权,是地役权人对他人物权所享有的一种权利。要实现地役权的用益目的,提高需役地的效用,就会对供役地形成某种限制。这也就是供役地权利人的核心义务。地役权并非法定物权,法律并没有强制规定其权利的具体内容。因此,地役权的具体内容需要借助当事人之间所签订的地役权合同确定。根据第 373 条第 2 款第 3 项的规定,地役权合同应当包括利用目的和方法的条款。此项内容为地役权合同的核心条款,双方当事人应该按照合同约定履行各自的义务,行使各自的权利。本条规定的就是供役地权利人的两方面的主要义务。

(一)允许地役权人利用其土地

供役地权利人承担的首要义务就是允许地役权人利用其土地。地役权人利用供役地时,通常都会给供役地权利人带来不便。对于供役地权利人来说,必须按照合同的约定,向地役权人提供所涉土地,并要容忍供役地上的负担。在供役地上设定的负担可能有不同的类型:(1)允许他人利用自己的土地。比如,允许地役权人在自己的土地上挖沟排水、铺设管线、铺路等。(2)对自己行使土地的权利进行的某种限制。比如,甲乙双方设立地役权,需役地权利人乙需在甲所有的土地上架设高压电线,双方约定甲不得在供役地上种植树木,仅能种植水稻等低矮粮食作物。地役权设立后,甲必须按照合同约定,限制自己所有权的行使方式,不能随意种植作物。(3)放弃部分使用自己土地的权利。比如,设定通行的地役权,地役权人在供役地上铺设道路通行,供役地权利人就需要放弃利用该部分土地的权利。(4)容忍对供役地造成某种程度上的损害。只要地役权人按照合同约定的目的和方法行使地役权，即便在一定程度上对供役地造成损害，供役地权利人也得允许。

（二）不得妨害地役权人行使权利

供役地权利人一方面得容忍地役权人使用其土地，另一方面在地役权人利用其土地时，也不得妨害。妨害地役权人行使地役权有不同的表现形式。可能是妨害地役权人行使主要权利，如供役地权利人甲与需役地权利人乙为了排水设立地役权，双方签订地役权合同后，为了实现此目的，乙必须在甲的土地上铺设水管，而甲却阻止乙铺设水管，此时甲就侵害了乙的地役权。妨碍地役权也可能是妨碍附属性的权利。地役权人为利用供役地，实现地役权的内容，在权利行使的必要范围内，有权在供役地上修建必要的附属设施或者从事某项必要的附属行为。这时，供役地权利人就不得妨害地役权人行使这些权利。这种妨碍可能是以积极作为的方式进行，也可能是以消极不作为的方式进行。比如，供役地权利人甲与需役地权利人乙就采光便利设定地役权，如果甲放任供役地上的林木自由生长，势必将影响地役权人的采光权。为了实现地役权，甲有义务对林木生长予以控制。

民法典合同编第 509 条第 1 款规定，当事人应当按照约定全面履行自己的义务。因此，除上述义务外，供役地权利人还应当按照合同约定全面履行自己的其他合同义务。比如，甲乙双方设定地役权，约定需役地权利人乙可以在甲所有的土地上架设输电线路，同时约定甲应当每半年定期修葺供役地上的林木杂草，确保输电线路安全。此时，甲就应当按照合同约定履行保障输电线路安全的义务。此外，该条第 2 款规定，当事人应当遵循诚信原则，根据合同的性质、目的和交易习惯履行通知、协助、保密等义务。故当事人之间除应履行合同的主要义务之外，还应当履行相关的附随义务。

对于合同当事人，特别是有偿合同的当事人而言，一方的权利往往是另一方的义务，一方的义务也就是另一方的权利，权利义务都是对等的。因此,对供役地权利人的诸多约束行为,都是事先在合同中作了规定的。供役地权利人在负有容忍或者不作为义务的同时,也获得了一定的补偿。供役地权利人之所以允许地役权人利用自己的土地,在很大程度上也是为了获取一定的费用。

还需要说明的是,如果供役地权利人未按照合同约定履行自己的义务,妨害地役权人行使地役权。此时,地役权人应当如何主张自己的权利呢?民法典总则编第186条规定,因当事人一方的违约行为,损害对方人身权益、财产权益的,受损害方有权选择请求其承担违约责任或者侵权责任。因此,在供役地权利人违反合同约定,阻扰、妨害地役权人行使地役权时,其行为形成违约责任与侵权责任的竞合,地役权人既可以选择根据合同请求供役地权利人承担违约责任,作为用益物权人也可以选择要求对方对侵害地役权的行为承担侵权责任。

第三百七十六条　地役权人应当按照合同约定的利用目的和方法利用供役地,尽量减少对供役地权利人物权的限制。

【释义】　本条是关于地役权人权利义务的规定。

地役权这一用益物权,与其他用益物权有很大的不同,其他用益物权的权利内容大多由法律明确规定,物权权利人能做什么,其他人不能做什么,都规定得明确具体。而地役权则不同,地役权的核心内容都是由地役权合同设定,地役权的具体内容、地役权的行使目的和方法都是由双方当事人约定。地役权人作为用益物权的权利人,同时又是地役权合同的当事人,其既要按照法律规定行使地役权,也得按照合同约定行使权利、履行义务。

本条概括规定了地役权人行使地役权的权利和义务。

(一)按照合同约定的利用目的和方法利用供役地

地役权人的主要权利就是利用供役地,以提高自己土地的效益。地役权人利用供役地的目的和方法都必须按照合同约定。

一般而言,地役权的利用目的和方法有以下几类:

1. 通行目的

需役地交通不便,需要借助供役地提供交通便利,方能实现需役地经济价值的,当事人双方可以就通行目的设立地役权。至于通行的具体方法,则需要由合同具体约定:可以是行人通行,即开设便道由人员通过;或者是车辆通行,既可以是铺设简易马路由小客车通行,也可以是铺设硬化道路由大货车通行;或者是火车通行,即需要铺设轨道供火车通过。地役权人在行使地役权时,应当根据合同所约定的方法通行。

2. 通过目的

需役地因利用之需,必须从远处输入电力、燃气等能源或者有线电视信号、网络数据等,需要利用供役地实现铺设管线的目的。比如,乙开设工厂,需要以天然气为动力能源,因而需要从天然气公司输入,需要借助甲的土地埋设输气管道,双方即可就天然气通过的目的设立地役权。通过的方法也是由双方合同约定,可以是在地表安置管道,可以是在地下铺设管线,也可以是在空中架设管网。地役权人必须严格按照合同约定行使地役权,双方约定的实现方法为在空中架设管网,地役权人则不能在地表安置管线;双方约定的实现方法为在地下铺设涵管,地役权人就不能在空中架设管线。

3. 排水目的

需役地因生产或者生活排水的目的,得借助供役地挖设沟渠或者铺设管道,确保所排出的水流安全通过。实现排水目的的方法也有多种多样,比如,可以埋设排水管道,可以开挖排水沟,可以加设水泵管道,可以修建涵洞等。设立以排水为目的的地役权,需要与相邻关系的排水便利加以区别。本法第290条第1款规定,不动产权利人应当为相邻权利人用水、排水提供必要的便利。通常而言,相邻不动产之间基于法定的相邻关系,可以依法排水,不需要专门设立地役权。但在特殊情形下,则有必要设立地役权。比如,甲乙两旱地相邻,后乙地所有权人利用该地开设工厂,工厂产生大量废水需要排放,此时乙地必须利用甲地排水,双方就有必要设立以排水为目的的地役权。又如,自然水流通过甲乙相邻的两地,处于上游的乙地基于相邻关系,流水是可以通过处于下游的甲地的,两地权利人之间并不需要设立以排水为目的的地役权。但是如果乙地所有权人将乙地改造成水塘,蓄水养鱼。因清理水塘需要临时大量排水,此时,双方就需要设立以排水为目的的地役权,乙地作为需役地,甲地作为供役地,在甲地铺设管道或者开挖鸿沟,确保乙地临时排放的大量水流能顺利通过。

4. 通风目的

需役地权利人要求供役地权利人在一定范围,不得修建建筑物或其他障碍物,以实现需役地权利人的土地或建筑物顺畅通风的目的。实现通风的目的,当事人可以约定不同的方法,比如,约定供役地不盖高楼、供役地不种植超高树木、供役地必须保持现状等。

5. 采光目的

需役地权利人为了确保自己土地光照充足,要求供役地人限制供役地的利用。实现采光的目的,可以有不同的方法,比如,要求供役地权利人在一定范围内不得修建建筑物或其他障碍物、供役地上修建建筑物应当使用透明材料、供役地上不得修建超过多高的建筑物等。

6. 取水目的

需役地权利人为了生活或者生产之需,必须在供役地上的水源取水。取水的方法,可以是地役权人在需要时,每次到供役地的水源汲取;也可以是地役权人通过渠道、水管引水。双方当事人还应当在合同中明确约定取水的时间和取水量、取水顺序等事项。地役权人在实现取水目的时,必须按照合同约定的方法、数量和顺序取水。

7. 眺望目的

需役地权利人为了保持自己所有土地的开阔视野,要求供役地权利人不得在一定范围内修建建筑物或其他障碍物。实现此目的,当事人也可以在合同中约定不同的方法,比如,维持现状、不种植高大乔木等。

地役权人在行使地役权的时候,必须按照合同约定的目的和方法行使,不得超越合同约定的范围。比如,双方约定的地役权为通过目的,仅约定需役地权利人可以在供役地上铺设管线,并未约定通行目的。此时,地役权人则不得通行。当然,地役权人除了行使合同约定的主要权利外,还可以实施必要的附随行为。比如,对于通过目的的地役权,供役地权利人应当允许地役权人出于铺设管线需要,临时占用供役地通行、架设管线。

(二)尽量减少对供役地权利人物权的限制

地役权的实现,是供役地权利人为了需役地的便利而承受的负担。因此,地役权人按照合同约定的利用目的和方法利用供役地时,应当采取对供役地损害最小的方法,在利用供役地的同时,不要过分损害其利益。在某些情况下,为了实现地役权设定的目的,地役权人在供役地上需要修筑一些必要的附属设施。比如,为了取水权的实现,在供役地上修建水泵;或者为了通行权的实现,在供役地上设置路灯而修筑电线杆等。地役权人从事这些行为必须是必要的、不得已的,不修建附属设施,地役权就不能有效实现。尽管必要,但也要求地役权人要采取适当的方法,尽量选择对供役地损害最小的方法,尽可能减少对供役地权利人物权的限制。

地役权人在行使地役权的同时,还应当履行合同约定的其他义务,比如,交纳使用费用等。此外,地役权人还应当履行其他相关义务,比如,架设燃气管道、高压电线等设施后,地役权人应当确保所架设管道、电线安全,并履行维护、维修义务,确保不危及供役地权利人和第三人的安全。

第三百七十七条　地役权期限由当事人约定;但是,不得超过土地承包经营权、建设用地使用权等用益物权的剩余期限。

【释义】 本条是关于地役权期限的规定。

地役权作为用益物权,属于他物权的一种。他物权与所有权的一个区别就是,所有权属于永久物权,他物权一般而言都属于有期限物权。地役权也是如此,地役权属于有期限的他物权。

(一)约定期限

本条首先规定,地役权期限由当事人约定。因此,双方当事人应当在签订地役权合同时协商确定地役权的期限。本法第 373 条第 2 款第 4 项也明确规定,地役权合同的一般条款包括地役权期限条款。当事人协商确定的地役权期限,应当写入书面合同。根据本条规定,当事人只要协商一致,即可以设定地役权的期限。如甲乙两村相邻,乙村为在本村集体土地上开办企业,需要借用甲村集体所有之土地架设高压电线,双方就高压线通过目的设立地役权,并在地役权合同中约定,地役权自某年某月某日开始,至乙村企业停办之日为止。此约定并不违反法律的相关规定,应为有效。

在地役权合同中,当事人应当尽量将地役权期限条款写得明确具体。当事人应结合地役权设立的具体需要,视情况作出规定:(1)对于为一次性、临时性目的设立的地役权,当事人应当尽量明确地役权行使的具体日期、时间点或者时间段。比如,甲乙双方为了临时通行目的设立的地役权,应明确需役地权利人乙于何年何月何日何时将从甲的供役地上通过;(2)对于长期性的地役权,当事人则应当写明地役权行使的期限,从何时开始到何时终止;(3)对于附解除条件的地役权,所附条件不仅要合法有效,还要具体明确,确保地役权解除的条件易于确定;(4)对于附终止期限的地役权,也应明确约定所附期限,否则将徒增纠纷。当然,当事人在合同中对地役权的期限没有约定或者约定不明确的,可以事后作出补充协议。

(二)地役权期限的限制

本条同时规定,地役权期限不得超过土地承包经营权、建设用地使用权等用益物权的剩余期限。这是对涉及特殊类型用益物权的地役权期限作出的特别规定。由于用益物权属于他物权，属于有期限物权。地役权具有从属性，地役权必须依附于所涉不动产权利。比如，供役地属于用益物权，所设定的地役权不能脱离该用益物权，供役地的用益物权消灭的，在其上所设的地役权自然消灭。同样，需役地权利人对土地所享有的如果并非所有权，那么需役地权利人所享有的权利到期终止后，为该权利所设立的地役权也就失去意义，自然应当终止。

根据我国宪法的规定，我国的土地要么属于国家所有，要么属于集体所有。对于一般民事主体而言，只能获得土地使用权。集体经济组织的农户可以通过承包集体土地获得土地承包经营权，城镇居民可以通过出让获得国有土地使用权。而这两种用益物权都是有期限的。因此，在有期限的用益物权上设定的地役权期限都是受到限制的。

农村土地承包法对土地承包经营权的期限有明确规定。农村土地承包法第21条第1款规定，耕地的承包期为30年。草地的承包期为30年至50年。林地的承包期为30年至70年。第2款规定，前款规定的耕地承包期届满后再延长30年，草地、林地承包期届满后依照前款规定相应延长。根据本条的规定，地役权的期限不能超过土地承包经营权的剩余期限。这里的剩余期限，包括根据农村土地承包法第21条第2款延长后的期限。比如，甲所承包集体的耕地二轮承包期还剩10年，根据法律规定，可以再延长30年。因此甲的土地承包经营权的剩余期限为40年。甲在该地上设立的地役权只能短于40年。土地承包经营权剩余期限长短，制约了地役权期限。如果当事人违反法律规定，设立了更长的地役权期限，由于地役权的从属性，超过部分应属无效。

对于国有土地使用权，我国相关法律、行政法规也有明确规定。《中华人民共和国城镇国有土地使用权出让和转让暂行条例》第12条规定，土地使用权出让最高年限按下列用途确定：(1)居住用地70年；(2)工业用地50年；(3)教育、科技、文化、卫生、体育用地50年；(4)商业、旅游、娱乐用地40年；(5)综合或者其他用地50年。因此，在国有土地使用权上设定地役权，也不能超过出让合同约定的期限。比如，甲公司取得某工业用地的国有土地使用权，剩余期限为30年，则甲公司以该地作为供役地设立的地役权期限就不能超过30年。

实践中，可能发生需役地的土地使用权与供役地的土地使用权期限不一致的情况。比如，供役地的土地使用权的剩余年限为20年，而需役地的土地使用权有30年，此种情况下地役权的期限最长为20年。又如，甲公司通过出让方式获得了某住宅用地地块的国有土地使用权，根据规定，其所享有的国有土地使用权为70年。该地块与郊区乙村集体土地相邻。甲公司基于开发房地产所需，需要通过乙村集体所有土地埋设燃气管道。此时甲公司与乙村签订地役权合同，由乙村为甲公司铺设燃气管道提供供役地。因乙村的集体土地所有权属于无期限物权，而甲公司享有的国有土地使用权为有期限物权，此时，地役权的期限不得超过甲公司对该国有土地使用权的剩余期限。

第三百七十八条　土地所有权人享有地役权或者负担地役权的，设立土地承包经营权、宅基地使用权等用益物权时，该用益物权人继续享有或者负担已经设立的地役权。

【释义】　本条是关于在享有和负担地役权的土地上设立承包经营权、宅基地使用权的规定。

根据我国宪法和有关法律的规定，我国农村的土地属于农民集体所有。在农村，由于实行农村土地承包经营制度和宅基地制度，从集体所有的农业用地上可以派生出土地承包经营权这一用益物权，从集体所有的建设用地上可以派生出宅基地使用权这一用益物权。因此，由于集体所有的土地可能会依法提供给集体成员使用，此时，对涉及集体所有土地的地役权如何处理，需要立法予以明确。本条专门针对这种情况作出了规定，土地所有权人享有地役权或者负担地役权的，设立土地承包经营权、宅基地使用权等用益物权时，该用益物权人继续享有或者负担已设立的地役权。

(一)集体所有土地为需役地

土地所有人享有地役权，就是该土地作为需役地，在他人土地上设立了地役权。如 A 地块和 B 地块分别属于甲乙两村集体所有，且两地相邻，均为农业用地，因地理位置的不同，A 地缺水干涸，B 地上有一片湖泽。甲村为了给本村 A 地浇灌的目的，与乙村在 B 地上设立期限为 20 年的取水地役权，两村签订书面合同并进行了登记，约定在 B 地上挖较宽的河道引水，并每年支付一定的费用。10 年后甲村将 A 地块承包给了村民丙，丙获得 A 地块的土地承包经营权。根据本条的规定，设立土地承包经营权等用益物权时，该用益物权人可以继续享有地役权。丙作为 A 地块的用益物权人，可以继续享有地役权，丙仍可以从 B 地块取水。如果丙的土地承包经营权期限为 30 年，根据甲村与乙村所签订的地役权合同，地役权期限为 20 年。丙承包 A 地块时地役权期限已过 10 年，因此，丙只能再继续享有剩余 10 年的地役权。再过 10 年，如果丙想继续设立地役权，则需与乙村再行签订地役权合同。

集体所有的建设用地可以设立宅基地使用权。根据本条的规定，集体所有的土地享有地役权，如果在该集体土地上设立宅基地使用权，宅基地使用权人作为用益物权人，也可以继续享有该地役权。例如，甲村所有的地块 A 交通不便，为通行目的，甲村与乙村签订地役权合同，在乙村所有的 B 地块铺路通行，期限为 60 年。后甲村村民丙依法取得 A 地块的宅基地使用权，丙欲在 A 地块上盖房。丙是否可以经过 B 地块往 A 宅基地上运输建筑材料呢？根据本条规定，是可以的。因为丙作为宅基地使用权人，可以继续享有在集体土地上享有的地役权。

(二)集体所有土地为供役地

集体所有土地为供役地，就是在集体所有土地上添加了地役权负担。土地所有人负担地役权的，设立用益物权时，用益物权人需要继续负担已设立的地役权。

集体所有的农业用地在设立土地承包经营权时,已设立的地役权需要由土地承包经营人继续负担。集体所有的建设用地在设立宅基地使用权时,已设立的地役权需要由宅基地使用权人继续负担。如甲村所有的A地块农业用地和乙村所有的B地块建设用地相邻,因A地块缺水,需要在B地块铺设水管,故甲村与乙村签订地役权合同,约定在B地块上设立地役权,供甲村取水之用。同时,因信息化建设需要,乙村需要在A地块上架设光缆,故乙村与甲村签订了地役权合同,约定乙村享有地役权,可以在A地块上架设通讯光缆。后甲村村民丙承包了A地块,取得了土地承包经营权。乙村村民丁经审批获得了B地块上的宅基地使用权。根据本条规定,丙和丁需要继续负担已经设立的地役权,即丙仍应允许乙村在其所承包的农业用地上架设光缆,而丁则仍应继续允许甲村在B地块上铺设取水管道。

第三百七十九条　土地上已经设立土地承包经营权、建设用地使用权、宅基地使用权等用益物权的,未经用益物权人同意,土地所有权人不得设立地役权。

【释义】　本条是关于在已设立用益物权的土地上,土地所有权人设立地役权的规定。

用益物权是一种他物权,用益物权人对他人所有的不动产或者动产,依照法律享有占有、使用和收益的权利。用益物权是一种独立的物权,用益物权一旦设立,用益物权人便独立地对标的物享有占有、使用和收益的权利。用益物权人不仅对用益物权标的物享有支配的权利,而且可以排除包括土地所有权人在内的一切人的干涉,这是用益物权的本质特征之一。根据民法典物权编的规定,用益物权包括土地承包经营权、建设用地使用权、宅基地使用权等。

本条规定,土地上已经设立土地承包经营权、建设用地使用权、宅基地使用权等用益物权的,未经用益物权人同意,土地所有权人不得设立地役权。根据本条规定,用益物权具有一定的优先效力,这种效力还可以对抗所有权人的所有权。第一,用益物权设立在先。土地所有人此前已经为他人设立了用益物权。比如,国有建设用地已经出让给他人,或者集体所有的农业用地已经发包给村民,或者集体所有的建设用地已经划定给村民作为宅基地使用,此时,他人在先取得用益物权,用益物权人对所涉土地即享有占有、使用、收益的权利。这种占有是排他性的占有,包括排除所有权人。第二,未经在先用益物权人同意,所有权人不得设立地役权。根据本条规定,如果用益物权在先设立,土地所有权人应当尊重用益物权人的权利。如果所有权人想以所涉地块为供役地为他人设立地役权,必须征得用益物权人的同意。不论所有人想设立哪种地役权、这种地役权对在先用益物权影响或大或小,都必须取得用益物权人的同意。所有权人不能因为所设立的用益物权影响不大,而不征得用益物权人的同意。比如,在农田上架设通信光缆的通过地役权,虽然对承包者的农业生产不会造成太大的影响,仍应获得该承包地的土地承包经营权人的同意方可设立。

第三百八十条　地役权不得单独转让。土地承包经营权、建设用地使用权等转让的,地役权一并转让,但是合同另有约定的除外。

【释义】　本条是关于地役权不得与需役地分离而单独转让的规定。

用益物权为独立物权。用益物权一旦设立,用益物权人便独立地享有对标的物的使用权、收益权,亦即该权利是独立存在的,依当事人之间设立用益物权的行为或者法律的直接规定而产生。用益物权是一种主权利,而不是从属于其他物权的权利。因此,作为用益物权的土地承包经营权、建设用地使用权都是一种独立的权利,不从属于其他权利。而地役权作为一种为了需役地的便利而产生的用益物权,与需役地的关系又极为密切,由此发生了主从权利的关系,即地役权从属于需役地的使用权。地役权不能与需役地分离而单独转让,它必须随着需役地的使用权转移而一同转移。当需役地的使用权发生转让时,地役权也应当随之发生转让。

境外的立法例也对此作了规定:《日本民法典》第 281 条规定,地役权作为需役地所有权的从权利,随其所有权移转,或者作为需役地上存在的他项权利的标的。但以设定行为作出特别约定时,不在此限。地役权不能与需役地分离而让与,或者成为其他权利的标的。我国台湾地区“民法”第 853 条规定,不动产役权不得由需役不动产分离而为让与,或为其他权利之标的物。

(一)地役权不得单独转让

由于地役权的成立必须有需役地与供役地同时存在,在法律属性上地役权与其他物权不同。地役权虽然是一种独立的用益物权,但仍然应当与需役地的所有权或者使用权共命运,必须与需役地所有权或者使用权一同移转,不得与需役地分离而单独让与,这就是地役权的从属性,主要表现在以下三种情形:

第一,地役权人不得自己保留需役地的所有权或者用益物权,单独将地役权转让。如需役地权利人甲与供役地权利人乙为通行目的签订地役权合同,约定甲可以经乙所有土地通行。丙系甲邻居,丙也想借乙所有的地块通行,遂与甲商量,由甲将甲对乙享有的地役权转让给丙。乙是否可以拒绝丙通行?根据本条规定,地役权不得单独转让。因此,乙有权拒绝丙的通行。

第二,地役权人不得自己保留地役权,而单独将需役地的使用权转让。甲享有 A、B 两个地块的土地承包经营权。由于 B 地块为旱地,甲遂与乙签订地役权合同,约定甲可以从乙的 C 地块上取水灌溉供 B 地块使用。后甲将 B 地块的土地承包经营权转让给同村村民丙。甲的 A 地块因地理环境发生变化也需取水灌溉,此时甲是否可以从 B 地块取水呢?由于地役权从属性,甲不能单独转让B地块的土地承包经营权,保留对C地块的地役权。故甲不得基于此前因B地块享有的地役权而从C地块取水。

第三,地役权人也不得将需役地的使用权与地役权分别让与不同的人。这也是地役权从属性的表现之一。如同村村民甲乙丙分别享有A、B、C三地块的土地承包经营权。由于B地块交通不便,故乙与甲协商,在A地块上设立以通行为目的的地役权,乙可以从A地块通过。后乙将B地块的土地承包经营权转让给甲。因C地块交通亦变得不便,故丙与乙商量,将乙对A地享有的地役权转让给自己,因乙不再承包经营B地块,乙遂同意,双方签订地役权转让合同。此时,丙是否可以经A地通行呢?根据本条规定,因乙将其土地承包经营权及所设地役权分别转让给不同的主体,这种转让是不允许的。因此,丙不能取得该地役权。

(二)地役权随需役地上的权利一并转让

本条规定,土地承包经营权、建设用地使用权等转让的,地役权一并转让,但是合同另有约定的除外。首先,当设立了地役权的土地承包经营权、建设用地使用权转让时,以该等土地承包经营权、建设用地使用权的土地为需役地的地役权须一并转让。比如,甲对A地块享有土地承包经营权,甲与乙签订地役权合同,约定甲可以在乙的B地块上架设水管。后甲将A地块的土地承包经营权转让给丙,此时甲对B地块享有的地役权一并转让给丙,故丙也可以继续在B地块上架设水管。

其次,当事人在合同中有不同约定的,地役权并不必然一并转让。如果当事人在设立地役权合同时,明确约定地役权仅为特定权利主体设立,则需役地的所有权或者使用权转移的,地役权消灭。法律尊重当事人的意思自治。此时,如果需役地的所有权或者使用权转移,并不会导致地役权的转移。

第三百八十一条　地役权不得单独抵押。土地经营权、建设用地使用权等抵押的,在实现抵押权时,地役权一并转让。

【释义】 本条是关于地役权不得单独抵押的规定。

地役权是一种财产权利，但与其他财产权不同的是，地役权不得与土地承包经营权、建设用地使用权等用益物权分离单独存在。地役权是为了提高土地利用的便利设立的，脱离建设用地使用权、土地承包经营权等用益物权，地役权也就失去了存在的意义。对于受让地役权的主体来说，没有取得土地承包经营权和建设用地使用权，地役权也就无从发挥作用。地役权作为土地使用权的物上权利或者物上负担，与土地使用权紧紧联系在一起，因此应一并转让，否则受让的土地价值就会降低或者丧失。

（一）地役权不得单独抵押

地役权具有从属性，是为了提升需役地的使用价值而设定的，脱离需役地，地役权一般情况下无独立价值，地役权单独抵押没有现实意义。本条规定，地役权不得单独抵押。在特殊情形下，有些地役权对于特定当事人而言有一定的经济价值。比如，甲、乙、丙三公司分别享有国有土地使用权的A、B、C三地块毗邻。B地块交通方便，A、C两地块的交通受限。甲公司与乙公司商量，就经B地块通行设立地役权。此地役权对于交通不便的丙公司即具经济效用。如甲公司因向丙公司融资需要，丙公司愿意接受该地役权抵押作为担保，甲公司是否可以将该地役权抵押给丙公司呢？根据本条规定，是不允许的。

需要注意的是，本条与物权法相比，仅将物权法中“土地承包经营权”修改为“土地经营权”。作此修改主要是与农村土地承包法的规定相衔接。农村土地承包法第47条第1款规定，承包方可以用承包地的土地经营权向金融机构融资担保，并向发包方备案。受让方通过流转取得的土地经营权，经承包方书面同意并向发包方备案，可以向金融机构融资担保。根据此规定，能够提供担保的仅限于土地经营权，土地承包经营权不再能用于担保。土地经营权融资担保包括两种情况：一种是承包方利用其所承包的承包地的土地经营权向金融机构融资担保。另一种是承包方将承包地的土地经营权流转后，土地经营权人利用土地经营权向金融机构融资担保。

（二）抵押权实现时地役权一并转让

本条还规定，土地经营权、建设用地使用权等抵押的，在实现抵押权时，地役权一并转让。可以从两个方面来理解此规定：第一，需役地的相关权利抵押时，不需单独再就地役权设定抵押权。如对A地块享有国有土地使用权的甲公司与乙公司签订了地役权合同，约定甲公司可以在乙公司享有国有土地使用权的B地块上铺设燃气管道。甲公司因为融资需要将A地块的国有土地使用权抵押给丙银行，故甲公司与丙银行签订国有土地使用权抵押合同。双方在抵押合同中无需就甲公司对B地块享有的地役权作出特别约定。第二，抵押权实现时，地役权一并转让。上述案例中，如果甲公司到期未能偿还丙银行的债务，需要处置其抵押的A地块的国有土地使用权。丙银行遂申请法院拍卖A地块的国有土地使用权，丁公司取得了该地块的国有土地使用权。此时，根据本条的规定，甲公司对B地块享有的地役权应当一并转让给丁公司。

第三百八十二条　需役地以及需役地上的土地承包经营权、建设用地使用权等部分转让时，转让部分涉及地役权的，受让人同时享有地役权。

【释义】　本条是关于需役地及其用益物权等部分转让的规定。

地役权具有不可分性，地役权的享有和存在都及于需役地和供役地的全部，不能分割为数个不同部分或者仅仅以一部分而存在。即使供役地或者需役地被分割，地役权在被实际分割后的需役地和供役地的各个部分上仍然存在。地役权的不可分性体现在以下两点：需役地部分转让时，地役权的权利不变；供役地部分转让时，地役权约束也不受影响。

本条规定的是第一种情况，即需役地以及需役地上的土地承包经营权、建设用地使用权等部分转让时,转让部分涉及地役权的,受让人同时享有地役权。需役地以及需役地上的土地承包经营权、建设用地使用权部分转让,产生了分属不同权利人的两个或者多个用益物权时,地役权在部分转让后的需役地的各个部分上依然存续。这是因为地役权是为整个需役地提供便利,如果土地的用益物权已经部分转让,这种为需役地的便利而使用供役地的需要与权利,也应当继续存在于已经被部分转让的需役地上。所以,地役权也应当在需役地被部分转让后的各个部分继续存在。

一些国家和地区的民法典也都有相似规定。如《德国民法典》第 1025 条规定,需役地被分割的,就各部分而言,地役权仍存续;但有疑义时,只准许以对于供役地的所有人不变得更为不便的方式行使地役权。该项役权只对被分割的需役地中的一部分有利的,对其余的部分归于消灭。《法国民法典》第 700 条规定,如享有役权的土地分割时,役权仍为各该部分继续存在,但负担役权的土地的负担,不得因而加重。例如,关于通行权,一切共有人应就同一路线行使其通行役权。《瑞士民法典》第 743 条规定:(1)需役地被分割时,其地役权的通常利益部分仍然存续。(2)但在前款情形中,地役权的行使因某些情况仅限于其中一部分时,供役地所有权人可请求涂销其他部分的地役权。《日本民法典》第 282 条规定,土地共有人中的一人,不能就其所持份额,将因其土地或就其土地存在的地役权消灭。在土地分割或其中一部分转让时,地役权为其各部分或给予其各部分而存在。但地役权因其性质仅与土地的一部分相关时,不在此限。我国台湾地区"民法"第 856 条规定,需役不动产经分割者,其不动产役权为各部分之利益仍为存续。但不动产役权之行使,依其性质只关于需役不动产之一部分者,仅就该部分仍为存续。

理解本条规定,需要注意以下几个方面:

一是部分转让的标的。本条规定的部分转让包括两种情况:第一种是需役地部分转让。所谓需役地部分转让,就是需役地的所有权部分转让。由于我国的土地所有权属于国家所有或者集体所有,因此土地所有权的转让应该包括集体所有的土地变为国家所有(也就是国家通过征收方式取得土地所有权),或者不同集体之间土地所有权的转让。如甲村与乙村相邻,因甲村部分土地耕种不便,遂与乙村协商,在乙村所有的 A 地块上设立以通行为目的的地役权,期限为 50 年。10 年后,甲村的部分土地 B 地块被依法征收,该部分土地出让给了开发商丙公司。丙公司在开发建设过程中,欲继续从 A 地块通行。乙村认为丙公司并未与其签订有效地役权合同,也未支付费用,遂拒绝丙公司通行。丙公司是否有权通行呢?根据本条规定,甲村的 B 地块所有权由甲村转让给当地政府所代表的国家,当地政府作为受让人,可以继续享有甲村与乙村在 A 地块上所设立的地役权。在 B 地块出让后,根据本法第 382 条的规定,丙公司作为土地用益物权人,有权继续享有该地块上已设立的地役权。因此,丙公司仍可以从 A 地块通行。第二种是需役地上的土地承包经营权、建设用地使用权等的部分转让。这种情况主要是在国有土地上设定了建设用地使用权,或者在集体土地上设定了土地承包经营权、宅基地使用权、土地经营权等用益物权。这些需役地上的用益物权部分转让时也涉及地役权的效力问题。例如,土地承包经营权人甲为取水方便,在乙的承包地上设定了以取水为目的的地役权,后甲将自己的承包地一分为二,将土地承包经营权分别转让给了丙、丁,并办理了登记。丙、丁到乙的承包地取水,遭到阻拦。根据本条规定,甲的土地承包经营权部分转让了,因地役权的不可分性,作为受让人的丙、丁仍然可以在乙的承包地上行使取水地役权;乙不得阻止丙、丁行使取水地役权。

二是转让部分需涉及地役权。不论是土地所有权的转让,还是用益物权的转让,只有在转让部分涉及地役权时,才涉及地役权的效力问题。如果所转让的部分不涉及地役权,则不得享有地役权。例如,甲公司所有的 A、B 两座办公楼,其中 A 座与乙村所有的 C 地块相邻,甲公司为了观海便利,即与乙村签订了以眺望为目的的地役权，要求乙村不得在 C 地块上修建高层建筑。后来，甲公司将 A 座办公楼转让给了丙公司，B 座办公楼转让给了丁公司。由于甲公司与乙村所设立的眺望权只与 A 座有关，而与 B 座无关。此时，根据本条规定，应由受让人丙公司继续享有 C 地块上的地役权。

三是受让人的权利。根据本条规定，受让人同时享有地役权。所谓同时，即只要受让人所受让的土地使用权、用益物权与地役权有关，即可以享有该地役权。受让人享有地役权是基于法律的规定享有的，并不需要当事人就此另行签订协议。如甲公司对 A 地块享有国有土地使用权，为了开发建设该地块，与相邻 B 地块的国有土地使用权人乙公司签订地役权合同，甲公司可以经 B 地通过，并办理了地役权登记。后甲公司将 A 地块中的一部分转让给了丙公司。根据本条规定，丙公司能够与甲公司同时享有 B 地块上所设的地役权，而无需与乙公司另行签订协议。

第三百八十三条　供役地以及供役地上的土地承包经营权、建设用地使用权等部分转让时，转让部分涉及地役权的，地役权对受让人具有法律约束力。

【释义】 本条是关于供役地及其用益物权等部分转让的规定。

地役权的不可分性的第二个方面就体现在供役地及其权利部分变动时，地役权约束也不受影响。本条规定，供役地以及供役地上的土地承包经营权、建设用地使用权等部分转让时，转让部分涉及地役权的，地役权对受让人具有法律约束力。同需役地部分转让时地役权可以由受让方享有一样，供役地部分转让的，地役权的约束力对受让方也有约束力。原因在于，地役权为整个供役地的负担，而不仅仅只是部分供役地的负担。也就是说，供役地部分的变化不应影响地役权的存在。

类似规定在境外民法典中也有。如《德国民法典》第 1026 条规定,供役地被分割,且地役权的行使被限制于供役地的特定部分的,在行使范围以外的部分免除该项役权。《瑞士民法典》第744 条规定,供役地被分割时,其地役权通常仍在各部分存续。但在前款情形中,其地役权在某些部分上已不存续或因某些情况未能存续时,上述未供役部分的所有人,得请求注销其地役权。我国台湾地区"民法"第 857 条规定,供役不动产经分割者,不动产役权就其各部分仍为存续。但不动产役权之行使,依其性质衹关于供役不动产之一部分者,仅对于该部分仍为存续。

供役地的所有权部分转让时,转让部分涉及地役权的,地役权对受让人具有法律约束力。如甲所有的某地块与乙村的 A 地块相邻,因灌溉需要,遂与乙村签订以取水为目的的地役权合同,约定甲村可以在 A 地块埋设供水管道,期限为 50 年。20 年后,乙村将其所有的 A 地块部分转让给了丙村,丙村欲在该地块上建筑厂房,故要求甲村拆除该地块上的供水管道。根据本条规定,虽然乙村将供役地 A 地块的部分所有权转让了,此时,受让方仍需要受地役权的约束,故丙村不得要求甲村拆除供水管道。

供役地上的土地承包经营权、国有土地使用权等部分转让时,地役权对受让人有约束力。供役地上的国有土地使用权等用益物权部分转让时,如果所转让部分涉及地役权的,因地役权的不可分性,受让人仍需要负担地役权的义务。如甲乙两公司享有国有土地使用权的两地块相邻,甲公司为供电需要,在乙公司的地块上设立了地役权,乙公司允许甲公司架设高压电线,并办理了地役权登记。后乙公司将设立了地役权的部分地块的国有土地使用权转让给了丙公司。根据本条规定,丙公司仍应允许甲公司的高压线在该地块上通过。

供役地以及供役地上的用益物权部分转让时,转让部分不涉及地役权的,地役权对受让人不再具有约束力。如甲承包了村里 100 亩的农业用地,其中包括 20 亩养殖水塘。乙也是该村承包户,因乙所承包的土地缺水,遂与甲约定,乙可以定期到甲的水塘取水灌溉,并向甲支付费用,双方签订了地役权合同并办理了登记。后甲将养殖水塘之外的80亩承包地的土地承包经营权转让给丙。因丙受让的承包地与甲乙双方就取水设定的地役权并无关系,故丙不受此地役权约束。

第三百八十四条　地役权人有下列情形之一的,供役地权利人有权解除地役权合同,地役权消灭:

(一)违反法律规定或者合同约定,滥用地役权;

(二)有偿利用供役地,约定的付款期限届满后在合理期限内经两次催告未支付费用。

【释义】　本条是关于地役权消灭的规定。

地役权消灭就是地役权因法定事由而归于灭失。地役权与其他物权相比的一个重要区别就是地役权的权利内容是由双方当事人通过合同约定。地役权合同是地役权的基础,双方当事人可以在合同中就地役权的设立、存续、消灭等作出约定。本条针对地役权合同中供役地权利人单方解除权作了特别规定,在出现法定事由时,供役地权利人有权依法行使单方解除权,使地役权归于消灭。根据本条规定,供役地权利人行使单方解除权的法定事由包括:

第一,地役权人违反法律规定或者合同约定,滥用地役权。认定地役权人是否滥用地役权,可以从两个方面判断。一是根据合同约定判断。一般而言,地役权合同会就供役地和需役地的位置、地役权的利用目的和方法等作出约定。如果地役权人违反合同约定的目的、方法等行使地役权,即可以认定为构成滥用地役权,此时供役地权利人可以单方解除地役权合同。比如,甲对一水塘享有土地承包经营权,乙承包了一片菜地。乙由于需取水浇菜,故与甲协商,双方就从甲承包的水塘取水设立地役权,合同明确约定乙每天最多只能取水20吨,以确保甲的水塘所养之鱼有足够的水源。双方在签订地役权合同后,依法办理了地役权登记。后乙因扩大种植面积,需要更多的灌溉用水,故每日偷偷从甲的水塘中取用超过合同约定最大取水量数倍的水,导致甲的水塘面临枯水,鱼塘中所养之鱼大量死亡。乙的取水行为明显违反合同约定的方法,故可以认定为滥用地役权。此时,根据本条规定,甲有权行使单方解除权,使地役权归于消灭。二是根据法律规定判断。根据法律判断地役权人是否滥用地役权,所依据的法律既包括民法典的规定,也包括其他与行使地役权相关法律。比如,甲公司与乙村所有的集体土地相邻,甲公司因生产需要排放废水,故与乙村协商,欲通过乙村的土地排放废水,双方签订了以排水为目的的地役权合同,并办理了地役权登记。后甲公司违反水污染防治法的规定,大量排放超过地方规定的水污染物排放标准的水污染物,造成乙村土地被严重污染。在此情况下,因甲公司违反了水污染防治法排放污水,构成滥用地役权。故乙村可以依法单方解除地役权合同。

第二,有偿利用供役地的,地役权人在约定的付款期限届满后在合理期限内经两次催告仍未支付费用。地役权合同是否有偿,由地役权人和供役地权利人约定。如果地役权为有偿,那么,地役权人必须按照合同的约定履行付款义务。如果地役权人无正当理由,在合同约定的履行期限届满后,仍没有按照合同约定支付供役地权利人费用的,而且在一个合理期限内经两次催告,地役权人仍不履行付款义务的,表明地役权人没有履行合同的诚意,或者根本不可能再履行合同,供役地权利人可以解除地役权合同。否则,不仅对供役地权利人不公平,而且还会给其造成更大的损失。供役地权利人解除地役权合同的,地役权消灭。

本条规定的地役权消灭的两项法定事由,是专门为供役地权利人设立的权利。当然,供役地权利人除了可以根据本条规定的法定解除事由解除地役权合同之外,还可以基于当事人的约定行使解除权。民法典合同编第562条规定,当事人协商一致,可以解除合同。当事人可以约定一方解除合同的事由。解除合同的事由发生时,解除权人可以解除合同。根据民法典合同编的此规定,地役权合同同样可以因发生约定解除事由而解除。约定解除事由既可以是在订立合同时双方约定的解除事由,也可以在地役权合同履行过程中,双方协商一致解除。比如,需役地权利人与供役地权利人约定,供役地权利人在特定情形下,可以行使单方解除权,解除地役权合同。如果在地役权合同履行过程中,发生了约定的特定情形,此时,供役地权利人就可以根据约定行使单方解除权。

地役权除了因当事人行使法定解除权或者约定解除权,解除地役权合同导致消灭外,还存在其他消灭事由:(1)地役权合同消灭。比如,地役权合同存在无效、可撤销事由的,地役权合同被撤销或者宣告无效后,地役权即应告消灭。(2)地役权期限届满。地役权合同的一般条款就包括地役权期限。当事人双方在地役权合同中约定的地役权期限届满时,地役权存在的基础没有了,当然应归于消灭。(3)地役权合同中所附地役权终止期限到来。当事人可以在地役权合同中附终止期限,约定的终止期限到来时,地役权亦告消灭。(4)地役权合同中所附终止条件成就。如果地役权合同约定为附条件终止,则所附条件成就时,根据合同约定,此时地役权合同终止,地役权亦应告消灭。(5)混同。如果供役地的权利人与需役地权利人同为一人时,地役权会因混同而消灭。比如,甲乙分别承包了A、B两个不同地块,甲为了灌溉之需,双方协商后约定甲可以从乙承包的B地块取水,双方签订了地役权合同并进行了登记。后乙将B地块的土地承包经营权转让给了甲,此时需役地A地块的土地承包经营权人与供役地B地块的土地承包经营权人同为甲,地役权因混同而无存在无必要,即应消灭。

第三百八十五条　已经登记的地役权变更、转让或者消灭的,应当及时办理变更登记或者注销登记。

【释义】 本条是关于地役权变动后登记的规定。

不动产物权由于某种原因发生变动时,应当将其变更、转让或者消灭的情形记载于不动产登记簿上,以防止纠纷的发生。公示对于市场经济秩序的建立和维护具有十分重要的意义。登记制度是市场经济国家维护秩序、保障交易安全的重要法律手段。地役权变更、转让或者消灭都是物权变动的内容。如果地役权虽然已经发生了变动,但没有办理变更登记或者注销登记,则在法律上并没有真正完成物权的变动。从法律效果上来看,只要作为公示内容的物权现状没有变动,便可以视为物权没有发生过变动。例如,地役权人取得供役地的用益物权,因混同而导致地役权消灭,就应当及时办理地役权的注销登记,使供役地负担的变化情况及时向公众公示。之所以要求当事人及时办理变更登记或者注销登记,是因为该供役地的用益物权有可能会转让给第三人,有负担的不动产和没有负担的不动产在价值上是完全不同的,对于受让人而言,受让了具有负担的不动产之后,将会使受让人的权利行使受到一定的限制,这样对受让人是不公平的。因此,为了维护登记簿的公示力、公信力,必须在地役权人办理变更、转让或者注销该地役权登记后,地役权变动才能生效,否则地役权仍然存在。同时,向公众公开不动产负担的情况,对保护受让人的利益、防止纠纷都具有十分重要的作用。

本条规定,已经登记的地役权变更、转让或者消灭的,应当及时办理变更登记或者注销登记。可以从以下几个方面理解本条:

第一,需要办理变动登记的地役权范围。根据本法第 374 条的规定,地役权设立不以登记为要件,登记仅具有对抗善意第三人的效力。因此,并非所有的地役权都会办理登记。没有办理登记的地役权,即使变更、消灭之后,也不可能再去办理变更、注销登记。只有当事人自己申请办理了登记的地役权,为了确保地役权的公示公信力,便于第三人知晓物权状态,才有必要办理变更、注销登记。

第二，变动登记的类型。本条规定，两种情况需要办理地役权变动登记：一是变更登记。地役权变更、转让的，应当办理变更登记。地役权的内容变更，比如，地役权的地役权期限、利用目的、利用方法发生变更，应当办理变更登记。地役权的主体变更，也就是地役权发生转让，也需要办理变更登记。二是注销登记。地役权消灭的，应当办理注销登记。地役权消灭可能因为地役权合同约定的期限届满，可能是因为供役地权利人行使单方解除权，也可能是因为当事人双方达成解除地役权合同的协议，还可能是因混同而消灭，等等。只要地役权消灭的，都应当依法办理地役权注销登记。

第三，办理地役权变动登记的主体。办理地役权变动登记，应当由地役权合同的双方当事人共同办理。办理地役权登记的机构负责地役权变更和注销登记。

第四，办理地役权变动登记的程序。根据《不动产登记暂行条例实施细则》第 61 条的规定，经依法登记的地役权有法定情形的，当事人应当持地役权合同、不动产登记证明和证实变更的材料等必要材料，申请地役权变更登记。第 62 条第 1 款规定，已经登记的地役权因土地承包经营权、建设用地使用权转让发生转移的，当事人应当持不动产登记证明、地役权转移合同等必要材料，申请地役权转移登记。根据第 63 条的规定，已经登记的地役权，有法定情形的，当事人可以持不动产登记证明、证实地役权发生消灭的材料等必要材料，申请地役权注销登记。

第五，地役权变动登记的法律效果。根据本法第 374 条的规定，地役权登记具有对抗善意第三人的效力。因此，如果地役权变更、转让未办理变更登记，地役权消灭未办理注销登记的，当事人不得对抗善意第三人。

第四分编　担保物权

第十六章　一般规定

担保物权对保证债权实现、维护交易秩序、促进资金融通，具有重要作用。我国 1995 年颁布实施的担保法对抵押权、质权和留置权三种担保物权作了较为全面的规定。2007 年颁布实施的物权法在担保法的基础上，对担保物权制度作了完善。民法典是规范财产关系的基本民事法律，物权编调整因物的归属和利用而产生的民事关系，而担保物权是物权编的重要组成部分，民法典物权编根据实践中出现的一些新情况、新问题，充分吸收国外担保物权立法的先进经验，在物权法的基础上对我国的担保物权制度作了进一步的补充、修改和完善。

本章共 8 条，对担保物权的含义、担保物权的适用范围及反担保、主债权债务合同与担保物权合同的关系、担保物权的担保范围、担保物权的物上代位性、担保物权与保证的关系、担保物权的消灭原因等共同规则作了规定。

第三百八十六条　担保物权人在债务人不履行到期债务或者发生当事人约定的实现担保物权的情形，依法享有就担保财产优先受偿的权利，但是法律另有规定的除外。

【释义】　本条是关于担保物权概念的规定。

担保物权是以直接支配特定财产的交换价值为内容，以确保债权实现为目的而设定的物权。担保物权制度是现代民法的一项重要制度，现代各国的民法典多规定了此制度，有的国家甚至对其进行单独立法。联合国国际贸易法委员会、欧盟委员会等国际性组织也一直致力于将担保立法国际化、区域化。

担保物权之所以受到各国及国际社会的普遍重视,是因为其在社会经济生活中发挥着以下重要作用:

第一,有利于确保债权的实现。债权是债权人请求债务人履行一定给付行为的请求权,而债务人是否履行给付行为,完全取决于债务人的信用。如果债务人的信用较差,债权人实现债权就会面临较大的风险;如果债权人没有足够的手段规避这种风险,债权人就只有放弃某种民事活动,放弃民事活动的后果是整个社会经济生活的萧条和停滞。因此,如何规避交易风险,强化债权效力,确保债权实现是现代民商事立法的重要任务。现代立法为此设计了两种制度:一种是债的担保方式(如保证);另一种是物的担保方式(担保物权)。这两种担保方式各有优点。担保物权制度的出现极大地强化了债权效力,减少了交易风险,可以有效确保债权实现。

第二,有利于促进社会的融资。在现代商业社会,商业风险的存在,往往使贷款者由于担心贷款不能得到偿还而拒绝贷款或者少贷款,这有可能导致融资活动的减少,反过来也会降低经营者发展生产的能力。对贷款者来说,担保物权制度可以减少其担心,使其放心贷款;对借款者来说,在其信用建立之前,通过提供担保物权可以补充其信用状况,增强融资的能力。所以,担保物权制度有利于社会融资活动的进行。我国商业银行法第 36 条第 1 款规定,商业银行贷款,借款人应当提供担保。商业银行应当对保证人的偿还能力,抵押物、质物的权属和价值以及实现抵押权、质权的可行性进行严格审查。这里的“抵押权和质权”就属于担保物权。

担保物权具有以下特征:

第一,担保物权以确保债权人的债权得到完全清偿为目的。这是担保物权与其他物权的最大区别。本法所规定的物权包括所有权、用益物权和担保物权。在法理上,所有权又称自物权,强调的是权利人对特定财产的全面支配,即对该特定财产享有占有、使用、收益和处分的权利。但是担保物权的权利人对特定财产一般没有直接的使用、收益和处分的权利,而是有对特定财产交换价值的支配权。担保物权与用益物权都为他物权,但用益物权和担保物权在内容、功能上不完全相同,用益物权强调的是对特定财产的直接使用和收益,权利人所享有的是对特定财产使用价值的支配权;而担保物权不强调对特定财产的使用和收益,而是强调对特定财产交换价值的支配权。之所以有这些不同,最根本原因是担保物权旨在确保债务的清偿,是为确保债务的清偿而设立的,因此在担保物权设立时,要有被担保债权事先存在,这是担保物权的一个重要属性:从属性,从属于所担保的债权。担保物权的从属性不但体现在担保物权的设立上,还体现在担保物权的转让、消灭等方面。本分编的多个条文体现了担保物权的从属性。例如,本法第388条第1款规定,设立担保物权,应当依照本法和其他法律的规定订立担保合同。担保合同包括抵押合同、质押合同和其他具有担保功能的合同。担保合同是主债权债务合同的从合同。主债权债务合同无效的,担保合同无效,但是法律另有规定的除外。第407条规定,抵押权不得与债权分离而单独转让或者作为其他债权的担保。债权转让的,担保该债权的抵押权一并转让,但是法律另有规定或者当事人另有约定的除外。第393条第1项规定,主债权消灭的,担保物权消灭。债权人在其债权无法获得清偿时,便可以要求实现担保物权。根据1995年颁布的担保法的规定,只有债务人不履行到期债务时,担保物权人可以实现担保物权。为保护担保物权人的利益,同时也充分尊重当事人对实现担保物权的条件的安排,2007年颁布的物权法增加了担保物权的实现条件。民法典物权编延续了物权法的规定,担保物权人在两种情况下可以实现担保物权:一是债务履行期届满时,债务人不履行债务的;二是发生当事人约定的可以实现担保物权的情形的。

第二,担保物权具有优先受偿的效力。优先受偿性是担保物权的最主要效力。优先受偿是指在债务人到期不清偿债务或者出现当事人约定的实现担保物权的情形时,债权人可以对担保财产进行折价或者拍卖、变卖,以所得的价款优先实现自己的债权。担保物权的优先受偿性主要体现在两个方面:一是优先于其他不享有担保物权的普通债权;二是有可能优先于其他物权,如后顺位的担保物权。但需要注意的是,担保物权的优先受偿性并不是绝对的,如果本法或者其他法律有特别的规定,担保物权的优先受偿效力会受到影响。联合国国际贸易法委员会于 2007 发布的《担保交易立法指南》建议,对于因法律操作而出现的优先于担保权的优先受偿权,法律应当在类别和金额上加以限制,如果存在此类优先受偿权,法律应当作出明确具体的描述。这表明,各国在立法时可以在一定程度上对担保物权的优先受偿性予以减让,只是这种减让必须有限并且要由法律作出规定。实际上,我国相关立法已经为限制担保物权的绝对优先性预留了空间,允许在一定程度和范围内通过其他法律的规定适当降低担保物权的绝对优先性。如我国海商法明确规定,船舶优先权人优先于担保物权人受偿;企业破产法明确规定,企业破产法公布之前所欠的职工工资等未受清偿的部分优先于担保物权受偿。基于此,本法规定,担保物权人在债务人不履行到期债务或者发生当事人约定的实现担保物权的情形,依法享有就担保财产优先受偿的权利,但是法律另有规定的除外。这里的"但是法律另有规定的除外"就是指这些特殊情形。

第三,担保物权是在债务人或者第三人的财产成立的权利。债务人既可以自己的财产,也可以第三人的财产为债权设立担保物权。根据本法的规定,可以用于担保的财产范围比较广,既包括现在的财产,也包括将来的财产;既包括不动产,也包括动产,在特定情形下还可以用权利进行担保,如本法规定的权利质权。

第四,担保物权具有物上代位性。债权人设立担保物权并不以使用担保财产为目的,而是以取得该财产的交换价值为目的,因此,担保财产即使灭失、毁损,但代替该财产的交换价值还存在,担保物权的效力仍存在,但此时担保物权的效力转移到了该代替物上。这就是担保物权的物上代位性。对此,本法第390条明确规定,担保期间,担保财产毁损、灭失或者被征收等,担保物权人可以就获得的保险金、赔偿金或者补偿金等优先受偿。被担保债权的履行期限未届满的,也可以提存该保险金、赔偿金或者补偿金等。

这里需要对两个问题作特别说明:

一是关于是否建立统一的动产(包括权利)担保法律制度。在民法典物权编的编纂过程中对此有不同意见。有的意见提出,可以参照一些国家的立法模式确立统一的动产担保法律制度,不再将动产担保区分为动产抵押权、动产质权、权利质权和动产留置权,只要是在动产上设立的具有担保功能的交易形式,都纳入统一的动产担保概念体系,并统一规定动产担保的设立、公示、效力、优先权顺位、实现、消灭等,形成一整套统一的动产担保概念术语体系和动产担保法律制度。还有的意见认为,在民法典物权编中建立统一的动产担保法律制度,存在一些问题:第一,动产担保中既有普通动产担保也有权利担保,既有法定担保也有意定担保,既有转移占有型担保也有非转移占有型担保,不同类型的动产担保在担保物的范围、设立方式、公示方式及效力等方面存在特殊性,统一的动产担保立法模式容易忽视各类动产担保的个性,难以涵盖担保制度的复杂性;第二,建立统一的动产担保制度还存在如何在民法典中使其与不动产担保制度相协调的问题;第三,将动产上设立的所有具有担保功能的交易形式纳入统一的动产担保法律框架内并规定在民法典物权编中,会对我国民法的体系构造造成冲击,如在动产上设立的所有权保留、融资租赁等交易形式,虽然也具有担保功能,但是与我国物权法以所有权为中心,再推及用益物权、担保物权的体例以及担保物权人对担保物只享有担保物权的概念体系不相符。民法典在财产法方面采用了物权债权的二元结构,分别规定了物权编和合同编。物权编将动产担保物权的相关规则分章规定在抵押权、质权和留置权中,对于应收账款转让、所有权保留、融资租赁等具有担保功能但不属于担保物权的交易形式，还是规定在合同编中并对其公示效力作了相关规定。

二是关于是否规定动产和权利担保统一登记制度。在民法典物权编的编纂过程中对此有不同意见。有的意见认为，目前我国动产和权利担保登记机构高度分散，登记规则、登记形式各不相同，增加了当事人的交易风险和交易成本，也导致金融机构怠于接受动产和权利担保融资，造成小微企业、民营企业融资难、融资贵的问题，为了改善营商环境，建议在民法典物权编中规定动产和权利担保统一登记制度。还有的意见认为，在决定是否统一动产和权利担保登记制度时，立法机关应考虑中国的国情。当前我国的现状是不同种类的动产和权利由不同的行政管理部门管理，如机动车由交通管理部门管、飞机由航空主管部门管、知识产权由知识产权部门管等。动产和权利担保统一登记制度不利于行政主管部门对这些动产和权利进行管理，并且一些动产和权利具有基础权属登记，已经形成了注册登记、变更登记、转移登记、担保登记和注销登记等完整的登记制度和登记体系，一些动产和权利在进行担保物权登记时需要对基础权利的法律状态进行审查，如果规定这类动产和权利的担保登记由另一个统一的登记机构进行登记，会使公众难以获得该动产和权利的完整信息，降低市场效率，增加交易成本，严重影响市场透明度，不利于控制以及化解风险。考虑到动产和权利担保涉及的财产种类众多、情况复杂，且涉及国务院各部门的工作职能，具体规则宜由国务院规定，民法典物权编未对动产和权利担保统一登记制度作出规定，但是为了回应相关意见，民法典物权编删除了 2007 年颁布的物权法中动产抵押、权利质押有关具体登记机构的规定，为以后建立统一的动产和权利担保登记制度留下空间。2019 年 10 月，国务院颁布的《优化营商环境条例》对推动建立统一的动产和权利担保登记公示系统作了规定，该条例第 47 条第 2 款规定，国家推动建立统一的动产和权利担保登记公示系统，逐步实现市场主体在一个平台上办理动产和权利担保登记。纳入统一登记公示系统的动产和权利范围另行规定。

第三百八十七条　债权人在借贷、买卖等民事活动中,为保障实现其债权,需要担保的,可以依照本法和其他法律的规定设立担保物权。

第三人为债务人向债权人提供担保的,可以要求债务人提供反担保。反担保适用本法和其他法律的规定。

【释义】　本条是关于担保物权适用范围及反担保的规定。

本条第 1 款明确了担保物权的适用范围。担保物权的适用范围是指本法规定的担保物权可以适用的领域。本款将担保物权的适用范围限定在借贷、买卖等民事活动中发生的债权债务关系。根据担保法第 2 条第 1 款的规定,在借款、买卖、货物运输、加工承揽等经济活动中,可以设定担保。与担保法的规定相比,物权法对担保物权适用范围的规定要宽一些,不仅可以适用于经济活动,还可以扩展到产生债权债务关系的其他民事活动中。民法典物权编沿用了物权法的规定。

正确理解本条第 1 款对适用范围的规定,应当注意以下几点:第一,担保物权适用于民事活动,不适用因国家行政行为(如税款)、司法行为(如扣押产生的费用)等而产生的不平等主体之间的关系。这是由担保物权本身的性质所决定的,担保物权是平等民事主体之间为确保债权的实现而设定的。第二,为了引导当事人设定担保物权,本法列举了借贷、买卖两种典型的可以设定担保物权的民事活动,但可以设定担保物权的民事活动很广泛,并不仅限于这两种民事活动。在其他民事活动中,如货物运输、加工承揽、无因管理、补偿贸易等都可以设定担保物权。第三,在立法中,对于是否允许为因侵权行为产生的债权设定担保物权有不同意见。我们认为,因侵权行为产生的债权不能用事先设定担保物权的方式加以保障，但是因侵权行为已经产生的债权，属于普通债权的范围，可以用设定担保物权的方式确保该债权的实现。第四，本条第1款规定，可以依照本法和其他法律的规定设立担保物权。这里的“其他法律”主要指海商法、民用航空法、农村土地承包法等对船舶抵押、航空器抵押、土地经营权抵押等作了规定的法律，“其他法律”的表述也为今后相关特别法规定设立担保物权留下接口。因此，设立担保物权还应当依据这些特别法。

本条第2款对反担保作了规定。反担保是指替债务人提供担保的第三人，无论该第三人是提供人的担保还是物的担保，为了保证自己的追偿权得到实现，可以要求债务人为自己追偿权的实现提供担保。反担保是维护担保人的合法权益、保障将来可能发生的追偿权实现的措施，是担保活动中普遍使用的方法。在由第三人提供担保物权的债权债务关系中，在债务人未清偿到期债务或者出现当事人约定的可以实现担保物权的情形时，提供担保财产的第三人应当承担担保责任，债权人可以就第三人提供的担保财产实现自己的债权。第三人基于担保合同以及替代债务人清偿债务这一法律事实，成为债务人的新债权人，其有权向债务人追偿。第三人为保障自己追偿权的实现，可以要求债务人向自己提供担保，这里的担保可以是债务人或者其他人提供的担保物权，也可以是其他人提供的保证。例如，甲为债务人乙向债权人丙提供担保物权，同时要求乙提供反担保，反担保既可以是在乙自己的财产上设立担保物权，也可以是为乙担保的丁提供保证或者在丁的财产上设立担保物权。需要强调一点，第三人替债务人为债权人设定的担保物权是为了实现债权而设立，反担保也是为了实现债权而设立，只不过在同一法律关系中，第三人承担担保责任后，成为债务人的新债权人而已。反担保的法律性质、具体规则适用等方面与设立担保物权一样，因此，本款规定，反担保适用本法和其他法律的规定。

第三百八十八条　设立担保物权，应当依照本法和其他法律的规定订立担保合同。担保合同包括抵押合同、质押合同和其他具有担保功能的合同。担保合同是主债权债务合同的从合同。主债权债务合同无效的，担保合同无效，但是法律另有规定的除外。

担保合同被确认无效后，债务人、担保人、债权人有过错的，应当根据其过错各自承担相应的民事责任。

【释义】 本条是关于担保合同从属性以及担保合同无效后法律责任的规定。

我国现行立法和司法实务中，对于抵押权和质权这两类意定担保物权的设立均要求采用书面形式订立合同。例如，本法第400条第1款规定，设立抵押权，当事人应当采用书面形式订立抵押合同。本法第427条第1款规定，设立质权，当事人应当采用书面形式订立质押合同。因此本条规定，设立担保物权，应当依照本法和其他法律的规定订立担保合同。

担保合同属于民事合同的一种。担保合同除了包括本法规定的抵押合同、质押合同以外，还包括其他具有担保功能的合同，如融资租赁、保理、所有权保留等非典型担保合同。担保合同的成立和生效等问题应当依照合同编的有关规定。

担保物权的一个重要特点就是其附随于主债权债务关系，没有主债权债务关系的存在，担保关系也就没有了存在以及实现的可能和价值。体现主债权债务关系的主要是主债权债务合同，体现担保关系的主要是担保合同。担保合同关系必须以主债权债务合同关系的存在为前提。从这个意义上讲，担保合同是主债权债务合同的从合同。对于担保物权的附随性，物权法规定担保合同是主债权债务合同的从合同。民法典物权编延续了物权法的规定。

根据民法典总则编第155条的规定，无效的民事法律行为自始没有法律约束力，当事人在合同中约定的权利义务关系自然就归于无效。同样的道理,在担保物权中,主债权债务关系无效后,其约定的权利义务关系就不存在了。根据担保关系的附随性,作为从合同的担保合同自然也归于无效。本条第1款规定,设立担保物权,应当依照本法和其他法律的规定订立担保合同。担保合同是主债权债务合同的从合同。主债权债务合同无效,担保合同无效,但是法律另有规定的除外。需要指出的是,担保合同随主债权债务合同无效而无效只是一般规则,并不是绝对的,在法律另有规定的情况下,担保合同可以作为独立合同存在,不受主债权债务合同效力的影响。例如,在本法规定的最高额抵押权中,最高额抵押合同就具有相对的独立性。在连续的交易关系中,其中一笔债权债务无效,并不影响整个最高额抵押合同的效力。主债权债务合同无效后,担保人仍应对无效后债务人所应承担的法律后果承担担保责任。基于此,本条第1款专门规定"但法律另有规定的除外"。这样规定既是为了适应现实的需要,也为以后担保物权制度的发展留下一定的空间。

在立法过程中,对是否允许当事人约定主债权债务合同无效,担保合同仍有效的问题,有不同意见。有的意见认为,应当允许。主要理由是:一是尊重当事人意思自治,尊重合同自由的需要;二是实践有需求,在信贷资产证券化交易中,进入资产池的担保物权不应当因主合同的无效而无效,否则,投资者无法评估信贷资产的价值并进而作出投资决策;三是担保法第5条中规定,担保合同是主合同的从合同,主合同无效,担保合同无效。担保合同另有约定的,按照约定。有的意见认为,应当禁止当事人作这样的约定,主要理由是:一是担保合同严格附随于主债权债务合同,允许当事人作这样的约定就破坏了担保物权的从属性特征,存在制度风险。二是基于当前的金融形势,须在金融安全与金融创新之间寻求妥适的解决方案,规定"法律另有规定的除外"具有正当性。三是物权法已经删除了担保法的上述规定,在没有特别理由的情况下,民法典物权编应当尽量与物权法的规定一致。我们认为,担保物权依附于主债权债务而存在,没有主债权债务,就没有担保物权。法律如果允许当事人作出主债权债务合同无效,担保合同仍有效的约定,那么,即使不存在主债权债务,担保人也要承担担保责任。这不但对担保人不公平,而且可能导致欺诈和权利的滥用,还可能损害其他债权人的利益。我国担保法调整的范围除了包括抵押权等物权性的担保方式外,还包括保证、定金等非物权性的担保方式,担保法允许约定的情形是针对国际贸易中通行的见索即付、见单即付的保证合同。民法典物权编调整的是抵押权等物权性的担保,不在物权编中作这样的规定是合适的。

在主债权债务合同无效导致担保合同无效的情形下,虽然不存在履行担保义务的问题,但债务人、担保人或者债权人并非不承担任何法律后果。根据民法典总则编第157条的规定,民事法律行为无效、被撤销或者确定不发生效力后,行为人因该行为取得的财产,应当予以返还;不能返还或者没有必要返还的,应当折价补偿。有过错的一方应当赔偿对方由此所受到的损失;各方都有过错的,应当各自承担相应的责任。法律另有规定的,依照其规定。同样的道理,在主债权债务合同无效,担保合同被确认无效的情况下,如果债务人、担保人或者债权人对合同的无效有过错的,应当根据其过错各自承担相应的民事责任。这里的"相应的民事责任"指当事人只承担与其过错程度相当的民事责任。例如,担保合同无效完全是由于主债权债务合同因违背公序良俗导致无效的,则过错完全在债务人与债权人,责任应完全由债务人和债权人自己承担。

需要特别强调的是,导致担保合同无效的原因很多,主债权债务合同无效导致担保合同无效只是原因之一。在主债权债务合同有效的情况下,担保合同也有可能无效。例如,担保合同因违反法律、行政法规的强制性规定而无效,担保合同因担保人为无民事行为能力人而无效,等等。也就是说,判断担保合同是否有效,不能仅以主债权债务合同是否有效为标准,还要看担保合同本身是否有民法典总则编第6章民事法律行为以及合同编规定的合同无效情形。在主债权债务合同有效,担保合同无效的情形下,债务人、担保人或者债权人对担保合同无效有过错的,也应当各自承担相应的民事责任。在这种情况下,如果是债务人为担保人的,主债权债务合同仍然有效,只是主债权失去担保,其对担保合同无效有过错的,应当对债权人承担过错责任;如果第三人为担保人的,担保人不再承担责任,但是担保人对担保合同无效有过错的,其对债务未能履行的部分,承担相应的过错责任。

第三百八十九条　担保物权的担保范围包括主债权及其利息、违约金、损害赔偿金、保管担保财产和实现担保物权的费用。当事人另有约定的,按照其约定。

【释义】 本条是关于担保物权的担保范围的规定。

担保物权的担保范围是指担保人所承担的担保责任范围。1995 年颁布的担保法分别在第 46 条、第 67 条、第 83 条对抵押权、质权和留置权的担保范围作了规定。2007 年颁布的物权法在这 3 条规定的基础上对担保物权的担保范围作了统一规定,使条文的内容更全面,文字更简洁,概括性更强。民法典物权编延续了物权法的规定。

根据本条规定,担保物权的担保范围包括:

(一)主债权

主债权指债权人与债务人之间因债的法律关系所发生的原本债权,例如,金钱债权、交付货物的债权、提供劳务的债权。主债权是相对于利息和其他附随债权而言,不包括利息以及其他因主债权而产生的附随债权。

(二)利息

利息指实现担保物权时主债权所应产生的一切收益。一般来说,金钱债权都有利息,因此其当然也在担保范围内。利息可以按照法律规定确定,也可以由当事人自己约定,但当事人不能违反法律规定约定过高的利息,否则超过部分的利息无效。

(三)违约金

违约金指按照当事人的约定,一方当事人违约时,应当根据违约情况向另一方支付的一定数额的金钱。在担保行为中,只有因债务人的违约行为导致产生支付违约金的义务时,违约金才可以纳入担保物权的担保范围。此外,当事人约定了违约金,一方违约时,应当按照该约定支付违约金。如果约定的违约金低于造成的损失时,当事人可以请求人民法院或者仲裁机构予以增加;约定的违约金过分高于造成的损失的,当事人可以请求人民法院或者仲裁机构予以适当减少。所以在计算担保范围时,如果有请求人民法院或者仲裁机构调整违约金的情形,违约金应当以人民法院或者仲裁机构最终确定的数额为准。

(四)损害赔偿金

损害赔偿金指一方当事人因违反合同或者因其他行为给债权人造成的财产、人身损失而给付的赔偿额。损害赔偿金的范围可以由法律直接规定,或由双方当事人约定,在法律没有特别规定或者当事人没有约定的情况下,应按照完全赔偿原则确定具体赔偿数额。赔偿全部损失,既包括赔偿直接损失,也包括赔偿可得利益损失。直接损失指财产上的现实减少,可得利益损失是指失去的可以预期取得的利益。可得利益范围的确定需要坚持客观的原则,根据本法合同编第584条的规定,当事人一方不履行合同义务或者履行合同义务不符合约定,造成对方损失的,损失赔偿额应当相当于因违约所造成的损失,包括合同履行后可以获得的利益;但是,不得超过违约一方订立合同时预见到或者应当预见到的因违约可能造成的损失。在确定担保范围中“损害赔偿金”的数额时,也应当遵守这个原则。违约金与损害赔偿金都具有代替给付的性质。如果不将它们纳入担保物权的担保范围,就有可能纵容债务人不履行债务,对债权人的保护是不够的。

(五)保管担保财产的费用

保管担保财产的费用指债权人在占有担保财产期间因履行

善良保管义务而支付的各种费用。根据本法第432条、第451条的规定,在担保期间,质权人和留置权人有妥善保管担保财产的义务。但是这并不意味着保管的费用由质权人或者留置权人负担,相反,债务人或者第三人将担保财产交由债权人占有的目的是向债权人担保履行债务,保管费用应当由债务人或者提供担保的第三人承担,否则不利于担保活动的进行,也不利于确保债权的实现。需要特别指出的是,只有在质押和留置中,“保管担保财产的费用”才被纳入担保物权的担保范围;在抵押中,抵押财产由抵押人自己保管,所以保管抵押财产的费用已由抵押人自己承担,自然也就不应纳入担保范围。

(六)实现担保物权的费用

实现担保物权的费用指担保物权人在实现担保物权过程中所花费的各种实际费用,如对担保财产的评估费用、拍卖或者变卖担保财产的费用、向人民法院申请强制变卖或者拍卖的费用等。之所以将实现担保物权的费用纳入法定担保债权的范围,主要基于以下考虑:实现担保物权的费用是由于债务人不及时履行债务导致的,这些费用理应由债务人承担,否则不利于保护担保物权人的利益。当然,担保物权人应本着诚实信用的原则实现担保物权,所花的费用也应当合理,对不合理的费用不应当纳入担保的范围。

对担保物权所担保的债权范围,当事人可以依照自己的意思进行约定。本条规定的“担保物权的担保范围包括主债权及其利息、违约金、损害赔偿金、保管担保财产和实现担保物权的费用”属于担保物权的法定担保范围,当事人约定的效力优先于本条关于担保物权的法定担保范围的规定,也就是说,当事人约定的担保物权的担保范围可以与本条规定的范围不同。例如,当事人可以约定抵押权的担保范围只限于主债权、损害赔偿金、实现担保物权的费用,不包括利息。这是民法的意思自治原则在担保物权中的体现。所以,本条还规定“当事人另有约定的,按照其约定”。

第三百九十条　担保期间，担保财产毁损、灭失或者被征收等，担保物权人可以就获得的保险金、赔偿金或者补偿金等优先受偿。被担保债权的履行期限未届满的，也可以提存该保险金、赔偿金或者补偿金等。

【释义】 本条是关于担保物权物上代位性的规定。

担保物权的物上代位性指担保物权的效力及于担保财产因毁损、灭失所得的赔偿金等代位物上，是担保物权的重要特征。由于担保物权人设立担保物权并不以占有和使用担保财产为目的，而是以支配担保财产的交换价值为目的，所以，即使担保财产本身已经毁损、灭失，只要该担保财产交换价值的替代物还存在，该担保物权的效力就自动移转到了该替代物上。这种效力不但在抵押权上存在，在质权、留置权上也存在。担保法对担保物权的物上代位性作了明确规定，例如，担保法第58条中规定，抵押权因抵押物灭失而消灭。因灭失所得的赔偿金，应当作为抵押财产。第73条规定，质权因质物灭失而消灭。因灭失所得的赔偿金，应当作为出质财产。许多国家的民法典或者担保交易法也作了类似规定，如《德国民法典》规定，属于抵押权的标的物为土地所有人或自主占有人的利益被置于保险之下的，抵押权及于对保险人的债权。2007年颁布的物权法在担保法和相关司法解释的基础上，借鉴国外的立法经验，对此作了更为明确、更为全面的规定。与担保法的规定相比，物权法第174条增加规定了三个方面的内容：一是扩大了代位物的范围。担保法只规定了赔偿金，物权法第174条不但规定了赔偿金，还规定了保险金或者补偿金等。二是担保法未规定留置财产灭失时，所得的赔偿金能否作为留置财产。物权法第174条为担保物权的一般规定，也可以适用于留置权的情形。三是物权法第174条规定了"被担保债权的履行期未届满的，也可以提存该保险金、赔偿金或者补偿金等"，担保法对此未作规定。民法典物权编保留了物权法第174条的规定。

根据本条的规定,担保财产的代位物包括:(1)赔偿金。担保财产因第三人的侵权行为或者其他原因毁损、灭失时,担保人所获得的损害赔偿金可以作为担保财产的代位物。但是,如果担保财产是由于债权人的原因而毁损、灭失的,根据本法第 432 条、第 451 条的规定,质权人、留置权人负有妥善保管质押财产、留置财产的义务;因保管不善致使质押财产或者留置财产毁损、灭失的,应当承担赔偿责任,质权人、留置权人向出质人或者债务人支付的损害赔偿金不能作为担保财产的代位物。(2)保险金。担保人为担保财产投保的,因保险事故发生而致使担保财产毁损、灭失时,担保人可以请求保险人支付保险金。该保险金可以作为代位物。(3)补偿金。这里的补偿金主要指担保财产被国家征收时,担保人从国家得到的补偿金。本法第 117 条规定,为了公共利益的需要,依照法律规定的权限和程序征收、征用不动产或者动产的,应当给予公平、合理的补偿。本法第 243 条第 3 款也规定,征收组织、个人的房屋以及其他不动产,应当依法给予征收补偿,维护被征收人的合法权益;征收个人住宅的,还应当保障被征收人的居住条件。例如,城市居民将自己的房屋向银行作了抵押贷款,如果房屋被国家征收的,其所得的补偿金应当作为抵押财产的代位物。

担保期间,担保财产毁损、灭失或者被征收等产生的法律后果就是担保物权人可以就担保人所得的损害赔偿金、保险金或者补偿金等优先受偿,并且担保物权的受偿顺位不受影响,各担保物权人依照其对担保财产的受偿顺位对代位物行使权利。在因担保财产毁损、灭失或者被征收产生代位物的时候,可能会出现两种情况:一种情况是担保物权人的债权已经到期或者出现当事人约定的可以实现担保物权的情形。在这种情况下,担保物权人当然可以立即在代位物上实现自己的优先受偿权。另一种情况是担保物权人的债权还没有到期。在这种情况下,代位物虽说是特定的,但是毕竟已经货币化,担保物权人对其进行控制的可能性降低,其到期实现债权的可能性也会降低,为保障担保物权人的债权得以实现,担保物权人可以提前在代位物上实现自己的债权;如果担保物权人还希望保留自己的期限利益,也可以不立即在代位物上实现担保物权,而是等到债权履行期限届满或者出现当事人约定的可以实现担保物权的情形,债务人不履行债务时再在代位物上优先受偿。担保人可以自己或者应担保物权人的要求向提存机构提存该保险金、赔偿金或者补偿金等。

担保物权的效力虽然及于担保财产的代位物,但在某些情况下,代位物的给付牵涉到第三人,如对担保财产造成损害的侵权行为人等。担保物权人是否可以直接向第三人请求支付损害赔偿金、保险金或者补偿金?有意见认为,为确保担保物权人的债权得以实现,如果债务确已经到期,担保物权人可以直接向第三人请求该代位物,但是不得损害其他债权人的利益;如果债务没有到期,担保物权人可以请求第三人向提存机关提存该损害赔偿金、保险金或者补偿金。当然,如果担保物权人不能及时请求第三人提存的,担保物权人可以要求担保人提存;担保人拒绝提存的,担保物权人可以请求人民法院对损害赔偿金、保险金或者补偿金等采取保全措施。

第三百九十一条　第三人提供担保,未经其书面同意,债权人允许债务人转移全部或者部分债务的,担保人不再承担相应的担保责任。

【释义】 本条是关于债权人未经担保人同意允许债务人转移债务的法律后果的规定。

本法第551条第1款规定,债务人将债务的全部或者部分转移给第三人的,应当经债权人同意。在有第三人提供担保的债权债务关系中,涉及的主体有债权人、债务人和担保人,债务人转移债务的,还应当经担保人书面同意。第三人提供担保一般是基于其与债务人之间的特殊信任关系或者对债务人的资产、信誉有所了解。所以,在担保关系中,一旦未经担保人同意,债务人擅自转移债务的，将给担保人带来较大风险，因为提供担保的第三人对新的债务人可能一无所知。设立担保物权虽然主要是为保障债权的实现，但是也要照顾到担保人的利益，特别是当担保人是债务人以外的第三人时，如何平衡担保人、担保权人和债务人三者的利益就很重要。本条对债权人的权利行使进行了限制，明确规定，第三人提供担保，未经其书面同意，债权人允许债务人转移全部或者部分债务的，担保人不再承担相应的担保责任。这种限制不但是对担保人利益的保护，同时也是对债权人利益的保护。本规定较好地平衡了担保人、债务人和债权人的利益。

正确理解本条应当注意以下几点：

一是本条只适用于第三人提供担保财产的情况，如果担保财产是由债务人自己提供的，除非债权人明确放弃担保物权或者债务的受让人明确表示愿意代为提供新的担保，否则债权人同意债务人转移债务的行为并不意味着债务人担保责任的免除。

二是债权人允许债务人转移债务必须要经提供担保的第三人的书面同意。担保合同为要式合同，设立担保需要书面形式，担保人如果继续为新的债务人担保，这种变更也应当秉承要式合同的规则。如果不是书面形式，而是其他形式，视为不存在担保人的同意。根据民法典合同编第 469 条的规定，书面形式是合同书、信件、电报、电传、传真等可以有形地表现所载内容的形式，以电子数据交换、电子邮件等方式能够有形地表现所载内容，并可以随时调取查用的数据电文，也视为书面形式。

三是本条规定的债务转移不但包括债务人将债务全部转移给他人，也包括将部分债务转移给他人。债权人许可债务人部分转移的，原债务人并不退出债务关系，只是其所应承担的债务额发生减少，新债务人与原债务人共同向债权人承担债务。部分转移债务的也必须经担保人同意，否则担保人对转移出去的部分债务不承担担保责任。

四是未经担保人书面同意，债权人许可债务人转移全部债务的，可以免除担保人全部担保责任；债权人许可债务人转移部分债务的，可以免除担保人部分的担保责任，担保人不得要求免除全部担保责任，其还是要对债务人未转移的债务承担担保责任。这就是本条中“不再承担相应的担保责任”的内涵。

第三百九十二条　被担保的债权既有物的担保又有人的担保的，债务人不履行到期债务或者发生当事人约定的实现担保物权的情形，债权人应当按照约定实现债权；没有约定或者约定不明确，债务人自己提供物的担保的，债权人应当先就该物的担保实现债权；第三人提供物的担保的，债权人可以就物的担保实现债权，也可以请求保证人承担保证责任。提供担保的第三人承担担保责任后，有权向债务人追偿。

【释义】　本条是关于物的担保与人的担保的关系的规定。

物的担保是以物担保债务的履行，包括本编规定的抵押权、质权和留置权；人的担保是以人的信誉担保债务的履行，指本法合同编规定的保证。对于被担保的债权上既有物的担保又有人的担保的情况下，应如何处理物的担保与人的担保的关系问题，有不同意见。有的认为，根据“物的担保优于人的担保”的理论，担保权人应当先行使担保物权，保证人只有在物的担保不足以清偿债务时，才承担补充责任。担保法体现了这一观点，担保法第28条规定，同一债权既有保证又有物的担保的，保证人对物的担保以外的债权承担保证责任。债权人放弃物的担保的，保证人在债权人放弃权利的范围内免除保证责任。也就是说，担保权人没有权利选择优先行使物的担保或者人的担保，而必须先行使物的担保，否则就被认为是权利的放弃。还有的认为，物的担保与人的担保没有先后之分，在债务人不履行债务时，是先行使物的担保还是人的担保应当由担保权人自己决定，法律不应当限制。这既有利于保护债权的实现，也尊重了债权人的意愿。

物权法第176条区分三种情况对物的担保与人的担保的关系作了规定，本条沿用了该规定：

（1）在当事人对物的担保和人的担保的关系有约定的情况下，应当尊重当事人的意思，按约定实现，这充分尊重了当事人的意思自治。

（2）在没有约定或者约定不明确，债务人自己提供物的担保的情况下，应当先就物的担保实现担保物权。因为，如果债权人先行使保证人提供的人的担保，保证人在履行保证责任后，还需要向最终的义务人——债务人进行追索。如果担保权人先行使债务人提供的物的担保，就可以免去保证人日后再向债务人行使追索权的烦琐，减少债权实现的成本和费用。而且，在债务人自己提供物的担保的情况下，请求保证人先承担担保责任，对保证人也是不公平的。

（3）在没有约定或者约定不明确，第三人提供物的担保，又有人的担保的情况下，应当允许当事人进行选择。这样规定主要是基于以下考虑：在没有约定或者约定不明确，既有第三人提供物的担保，又有人的担保的情况下，提供物保的第三人与保证人都处于担保人的平等地位，都不是偿还债务的最终义务人，债务人才是最终义务人。因此，债权人无论是先实现物的担保还是先实现人的担保，物的担保人或者保证人都存在向债务人追索的问题。为保障债权人的债权得以充分实现，法律应当尊重债权人的意愿，允许担保权人在这种情况下享有选择权。

实践中，对同一债权，还可能出现债务人和第三人均提供了物的担保，还有保证人提供人的担保的情形。在这种情况下，是否要求债权人先行使债务人的物的担保？经研究，我们认为，无论是从公平的角度，还是从防止日后追索权的烦琐，节约成本的角度，债权人应当先行使对债务人的物的担保，否则保证人可以有抗辩权。

此外，与本条相关的还有一个问题：即存在多个担保人的情况下，其中一个担保人承担担保责任后，该担保人除了可以向债务人追偿外，是否可以向其他担保人追偿？对于这个问题争论很大，有的认为，为了平衡各担保人的利益关系，应当允许各担保人之间相互追偿,这也符合民法上的公平原则与诚实信用原则。本法对此没有明确作出规定,但我们研究认为,在当事人没有明确约定承担连带担保责任的情况下,规定各担保人之间相互追偿是不妥的,主要理由是:第一,理论上讲不通。除非当事人之间另有约定,各担保人提供的担保具有独立性,担保人之间互相没有意思联络,因此没有法律关系的存在,要求各担保人之间相互追偿,实质是法律强行在各担保人之间设定相互担保,要求各担保人承担连带责任。这意味着,没有履行担保义务的担保人除了为债务人提供担保外,还必须为其他担保人提供担保,这既违背担保人的初衷,也不合法理。第二,从程序上讲费时费力、烦琐。在存在多个担保人时,债务人是最终责任人,担保人在承担担保责任后,应当直接向债务人追偿,如果可以向其他担保人追偿,意味着其他担保人承担责任后,还必须向最终责任人——债务人追偿,从程序上讲,这是不经济的。第三,履行了担保责任的担保人不能向其他担保人追偿恰恰是公平原则的体现。除非当事人之间另有规定,每个担保人在设定担保时,都明白自己面临的风险,即在承担担保责任后,只能向债务人追偿,如果债务人没有能力偿还,自己就会受到损失。这种风险就是担保人设定担保时最为正常的风险且可以预见到的风险,必须由自己承担。担保人希望避免这种风险,就应当在设定担保时进行特别约定。第四,向其他担保人追偿可操作性很差。向其他担保人追偿,首先面临的一个问题就是如何确定追偿的份额。在保证与担保物权并存的情况下确定份额是很难的,例如,A、B、C三人分别对债权人的债权1000万元提供担保,A提供的是价值600万元的房屋抵押,B提供的是价值200万元的机器设备抵押,C提供保证。现债权人要求C履行保证责任,C在履行了1000万元的保证责任后,他应当向A和B追偿多少?这是一个复杂的计算题。为此,本条没有规定担保人之间可以互相追偿,只规定了提供担保的第三人承担担保责任后,有权向债务人追偿。

第三百九十三条　有下列情形之一的，担保物权消灭：

（一）主债权消灭；

（二）担保物权实现；

（三）债权人放弃担保物权；

（四）法律规定担保物权消灭的其他情形。

【释义】 本条是关于担保物权消灭原因的规定。

担保物权的消灭原因因担保物权种类的不同而有所区别，1995年颁布的担保法对抵押权、质权和留置权的消灭原因分别作了规定。担保法第52条规定，抵押权与其担保的债权同时存在，债权消灭的，抵押权也消灭。第58条规定，抵押权因抵押物灭失而消灭。因灭失所得的赔偿金，应当作为抵押财产。第73条规定，质权因质物灭失而消灭。因灭失所得的赔偿金，应当作为出质财产。第74条规定，质权与其担保的债权同时存在，债权消灭的，质权也消灭。第88条规定，留置权因下列原因消灭：（1）债权消灭的；（2）债务人另行提供担保并被债权人接受的。物权法第177条在担保法规定的基础上，对担保物权消灭的共同原因作了归纳。本条延续了物权法的规定，根据本条，在下列情形下担保物权消灭：

第一，因主债权的消灭而消灭。担保物权是从属于主债权的权利，主债权消灭的，担保物权也随之消灭。这里的"主债权消灭"是指主债权的全部消灭，根据担保物权的不可分性，主债权部分消灭，担保物权仍然存在，担保财产仍然担保剩余的债权，直到债务人履行全部债务时为止。此外，这里的"主债权消灭"指客观效果，与因谁的清偿而导致"主债权消灭"无关。也就是说，债务人自己清偿债务的，担保物权消灭；第三人代债务人清偿债务导致主债权消灭的，担保物权也消灭。

第二，担保物权实现导致担保物权消灭。"担保物权实现"是指债务人到期不履行债务时，债权人与担保人约定以担保财产折价实现自己的债权或者拍卖、变卖担保财产，以拍卖、变卖担保财产所得的价款优先受偿。担保物权是为担保债权而设定的，担保物权实现就意味着担保物权人权利的实现，担保物权自然就归于消灭。但是需要强调的是，担保物权一旦实现，无论其所担保的债权是否全部清偿，担保物权都消灭。根据本法第 413 条、第 438 条、第 455 条的规定，担保物权实现后，未受清偿的债权部分可以要求债务人清偿，但是这部分债权已无担保物权的保障，变为普通债权。

第三，债权人放弃担保物权导致担保物权消灭。这里的“放弃”是指债权人的明示放弃，明示放弃主要包括两种情形：一是债权人用书面的形式明确表示放弃担保物权，如债权人与债务人或者提供担保的第三人以签订协议的方式同意放弃担保物权。二是债权人以行为放弃，如因债权人自己的行为导致担保财产毁损、灭失的，视为债权人放弃了担保物权。在立法中，对是否规定债权人放弃担保物权导致担保物权消灭曾有不同意见。从国外的立法例看，对这一问题的处理确实有两种不同的做法。有的国家承认所有人抵押权，即所有人在自己的物上享有抵押权，如《德国民法典》第 1168 条第 1 款规定，债权人抛弃抵押权的，所有人即取得抵押权。此时，债权人放弃抵押权不会导致抵押权消灭，而是由抵押财产的所有人取得抵押权，由于该抵押权仍然存在，那么后顺位的抵押权不能递升其顺位。也有的国家规定，放弃担保物权的会导致担保物权消灭，如《法国民法典》第 2488 条规定了优先权及抵押权消灭的情形，其中第 2 项为享有抵押权的债权人放弃抵押权。我们认为，承认所有人抵押权实际承认了抵押权的独立性，这与本法规定的担保物权的从属性相违背，所以本法采纳了债权人放弃担保物权将导致担保物权消灭的做法。

第四，法律规定的其他导致担保物权消灭的情形。这是一个兜底性条款，主要是指民法典的其他条款或者其他法律规定的担保物权消灭的特殊情形或者专属于某一类担保物权的消灭原因。例如，本法第 457 条规定，留置权人对留置财产丧失占有或者留置权人接受债务人另行提供担保的，留置权消灭。这就是留置权消灭的特殊原因。

第十七章　抵　押　权

本章分两节，共 31 条，规定了一般抵押权和最高额抵押权。第 1 节对抵押权基本概念、可以抵押的财产以及禁止抵押的财产、抵押合同、流押条款的效力、抵押权的设立、抵押权与其他权利的关系、抵押权的实现、抵押财产的转让及保全、抵押权人放弃抵押权、抵押权顺位以及变更抵押权、抵押权存续期间等作出了规定。第 2 节对最高额抵押权的概念、最高额抵押权的转让、最高额抵押权有关内容的变更、最高额抵押权所担保债权的确定事由、最高额抵押权的适用条款等作了规定。

第一节　一般抵押权

第三百九十四条　为担保债务的履行，债务人或者第三人不转移财产的占有，将该财产抵押给债权人的，债务人不履行到期债务或者发生当事人约定的实现抵押权的情形，债权人有权就该财产优先受偿。

前款规定的债务人或者第三人为抵押人，债权人为抵押权人，提供担保的财产为抵押财产。

【释义】　本条是关于抵押权基本概念的规定。

抵押权是指为担保债务的履行，债务人或者第三人不转移财产的占有，将该财产抵押给债权人，债务人不履行到期债务或者发生当事人约定的实现抵押权的情形，债权人有权就该财产优先受偿。

抵押法律关系的当事人为抵押人和抵押权人，客体为抵押财产。抵押人指为担保债务的履行而提供抵押财产的债务人或者第三人,抵押权人指接受抵押担保的债权人,抵押财产指抵押人提供的用于担保债务履行的特定的物。例如,甲向乙借款200万元人民币,为保证按时偿还借款,将自己的房屋抵押给乙。在这个法律关系中,甲既是债务人,又是抵押人;乙既是债权人,又是抵押权人;房屋是抵押财产。有时,提供抵押财产的人并非债务人,而是主债权债务合同的当事人以外的第三人,该第三人就是抵押人。例如,甲向乙借款,丙将自己的汽车抵押给乙,作为甲向乙履行债务的担保。这种情况下,丙为抵押人,乙为抵押权人,丙的汽车是抵押财产。

抵押权具有以下几个特征:

(一)抵押权是担保物权

抵押权以抵押财产作为债权的担保,抵押权人对抵押财产享有的权利,可以对抗物的所有人以及第三人。这主要体现在抵押权人对抵押财产有追及、支配的权利。所谓追及权,表现在抵押权设定后,抵押财产转让的,抵押权不受影响,抵押权仍存在于该抵押财产之上。所谓支配权,表现在抵押权人在抵押财产担保的债权已届清偿期而未受清偿,或者发生当事人约定的实现抵押权的情形时,有权依照法律规定,以抵押财产折价或者以拍卖、变卖抵押财产的价款优先受偿。

(二)抵押权是债务人或者第三人以其所有的或者有权处分的特定的财产设定的物权

作为抵押权客体的财产,必须是债务人或者第三人所有的或者依法有权处分的财产,对自己无所有权或者无处分权的财产不得设定抵押权。此外,债权人自己所有的财产也不得作为抵押权的客体。用于抵押的财产还应当是特定的。所谓特定的财产,可以是不动产,也可以是动产,不动产指不能移动或者移动后就会改变性质或者降低价值的物,如房屋、土地、林木。动产指不动产以外的物,如飞机、车辆、机器设备。抵押的财产不论是不动产还是动产,都必须是确定的或者是有具体指向的,如某栋房屋、某宗土地、某企业现有的及将有的产品等。传统的民法学理论认为，作为抵押权客体的物只能是不动产，而动产只能作为质权的客体。但是，随着经济的发展，人们越来越深刻地感到，作为担保物权客体的一些动产，不转移占有比转移占有更有利于经济活动的进行。因此，一些国家和地区规定了动产的抵押担保。比如，我国台湾地区制定了"动产担保交易法"。其规定，动产担保交易，谓依该"动产担保交易法"就动产设定抵押，或为附条件买卖，或依信托收据占有其标的之交易。机器、设备、工具、原料、半制品、成品、车辆、农林渔牧产品、牲畜及总吨位未满 20 吨之动力船舶或未满 50 吨之非动力船舶，均得为动产担保交易之标的物。物权法规定的用于抵押的财产既可以是不动产，也可以是动产，民法典物权编延续了该规定。

(三)抵押权是不转移标的物占有的物权

抵押权设定后，抵押人不必将抵押财产转移于抵押权人占有，抵押人仍享有对抵押财产的占有、使用、收益和处分的权利，这是抵押权区别于质权、留置权的特征。例如，债务人甲将自己所有的房屋作为担保财产抵押给乙，在抵押期间，甲仍可在该房屋内居住或者将该房屋出租给他人收取租金。抵押权无需转移抵押财产的占有具有下列优势：一是设定抵押权后，抵押人仍能占有抵押财产而进行使用、收益和处分，这对抵押人有利；二是抵押权人无需承担保管抵押财产的义务，但是能够获得完全的抵押财产权，这也对抵押权人有利；三是由于抵押财产仍然保存在抵押人处，抵押人可以对其抵押财产进行保值增值，资源可以得到有效利用，充分发挥物的使用价值。

(四)抵押权人有权就抵押财产优先受偿

优先受偿，指当债务人有多个债权人，其财产不足清偿全部债权时，有抵押权的债权人，可以优先于其他无抵押权的债权人而受到清偿。比如，甲各欠乙、丙、丁 100 万元贷款，但向乙借款时将自己的房屋抵押给乙，作为还款的担保。当甲破产，破产财产不足以清偿所欠的乙、丙、丁的债务时，乙可以要求就拍卖、变卖抵押房屋所得的价款优先受偿，而丙、丁只能在乙受偿后，就所剩余的价款按比例受偿。

实现抵押权必须符合法律规定的条件。实现抵押权应当具备以下条件之一：一是债务清偿期限届满，债务人不履行义务。清偿期限未届满，抵押权人无权就抵押财产优先受偿。二是发生当事人约定的实现抵押权的情形。比如，债权人与债务人约定，贷款只能用于教学大楼的建设，改变贷款用途的，双方的借贷法律关系终止，债务人须即刻归还已贷出款项，不能归还的，债权人可以拍卖债务人的抵押财产，就拍卖取得的价款优先受偿。当双方约定的实现抵押权的条件成就，即使债务清偿期限没有届满，抵押权人也有权就拍卖、变卖抵押财产的价款优先受偿。

第三百九十五条　债务人或者第三人有权处分的下列财产可以抵押：

（一）建筑物和其他土地附着物；

（二）建设用地使用权；

（三）海域使用权；

（四）生产设备、原材料、半成品、产品；

（五）正在建造的建筑物、船舶、航空器；

（六）交通运输工具；

（七）法律、行政法规未禁止抵押的其他财产。

抵押人可以将前款所列财产一并抵押。

【释义】　本条是关于抵押财产范围的规定。

根据本条规定，财产抵押必须符合两个条件：第一，债务人或者第三人对抵押财产有处分权；第二，是本条规定的可以抵押的财产。

债务人或者第三人对抵押财产有处分权包括：(1)债务人或者第三人是抵押财产的所有权人。(2)债务人或者第三人对抵押财产享有用益物权，法律规定该用益物权可以抵押。如城市房地产管理法第32条规定,房地产转让、抵押时,房屋的所有权和该房屋占用范围内的土地使用权同时转让、抵押。第48条规定,依法取得的房屋所有权连同该房屋占用范围内的土地使用权,可以设定抵押权。以出让方式取得的土地使用权,可以设定抵押权。(3)债务人或者第三人根据法律、行政法规的规定,或者经过政府主管部门批准,可以将其占有、使用的财产抵押。例如,《全民所有制工业企业转换经营机制条例》第15条第2款规定,企业根据生产经营的需要,对一般固定资产,可以自主决定出租、抵押或者有偿转让;对关键设备、成套设备或者重要建筑物可以出租,经政府主管部门批准也可以抵押、有偿转让。法律和行政法规另有规定的除外。

本条规定的可以抵押的财产包括:

(一)建筑物和其他土地附着物

建筑物包括住宅、体育馆等,但并非所有的建筑物都可以抵押,只有抵押人有权处分的建筑物才可以抵押。城市房地产管理法第48条第1款规定,依法取得的房屋所有权连同该房屋占用范围内的土地使用权,可以设定抵押权。按照这一规定,私人建造或者购买的住宅、商业用房;集体所有的乡镇企业厂房;企事业单位自建和购买的工商业用房、职工住房等,只要取得了所有权,就可以抵押。对于产权属于全民所有的房屋,包括国家确定给国家机关、全民所有制企事业单位、军队等使用的全民所有的房屋,未经依法批准,使用单位不得抵押。

其他土地附着物,指附着于土地之上的除房屋以外的不动产,包括桥梁、隧道、大坝、道路等构筑物,以及林木、庄稼等。比如,房前屋后属于公民个人所有的树木,公民个人在自留山、自留地和荒山、荒地、荒坡上种植的林木、农作物,集体所有的用材林、经济林、防护林、炭薪林,机关、部队、学校、厂矿、农场、牧场等单位种植的林木等。

(二)建设用地使用权

宪法第10条第1款规定:“城市的土地属于国家所有。”这一规定表明,我国城市土地的所有者是国家,其他任何组织或者个人对其所占用的城市的土地没有所有权,只有使用的权利。我国1982年宪法第10条第4款规定:“任何组织或者个人不得侵占、买卖、出租或者以其他形式非法转让土地。”随着改革开放发展,为了开发土地资源,合理利用土地,1988年的宪法修正案第2条删除了1982年宪法关于不得出租土地的规定,并补充规定:“土地的使用权可以依照法律的规定转让。”依据宪法,土地管理法对建设用地使用权作了规定。建设用地使用权是权利主体依法对国家所有的土地享有的占有、使用和收益的权利。按照现行法律规定,取得建设用地使用权主要有以下几种方式:(1)通过无偿划拨取得。即国家将国有土地依法确定给全民所有制单位、集体所有制单位或者个人使用。(2)通过出让取得。即国家将国有土地使用权在一定年限内出让给土地使用者,由土地使用者向国家支付土地使用权出让金。目前,出让国有土地使用权主要采取协议、招标、拍卖方式。(3)通过有偿转让取得。即土地使用者,将以出让方式获得的国有土地使用权,依法办理有关手续后,转移给他人使用。建设用地使用权取得的方式不同,权利人享有的处分权也不同,建设用地使用权可否抵押,取决于法律是否赋予权利人处分的权利。我国的一些法律对其作了规定,如根据城市房地产管理法第48条的规定,依法取得的房屋所有权连同该房屋占用范围内的土地使用权,以及以出让方式取得的土地使用权,可以设定抵押权。对于法律不允许抵押的建设用地使用权,不可以作为抵押标的物。

(三)海域使用权

海域属于国家所有,国家是海域所有权的唯一主体。2001年我国颁布了海域使用管理法,从法律上确立了海域使用权制度。单位和个人使用海域,必须依法取得海域使用权。海域使用权是一种用益物权,本法第328条规定,依法取得的海域使用权受法律保护。根据海域使用管理法,海域使用权取得的方式主要有三种:一是单位和个人向海洋行政主管部门申请;二是招标;三是拍卖。海域作为国家重要的自然资源实行有偿使用制度。单位和个人使用海域,应当按照国务院的规定缴纳海域使用金。海域使用权作为一项重要的财产权利,可以依法转让、继承。对于海域使用权能否抵押,海域使用管理法没有作出规定,物权法第 180 条关于可以抵押的财产范围中也没有明确列出海域使用权。

我国海域辽阔,海域资源丰富,开发潜力巨大,充分发挥海域使用权的使用价值及交换价值有利于大力发展海洋经济,进一步提高海洋经济的质量和效益。2012 年发布的《国务院关于印发全国海洋经济发展“十二五”规划的通知》中提出“探索海域使用权抵押贷款等创新模式,发展和培育海域使用权二级交易市场”,2016 年发布的《国务院关于全民所有自然资源资产有偿使用制度改革的指导意见》中提出“完善海域有偿使用分级、分类管理制度,适应经济社会发展多元化需求,完善海域使用权出让、转让、抵押、出租、作价出资(入股)等权能”。目前,《海域使用权管理规定》、《不动产登记暂行条例》及其实施细则也就海域使用权的抵押登记作了具体规定。民法典物权编在吸收相关意见的基础上在抵押财产的范围中增加规定了海域使用权。

(四)生产设备、原材料、半成品、产品

生产设备包括:工业企业的各种机床、计算机、化学实验设备、仪器仪表设备、通讯设备,海港、码头、车站的装卸机械,拖拉机、收割机、脱粒机等农用机械等。

原材料指用于制造产品的原料和材料,如用于炼钢的铁矿石,用于造纸的纸浆,用于生产家具的木料,用于制作面粉的小麦,用于建设工程的砖、瓦、沙、石等。

半成品指尚未全部生产完成的产品,如尚未组装完成的汽车,尚未缝制纽扣的服装,尚未成熟的农作物等。

产品指生产出来的物,如汽车、轮船等交通工具,仪表、仪器、机床等生产设备,电视机、电冰箱、大米、白面等生活用品。

担保法规定的可以抵押的财产主要是不动产,没有明确规定原材料、半成品、产品可以抵押。物权法的立法过程中对于是否限定动产抵押的范围曾有不同意见。一种意见认为,动产抵押的范围不宜过宽,理由是:(1)从国外的立法看,大多数国家和地区的动产抵押的范围限于大型机器设备、交通运输工具等经济价值比较大的动产。在实践中,设立抵押的动产也主要是机器设备、交通运输工具等价值较大的物,以其他动产抵押的比较少。(2)动产种类繁多,易于移动,公示问题难以解决,不对动产抵押作限制,会增加市场风险,不利于保护抵押权人和买受人的利益。另一种意见认为,对动产抵押的范围不宜作限制,理由是:(1)扩大动产抵押的范围,有利于当事人融资,特别是对于一些中小企业和农民来说,用于融资担保的只有动产,限制动产抵押的范围,不利于中小企业以及农村经济的发展。(2)扩大动产担保范围是现代担保法的发展趋势。目前,无论是英美法系国家的立法,还是联合国国际贸易法委员会和世界银行的担保交易示范法,都对动产抵押持开放态度,即使在法律中没有规定动产抵押或者动产抵押范围相当窄的大陆法系国家,在司法实践中也通过让与担保制度予以弥补。(3)当事人在进行交易时,无论接受何种类型的动产作为抵押财产,只要不是法律禁止抵押的财产,都应当尊重当事人对交易以及可能承担的风险所作的安排。至于动产抵押的公示问题,可以通过制度设计解决。经对上述意见反复研究,物权法从解决生产者,特别是农业生产者贷款难的实践需要出发,规定生产设备、原材料、半成品、产品可以抵押。民法典物权编也延续了物权法的规定,但是在动产抵押的具体制度设计上,对于动产浮动抵押的客体作了限制,即只能为"现有的以及将有的生产设备、原材料、半成品、产品",而对于一般的动产抵押,没有对其客体作出限制,即只要不是法律禁止抵押的动产,都可以作为抵押财产。

(五)正在建造的建筑物、船舶、航空器

担保法没有明确规定在建的建筑物、船舶、航空器可以抵押。实践中,建设工程往往周期长、资金缺口大,以正在建造的建筑物、船舶、航空器作为贷款的担保,对于解决建设者融资难、保证在建工程顺利完工具有重要作用，为此，物权法规定了在建的建筑物、船舶、航空器可以抵押，民法典物权编也延续了该规定。

（六）交通运输工具

交通运输工具包括飞机、船舶、火车、各种机动车辆等。

（七）法律、行政法规未禁止抵押的其他财产

这是一项兜底性规定，以适应不断变化的经济生活需要。这项规定表明，以前六项规定以外的财产抵押，必须同时具备两个条件：(1)不是法律、行政法规规定禁止抵押的财产；(2)债务人或者第三人对该财产有处分权。

本条第2款规定，抵押人可以将前款所列财产一并抵押。这是关于企业财产集合抵押的规定。根据该款规定，企业可以将企业的动产、不动产及其某些权利作为一个整体进行担保，如将厂房、机器设备、库存产成品、工业产权等财产作为总资产向银行抵押贷款。但是，企业将财产一并抵押时，各项财产的名称、数量等情况应当是明确的。

第三百九十六条　企业、个体工商户、农业生产经营者可以将现有的以及将有的生产设备、原材料、半成品、产品抵押，债务人不履行到期债务或者发生当事人约定的实现抵押权的情形，债权人有权就抵押财产确定时的动产优先受偿。

【释义】　本条是关于浮动抵押的规定。

浮动抵押指权利人以现有的和将有的全部财产或者部分财产为其债务提供抵押担保。债务人不履行到期债务或者发生当事人约定的实现抵押权的情形时，债权人有权就抵押财产确定时的动产优先受偿。比如，企业以现有的以及未来可能买进的机器设备、库存产成品、生产原材料等动产担保债务的履行。抵押权设定后，抵押人可以将抵押的原材料投入产品生产，可以买入新的机器设备，也可以卖出产品，抵押财产处于一种浮动的状态。然而，抵押权人实现抵押权时，抵押财产应当是确定的，抵押财产

需要从之前浮动的状态变为固定的状态。根据本法第411条的规定,当发生债务履行期限届满债权未实现、抵押人被宣告破产或者解散、发生当事人约定的实现抵押权的情形或者严重影响债权实现的其他情形时,抵押财产确定。也就是说,此时抵押人有什么财产,这些财产就是抵押财产。抵押财产确定前,抵押权人对于抵押人处分的财产不能追及,抵押人新增的财产要作为抵押财产;抵押财产确定后,对于抵押人转出的抵押财产,抵押权不受影响,仍对这些财产具有追及效力,而对于抵押人新增的财产,抵押权人不享有担保物权。抵押人以其全部财产设定浮动抵押的,只需要在登记时注明以全部财产抵押,即对抵押财产作概括性描述,不必详列抵押财产清单。以部分财产抵押的,则需要列明抵押的财产类别。

浮动抵押具有不同于固定抵押的两个特征:第一,浮动抵押设定后,抵押的财产不断发生变化,直到约定或者法定的事由发生,抵押财产才确定。第二,浮动抵押期间,抵押人处分抵押财产的,抵押权人对抵押财产无追及的权利,只能就约定或者法定事由发生后确定的财产优先受偿。

在物权法的立法过程中,对于应否规定浮动抵押制度,有不同意见。有的反对规定浮动抵押,理由是:(1)浮动抵押期间,抵押人可以自由处分抵押财产,由于抵押财产处于不确定状态,实现债权的风险很大。(2)浮动抵押制度有赖于良好的市场环境和社会信誉,而在当时我国的市场环境整体还不够完善、变动较大,在这样的背景下规定浮动抵押不利于保护债权人的利益。

有的认为应当规定浮动抵押,理由是:(1)有利于企业融资,促进经济发展。企业可以用现有的和将有的财产抵押,大大提高了企业的融资能力,特别是对于一些发展前景较好的中小企业,用作融资担保的不动产有限,浮动抵押制度可以为他们创造有利的发展条件。(2)有利于简化抵押手续,降低抵押成本。设定浮动抵押时,不需要对抵押财产的名称、数量、质量、状况、所在地制作详细目录表,只需要对抵押的财产进行概括性描述;抵押期间,企业可以在经营过程中处分抵押财产，新增财产不需要办理任何手续即成为抵押财产。(3)有利于企业正常经营。浮动抵押设定后，如果没有约定或者法定事由，抵押人可以对抵押财产行使占有、使用、收益和处分的权利，抵押权人不得对企业正常的经营活动进行干涉。(4)可以补充传统抵押的不足。传统抵押强调担保财产的特定性、担保财产的价值可预测性和保全性，但灵活性和融资性功能不足，而浮动抵押解决了这一问题。(5)符合国际通行做法。现在有相当多的国家实行了浮动抵押，经济全球化的大趋势要求在法律制度上与国际做法相一致。(6)实践的需要。近些年一些公司已经开始运用浮动抵押制度融资，特别在国际项目融资中，浮动抵押制度得到了广泛应用，许多商业银行也强烈呼吁尽早建立浮动抵押制度。经对上述意见和国内外做法反复研究，物权法规定了浮动抵押制度。目前，浮动抵押已经成为我国担保制度中的重要组成部分，在实践中运用较多也较为成熟，民法典物权编对物权法的规定予以了保留。

按照本条以及相关规定，设立浮动抵押应当符合下列条件：

第一，设立浮动抵押的主体限于企业、个体工商户、农业生产经营者。立法过程中，有人认为，设立浮动抵押的主体应当限定为股份有限公司，理由是，浮动抵押最大的风险是抵押人恶意处分抵押财产，而抵押权人无法进行有效监控。股份有限公司的规模比较大，信誉比较好，而且有强制信息披露制度，将浮动抵押的主体限于股份有限公司可以减少风险，保护交易安全。还有人认为，在市场经济条件下，哪些主体能够设立浮动抵押，应当由当事人自己选择，不宜由法律作出限制。考虑到我国设立浮动抵押，主要是为了解决中小企业和农民贷款难的问题，促进中小企业以及农村经济发展，因此，本法将设定浮动抵押的主体规定为企业、个体工商户和农业生产经营者。企业可以是国有独资企业、合伙企业、个人独资企业、公司制企业等，只要注册登记为企业的组织都可以设定浮动抵押。个体工商户是以个人或者家庭经营为主的经济单位，注册登记为个体工商户的，也都可以设立浮动抵押。

农业生产经营者,主要指农村承包经营户,也可以是其他从事农业生产的人。除了上述三项主体,非营利的法人和非法人组织、特别法人以及非从事生产经营的自然人等不可以设立浮动抵押。

第二,设立浮动抵押的财产限于生产设备、原材料、半成品、产品。对除此以外的动产不得设立浮动抵押,对不动产也不得设立浮动抵押。

第三,实现抵押权的条件是不履行到期债务或者发生当事人约定的实现抵押权的事由。(1)不履行到期债务。例如,债权人与债务人约定,债务人于2020年12月31日前归还债权人的贷款,但2020年12月31日24点前,债务人没有偿还债权人的贷款。(2)发生当事人约定的实现抵押权的条件。例如,债权人在贷款时与债务人约定,该贷款用于污水治理工程,不得挪作他用,挪作他用的,债权人有权收回贷款,不能收回的拍卖抵押的财产。如果发生了债务人改变贷款用途,又不能偿还贷款的情形,就可以实现抵押权。

第四,浮动抵押优先受偿的效力范围为抵押财产确定时的动产。根据物权法第181条的规定,当实现浮动抵押权的条件成就时,"债权人有权就实现抵押权时的动产优先受偿"。有的意见提出,"实现抵押权时"可能会被理解为本法第410条规定的当事人协议以折价、拍卖、变卖的方式实现抵押权或者请求法院拍卖、变卖抵押财产,但是浮动抵押优先受偿的效力范围应当为浮动抵押转化为固定抵押时所及的财产范围,即浮动抵押确定时的财产范围,抵押财产确定时的财产范围与实现抵押权时的财产范围很有可能不一致。为了避免产生歧义,本法将物权法中的"实现抵押权时"修改为"抵押财产确定时"。这一规定表达了三层意思:其一,抵押期间,抵押财产处于不确定状态。抵押人可以自由处分抵押财产,只有约定或者法定的实现抵押权的条件成就时,抵押财产才确定,债权人只能就该确定的抵押财产享有优先受偿的权利。其二,实现抵押权时确定的抵押财产与设立抵押权时的财产不必相同,通常也不会相同。其三,抵押财产如何确定,本法第

411 条作了明确规定，即在债务履行期限届满债权未实现、抵押人被宣告破产或者解散、出现当事人约定的实现抵押权的情形或者严重影响债权实现的其他情形时，抵押财产确定，抵押权人以该财产优先受偿。

需要注意的是，与物权法第 181 条相比，本条删除了“经当事人书面协议”的规定，这主要是因为本法第 400 条第 1 款已明确规定，设立抵押权，当事人应当采用书面形式订立抵押合同。为了避免重复，本条删去了要求书面协议的规定。但是设立浮动抵押仍要用书面形式订立抵押合同，该合同一般包括担保债权的种类和数额、债务履行期间、抵押财产的范围、实现抵押权的条件等。这里所说的抵押财产的范围并不要求详细列明，比如，以全部财产抵押的，可以写“以现有的或者将有的全部动产抵押”；以部分财产抵押的，可以写“以现有的和将有的鱼产品、蔬菜、水果抵押”。本法不承认以口头形式订立的浮动抵押合同。

动产浮动抵押是特殊的动产抵押，尽管与一般的动产抵押相比具有抵押财产在确定前具有浮动性、浮动抵押期间处分的财产不受追及等特征，但是在其他方面也适用动产抵押的一般规则。如在抵押财产的范围、抵押合同、抵押权的设立与对抗效力、抵押权的优先受偿顺位等方面都适用动产抵押的一般规则。

第三百九十七条　以建筑物抵押的，该建筑物占用范围内的建设用地使用权一并抵押。以建设用地使用权抵押的，该土地上的建筑物一并抵押。

抵押人未依据前款规定一并抵押的，未抵押的财产视为一并抵押。

【释义】　本条是关于建筑物与其占用范围内的建设用地使用权抵押关系的规定。

建筑物所有权和建筑物占用范围内的建设用地使用权各为独立的不动产权利。由于房屋具有依附土地存在的天然特性，房屋所有权依法转让,必然产生建设用地使用权是否一并转让的问题;同样,建设用地使用权依法转让,也会产生该土地上的建筑物所有权是否一并转让的问题。由于房地的不可分性,我国在处理房地关系时的一个重要原则就是"地随房走或者房随地走"的房地一体原则。所谓"地随房走"就是转让房屋的所有权时,建设用地使用权同时转让。所谓"房随地走",就是转让建设用地使用权时,该土地上的房屋所有权也应一并转让。这一原则也同样适用于抵押,在设定抵押权时,房屋的所有权和建设用地使用权应当一并抵押,只有这样,才能保证实现抵押权时,房屋所有权和建设用地使用权同时转让。例如,某甲将自己购买的商品房抵押给某乙,与此同时,其房屋占用范围内的建设用地使用权也应一并抵押。又如,某单位以出让方式取得了对某片土地的建设用地使用权,在建设用地的使用年限内,如果将该建设用地使用权抵押,在设定抵押权时,该土地上的房屋也应一并抵押。

尽管 1995 年颁布的担保法第 36 条就规定"以依法取得的国有土地上的房屋抵押的,该房屋占用范围内的国有土地使用权同时抵押。以出让方式取得的国有土地使用权抵押的,应当将抵押时该国有土地上的房屋同时抵押"。但实践中,还是出现了一些将房屋抵押,但不抵押建设用地使用权,或者抵押建设用地使用权,但不抵押房屋所有权的情况。针对这一问题,本条第 2 款规定:"抵押人未依据前款规定一并抵押的,未抵押的财产视为一并抵押。"也就是说,即使抵押人只办理了房屋所有权抵押登记,没有办理建设用地使用权抵押登记,实现房屋抵押权时,建设用地使用权也一并作为抵押财产。同样,只办理了建设用地使用权抵押登记,没有办理房屋所有权抵押登记的,实现建设用地使用权的抵押权时,房屋所有权也一并作为抵押财产。如果将房屋所有权和建设用地使用权分别抵押给不同的债权人,根据本条规定,前者的抵押效力将及于建设用地使用权,后者的抵押效力将及于房屋所有权,债权人在实现抵押权时,要以抵押登记的先后顺序确定优先受偿顺序。

第三百九十八条　乡镇、村企业的建设用地使用权不得单独抵押。以乡镇、村企业的厂房等建筑物抵押的，其占用范围内的建设用地使用权一并抵押。

【释义】 本条是关于乡镇、村企业的建筑物和建设用地使用权抵押的规定。

乡镇、村企业的建设用地使用权为集体所有的土地上设立的土地使用权，本法第361条规定，集体所有的土地作为建设用地的，应当依照土地管理的法律规定办理。我国对耕地实行特殊保护，严格限制农用地转化为建设用地。在2019年8月26日第十三届全国人民代表大会常务委员会第十二次会议通过《全国人民代表大会常务委员会关于修改〈中华人民共和国土地管理法〉、〈中华人民共和国城市房地产管理法〉的决定》之前，除兴办乡镇、村企业和村民建设住宅经依法批准使用本农民集体所有的土地，或者乡镇、村公共设施和公益事业建设经依法批准使用农民集体所有的土地的以外，任何组织和个人进行建设，需要使用土地的，必须依法申请使用国有土地。2013年11月，《中共中央关于全面深化改革若干重大问题的决定》中提出，建立城乡统一的建设用地市场，在符合规划和用途管制前提下，允许农村集体经营性建设用地出让、租赁、入股，实行与国有土地同等入市、同权同价。2019年土地管理法修改时，在集体经营性建设用地方面，创新性地改变了过去农村的土地必须征为国有土地才能进入市场的问题，允许土地利用总体规划、城乡规划确定为工业、商业等经营性用途并经依法登记的集体经营性建设用地，通过出让、出租等方式交由单位或者个人使用、建设。集体经营性建设用地出让、出租等，应当经本集体经济组织成员的村民会议2/3以上成员或者2/3以上村民代表的同意。除法律另有规定或者当事人另有约定外，通过出让等方式取得的集体经营性建设用地使用权可以转让、互换、出资、赠与或者抵押，集体经营性建设用地使用权的出租、出让及其转让、互换、出资、赠与、抵押的，参照同类用途的国有建设用地执行。集体建设用地的使用者应当严格按照土地利用总体规划、城乡规划确定的用途使用土地。

乡镇、村企业的建设用地与入市的集体经营性建设用地在使用主体、审批程序等方面有所不同。将乡镇、村企业的建设用地使用权抵押的,抵押权的实现可能会带来建设用地使用权出让的效果,即入市的效果。由于集体经营性建设用地入市有严格的要求,如必须符合规划、符合用途管制、经依法登记确权、通过集体的决议程序等,如果对乡镇、村企业的建设用地使用权抵押不作任何限制,可能出现规避法律,即以抵押为名,使不符合入市要求的集体所有的土地流入市场。为此本条规定,“乡镇、村企业的建设用地使用权不得单独抵押。以乡镇、村企业的厂房等建筑物抵押的,其占用范围内的建设用地使用权一并抵押”。也就是说,乡镇、村企业不能仅以集体所有的建设用地使用权抵押,但可以将乡镇、村企业的厂房等建筑物抵押,以厂房等建筑物抵押的,根据本法第397条“地随房走”的原则,其占用范围内的建设用地使用权一并抵押。法律虽然允许乡镇、村企业的建设用地使用权随厂房等建筑物一并抵押,但对实现抵押权后土地的性质和用途作了限制性规定。本法第418条规定,以集体所有土地的使用权依法抵押的,实现抵押权后,未经法定程序,不得改变土地所有权的性质和土地用途。也就是说,即使乡镇、村企业的建设用地使用权随其厂房等建筑物被拍卖、变卖了,受让的土地仍然属于农村集体所有,如果该土地原为工业用途,买受人应当严格按照该用途使用土地,未经有关部门批准,买受人不能将该土地用于商业、旅游和住宅建设。

第三百九十九条　下列财产不得抵押:

(一)土地所有权;

(二)宅基地、自留地、自留山等集体所有土地的使用权,但是法律规定可以抵押的除外;

（三）学校、幼儿园、医疗机构等为公益目的成立的非营利法人的教育设施、医疗卫生设施和其他公益设施；

（四）所有权、使用权不明或者有争议的财产；

（五）依法被查封、扣押、监管的财产；

（六）法律、行政法规规定不得抵押的其他财产。

【释义】 本条是关于禁止抵押的财产的规定。

根据本条规定，下列财产不得抵押：

（一）土地所有权

土地所有权包括国有土地的所有权，也包括集体所有土地的所有权。目前，我国法律没有规定国有和集体所有的土地所有权可以抵押。如果允许土地所有权抵押，实现抵押权后，必然带来土地所有权归属的改变，从而违反宪法和法律关于我国土地只能归国家或者集体所有的规定，因此，土地所有权不得抵押。

（二）宅基地、自留地、自留山等集体所有土地的使用权

近年来，我国农村土地制度改革不断深化，对于集体所有土地的使用权能否抵押的问题，法律和国家有关农村土地的政策经历了一系列变化。

担保法规定，耕地、宅基地、自留地、自留山等集体所有的土地使用权不得抵押；乡（镇）、村企业的土地使用权不得单独抵押，以乡（镇）、村企业的厂房等建筑物抵押的，其占用范围内的土地使用权同时抵押；依法承包并经发包方同意抵押的荒山、荒沟、荒丘、荒滩等荒地的土地使用权可以抵押。物权法规定，耕地、宅基地、自留地、自留山等集体所有的土地使用权不得抵押，但法律规定可以抵押的除外；乡镇、村企业的建设用地使用权不得单独抵押，以乡镇、村企业的厂房等建筑物抵押的，其占用范围内的建设用地使用权一并抵押；以招标、拍卖、公开协商等方式取得的荒地等土地承包经营权可以抵押。

根据上述法律，集体所有土地的使用权中以招标、拍卖、公开协商等方式取得的荒地等土地承包经营权以及乡镇、村企业的建

设用地使用权可以抵押。其他类型的集体所有土地的使用权有的与农民的人身属性联系密切、有的具有基本生活保障的功能，有的属于耕地涉及农业生产安全，为了避免集体土地的公有制性质被改变、耕地红线被突破、农民利益受到损害，基于当时的社会发展状况，上述法律对耕地、宅基地、自留地、自留山等集体所有的土地使用权的抵押作了禁止性的规定。

由于社会实践的发展，特别是由于我国当前处于由传统农业向现代农业转变的关键时期，禁止集体所有的土地使用权的抵押不利于盘活农民土地财产、不利于破解农村金融“缺血”和农民贷款难等问题。然而，集体所有的土地使用权又是农民最重要的土地财产权利，事关农民衣食所依和家人所居，对相关权利进行抵押可能会面临农民陷入失地困境的风险，因此相关改革必须慎重稳妥。

为了落实农村土地的用益物权，赋予农民更多财产权利，深化农村金融改革创新，有效盘活农村资源、资金、资产，为稳步推进农村土地制度改革提供经验和模式，2015年12月27日，第十二届全国人民代表大会常务委员会第十八次会议表决通过《关于授权国务院在北京市大兴区等232个试点县(市、区)、天津市蓟县等59个试点县(市、区)行政区域分别暂时调整实施有关法律规定的决定》，在试点地区分别暂时调整实施物权法、担保法关于集体所有的耕地使用权、集体所有的宅基地使用权不得抵押的规定，该决定授权于2017年12月31日到期。2017年12月27日，为了进一步深化农村金融改革创新，稳妥有序推进农村承包土地的经营权和农民住房财产权抵押贷款试点，更好地总结试点经验，为深化农村土地制度改革打好基础，第十二届全国人民代表大会常务委员会第三十一次会议表决通过《关于延长授权国务院在北京市大兴区等二百三十二个试点县(市、区)、天津市蓟州区等五十九个试点县(市、区)行政区域分别暂时调整实施有关法律规定期限的决定》，将上述授权决定的期限延长1年至2018年12月31日。2018年12月23日，国务院在第十三届全国人民代表大会常务委员会第七次会议上就暂时调整实施有关法律规定的情况向全国人民代表大会常务委员会作了报告。

对于集体所有的耕地使用权的抵押,上述报告指出,农村土地所有权、承包权、经营权“三权分置”改革的推进使农地抵押贷款前置条件已经具备,农地抵押贷款业务形成了包括确权颁证、交易流转、抵押财产价值评估和处置等在内的完整闭环,农地抵押贷款全面推开条件已经成熟。经过 3 年试点,农村承包土地的经营权抵押已经取得显著成效,适时修改农村土地承包法,将承包土地的经营权抵押通过立法加以确认,已经时机成熟。在 2018 年 12 月 29 日,第十三届全国人民代表大会常务委员会第七次会议表决通过了《关于修改〈中华人民共和国农村土地承包法〉的决定》,落实了中央关于承包地“三权分置”的改革要求,对于以家庭承包方式取得的承包地,修改后的农村土地承包法第 9 条规定:“承包方承包土地后,享有土地承包经营权,可以自己经营,也可以保留土地承包权,流转其承包地的土地经营权,由他人经营。”“三权分置”之后,要在落实农村土地集体所有权的基础上,稳定农户承包权、放活土地经营权,允许承包土地的经营权向金融机构抵押融资,为此,修改后的农村土地承包法在第 47 条第 1 款规定:“承包方可以用承包地的土地经营权向金融机构融资担保,并向发包方备案。受让方通过流转取得的土地经营权,经承包方书面同意并向发包方备案,可以向金融机构融资担保”。与此相衔接,担保法、物权法中有关耕地使用权不得抵押的规定在此次民法典编纂过程中作出了相应修改,民法典物权编删除了物权法中关于耕地使用权不得抵押的规定。

对于集体所有的宅基地使用权的抵押,《国务院关于全国农村承包土地的经营权和农民住房财产权抵押贷款试点情况的总结报告》指出,农房抵押贷款在各地发展极不平衡,且宅基地制度改革尚未完成、缺乏司法处置的法律依据,农房流转和处置仍面临较大障碍,农房抵押贷款未形成有效闭环。目前,宅基地“三权分置”整体改革方案仍在研究中,农房抵押贷款业务拟纳入宅基地“三权分置”改革的大盘子统筹考虑。2018年12月31日后,物权法第184条和担保法第37条相关规定恢复施行。在宅基地“三权分置”改革取得实质性进展基础上,再视情考虑物权法、担保法修改问题。从试点情况可看出,目前我国宅基地使用权的抵押条件尚不成熟,宅基地是农民生活的必需和赖以生存的所在,特别是农民一户只有一处宅基地,农村居民出卖、出租住房后再申请宅基地的不予批准,这一点与城市居民是不同的。农民一旦失去住房及其宅基地,将会丧失基本生存条件,影响社会稳定。为了维护现行法律和现阶段国家有关农村土地政策,民法典物权编延续了担保法、物权法的相关规定,禁止以宅基地使用权抵押。

自留地、自留山是农民作为生活保障的基本生产资料,带有社会保障性质,从保护广大农民的根本利益出发,民法典物权编延续了担保法、物权法的相关规定,禁止以自留地、自留山的使用权抵押。

虽然宅基地、自留地、自留山等集体所有土地的使用权不得抵押,但是也有一些集体所有的土地的使用权依法可以抵押,如本法以及农村土地承包法规定的以家庭承包方式取得的承包地的土地经营权、以招标、拍卖、公开协商等方式承包农村土地的土地经营权,土地管理法规定的通过出让等方式取得的集体经营性建设用地使用权等,为此本条第2项规定“但是法律规定可以抵押的除外”。

(三)学校、幼儿园、医疗机构等为公益目的成立的非营利法人的教育设施、医疗卫生设施和其他公益设施

担保法第37条、物权法第184条均规定,学校、幼儿园、医院等以公益为目的的事业单位、社会团体的教育设施、医疗卫生设施和其他社会公益设施不得抵押。民法典物权编的立法过程中,对这一规定曾有不同意见。有的认为,随着教育体制和医疗体制的改革,出现了越来越多的民办学校和医疗机构。民办学校、幼儿园、医疗机构等国家投资少、融资需求大,又没有教育设施、医疗卫生设施以外的其他财产作为融资的担保,仅靠捐助或者投资

人的继续投入等方式筹资,难以满足要求。因此,应当将学校、幼儿园、医疗机构分为公办或者民办,允许民办学校、医疗机构的教育设施、医疗卫生设施和其他公益设施抵押。有的建议规定,学校、幼儿园、医疗机构的教育设施、医疗卫生设施和其他公益设施可以抵押,但实现抵押权时,不得改变学校、医疗机构等的性质和用途。

经对上述意见反复研究,在民法典物权编的立法过程中,考虑到民办学校、民办医院等已经进行了分类管理改革,结合本法总则编中关于法人分类的规定,本法对物权法的上述规定作了相应修改。即对于属于非营利法人的学校、幼儿园、医疗机构等的教育设施、医疗卫生设施和其他公益设施不得抵押,主要理由为:属于非营利法人的学校、幼儿园、医疗机构等不论是公办的,还是民办的,都是为社会公益目的而设立的。学校、幼儿园的教育设施是用来教书育人的,如果允许以学校的教育设施抵押,一旦实现抵押权,不仅办学目的难以达到,严重的可能造成学生失学,影响社会安定。从国家、民族的未来考虑,从维护社会安定出发,从教育的目的着眼,应当禁止以教育设施抵押。医疗机构是为了保证公众健康而设立的,也是一种公益事业,医疗机构在设置的区域布局、服务人口的数量、等级配置等方面都有统筹安排和考虑,尤其是农村,一个区域甚至只有一所医院,如果允许以医疗卫生设施抵押,一旦医疗机构无法偿还贷款,抵押权人要求拍卖医疗卫生设施用以清偿债务,就会影响公众看病就医,不利于保障人民的健康。需要说明的是,本条禁止抵押的,只是学校等非营利法人的教育设施和医疗卫生设施,如教学楼、实验室、教学用计算机、实验设备,医疗机构的门诊大楼、住院部、X 光机、CT 机、化验仪器等。而对于属于营利法人的民办学校、民办医疗机构等,其教育设施、医疗卫生设施等可以依法抵押。

除学校、幼儿园、医疗机构以外,其他以公益为目的成立的非营利法人的社会公益设施也不得抵押,如不得将公共图书馆、科学技术馆、博物馆、国家美术馆、少年宫、工人文化宫、敬老院、残疾人福利基金会等用于社会公益目的的设施抵押。

（四）所有权、使用权不明或者有争议的财产

财产所有权是权利主体依法对自己的财产占有、使用、收益和处分的权利。财产使用权是依法对财产占有、使用、收益的权利。如果一项财产的所有权或者使用权不明确，甚至是有争议的，将其抵押不仅可能侵犯所有权人或者使用权人的合法权利，而且可能引起矛盾和争议，使得社会关系更加紊乱，危害交易安全。因此，所有权、使用权不明或者有争议的财产不得抵押。

（五）依法被查封、扣押、监管的财产

依法查封、扣押财产，指人民法院或者行政机关采取强制措施将财产就地贴上封条或者运到另外的处所，不准任何人占有、使用或者处分。依法监管的财产，指行政机关依照法律规定监督、管理的财产。比如，海关依照有关法律、法规，监管进出境的运输工具、货物、行李物品、邮递物品和其他物品，对违反海关法和其他有关法律、法规规定的进出境货物、物品予以扣留。依法被查封、扣押、监管的财产，其合法性处于不确定状态，国家法律不能予以确认和保护。因此，禁止以依法被查封、扣押、监管的财产抵押。

（六）法律、行政法规规定不得抵押的其他财产

这是一项兜底性规定。除本条前五项所列不得抵押的财产外，在设定抵押权时，还要看其他法律、行政法规有无禁止抵押的规定。

第四百条　设立抵押权，当事人应当采用书面形式订立抵押合同。

抵押合同一般包括下列条款：

（一）被担保债权的种类和数额；

（二）债务人履行债务的期限；

（三）抵押财产的名称、数量等情况；

（四）担保的范围。

【释义】 本条是关于订立抵押合同的规定。

设立抵押权是抵押人与抵押权人之间的民事法律行为，该种行为不仅要求当事人双方意思表示一致，还要求通过一定的法律形式表现出来，该种法律形式就是合同。合同有口头和书面之分，口头合同一般适用于数额不大或者即时结清的民事法律行为，对于比较重大、容易发生纠纷或者需经一段时间才能终结的民事法律行为，则应当采用比较严格的书面形式。抵押涉及的财产数额较大，法律关系比较复杂，而且要在一段时间内为债权担保，因此，本条要求采用书面形式订立抵押合同。

在订立抵押合同时，当事人应当对彼此的权利义务尽可能的约定清楚、明确。本条关于抵押合同内容的规定，是提示性、指导性的。根据本条规定，抵押合同一般包括以下内容：

（一）被担保债权的种类和数额

被担保债权的种类，主要指主债权是财物之债，还是劳务之债。财物之债，指以给付一定财物为内容的债。这里的财物可以是特定物，如某种文物；也可以是金钱或者其他替代物，如一定数量的金钱、钢材、大米等。劳务之债，指债务人提供一定的劳务为义务内容的债。这里的劳务，可以有一定的物化结果，如承揽人提供的劳务；也可以没有一定的物化结果，如承运人提供的劳务。被担保债权的数额，指主债权的财物金额，或者对劳动者支付的工资、劳务费的金额。

（二）债务人履行债务的期限

履行债务的期限，指债务人履行债务的最终日期。超过债务履行期限债务人未履行债务的，就产生以抵押财产折价或者拍卖、变卖抵押财产偿还债务的法律后果。比如债权人与债务人约定债务在2020年4月30日前履行，4月30日就是债务人履行债务的最后期限，过了4月30日24点，债务人没履行债务的，债权人有权就抵押财产实现抵押权。由于履行债务的期限是抵押权人可以实现抵押权的起算点，因此，抵押合同对此应有明确规定。

（三）抵押财产的名称、数量等情况

抵押财产的名称，是指抵押的是何种标的物，如是房屋、建设用地使用权还是机器设备。数量，是指抵押财产有多少，如房屋几间，土地多大，机器设备有几台。2007年颁布的物权法第185条第2款规定了抵押合同一般包括的条款，其中第3项为抵押财产的名称、数量、质量、状况、所在地、所有权归属或者使用权归属。在民法典物权编的审议过程中，有的常委委员、地方和部门提出，为进一步改善营商环境，赋予当事人更大的自主权，建议允许担保合同对担保财产只作概括性的描述。据此，民法典物权编简化规定了抵押合同的一般条款，将物权法规定的抵押合同包括"抵押财产的名称、数量、质量、状况、所在地、所有权归属或者使用权归属"修改为"抵押财产的名称、数量等情况"，允许当事人对担保财产进行一般性或者概况性描述。

（四）担保的范围

抵押财产担保的范围包括主债权及其利息、违约金、损害赔偿金和实现抵押权的费用。主债权，指债权人与债务人之间因债的法律关系所发生的原本债权，如金钱债权、交付货物的债权、提供劳务的债权。利息是货币在一定时期内的使用费。利息可以按照法律规定确定，也可以由当事人自己约定，但当事人不能违反法律规定约定过高的利息，否则超过部分的利息无效。违约金，指合同一方在不履行或不适当履行合同时，为违约行为支付的带有惩罚性或者补偿性的金钱。比如，债务履行期限届满债务人没有偿还所借金钱，为了补偿债权人因此而受到的损失，或者为了惩罚债务人的违约行为，要求债务人支付主债权标的额3%的违约金。损害赔偿金，指债务人因不履行合同或者不适当履行合同给债权人造成损害而支付的赔偿费用。比如，合同约定甲应向乙交付钢材，但甲交付的钢材的质量不符合合同要求，为此乙要求甲赔偿。实现抵押权的费用，指抵押权人因行使抵押权而支出的费用，如拍卖、变卖抵押财产所产生的费用。

当事人可以在合同中约定抵押担保的范围只包括上述一项

或者几项，也可以约定对上述各项都承担担保责任。担保的范围依当事人的约定而确定；当事人对担保的范围没有约定的，抵押人应当对主债权及其利息、违约金、损害赔偿金和实现担保物权的费用承担担保责任。

设立抵押权是双方民事法律行为，抵押合同除包括上述四项内容以外，当事人之间可能还有其他认为需要约定的事项，如抵押财产的保险责任由谁承担，抵押人如果提前偿还债权向谁提存，发生纠纷后是否申请仲裁等，这些内容也可以在协商一致的情况下在抵押合同中进行约定。

抵押合同应当具备上述规定的内容，这对于确定抵押合同双方当事人的权利义务，明确各方责任是极其必要的。实际上，合同订立得越细致，对各方权利义务的保护就越充分。但在实践中，由于一些当事人的疏忽或者法律意识淡薄，一些法律要求的在合同中订立的条款，当事人并没有订立。如果认为合同缺少某一项条款就归于无效，不利于经济活动的稳定和顺利进行，而且事实上，一些缺少法律形式要件的合同已被无争议地履行了。因此，本条对于合同内容的要求是指导性的，而不是强制性的。如果合同中缺少法律要求的某项内容，当事人可以在订立合同后补正，一般来说，补正的时间越早越好。补正合同，当事人双方应当协商一致。

第四百零一条　抵押权人在债务履行期限届满前，与抵押人约定债务人不履行到期债务时抵押财产归债权人所有的，只能依法就抵押财产优先受偿。

【释义】 本条是关于流押条款效力的规定。

流押条款，指债权人在订立抵押合同时与抵押人约定，债务人不履行债务时抵押财产归债权人所有。担保法以及物权法均禁止当事人约定流押条款。担保法第 40 条规定：“订立抵押合同时，抵押权人和抵押人在合同中不得约定在债务履行期届满抵押权人未受清偿时,抵押物的所有权转移为债权人所有。”担保法这样规定,主要考虑在设立抵押权时,抵押人处于资金需求者的地位,一些抵押人出于紧急需要,可能不惜以自己价值很高的抵押财产去为价值远低于该抵押财产的债权担保,比如,甲向乙借款10万元人民币,以自己价值100万元人民币的房屋抵押担保。如果允许抵押权人和抵押人在订立抵押合同时约定在债务履行期限届满抵押权人未受清偿时,抵押财产归债权人所有,那么,一些抵押人为了眼前的急迫需要,就可能作出不利于自己的选择。这样的结果,不仅不利于保护抵押人的合法权益,也与民法规定的平等、公平的原则相悖。

对于禁止流押条款的规定,一些人有不同的意见,他们认为:第一,禁止流押的规定违背当事人意思自治的原则。流押条款仅涉及抵押人与抵押权人,如果抵押人与抵押权人在没有欺诈、胁迫或者其他违法事由的情形下,自愿达成流押条款没有什么不可以。第二,流押条款的订立并非都对抵押人不公平。抵押财产的价值并非一成不变,有可能出现设立抵押时抵押财产的价值远远大于所担保的债权,而实现抵押权时抵押财产的价值却一落千丈,反而远远小于所担保的债权。如果抵押权人就这些抵押财产与抵押人做了流押的约定,那么当抵押权实现时抵押财产价值跌落,债权人反而深受其害。第三,订立流押条款,可以使实现抵押权成本最小化。

在物权法的立法过程中,没有接受上述意见。理由是:第一,抵押权人与抵押人签订流押条款,从形式上看好像是自愿,但实质上是否自愿,是否没有胁迫是很难判断的。真正公平的意思自治必须通过制度保障。第二,禁止流押的规定不仅追求对抵押人的公平,也要保证对抵押权人公平,如果流押条款订立后,因抵押财产价值缩减导致债权无法满足,对债权人也是不公平的。抵押权的设立不是风险投资,需要公平地保障债权人和抵押人的合法权益。第三,流押条款还可能损害抵押人的其他债权人的利益。第四,流押条款订立后,当事人双方是否依照约定履行了合同,不履行的原因是什么,可能相当复杂,如果因抵押权人的原因造成债务不履行,抵押权人又可以将抵押财产直接转为自己所有,可能会引发更大的麻烦,带来当事人双方特别是债务人的更高的成本。

流押条款看起来实现成本比较低,但是如果低成本不能带来公平的、高质量的经济社会效益,也会产生很多负面影响。为此,在制度设计上需要作出改进,以使抵押权的实现程序更简便、高效、低成本。事实上,物权法第 195 条规定,债务人不履行到期债务或者发生当事人约定的实现抵押权的情形时,抵押权人可以与抵押人协议以抵押财产折价或者以拍卖、变卖该抵押财产所得的价款优先受偿。抵押权人与抵押人未就抵押权实现方式达成协议的,抵押权人可以请求人民法院拍卖、变卖抵押财产。按照这一规定:(1)抵押权的实现可以是低成本的。当债务不履行或者发生当事人约定的实现抵押权的情形时,抵押人与抵押权人可以就实现抵押权的方式协议。当事人就抵押权的实现方式进行协议时,可以采用折价的方式,折价实际上就是将抵押财产的所有权转让给抵押权人。在实现抵押权时进行协议,抵押财产的价格可以参照当时的市场价格确定,比流押条款依订立时的抵押财产价格确定更公平合理,因而也更容易为双方当事人接受。(2)简化了担保物权的实现程序。担保法规定抵押权人与抵押人就实现抵押权的方式达不成协议的,要向人民法院提起诉讼,而物权法规定,达不成协议的,可以直接请求人民法院拍卖、变卖抵押财产,适用特别程序。

在民法典物权编的编纂过程中,一些意见提出,物权法规定当事人在债务履行期限届满前,不得约定债务人不履行到期债务时抵押财产归债权人所有,但是没有明确规定如果进行了这样的约定,该约定的效力如何。一些意见认为,应当明确规定流押条款无效,这才符合禁止流押的宗旨。另一些意见认为,如果当事人约定了流押条款,那么当事人之间抵押担保的法律关系的效力如何须进一步明确。可以在允许抵押权人取得抵押财产所有权的前提下,强制性地对抵押权人课以清算义务,即对于抵押财产价值超过债权部分应当返还抵押人,不足清偿担保债权的部分,仍由债务人清偿。

我们研究认为,抵押权性质上属于担保物权,抵押权人设立抵押权的目的在于支配抵押财产的交换价值而使债权获得清偿,而不是取得抵押财产的所有权。如果承认流押条款的效力,债务人届期不履行债务时,债权人不经过任何清算程序即可获得抵押财产所有权,有违抵押权的担保物权本质,应当否认抵押权人可以取得抵押财产所有权的事先约定的效力。然而,当事人之间订立流押条款时,存在为债权进行担保的意思表示,如果否认该抵押权的效力会使债权人的债权变成完全无担保的普通债权,这既不符合债权人与抵押人之间的意思自治,也会造成债权人的利益失衡。在对民法典物权编草案进行二次审议以及向社会各界征求意见时,有的专家学者、单位提出,为进一步优化营商环境,建议完善草案中有关流押条款、流质条款的效力,明确当事人事先作出此类约定的,仍享有担保权益,但是只能依法就抵押财产或者质押财产优先受偿。宪法和法律委员会经研究,建议采纳这一意见。为此,民法典物权编对物权法的规定进行了修改,明确了流押条款的效力,规定:抵押权人在债务履行期限届满前,与抵押人约定债务人不履行到期债务时抵押财产归债权人所有的,只能依法就抵押财产优先受偿。这表明当事人订立流押条款的,发生实现抵押权的情形时,抵押财产不能直接归债权人所有,而是应当根据本法第410条、第413条规定的实现抵押权的方式就抵押财产优先受偿。需要注意的是,当事人之间订有流押条款的,债权人依法就抵押财产优先受偿,需要满足抵押权设立的前提条件,即不动产抵押权经登记设立;动产抵押权经抵押合同生效设立,未登记的不得对抗善意第三人。

第四百零二条　以本法第三百九十五条第一款第一项至第三项规定的财产或者第五项规定的正在建造的建筑物抵押的,应当办理抵押登记。抵押权自登记时设立。

【释义】 本条是关于不动产抵押登记的规定。

财产抵押是重要的民事法律行为,法律除要求设立抵押权要订立书面合同以外,还要求对某些财产办理抵押登记,不经抵押登记,抵押权不发生法律效力。这类财产主要是不动产,本法第209条第1款规定,不动产物权的设立、变更、转让和消灭,经依法登记,发生效力;未经登记,不发生效力,但是法律另有规定的除外。根据本条规定,需要进行抵押登记的财产为:(1)建筑物和其他土地附着物;(2)建设用地使用权;(3)海域使用权;(4)正在建造的建筑物。抵押登记,便于债权人查看抵押财产的权属关系以及是否负担其他的用益物权、担保物权等权利,以决定是否接受该财产抵押担保;可以使得实现抵押权的顺序清楚、明确,防止纠纷的发生;可以产生对抗第三人的效果,有利于保护债权人的合法权益,有利于经济活动的正常进行。

对于抵押登记的效力,担保法第41条规定:"当事人以本法第四十二条规定的财产抵押的,应当办理抵押物登记,抵押合同自登记之日起生效。"物权法第187条将担保法上述条文中的"抵押合同自登记之日起生效"修改为"抵押权自登记时设立",主要考虑到抵押合同的订立是发生物权变动的原因行为,属于债权关系范畴,其成立、生效应当依据合同法确定。抵押权的效力,除了要求抵押合同合法有效这一要件以外,还必须符合物权法的公示原则。将抵押合同的效力和抵押权的效力混为一谈,不利于保护抵押合同当事人的合法权益。例如,甲与乙订立了房屋抵押合同,但是甲拖着不为乙办理抵押登记,随后甲又将该房屋抵押给了丙,与丙办理了抵押登记。根据物权法第187条的规定,当甲不履行债务时,由于丙办理了抵押登记享有抵押权,可以优先受偿,而乙没有办理抵押登记,不享有抵押权。如果认为不办理抵押登记则抵押合同不发生效力,那么,乙不仅不能享有抵押权,连追究甲合同违约责任的权利都丧失了,这不仅对乙不公平,也会助长恶意损害他人权益的行为,不利于社会经济秩序的维护。因此,物权法区分了抵押合同效力和物权变动效力。民法典物权编延续了物权法第 187 条的规定，对于以本条规定的不动产设立抵押的，应当办理抵押登记，抵押权自登记时设立。

第四百零三条　以动产抵押的，抵押权自抵押合同生效时设立；未经登记，不得对抗善意第三人。

【释义】　本条是关于动产抵押效力的规定。

根据本法第 395 条第 1 款第 4～6 项的规定，生产设备、原材料、半成品、产品，正在建造的船舶、航空器，交通运输工具等动产都可以成为抵押的客体。根据本法第 396 条的规定，企业、个体工商户、农业生产经营者还可以以现有的以及将有的生产设备、原材料、半成品、产品抵押。对于动产抵押的效力，本条规定，以动产抵押的，抵押权自抵押合同生效时设立；未经登记，不得对抗善意第三人。需要说明的是，本条既适用于一般的动产抵押，也适用于浮动抵押。

抵押登记，可以使抵押财产的潜在买受人明晰财产的物上负担，以避免交易风险，可以使债权人查看抵押财产的权属关系以及曾否抵押过，以决定是否接受该财产抵押担保，也可使实现抵押权的顺序清楚明确，预防纠纷发生，对于保护债权人和善意第三人的合法权益和经济活动的正常进行具有重要意义。对于不动产抵押，应当办理抵押登记，不办理登记的，抵押权不发生效力，而对于动产抵押，抵押权不以登记为生效要件，登记仅具有对抗效力，主要原因在于：第一，对于某些交通运输工具的抵押，我国有关法律都采用了登记对抗制度。例如，民用航空法第 16 条规定："设定民用航空器抵押权，由抵押权人和抵押人共同向国务院民用航空主管部门办理抵押权登记；未经登记的，不得对抗第三人。"海商法第 13 条第 1 款规定"设定船舶抵押权，由抵押权人和抵押人共同向船舶登记机关办理抵押权登记；未经登记的，不得对抗第三人。"对于其他价值相对较小的动产设定抵押权，更没有必要实行登记生效主义。第二，当事人采用对动产不转移占有的抵押方式担保债权的实现往往是基于双方的信任,如果对这些动产抵押也要求抵押登记才能生效,可能会对当事人造成不方便,也会增加抵押人的交易成本,特别是浮动抵押主要是解决中小企业、个体工商户、农业生产经营者贷款难的问题,他们本身缺乏资金,而我国幅员辽阔,一些人又处于比较偏远的地区,办理抵押登记会有一定困难。此外,由于动产便于移动,具有流动性强的特点,即使办理了抵押登记,也不能保证所有权人不将已抵押的动产转让给他人。因此,本条对以动产抵押的没有采用登记生效制度,当事人以这些动产抵押的,可以办理抵押登记,也可以不办理抵押登记,抵押权不以登记为生效条件,而是自抵押合同生效时设立。合同生效后,即使当事人没有办理登记,债务人不履行债务时,抵押权人仍然可以就实现抵押权的价款优先受偿。

但是,办理与不办理抵押登记的法律后果是不同的,未办理抵押登记的,不得对抗善意第三人。善意第三人,指不知道也不应当知道该财产已经被抵押的事实的人。所谓不得对抗善意第三人,包括两方面含义:一是合同签订后,如果抵押人将抵押财产转让,对于善意取得该财产的第三人,抵押权人无权追偿,抵押权人将失去在该财产上的抵押权,只能要求抵押人重新提供新的担保,或者要求债务人及时偿还债务。二是抵押合同签订后,如果抵押人以该财产再次设定抵押或者质押,而后位抵押权人进行了抵押登记或者后位质权人因交付取得了对该动产的实际占有,那么,实现抵押权时,后位抵押权人以及后位质权人可以优先于前位未进行抵押登记的抵押权人受偿。办理抵押登记的,抵押权具有对抗第三人的法律效力。也就是说,抵押财产登记后,不论抵押财产转移到谁手中,只要债务履行期限届满债务人没有履行债务,抵押权就具有追及效力,抵押权人可以就该抵押财产实现抵押权。同时在受偿顺序上,已登记的抵押权优先于未登记的抵押权、后设立的抵押权以及质权受偿。由此可见,为了切实保障自己债权的实现,抵押权人最好进行抵押登记。

第四百零四条　以动产抵押的,不得对抗正常经营活动中已经支付合理价款并取得抵押财产的买受人。

【释义】 本条是关于动产抵押不得对抗正常经营活动中的买受人的规定。

对于正常经营活动中的买受人的保护,根据物权法第181条及第189条的规定,企业、个体工商户、农业生产经营者以现有的以及将有的生产设备、原材料、半成品、产品抵押的,不得对抗正常经营活动中已支付合理价款并取得抵押财产的买受人。因此,物权法规定的正常经营活动中的买受人的保护只限于在浮动抵押的情形,之所以这样规定,主要因为:浮动抵押是现有的和将有的财产设定担保,抵押期间抵押人可以占有、使用、处分抵押财产,如果以全部或者部分动产抵押,又不让抵押人处分该财产,抵押人的经营活动就无法进行了。特别是浮动抵押的标的物通常是原材料、库存产品,这些动产经常处于流动过程中,既然法律允许浮动抵押人在抵押期间处分抵押财产,且不必通知抵押权人,那么对于浮动抵押财产的买受人就应当给予一定的保护。否则,所有动产的买受人为避免买受的货物被在先设立的抵押权所追及,在每次交易前都必须查阅登记资料来看该货物上是否设有浮动抵押,这样将使动产交易活动变得极其滞重,也让动产以占有作为权利外观的一般规则受到冲击,不能适应现代商业的需要。为此,物权法在浮动抵押的情形中对正常经营活动中的买受人确立了特别保护规则,即无论浮动抵押是否登记,只要抵押财产的买受人为正常经营活动中已支付合理价款并取得抵押财产的买受人,其买受的财产不受抵押权的追及。

在民法典物权编的编纂过程中,有些意见提出,物权法中正常经营活动中的买受人的保护规则仅适用于浮动抵押的情形,一般的动产抵押中没有类似的规定。但是依据物权法第180条第1款第4项的规定,在原材料、半成品、产品上也可以设定一般的动产抵押权,而这些财产在性质上属于存货,常常在正常经营活动中被卖出,如果正常经营活动中的买受人的保护规则不适用于一般的动产抵押的情形,那么一般的动产抵押权人可以对抗正常经营活动中该抵押财产的买受人,这意味着以后所有正常经营活动中的买受人在交易之前都需要查阅所要购买的物品上是否存在抵押以及该抵押是一般的动产抵押还是浮动抵押,这既不合交易习惯,也会降低交易效率。例如,一个大卖场将其现有的以及将有的所有商品为银行设定了浮动抵押并登记,顾客可以在付款后取得商品的所有权并且不受浮动抵押权的追及。但是,假如该大卖场只是就某一批商品为银行设定了一般的动产抵押权并登记,由于正常经营活动中的买受人的保护规则仅适用于浮动抵押的情形,顾客付款后取得的商品上仍负担着一般的动产抵押权,抵押权人可以追及该商品并就该商品优先受偿。顾客同样是去大卖场购买商品却有不同的遭遇,这不尽合理。此外,在国外立法例中,如《美国统一商法典》第9编、《联合国国际贸易法委员会担保交易示范法》等,无论是一般的动产抵押还是浮动抵押,都不得对抗正常经营活动中的买受人,着眼点在于是否为正常经营活动,而不在于担保的形式。因此,建议将正常经营活动中的买受人的保护规则的适用范围扩大至一般的动产抵押。在民法典物权编的立法过程中,吸收了上述意见,将物权法中适用于动产浮动抵押的正常交易活动中的买受人的保护规则上升为动产抵押权的一般规则,适用于一般的动产抵押以及浮动抵押情形。

但是,对于动产买受人的保护又不能漫无边际,否则设立抵押权就会失去意义。按照本条规定,受到保护的买受人必须符合以下条件:第一,买受人是在正常经营活动中买受了抵押财产,即出卖人出卖抵押财产是其正常的经营活动,而买受人既可以是在存货融资中,买受出卖人在正常经营过程中出售的已设定担保的存货的人,也可以是市场交易中的消费者。买受人取得的标的物应当是出卖人通常销售的动产,而出卖人也一般以销售该类动产为业。例如,同样是生产设备,甲公司为制造销售生产设备的厂商,其出卖生产设备构成正常经营活动;乙公司不是制造销售生产设备的厂商,其生产设备主要用于生产活动,其出卖生产设备的行为不属于正常经营活动。第二,买受人必须已经支付合理价款。在判断买受人支付价款是否合理时,应当根据转让标的物的性质、数量以及付款方式等具体情况,参考转让时交易地市场价格以及交易习惯等因素综合认定。第三,买受人已取得抵押财产,即抵押财产的所有权已通过交付转让给买受人。具备这三个条件,无论该动产抵押是否登记,抵押财产的买受人可以对抗抵押权人,即买受人可以取得买受的抵押财产的所有权并且不受抵押权人的追及。

第四百零五条　抵押权设立前,抵押财产已经出租并转移占有的,原租赁关系不受该抵押权的影响。

【释义】 本条是关于抵押权和租赁权关系的规定。

以房屋等财产抵押的,在设定抵押权之前,有时该财产上已存在租赁法律关系,比如,甲将房屋抵押给乙之前,已经将该房屋出租给丙使用,这种在抵押权设立之前事先存在的租赁关系是否继续有效呢?从理论上讲,财产租赁属于债权的范畴,根据物权优先于债权的原则,财产所有权人将已出租的财产转让给第三人的,第三人取得财产的所有权的同时,承租人的租赁关系即归于消灭。承租人可以要求出租人承担债务不履行的违约责任,但是不能向租赁物的买受人要求继续履行租赁合同,因为承租人与买受人不存在租赁合同关系。但是,随着社会经济的发展,为了保护承租人尤其是不动产承租人的利益,维护社会稳定,现代各国民法都逐渐采取了增强租赁权效力的做法,将"买卖击破租赁"规则转为"买卖不破租赁"规则,即租赁关系成立后,即使出租人将租赁物转卖给第三人,该原已存在的租赁关系仍然对买受人有效,承租人仍然可以向受让人主张租赁权,受让人取得的是一项有租赁关系负担的财产所有权。1999年颁布的合同法也采取了"买卖不破租赁"的规则,合同法第229条规定:"租赁物在租赁期间发生所有权变动的,不影响租赁合同的效力。"本法第725条也规定："租赁物在承租人按照租赁合同占有期限内发生所有权变动的，不影响租赁合同的效力。"买卖等处分行为可以使租赁物的所有权发生变动，设定抵押也属于处分行为，在实现抵押权时会导致租赁物所有权的变动，可能影响到事先存在的租赁关系，为了保障承租人的权利，切实落实"买卖不破租赁"原则的精神，担保法第48条明确规定："抵押人将已出租的财产抵押的，应当书面告知承租人，原租赁合同继续有效。"物权法第190条也规定，订立抵押合同前抵押财产已出租的，原租赁关系不受该抵押权的影响。也就是说，因实现抵押权而将抵押财产转让时，抵押人与承租人之间原有的租赁关系不当然终止，承租人可以在租赁合同的有效期内继续享有承租的权利。

在民法典物权编的编纂过程中，有些意见提出，仅凭订立抵押合同的时间与订立租赁合同的时间来认定抵押权和租赁关系的先后，容易滋生道德风险。在实践中存在一些当事人恶意串通，通过虚构租赁关系或者倒签租赁合同的方式，侵害抵押权人的利益，为抵押权人实现抵押权制造障碍。同样，当事人之间也有可能虚构抵押关系或者倒签抵押合同，侵害承租人的利益。建议在认定抵押权和租赁关系的先后顺序时规定较为严格的条件。民法典物权编吸收了以上意见，将物权法中的"订立抵押合同前"修改为"抵押权设立前"，将"抵押财产已经出租的"修改为"抵押财产已出租并转移占有的"。即在判断租赁关系受不受抵押权的影响时，要看在抵押权设立前抵押财产是否已出租并转移占有。不动产抵押权在登记时设立，动产抵押权在订立抵押合同时设立，认定抵押权设立的时间分别以登记和订立合同的时间为准。要求已出租的抵押财产须在抵押权设立前转移占有，主要是考虑到保护承租人的权利要以承租人对租赁物有一定的支配利益为前提，如果承租人尚未取得对租赁物的占有，在设定抵押时债权人没有理由知道该租赁关系的存在，此时如果主张在先订立的租赁关系不受抵押权的影响则对抵押权人不公平。

2007年颁布的物权法第190条还规定，抵押权设立后抵押财产出租的，该租赁关系不得对抗已登记的抵押权。也就是说，第一，如果将办理了抵押登记的财产出租，实现抵押权后，原租赁合同解除，承租人不能要求继续承租抵押财产。这样规定的理由主要是，抵押财产办理了登记的，承租人可以从抵押财产的登记信息中查询到租赁财产的物上负担情况，既然明知承租的财产上设有抵押权，就应当承担因实现抵押权而带来的风险。否则，抵押权的效力就会打折扣，确定性降低，也会因此失去设立的意义。第二，如果将没有办理登记的抵押财产出租，承租人不知道也不应当知道财产已抵押的情况，抵押权就不能对抗租赁关系。在民法典物权编的编纂过程中，一些意见提出，在抵押权成立在先时，出于物权的公示效力，抵押权经登记当然优先于后设立的租赁关系，该租赁关系不能对抗抵押权，抵押权实现时租赁关系应当终止。对于未登记的动产抵押权，可以适用动产抵押权未经登记不得对抗善意第三人的规则。物权法第190条“抵押权设立后抵押财产出租的，该租赁关系不得对抗已登记的抵押权”的规定，对于已登记的抵押权来说本来就是应有之义，但是对于未登记的动产抵押权人与知道或者应当知道租赁物已经被抵押但仍承租的承租人之间的关系可能会带来法律适用上的困惑。为此，民法典物权编删除了物权法的该规定。对于抵押权设立后抵押财产出租的，已登记的可以对抗其后设立的租赁关系，未登记的按照不得对抗善意第三人的规则来判断抵押权与租赁权的效力。

第四百零六条　抵押期间，抵押人可以转让抵押财产。当事人另有约定的，按照其约定。抵押财产转让的，抵押权不受影响。

抵押人转让抵押财产的，应当及时通知抵押权人。抵押权人能够证明抵押财产转让可能损害抵押权的，可以请求抵押人将转让所得的价款向抵押权人提前清偿债务或者提存。转让的价款超过债权数额的部分归抵押人所有，不足部分由债务人清偿。

【释义】 本条是关于抵押期间转让抵押财产的规定。

抵押权是不转移财产占有的物权。传统理论认为,抵押期间,抵押人不丧失对物的占有、使用、收益和处分的权利。抵押人转让抵押财产的,抵押权人对转让的抵押财产具有物上追及的法律效力。例如,甲向乙借款时,为担保借款的偿还将房屋抵押给了乙,之后又将该房屋卖给了丙,如果债务履行期限届满甲没有向乙归还借款,乙有权拍卖或者变卖丙所购买的房屋,并就拍卖或者变卖所得的价款优先受偿。上述理论和做法有利于加速经济流转,更好地发挥物的效用,但也使抵押权人和抵押财产的买受人承担了一定的风险。例如,抵押人转让已抵押但没有办理抵押登记的汽车,买受人根据善意取得的规定取得该汽车所有权的同时,抵押权消灭,抵押权就无法实现了。又如,转让负有抵押权的财产,抵押权人有权就受让人买受的抵押财产实现抵押权,就可能出现买受人因抵押权的实现而丧失买受的抵押财产,又无法从抵押人处取回已支付的转让价款的情况。因此,在设计抵押期间抵押财产的转让规则时,既要考虑发挥物的效用,又要维护抵押权人和抵押财产的买受人的合法权益,作出符合我国实践情况的规定。我国民事法律中关于抵押期间抵押财产的转让规则经历了以下变化:

(一)担保法、物权法中的有关规定

我国制定担保法时,对抵押财产的转让附加了一些条件。担保法第49条规定:"抵押期间,抵押人转让已办理登记的抵押物的,应当通知抵押权人并告知受让人转让物已经抵押的情况;抵押人未通知抵押权人或者未告知受让人的,转让行为无效。转让抵押物的价款明显低于其价值的,抵押权人可以要求抵押人提供相应的担保;抵押人不提供的,不得转让抵押物。抵押人转让抵押物所得的价款,应当向抵押权人提前清偿所担保的债权或者向与抵押权人约定的第三人提存。超过债权数额的部分,归抵押人所有,不足部分由债务人清偿。"

物权法在第191条规定:"抵押期间,抵押人经抵押权人同意转让抵押财产的,应当将转让所得的价款向抵押权人提前清偿债务或者提存。转让的价款超过债权数额的部分归抵押人所有,不足部分由债务人清偿。抵押期间,抵押人未经抵押权人同意,不得转让抵押财产,但受让人代为清偿债务消灭抵押权的除外。”

物权法在以下两个方面修改了担保法的规定:第一个方面是,抵押期间,抵押人转让抵押财产的,应当经抵押权人同意,而不是仅仅通知抵押权人并告知受让人;同时,要将转让所得的价款向抵押权人提前清偿债权或者提存。第二个方面是,抵押期间,未经抵押权人同意,不得转让抵押财产。除非受让人替抵押人向抵押权人偿还了债务消灭了抵押权。按照该条的制度设计,转让抵押财产,必须消除该财产上的抵押权。既然买受人取得的是没有物上负担的财产,也就不再有物上追及的问题。物权法这样规定的主要理由是:(1)财产抵押实际是以物的交换价值担保,抵押财产转让,交换价值已经实现。以交换所得的价款偿还债务,消灭抵押权,可以减少抵押财产流转过程中的风险,避免抵押人利用制度设计的漏洞取得不当利益,更好地保护抵押权人和买受人的合法权益。(2)担保法规定转让抵押财产应当通知抵押权人并告知受让人,也就是说,只要是通知了抵押权人并告知了受让人,抵押权人就不能阻止抵押人的转让行为,而只能在转让抵押财产的价款明显低于债权的价值时,要求抵押人提供相应的担保。但抵押财产的价值是随着市场价格波动的,抵押财产的价值是否明显低于债权难以作出准确判断,与其为抵押权的实现留下不确定因素,不如在转让抵押财产时,就将转让所得的价款向抵押权人提前清偿或者提存。(3)转让抵押财产前就取得抵押权同意,可以防止以后出现的一系列麻烦,节省经济运行的成本,减少纠纷。

(二)民法典物权编对抵押期间抵押财产转让规则的修改

担保法、物权法均没有规定抵押财产转让时抵押权的物上追及效力,而是要求将转让价款向抵押权人提前清偿债务或者提存。在民法典物权编的立法过程中,有的人大代表提出,物权法的规定存在以下问题:一是抵押权是存在于抵押财产上的权利,是属于权利人的绝对权,抵押权对抵押财产具有追及效力是其物权属性的体现,应当予以明确规定;二是要求抵押人将转让抵押财产的价款提前清偿债务,违背了抵押权作为担保物权具有的或然性特征,设定抵押不是债务承担或者债务替代,提前清偿债务损害抵押人的期限利益,在第三人作为抵押人的情形中尤其不公正,立法只需考虑抵押人处分抵押财产时是否会损害抵押权,再赋予抵押权人相应的救济手段;三是转让抵押财产,必须消除该财产上的抵押权,影响了交易实践的发展,尤其是在房屋按揭买卖中,需要先由买受人支付部分款项,以供出卖人提前清偿按揭贷款从而涂销抵押权,再由买受人与银行签订抵押贷款合同,重新办理抵押登记,增加了交易成本。建议规定抵押期间抵押人转让抵押财产的,抵押权不受影响,只有在转让行为有可能损害抵押权时,抵押权人可以要求抵押人提前清偿债务或者将转让价款提存。

对于上述立法建议,有的部门和单位认为,允许抵押财产不经抵押权人同意而转让可能有以下不利影响:一是增加了债务人的道德风险,在不清偿债务或提存的情况下,允许抵押人转让抵押财产,转让后的财产所有人与债务人无直接关联,将削弱因财产担保对债务人产生的约束,进而影响到债务的偿还。二是影响抵押权的实现,虽然该建议明确了抵押权的追及效力,但是抵押权人对因抵押财产转让给第三人而导致的抵押财产处置困难的情况缺乏控制力,可能增加抵押权人的权利行使成本。

我们研究认为,如果当事人设立抵押权时进行了登记,受让人可以知悉财产上是否负担抵押权,受让人知道或者应当知道该财产上设有抵押权仍受让的,应当承受相应的风险;如果当事人设立抵押权时没有进行登记,则不能对抗善意的受让人,受让人将获得没有抵押负担的财产所有权。随着我国不动产统一登记制度的建立以及动产抵押登记制度的完善,抵押人转让抵押财产时抵押权人和抵押财产的买受人可能承担的风险大大降低,为了充分发挥物的效用,促进交易便捷,应当允许抵押人在抵押期间转让抵押财产并承认抵押权的追及效力。同时,应当允许当事人对抵押期间能否转让抵押财产另行约定,以平衡抵押人与抵押权人之间的利益,保护抵押权人为行使抵押权而作的预先安排,尊重当事人之间的意思自治。为此,民法典物权编草案一审稿第197条曾规定:抵押期间,抵押人转让抵押财产的,应当通知抵押权人。当事人另有约定的,按照其约定。抵押财产转让的,抵押权不受影响。抵押权人能够证明抵押财产转让可能损害抵押权的,可以请求抵押人将转让所得的价款向抵押权人提前清偿债务或者提存。转让的价款超过债权数额的部分归抵押人所有,不足部分由债务人清偿。

在民法典物权编草案经第十三届全国人民代表大会常务委员会第五次会议和第十次会议初次、二次审议以及公开征求意见的过程中,一些意见提出,草案修改了物权法中抵押期间抵押财产转让的相关规则,承认了抵押权的追及效力,删除了未经抵押权人同意不得转让抵押财产的规定,值得肯定。但是该条文第1款规定的"抵押人转让抵押财产的,应当通知抵押权人",通知抵押权人到底有何实际作用,是否影响抵押财产转让的效力,值得考虑。依追及效力规则,不管通知与否,抵押权的效力均不受影响,那么通知便没有太大意义。第1款还规定"当事人另有约定的,按照约定",该约定是指可以不通知,还是约定抵押财产不得转让,也存在疑问。经研究,提交第十三届全国人民代表大会常务委员会第十五次会议审议的民法典草案为避免产生歧义,将抵押期间抵押财产的转让规则作了修改完善,在草案第406条规定:抵押期间,抵押人可以转让抵押财产。当事人另有约定的,按照其约定。抵押财产转让的,抵押权不受影响。抵押人转让抵押财产的,应当及时通知抵押权人。抵押权人能够证明抵押财产转让可能损害抵押权的,可以请求抵押人将转让所得的价款向抵押权人提前清偿债务或者提存。转让的价款超过债权数额的部分归抵押人所有,不足部分由债务人清偿。该条文最终成为民法典物权编的条文。

根据本条规定,抵押人对其所有的抵押财产享有占有、使用、收益、处分的权利，抵押期间抵押人可以转让抵押财产，而不需要经过其他人的同意。如果抵押权人与抵押人在设立抵押权时约定抵押人在抵押期间不得转让抵押财产，那么抵押人不能转让抵押财产，但是该约定不得对抗善意受让人。抵押财产转让的，抵押权不受影响，即无论抵押财产转让到哪里，也无论抵押财产的受让人是谁，抵押权人对该抵押财产享有抵押权，在实现抵押权的条件成就时，可以追及该抵押财产并就抵押财产进行变价和优先受偿。“抵押财产转让的，抵押权不受影响”的规定存在一些例外，例如，抵押权的设立是登记对抗主义模式的，如果抵押权未进行登记，则不能对抗抵押财产的善意买受人；在动产抵押的情形中，即使抵押权进行了登记，也不得对抗正常经营活动中已支付合理价款并取得抵押财产的买受人。在上述情况下，买受人取得没有权利负担的财产，抵押权人不能追及该抵押财产。

由于抵押权人并不占有、控制抵押财产，因此对于抵押财产的状态和权属状况不可能随时知悉，因此本条对抵押人规定了在转让抵押财产时及时通知抵押权人的义务。抵押人如果在转让抵押财产时未及时通知抵押权人，虽然不影响抵押权的效力，但是，如果因未及时通知造成抵押权人损害的，应当承担赔偿责任。抵押人转让抵押财产的，抵押权人虽然对该财产具有追及效力，但是在一些情况下抵押财产的转让有可能损害抵押权人的利益，例如，甲将其日常生活所用的汽车抵押给乙并进行了登记，后来又将该汽车转让给丙用于营业用途，由于汽车用途的改变会加大汽车的损耗，汽车的价值也会相应降低，尽管汽车转让后乙对该汽车仍享有抵押权，但是在其实现抵押权时，汽车的价值可能已经贬损到不能完全清偿其债权。在这种情况下本条规定，抵押权人能够证明抵押财产转让可能损害抵押权的，可以请求抵押人将转让所得价款提前清偿债务或者提存。一般说来，抵押人转让抵押财产的所得的价款不可能完全与其担保的债权数额一致，当抵押财产价款超过债权数额时，超过的部分，应当归抵押人所有；不足的部分由债务人清偿。也就是说，如果抵押人为债务人以外的第三人时,抵押人不再承担责任,剩余未清偿的债权由债务人偿还。

第四百零七条　抵押权不得与债权分离而单独转让或者作为其他债权的担保。债权转让的,担保该债权的抵押权一并转让,但是法律另有规定或者当事人另有约定的除外。

【释义】 本条是关于抵押权转让或者作为其他债权担保的规定。

担保物权的一个重要特点就是其附随于主债权债务关系,没有主债权债务关系的存在,担保关系也就没有了存在以及实现的可能性和价值。作为担保物权的一种,抵押权以其所担保的债权存在为前提,没有债权,就不可能有抵押权,抵押权失去了债权,也就失去了存在的意义。由于抵押权不具有独立存在的特性,因此本条中规定,抵押权不得与债权分离而单独转让或者作为其他债权的担保。这一规定延续了我国担保法、物权法的规定,一些国家和地区的民法中也有类似的规定,如我国台湾地区“民法”规定,抵押权不得由债权分离而为让与,或为其他债权之担保。根据这一规定,抵押权的转让或者以抵押权为其他债权设定担保,应当与抵押权所担保的债权一同进行。抵押权人转让抵押权的,抵押权应当与其所担保的债权一同转让;抵押权人以抵押权向他人提供担保的,抵押权应当与其所担保的债权一同向他人提供担保。单独转让抵押权或者单独以抵押权作为其他债权的担保的行为无效。

这里所讲的抵押权不得与债权分离而单独转让,是指抵押权人不得将抵押权单独让与他人而自己保留债权。例如,甲向乙借款100万元,并将价值120万元的房屋抵押以担保债务的履行,乙不能仅将该房屋的抵押权转让给丙而不转让债权,由于抵押权就其担保的债权而言所具有的附随性,没有债权,丙得到的抵押权是没有价值的。同样的道理,抵押权人也不得单独将抵押权作为其他债权的担保而自己保留债权,抵押权只有在与其所担保的债权一同作为其他债权的担保时才有意义。

由于抵押权具有附随性，被担保的债权转让的，抵押权应当随被担保债权的转让而移转于受让人，因此本条规定，债权转让的，担保该债权的抵押权一并转让。需要注意的是，关于这一规定，本条还有一项但书规定，“但是法律另有规定或者当事人另有约定的除外”。“法律另有规定”是指法律规定在一些情况下，债权转让的，抵押权不一并转让，如本法第 421 条规定，最高额抵押担保的债权确定前，部分债权转让的，最高额抵押权不得转让但是当事人另有约定的除外。“当事人另有约定”，既可以是抵押权人在转让债权时，与受让人约定，只转让债权而不转让担保该债权的抵押权，这种情形大多发生在债权的部分转让时；也可以是第三人专为特定的债权人设定抵押的，该第三人与债权人约定，被担保债权的转让未经其同意的，抵押权因债权的转让而消灭。在上述情形下，债权转让的，担保该债权的抵押权不一并转让。

第四百零八条　抵押人的行为足以使抵押财产价值减少的，抵押权人有权请求抵押人停止其行为；抵押财产价值减少的，抵押权人有权请求恢复抵押财产的价值，或者提供与减少的价值相应的担保。抵押人不恢复抵押财产的价值，也不提供担保的，抵押权人有权请求债务人提前清偿债务。

【释义】　本条是关于抵押财产价值减少时如何处理的规定。

抵押权设立后，抵押权人并不实际占有抵押财产，抵押财产仍由抵押人占有、使用、收益和处分，在抵押期间，有可能由于抵押人的行为致使抵押财产价值减少，损害抵押权人的利益。抵押人使抵押财产价值减少的行为主要包括两个方面：一方面是抵押人采取积极的行为致使抵押财产价值减少，如砍伐抵押的林木、拆除抵押的房屋、因不当驾驶造成抵押的车辆损坏等；另一方面是抵押人消极的不作为致使抵押财产价值减少，如对抵押的危旧房屋不做修缮、对抵押的机动车不进行定期的维修保养、有库房却任由抵押的机器设备在室外风吹雨淋等。抵押权是为抵押权人的利益设定的,抵押权人的目的在于支配抵押财产的交换价值而使债权获得清偿,当抵押人的行为使抵押财产价值减少从而侵害抵押权人的利益时,应当给予抵押权人保全抵押财产价值、维护抵押担保效力的权利。因此,本条规定:抵押人的行为足以使抵押财产价值减少的,抵押权人有权请求抵押人停止其行为。在上述例子中,抵押权人可以请求抵押人停止砍伐林木或者拆除房屋,加紧房屋修缮或者对车辆定期保养等。如果抵押人对抵押权人的请求不予理睬、不停止其行为的,抵押权人可以请求人民法院强制抵押人停止其侵害行为。

实践中,很多时候即使抵押人停止其行为,也已经造成抵押财产价值减少,使抵押权人的利益受到损害,对此,抵押权人有权请求抵押人恢复抵押财产的价值,如将破旧的房屋修缮好,将损坏的车辆修理好。抵押财产的价值难以恢复或者恢复的成本过高的,抵押权人也可以请求抵押人提供与减少的价值相应的担保,如抵押人砍伐的林木价值约为 10 万元,抵押权人有权请求抵押人提供价值相当于 10 万元的新的抵押财产或者质押财产,或者由第三人对这 10 万元的债务提供保证担保。经抵押权人请求,抵押人既不恢复抵押财产的价值也不提供担保的,抵押权人为保护自己的利益,防止抵押财产的价值进一步减少,有权请求债务人提前清偿债务。

需要注意的是,本条规定的抵押财产价值减少,均是由于抵押人的行为造成的,即只有在抵押人对抵押财产价值减少有过错的,才按照本条的规定处理。对于抵押人对抵押财产价值减少无过错时如何处理的问题,本条没有作出规定。那么,在抵押人无过错的情况下,如因地震、水灾等自然灾害,因失火、被窃等第三人的原因致使抵押财产价值减少的,如何保护抵押权人的利益呢?对于非可归责于抵押人的原因致使抵押财产价值减少的,如果请求抵押人恢复抵押财产的原价值或者提供与减少的价值相当的担保,对抵押人有失公正。对此,担保法第 51 条第 2 款规定:“抵押人对抵押物价值减少无过错的,抵押权人只能在抵押人因损害而得到的赔偿范围内请求提供担保。抵押物价值未减少的部分,仍作为债权的担保。”这样规定有一定的道理,但请求抵押人在因损害而得到的赔偿范围内再向抵押权人设定一个担保,比较麻烦,如果抵押人没有其他的财产可供担保,还需要考虑如何以抵押人获得的赔偿金等设定担保物权的问题。物权法没有延续这一规定,本法也延续了物权法的做法,对于这一问题在担保物权分编的“一般规定”一章中作了规定,即根据本法第 390 条的规定,抵押期间,抵押财产毁损灭失的,担保物权人可以就获得的保险金、赔偿金等优先受偿。被担保债权的履行期限未届满的,也可以提存该保险金、赔偿金等。赋予抵押权人对因担保财产毁损灭失而获得的保险金、赔偿金等享有直接优先受偿或者提存的权利,简化了处理程序,能够更有效地保护抵押权人的利益。当然,此时原抵押财产仍应当作为债权的担保。对于非因抵押人的过错致使抵押财产价值减少,抵押人又不能获得保险金、赔偿金的情形,例如,因市场的变化使得抵押的房地产价值减少的,抵押权人不能请求抵押人恢复抵押财产的价值或者提供与减少的价值相应的担保,更不能请求债务人提前清偿债务,还是应当以原抵押财产作为债权的担保。债权人在实现抵押权时抵押财产的价值不足以偿还全部债务的,可以请求债务人清偿不足部分,如果该部分债权没有其他的担保,则变为普通债权。

第四百零九条　抵押权人可以放弃抵押权或者抵押权的顺位。抵押权人与抵押人可以协议变更抵押权顺位以及被担保的债权数额等内容。但是,抵押权的变更未经其他抵押权人书面同意的,不得对其他抵押权人产生不利影响。

债务人以自己的财产设定抵押,抵押权人放弃该抵押权、抵押权顺位或者变更抵押权的,其他担保人在抵押权人丧失优先受偿权益的范围内免除担保责任,但是其他担保人承诺仍然提供担保的除外。

【释义】 本条是关于抵押权人放弃抵押权、抵押权的顺位以及变更抵押权的规定。

抵押权作为抵押权人享有的一项权利,抵押权人可以放弃抵押权从而放弃其债权就抵押财产优先受偿的权利。抵押权人不行使抵押权或者怠于行使抵押权的,不得推定抵押权人放弃抵押权。抵押权人放弃抵押权,不必经过抵押人的同意。抵押权人放弃抵押权的,抵押权消灭。

抵押权的顺位是抵押权人优先受偿的顺序,本法第414条对确定抵押权优先受偿顺序的原则作了规定。抵押权的顺位作为抵押权人享有的一项利益,抵押权人可以放弃其顺位,即放弃优先受偿的次序利益。抵押权人放弃抵押权顺位的,该抵押权人将处于最后顺位,所有后顺位抵押权人的顺位依次递进。但是在抵押权人放弃抵押权顺位之后新设定的抵押权不受该放弃的影响,其顺位仍应在该抵押权人的抵押权顺位之后。

本条规定,抵押权人与抵押人可以协议变更抵押权的顺位以及被担保的债权数额等内容。所谓抵押权顺位的变更,是指将同一抵押财产上的数个抵押权的清偿顺序调换。抵押权的顺位变更后,各抵押权人只能在其变更后的顺位上行使优先受偿权。对抵押权顺位以及被担保的债权数额等内容的变更,如果在同一抵押财产上还有其他抵押权人的,可能对这些抵押权人产生不利的影响。例如,当事人协议将第三顺位的抵押权变更为第一顺位,那么就会影响原第一顺位与第二顺位抵押权的实现,甚至使他们完全得不到清偿;又如,抵押权人与抵押人协议增加被担保的债权数额的,这就会影响到后顺位的抵押权人以抵押财产的交换价值获得清偿的数额。为了保护同一财产上其他抵押权人的合法利益,本条特别规定:“抵押权的变更,未经其他抵押权人书面同意的,不得对其他抵押权人产生不利影响。”未经其他抵押权人书面同意变更抵押权,对其他抵押权人产生不利影响的,变更无效。如果抵押权的变更,对其他抵押权人不会产生不利影响,例如第一顺位的抵押权人与第二顺位的抵押权人经与抵押人协商互换了清偿顺位,或者第一顺位的抵押权人与抵押人协议减少被担保的债权数额,不会对后顺位的抵押权人造成不利影响的,那么即使未经后顺位的抵押权人的书面同意,该变更有效。

本条第 2 款规定,债务人以自己的财产设定抵押,抵押权人放弃该抵押权、抵押权顺位或者变更抵押权的,其他担保人在抵押权人丧失优先受偿权益的范围内免除担保责任,但是其他担保人承诺仍然提供担保的除外。这一规定是针对被担保的债权既有以债务人自己的财产作抵押的抵押担保又有其他担保的情形而作出的特别规定。这里的"其他担保人"既包括为债务人担保的保证人,也包括提供抵押、质押担保的第三人。

现以同一债权既有以债务人自己的财产作抵押的抵押担保又有第三人提供保证担保的情形为例,对本款的规定作一说明:本法第 392 条中规定,被担保的债权既有物的担保又有人的担保的,债务人不履行到期债务或者发生当事人约定的实现担保物权的情形,债务人应当按照约定实现债权;没有约定或者约定不明确,债务人自己提供物的担保的,债权人应当就该物的担保实现债权。根据这一规定,只要是债务人以自己的财产设定抵押的,无论该抵押是担保主债权的全部还是部分,如果当事人之间没有特别的约定,都要首先就该财产行使抵押权来实现债权。如果因行使抵押权而实现了全部债权,那么保证人就不用承担保证责任了;如果行使了抵押权却只实现了部分债权,那么保证人就只对未实现的那部分债权承担保证责任。也就是说,在这种情形下,保证人是就债权人行使抵押权优先受偿而仍不能受偿的债权余额承担保证责任。如果抵押权人放弃该抵押权、抵押权的顺位或者变更抵押权而使自己失去优先受偿的权利或者减少优先受偿的范围,那么因债权人丧失优先受偿的权益而未能受偿的债权,就要由保证人来承担保证责任,这就会加大保证人的保证责任。这种因抵押权人的行为就加重保证人保证责任的现象,是不合理的。举一个例子,甲以自己的房地产向乙抵押贷款 100 万元,同时又由丙作为该项贷款的保证人,此后,甲又将该房产抵押给丁。

在此例中，乙的抵押权处于第一顺位，如果乙不放弃抵押权的顺位，甲的房产拍卖或者变卖后，乙的贷款全部可以得到优先受偿，丙就无需再承担保证责任。但是乙为了丁的利益放弃了抵押权的顺位，自愿将其顺位处于丁之后，结果该房产拍卖或者变卖所得的价款在优先清偿给丁后，乙只有60万元的贷款得到了清偿，于是乙要求丙对剩下的40万元贷款承担保证责任。此种情况下，由于乙放弃抵押权顺位的行为而加重丙的保证责任，对丙而言是不公平、不合理的。为了避免发生这种现象，保护保证人等其他担保人的合法利益，因此，本法特别规定，其他担保人在抵押权人丧失优先受偿权益的范围内免除担保责任。所以根据这一规定，上述例子中，丙对乙剩余的40万元贷款的保证责任应予免除。但是，如果丙承诺仍然提供保证的，应当尊重当事人自愿的意思表示，为此本条规定"但是其他担保人承诺仍然提供担保的除外"，在这种情况下，丙的保证责任不予免除。

第四百一十条　债务人不履行到期债务或者发生当事人约定的实现抵押权的情形，抵押权人可以与抵押人协议以抵押财产折价或者以拍卖、变卖该抵押财产所得的价款优先受偿。协议损害其他债权人利益的，其他债权人可以请求人民法院撤销该协议。

抵押权人与抵押人未就抵押权实现方式达成协议的，抵押权人可以请求人民法院拍卖、变卖抵押财产。

抵押财产折价或者变卖的，应当参照市场价格。

【释义】　本条是关于抵押权实现的条件、方式和程序的规定。

本条第1款对抵押权人实现抵押权的条件作出了规定：一是债务履行期限届满，债务人不履行债务；二是发生了当事人约定的实现抵押权的情形。满足上述任一条件，抵押权人就可以依照本条规定的方式和程序处理抵押财产以实现其债权。对于"发生当事人约定的实现抵押权的情形”，现以浮动抵押为例加以说明：根据本法规定，浮动抵押是以抵押人现有的以及将有的动产作抵押，抵押期间，抵押人在正常经营范围内可以自由处分其动产，债务人到期不履行债务的，抵押权人是以抵押财产确定时的动产优先受偿。如果只允许抵押权人在债务人到期不履行债务时才能实现抵押权，可能会由于抵押人在经营过程中的非正常经营行为或者恶意的行为，甚至是正常经营行为，造成抵押权实现时抵押财产大量减少，无法对抵押权人的债权起到担保作用，从而损害抵押权人的利益。允许抵押权人与抵押人约定提前实现抵押权的条件，抵押权人就可以在抵押合同中对抵押人的某些行为进行约束，一旦抵押人违反约定从事了这些行为，满足了约定的实现抵押权的条件，抵押权人就可以提前实现抵押权，以保障自己的债权得到清偿。例如，A 企业以其仓库中现有及将有的所有产品设定浮动抵押向 B 银行贷款，B 银行为保全抵押财产在实现抵押权时能够达到一定的数量，以起到担保其债权的作用，可以与 A 企业在抵押合同中约定，A 企业不得以其库存的产品从事关联交易或者低价交易，如不得以低于市场价格一定比例的价格出售库存的产品，一旦出售价格低于约定的比例，B 银行即可提前实现抵押权；也可以在抵押合同中约定，即使在正常经营情况下，A 企业库存的产品数量也不得低于其整个库存量的一定比例，一旦低于该比例，B 银行即可提前实现抵押权。国外的一些立法，如英国、美国、加拿大等，也允许当事人约定实现抵押权的条件。

债务人不履行到期债务或者发生当事人约定的实现抵押权的情形的，抵押权人可以与抵押人就如何处理抵押财产进行协商，如果双方达成协议，就可以按照协议的方式实现抵押权。本条提供了三种抵押财产的处理方式供抵押权人与抵押人协议时选择：

（一）折价方式

在实现抵押权的条件成就时，抵押权人可以与抵押人协议，以折价的方式实现抵押权。折价的方式也就是抵押权人与抵押人协议,参照市场价格确定一定的价款将抵押财产的所有权转移给抵押权人,以实现债权。本法第401条规定:“抵押权人在债务履行期限届满前,与抵押人约定债务人不履行到期债务时抵押财产归债权人所有的,只能依法就抵押财产优先受偿。”这样规定是为了避免债务履行期限届满前,抵押权人利用其优势地位与抵押人约定,在债务人到期不能履行债务时,将价值高于被担保债权的抵押财产直接转归抵押权人所有,以充抵债权,从而对抵押人造成不公平,因此规定即使是在债务履行期限届满前,当事人约定不履行债务时抵押财产归债权人所有的,也只能按照法律规定的实现抵押权的方式和程序获得优先清偿。法律所限制的只是在债务履行期限届满前作出这种将来转移所有权的协议,在需要实现抵押权的时候,已不存在可能给抵押人造成不利的情势了,这时双方可以协议以折价的方式来清偿抵押权人的债权。而且,如果双方确定的抵押财产的价款高于被担保的债权时,依照本法规定,超出的部分要归抵押人所有,这样抵押权人与抵押人双方的权益就都得到了保护。

（二）拍卖方式

拍卖是抵押权实现的最为普通的一种方式。拍卖也称为竞卖,是指以公开竞争的方法将标的物卖给出价最高的买者。拍卖又分为自愿拍卖和强制拍卖两种,自愿拍卖是出卖人与拍卖机构订立委托合同,委托拍卖机构拍卖,拍卖机构一般为拍卖行;强制拍卖是债务人的财产基于某些法定的原因由司法机关如人民法院强制性拍卖。抵押权人与抵押人协议以抵押财产拍卖来实现债权的方式属于第一种方式,双方达成一致意见,即可选择拍卖机构进行拍卖。以拍卖的方式实现抵押权有很大的优点,因为拍卖是以公开竞价的方式出卖标的物,拍卖的价款能够最大限度地体现拍卖财产的价值,从而充分发挥抵押财产对债权的担保作用。

（三）变卖方式

除前述两种方式外,本条规定双方还可以协议以变卖的方式实现抵押权。采用变卖的方式就是以拍卖以外的生活中一般的买卖形式出让抵押财产,以变卖抵押财产的价款来实现债权的方式。为了保障变卖的价格公允,变卖抵押财产应当参照市场价格。

抵押权人与抵押人协议处理抵押财产时,可能涉及抵押人的其他债权人的利益,如果抵押财产折价过低或者拍卖、变卖的价格远低于市场价格,如一套抵押住房的市场价格为100万元,抵押权人与抵押人却仅以70万元的价格协议变卖,在该抵押权人就变卖所得价款优先受偿后,可供后顺位的抵押权人以及其他债权人实现其债权的数额就会大大减少,从而损害他们的利益。为保障其他债权人的利益,本条规定,协议损害其他债权人利益的,其他债权人可以请求人民法院撤销该协议。根据本法第152条的规定,当事人自知道或者应当知道撤销事由之日起1年内没有行使撤销权的,撤销权消灭;当事人自民事法律行为发生之日起5年内没有行使撤销权的,撤销权消灭。这里规定的1年、5年是一个固定期间,不得中止、中断。因此,抵押人与抵押权人协议实现抵押权的方式损害其他债权人利益的,其他债权人应在知道或者应当知道撤销事由之日起1年内请求人民法院撤销该协议,否则撤销权消灭。在抵押人与抵押权人达成协议起5年内其他债权人没有行使撤销权的,撤销权也归于消灭。

上面讲的是抵押权人与抵押人达成协议而实现抵押权的情况,如果双方未达成协议,那么应当如何实现抵押权呢?对此,担保法第53条规定,协议不成的,抵押权人可以向人民法院提起诉讼。在物权法的起草过程中,不少人提出,要求抵押权人向人民法院提起诉讼以实现抵押权的规定使得抵押权的实现程序变得复杂而且漫长,有时抵押权需要一两年才能实现。实践中,一些抵押权人为了尽快实现抵押权,事先与抵押人签署一份具有强制执行力的公证文书,约定债务人到期不履行债务的,抵押权人不必向人民法院提起诉讼,直接向人民法院申请强制执行,进行执行程序。因此,建议为使抵押权的实现程序更加简便,应当允许抵押权人在协议不成的情况下,直接向人民法院申请拍卖、变卖抵押财产。经研究,抵押权人与抵押人未就实现抵押权达成协议,主要有两种情形:第一种情形是双方就债务履行期限届满债权未受清偿的事实没有异议,只是就采用何种方式来处理抵押财产的问题达不成一致意见;第二种情形是双方在债务是否已经履行以及抵押权本身的问题上存在争议,如双方对抵押合同的有关条款或者抵押权的效力问题存在争议,这些问题实际上是实现抵押权的前提条件,双方对此发生争议的,也就根本谈不上协议以何种方式实现抵押权了。对于第一种情形,即抵押权人与抵押人仅就抵押权实现方式未达成协议的,为了简便抵押权的实现程序,物权法规定,抵押权人可以直接请求人民法院拍卖、变卖抵押财产。对于第二种情形,抵押权人仍应当采取向人民法院提起诉讼的方式解决。本法延续了物权法的规定,在本条规定,抵押权人与抵押人未就抵押权实现方式达成协议的,抵押权人可以请求人民法院拍卖、变卖抵押财产。

这里还有一个问题需要予以说明,既然物权编规定了浮动抵押制度,那么是否应当单独规定浮动抵押权的实现程序呢?对这一问题,在物权法立法过程中有不同意见。一种意见认为,应当单独规定浮动抵押权的实现程序,因为浮动抵押权的实现与一般抵押权的实现有很大的不同。一般抵押权是以抵押财产折价受偿或者以拍卖、变卖抵押财产的价款优先受偿。而浮动抵押权的标的物多是整个公司的财产或者是公司的大部分财产,以整个公司的财产或者大部分财产实现债权,会涉及公司的接管、清算、强制管理措施等问题;如果公司资不抵债的,还会涉及公司的破产问题。因此,浮动抵押权的实现是一个比较复杂的问题;如果不明确规定其实现程序,浮动抵押制度将很难操作。国外的一些立法也对浮动抵押权的实现程序作出了特别规定。另一种意见认为,没有必要单独规定浮动抵押权的实现程序,浮动抵押权可以准用一般抵押权的实现方式,由浮动抵押权人拍卖、变卖企业等的财产优先受偿或者以企业财产折价受偿。物权法没有区分一般抵押权与浮动抵押权,无论哪种抵押权,均适用物权法规定的一般抵押权实现的方式和程序。这样规定的主要考虑是,物权法规定的浮动抵押财产的范围仅限于动产,即只有在企业、个体工商户和农业生产经营者的生产设备、原材料、半成品和产品这些动产上才能设定浮动抵押权,并不包括企业的不动产以及知识产权、商业秘密等财产权利。这就意味着企业一般不会以其全部财产设定浮动抵押。而就企业的动产浮动抵押而言,其抵押权的实现与一般抵押权实现的方式和程序并没有什么区别。此外,如果规定特别的浮动抵押权的实现程序,一旦涉及整个企业的接管、清算、强制管理等问题,还有可能产生因实现抵押权而干涉企业的生产经营管理活动的问题。本法延续了物权法的做法,没有规定单独的浮动抵押权的实现程序。

第四百一十一条　依据本法第三百九十六条规定设定抵押的,抵押财产自下列情形之一发生时确定:

(一)债务履行期限届满,债权未实现;

(二)抵押人被宣告破产或者解散;

(三)当事人约定的实现抵押权的情形;

(四)严重影响债权实现的其他情形。

【释义】　本条是关于在浮动抵押中抵押财产确定的情形的规定。

本条是专门针对浮动抵押的规定。根据本法第 396 条的规定,当事人除可以在特定的财产上设定抵押即固定抵押外,企业、个体工商户、农业生产经营者还可以将现有的以及将有的生产设备、原材料、半成品和产品抵押,即在上述动产上设定浮动抵押,当债务人不履行到期债务或者发生当事人约定的实现抵押权的情形时,债权人有权就抵押财产确定时的动产优先受偿。浮动抵押区别于固定抵押的一个重要特征就是抵押财产的范围不确定,浮动抵押设定后,抵押人仍然有权继续占有、经营管理并自由处分其财产,这样就使抵押财产不固定,在抵押期间不断发生变化。但是,当抵押权人需要行使抵押权时,抵押财产应当是确定的;只有抵押财产被确定,抵押权人才能将抵押财产折价或者拍卖、变卖以实现抵押权。因此,抵押财产的确定是抵押权实现的前提条件。当然,一般情况下也只有在需要实现抵押权时,才有必要确定抵押财产。抵押财产的确定是实现浮动抵押权中的一个重要问题。

那么,在什么情形下抵押财产能被确定呢?依照本条的规定,抵押财产确定的情形有以下四种:

第一种,债务履行期限届满,债权未实现的,抵押财产确定。这种情况下,无论抵押权人是否向抵押人提出实现抵押权的要求,抵押财产均应确定,自债务履行期限届满之日起,抵押人不得再处分抵押财产。

第二种,抵押人被宣告破产或者解散的,抵押财产确定。这一规定主要适用于抵押人为法人或者非法人组织的情形。物权法在第196条规定了浮动抵押中抵押财产确定的情形,其中第2项为"抵押人被宣告破产或者被撤销"。抵押人被宣告破产或者被撤销,即意味着抵押人停止营业,进入清算程序,由于抵押人的财产将不再发生变动,抵押财产随之确定,抵押权人对确定下来的抵押财产享有优先受偿的权利。然而,根据本法总则编的规定,法人和非法人组织终止的原因并不仅限于被宣告破产或者被撤销。根据本法第68条的规定,因法人解散或者法人被宣告破产并依法完成清算、注销登记的,法人终止。而法人解散的原因有多种,本法第69条规定:"有下列情形之一的,法人解散:(一)法人章程规定的存续期间届满或者法人章程规定的其他解散事由出现;(二)法人的权力机构决议解散;(三)因法人合并或者分立需要解散;(四)法人依法被吊销营业执照、登记证书,被责令关闭或者被撤销;(五)法律规定的其他情形。"对于非法人组织来说,本法第106条规定:"有下列情形之一的,非法人组织解散:(一)章程规定的存续期间届满或者章程规定的其他解散事由出现;(二)出资人或者设立人决定解散;(三)法律规定的其他情形。"根据本法第107条的规定,非法人组织解散的,应当依法进行清算。可见,抵押人被撤销仅是抵押人解散的一种情形,在抵押人依照章程解散、决议解散、因合并分立解散、被吊销营业执照、被责令关闭等情形中,抵押人也需要依法进行清算,最终终止。抵押人在终止之前,相关的权利义务关系应当确定下来并予以处理,此时应当将设定浮动抵押的抵押财产确定下来。为此,本条将物权法第196条第2项"抵押人被宣告破产或者被撤销"修改为"抵押人被宣告破产或者解散",以涵盖更多的情形。

第三种,发生当事人约定的实现抵押权的情形的,抵押财产确定。抵押权人为保障自己的债权得到清偿,可以与抵押人约定提前实现抵押权的情形,如约定抵押人从事关联交易或者低价交易为提前实现抵押权的情形,又如,约定抵押人用于抵押的库存产品数量低于库存总量的一定比例为提前实现抵押权的情形。当事人约定了实现抵押权的情形的,一旦发生了该情形,抵押财产即被确定,抵押权人可以要求实现抵押权。

第四种,发生严重影响债权实现的其他情形的,抵押财产确定。严重影响债权实现的情形,范围比较广泛,既可以是因经营不善导致抵押人经营状况恶化或者严重亏损;也可以是因抵押人放弃其债权、无偿转让财产、以明显不合理的低价转让财产或者以明显不合理的高价受让他人财产等,致使其设立浮动抵押的财产价值明显减少;还可以是抵押人为逃避债务而隐匿、转移财产。抵押人有上述行为,严重影响债权实现的,抵押权人为保全抵押财产达到一定的数额,以起到担保其债权优先受偿的作用,可以向抵押人要求确定抵押财产,以实现抵押权。抵押人对抵押权人的要求有异议的,抵押权人可以向人民法院请求确定抵押财产。需要说明的是,如果抵押人有放弃其债权、无偿转让财产、以明显不合理的低价转让财产或者以明显不合理的高价受让他人财产等行为,严重影响抵押权人债权实现的,抵押权人除可以依照本条规定要求确定抵押财产外,还可以依据本法第408条的规定,有权请求抵押人停止其行为,请求恢复抵押财产的价值,或者提供与减少的价值相应的担保。如果债务人自己为抵押人的,抵押权人还可以依照合同编的有关规定向人民法院请求撤销债务人的行为。因抵押权人行使撤销权而追回的财产,如果原本就属于浮动抵押财产的范围,抵押财产确定后,仍属于抵押财产。

本条规定的四种情形为抵押财产确定的法定情形,发生其中任一情形的,自该情形发生时浮动抵押即转化为固定抵押,抵押财产确定,抵押人不得再处分抵押财产,抵押权人可以依照本法第410条、第413条的规定实现抵押权。

第四百一十二条　债务人不履行到期债务或者发生当事人约定的实现抵押权的情形,致使抵押财产被人民法院依法扣押的,自扣押之日起,抵押权人有权收取该抵押财产的天然孳息或者法定孳息,但是抵押权人未通知应当清偿法定孳息义务人的除外。

前款规定的孳息应当先充抵收取孳息的费用。

【释义】　本条是关于抵押财产孳息的规定。

抵押财产的孳息,是指由抵押财产而产生的收益。孳息分为天然孳息和法定孳息,天然孳息指物依照自然属性产生的收益,如土地上生长的庄稼、树木结的果实、牲畜产的幼畜;法定孳息指依照法律关系产生的收益,如出租人依合同收取的租金、贷款人依法所得的利息。抵押权设立后,抵押财产的占有权、使用权、收益权和处分权仍由抵押人行使,因抵押财产的使用而产生的孳息应当归抵押人所有,抵押权的效力不及于该孳息。

但是,债务人不履行到期债务或者发生当事人约定的实现抵押权的情形,因抵押权人行使抵押权致使抵押财产被人民法院依法扣押的,如果抵押财产的孳息仍为抵押人收取,则会使抵押人为收取孳息而拖延处理抵押财产,不利于保护抵押权人的利益。此时剥夺抵押人对抵押财产孳息的收取权,有利于抵押权人顺利实现抵押权,也能够充分发挥抵押财产担保债权受偿的功能。因此,本条规定,抵押财产被人民法院依法扣押的,抵押权的效力及于抵押财产的孳息,自扣押之日起抵押权人有权收取该抵押财产的天然孳息和法定孳息。例如,甲将已出租的房屋作为贷款担保抵押给乙,债务履行期间,甲仍有权收取该房屋的租金,但是债务履行期限届满,甲没有履行债务,乙为行使抵押权请求人民法院将该房屋扣押的,此时,收取房租的权利就不再由抵押人甲行使,而应由抵押权人乙行使。又如,A将果树抵押给B,抵押期间,A仍可摘取树上的果实,但是债务履行期限届满A没有履行债务,致使果树被人民法院依法扣押的,摘取果实的权利就应由抵押权人B行使。需要说明的是,抵押权的效力及于抵押财产的孳息必须具备两个条件:(1)必须是抵押财产被人民法院依法扣押后,抵押权人才能收取其孳息;(2)抵押财产被扣押后,抵押权人已经通知应当给付法定孳息的义务人。因为法定孳息如租金的取得,取决于义务人的给付行为,通常情况下义务人负有向抵押人给付孳息的义务,如果抵押权人未将扣押事实通知义务人,义务人就无法将孳息交付给抵押权人,抵押权的效力也就无法及于该孳息,因此本条规定"但是抵押权人未通知应当清偿法定孳息义务人的除外"。

由于收取孳息可能要付出一些费用,如收取果实的劳务费等,这些费用应当首先得到满足。也就是说,孳息应当先充抵收取孳息的费用,再用于清偿抵押权人的债权。

第四百一十三条　抵押财产折价或者拍卖、变卖后,其价款超过债权数额的部分归抵押人所有,不足部分由债务人清偿。

【释义】 本条是关于抵押财产变价款归属原则的规定。

抵押权设定的目的在于确保债权获得清偿。当抵押所担保的债权在履行期限届满或者发生当事人约定的实现抵押权的情形时而未受清偿,抵押权人可以就抵押财产的变价款优先受偿。抵押权的实现是抵押权的根本效力所在,也是抵押权人最重要的权利。

抵押权的实现就是将抵押财产的交换价值兑现,抵押权人以变价款优先受偿。抵押财产价值的最初估算与最终的变价款可能并不一致,这与当事人在设定抵押权时对抵押财产价值的估值是否准确以及市场价格不断变化有关。因此,抵押财产按照本法第410条规定的方式和程序折价或者拍卖、变卖后,其价款可能超出其所担保的债权数额或者不足清偿债权。但是,无论抵押财产的变价款如何,设定抵押权时的主债权是清楚的,实现抵押权应当以清偿抵押担保范围的债权为界。抵押财产作为债权的担保,仅以最终实现债权为目的,抵押财产折价或者拍卖、变卖所得的价款如果超过债权数额,由于债权已经得到清偿,超过部分应当归抵押财产的原所有人即抵押人所有。如果抵押财产的变价款不足以清偿债权,抵押权人也只能以该变价款优先受偿,不能要求抵押人恢复抵押财产的价值或者提供与减少的价值相应的担保,除非抵押财产的价值减少是由抵押人的行为造成的。在抵押权人实现抵押权后,抵押人已就其抵押财产承担了担保责任,抵押权因实现而消灭,但是未清偿的部分债权,仍然在债权人与债务人之间存在,只是不再是抵押权担保的债权,债务人仍然负有清偿债务的义务,如果债务人与抵押人不是同一人时,抵押财产的变价款不足清偿的债务由债务人承担,抵押人不再承担责任。例如,甲向乙贷款100万元,丙用自己的一套住房为甲做抵押担保,甲到期无力偿还债务时,乙与丙协议将该套住房变卖,如果变卖所得为120万元,清偿乙的债权后,剩余的20万元归丙所有;如果变卖所得为80万元,偿还给乙后,不足的20万元应当由甲清偿。

第四百一十四条　同一财产向两个以上债权人抵押的,拍卖、变卖抵押财产所得的价款依照下列规定清偿:

(一)抵押权已经登记的,按照登记的时间先后确定清偿顺序;

（二）抵押权已经登记的先于未登记的受偿；

（三）抵押权未登记的，按照债权比例清偿。

其他可以登记的担保物权，清偿顺序参照适用前款规定。

【释义】 本条是关于同一财产上的多个抵押权及其他可以登记的担保物权的清偿顺序的规定。

担保物权的设定以确保债权的实现为目的，其注重的是对担保财产交换价值的支配，而不是对担保财产的使用和收益，因此这使得同一担保财产上可能存在为多个债权设定的不同的担保物权。抵押权作为担保物权的一种，同一个抵押财产上可以同时设定多个抵押权，但是我国民事法律对于多个抵押权存在形式的认可经历了一个演变的过程。

担保法第35条规定："抵押人所担保的债权不得超出其抵押物的价值。财产抵押后，该财产的价值大于所担保债权的余额部分，可以再次抵押，但不得超出其余额部分。"根据这一规定，只有在抵押财产的价值大于所担保的债权时，抵押人才可以就同一抵押财产向其他的债权人再次抵押，而且向数个债权人抵押担保的债权总额不得超出该抵押财产的价值。例如，如果抵押人以价值100万元的房屋向甲抵押贷款了50万元，那么抵押人还可以向乙抵押贷款20万元，向丙抵押贷款30万元；如果抵押人以该房屋向甲抵押贷款的数额恰好是100万元，那么他就不能以该房屋再向乙和丙抵押贷款。

担保法制定于1995年，当时我国市场经济正处于起步阶段，各种制度和规范还不完善，"三角债"的现象比较严重，社会信用程度比较低。在这种情况下，严格抵押制度，对重复抵押行为即以同一财产向同一债权人或者不同债权人多次抵押的行为，作出上述限制性规定，是非常必要的。但随着我国社会主义市场经济的不断发展和完善，该规定也显示出了一些局限性，主要表现在：（1）限制了抵押财产的充分利用，没有充分发挥抵押财产的融资作用和担保效益，不利于市场经济条件下债务人对融资的需求。

(2)要求被担保债权不超出抵押财产的价值,限制了当事人设定抵押的意愿。债权人是否接受抵押担保,并不完全取决于抵押财产的价值是否大于或者与被担保债权数额相当,债权人还要综合考虑债务人的偿还能力、信用状况以及是否还存在其他担保形式等诸多因素。在某些条件下,即使抵押财产的价值小于被担保债权的数额,债权人仍然愿意接受该抵押担保。例如,甲以价值100万元的房屋向乙抵押贷款50万元后,还希望以该房屋再向丙抵押贷款60万元,丙经调查发现甲的收入状况和以往的信用记录都比较好,贷款的风险比较小,因此愿意接受该抵押担保,向甲提供贷款。担保法的规定限制了债权人的这种意愿。(3)在当时的实践中,登记部门往往以担保法规定的"抵押人所担保的债权不得超出其抵押财产的价值"为由,在办理抵押登记时,强制要求对抵押财产进行评估,有的甚至要求1年评估1次,借评估高收费。强制评估致使很多当事人不去办理抵押登记。

在物权法的起草过程中,多数意见认为物权法应当将担保法的这一规定删去。鉴于上述情况,物权法没有保留该规定。也就是说,物权法不再限制同一财产的重复抵押行为。以同一财产向同一债权人或者不同债权人多次抵押的,抵押人所担保的债权可以超出其抵押财产的价值,数个抵押权依照法律规定的顺序清偿。是否在同一财产上设定数个抵押,由当事人根据实际情况判断和决定。民法典物权编也延续了物权法的做法,没有对重复抵押作出限制。

法律允许对同一财产设定多个抵押权,就需要厘清各个抵押权之间的清偿顺序,以维护交易秩序,起到定分止争的作用。我国民事法律中关于同一财产上设定的多个抵押权的清偿顺序的规定在不同时期的法律中有所不同。担保法第54条规定:"同一财产向两个以上债权人抵押的,拍卖、变卖抵押物所得的价款按照以下规定清偿:(一)抵押合同以登记生效的,按照抵押物登记的先后顺序清偿;顺序相同的,按照债权比例清偿;(二)抵押合同自签订之日起生效的,该抵押物已登记的,按照本条第(一)项规定清偿;未登记的,按照合同生效时间的先后顺序清偿,顺序相同的,按照债权比例清偿。抵押物已登记的先于未登记的受偿。”物权法第 199 条规定:“同一财产向两个以上债权人抵押的,拍卖、变卖抵押财产所得的价款依照下列规定清偿:(一)抵押权已登记的,按照登记的先后顺序清偿;顺序相同的,按照债权比例清偿;(二)抵押权已登记的先于未登记的受偿;(三)抵押权未登记的,按照债权比例清偿。”相较于担保法,物权法作了以下几个方面的修改:一是对担保法中“抵押合同以登记生效的”不区分物权变动的原因和结果的表述作了纠正,抵押合同的生效和抵押登记是两个层面的问题,抵押合同的生效不以登记为要件。二是将担保法中的抵押物登记修改为抵押权登记。三是将担保法中未登记的抵押权“按照合同生效时间的先后顺序清偿”修改为“按照债权比例清偿”,这主要是考虑到没有登记的抵押权未经过公示,他人无从知晓该抵押财产上还有权利负担,当抵押财产价值不足以清偿全部债务时,如果按照合同生效时间的先后确定清偿顺序,后设立抵押权的人在不知情的情况下可能会得不到清偿或者得不到充分的清偿,这对后设立抵押权的人不利,并且依据抵押合同生效时间来决定抵押权的清偿顺序容易造成抵押人与某一抵押权人恶意串通,擅自变动合同签订日期以获得优先清偿,从而损害其他抵押权人的合法权利。为此,物权法将担保法中未登记的抵押权按照“设立先后”清偿修改为按照“债权比例”清偿。四是担保法按照抵押权的设立是登记生效还是合同订立生效分别规定了清偿顺序,物权法没有作出区分,统一作了规定。

民法典物权编在规定同一财产上多个抵押权的清偿顺序时在物权法第 199 条规定的基础上作了一些修改,主要有以下两个方面:

一是将物权法第 199 条第 1 项“抵押权已登记的,按照登记的先后顺序清偿;顺序相同的,按照债权比例清偿”修改为“抵押权已登记的,按照登记的时间先后确定清偿顺序”,删去了抵押权登记顺序相同的按照债权比例清偿的规定。在物权法的制定过程中,不动产登记还处于分散登记的状态,因此有可能产生当事人同一天在不同的法定登记部门办理抵押财产登记的情形,例如,债务人甲将其房屋抵押给乙并在房产管理部门办理了抵押登记,同一天又将该房屋占用范围内的土地使用权抵押给丙并在土地管理部门办理了抵押登记,由于房地一体抵押原则,乙和丙在同一天取得了债务人甲的房屋及房屋占用范围内的土地使用权上的抵押权,同一天在不同的登记部门进行抵押登记很难判断登记的先后顺序,因此实践中认为这属于抵押权的登记顺序相同的情形。随着不动产统一登记制度的全面实行,不动产权利都经由不动产登记机构在统一的不动产登记簿上办理登记,同一个不动产上设立的多个抵押权都登记在一个登记簿上,可以对各个抵押权登记的先后顺序作出判断。对于动产而言,当前我国的现状是不同种类的动产抵押由不同的行政管理部门登记,如机动车在公安部门办理抵押登记、航空器在航空主管部门办理抵押登记、企业财产在工商行政管理部门办理抵押登记,在同一动产上设定多个抵押时要根据动产类别在同一个登记部门办理抵押登记,也可以区分各个抵押权之间的先后顺序。此外,2019年10月国务院颁布的《优化营商环境条例》第47条第2款中规定,国家推动建立统一的动产和权利担保登记公示系统,逐步实现市场主体在一个平台上办理动产和权利担保登记。根据该规定,今后如果实现了统一的动产和权利担保登记公示系统,同一个动产上的多个抵押权不大可能出现登记顺序相同的情形。为此,民法典物权编删除了物权法中多个抵押权登记的顺序相同时按照债权比例清偿的规定。

二是增加了一款规定"其他可以登记的担保物权,清偿顺序参照适用前款规定"。在民法典物权编的立法过程中,一些意见提出,明确竞存的各个担保物权的清偿顺序,有利于增加担保交易的确定性,保护市场交易主体的预期,维护市场交易的秩序,物权法仅规定了多个抵押权之间以及抵押权或者质权与留置权之间的清偿顺序,应当补充规定其他担保物权的清偿顺序。我们研究认为，权利质权有的在交付权利凭证时设立，有的在办理出质登记时设立，以登记为公示方法的权利质权，就同一权利上多个质权之间的清偿顺序，可以参照适用同一财产上多个抵押权之间清偿顺序的规则。为此，本条增加了一款准用条款，为以登记为公示方法的担保物权之间的清偿顺序提供了法律依据。

在判断同一财产上的多个担保物权的清偿顺序时，应当适用本法第 414～416 条以及第 456 条。本条是关于同一财产上的多个抵押权的清偿顺序的一般规定。根据本条规定，同一财产向两个以上债权人抵押的，拍卖、变卖抵押财产所得的价款按照以下原则清偿：

首先，抵押权已登记的，按照登记的时间先后确定清偿顺序。关于抵押权生效的原则，本法区分不动产和动产抵押，作了不同规定。根据本法的规定，以建筑物和其他土地附着物、建设用地使用权、海域使用权和正在建造的建筑物这些不动产抵押的，应当办理抵押登记，抵押权自登记时发生效力。根据本法的规定，以动产抵押的，抵押权自抵押合同生效时发生效力；未经登记，不得对抗善意第三人。本条规定的按照抵押权登记的时间先后确定清偿顺序的原则，既适用于以登记为抵押权生效要件的不动产抵押，也适用于以登记为抵押权对抗要件的动产抵押，即无论是不动产抵押还是动产抵押，数个抵押权都已登记的，都按照登记的先后顺序清偿。以抵押权登记的先后顺序为标准清偿抵押债权是世界各国抵押担保制度中的一般规则。确定抵押权登记的先后，以登记部门的登记材料中记载的登记时间为准。作为第一顺序抵押登记的被担保债权，就拍卖、变卖抵押财产的价款优先受偿，处于第二顺序的抵押权只能就变价款的剩余部分受偿，依此类准。

其次，抵押权已登记的先于未登记的受偿。这一原则是针对动产抵押而言的。因为在不动产抵押中，未办理抵押登记的，不发生抵押权的效力，也就不会发生未登记的抵押权与已登记的抵押权之间清偿顺序的问题。根据民法典物权编的规定，当事人以动产抵押的,可以自愿办理抵押登记,而不要求必须办理登记。动产抵押权无论是否办理抵押登记都自抵押合同生效时发生效力。但是,当事人是否办理抵押登记,在法律效力上还是有差别的,办理抵押登记的,抵押权人可以对抗第三人。这样规定主要是因为办理抵押登记的,其他债权人就可以通过查阅登记资料知道该财产已经设定抵押的情况,公示性较强;而没有办理抵押登记的,其他债权人一般很难知道该财产是否已经设定了抵押,所以法律给予已登记的抵押权以特别的保护。在清偿顺序的问题上,本法作出抵押权已登记的先于未登记的受偿的规定。

最后,抵押权未登记的,按照债权比例清偿。这一原则也是针对动产抵押而言的。动产所有人有权在同一动产上多次设定抵押,其每次设定均为有权处分,在同一抵押财产上设定数个抵押权时,各抵押权人互为第三人,为保障其清偿顺位应当及时进行登记。如果每一个抵押权都没有办理登记,那么无论各抵押权设立先后,其相互间均不得对抗。因此,各抵押权人对抵押财产拍卖、变卖所得的价款应当享有同等的权利,按照各自的债权的比例受清偿。

第四百一十五条　同一财产既设立抵押权又设立质权的,拍卖、变卖该财产所得的价款按照登记、交付的时间先后确定清偿顺序。

【释义】　本条是关于同一财产上既有抵押权又有质权时清偿顺序的规定。

抵押权可以在不动产和动产上设立,质权可以在动产和权利上设立,动产既可以成为抵押权的标的也可以成为质权的标的。关于动产抵押权,本法第403条规定,以动产抵押的,抵押权自抵押合同生效时设立,未经登记,不得对抗善意第三人。关于动产质权,本法第429条规定,质权自出质人交付质押财产时设立。由于动产抵押权不需要转移标的物的占有,且在抵押合同生效时设立，与动产质权的设立要件不同，因此同一动产上可能既设有抵押权又设有质权。

同一财产上存在数个不同类型的担保物权，可以使市场交易主体通过担保的方式获得生产经营所需要的资金，充分发挥财产的交换价值，实现物尽其用，但是在另一方面，同一财产上设立了两个以上不同类型的担保物权时，就需要确立担保物权优先次序所应遵循的原则，理顺担保物权竞合时的清偿顺序，以明确法律关系、维护交易秩序以及保护善意第三人的合法权益，这既是定分止争的需要，也是法律追求秩序价值的体现。担保法以及物权法对于同一财产上抵押权与质权竞合时如何确定清偿顺序没有作出规定。2000 年颁布的《最高人民法院关于适用〈中华人民共和国担保法〉若干问题的解释》第 79 条第 1 款规定："同一财产法定登记的抵押权与质权并存时，抵押权人优先于质权人受偿。"在担保法中，一些动产抵押权的设立为登记生效主义，即属于司法解释中"法定登记的抵押权"，然而物权法将所有动产抵押权的设立修改为登记对抗主义，因此该条司法解释也就失去了适用的基础。民法典物权编对于同一财产上抵押权与质权并存时的清偿顺序作了补充完善，规定对于同一财产既设立抵押权又设立质权的，拍卖、变卖该财产所得的价款按照登记、交付的时间先后确定清偿顺序，即以权利公示的时间先后决定清偿顺序。本条在具体适用时，主要有以下几种情况：

（一）先质押后抵押的情形

在动产上先设立质权后设立抵押权的，例如，甲将其所有的汽车出质给质权人乙，后来甲又将该汽车抵押给抵押权人丙，由于质权以动产的交付作为生效要件，并且交付具有公示效力，因此先设立的乙的质权应当优先受偿。后设立的丙的抵押权无论是否登记都不影响在先设立的乙的质权的优先受偿顺序。在动产质权和动产抵押权中，交付和登记都是公示方式，本身并不存在效力的强弱之分，都具有对抗后面产生的权利的效力。动产抵押权虽然进行了登记，但是其登记对抗效力仅能向后发生，不能影响成立在先的质权。在本案例中,乙的质权因交付行为设立并取得对抗效力,丙的抵押权因抵押合同生效设立,如果进行登记则取得对抗效力,由于质权的公示时间即动产交付的时间早于丙的抵押权的设立时间,根据本条规定乙的质权优先于丙的抵押权受偿。

(二)先抵押后质押的情形

在动产上先设立抵押权后设立质权的,例如,甲将其所有的汽车抵押给乙,签订了抵押合同,由于动产抵押权不需要转移抵押财产的占有,甲又将该汽车继续出质给丙,在这种情况下,乙的抵押权和丙的质权的清偿顺序会因先设立的抵押权是否登记而有所不同。

1. 已登记的动产抵押权与动产质权

在上例中,如果乙在签订了抵押合同后进行了抵押登记,该抵押权便具有了对抗第三人的效力,并且为设立在先的权利,而丙的质权是设立在后的权利,虽然动产的交付也具有公示效力,但该质权不能对抗设立在先的具有对抗效力的抵押权人。乙的抵押权的登记时间在前,丙的质权的交付时间在后,根据本条规定,乙的抵押权优先于丙的质权受偿。

2. 未登记的动产抵押权与动产质权

在上例中,如果乙在签订了抵押合同后没有进行抵押登记,之后丙在该汽车上取得质权,由于同一个财产上并存的抵押权和质权的清偿顺序取决于权利公示的时间先后,乙的抵押权没有登记即没有公示,丙的质权因交付行为而设立并取得公示效力,丙的质权优先于乙的抵押权受偿。因此,抵押权人在取得动产抵押权后应当及时进行登记,否则可能会失去优先清偿的顺位。

第四百一十六条　动产抵押担保的主债权是抵押物的价款,标的物交付后十日内办理抵押登记的,该抵押权人优先于抵押物买受人的其他担保物权人受偿,但是留置权人除外。

【释义】 本条是关于买卖价款抵押权的规定。

现代商业社会中，以赊购或者贷款方式购买生产设备、原材料、半成品、产品等动产的商业活动非常普遍，这种方式对于增加生产、促进资金融通和经济发展有巨大作用。为了保障在上述买卖活动中提供融资的出卖人或者贷款人的债权，特别是平衡该类债权人与债务人的其他担保物权人之间的优先受偿顺位，本法参考借鉴国外的相关制度，规定了买卖价款抵押权制度。买卖价款抵押权是指，为了担保债务人买入动产时对出卖人或者贷款人支付价款的债务的履行，在买入的该动产上为出卖人或者贷款人设定的，经依法登记取得法律规定的优先受偿权的抵押权。由于买卖价款抵押权人可以优先于债务人在该动产上的除留置权人以外的其他担保物权人受偿，因此在国外的相关制度以及学术理论中被称为“超级优先权”。

（一）买卖价款抵押权的设立

根据本条规定，买卖价款抵押权的设立需要符合下列条件：

一是买卖价款抵押权所担保的主债权是抵押财产的价款。担保物权的设立，需要有一个主债权债务关系和担保关系，在买卖价款抵押权的设立过程中，主债权为债务人买入动产时需要支付的价款，即本条规定的“主债权是抵押财产的价款”。根据债权人主体的不同，主债权可以分为两类：一类是动产出卖人请求动产买受人支付价款的债权；另一类是贷款人请求动产买受人返还其发放的用于支付动产价款的贷款债权，在这一类债权关系中涉及三方当事人，即动产买受人、动产出卖人和贷款人，买受人与贷款人协商，约定以贷款人发放的贷款向出卖人支付部分或者全部价款，买受人为担保贷款人的债权，在买受的动产上为该债权设定抵押。可见，买卖价款抵押权所担保的债权有其特殊性，必须是债务人应当支付的买受动产的价款。

二是买卖价款抵押权的客体是买受的动产。在买卖价款抵押权的设立过程中，必须以债务人买受的动产作为抵押财产，以担保买受该动产所应支付的价款，作为抵押财产的动产要与所担保的价款债权具有对应关系。例如，甲向乙购买了一批机器设备,约定甲享有该批机器的所有权,为了确保甲能够偿还购买机器的价款,甲为乙设定了抵押权,如果乙想拥有本条规定的买卖价款抵押权,必须在该批机器上设定抵押权,而不是在甲或他人的其他财产上。在债权人为贷款人的情形下,买卖价款抵押权也必须在用该笔贷款购买的动产上设立。如果债务人以其固有的老设备等为贷款人设定抵押权来取得融资,并用该笔贷款购买新设备等,那么贷款人所享有的抵押权只是一般抵押权,并不是本条规定的买卖价款抵押权。

三是买卖价款抵押权的标的物所有权须转移给买受人。抵押权是在债务人或者第三人的财产上设立的担保物权,在买卖价款抵押权的设立过程中,只有买受的标的物的所有权转移于买受人即债务人时,抵押权才能有效设立。根据本法第224条的规定,动产物权的设立和转让,自交付时发生效力,但是法律另有规定的除外,因此,本条规定了买受的标的物须经交付的要求。需要提出的是,在国外的相关制度中,商事主体以购置的财产作为未付价款的担保,其交易类型包括动产抵押、所有权保留及融资租赁交易等。本条规定的买卖价款抵押权仅限于动产抵押这种交易类型,不包含所有权保留和融资租赁交易。所有权保留交易中的出卖人和融资租赁交易中的出租人对标的物的权利为所有权,而不是担保物权,因此不适用本条规定。

四是买卖价款抵押权须办理抵押登记。由于买卖价款抵押权人对抵押财产具有优先于债务人在该动产上的除留置权人以外的其他担保物权人受偿的效力,为了向相关交易主体公示存在这样一种超级优先权,保障交易的安全性与稳定性,本条明确了其在规定的期限内进行抵押登记的要求,如果当事人未在动产交付后10日内办理抵押登记,该抵押权仅构成一般的动产抵押权,不具有本条规定的优先受偿的效力,其优先受偿顺序将按照本法第414条、第415条确定。本条规定,买卖价款抵押权的登记必须在标的物交付后10日内办理,对抵押权的登记设置了10日的宽限期。宽限期的设置主要是尊重商业实践的需要,实践中融资交易频繁,在买卖价款抵押权的设立过程中,要求债务人和债权人签订抵押合同之后立即进行登记不现实,也不符合交易习惯。国外的相关制度中也都有宽限期的规定,如《美国统一商法典》对以库存和牲畜以外的有体动产担保价款债权的,要求在取得担保物的占有后20日内完成登记;《欧洲示范民法典草案:欧洲私法的原则、定义与示范规则》也规定了相关财产在交付之日起35日内进行登记的要求。为了促进交易的便捷和效率,尽量缩短交易处于不确定状态的时间,本条规定了相对较短的宽限期,即"标的物交付后十日内"。

(二)买卖价款抵押权的优先受偿效力

对于买卖价款抵押权的优先受偿效力,本条规定"该抵押权优先于抵押财产买受人的其他担保物权人受偿"。根据本法第414条、第415条的规定,买卖价款抵押权优先于在其登记之后设立的担保物权。而根据本条规定,买卖价款抵押权具有的特殊优先受偿效力还体现在其优先于在先设立的担保物权。在债务人买受的动产上存在比买卖价款抵押权设立在先的担保物权,主要指债务人先前为他人设定了浮动抵押的情形。本法第396条规定了浮动抵押制度,设定浮动抵押以后,浮动抵押权人对于抵押人现有的及将有的动产享有抵押权,抵押人嗣后取得的动产,将自动成为抵押财产的一部分。这时就产生了在先设立的浮动抵押权与在后设立的买卖价款抵押权竞存的情形。例如,甲是一名机器销售商,乙是一名机器生产商,丙是银行,2020年1月1日甲为取得融资以现有的及将有的机器为丙设定浮动抵押,并于当日办理抵押登记。同年3月1日,甲向乙购买机器,但是甲没有资金支付机器的价款,甲乙签订协议约定,甲拥有机器的所有权,甲在该批机器上为乙设立抵押权用以担保购买机器的价款,该批机器于当日交付并于3月7日办理了抵押登记。根据本条规定,3月7日登记的乙的买卖价款抵押权优先于1月1日设立的丙的动产浮动抵押权,而不适用本法第414条规定的按照登记的时间先后确定清偿顺序。

赋予买卖价款抵押权特殊的优先受偿效力，主要是基于以下考虑：从抵押人（债务人）的角度来说，在先设立并登记的浮动抵押可能会减弱其他贷款人的贷款意愿，如果买卖价款抵押权能够优先受偿，便能解决浮动抵押的存在给抵押人后续经营带来的融资困境，从而为债务人扩展再融资渠道，保障其生产经营的正常进行。从买卖价款抵押权人的角度来说，买卖价款抵押权优先受偿，有力地保护了买卖价款抵押权人的利益，出卖人、贷款人不需要事先调查债务人的财产上是否存在浮动抵押，降低了交易成本，促进了货物的销售及资金的融通。从浮动抵押权人的角度来说，浮动抵押制度的特征在于赋予抵押人在正常经营活动中自由处分财产的权利，从而以抵押人在经营过程中取得的收益偿还债权。抵押人出于生产经营的需要，以买卖价款抵押权的形式获得融资，有利于生产经营的顺利进行，为浮动抵押权人实现债权提供有力保障，并且买卖价款抵押权的优先受偿效力仅及于买受的新动产，并不会妨碍浮动抵押权人在抵押人的其他财产上设立的浮动抵押权的优先顺位。出于对交易公平和效率的综合考量，本条赋予了买卖价款抵押权人优先于债务人在该动产上的除留置权人以外的其他担保物权人受偿的效力。

（三）买卖价款抵押权优先受偿效力的限制

买卖价款抵押权虽然被称为“超级优先权”，但是并不代表其在任何情况下都具有最优先受偿的效力，本条规定买卖价款抵押权人优先于抵押财产买受人的其他担保物权人受偿，但是留置权人除外。留置权是指当债务人不履行到期债务，债权人可以留置已经合法占有的债务人的动产，并有权就该动产优先受偿的一种法定担保物权。本法第456条也规定，同一动产上已经设立抵押权或者质权，该动产又被留置的，留置权人优先受偿。从理论上讲，留置权属于法定担保物权，其直接依据法律规定而产生，而抵押权与质权均为意定担保物权，法定担保物权优先于意定担保物权为公认的物权法原则。因此，在同一个动产上同时存在买卖价款抵押权和留置权时，留置权优先受偿。

第四百一十七条　建设用地使用权抵押后，该土地上新增的建筑物不属于抵押财产。该建设用地使用权实现抵押权时，应当将该土地上新增的建筑物与建设用地使用权一并处分。但是，新增建筑物所得的价款，抵押权人无权优先受偿。

【释义】　本条是关于建设用地使用权抵押后新增建筑物的规定。

依照本法第395条和第397条的规定，债务人或者第三人有权处分的建设用地使用权可以抵押。以建设用地使用权抵押的，该土地上现有的建筑物一并抵押；抵押人未一并抵押的，未抵押的建筑物视为一并抵押。建设用地使用权抵押，是指抵押人以其依法取得的建设用地使用权用不转移占有的方式向抵押权人提供债务履行担保的行为；当债务人到期不履行债务时，抵押权人有权以处分该建设用地使用权所得的价款优先受偿。建设用地使用权抵押后，抵押人仍然有权依法对该土地进行开发，建造建筑物。该土地上新增的建筑物，由于其不在抵押合同约定的抵押财产的范围内，因此不属于抵押财产。

为了实现抵押权，需要处分抵押的建设用地使用权时，如果该土地上已存在建筑物，一般来讲，只有将建筑物与建设用地使用权一并处分，才能实现建设用地使用权的使用价值和交换价值，这就是为什么我们在实践中要遵循"房随地走"的原则。因此，本条规定，处分抵押的建设用地使用权实现抵押权时，虽然新增的建筑物不属于抵押财产，仍可以将其与建设用地使用权一并处分。但处分后，由于新增的建筑物不属于抵押财产，处分新增建筑物所得的价款，抵押权人没有优先受偿的权利，只能以处分建设用地使用权所得的价款优先受偿。

第四百一十八条　以集体所有土地的使用权依法抵押的，实现抵押权后，未经法定程序，不得改变土地所有权的性质和土地用途。

【释义】 本条是关于以集体所有土地的使用权抵押的，其抵押权实现的特别规定。

根据我国法律的规定，可以依法抵押的集体所有土地的使用权有农村土地的土地经营权，乡镇、村企业的建设用地使用权，集体经营性建设用地使用权。对于以家庭承包方式取得的承包地的土地经营权，农村土地承包法第47条第1款规定，承包方可以用承包地的土地经营权向金融机构融资担保，并向发包方备案。受让方通过流转取得的土地经营权，经承包方书面同意并向发包方备案，可以向金融机构融资担保。对于不宜采取家庭承包方式的荒山、荒沟、荒丘、荒滩等农村土地，通过招标、拍卖、公开协商等方式承包而取得的土地经营权，农村土地承包法第53条规定，通过招标、拍卖、公开协商等方式承包农村土地，经依法登记取得权属证书的，可以依法采取出租、入股、抵押或者其他方式流转土地经营权。对于乡镇、村企业的建设用地使用权，民法典物权编第398条规定，乡镇、村企业的建设用地使用权不得单独抵押。以乡镇、村企业的厂房等建筑物抵押的，其占用范围内的建设用地使用权一并抵押。对于集体经营性建设用地使用权，土地管理法第63条第3款规定，通过出让等方式取得的集体经营性建设用地使用权可以转让、互换、出资、赠与或者抵押，但法律、行政法规另有规定或者土地所有权人、土地使用权人签订的书面合同另有约定的除外。

以家庭承包或者其他方式承包的农村土地，属于农民集体所有或者国家所有依法由农民集体使用，乡镇、村企业的建设用地、集体经营性建设用地属于农民集体所有。为了保护我国农村集体土地，防止农业用地的流失，促进农村经济的发展，集体所有土地的使用权的流转应当坚持土地所有权的性质和土地用途不变的原则。以集体所有土地的使用权抵押的，实现抵押权后，未经法定程序，土地的所有权不得转移，仍归国家所有或者集体所有，也不得擅自改变土地的原有用途，即对农村土地的土地经营权实现抵押权时，未经依法批准不得将承包地用于非农建设；对依照法律可以抵押的集体建设用地使用权实现抵押权时,不得改变土地利用总体规划、城乡规划确定的土地用途。

第四百一十九条　抵押权人应当在主债权诉讼时效期间行使抵押权;未行使的,人民法院不予保护。

【释义】　本条是关于抵押权存续期间的规定。

根据本法第393条的规定,在主债权消灭、担保物权实现、债权人放弃担保物权以及法律规定担保物权消灭的其他情形下,抵押权消灭。那么,在上述任何一种情形都没有发生的情况下,抵押权应当一直存续下去还是应当有一定的存续期间呢?这是本条规定要解决的问题。

在民法典颁布之前,对于这一问题,1995年颁布的担保法没有作出规定。2000年发布的《最高人民法院关于适用〈中华人民共和国担保法〉若干问题的解释》第12条第2款规定,担保物权所担保的债权的诉讼时效结束后,担保权人在诉讼时效结束后的2年内行使担保物权的,人民法院应当予以支持。物权法第202条规定,抵押权人应当在主债权诉讼时效期间行使抵押权;未行使的,人民法院不予保护。本条对抵押权存续期间的问题,保留了物权法第202条规定,没有作出修改。

尽管本条延续了物权法的规定,但在民法典物权编的立法过程中,对如何规定抵押权存续期间的问题,存在不同意见。

第一种意见认为,抵押权所担保的债权的诉讼时效期间届满后,抵押权人在两年内不行使抵押权的,抵押权应当消灭。其理由是:主债权的诉讼时效期间届满后,主债权并没有消灭,而只是债权人失去了胜诉权,由于主债权的存在,其抵押权也附随存在。但如果抵押权一直存在,可能会由于抵押权人长期怠于行使抵押权,而不利于发挥抵押财产的经济效用,阻碍经济的发展。因此再给抵押权人两年的行使期间,两年内不行使的,抵押权消灭,是比较合理的。《最高人民法院关于适用〈中华人民共和国担保法〉

若干问题的解释》也是这样规定的。有的认为两年期间较短，不利于保护抵押权人的利益，建议改为5年。我国台湾地区"民法"第880条规定，以抵押权担保之债权，其请求权已因时效而消灭，如抵押权人于消灭时效完成后，5年间不实行其抵押权者，其抵押权消灭。

第二种意见认为，抵押权人未在主债权诉讼时效期间行使抵押权的，抵押权应当消灭。主要理由是：抵押权所担保的债权因诉讼时效期间届满而成为自然之债，债务人享有抗辩权，法院不能强制债务人履行，然而对于未在主债务诉讼时效期间行使的抵押权来说，因法律未明确规定抵押权消灭，已登记的抵押权仍处于登记状态，会对抵押财产的流转产生障碍，不利于物的充分利用，这在抵押人为第三人时对抵押人不公平。建议明确规定抵押权未在主债权诉讼时效期间行使的，会导致抵押权的消灭，为主债权超过诉讼时效期间的抵押权的涂销登记提供法律依据。

第三种意见认为，应当在担保物权一般规定一章中规定，主债权诉讼时效期间届满未行使担保物权的，担保物权消灭。这样规定可以将抵押权、质权和留置权的存续期间都包含进去。

对于以上三种意见，经研究，都各有一些不妥之处，分析如下：

第一种意见提出的主债权的诉讼时效期间届满后，抵押权还有两年的存续期间，是否妥当，值得研究。在抵押人为第三人的情况下，抵押人在这两年期间内承担了担保责任后，应当有权向债务人追偿。但由于主债权已过诉讼时效，债务人对抵押权人清偿债务的请求享有抗辩权，这种抗辩权能否对抗抵押人的追偿权？如果不能对抗，诉讼时效对债务人来说就失去了意义，债务人实际上还要履行债务；如果能够对抗，抵押人的追偿权就无法得到保障。

第二种意见为主债权的诉讼时效期间届满后，抵押权消灭。该意见有以下几个方面的问题：一是主债权在诉讼时效期间届满后，尽管债务人取得了拒绝履行义务的抗辩权，但是债权人的债权并不消灭。担保物权具有从属于所担保的债权的特征,本法第393条第1项规定,主债权消灭的,担保物权消灭。如果主债权的诉讼时效期间届满后,主债权没有消灭而抵押权消灭的,与抵押权的从属性特征不符。二是在主债权的诉讼时效期间届满后,抵押人承担了担保责任,能否反悔,请求债权人返还?如果规定主债权的诉讼时效期间届满则抵押权消灭,抵押人可以主张抵押权已消灭要求债权人返还,但是这种做法不符合诚实信用原则。第二种意见的出发点主要在于如果不规定抵押权消灭,则会对抵押财产的流转产生障碍,但是本法对抵押财产的转让规则已经从物权法中的未经抵押权人同意不得转让抵押财产、未消除抵押权不得转让抵押财产转变为抵押财产原则上可以转让、抵押权对抵押财产有追及效力,尽管抵押权未消灭,但是不影响抵押财产的转让。

第三种意见为质权和留置权也设定了存续期间。根据这一意见,主债权诉讼时效期间届满质权人、留置权人未行使质权、留置权的,质权、留置权消灭,质权人、留置权人应当向出质人、债务人返还质押财产、留置财产,这对已经实际占有质押财产、留置财产的质权人、留置权人是不公平的。关于质权、留置权的问题,本法根据各自权利的特点单独做了规定。本法第437条规定,出质人可以请求质权人在债务履行期限届满后及时行使质权;质权人不行使的,出质人可以请求人民法院拍卖、变卖质押财产。本法第454条规定,债务人可以请求留置权人在债务履行期限届满后行使留置权;留置权人不行使的,债务人可以请求人民法院拍卖、变卖留置财产。

本法规定抵押权人未在主债权诉讼时效期间行使抵押权的,人民法院不予保护。这样规定的主要考虑是,随着市场经济的快速运转,如果允许抵押权一直存续,可能会使抵押权人怠于行使抵押权,不利于发挥抵押财产的经济效用,制约经济的发展。因此,规定抵押权的存续期间,能够促使抵押权人积极行使权利,促进经济的发展。由于抵押权是主债权的从权利,因此一些国家民法和我国台湾地区“民法”将抵押权的存续期间与主债权的消灭时效或者诉讼时效挂钩的做法，值得借鉴。需要注意的是，本条规定的是抵押权人在主债权诉讼时效期间内未行使抵押权的，人民法院不予保护。也就是说，过了主债权诉讼时效期间后，抵押权人丧失的是抵押权受人民法院保护的权利即获得司法强制执行的权利，而抵押权本身并没有消灭，如果抵押人自愿履行担保义务的，抵押权人仍可以行使抵押权。

第二节　最高额抵押权

第四百二十条　为担保债务的履行，债务人或者第三人对一定期间内将要连续发生的债权提供担保财产的，债务人不履行到期债务或者发生当事人约定的实现抵押权的情形，抵押权人有权在最高债权额限度内就该担保财产优先受偿。

最高额抵押权设立前已经存在的债权，经当事人同意，可以转入最高额抵押担保的债权范围。

【释义】　本条是关于最高额抵押权的概念的规定。

根据本条规定，最高额抵押权是指为担保债务的履行，债务人或者第三人对一定期间内将要连续发生的债权提供抵押担保，债务人不履行到期债务或者发生当事人约定的实现抵押权的情形的，抵押权人有权在最高债权额限度内就该担保财产优先受偿。

最高额抵押权具有以下特征：

首先，最高额抵押权是限额抵押权。设定抵押时，抵押人与抵押权人协议约定抵押财产担保的最高债权限额，无论将来实际发生的债权如何增减变动，抵押权人只能在最高债权额范围内对抵押财产享有优先受偿权。实际发生的债权超过最高限额的，以抵押权设定时约定的最高债权额为限优先受偿；不及最高限额的,以实际发生的债权额为限优先受偿。

其次,最高额抵押权是为将来发生的债权提供担保。最高额抵押权设定时,不以主债权的存在为前提,是典型的担保将来债权的抵押权。这里的“将来债权”,是指设定抵押时尚未发生,在抵押期间将要发生的债权。

再次,最高额抵押权所担保的最高债权额是确定的,但实际发生额不确定。设定最高额抵押权时,债权尚未发生,为担保将来债权的履行,抵押人和抵押权人协议确定担保的最高数额,在此额度内对债权担保。如甲以自己的一栋房产为抵押财产,与银行乙签订一份担保最高300万元债权的最高额抵押合同,以担保将来可能发生的债权的履行。

最后,最高额抵押权是对一定期间内连续发生的债权作担保。这里讲的一定期间,不仅指债权发生的期间,更是指抵押权担保的期间,如对2020年1月1日至12月31日发生的债权提供担保。连续发生的债权,是指所发生的债权次数不确定,且接连发生,如债务人在一年期间内向银行第1次借款100万元,第2次借款50万元,在该期间内将来还可能发生第3次、第4次甚至更多次借款。这里讲的对一定期间内连续发生的债权做担保,是指在担保的最高债权额限度内,对某一确定期间内连续多次发生的债权做担保,如最高债权额为300万元,担保期间为一年,那么,在一年之内,无论发生多少次债权,只要债权总额不超过300万元,这些债权都可以就抵押财产优先受偿。

最高额抵押是随着商品经济发展而产生的一项重要的抵押担保制度,一些国家民法和我国台湾地区“民法”对此都作了规定。我国担保法、物权法适应社会主义市场经济发展的需要,也确立了这一制度,民法典物权编在担保法、物权法的基础上对最高额抵押制度作了完善。最高额抵押与一般抵押相比具有一定的优越性。例如,甲向乙连续多次借款,如果采用一般财产抵押的办法,那么每次借款都要设定一个抵押担保,签订一次抵押合同,进行一次抵押登记,手续十分烦琐;而在借款之前设定一个最高额抵押,无论将来债权发生几次,只要签订一个抵押合同、做一次抵押登记就可以了,这样做既省时、省力、省钱,还可以加速资金的融通,促进经济发展。

关于最高额抵押的适用范围,担保法第 60 条规定,借款合同可以附最高额抵押合同;债权人与债务人就某项商品在一定期间内连续发生交易而签订的合同,可以附最高额抵押合同。随着市场经济的不断发展,经济往来日益频繁,经济交往形式日益多样,在现实经济生活中,不仅当事人之间的借贷关系、商品交易关系可以利用最高额抵押的形式,其他交易关系也可能需要以最高额抵押做担保,如票据关系、商业服务关系。因此,物权法没有保留担保法的上述规定,不再对最高额抵押的适用范围进行限制,为实践发展留出空间,民法典物权编延续了物权法的规定,未对最高额抵押的适用范围作出限制。

根据本条的规定,最高额抵押是对将要发生的债权提供担保,那么,最高额抵押权设立前已经存在的债权,能否被转入最高额抵押担保的债权范围呢?对这一问题,多数意见认为,最高额抵押权的本质特征不在于其所担保的债权为将来的债权,而在于所担保的债权为不特定债权,且具有最高限额。因此,只要最终实际发生的债权总额不超过双方约定的最高债权额,即使该债权发生在最高额抵押权设立前,也应当被允许增补到最高额抵押所担保的债权范围。而且是否将已经存在的债权转入最高额抵押担保的债权范围,是当事人自己的权利,只要双方协商同意,法律应当允许。为此,本条第 2 款规定,最高额抵押权设立前已经存在的债权,经当事人同意,可以转入最高额抵押担保的债权范围。

第四百二十一条　最高额抵押担保的债权确定前,部分债权转让的,最高额抵押权不得转让,但是当事人另有约定的除外。

【释义】 本条是关于最高额抵押所担保的债权以及最高额抵押权转让的规定。

关于最高额抵押所担保的债权能否转让的问题,担保法第 61 条规定:“最高额抵押的主合同债权不得转让。”担保法这样规定的主要考虑是,最高额抵押是对一定期间内连续发生的债权作担保,而不是单独对其中的某一项债权作担保;最高额抵押所担保的债权在担保期间内经常变更,处于不稳定状态。如果允许主合同债权转让,就要考虑最高额抵押权是否转让、如何转让,以及如果几个债权分别转让给不同的第三人时,最高额抵押权由谁行使、如何行使等问题。在当时我国市场机制尚未完善的情况下,为了防止经济生活出现混乱的局面,保障信贷和交易安全,担保法作出最高额抵押的主合同债权不得转让的特别规定,是必要的。但是随着我国市场经济的不断发展和市场机制的不断完善,最高额抵押担保的债权的转让与否,应当按照当事人意思自治的原则,由债权人自己决定。德国、日本等一些国家的民法也规定,最高额抵押所担保的债权可以依照债权转让的一般规定进行转让。因此,物权法不再保留担保法的上述规定,最高额抵押所担保的债权是可以转让的。本法延续了物权法的精神,没有对最高额抵押所担保的债权的转让作出限制。

关于最高额抵押权是否随其所担保的债权的转让而转让的问题,应当区别不同情况分别对待。最高额抵押所担保的债权确定后,债权在约定的最高限额内就抵押财产优先受偿,此时最高额抵押与一般抵押没有什么区别。因此,根据一般抵押权随债权的转让而转让的原则,债权转让的,最高额抵押权一并转让。那么,最高额抵押担保的债权确定前,最高额抵押权是否随部分债权的转让而转让呢?对此,本条主要考虑的是因为最高额抵押是对一定期间内连续发生的所有债权作担保,而不是单独对其中的某一个债权作担保。因此,最高额抵押权并不从属于特定债权,而是从属于主合同关系。部分债权转让的,只是使这部分债权脱离了最高额抵押权的担保范围,对最高额抵押权并不发生影响,最高额抵押权还要在最高债权额限度内,对已经发生的债权和尚未发生而将来可能发生的债权作担保。因此,最高额抵押担保的债权确定前,部分债权转让的,最高额抵押权并不随之转让,除非当事人另有约定。其他一些国家,如日本对这一问题也作了类似的规定,《日本民法典》第398条之七规定,本金确定前,自最高额抵押权人处取得债权者,不得就其债权行使最高额抵押权。

根据本条但书的规定,当事人可以约定在最高额抵押担保的债权确定前,最高额抵押权随部分债权的转让而转让。当事人的约定主要有以下两种情形:第一种情形是部分债权转让的,抵押权也部分转让,原最高额抵押所担保的债权额随之相应减少。在这种情况下,转让的抵押权需要重新做抵押登记,原最高额抵押权需要做变更登记。第二种情形是部分债权转让的,全部抵押权随之转让,未转让的部分债权成为无担保债权。

第四百二十二条　最高额抵押担保的债权确定前,抵押权人与抵押人可以通过协议变更债权确定的期间、债权范围以及最高债权额。但是,变更的内容不得对其他抵押权人产生不利影响。

【释义】 本条是关于抵押权人与抵押人协议变更最高额抵押有关内容的规定。

最高额抵押担保的债权确定前,抵押权人与抵押人可以通过协议变更最高额抵押的有关内容。当事人可以协议变更的内容主要包括:

一是债权确定的期间。抵押权人与抵押人一般会在最高额抵押合同中约定债权确定的期间。例如,如果当事人订立最高额抵押合同对2020年1月1日至12月31日发生的债权作担保,那么该期间即为债权确定的期间,2020年12月31日为债权确定的最后日期。最高额抵押担保的债权确定前,当事人可以协议延长最高额抵押合同中约定的确定债权的期间,如将该期间延长至2021年6月30日;也可以协议缩短该期间,如缩短至2020年10月31日。

二是债权范围。当事人可以协议变更最高额抵押权担保的债权范围。例如,某家电经销商与某家电制造商签订一份最高额抵押合同,对一定期间内连续购进该家电制造商生产的电视机所要支付的货款提供担保。抵押期间,双方可以约定在最高额抵押担保范围内,同时为家电制造商的电冰箱的货款提供担保。

三是最高债权额。当事人可以协议提高或者降低抵押财产担保的最高债权额,如将约定的最高债权额 300 万元提高至 500 万元或者降低至 200 万元。

是否变更债权确定的期间、债权范围以及最高债权额,取决于当事人是否协商一致;但是在同一抵押财产上还有其他抵押权人特别是后顺位的抵押权人时,变更的内容可能对他们产生一定的影响,甚至损害他们的合法权益。例如,最高额抵押合同中约定的债权确定的最后日期在后顺位抵押权的债务履行期限届满之前,如果最高额抵押权人与抵押人协议延长债权确定的期间,将债权确定的最后日期延长至该后顺位抵押权的债务履行期限届满之后,就会对后顺位抵押权人实现其抵押权产生不利的影响。又如,最高额抵押权人与抵押人协议提高最高债权额,而实际发生的债权数额也高于原最高债权额,那么抵押财产的变价款用于优先清偿该最高额抵押权所担保的债权数额就会相应增加,这样也会对后顺位抵押权人实现其抵押权产生不利影响。为防止抵押权人与抵押人的变更损害其他抵押权人的利益,本条以但书的形式特别规定,变更的内容不得对其他抵押权人产生不利影响。根据这一规定,抵押权人与抵押人的变更对其他抵押权人产生不利影响的,该变更无效。

第四百二十三条　有下列情形之一的,抵押权人的债权确定:

(一)约定的债权确定期间届满;

(二)没有约定债权确定期间或者约定不明确,抵押权人或者抵押人自最高额抵押权设立之日起满二年后请求确定债权;

（三）新的债权不可能发生；

（四）抵押权人知道或者应当知道抵押财产被查封、扣押；

（五）债务人、抵押人被宣告破产或者解散；

（六）法律规定债权确定的其他情形。

【释义】 本条是关于最高额抵押权所担保的债权的确定事由的规定。

最高额抵押权所担保的债权的确定是指最高额抵押权所担保的债权因一定事由而归于固定。最高额抵押权的实现除了需要债务人不履行到期债务或者发生当事人约定的实现抵押权的情形外，还须具备其担保债权额的确定。最高额抵押权担保的债权额之所以需要确定：一是根据本法第420条的规定，最高额抵押权是对一定期间内将要连续发生的债权提供抵押担保。也就是说，最高额抵押权所担保的最高债权额是确定的，但实际发生的债权额在抵押期间具有不确定性和变动性。但债权终需要清偿，在清偿的条件出现时，债务人具体应清偿多少债权，应有一个确定的数额。二是最高额抵押权仍属于抵押权的一种，抵押权人在实现优先受偿权时，具体优先受偿的范围为多大，应当有一个定额。担保法对最高额抵押权所担保债权的确定事由没有作具体规定，这限制了最高额抵押权在实践中的应用。物权法对最高额抵押权所担保债权的确定事由作了详细规定。本法在吸收法院审判实践经验及借鉴国外立法例的基础上，在物权法规定的基础上作了一些完善。本条规定，具有下列情形之一的，最高额抵押权所担保的债权确定：

（一）约定的债权确定期间届满

债权确定的期间是指确定最高额抵押权所担保的债权实际数额的时间。实践中，最高额抵押权人为了防止抵押人任意行使确定债权额的请求权而使自己处于不利地位，抵押人为了防止自己的抵押财产所担保的债权长期处于不稳定的状态，一般都愿意在最高额抵押合同中对债权确定的期间进行约定。所以，对债权确定的期间进行约定是最高额抵押合同的重要内容。当事人约定的债权确定期间届满,最高额抵押权所担保的债权额即自行确定。这里需要区分两组概念:一是当事人约定的债权确定期间与最高额抵押权的存续期间。前者是指最高额抵押权人与抵押人之间约定的,用以确定最高额抵押权所担保债权额的时间;后者是指最高额抵押权担保债权的期间。根据本法第 419 条的规定,抵押权人应当在主债权诉讼时效期间行使抵押权;未行使的,人民法院不予保护。所以说,最高额抵押权的存续期间一般长于当事人约定的债权的确定期间。二是当事人约定的债权确定期间与最高额抵押中的债务清偿期。最高额抵押中的债务清偿期指债务人履行债务的期间。当事人约定的债权确定期间届至,债务的清偿期未必届至。当事人可以在最高额抵押合同中约定以债务的清偿期为债权确定的期间,也可以在债务清偿期外另行约定债权确定的期间。

(二)没有约定债权确定期间或者约定不明确,抵押权人或者抵押人自最高额抵押权设立之日起满 2 年后请求确定债权

实践中,当事人可能没有约定债权确定的期间,或者即使有约定,但约定的期间不明确。在这种情况下,如何决定最高额抵押所担保债权的确定时间?对这个问题,国外的做法主要有两种:一是规定抵押权人或者抵押人可以随时要求确定最高额抵押权所担保的债权额;二是规定一个确定债权额的法定期间,如《日本民法典》第 398 条之十九规定,最高额抵押人自最高额抵押权设定时起经过 3 年,可以请求确定担保的本金。本法采纳了第二种做法,明确规定,没有约定债权确定期间或者约定不明确,抵押权人或者抵押人自最高额抵押权设立之日起满 2 年后请求确定债权。这样规定主要基于两点考虑:一是设立最高额抵押权的目的主要是对连续性的交易提供担保,连续性交易一般会持续一段时间,如果允许当事人随时要求确定最高额抵押权所担保的债权额,就意味着一方当事人特别是抵押人有可能在很短时间内就要求确定债权额,这无疑与设立最高额抵押权的目的不相符合。二

是在当事人对确定债权额的期间没有约定或者约定不清楚的情况下,规定一个法定的确定债权额的期间,可以使最高额抵押权的地位因法定期间的存在而较为安稳,抵押权人不必时时顾虑抵押人行使债权确定请求权。这对于稳定最高额抵押关系是有好处的。本条规定的“二年”是一个固定期间,不存在中止、中断的问题,其起算点是最高额抵押权设立之日。根据物权编第402条、第403条的规定,如果以建筑物、建设用地使用权等不动产作最高额抵押的,最高额抵押权设立之日为最高额抵押权登记之日;如果以交通运输工具等动产作最高额抵押的,最高额抵押权设立之日即最高额抵押合同生效之日。

(三)新的债权不可能发生

在新的债权不可能发生的情况下,最高额抵押权所担保的债权额也是确定的。这里的“新的债权不可能发生”主要包括两种情形:一是连续交易的终止。如果最高额抵押是对连续交易提供担保,则连续交易的结束日期就是债权额的确定时间,即使当事人约定的债权确定期间或者本条第2项规定的法定确定期间还没有届至,最高额抵押权所担保的债权额也是确定的。二是最高额抵押关系的基础法律关系消灭而导致新的债权不可能发生。比如,在连续的借款交易中,借款人的严重违约致使借款合同依照合同约定或者法律规定被解除,新的借款行为自然不再发生。这种关系终止时,最高额抵押权所担保的债权额自然也确定。在这种情况下,债权额的确定时间也不受当事人约定的或者法定确定期间的影响。

(四)抵押权人知道或者应当知道抵押财产被查封、扣押

在最高额抵押权存续期间,抵押财产被法院查封、扣押的,其有可能被拍卖或者变卖。抵押财产被拍卖、变卖的价格直接影响到最高额抵押权人债权利益的实现。为确保自己的利益,在抵押财产被查封、扣押时,最高额抵押权人一般都希望被担保的债权额尽早确定。此外,查封、扣押抵押财产实际上隔断了抵押财产与担保债权的关系,也脱离了最高额抵押人和最高额抵押权人对

抵押财产的影响和控制。因此,无论是从保护最高额抵押权人、其他债权人利益的角度,还是从稳定担保关系的角度,都应当确定最高额抵押所担保的债权额。为此,物权法第 206 条对最高额抵押权所担保债权的确定事由作了规定,其中第 4 项为“抵押财产被查封、扣押”。在民法典物权编的立法过程中,司法实务界反映对此项的理解存在两种观点:一是主观说,认为只有在抵押权人收到查封通知或者知道查封事实时,债权才能确定;二是客观说,认为人民法院一旦完成查封手续,债权即确定。经研究,认为主观说更为合理,理由如下:一是采纳主观说有利于保护当事人利益,由于查封、扣押财产完全取决于执行申请人及法院单方面的行为,若以法院完成查封手续作为最高额抵押权所担保债权的确定时点,将导致最高额抵押权人因对查封事实不知情而放的款得不到抵押权的保护。二是采纳主观说有利于合理分配义务,就抵押财产被查封、扣押信息的获取而言,法院、抵押人的通知比起抵押权人的查询成本更低、效率更高,施以法院、抵押人通知义务比施以抵押权人审查义务更加合理。三是采纳主观说有利于节约交易成本,抵押权人不必在每次放款前都查询抵押财产的状态,便利了当事人的连续交易,简化了手续。然而,物权法第 206 条第 4 项“抵押财产被查封、扣押”,对抵押权人债权的确定,并没有附加抵押权人收到通知或者知情等条件。为此,民法典物权编对物权法的规定进行了修改完善,在本条第 4 项规定最高额抵押所担保的债权的确定事由为“抵押权人知道或者应当知道抵押财产被查封、扣押”。需要注意的是,被担保的债权额因抵押财产被查封、扣押而确定的,除了其他法律另有规定,最高额抵押权人仍可以就确定的担保债权额对抵押财产行使优先受偿权。这种优先受偿权优先于一般债权,也优先于排在其后的其他担保物权。

(五)债务人、抵押人被宣告破产或者解散

在最高额抵押权存续期间,债务人、抵押人有可能被宣告破产或者解散。债务人、抵押人被宣告破产或者解散所产生的直接法律后果就是债务人、抵押人依法进行清算程序、完成注销登记后终止。由于债务人或者抵押人的主体将要终止,有必要在主体终止前将最高额抵押所担保的债权额确定下来,从而依法进入相关的清算程序,通过清偿了结权利义务关系。因此,本条规定抵押人、债务人被宣告破产或者解散也是最高额抵押权所担保的债权的确定事由。需要提出的是,物权法第206条第5项规定债务人、抵押人被宣告破产或者被撤销为最高额抵押所担保的债权的确定事由,而本条第5项根据总则编第68条、第69条以及第106条的规定,将最高额抵押权所担保的债权的确定事由修改为债务人、抵押人被宣告破产或者解散,扩大了债权确定事由的范围,将导致债务人、抵押人主体终止的原因作为了最高额抵押权所担保的债权的确定事由。

(六)法律规定债权确定的其他情形

本项为保底性条款。除了本条第1项至第5项所规定的可以确定债权额的法定事由外,在本法其他条款或者其他法律中也有可能规定确定债权的其他情形。如根据本法第420条的规定,发生当事人约定的实现最高额抵押权的事由时,最高额抵押权人有权在最高债权额限度内就该担保财产优先受偿,而最高额抵押权人行使最高额抵押权的基础就是担保债权额的确定,所以出现当事人约定的实现最高额抵押权的事由就意味着担保债权额的确定。

最高额抵押权所担保债权额的确定将产生以下法律效力:一是最高额抵押权转变为普通抵押权。在债务人到期不履行债务或者出现当事人约定的实现抵押权的情形时,抵押权人可以依照普通抵押权的规定行使其抵押权。二是确定被担保债权的范围。被担保债权额确定时存在的主债权,不论其是否已到清偿期或者是否附有条件,均属于最高额抵押权担保的范围。被担保债权确定时存在的被担保主债权的利息、违约金、赔偿金等,不论在确定时是否已经发生,也属于被担保债权的范围。但是在最高额抵押权担保的债权确定后才发生的主债权不属于被担保债权的范围。三是最高额抵押权所担保的债权确定后,一旦债权到期或者出现当事人约定的可以实现抵押权的情形,抵押权人可以就抵押财产优先受偿,但优先受偿的额度不得超过双方当事人约定的最高担保额。抵押权人实现最高额抵押权时,如果实际发生的债权额高于最高限额的,以最高额为限,超过部分不具有优先受偿的效力;如果实际发生的债权额低于最高限额的,以实际发生的债权额为限对抵押财产优先受偿。

第四百二十四条　最高额抵押权除适用本节规定外,适用本章第一节的有关规定。

【释义】　本条是关于最高额抵押权适用一般抵押权有关条款的规定。

本章第1节为一般抵押权,与一般抵押权相比,最高额抵押权具有特殊性:一是最高额抵押权具有一定的独立性。在一般抵押权中,抵押权完全从属于主债权,随主债权的设立、转让和消灭而设立、转让和消灭。但是最高额抵押权的设立、转让和消灭在一定程度上独立于主债权。在设立上,没有债权存在,不能设立一般抵押权;但最高额抵押权却往往为将来的债权而设,不需要依附于现成的债权。在转让上,一般抵押权要求债权转让的,抵押权也随之转让;但在最高额抵押权中,根据本法第421条的规定,除当事人另有约定外,最高额抵押权担保的债权确定前,部分债权转让的,最高额抵押权不得转让。在消灭上,一般抵押权要求主债权消灭的,抵押权也消灭;但是在最高额抵押权中,只要产生最高额抵押权的基础关系还存在,部分债权的消灭不影响最高额抵押权的存在。二是最高额抵押权所担保的债权在设立时具有不确定性。在一般抵押权设立时,其所担保的债权在设立时就是特定的,所担保的债权额是明确的;但是最高额抵押权设立时,其所担保的债权额是不确定的,一直到本法第423条所规定的确定债权额的事由出现时,其所担保的债权额才确定。三是在最高额抵押权中,当事人必须约定抵押权人得以优先受偿的最高债权数额。当事人约定的享有担保的最高债权数额并非最高额抵押权所担保的实际债权额,因为实际债权额到底是多少,只有根据本法第423条的规定进行确定后才清楚。当实际发生的债权额超过最高限额时,以最高限额为准实现抵押权,超过的部分不具有优先受偿的效力;实际发生的债权额低于最高限额的,以实际发生的数额为准实现抵押权。在一般抵押权中,当事人并不需要约定优先受偿的最高债权数额。以上三点是一般抵押权与最高额抵押权的主要区别。但是从性质上讲,最高额抵押权仍属于抵押权的一种,与一般抵押权具有许多共性。除本节规定的条文外,本法关于一般抵押权的许多规定都可以适用于最高额抵押权。为了避免内容重复,本条规定,最高额抵押权除适用本节规定外,适用本法第2编第17章第1节一般抵押权的有关规定。

最高额抵押权可以适用物权编第17章第1节一般抵押权的规定主要有:一是关于抵押权设立的规定。关于最高额抵押权设立的当事人、设立的程序、可用于抵押的财产等内容与一般抵押权基本相同。本法第395条、第397条、第398条、第399条的规定均可适用于最高额抵押权。二是关于抵押权登记与生效时间的规定。最高额抵押权的登记和生效时间适用本法第402条、第403条的规定。根据本法第402条、第403条的规定,以不动产抵押的,应当办理抵押登记,抵押权自登记时设立。以动产抵押的,抵押权自抵押合同生效时设立;未经登记,不得对抗善意第三人。三是关于抵押权与其他权利的关系的规定。本法第405条对抵押权与租赁权的关系、第414条对同一财产上多个抵押权的清偿顺序、第415条对同一财产上抵押权与质权的清偿顺序作了规定。这些规定也可用于处理最高额抵押权与租赁权或者其他担保物权的关系。四是关于最高额抵押权的实现。最高额抵押权的实现程序和方式均可适用一般抵押权的实现程序和方式。本法第410条、第412条、第413条、第417条等条文对此作了规定。五是关于抵押财产保全的规定。本法第406条、第408条关于抵押财产保全的规定可以适用于最高额抵押权。此外,第409条关于抵押权人放弃抵押权或者抵押权顺位的规定、第419条关于抵押权存续期间的规定也可适用于最高额抵押权。

第十八章 质 权

本章分两节，共22条，规定了动产质权和权利质权。第1节对动产质权基本权利、禁止出质的动产、质押合同、流质条款效力、动产质权设立、孳息收取权、对质押财产处分使用的限制、质押财产的保管、质押财产保全、转质、质权的放弃、质押财产返还及质权实现、行使质权的请求权、质押财产变价款归属原则及最高额质权等作了规定。第2节对可以出质的权利范围、不同客体的权利质权的设立、出质人处分权利质权客体的限制、权利质权的适用条款等作了规定。

第一节 动产质权

第四百二十五条 为担保债务的履行，债务人或者第三人将其动产出质给债权人占有的，债务人不履行到期债务或者发生当事人约定的实现质权的情形，债权人有权就该动产优先受偿。

前款规定的债务人或者第三人为出质人，债权人为质权人，交付的动产为质押财产。

【释义】 本条是关于动产质权基本权利的规定。

债务人或者第三人将其动产移转给债权人占有作为债权的担保，当债务人不履行到期债务或者当事人约定的实现质权的情形出现时，债权人享有以该动产折价或者就拍卖、变卖该动产的价款优先受偿的权利。

质押法律关系的当事人为质押人和出质人,客体为质押财产。出质人指为担保债务的履行而提供质押财产的债务人或者第三人。质权人指接受质押担保的债权人。质押财产指出质人提供的用于担保债务履行的特定的动产。例如,甲向乙借款10万元,为保证按时偿还借款,将自己的珍贵字画出质给乙。在这个法律关系中,甲既是债务人,又是出质人;乙既是债权人,又是质权人;字画是质押财产。有时,提供质押财产的人并非债务人,而是主债权债务合同的当事人以外的第三人,该第三人就是出质人。又如,甲向乙借款,丙将自己的汽车质押给乙,作为甲向乙履行债务的担保。该种情况,丙为出质人,乙为质权人,丙的汽车是质押财产。

(一)动产质权与质押

债务人或者第三人将其动产交给债权人占有并实际控制的行为被称为质押,质权人因质押而取得的权利为质权,质权是担保物权的一种。质权与质押是两个不同的概念。质押是指设定质权的民事法律行为,质权是指质权人的权利;质押是质权产生的原因,质权是质押引起的法律后果。

(二)质权的法律特征

(1)动产质权是担保物权。债务人或者第三人将质押财产交由债权人占有,是为了担保债权的实现。质权人占有质押财产实际上是取得了质押财产上的交换价值。在一般情况下,其只能占有质押财产,而不能使用、收益。因此,质权人的标的不是物的使用价值,而是物的交换价值,是为了保证特定债权的实现而设定,质权附随于债权而存在。

(2)动产质权是在他人的财产上设立的物权。动产质权是在债务人或者第三人的动产上设定的担保物权,因此属于他物权。质权的标的可以是债务人自己的财产,也可以是第三人的财产,债权人没有必要在自己所有的财产上为担保自己的债权设定质权。

(3)动产质权以债权人占有质押财产为生效条件。质权是以质权人占有质押财产为条件的,质权人只有占有质押财产才享有质权,移转质押财产的占有是质权与抵押权的根本区别。因此,出质人须将质押财产交付质权人占有,质权人才能取得质权。

(4)动产质权是就质押财产价值优先受偿的权利。由于动产质权的设定是以担保特定债权的实现为目的,因此,当债务履行期限届满而债务人不履行债务或者出现债务人与债权人约定的实现质权的情形时,质权人有权就质押财产折价或者以拍卖、变卖该质押财产的价款优先受偿。

"当事人约定的实现质权的情形"是指当事人双方在订立的合同中约定的实现质权的一些事由,例如,当事人一般会在担保合同中约定债务人履行债务的义务方式等,如果债务人不按合同约定的方式等履行债务,则可能构成实现质权的情形。

第四百二十六条　法律、行政法规禁止转让的动产不得出质。

【释义】 本条是关于禁止出质的动产的规定。

对于可以出质的动产的范围,本法没有作出逐一规定,但是这并不意味着任何动产均可以出质。可以出质的动产除了需要符合一般的物的特征外,还必须是依法可以流通和让与的动产,如果以法律、行政法规禁止转让的动产出质的,则该设立质权的民事法律行为无效。

(一)依法可以转让的动产均可以设定动产质权

哪些财产可以作为质权标的物,各国规定不尽相同。有的国家规定,各种财产上均可以设立质权;有的国家规定,质权的标的限于动产,对于哪些动产可以设定质权则大多不做列举。根据民法的法理,法律不禁止的,都应当是允许的;而法律未明确规定禁止转让的动产,都可以作为设定质权的标的物。

合法拥有的并且依法可以转让的动产可以设定质权。因此,可以设定质权的动产应当是十分宽泛的，如车辆、古董字画、珠宝首饰。但是，法律、行政法规规定禁止流通的动产不得设定质权，如毒品、管制枪支。

（二）规定禁止转让的动产的依据应当是法律、行政法规

设定动产质权是一种民事权利，对于禁止性的限定应当是十分严格的。规定禁止转让的动产的依据只能是全国人大及其常委会制定的法律、国务院制定的行政法规。其他规范性文件，不能作为规定禁止转让动产的依据。

第四百二十七条　设立质权，当事人应当采用书面形式订立质押合同。

质押合同一般包括下列条款：

（一）被担保债权的种类和数额；

（二）债务人履行债务的期限；

（三）质押财产的名称、数量等情况；

（四）担保的范围；

（五）质押财产交付的时间、方式。

【释义】　本条是关于质押合同的规定。

质权是依照当事人的真实意思而创设的权利。当事人设定质权的行为是一种双方的民事法律行为，应当通过订立质押合同来进行。

（一）订立质押合同应当采用书面形式

设定质权的行为为要式行为，应当采用书面的形式进行。要式行为即法律、行政法规规定的要求当事人在民事法律行为中应当采用的形式或者方式。

关于动产质权的合同形式，学者们一直有不同观点。有的认为，以口头形式订立质押合同也应当允许。考虑到口头合同虽然简单、易行，但一旦发生争议，不易证明其存在及具体内容，不利于事实的查明和纠纷的解决，为了便于确定当事人的权利义务、

民事责任等法律关系,促使当事人谨慎行使担保物权,减少纠纷的发生,规范设定质权的行为,法律规定应当采用书面形式订立质押合同。

对于设立动产质押合同未采用书面形式的,依据本法合同编第490条第2款的规定,法律、行政法规规定或者当事人约定合同应当采用书面形式订立,当事人未采用书面形式但是一方已经履行主要义务,对方接受时,该合同成立。

(二)质押合同的一般内容

动产质押合同是明确质权人与出质人权利义务的协议,也是将来处理当事人之间纠纷的重要依据。因此,当事人在订立质押合同时,对当事人之间的权利义务应尽可能约定清楚、明确。本条关于合同内容的规定,是提示性、指导性、非要式的。合同的内容是当事人双方真实意思的表示,应当由当事人自己确定,如果双方签订的质押合同包括的条款与本条规定不一致,不会必然导致该质押合同无效。根据本条规定,动产质押合同一般包括的内容主要有:

1. 被担保债权的种类和数额

被担保债权,通常被称为主债权。担保合同是为主债权的实现而订立的。主债权的种类,有金钱债权、特定物给付债权、种类物给付债权以及以作为或不作为为标的的债权等。数额是指主债权是以金钱来衡量的数量;不属于金钱债权的,可以明确债权标的额的数量、价款等。被担保债权的种类和数额,是确定质权发生的依据,也是质权人实现质权时优先受偿的范围的确定基础。

2. 债务人履行债务的期限

债务人履行债务的期限是指债务人偿付债务的时间。质押合同订立后,在主债权清偿期限届满前,质权人享有的只是占有质押财产的权利。其优先受清偿的权利虽然已经成立,但此间质权人实际享有的只是与主债权价值相当的优先受偿的期待权。质权人对质押财产的变价受偿必须要等到债务履行期限届满且债务人没有履行债务，或者出现了当事人在合同中约定的实现质权的情形实际发生，才能进行。质押合同规定债务人履行债务的期限，可以准确确定债务人清偿债务的时间，明确质权人实现质权的时间，保证债权人及时实现质权。

3. 质押财产的名称、数量等情况

质押财产是设立动产质权的关键所在。没有质押财产，则不可能产生质权。动产质押合同，是为担保质权人的债权而在债务人自己的或者第三人的财产上设定质权的担保合同，质权最终要以质押财产的变价来实现。所以在动产质押合同中要对质押财产的相关情况有所描述，包括质押财产的名称、数量等情况，以确定质押财产为何种物以及价值量。需要提出的是，在民法典物权编的立法过程中，有的常委委员、地方和部门提出，为进一步改善营商环境，赋予当事人更大的自主权，建议允许担保合同对担保财产只作概括性的描述。为此，出于简化质押合同的一般条款，减少对质押财产具体描述的要求，本法将物权法第210条规定的质押合同包括"质押财产的名称、数量、质量、状况"修改为"质押财产的名称、数量等情况"。

4. 担保的范围

动产质权担保的范围，是指质权人实现质权时可以优先受偿的范围。质权担保的范围应当由当事人协商确定。但是当事人对担保范围未作约定或者约定不明确时，可以参考本法物权编第389条的规定确定，即担保物权的担保范围包括主债权及其利息、违约金、损害赔偿金、保管担保财产和实现担保物权的费用。

5. 质押财产交付的时间、方式

质押财产交付的时间是质押合同中的重要内容，质押财产的交付直接关系到质权的生效。根据本法的规定，质权自质押财产实际交付至质权人时设立。当事人在质押合同中约定质押财产的交付时间，就可以明确出质人应当在何时将质押财产移转给质权人，质权人在何时接受质押财产，以确定质权的效力。质押财产交付的方式除了现实交付以外，还有简易交付、指示交付等方式,约定质押财产的交付方式可以明确质押合同的履行方式,有利于保障质权人债权的实现,维护交易安全,减少纠纷。

第四百二十八条　质权人在债务履行期限届满前,与出质人约定债务人不履行到期债务时质押财产归债权人所有的,只能依法就质押财产优先受偿。

【释义】 本条是关于流质条款的效力的规定。

流质条款,指债权人在订立质押合同时与出质人约定,债务人到期不履行债务时质押财产归债权人所有。担保法以及物权法均禁止当事人约定流质条款。物权法第 211 条规定:“质权人在债务履行期届满前,不得与出质人约定债务人不履行到期债务时质押财产归债权人所有。”物权法这样规定,主要考虑是债务人举债时往往处于急窘之境,债权人可以利用债务人的这种不利境地和自己的强势地位,迫使债务人与其签订流质条款,以价值高的质押财产担保较小的债权额,在债务人到期不能清偿债务时,取得质押财产的所有权,从而牟取不当利益。为了保障出质人的合法利益,法律规定禁止流质条款。当然,从现实生活与经济发展看,债务人借债,并非都是处于弱势地位,借债并进行质权担保的发生原因是多样化的。但从总体上说,为了保证担保活动的平等、自愿、公平和诚实信用,规定禁止流质条款还是十分有必要的。大多数国家和地区的立法例也一般均禁止出质人与质权人以流质条款处分质押标的物,以保证质押合同当事人之间的公平。

在民法典物权编的编纂过程中,一些意见提出,物权法规定当事人在债务履行期届满前,不得约定债务人不履行到期债务时质押财产归债权人所有,但是没有明确规定如果进行了这样的约定该约定的效力如何。一些意见认为,应当明确规定流质条款无效,这才符合禁止流质的宗旨。另一些意见认为,如果规定流质条款完全无效,那么当事人之间质押担保的法律关系的效力如何须进一步明确。我们研究认为,质权性质上属于担保物权,质权人设立质权的目的在于支配质押财产的交换价值而使债权获得清偿,而不是取得质押财产的所有权。如果承认流质条款的效力,债务人届期不履行债务时,债权人不经过任何清算程序即可获得质押财产的所有权,有违质权的担保物权本质,应当否认质权人可以取得质押财产所有权的事先约定的效力。然而,当事人之间订立流质条款时,存在为债权进行担保的意思表示,如果否认该质权的效力会使债权人的债权变成完全无担保的普通债权,这既不符合债权人与出质人之间的意思自治,也会造成债权人的利益失衡。为此,民法典物权编对物权法的规定进行了修改,明确了流质条款的效力,根据本条规定,当事人订立流质条款的,当债务履行期限届满时,不发生质押财产所有权转移的效力,而是应当根据本法第 436 条、第 438 条规定的实现质权的方式就质押财产优先受偿。需要注意的是,当事人之间订有流质条款的,债权人依法就质押财产优先受偿,需要满足质权设立的前提条件,即存在合法有效的质押合同,并且通过交付或者登记设立了质权。如果质权没有有效设立,质权人不能对质押财产享有优先受偿权。

第四百二十九条　质权自出质人交付质押财产时设立。

【释义】　本条是关于动产质权设立的规定。

(一)交付质押财产是质权的生效要件

动产质权的标的是动产。动产具有易于转移、难以控制的特点。为了保障动产质权的实现,也为了保护善意第三人的合法权益,本条规定动产质权的设立以交付质押财产为生效要件。

(二)质权自出质人交付质押财产时设立

出质人与质权人订立动产质押合同,该合同自成立时生效。但是在移转质押财产的占有之前,并不发生担保物权的效力;出质人只有将质押财产通过交付的形式实际移转给质权人占有时,质权才发生效力。根据本条的规定,质押财产是否移转是质权是否生效的判断标准：当事人没有移转质押财产，质权无效。其质押合同是否有效要根据本法合同编的有关规定判断，质权无效并不当然导致合同无效，不应将质权有效与否与质押合同的效力混淆判断。

第四百三十条　质权人有权收取质押财产的孳息，但是合同另有约定的除外。

前款规定的孳息应当先充抵收取孳息的费用。

【释义】　本条是关于质权人孳息收取权及孳息首要清偿用途的规定。

根据本条的规定，除合同另有约定外，质权人有权收取质押财产所产生的孳息，质权的效力及于孳息。

（一）质权人孳息收取权的依据

关于质权的效力是否当然及于孳息，各国立法并不相同。质权有占有质权与收益质权之分：占有质权是指质权人仅占有质押财产而没有使用收益的权利的质权；收益质权是指质权人对质押财产占有并有使用收益的权利的质权。本法对质权并未作如此的划分。较有共识的意见是，由于质权人占有质押财产，因此由其收取质押财产所产生的孳息最为简便可行；同时，收取的孳息用于清偿债务，对于出质人也无损害。

根据本条的规定，质权人能否收取孳息有两种情况：一是如果当事人在合同中明确约定质权人无权收取质押财产所产生的孳息，则质权人不能收取质押财产的孳息作为债权的担保；二是如果当事人对质权人能否收取孳息没有约定或者约定不明的，质权人有权依照本条的规定收取质押财产所产生的孳息。

（二）孳息的种类

质押财产所产生的孳息包括自然孳息和法定孳息。质押财产所产生的自然孳息是指质押财产因自然原因由自身分离出来的利益，如从羊身上剪下的羊毛、母畜生的幼畜；法定孳息，指依照法律规定由质押财产所产生的利益,如根据合同产生的租金、利息。

质权人依法收取孳息时,并不当然取得所有权,而是取得对孳息的质权,孳息成为质权的标的。如果孳息是金钱,质权人可以直接用于清偿;如果孳息是物,可以由质权人与出质人协议以该孳息折价或者拍卖、变卖,以所得价款优先受偿。

(三)孳息的充抵顺序

依法收取的孳息首先应当充抵收取孳息的费用,然后充抵主债权的利息和主债权。例如,以母牛作为质押财产的,如果母牛产幼畜,债务清偿期限届满,债务人没有清偿债务,那么质权人可以将幼畜折价或者拍卖、变卖,所得价款先充抵幼畜的接生费用等。

第四百三十一条　质权人在质权存续期间,未经出质人同意,擅自使用、处分质押财产,造成出质人损害的,应当承担赔偿责任。

【释义】 本条是关于质权人对质押财产使用处分的限制及法律责任的规定。

非经出质人同意,质权人在质权存续期间不得擅自使用、处分质押财产;质权人违反本条规定,擅自使用或者处分质押财产的,应当承担赔偿责任。禁止质权人擅自使用、处分质押财产的规定体现了动产质权的设定目的及其特征。

质权人不得擅自使用、处分质押财产的理由主要有:首先,当事人设定动产质权的目的在于担保质权人的债权能够得到清偿,质权人占有质押财产,使质押财产脱离出质人而为质权人所掌控,使质权人的担保物权得以保障。其次,质权从其性质上看是担保物权而非用益物权。动产质权与抵押权相比,其根本区别在于担保物的移转与否:设定抵押不移转抵押财产,仍由抵押人占有、使用;而动产质权移转质押财产的占有,将属于出质人占有的质押财产转至质权人的控制之下。这是由于用于抵押的物大多是不动产,而用于质押的是容易移转的动产。质权人占有质押财产的作用在于控制质押财产,保证债权实现。最后,无论是抵押还是质押,物的担保在于其交换价值而非使用价值。从这个意义上说,质权人取得质押财产、控制质押财产是为了质押财产不被出质人随意处分而使担保落空,质权人使用、处分质押财产显然不是设定质权的目的。因此,质权人非经出质人同意不得擅自使用、处分质押财产。

质权人未经出质人同意,擅自使用质押财产、处分质押财产,一旦造成质押财产毁损、灭失给出质人造成损害的,质权人要根据法律规定承担民事责任。

第四百三十二条　质权人负有妥善保管质押财产的义务;因保管不善致使质押财产毁损、灭失的,应当承担赔偿责任。

质权人的行为可能使质押财产毁损、灭失的,出质人可以请求质权人将质押财产提存,或者请求提前清偿债务并返还质押财产。

【释义】 本条是关于质权人妥善保管质押财产义务的规定。

质权人在占有质押财产的同时即产生妥善保管质押财产的义务。质权人该项义务的承担,一是因为质押财产虽然依动产质押合同移归质权人占有,但是其所有权仍是出质人的,在质权人占有质押财产期间,因质权人未尽妥善保管义务致使质押财产灭失或者毁损,是对出质人的质押财产所有权的侵害;二是因为质权人占有质押财产是为了自己债权的实现,如果质押财产毁损、灭失,不仅侵害出质人的利益,同时影响了自己的权益。

所谓妥善保管,即以善良管理人的注意义务加以保管。善良管理人的注意义务,是指依照一般交易上的观念,认为有相当的知识经验及诚意的人所应负的注意义务,即以一种善良的心和应当具备的知识来保管质押财产。例如,对于字画的保管应当注意防潮、防虫蛀、防灰尘等，对于贵重珠宝的保管应当注意防盗窃、防碎裂等。如果达不到应当注意的保管标准的，就不是妥善保管。

质权人违反保管义务造成质押财产毁损、灭失的，应当承担赔偿责任，该项赔偿责任是基于出质人的所有权而产生的请求权。对质权人的民事责任承担应当采用过错推定原则，即出质人只要证明质押财产遭受毁损、灭失的事实即可。质权人应当举证证明自己已经尽了妥善保管的义务，否则就应当承担赔偿责任。

如果出质人认为质权人的行为可能使质押财产毁损、灭失的，出质人可以请求质权人将质押财产提存，或者请求提前清偿债务并返还质押财产。本条第2款的这一规定，是为了更好地保护质押财产，以保护出质人与质权人双方的利益不受损失。"可能"即也许、或许，而不是已经发生。这种可能性是否产生，不能仅凭出质人的想象，要有一定的事实发生。如字画出质后，出质人发现质权人存放字画的房屋漏雨，可能危及字画。"提存"就是将质押财产放到出质人与质权人约定的第三人处存放。国外一般设有法定提存机构，有的设在法院，有的单独成立。目前，我国主要是公证机构在做此类业务。出质人与质权人约定的第三人可以是任何一个自然人、法人或非法人组织。提存费用应当由质权人承担。出质人提前清偿债权的，质权人应当返还质押财产。

第四百三十三条　因不可归责于质权人的事由可能使质押财产毁损或者价值明显减少，足以危害质权人权利的，质权人有权请求出质人提供相应的担保；出质人不提供的，质权人可以拍卖、变卖质押财产，并与出质人协议将拍卖、变卖所得的价款提前清偿债务或者提存。

【释义】　本条是关于质押财产保全的规定。

(一)质押财产毁损或者价值减少的事由

因不能归责于质权人的事由可能使质押财产毁损或者价值明显减少，是指质押财产可能毁损或者价值明显减少产生的原因不是由于质权人的保管不善所导致的,而是由于自然原因等导致的。这种可能使质押财产毁损和价值明显减少的事由应当是已经发生的事实;价值减少的状态应当是明显的,因为一般的物都存在价值减少的可能性,尤其是随着市场变化及其他原因导致价值减少都是很正常的事情,正常的价值减少,应当在质权人的预想之内。

(二)替代担保

当质押财产可能存在损坏或者价值明显减少的事实足以危害质权人的利益时,质权人为保全其质权不受损害,可以要求出质人提供相应的担保,此为质权人的替代担保请求权,也称质权人的物上代位请求权。规定质押财产的替代担保,主要是由于质押担保是以质押财产所具有的交换价值确保债权的实现。如果质押财产的价值可能明显减少或者质押财产毁损,将直接危害到质权人的质权,法律应当赋予质权人维护其担保利益的救济手段,允许质权人要求出质人提供相应的担保。“相应的担保”是指与可能毁损或者价值明显减少的数额相当的担保。

(三)提前清偿债务或者提存

当质押财产有可能损坏或者价值明显减少的情况出现时,质权人请求出质人提供相应的担保,但出质人不提供的,质权人可以拍卖或者变卖质押财产,并与出质人通过协议将拍卖或者变卖所得的价款提前清偿债权,也可以将处分质押财产的价款提存。此时质权人拍卖、变卖质押财产无需经过出质人同意。拍卖、变卖所得的价款,性质上属于质押财产的替代物,质权人不当然取得价款的所有权,出质人可以用该价款提前向质权人清偿债务;如果以该价款提存的,则要等债务履行期限届满,以提存的价款清偿债务。无论是提前清偿债权,还是提存后届时清偿,其价款超出所担保债权的部分,应当直接归还出质人。

第四百三十四条　质权人在质权存续期间,未经出质人同意转质,造成质押财产毁损、灭失的,应当承担赔偿责任。

【释义】 本条是关于转质权的规定。

质权人为担保自己或者他人的债务,在占有的质押财产上再次设定质权的行为称为转质,所成立的质权为转质权。因转质而取得质权的人为转质权人。转质既可以适用于动产质权,也可以适用于权利质权。转质依其是否经出质人同意,分为承诺转质和责任转质。承诺转质,指经出质人同意,质权人在占有的质押财产上为第三人设定质权的行为。承诺转质事前已经取得出质人的同意,质权人对因转质权人的过错而造成的损失承担责任,并不因转质而加重法律责任。责任转质指质权人不经出质人同意,将质押财产转质于第三人的行为。责任转质因未经出质人同意就将质押财产转质,不仅要承担质押财产因转质权人的过错而毁损、灭失的责任,还要承担转质期间发生的因不可抗力产生的质押财产毁损、灭失的风险责任,其责任要比未转质的情况沉重得多。各个国家和地区对于转质及转质的类型有不同的规定:有的未对转质作出规定,如德国、法国;有的规定承诺转质,如瑞士;有的规定责任转质,如我国台湾地区;有的同时规定承诺转质和责任转质,如日本。

在立法过程中对是否允许转质有不同意见。有的认为,应当允许转质。转质具有融通资金和保全债权的双重功能,质权人因质权的设定而投入的融资,有通过转质再度流动的可能性,转质具有促进金融流通的经济机能。动产质权在现代社会中本身就存在着不利于发挥物的使用价值的缺陷,如果承认转质,就可以使物再次发挥交换价值和使用价值,有助于促使物的价值实现最大化。就转质本身而言,对债务人、质权人和转质权人并无任何不利。有的认为,转质引起的权利义务关系较为复杂,容易产生纠纷,允许转质则可能损害出质人的利益。

本法物权编不提倡转质,也没有禁止转质。为了保护出质人的利益,本条规定的原则是,未经出质人同意不允许转质,质权人擅自转质造成质押财产毁损、灭失的要承担赔偿责任。

第四百三十五条　质权人可以放弃质权。债务人以自己的财产出质,质权人放弃该质权的,其他担保人在质权人丧失优先受偿权益的范围内免除担保责任,但是其他担保人承诺仍然提供担保的除外。

【释义】 本条是关于质权放弃及其他担保人责任承担原则的规定。

放弃质权是质权人对自己的权利进行处分的一种形态,其有权放弃质权。质权人放弃质权的,会对其他担保人的权益造成影响,因此本条对质权人放弃质权情形下其他担保人担保责任的承担作了规定。

(一)质权的放弃

质权人放弃质权,是指质权人放弃其因享有质权而就质押财产优先于普通债权人受清偿的权利的行为。质权人有权处分自己的质权。当质权人以放弃质权的方式处分质权时,应当符合法律的规定。质权人放弃质权应当明示作出意思表示。质权人不行使质权或者怠于行使质权的,不能推定为质权人放弃质权。质权人放弃质权,原因可能是多方面的。如果是质权人单方的意思表示,无需取得出质人的同意。质权因质权人的放弃而消灭。

(二)其他担保人责任承担原则

质权人放弃质权,不得有损于其他利害关系人的利益。有时,在同一债权上既有质权担保又有其他担保。在这种情况下,质权人放弃质权时,则直接影响其他担保人的利益。为了确保其他担保人的利益不因质权人放弃质权的行为而受到影响,本条规定,在质权人放弃质权时,如果是债务人以自己的财产出质的,其他担保人在质权优先受偿的范围内,不再承担担保责任;但是其他担保人承诺仍然承担担保责任的,法律并不干涉。例如,某项债权既有以债务人自己的财产质押担保,又有第三人保证的,质权人放弃质权,必然会对保证人造成影响。根据本法第 392 条的规定,被担保的债权既有物的担保又有人的担保的,在没有约定或者约定不明确的情况下，债务人自己提供物的担保的，债权人应当先就该物的担保实现债权，再请求保证人承担保证责任。在债务人不履行债务的情形下，如果质权人放弃了在债务人的财产上设定的质权，担保责任则将由保证人全部承担，加重了保证人的负担。本着公平的原则，在质权担保主债权的全部时，质权人放弃质权的，保证人免除全部保证责任；在质权担保的是主债权的部分责任时，质权人放弃质权的，保证人在质权所担保的债权范围内免除担保责任。在质权人放弃在债务人的财产上设定的质权的情形下，如果其他担保人承诺仍然提供保证的，应当尊重当事人自愿的意思表示，其他担保人的担保责任不予免除。

第四百三十六条　债务人履行债务或者出质人提前清偿所担保的债权的，质权人应当返还质押财产。

债务人不履行到期债务或者发生当事人约定的实现质权的情形，质权人可以与出质人协议以质押财产折价，也可以就拍卖、变卖质押财产所得的价款优先受偿。

质押财产折价或者变卖的，应当参照市场价格。

【释义】　本条是关于质押财产返还及质权实现的规定。

债务履行期限届满，将产生两种情况：一是质权因其所担保的债权受清偿或者其他原因的发生而消灭；二是债务未受清偿。根据这两种不同情况本条规定两种不同的法律后果，即质押财产返还或者质权的实现。

（一）质押财产返还

债务人于债务履行期限届满时履行了债务或者出质人提前清偿了所担保的债权，质权消灭，质权人对其占有的质押财产负有返还给出质人的义务。质权人依质押合同有权占有质押财产，但是在质权消灭时，质权人就丧失了继续占有质押财产的依据，应当将质押财产返还出质人。出质人因清偿债务，将质押财产上存在的担保物权负担消灭，出质人可以依法请求质权人返还质押财产;质权人拒不返还的,应当承担民事责任。

质权人返还质押财产的对象为出质人,因为出质人可以是债务人,也可以是第三人。当出质人不是债务人而是第三人时,债务人虽然清偿了债务,但是由于用于担保的质押财产的所有权是第三人的,所以应当返还给第三人而非债务人。

(二)质权的实现

质权人实现质权,是指质权人在债权已届清偿期而债务人不履行债务或者发生当事人约定的实现质权的情形时,处分占有的质押财产并优先受偿的行为。质权人实现质权的前提条件是债务履行期限届满债务未受清偿或者发生当事人约定的实现质权的情形。

质押担保的目的在于确保债权的清偿。当债务人不履行债务或者违约时,质权人有权将占有的质押财产以折价、拍卖、变卖等方式变价后优先受偿。

折价是指债务人在履行期限届满未履行其债务时,经出质人与质权人协议,按照质押财产的品质,参考市场价格等因素,把质押财产的所有权由出质人转移给质权人,从而实现质权的一种方式。折价必须由出质人与质权人协商一致,否则只能拍卖或变卖。折价与流质不同,折价是发生在债务履行期限届满,债务人不履行债务,质权人实现质权时;流质是债权人在债务履行期间届满前与出质人约定,债务人届期不履行债务时,质押财产归债权人所有以抵销债务。

拍卖是指按照拍卖程序,以公开竞价的方式将质押财产卖给出价最高者的买卖。变卖是指直接将质押财产变价卖出的行为,变卖没有公开竞价等形式与程序上的限制,方便、快捷、变价成本小。质押财产的拍卖、变卖规则与抵押财产的拍卖、变卖规则有所不同。对于抵押权的实现,本法第 410 条第 1 款规定,“抵押权人可以与抵押人协议以抵押财产折价或者以拍卖、变卖该抵押财产所得的价款优先受偿”;第 2 款规定,协议不成的,“抵押权人可以请求人民法院拍卖、变卖抵押财产”,要求拍卖、变卖抵押财产需要协议,未达成协议的可以请求人民法院拍卖、变卖抵押财产。本条规定实现质权时,“质权人可以与出质人协议以质押财产折价,也可以就拍卖、变卖质押财产所得的价款优先受偿”,仅要求质押财产折价时双方当事人达成协议,没有要求拍卖、变卖质押财产需要协议,也没有对拍卖、变卖质押财产的主体作出限定。在债务人不履行到期债务或者发生当事人约定的实现质权的情形时,质权人可以自行拍卖、变卖其占有的质押财产。

与拍卖财产相比,对财产进行折价或者变卖由于没有公开的竞价模式,很可能会与财产的实际价值偏离较大。为了保护出质人的利益,避免出质人的财产以较低价格折价或者变卖,本法规定对质押财产折价或者变卖的,应当参照市场价格。

第四百三十七条　出质人可以请求质权人在债务履行期限届满后及时行使质权;质权人不行使的,出质人可以请求人民法院拍卖、变卖质押财产。

出质人请求质权人及时行使质权,因质权人怠于行使权利造成出质人损害的,由质权人承担赔偿责任。

【释义】 本条是关于及时行使质权请求权及怠于行使质权的责任的规定。

为了督促担保物权人及时行使权利,稳定交易秩序,本法对抵押权规定了存续期间,即抵押权人应当在主债权诉讼时效期间行使抵押权;未行使的,人民法院不予保护。质权同样存在主债权到期而及时行使质权的问题。但质权与抵押权不同:一是抵押权并不移转抵押财产,抵押财产始终在抵押人手里控制和使用;质权移转质押财产,质权设立后,质押财产由质权人占有。二是主债权期限届满债务人不履行债务的情况出现后,抵押权人由于不占有抵押财产,往往积极行使抵押权,以保证债权的实现;而质权人由于手中控制着质押财产,往往并不急于行使质权。对于是否与抵押权一样规定动产质权的存续期间,有专家提出,规定抵押权未在主债权诉讼时效期间行使则法院不予保护并无不妥；而如果规定质权超过主债权诉讼时效期间未行使则法院不予保护则有失公允，因为质押财产在质权人处占有，债务人不还债，过了主债权的诉讼时效期间依仗法律的规定，强行把质押财产从质权人手中要回，对质权人不公。

根据抵押权与质权的不同，本法未规定质权的存续期间，但是为了避免质权人滥用权利、怠于行使权利，本条赋予了出质人针对质权人的质权行使请求权以及质权人怠于行使质权的责任。

（一）质权行使请求权

出质人在债务履行期限届满，债务人不能偿还债务时，有权请求质权人及时行使质权；如果质权人经出质人请求后仍不行使的，出质人有权径行到人民法院要求拍卖、变卖质押财产，以清偿债务。

（二）质权人怠于行使质权的责任

质押财产存在着意外毁损、灭失以及随着市场风险的变化价值下跌的风险。因此，一旦债务履行期限届满，而债务人未清偿债务的，质权人应当及时行使质权，以免给出质人造成损失，出质人也有权请求质权人行使权利。质权人怠于行使权利可能会致使质押财产价格下跌，或者发生其他毁损、灭失等情形，质押财产无法获得与原有价值相当的变价款。例如，原本质押财产的变价款清偿债务后仍有余额的，现在余额没有了；原本变价款足以偿还债务的，现在不够了；原本可偿还债务大部分的，现在只够偿还小部分了。在此情形下，质权人对于出质人的损失要承担赔偿责任。需要注意的是，根据本款的规定，出质人首先要有请求质权人及时行使质权的行为；其次要有证据证明造成损害是由于质权人怠于行使质权造成的，损害的事实应当与质权人怠于行使质权有直接的因果关系。

第四百三十八条　质押财产折价或者拍卖、变卖后，其价款超过债权数额的部分归出质人所有，不足部分由债务人清偿。

【释义】 本条是关于质押财产变价款归属原则的规定。

质权设定的目的在于确保债务的清偿。当质押所担保的债权于履行期限届满而未受清偿时,质权人可以就质押财产的变价款优先受偿。质权的实现是质权的根本效力所在,也是质权人最重要的权利。

质权实现就是将质押财产的交换价值兑现,质权人以变价款优先受偿。质押财产价值的最初估算值与最终的变价值可能并不一致,这与当事人在设定质权时对质押财产的估算是否准确以及市场价格不断变化有关。但是,无论质押财产的变价款如何,设定质权时的主债权是清楚的。因此,实现质权应当以清偿质押担保范围的债权为界,质押财产折价、拍卖、变卖后,超过所担保的债权数额的,变价款超出部分归出质人所有;不足的部分由债务人清偿。

根据本条规定的质押财产变价款归属原则,质权人在实现质权时,应当注意以下几种情况:

首先,如果数个可分的质押财产为同一债权担保时,各个质押财产都担保债权的全部,但在实现质权时,如果质权人折价、拍卖或者变卖部分质押财产的价款足以清偿质押担保范围的债权,则应停止折价、拍卖或者变卖其余的质押财产。因为质押财产的所有权归出质人,出质人只是以质押财产担保质权人的债权,一旦债权受清偿,质权也就消灭了,剩余的质押财产应当归还出质人。

其次,如果以一个质押财产作为债权担保的,质押财产的变价款超出所担保的债权的,应当将剩余价款还给出质人,因为出质人是质押财产的所有权人。

最后,如果质押财产的变价款不足以清偿所担保的债权的,出质人以全部变价款交给质权人后,质权消灭,因为质权的标的是质押财产,质押财产因用于清偿担保债权而消灭,质权也随之消灭。担保债权未清偿的部分,仍然在债权人与债务人之间存在,只是不再是质权担保的债权,而是无质权担保的普通债权,债务人仍然负有清偿债务的义务。如果债务人和出质人不是同一人,未偿还的债务由债务人承担,出质人不再承担责任。

第四百三十九条　出质人与质权人可以协议设立最高额质权。

最高额质权除适用本节有关规定外,参照适用本编第十七章第二节的有关规定。

【释义】 本条是关于最高额质权的规定。

最高额质权是指为担保债务的履行,债务人或者第三人对一定期间内将要连续发生的债权提供质押财产担保的,债务人不履行到期债务或者发生当事人约定的实现质权的情形,质权人有权在最高债权额限度内就该质押财产优先受偿。最高额质权制度对于配合继续性交易的发展,扩大担保融资,促进社会经济的繁荣,发挥了重要的作用。规定最高额质权的目的是简化设立担保的手续,方便当事人,促进资金融通,更好地发挥质押担保的功能。

与动产质权相比,最高额质权有自己的特征;但就根本属性而言,其仍属于质权,本节关于动产质权的许多规定可以适用于最高额质权。比如,最高额质权的设立、最高额质权的实现、质押财产的保全等内容都可以适用本节关于动产质权的相关规定。

最高额质权与最高额抵押权具有许多相同之处,主要体现在:一是两者在设立、转移和消灭上均在一定程度上独立于主债权;二是两者担保的债权都是不特定债权;三是两者均有最高担保额的限制;四是在实现担保物权时,均需要对担保的债权进行确定。基于以上相同点,本条规定,最高额质权可以参照适用本编第 17 章第 2 节的有关规定,即最高额抵押权的有关规定。最高额质权所担保债权的转让、最高额质权的变更以及最高额质权所担保债权的确定可以参照本法第 421 条、第 422 条和第 423 条的规定。此外,根据本法第 420 条第 2 款的规定,最高额抵押权设立前已经存在的债权，经当事人同意，可以转入最高额抵押担保的债权范围。同理，最高额质权设立前已经存在的债权，经当事人同意，可以转入最高额质押担保的债权范围。基于此，本条第 2 款规定，最高额质权除适用本节有关规定外，参照适用本编第 17 章第 2 节的有关规定。这里之所以强调最高额质权“参照”适用本法关于最高额抵押权的规定，主要是考虑到最高额质权与最高额抵押权性质不同：最高额质权需要质权人占有担保财产，其本质属于质权的一种；最高额抵押权不需要抵押权人占有担保财产，其本质属于抵押权的一种。因此，只宜“参照”，不宜直接适用。

第二节 权利质权

第四百四十条　债务人或者第三人有权处分的下列权利可以出质：

（一）汇票、本票、支票；

（二）债券、存款单；

（三）仓单、提单；

（四）可以转让的基金份额、股权；

（五）可以转让的注册商标专用权、专利权、著作权等知识产权中的财产权；

（六）现有的以及将有的应收账款；

（七）法律、行政法规规定可以出质的其他财产权利。

【释义】 本条是关于可以出质的权利范围的规定。

（一）权利质权的概念

权利质权是指以出质人提供的财产权利为标的而设定的质权。权利质权具有与动产质权相同的一些特征，都是以担保债务履行和债权实现为目的，性质都是价值权、担保权。但是，由于标的物不同,权利质权与动产质权相比又具有一定的特殊性。本节的内容主要就是关于权利质权的一些特殊规定;本节没有规定的,则适用动产质权一节的有关规定。

随着经济高度发展,商品交易越发频繁,商品和货币流通的手段也应需要而不断发展,以票据、有价证券及其他财产凭证替代有形财产和货币流通越发广泛。充分利用这些财产凭证所体现的无形财产权,对促进资金融通和商品流通、发展经济有着重要作用。设立权利质权的目的和意义即在于此。

(二)权利质权的性质

关于权利质权的性质,主要有权利让与说和权利出质说两种观点:

1. 权利让与说

权利让与说认为,原来质权的标的限于有体物,而所谓质权本来仅指物上质,权利之上不可以设立质权。权利质权实际上是以担保为目的,而为权利的让与。尤其是债权质,质权人有直接收取质权标的债权的权能;如果不把债权的出质看作是债权的让与,则无法说明其理由。

2. 权利出质说

权利出质说又称权利标的说。此说认为,权利质权与物上质权在本质上并无差别,所不同的只是其标的而已:物上质权以物为标的,而权利质权以权利为标的。权利人让与有交换价值的权利,与让与有交换价值的物,应依同一理由,权利可以是交易上的标的。至于设定一般权利质权须依权利让与的规定,以及对于债权质,质权人可以直接收取质权标的债权,只不过是为了方便而已,不能直接视之为权利让与。出质的权利仍然属于出质人,质权人取得的是与出质权利不同的权利即质权。因此,权利质权性质上应当是以权利为标的而设定的质权。此说为通说。

(三)权利质权的标的

1. 权利质权标的的要件

权利质权的标的是出质人提供的作为债权担保的权利。但

并不是所有的权利都可以作为权利质权的标的,其必须满足下列条件:

(1)必须是财产权。财产权,是指物权、债权、无体财产权等以财产为内容,可以以金钱估价的权利。因其具有经济价值,质权人可以从其价值中受偿。而人身权,无论是人格权,如生命权、身体权、健康权、名誉权等,还是身份权,如亲属权、监护权等,由于不直接具有经济价值,都不得作为权利质权的标的。

(2)必须具有让与性。权利质权为价值权,在债务人不履行到期债务时,质权人可以以出质权利的价值优先受偿。因此,其标的应有变价的可能,须具有让与性。不具有让与性的财产权,不能成为权利质权的标的。比如,一些与特定权利主体密不可分的财产权,如继承权、亲属间的扶养请求权、抚恤金领取请求权,都不得作为权利质权的标的。

(3)必须是适于设定质权的权利。有些财产权虽然具有可让与性,但是不适于设定质权,也不得作为权利质权的标的。关于何种权利适于设定质权,何种权利不适于设定质权,各个国家和地区的规定不同。在我国,在不动产物权上设定的权利一般认定为抵押权,因此,不动产物权不能作为权利质权的标的。至于抵押权、质权和留置权等担保物权,由于不能与其所担保的主债权分离,因此,也不能成为权利质权的标的。

2. 权利质权标的的种类

本条对哪些权利可以出质,采取了列举的方式一一列出;除这些权利以外,其他权利均不得出质。按照本条的规定,可以出质的权利包括:

(1)汇票、本票、支票。

汇票是指出票人签发的,委托付款人在见票时或者在指定日期无条件支付确定的金额给收款人或者持票人的票据。汇票分为银行汇票和商业汇票。根据票据法的规定,汇票必须记载"汇票"的字样、无条件支付的委托、确定的金额、付款人名称、收款人名称、出票日期和出票人签章;只要有一项未记载,汇票便无效。

本票是指出票人签发的，承诺自己在见票时无条件支付确定的金额给收款人或者持票人的票据。在我国，根据票据法的规定，本票仅指银行本票，本票必须表明“本票”的字样、无条件支付的承诺、确定的金额、收款人名称、出票日期和出票人签章；只要有一项未记载，本票便无效。

支票是指出票人签发的，委托办理支票存款业务的银行或者其他金融机构在见票时无条件支付确定的金额给收款人或者持票人的票据。在我国，根据票据法的规定，支票必须记载“支票”的字样、无条件支付的委托、确定的金额、付款人名称、出票日期、出票人签章；只要有一项未记载，支票便无效。

(2)债券、存款单。

债券是指由政府、金融机构或者企业为了筹措资金而依照法定程序向社会发行的，约定在一定期限内还本付息的有价证券，包括政府债券、金融债券和企业债券。政府债券在我国又称国库券，即由政府为筹措资金而向投资者发行的一种债券。金融债券是由金融机构发行的债券。企业债券是由企业发行的债券。

存款单，也称存单，是指存款人在银行或者储蓄机构存了一定数额的款项后，由银行或者储蓄机构开具的到期还本付息的债权凭证。

(3)仓单、提单。

仓单是指仓储保管人应存货人的请求而填发的提取仓储物的凭证。根据本法合同编的规定，存货人交付仓储物的，保管人应当给付仓单。保管人应当在仓单上签名或者盖章。仓单包括下列事项：①存货人的姓名或者名称和住所；②仓储物的品种、数量、质量、包装及其件数和标记；③仓储物的损耗标准；④储存场所；⑤储存期限；⑥仓储费；⑦仓储物已经办理保险的，其保险金额、期间以及保险人的名称；⑧填发人、填发地和填发日期。仓单是提取仓储物的凭证。存货人或者仓单持有人在仓单上背书并经保管人签名或者盖章的，可以转让提取仓储物的权利。

提单是指用以证明海上货物运输合同和货物已经由承运人

接收或者装船,以及承运人保证据以交付货物的单证。根据海商法的规定,提单中载明的向记名人交付货物、按照指示人的指示交付货物或者向提单持有人交付货物的条款,构成承运人据以交付货物的保证。货物由承运人接收或者装船后,应托运人的要求,承运人应当签发提单。提单可以由承运人授权的人签发,提单由载货船舶的船长签发的视为代表承运人签发。提单的内容包括下列各项:①货物的品名、标志、包数或者件数、重量或者体积,以及运输危险货物时对危险性质的说明;②承运人的名称和主营业所;③船舶名称;④托运人的名称;⑤收货人的名称;⑥装货港和在装货港接收货物的日期;⑦卸货港;⑧多式联运提单增列接收货物地点和交付货物地点;⑨提单的签发日期、地点和份数;⑩运费的支付;⑪承运人或者其代表的签字。提单缺少上述规定的一项或者几项的,不影响提单的性质。提单分为记名提单、指示提单和不记名提单。记名提单不得转让;指示提单经过记名背书或者空白背书可以转让;不记名提单无需背书即可转让。

(4)可以转让的基金份额、股权。

基金份额是指向投资者发行的,表示持有人按其所持份额对基金财产享有收益分配权、清算后剩余财产取得权和其他相关权利,并承担相应义务的凭证。这里所称的基金,仅指证券投资基金法中规定的证券投资基金,即通过公开或者非公开募集资金设立证券投资基金,由基金管理人管理,基金托管人托管,为基金份额持有人的利益,以资产组合方式进行证券投资活动的信托契约型基金。

股权是指股东因向公司直接投资而享有的权利。在我国,公司包括有限责任公司和股份有限公司。有限责任公司股东的股权是通过公司签发的出资证明书来体现的,股份有限公司股东的股权是通过公司签发的股票来体现的。出资证明书,是指证明投资人已经依法履行缴付出资义务,成为有限责任公司股东的法律文件。根据公司法的规定,有限责任公司成立后,应当向股东签发出资证明书。出资证明书应当载明下列事项:①公司名称;②公司成立日期;③公司注册资本;④股东的姓名或者名称、缴纳的出资额和出资日期;⑤出资证明书的编号和核发日期。出资证明书由公司盖章。股票是指股份有限公司签发的证明股东所持股份的凭证。根据公司法的规定,股票采用纸面形式或者国务院证券监督管理机构规定的其他形式。股票应当载明下列主要事项:①公司名称;②公司成立日期;③股票种类、票面金额及代表的股份数;④股票的编号。股票由法定代表人签名,公司盖章。发起人的股票,应当标明发起人股票字样。出资证明书和股票就是股东享有股权的法定凭证,股东凭此证券就可以享有相应的股权。

只有可以转让的基金份额和股权才可以作为权利质权的标的;有的基金份额和股权依法不得转让,则不能出质。比如,根据公司法的规定,发起人持有的本公司股份,自公司成立之日起1年内不得转让。公司公开发行股份前已发行的股份,自公司股票在证券交易所上市交易之日起1年内不得转让。根据证券投资基金法的规定,非公开募集基金,不得向合格投资者之外的单位和个人转让,在转让时也不得超出法律规定的投资者人数的限制。因此,这类有转让限制的股票和基金份额在出质时也需要遵守相应的限制。

(5)可以转让的注册商标专用权、专利权、著作权等知识产权中的财产权。

知识产权,是指人们对于自己的创造性智力活动成果和经营管理中的标记所依法享有的权利,包括注册商标专用权、专利权和著作权等。知识产权通常具有时间性、地域性和专有性的特点。知识产权主要是一种财产权利;但某些知识产权,如著作权既具有人身性又具有财产性,可以将其中的权利划分为人身权部分和财产权部分,只有财产权部分才能作为权利质权的标的。

注册商标专用权是指注册商标所有人依法对注册商标享有的独占使用权。根据商标法的规定,转让注册商标的,转让人和受让人应当签订转让协议,并共同向商标局提出申请。转让注册商标经核准后,予以公告。受让人自公告之日起享有商标专用权。商标注册人可以通过签订商标使用许可合同,许可他人使用其注册商标。因此,注册商标所有人享有注册商标转让权和注册商标许可权。这两者都是注册商标专用权中的财产权,都可以作为权利质权的标的。

专利权是指由国家专利主管机关授予专利申请人或其继受人在一定期限内实施其发明创造的专有权,包括发明专利权、实用新型专利权及外观设计专利权。根据专利法的规定,转让专利申请权或者专利权的,当事人应当订立书面合同,并向国务院专利行政部门登记,由国务院专利行政部门予以公告。任何单位或者个人实施他人专利的,应当与专利权人订立实施许可合同,向专利权人支付专利使用费。因此,专利权人享有专利转让权和专利实施许可权。这两者都是专利权中的财产权,都可以作为权利质权的标的。

著作权是指文学、艺术和科学作品的创作者对其创作完成的作品所享有的权利。根据著作权法的规定,著作权可分为人身权和财产权两部分。人身权包括发表权、署名权、修改权和保护作品完整权。财产权是指著作权人对作品的使用权和获得报酬权。其中,使用权指以各种方式使用作品的权利,是著作权人的一项主要财产权利,包括复制权、发行权、出租权、展览权、表演权、放映权、广播权、信息网络传播权、摄制权、改编权、翻译权、汇编权和应当由著作权人享有的其他权利等;获得报酬权指转让使用权或者许可他人使用而获得报酬的权利。著作权中的人身权和著作权人有密切关系,具有人身属性,只能专属于著作权人,不得让与,也不得出质;只有著作权中的财产权才可以作为权利质权的标的。

(6)现有的以及将有的应收账款。

物权法在第223条规定了可以出质的权利范围,其中第6项为应收账款。应收账款实质上属于一般债权,包括尚未产生的将来的债权，但是仅限于金钱债权。需要注意的是，物权法中应收账款的概念包括了“公路、桥梁等收费权”。在物权法颁布以前，《最高人民法院关于适用〈中华人民共和国担保法〉若干问题的解释》中专门规定，公路桥梁、公路隧道或者公路渡口等不动产收益权可以质押。物权法曾在征求意见稿中对可以出质的权利单独列出“公路、桥梁等收费权”一项。在征求意见时和常委会审议过程中，有的意见认为，收费权指权利人对将来可能产生的收益所享有的请求权，实质上是一种预期债权，可以纳入应收账款。物权法采纳了这一意见，将“公路、桥梁等收费权”的概念纳入“应收账款”的概念中。

在物权法的立法过程中，对于是否允许应收账款出质，存在不同意见。有的意见认为，不应允许应收账款出质。其理由是：第一，应收账款出质缺乏有效的公示手段，允许其出质有可能损害交易安全，质权人的利益难以保障。第二，收费权实质是一种变动性比较大的期待权，体现在：一是其赖以收费的设施能否建成是未知的；二是该设施建成后，能否收到预期的费用是未知的；三是收费权是特许的，受行政干预过多，有可能被行政机关取消，不稳定。因此，收费权作为债权的担保风险较大。第三，应收账款出质，是以良好的社会信用和完善的金融机制作为基础的。我国目前的社会信用体系和金融机制尚需完善，法律允许收费权和应收账款出质，可能会制造更多的呆坏账，增加金融风险。有的意见认为，应当允许应收账款出质。其理由是：第一，实践有需要。一些基础设施建设项目如公路建设、电网建设，所需资金量大，大部分都靠融资解决，收费权的收益比较稳定，以其出质风险不大，银行愿意接受。对于高科技企业和中小企业来说，没有多少不动产或者动产，但这些企业一般都有应收账款。允许应收账款出质既能盘活这些沉淀资本，又能解决高科技企业和中小企业担保难的问题。第二，有理论基础。应收账款实质上都是一般债权，法律允许一般债权转让，就没有理由禁止一般债权作担保。第三，符合国际通行规则。无论是大陆法系国家还是英美法系国家,大部分都立法允许应收账款出质,没有产生大的问题。第四,风险可控。以应收账款出质确实可能会产生法律风险和商业风险,但国内外的实践经验表明,这些风险是可以控制和解决的。对法律风险,一般通过承认其合法性、建立规范的登记制度和明确清偿顺位等方法加以解决。对商业风险,当事人可以自己评估,通过合同约定和采取监控措施等来降低风险。物权法采纳了后一种意见,明确规定应收账款可以出质。

在物权法颁布以后,中国人民银行根据物权法的规定,制定了《应收账款质押登记办法》,对应收账款的质押登记作了规范。根据2019年11月发布的《应收账款质押登记办法》第2条的规定,该办法所称的应收账款是指权利人因提供一定的货物、服务或设施而获得的要求义务人付款的权利以及依法享有的其他付款请求权,包括现有的和未来的金钱债权,但不包括因票据或其他有价证券而产生的付款请求权,以及法律、行政法规禁止转让的付款请求权。该办法所称的应收账款包括下列权利:销售、出租产生的债权,包括销售货物,供应水、电、气、暖,知识产权的许可使用,出租动产或不动产等;提供医疗、教育、旅游等服务或劳务产生的债权;能源、交通运输、水利、环境保护、市政工程等基础设施和公用事业项目收益权;提供贷款或其他信用活动产生的债权;其他以合同为基础的具有金钱给付内容的债权。

在民法典物权编的立法过程中,一些意见提出,尽管一些部门规章对应收账款的定义和范围作了规定,但是在实践中对应收账款还是有不同的理解,如在会计实务操作领域,应收账款仅指已经实际发生的债权,而不包含将来尚未发生的债权,建议对"应收账款"的表述作相应修改。还有一些建议提出,物权法关于浮动担保的条文规定,企业等主体可以将现有的以及将有的生产设备等动产抵押,法律也应当明确规定可以以现有的以及将有的债权质押。经对上述意见的研究,本法将物权法第223条第6项"应收账款"修改为"现有的以及将有的应收账款",以明确将来发生的债权可以作为质押的客体。

（7）法律、行政法规规定的可以出质的其他财产权利。

这是对可以出质的权利作的保底性规定。从担保物权制度的发展历史看，可用于担保的财产范围不是一成不变的。随着经济社会的发展和融资需求的扩大，在平衡风险和利益的前提下，可用于担保的财产范围也会发生变化。立法在确定某一权利是否可以质押时，需要考虑该权利是否具备可转让性，是否具有可行的担保公示方式，以及以这些权利作担保有什么风险等因素。本条前6项规定的可以出质的权利并不能涵盖所有可以出质的权利范围，为此本条作了一个授权性的规定，根据现实需要、权利质押的可行性、市场风险等因素，法律、行政法规可以规定其他权利可以出质；只要在法律、行政法规中明确规定可以出质的，也适用本节权利质权的有关规定。

第四百四十一条　以汇票、本票、支票、债券、存款单、仓单、提单出质的，质权自权利凭证交付质权人时设立；没有权利凭证的，质权自办理出质登记时设立。法律另有规定的，依照其规定。

【释义】　本条是关于以汇票、本票、支票、债券、存款单、仓单、提单出质的权利质权设立的规定。

本法第427条规定，设立质权，当事人应当采用书面形式订立质押合同。以汇票、本票、支票、债券、存款单、仓单、提单出质的，双方当事人应当订立书面质押合同。合同内容一般包括被担保债权的种类和数额，债务人履行债务的期限，出质权利的名称、数额，担保的范围等。合同订立后，质权并不当然设立。以汇票、本票、支票、债券、存款单、仓单、提单出质的，其质权设立的情形可以分为两种：

第一种，有权利凭证的，质权自权利凭证交付质权人时设立。权利凭证是指记载权利内容的象征性的证书，通常采用书面形式，如汇票、本票、支票、存款单、仓单、提单和一部分实物债券等都有权利凭证。此时出质人需要将该权利凭证交付给质权人,质权自交付时设立。

第二种,没有权利凭证的,质权自有关部门办理出质登记时设立。在我国,部分债券如记账式国库券和在证券交易所上市交易的公司债券等都已经实现无纸化,这些债券没有权利凭证,如果要出质,就必须到法律、法规规定的有关登记部门办理出质登记,质权自登记时设立。债券质押登记,基于不同的债券品种,以及交易所债券市场和银行间债券市场的区分等,分别到中国证券登记结算机构、中央国债登记结算有限责任公司、上海清算所等登记。

在第十三届全国人民代表大会第三次会议审议民法典草案的过程中,有的代表提出,票据法对汇票质押等有专门规定,建议与之相衔接。宪法和法律委员会经研究,建议采纳这一意见,在本条中增加规定:法律另有规定的,依照其规定。为此,其他法律对于以汇票、本票、支票等出质的权利质权的设立有特别规定的,依照其规定。

第四百四十二条　汇票、本票、支票、债券、存款单、仓单、提单的兑现日期或者提货日期先于主债权到期的,质权人可以兑现或者提货,并与出质人协议将兑现的价款或者提取的货物提前清偿债务或者提存。

【释义】 本条是关于以汇票、本票、支票、债券、存款单、仓单、提单出质的权利质权人行使权利的特别规定。

载明兑现日期或者提货日期的汇票、本票、支票、债券、存款单、仓单、提单的兑现日期或者提货日期届至时,原则上必须兑现或者提货,以免除第三债务人的债务。如果不按时兑现或者提货,有可能会给债务人自身带来损失,最终影响所担保的主债权的实现。例如,根据本法第915条的规定,仓单持有人逾期提取的,应当加收仓储费。因此,本条规定,汇票、本票、支票、债券、存款单、仓单、提单的兑现日期或者提货日期先于主债权到期的，质权人可以不经过出质人同意，有权将汇票、本票、支票、债券或者存款单上所载款项兑现，有权将仓单或者提单上所载货物提货。但是质权人兑现款项或者提取货物后不能据为己有，必须通知出质人，并与出质人协商，或者用兑现的款项或提取的货物提前清偿债权，或者将兑现的款项或提取的货物提存。提前清偿债权的，质权消灭；提存的，质权继续存在于提存的款项或者货物上，在主债权到期时可以以该提存的款项或者货物优先受偿。出质人只能在提前清偿债权和提存中选择，不能既不同意提前清偿债权也不同意提存。

第四百四十三条　以基金份额、股权出质的，质权自办理出质登记时设立。

基金份额、股权出质后，不得转让，但是出质人与质权人协商同意的除外。出质人转让基金份额、股权所得的价款，应当向质权人提前清偿债务或者提存。

【释义】　本条是关于以基金份额、股权出质的权利质权设立和出质人处分基金份额、股权的限制的规定。

根据本法第 427 条规定，设立质权，当事人应当采用书面形式订立质押合同。以基金份额、股权出质的，双方当事人应当订立书面质押合同。合同内容一般包括被担保债权的种类和数额，债务人履行债务的期限，基金份额、股权的相关信息，担保的范围等。

以基金份额、股权出质的，在订立质押合同后，质权并不当然设立。以基金份额、股权出质的，应当到有关部门办理出质登记，质权自登记时设立。

在目前的实践操作中，基金份额、股权质押登记差异较大、情况复杂，分别由多个登记机构进行相应的权利质押登记。以基金份额出质的，如果是证券登记结算机构登记的基金份额出质，在证券登记结算机构登记；未在证券登记结算机构登记的基金份额出质,在其他基金份额登记机构登记。以股权出质的,上市公司的股权、在全国中小企业股份转让系统转让股权的股份公司以及退市公司的股权的质押登记,在证券登记结算机构办理;有限责任公司的股权和未在证券登记结算机构登记的股份有限公司的股权的质押登记,在市场监管机构办理。

物权法第226条规定,以基金份额、证券登记结算机构登记的股权出质的,质权自证券登记结算机构办理出质登记时设立;以其他股权出质的,质权自工商行政管理部门办理出质登记时设立。在民法典物权编的立法过程中,一些意见建议在民法典物权编中规定动产和权利担保统一登记制度。考虑到动产和权利担保涉及的财产种类众多、情况复杂,且涉及国务院各部门的工作职能,具体规则宜由国务院规定,民法典物权编未对动产和权利担保统一登记制度作出规定,但是为了回应相关意见,民法典物权编删除了物权法中动产抵押、权利质押有关具体登记机构的规定,为以后建立统一的动产和权利担保登记制度留下空间。为此本条规定删除了物权法的上述规定,在本法第441条、第444条、第445条相应删除了有关登记机关的规定。

本条第2款规定的是对出质人处分基金份额和股权的限制。基金份额和股权出质后,原则上不能转让。一方面,出质人的基金份额和股权虽然被出质了,但是其仍为基金份额持有人或者股东,转让基金份额和股权是对基金份额和股权的处分,是基金份额持有人和股东的权利,质权人无权转让作为债权担保的基金份额和股权,否则构成对基金份额持有人和股东权利的侵害。另一方面,基金份额和股权虽然为出质人所有,但是其作为债权的担保,是有负担的权利,如果随意转让可能会损害质权人的利益,不利于担保债权的实现。所以,基金份额和股权出质后,原则上不能转让;但如果出质人与质权人协商一致,都同意转让已出质的基金份额和股权,这属于双方当事人对自己权利的自由处分,法律自然允许。但是转让基金份额和股权所得的价款,并不当然用于清偿所担保的债权;因为此时债务清偿期限尚未届至,出质人应当与质权人协商,将所得的价款提前清偿所担保的债权或者提存。提前清偿债权的,质权消灭。提存的,质权继续存在于提存的价款上,在债务履行期限届满时,质权人可以对该价款优先受偿。出质人只能在提前清偿债权和提存中选择,不能既不同意提前清偿债权,也不同意提存。

第四百四十四条　以注册商标专用权、专利权、著作权等知识产权中的财产权出质的,质权自办理出质登记时设立。

知识产权中的财产权出质后,出质人不得转让或者许可他人使用,但是出质人与质权人协商同意的除外。出质人转让或者许可他人使用出质的知识产权中的财产权所得的价款,应当向质权人提前清偿债务或者提存。

【释义】　本条是关于以知识产权中的财产权出质的权利质权的设立和出质人处分知识产权的限制的规定。

根据本法第 427 条规定,设立质权,当事人应当采用书面形式订立质押合同。以注册商标专用权、专利权、著作权等知识产权中的财产权出质的,双方当事人应当订立书面质押合同。合同内容一般包括被担保债权的种类和数额;债务人履行债务的期限;知识产权的相关信息,如注册商标专用权人及其注册商标和注册号、专利权人及其专利号和专利权中的财产权、著作权人的姓名或者名称及其著作权中的财产权;担保的范围等。

以注册商标专用权、专利权、著作权等知识产权中的财产权出质的,订立质押合同后,质权并不当然设立,须办理出质登记时才能设立。这主要是因为知识产权是一种无形财产权,无法以占有的方式来公示,所以知识产权出质必须以登记的方式来公示。从目前的实践操作来看,以知识产权中的财产权出质的需要到有关部门办理质押登记,具体来说,著作权质押登记在国家版权局委托的中国版权保护中心办理,专利权和注册商标专用权的质押登记在国家知识产权局办理。

本条第2款规定的是对出质人处分知识产权的限制。以注册商标专用权、专利权、著作权等知识产权中的财产权出质的,权利虽然仍属于知识产权人,但由于该知识产权是有负担的权利,因此,出质人不能自由转让或者许可他人使用。如果允许出质人自由转让或者许可他人使用其注册商标专用权、专利权、著作权等知识产权中的财产权,则无论是有偿转让还是无偿转让,也无论是许可他人有偿使用还是许可他人无偿使用,都将损害质权人的利益。因为,转让的费用和许可他人使用的费用都要归出质人收取,同时,出质人有权无限制地转让其注册商标专用权、专利权、著作权等知识产权中的财产权,必然导致该注册商标专用权、专利权、著作权等知识产权中的财产权价值的下降,最终的结果必然损害质权人的利益,不利于担保债权的实现。但是,如果经出质人与质权人协商同意,可以转让或者许可他人使用出质的注册商标专用权、专利权、著作权等知识产权中的财产权。因为,此时转让是经过质权人同意的,是否会损害质权人的利益由质权人自己判断,法律不加干涉。

按照本条第2款的规定,转让或者许可他人使用出质的注册商标专用权、专利权、著作权等知识产权中的财产权所得的价款,不当然用于清偿所担保的债权。因为此时债务清偿期限尚未届至,出质人应当与质权人协商,将所得的价款提前清偿所担保的债权或者提存。提前清偿债权的,质权消灭。提存的,质权继续存在于提存的价款上,在债务履行期限届满时,质权人可以对该价款优先受偿。出质人只能在提前清偿债权和提存中选择;不能既不同意提前清偿债权,也不同意提存。

第四百四十五条　以应收账款出质的,质权自办理出质登记时设立。

应收账款出质后,不得转让,但是出质人与质权人协商同意的除外。出质人转让应收账款所得的价款,应当向质权人提前清偿债务或者提存。

【释义】 本条是关于以应收账款出质的权利质权设立和出质人转让应收账款的限制的规定。

根据本法第427条规定，设立质权，当事人应当采用书面形式订立质押合同。以应收账款出质的，双方当事人应当订立书面质押合同。合同内容一般包括被担保债权的种类和数额，债务人履行债务的期限，应收账款的名称、数额，担保的范围等。

以应收账款出质的，在订立质押合同后，质权并不当然设立，双方当事人还须到有关部门办理出质登记后质权才设立。物权法规定了信贷征信机构为应收账款出质的登记机构。根据物权法的授权，中国人民银行征信中心建成了应收账款质押登记公示系统，面向全社会提供应收账款质押、转让的登记与查询服务；同年，中国人民银行发布《应收账款质押登记办法》，对应收账款质押登记与查询行为进行规范。目前我国应收账款的质押登记在中国人民银行征信中心的应收账款质押登记公示系统办理。

应收账款出质的关键问题是如何使其对第三人产生效力，以妥善保护质权人、出质人和第三人的利益，明确其公示方法是解决这一问题的最好途径。应收账款出质的公示方法一般有三种：一是书面合同的交付；二是书面合同加债权证书的交付；三是书面合同加登记。物权法采纳了第三种方法，主要是考虑到登记的公示效果最强，有利于第三人迅速、便捷、清楚地了解应收账款上存在的权利质权，更能保护质权人和其他第三人的利益。

本条第2款规定的是应收账款出质后对出质人权利的限制，即出质人不得随意转让应收账款。这主要是为了保护质权人的利益，防止出质人随意处置应收账款，保证其所担保的债权的实现。出质人只有在取得质权人同意的情况下才能转让应收账款。与前几条的规定的内容类似，转让应收账款所得的价款，并不当然用于清偿所担保的债权。因为此时债务清偿期限尚未届至，出质人应当与质权人协商，将所得的价款提前清偿所担保的债权或者提存。提前清偿债权的，质权消灭。提存的，质权继续存在于提存的价款上，在债务履行期限届满时，质权人可以对该价款优先受偿。出质人只能在提前清偿债权和提存中选择;不能既不同意提前清偿债权,也不同意提存。

第四百四十六条　权利质权除适用本节规定外,适用本章第一节的有关规定。

【释义】　本条是关于权利质权适用动产质权有关规定的规定。

权利质权与动产质权都是以其客体的交换价值的取得为目的的担保物权,具有由客体直接取得一定价值的权能;并不因其客体是有体物还是无体物而性质不同,两者共同构成质权的组成部分,在很多内容上是相同的。但是权利质权的标的物为权利,而动产质权的标的物为动产,因此两者在某些具体方面如权利的生效上还存在一定的区别。因此,本章第1节对动产质权是作为质权的一般形式加以规定的,本节对权利质权仅在某些内容上作了特殊规定,其他没有规定的内容可以适用动产质权的规定,如本章第1节关于质押合同的订立以及质押合同的一般条款、流质条款的效力、质权人的权利和义务、质权的保全、质权的放弃、质权的实现方式和最高额质权等。

第十九章　留　置　权

本章共11条,对留置权的一般规定、留置财产与债权的关系、留置权的适用范围、留置权人的权利与义务、留置权的实现以及留置权与抵押权、质权的竞合和留置权消灭的特殊情形等内容作了规定。

第四百四十七条　债务人不履行到期债务,债权人可以留置已经合法占有的债务人的动产,并有权就该动产优先受偿。

前款规定的债权人为留置权人,占有的动产为留置财产。

【释义】 本条是有关留置权的一般规定。

(一)留置权的定义

留置权是指在债务人不履行到期债务时,债权人有权依照法律规定留置已经合法占有的债务人的动产,并就该动产优先受偿的权利。这时,债权人便为留置权人,占有的动产便为留置财产。

留置权是经济生活中较为普遍存在的一种担保形式。留置权设定的目的在于维护公平原则,督促债务人及时履行义务。物权法制定之前我国的一些法律就对留置权作了规定,如民法通则第 89 条规定,按照合同约定一方占有对方的财产,对方不按照合同给付应付款项超过约定期限的,占有人有权留置该财产,依照法律的规定以留置财产折价或者以变卖该财产的价款优先得到偿还。担保法则专设“留置”一章,共 7 条。合同法也分别规定了承揽合同、运输合同和保管合同中债权人享有的留置权。

(二)其他国家和地区有关留置权的规定

各个国家和地区法律中有关留置权的规定差异颇大。大陆法系国家主要形成了债权留置权和物权留置权两种不同的留置权立法例,而英美法系国家关于留置权的规定也有不同种类。

1. 债权留置权

法国、德国和意大利等国采取债权留置权制度。留置权只是债权效力的延伸,债权人在债务人履行债务前,对已占有的债务人之物有拒绝给付的权利,但没有直接支配的权利。如《德国民法典》是在第 2 编债务关系法中规定的留置权,《德国民法典》第 273 条第 1 款规定,除基于债务关系发生其他效果外,债务人基于其义务由担负的同一法律关系,享有一个针对债权人的已到期的请求权,债务人可以拒绝履行所发生的给付,直到其所应得的给付被履行为止(留置权)。

2. 物权留置权

瑞士、日本和我国台湾地区采取物权留置权制度。留置权是债权人为担保债务获得清偿而对其占有的债务人的财产享有的一种独立的法定担保物权。《日本民法典》在第 2 编物权中规定了留置权一章。我国台湾地区"民法"也是在物权编规定的留置权,其中第928条第1款规定,称留置权者,谓债权人占有他人之动产,而其债权之发生与该动产有牵连关系,于债权已届清偿期未受清偿时,得留置该动产之权。

3. 英美法上的留置权

英美法上的留置权种类繁多,共有三十多种,主要包括普通法上的留置权、衡平法上的留置权和海上留置权。普通法上的留置权以物的占有为条件,又称占有的留置权,类似于大陆法系中的物权留置权;后两种留置权则不以物的占有为必要。

(三)留置权的特征

物权法规定的留置权具有以下几项特征:

第一,从属性。留置权以担保债权的目的而存在,因此留置权为从属于所担保债权的从权利,具有从属性。留置权依主债权的存在而存在,依主债权的转移而转移,并因主债权的消灭而消灭。

第二,法定性。留置权为法定担保物权,具有法定性。留置权只能直接依据法律的规定发生,不能由当事人自由设定。只要债务人不履行到期债务,债权人即可以依照法律规定留置已经合法占有的债务人的动产,并在满足法律规定的条件的情况下,折价或者拍卖、变卖留置财产以受偿。

第三,不可分性。留置权的不可分性表现为:一是留置权所担保的是债权的全部,而不是部分。二是留置权的效力及于债权人所留置的全部留置财产,留置权人可以对留置财产的全部行使留置权,而不是部分。只要债权未受全部清偿,留置权人就可以对全部留置财产行使权利,不受债权分割或者部分清偿以及留置财产分割的影响。当然,为了公平起见,根据法律规定,留置财产为可分物的,债权人留置的财产的价值应当相当于债务的金额,而不应留置其占有的债务人的全部动产。

(四)留置权与其他类似权利的比较

1. 留置权与抵押权

留置权和抵押权都是担保物权,都可以动产为标的物。两者的区别主要在于:(1)设立的条件不同。留置权直接依据法律的规定发生,属于法定担保物权;而抵押权由当事人自由设定,依双方当事人合意而发生,属于约定担保物权。(2)标的物的范围不同。留置权的标的物只能是动产;而抵押权的标的物可以是动产,也可以是不动产。(3)标的物与债权的关系不同。留置权的标的物应当与债权属于同一法律关系,只有企业之间留置的才能除外;而抵押权无此限制。(4)权利的实现不同。债务人不履行到期债务时,留置权人不能当然地实现留置权,而应当先与债务人约定留置财产后的债务履行期间;债务人逾期未履行时,留置权人才可以留置财产折价或者直接拍卖、变卖留置财产。而抵押权只需债务人不履行到期债务或者发生当事人约定的实现抵押权的情形便可以行使;但抵押权人应当与抵押人协议以抵押财产折价或者以拍卖、变卖该抵押财产所得的价款清偿债权,协议不成的抵押权人可以请求人民法院拍卖、变卖抵押财产。(5)消灭的原因有所不同。留置权人对留置财产丧失占有或者留置权人接受债务人另行提供担保的,留置权消灭;而抵押权不因这两种原因而消灭。

2. 留置权与动产质权

留置权和动产质权都是担保物权,且都以动产为标的物,以占有动产为要件,外观上有相似之处。两者的区别主要在于:(1)设立的条件不同。留置权直接依据法律的规定发生,属于法定担保物权;而动产质权由当事人自由设定,依双方当事人合意而发生,属于约定担保物权。(2)占有动产的起始原因不同。留置权占有动产的起始原因一般是为了加工、修理等原因;而动产质权占有动产的原因在于担保债权的实现。(3)标的物与债权的关系不同。留置权的标的物应当与债权属于同一法律关系,企业之间留置的除外;而动产质权则无此限制。(4)权利的实现不同。债务人不履行到期债务时,留置权人不能当然地实现留置权,而应当先与债务人约定留置财产后的债务履行期间;债务人逾期未履行时,留置权人才可以留置财产折价或者直接拍卖、变卖留置财产。而动产质权只要债务人不履行到期债务或者发生当事人约定的实现债权的情形,质权人便可以实现质权。(5)消灭的原因有所不同。留置权人接受债务人另行提供担保的,留置权消灭;而动产质权不因此种原因而消灭。

3. 留置权与同时履行抗辩权

所谓同时履行抗辩权,是指在双务合同中应当同时履行义务的一方当事人有证据证明另一方当事人在同时履行的时间不能履行或者不能适当履行,到履行期时其享有不履行或者不全部履行的权利。留置权与同时履行抗辩权都是基于公平原则而产生,两者也可以并存。其区别主要在于:(1)性质不同。留置权属于物权,以物的支配为内容,具有对抗第三人的效力;而同时履行抗辩权是双务合同的一种效力,只能对合同对方当事人行使,不能对抗第三人。(2)标的物的范围不同。留置权的标的物只能是动产;而同时履行抗辩权所能拒绝给付的种类则没有限制。(3)发生原因不同。留置权直接依据法律的规定发生;而同时履行抗辩权则是双务合同的当然结果。(4)所保护的债权不同。留置权所保护的债权,与留置的标的物具有同一法律关系即可,企业之间留置的则无此限制;履行抗辩权所保护的债权,必须基于同一双务合同,且双方当事人之间需有对价关系存在。(5)效力不同。留置权的效力在于对抗债务人的标的物返还请求权,债务人不履行到期债务时,经过法律规定的程序,留置权人可以留置财产折价或者直接拍卖、变卖留置财产并就其价金优先受偿;而同时履行抗辩权的效力在于对抗对方当事人的债务履行请求权,对方当事人履行前,自己可以拒绝其享有的履行请求,但没有积极实现自己债权的手段。(6)消灭的原因不同。留置权人对留置财产丧失占有或者接受债务人另行提供担保的,留置权消灭;而同时履行抗辩权只要对方的债务不履行便不会消灭。

4. 留置权与抵销权

所谓抵销权,是指当事人双方互负给付种类相同的到期债务时,双方可以按照相同数额互相折抵充销债务的权利。留置权与抵销权的目的都在于避免债务履行中的不公平现象。两者的区别主要在于:(1)性质不同。留置权为担保物权;而抵销权为形成权。(2)目的不同。留置权的目的是担保债权的实现;而抵销权的目的主要在于避免重复给付所造成的浪费。(3)标的物的范围不同。留置权的标的物只能是动产;而抵销权的标的物可以为一切适于抵销的债权债务。(4)效力不同。留置权仅具有留置效力和优先受偿效力,并不能直接使双方债权债务归于消灭;而抵销权有因抵销而使双方债权债务在抵销范围内确定消灭、终局消灭的效力。(5)权利的实现不同。债务人不履行到期债务时,经过法律规定的程序,留置权人可以留置财产折价或者直接拍卖、变卖留置财产并就其价金优先受偿;而抵销权的行使只需向对方当事人意思表示即可。(6)消灭原因不同。留置权人对留置财产丧失占有或者接受债务人另行提供担保的,留置权消灭;而抵销权不因这些原因而消灭。

(五)留置权成立的要件

1. 债权人已经合法占有债务人的动产

债权人要行使留置权,必须已经合法占有债务人的动产。此要件包含三层意思:第一,必须是动产。留置权的标的物只能是动产,债权人占有的不动产上不能成立留置权。第二,必须债权人占有动产。债权人的这种占有可以是直接占有,也可以是间接占有。但单纯的持有不能成立留置权。如占有辅助人虽持有动产,却并非占有人,因此不得享有留置权。第三,必须合法占有动产。债权人必须基于合法原因而占有债务人动产,如基于承揽、运输、保管合同的约定而取得动产的占有。如果不是合法占有债务人的动产,不得留置,如债权人以侵权行为占有债务人的动产。

2. 债权人占有的动产,应当与债权属于同一法律关系,但企业之间留置的除外

除了企业之间留置的以外,留置财产必须与债权的发生处于同一法律关系中。比如,保管合同中寄存人不按期交付保管费,保管人可以留置保管物,此时留置权成立。如果保管人对寄存人

享有的是保管合同之外的其他债权而留置保管物,或者保管人留置的是债务人的其他财产,则该留置权不能成立。

3. 债务人不履行到期债务

债权人对已经合法占有的动产,并不能当然成立留置权,留置权的成立还须以债权已届清偿期而债务人未全部履行为要件。如果债权未到期,那么债务人仍处于自觉履行的状态中,还不能判断债务人到期能否履行债务,这时留置权还不能成立。只有在债务履行期限届满,债务人仍不履行债务时,债权人才可以将其合法占有的债务人的动产留置。

第四百四十八条　债权人留置的动产,应当与债权属于同一法律关系,但是企业之间留置的除外。

【释义】　本条是有关留置财产与债权的关系的规定。

(一)留置财产的范围

留置权人可以留置债务人的哪些财产,这些财产与债权之间是否需要有某种关系,在理论上有不同的观点。第一种观点认为,只要是合法占有的财产,债权人便有权留置;第二种观点认为,留置财产应当与债权的发生有牵连关系;第三种观点认为,留置财产应当与债权的发生有牵连关系,但企业之间留置的除外;第四种观点认为,留置财产应当与债权属于同一法律关系,但企业之间留置的除外。

留置权的目的在于留置债务人的财产,迫使债务人履行债务,保障债权的实现。第一种观点允许债权人任意留置与债权的发生没有关系的债务人财产,则对债权人的保护过大,有违公平原则,也将损害其他债权人的利益和交易安全。

第二种观点和第三种观点都认为需有牵连关系才可以留置。但对于如何认定"牵连关系",在理论上有多种不同说法。其中"一元论"观点认为,留置权的标的物与债权有无牵连关系,应依"统一的单一的标准"来判断。但何为"统一的单一的标准",又存在分歧:有的意见认为,标的物为构成债权发生的法律事实之一时,即具有牵连关系;有的意见认为,标的物构成债权发生的基础,即具有牵连关系;有的意见认为,标的物的存在与债权的发生之间具有相当因果关系,而且社会一般观念认为有留置权存在的必要时,即为有牵连关系;还有的意见认为,债权与标的物由于某种经济关系而发生,债务人自己不履行债务,却要债权人返还其标的物,在社会一般观念认为不当时,即可认为标的物与债权存在牵连关系。“二元论”观点认为,债权与标的物之间存在牵连关系,并不以标的物为债权发生的直接原因为限;如果是债权发生的间接原因,也可以认为有牵连关系。至于哪些是债权发生的间接原因,也存在不同意见:有的意见认为,债权与标的物占有之取得,系因同一交易关系或者同一目的而发生的,即有牵连关系;有的意见认为,债权间接因标的物的关系而发生的,两者即有牵连关系;有的意见认为,标的物为因同一原因而发生的债权之标的物时,即存在牵连关系;还有的意见认为,债权因标的物而发生,或者债权与标的物的返还请求权因同一法律关系或者生活关系而发生,即有牵连关系。可见,牵连关系的概念过于模糊,范围不确定,法律适用中容易产生分歧。

本条首先明确,债权人留置的动产,应当与债权属于同一法律关系。因此,一般而言,留置财产的范围仅限于与债权属于同一法律关系的动产。所谓同一法律关系,就是留置财产应当与债权所形成的债权债务关系属于同一个民事法律关系。根据债法的基本原理,债通常包括合同之债,还包括侵权之债,以及不当得利、无因管理之债。同一法律关系最为常见的就是因合同产生的债权债务关系。如甲将手表交由乙修理,手表修理好后,甲拒绝支付修理费,乙依法可以留置该手表。此时,因定作人甲与承揽人乙之间形成了承揽合同关系,基于此承揽关系,乙占有了甲交付的动产即手表,甲未支付的修理费也是基于双方的承揽关系产生的报酬,乙留置的动产与乙享有的债权(甲所欠报酬)就属于同一承揽合同关系。同一法律关系还可以是因侵权形成的同一债权债务关系。如甲开着货车运输货物,途中由于货物捆绑不严,其中一箱货物遗落将乙砸伤,甲未向乙支付合理的医疗费用,乙遂将该箱货物留置,要求甲支付医疗费用方肯返还。此时,乙要求支付医疗费用的侵权债权,与甲遗落的货物(造成侵权的原因),即属于同一侵权法律关系。

(二)留置财产范围的例外

本条还有但书的例外规定,即“但是企业之间留置的除外”。根据本条但书的内容,在一般民事主体之间留置财产与债权应属于同一法律关系,而在企业之间行使留置权,留置财产与债权则没有此限制,这意味着企业之间,只要债权人合法占有债务人的动产,债务人不履行债务,债权人即可留置其动产,而不论该动产是基于何种法律关系占有。这么规定,主要是考虑到,在商业实践中,企业之间相互交易频繁,追求交易效率,讲究商业信用,如果严格要求留置财产必须与债权的发生具有同一法律关系,则有悖交易迅捷和交易安全原则。比如,甲运输公司与乙贸易公司经常有业务往来,因乙公司欠了甲公司一笔运费。后丙公司支付运费后委托甲公司将一批货物运给乙公司,甲公司为了实现催要运费的目的,遂将该批货物扣留,要求乙公司支付此前所欠运费方肯交货。在此种情况下,虽然甲公司所承运的货物与乙公司所欠的运费之前并不属于同一法律关系,根据本条但书的规定,甲公司仍有权行使留置权。

此种例外规定,在境外立法例中也有类似规定。如《瑞士民法典》第 895 条第 1 款、第 2 款规定,债权已到期,按其性质该债权与留置的标的物有关联时,债权人在受清偿前,得留置经债务人同意由债权人占有的财产或者有价证券。前款关联发生在商人之间的,仅以占有系由商业交易中产生的为限。我国台湾地区“民法”第 929 条规定,商人间因营业关系而占有之动产,与其因营业关系所生之债权,视为有前条所定之牵连关系。

第四百四十九条　法律规定或者当事人约定不得留置的动产,不得留置。

【释义】 本条是关于留置权适用范围的限制性规定。

(一)关于留置权的适用范围

关于留置权的适用范围,我国立法有一个逐渐变化的过程。担保法将留置权的适用范围限于特定合同法律关系,该法第 84 条规定:“因保管合同、运输合同、加工承揽合同发生的债权,债务人不履行债务的,债权人有留置权。法律规定可以留置的其他合同,适用前款规定。当事人可以在合同中约定不得留置的物。”根据担保法的该条规定,留置权仅限适用于保管合同、运输合同、加工承揽合同等法律有明确规定的合同类型中,在其他债权债务关系中,则不得行使留置权。

在物权法起草过程中,对是否保留担保法的此规定,存在不同意见。有的意见认为,为避免滥用留置权的情况发生,应该维持担保法的规定,即只有因保管合同、运输合同、加工承揽合同和法律规定可以留置的其他合同发生的债权,才能适用留置权。有的意见认为,担保法规定的留置权的适用范围过窄,不符合经济实践需要,不利于保护债权人的利益,应当扩大范围。在制定物权法时,在总结担保法规定的立法经验基础上,考虑到,随着市场经济的发展,相关市场规则和法律制度的完善,将留置权的适用范围扩大到因无因管理、仓储合同及其他服务合同发生的债权中是必要和合适的。且境外留置权立法,也未逐一列举留置权的适用范围。因此,物权法没有明文列举留置权的适用范围,而只是对留置权的适用范围作出限制,规定了不得留置的情形。只要不属于不得留置的两种情形,又符合留置权成立的条件,均可以成立留置权。

物权编延续了物权法的立法模式,在第 448 条中规定了留置权可以行使的财产范围,同时在本条中规定不得留置的范围,即法律规定或者当事人约定不得留置的动产,不得留置。

境外民商事立法一般也都有类似规定。如《瑞士民法典》第 896 条规定,对性质上不能变卖的物,不得行使留置权;同样,如留置与债权人承担的义务,或与债务人于移交物之前或移交物之时的意思,或与公共秩序有抵触时,亦不得行使留置权。《日本商法典》第521条规定,商人间因为商行为而发生的债权已届清偿期时,债权人在未受清偿前,得留置因与其债务人间之商行为而自己占有的债务人所有之物或有价证券;但另有意思表示者,不在此限。我国台湾地区"民法"第930条规定,动产之留置,违反公共秩序或善良风俗者,不得为之;其与债权人应负担之义务或与债权人债务人间之约定相抵触者,亦同。

(二)法律规定不得留置的动产

本条规定,法律规定不得留置的动产,不得留置。总则编第8条规定,民事主体从事民事活动,不得违反法律,不得违背公序良俗。根据本条和总则编的此规定,民事主体从事任何民事活动,包括行使留置权,都不能违反法律规定,也不得违背公序良俗。首先,如果法律明确有规定,对特定动产,任何人不得留置。民事主体从事民事活动时,就有义务遵守法律的此类规定,不得对此类动产行使留置权。如居民身份证法第15条第3款规定,任何组织或者个人不得扣押居民身份证。如甲委托乙办理工商执照申领手续,故将自己的身份证交给乙,甲未及时将委托费用支付给乙,乙遂扣留甲的身份证。根据居民身份证法的规定,乙不得行使留置权,故乙必须返还甲的身份证。其次,行使留置权,也不能违背公序良俗。比如,因当地发生重大传染病疫情,甲公司遂紧急从外地采购大量医疗物资用于本公司办公场所防治疫情,并委托乙运输公司将该等医疗物资运回,尚未支付运费。医疗物资运抵后,乙公司欲留置所承运的医疗物资。由于甲公司采购的医疗物资属于防治传染病疫情所急需的物资,如果乙公司留置该等物资,势必影响公共卫生秩序,危及公共卫生安全,有悖公序良俗,故乙公司不得行使留置权。又如,甲在长江中游泳,不慎溺水身亡,甲父遂委托乙帮忙打捞甲之遗体,口头约定打捞成功支付乙报酬1000元。成功打捞后,乙要求甲父立即支付报酬,否则不交付甲的遗体。在此种情形下,乙行使留置遗体的行为,违背了善良风俗,也属于本条规定的不得留置的情况。

（三）当事人约定不得留置的动产

留置权属于法定担保物权。法律之所以规定留置权，主要是基于公平原则，为了保护债权人的利益，确保债权人债权的实现，并不涉及公共利益或者其他第三人的利益。如果债权人基于意思自治而自愿放弃这种法律规定的民事权利，法律自然不会予以干涉。因此，本条同时规定，当事人约定不得留置的动产，不得留置。根据此规定，当事人已经明确约定不得留置的动产，都不能成立留置权。比如，承揽合同当事人事先在合同中约定排除留置权，则在定作人未向承揽人支付报酬或者材料费等价款时，承揽人也不得留置完成的工作成果，而应当依债权本身的效力提起追索价款及违约金的诉讼。当事人约定的方式，既可以在订立合同之时约定，并写入合同条款，也可以在合同履行过程中达成协议。既可以是以书面方式约定，也可以是口头约定。当然，从利于举证的角度而言，当事人约定限制留置权的行使条款，最好以书面方式在相关合同中明确规定。

第四百五十条　留置财产为可分物的，留置财产的价值应当相当于债务的金额。

【释义】　本条是关于可分物作为留置财产的特殊规定。

根据物权法律的基本原理，留置权具有不可分性，此种不可分性表现在两个方面：一方面，留置权所担保的是债权的全部，而不是部分，即多担保的债权具有不可分性。另一方面，留置权的效力具有不可分性，留置权及于债权人所留置的全部留置财产，留置权人可以对留置财产的全部行使留置权，而不是部分。因此，从理论上而言，只要债权人基于同一法律关系占有了债务人的不动产，就可以行使留置权，而不论留置财产价值与债权数额是否相当。但是，如果将留置权的不可分性绝对化，则可能造成立法上的不公平。比如，甲公司为黄金饰品的加工工厂，乙公司为了市场销售需要，将价值5000万元的金砖交由甲公司加工，乙公司负责提供设计图纸,甲公司负责按照图纸将该批金砖加工成共计5000件相同规格、相同样式的首饰。甲公司与乙公司签订了加工承揽合同,约定乙公司需支付甲公司加工报酬50万元。甲公司加工完成后,乙公司一直未向甲公司支付报酬。因甲公司的报酬仅50万元,扣留50件首饰即足以支付其加工费用,如果允许甲公司留置全部首饰,势必对乙公司非常不利。

留置权的立法目的是督促债务人及时履行债务,确保债权人能够实现自己的债权。因此,只要留置财产的价值相当于债务金额,就能够保证其债权得到实现,没有必要留置过多的财产。过分强调留置权的不可分性,对债务人不公平,有损其合法权益,也不利于物尽其用。因此,从公平合理地设计当事人之间的权利义务角度而言,在立法上有必要对留置权的不可分性作一定程度的缓和。故本条规定,留置财产为可分物的,留置财产的价值应当相当于债务的金额。境外立法也有类似的规定。如我国台湾地区"民法"第932条规定,债权人于其债权未受全部清偿前,得就留置物之全部,行使其留置权。但留置物为可分者,仅得依其债权与留置物价值之比例行使之。

理解本条需要从以下三个方面把握:

(一)可分物与不可分物的划分

这是从物的分割是否影响其价值或效用的角度对物进行的划分。不可分物就是将其分割的话将影响其价值或者失去其效用的物。如一块手表,如果将手表拆分成零件,将失去手表作为计时器的功能。可分物是指经分割而不损害其经济用途或者失去其价值的物。如一袋大米,将其分割成数小袋,大米经济价值和作为粮食的效用并不会受到影响。正是因为可分物和不可分物在是否可以分割属性上的差异,在行使留置权时,有必要加以区分,针对物的不同属性,设计更为合理的权利义务结果,确保留置权的行使更加公平合理。

(二)对可分物行使留置权

根据本条规定,留置财产为可分物的,留置财产的价值应当相当于债务的金额。因此,如果涉案动产为可分物。债权人在行使留置权时,就需要受到本条的限制,即行使留置权时,仅能留置与债务金额相当价值的财产,而不得超越此范围行使留置权,否则构成权利滥用。如甲火力发电厂为了发电需要,从某煤矿公司采购了一批价值 1 亿元的煤,委托乙运输公司分批运输。因双方结算手续问题,甲发电厂曾欠乙公司 1 万元的运输费。在后续的运输过程中,乙公司欲通过行使留置权实现其债权的话,仅能留置甲电厂相当于 1 万元价值的煤。因为煤属于可分物,对于可分物行使留置权,只能留置相当于债务金额的财产。

如何判断留置财产的价值是否相当于债务金额?各种物品的价值差别较大,通常应当根据留置财产的正常市场价格进行判断。所谓价值相当,不是说必须完全等值,而是留置财产的价值不能明显超过债权金额。如甲公司从乙公司购买一批服装,共计 1 万件,乙公司出售给甲公司的出厂价格为 500 元/件,甲公司拟以 1000 元/件出售,故在每件衣服的价格标签上印上市场价 1000 元,市场上同等档次的服装价格约为 800 元/件。甲委托丙公司运输,约定运费 8000 元。如果甲公司未支付运费,丙公司欲行使留置权,根据本条规定,丙仅能留置与债务相当价值的财产,此时丙公司可以按照市场平均价格计算价值,即 800 元/件,丙公司即可以留置略超 10 件的衣服。当然,由于不同地区的市场价格有差异,应当以行使留置权所在地的市场价格判断。

(三)对不可分物行使留置权

如果留置财产为不可分物,由于该物的分割会减损其价值,因此不适用本条的规定,留置权人可以留置整个物。比如,甲公司提供原材料,委托乙公司定作特制锅炉一台,约定定作费用 50 万元。该台锅炉制作完成后,市场价值约 1000 万元。因甲公司未向乙公司支付报酬,故欲留置该锅炉。虽然加工承揽合同的标的物价值远远超出甲公司所欠费用,乙公司仍有权留置该锅炉。因为锅炉属于不可分物,如果分割将失去其应有的效用、价值也将大大减损,因此不能适用本条的规定。对于不可分物,债权人可以将其全部留置。

第四百五十一条　留置权人负有妥善保管留置财产的义务;因保管不善致使留置财产毁损、灭失的,应当承担赔偿责任。

【释义】 本条是关于留置权人保管义务的规定。

(一)留置权人的保管义务

行使留置权的前提是债权人合法占有债务人的不动产。因此,留置财产此时已经脱离了债务人的控制,而由债权人合法控制。民事主体享有权利的同时,也应当履行法律规定或者合同约定的义务。债权人在行使留置权的同时,也是如此。留置权人占有、控制着债务人的动产。由于留置财产的所有权仍属于债务人,作为所有权人,债务人对留置财产享有利益。因此,法律有必要为留置权人设定义务,避免留置财产陷于灭失风险之中,危及债务人的所有权。如果留置财产毁损或者灭失,不仅损害了债权人的所有权,也不利于实现留置权。因此,本条首先规定,留置权人负有妥善保管留置财产的义务。

关于留置权人是否尽到妥善保管义务的认定,理论上有不同的认识。有的意见提出,所谓妥善保管,就是要求留置权人以善良管理人的注意保管留置财产。如果留置权人对保管未尽到善良管理人的注意,就可以认定为保管不善。有的意见认为,不管基于何种原因,除非是由于不可抗力造成留置财产毁损、灭失外,留置权人对留置财产的毁损、灭失都可以认定为保管不善,都需要承担相应的赔偿责任。一般而言,只要留置权人尽到了善良管人的注意义务,妥善保管了留置财产,非因留置权人的重大过失导致留置财产的毁损或者灭失,就不能认定为保管不善。

妥善保管留置财产,是一种消极性义务,不需要留置权人有积极的作为,留置权人对留置财产并不负有保值增值的义务。比如,留置财产为受市场影响很大的动产,即便在价格变动剧烈的情况下，留置权人也不能因行情变动而任意处分变现。留置权人只要使留置财产维持原状或者保持其正常状态，确保其不受到侵害、毁损或者灭失即可。同样，留置权人占有留置财产时，原则上未经债务人同意，不得使用、出租留置财产或者擅自把留置财产作为其他债权的担保物。但是，留置权人出于保管的需要，为使留置财产不因闲置而生损害，在必要的范围内有适当使用留置财产的权利。例如，甲的汽车损坏了，委托乙修理厂进行修理，约定修理费用1万元，后甲一直未付修理费。乙修理厂遂留置了甲的车辆。长达近一年，甲一直未履行债务。乙修理厂为了避免所留置的汽车长期不用导致故障，即可以适当启动使用该汽车，确保该车处于正常状态。

（二）留置权人的赔偿责任

为了使留置权人能够履行其妥善保管留置财产的义务，本条还规定，留置权人因保管不善致使留置财产毁损、灭失的，应当承担赔偿责任。根据此规定，如果留置权人未保管好留置财产，是需要承担赔偿责任的。比如，甲公司从某市购买了一批粮食，委托乙运输公司运输，由于甲公司未按约定支付运费，乙公司遂留置了部分承运的粮食，并将留置的粮食存放在该公司仓库。由于乙公司的仓库并非专业粮仓，导致所留置的粮食全部发霉变质，无法再行销售。乙公司作为专业的运输公司，知道储存粮食应具有相应的条件，未按照粮食的通常储存方式存放所留置的粮食，不能说是尽到了妥善保管的义务。因此，乙公司应当赔偿甲公司的损失。当然，如果留置权人尽到了妥善保管义务，因保管不善之外的其他原因造成留置财产的损失的，则不应承担赔偿责任。比如，甲公司由于生产需要，购买了一台重要的生产设备备用，由于甲公司自身的仓库无法存放，遂将该设备交付某仓储公司保管。由于甲公司未按时支付仓储费，乙公司遂留置了该设备，继续存放在仓库中。其间，因台风来袭，乙公司仓库遭受重创，导致乙公司所留置的设备损坏。乙公司按照正常方式保管该设备，尽到了妥善管理义务，留置财产系因台风这一不可抗力造成损失的,故乙公司不需要承担赔偿责任。

对于留置权人的保管义务,境外立法也有类似规定。如根据《日本民法典》第298条规定:(1)留置权人须以善良管理人的注意占有留置物。(2)留置权人未经债务人承诺,不得使用或者出租留置物,或者以之用于担保。但为该物的保存所作必要的使用,不在此限。(3)留置权人违反前两项规定时,债务人可以主张留置权的消灭。我国台湾地区"民法"第933条规定,第888条至第890条及第892条之规定,于留置权准用之。其中第888条规定,质权人应以善良管理人之注意,保管质物。质权人非经出质人之同意,不得使用或出租其质物。但为保存其物之必要而使用者,不在此限。

第四百五十二条　留置权人有权收取留置财产的孳息。

前款规定的孳息应当先充抵收取孳息的费用。

【释义】 本条是关于留置权人收取孳息的权利的规定。

留置财产属于动产,有些动产由于其自然属性或者基于特定法律关系会产生额外的收益,这就是物的孳息。留置权人留置的物为原物,有些留置财产会产生孳息。孳息包括两类:一类是天然孳息,就是因物自身的自然属性或者自身变化规律即可以取得收益。比如,苹果树上结出的苹果。另一类是法定孳息,就是原物由于特定的法律关系所产生的利益。比如甲的房屋因出租,因此能获得房租收入。这种房租收入就是由于房屋的租赁法律关系而获得收益。虽然有的留置财产会产生孳息,但是这种孳息需要有人收取,不然就可能造成孳息无法获得。如果园中果树的果子,如果无人收取,果子可能成熟后掉落而腐烂,造成损失。因留置财产孳息的收取可能需要承担一定的费用,法律应当合理规定留置财产孳息的收取,才能平衡好各方的权利义务。

(一)留置财产孳息的收取

根据本条第1款的规定,留置权人有权收取留置财产的孳息。这主要是考虑到留置财产由债权人控制，留置财产的孳息由其收取更为便利，更为可行。且根据法律规定，留置权人有义务妥善保管留置财产，规定由留置权人收取，也是恰当的。

首先，收取留置财产的孳息属于留置权人的权利。既然是留置权人的权利，那么留置权人既可以行使，也可以放弃。只有在留置权人放弃不行使时，债务人才可以自行收取留置财产的孳息。在特殊情形下，妥善收取孳息也是留置权人保管义务的内容。比如，甲留置乙所有的受孕母牛 1 头，后母牛将生产小牛。为了避免母牛因生产感染致死，留置权人应当妥善安置母牛，确保小牛顺利生产下来。

其次，留置权人收取的孳息仅限于留置财产的孳息，不能超出此范围收取。留置权人既可以收取留置财产的法定孳息，也可以收取留置财产的天然孳息。但留置权人不能收取债务人其他财物的孳息。比如，甲村民帮助乙村民修理拖拉机，因乙未支付修理费，故留置了乙的拖拉机。后甲发现乙家中的母牛在野外产仔，遂将母牛所产小牛带回。甲的行为即不属于本条规定收取孳息的权利，因为此小牛并非留置财产的天然孳息。

最后，留置权人的权利仅仅是收取孳息，并非直接能获得孳息的所有权。所谓收取，就是通过事实行为或者法律行为获得并控制留置财产的孳息。收取之后，留置财产的孳息所有权归属需要根据法律的规定或者当事人约定判断。一般而言，各国物权法会对物的孳息的归属作出规定。物权编也对孳息的归属作了规定，第 321 条第 1 款规定，天然孳息，由所有权人取得；既有所有权人又有用益物权人的，由用益物权人取得。当事人另有约定的，按照其约定。第 2 款规定，法定孳息，当事人有约定的，按照约定取得；没有约定或者约定不明确的，按照交易习惯取得。因此，除非法律另有规定或者当事人有约定外，留置财产的孳息的所有权归属应该根据物权编的此规定确定。如果债务人和留置权人并未就留置财产的孳息的归属作出明确约定，孳息的所有权应当属于债务人。

虽然留置权人不能取得留置财产孳息的所有权，但是由于留置权具有不可分性，留置权的法律效力自然及于孳息。留置权人在收取孳息后，有权控制、占有孳息，且此种权利可以对抗作为所有人的债务人，债务人在未履行债务之前不能要求留置权人返还留置财产的孳息。

(二)留置财产孳息收取费用的负担

本条第2款规定，前款规定的孳息应当先充抵收取孳息的费用。因此，如果债务人在收取留置财产时，支付了费用，此种费用应当以孳息冲抵。比如，牧民甲由于人手紧张，遂请牧民乙帮忙放牧部分羊群，双方约定甲将支付乙劳务费3000元。因甲未按时支付劳务费，在甲要求乙返还羊群时，乙遂留置了10只羊，其中母羊若干只。其间，因数只母羊怀孕，即将生产，为了确保母羊顺利产仔，乙便请兽医丙前来帮忙照顾，并向丙支付医药费500元。后来因甲一直未向乙支付所欠费用，乙便将所留置的羊出售，其中羊羔出售后获利700元。根据本款规定，此700元应当先用于冲抵乙所支付给丙的医药费。

关于留置财产孳息的收取，不少境外立法也都专门作出了规定。如《日本民法典》第297条规定，留置权人可以收取由留置物产生的孳息，先于其他债权人，以孳息抵充其债权的清偿；前款孳息，应先抵充债权的利息，尚有剩余时，再抵充原本。我国台湾地区“民法”第933条规定，第888条至第890条及第892条之规定，于留置权准用之。其中第889条规定，质权人得收取质物所生之孳息。但契约另有约定者，不在此限。其中第890条规定，质权人有收取质物所生孳息之权利者，应以对于自己财产同一之注意收取孳息，并为计算。前项孳息，先抵充费用，次抵原债权之利息，次抵原债权。孳息如须变价始得抵充者，其变价方法准用实行质权之规定。

第四百五十三条　留置权人与债务人应当约定留置财产后的债务履行期限;没有约定或者约定不明确的,留置权人应当给债务人六十日以上履行债务的期限,但是鲜活易腐等不易保管的动产除外。债务人逾期未履行的,留置权人可以与债务人协议以留置财产折价,也可以就拍卖、变卖留置财产所得的价款优先受偿。

留置财产折价或者变卖的,应当参照市场价格。

【释义】　本条是关于实现留置权的一般规定。

留置权的实现是指留置权人对留置财产进行处分,以优先受偿其债权的行为。关于留置权的实现,各个国家和地区的规定有所不同。《瑞士民法典》第898条第1款规定,债务人不履行义务时,债权人经事先通知债务人,得变卖留置物。但此规定仅限于债权人未得到充分担保的情形。我国台湾地区"民法"第936条规定,债权人于其债权已届清偿期而未受清偿者,得定1个月以上之相当期限,通知债务人,声明如不于其期限内为清偿时,即就其留置物取偿;留置物为第三人所有或存有其他物权而为债权人所知者,应并通知之。债务人或留置物所有人不于前项期限内为清偿者,债权人得准用关于实行质权之规定,就留置物卖得之价金优先受偿,或取得其所有权。不能为第1项之通知者,于债权清偿期届至后,经过6个月仍未受清偿时,债权人亦得行使前项所定之权利。

担保法第87条规定:"债权人与债务人应当在合同中约定,债权人留置财产后,债务人应当在不少于两个月的期限内履行债务。债权人与债务人在合同中未约定的,债权人留置债务人财产后,应当确定两个月以上的期限,通知债务人在该期限内履行债务。债务人逾期仍不履行的,债权人可以与债务人协议以留置物折价,也可以依法拍卖、变卖留置物。"总结担保法这一规定的实践经验,借鉴相关国家和地区的立法例,物权法第236条规定:"留置权人与债务人应当约定留置财产后的债务履行期间;没有约定或者约定不明确的,留置权人应当给债务人两个月以上履行债务的期间,但是鲜活易腐等不易保管的动产除外。债务人逾期未履行的,留置权人可以与债务人协议以留置财产折价,也可以就拍卖、变卖留置财产所得的价款优先受偿。留置财产折价或者变卖的,应当参照市场价格。”物权编延续了此规定。

(一)留置权实现的条件

根据本条的规定,留置权人实现留置权必须具备两个条件:

1. 留置权人须给予债务人以履行债务的宽限期

债权已届清偿期债务人仍不履行债务,留置权人并不能立即实现留置权,而必须经过一定的期限后才能实现留置权。这个一定的期限,称为宽限期。宽限期多长,涉及债权人与债务人利益的平衡问题。期限过长,不利于留置权人实现债权;期限过短,不利于债务人筹集资金、履行义务。根据实践经验和公平原则,本条规定,留置权人与债务人应当约定留置财产后的债务履行期限;没有约定或者约定不明确的,留置权人应当给债务人 60 日以上履行债务的期限,但鲜活易腐等不易保管的动产除外。

首先,债务履行的宽限期可以约定。债权人和债务人约定宽限期,可以是在主债权债务合同中通过留置权条款约定,也可以是在留置权人行使留置权、已经占有留置财产后,与债务人自由协商一定的债务履行期限。当事人之间约定的宽限期可长可短,由双方自由协商,法律并无规定必须为多长。只要这个宽限期是双方当事人自主协商的,法律尊重当事人的意思自治。当然,如果一方当事人利用对方当事人的危困状态,约定的宽限期很短,则可能构成显失公平而被撤销。

其次,留置权人与债务人对于宽限期限没有约定或者约定不明确的,根据本条规定,留置权人可自行确定宽限期限,但一般不得少于 60 日。在双方当事人没有约定或者约定不明时,留置权人对于宽限期有最终的决定权,但是这种权利受到法律的限制,即应当给予债务人 60 日以上的宽限期,让债务人有合理的时间来履行债务。这里的没有约定,也包括双方当事人就宽限期无法达成一致的情形。

最后,如果留置财产为不易保管的动产,宽限期可以短于60日。考虑到对于鲜活易腐等不易保管的动产,如果宽限期过长,留置权财产在此期限内可能已经腐败,失去经济价值,那么将无法实现留置权的担保功能。因此,本条但书规定,留置财产属于不易保管之物时,宽限期可以短于60日。所谓鲜活易腐等不宜保管的动产,包括诸如海鲜、新鲜水果和蔬菜等,但不包括易保管但价格波动很大的动产。此类留置财产的宽限期长短,则应当根据所留置的动产具体情况判断,或长或短均可。我国台湾地区"民法"也有类似规定,其第933条规定,第888条至第890条及第892条之规定,于留置权准用之。其中第892条规定,因质物有腐坏之虞,或其价值显有减少,足以害及质权人之权利者,质权人得拍卖质物,以其卖得价金,代充质物。

2. 债务人于宽限期内仍不履行义务

债务人在宽限期内履行了义务,留置权归于消灭,留置权人当然不能再实现留置权。如果债务人仍不履行义务,留置权人便可以按法律规定的方法实现留置权。债务人未履行债务,包括债务人不完全履行债务。比如,债务人本应偿还100万元,其仅偿还80万元。

(二)留置权实现的方法

根据本条的规定,留置权实现的方法有三种,即折价、拍卖和变卖。留置权人可以与债务人协商采取哪种方法实现留置权。一般情况下,双方当事人可以先协议将留置财产折价以实现其债权;如果无法达成协议,留置权人可以依法拍卖或者变卖留置财产,并以拍卖或者变卖所得的价款优先受偿其债权。

第一种是折价。折价是指留置权人与债务人协议确定留置财产的价格,留置权人取得留置财产的所有权以抵销其所担保的债权。这种方法比较简单,但必须双方当事人协商一致,否则就应当采取拍卖或者变卖的方法。

第二种是拍卖。拍卖是指依照拍卖法规定的拍卖程序,于特定场所以公开竞价的方式出卖留置财产的方式。拍卖的公开性和透明度都比较高,但同时费用也较高。

第三种是变卖。变卖是指以一般的买卖形式出卖留置财产的方式。由于拍卖的费用较高,有时双方当事人不愿意负担这一费用,因此采取费用较为低廉的变卖方式。

本条第2款还规定,采取折价或者变卖方式处置留置财产的,应当参照市场价格,而不能随意降低该留置财产的价格。

第四百五十四条　债务人可以请求留置权人在债务履行期限届满后行使留置权;留置权人不行使的,债务人可以请求人民法院拍卖、变卖留置财产。

【释义】　本条是关于债务人可以请求留置权人行使留置权的规定。

债务人在债务履行宽限期不履行债务的,留置权人有权处置留置财产以实现自己的债权。留置权为物权,其不受所担保的债权的诉讼时效的限制。因此,留置权人在其所担保的债权的诉讼时效完成后,仍可以对留置财产行使留置权。理论上说,留置权可以长期不灭,其行使并无时间限制。但是,如果留置权人长期持续占有留置财产而不实现,则不符合"物尽其用"的原则,也会对社会、经济生活产生不利影响。而且,在有的情况下,留置财产有自然损耗或者贬值的可能,如果长期不实现留置权,留置财产的价值会受影响,对债务人不利。因此,为避免留置权人无限期地占有、控制留置财产而不行使留置权,有必要适当限制留置权人的权利。故本条规定,债务人可以请求留置权人在债务履行期限届满后行使留置权;留置权人不行使的,债务人可以请求人民法院拍卖、变卖留置财产。

根据本条规定,债务人首先有权请求留置权人行使留置权。法律赋予债务人此项权利,也是基于对债务人对留置财产享有所有权的保护。因为留置财产的所有权仍归属于债务人,如果留置权人一直不行使留置权，就会对债务人的所有权构成威胁。比如，甲因为乙公司未按时支付修理费，留置了乙公司所有的贵重设备。该设备的价值远远高于应支付的修理费。乙公司已陷入经营困难，无法支付修理费。乙公司所有的设备在市场上很畅销，如果甲不及时处置所留置的设备，可能造成该设备贬值，大大影响乙公司利用该设备变现的能力，从而导致乙公司的资金损失。当然，债务人请求留置权人行使留置权必须是在债务履行宽限期届满后。因为在债务履行宽限期届满前，留置权人尚无法判断债务人是否能够履行其债务。债务人请求留置权人行使留置权后，留置权人应当在合理期限内行使留置权，而不能仍迟迟不作为，损害债务人利益。

为了防止留置权人怠于行使留置权，本条进一步规定，留置权人不行使留置权的，债务人可以请求人民法院拍卖、变卖留置财产。因此，如果留置权人不及时行使留置权，债务人可以依法请求法院实现债权人的留置权，法院即可以依法拍卖或者变卖留置财产。

第四百五十五条　留置财产折价或者拍卖、变卖后，其价款超过债权数额的部分归债务人所有，不足部分由债务人清偿。

【释义】　本条是关于留置权实现的规定。

债权人留置债务人的动产，根本目的就是要实现自己的债权。根据物权编第453条的规定，债务人逾期未履行债务的，留置权人可以与债务人协议以留置财产折价，也可以就拍卖、变卖留置财产所得的价款优先受偿。根据物权编第454条的规定，债务人可以请求留置权人在债务履行期限届满后行使留置权；留置权人不行使的，债务人可以请求人民法院拍卖、变卖留置财产。因此，留置权人实现留置权的目的就是通过拍卖、变卖留置财产取得对价以冲抵自己的债权，或者以折价的方式换算出相应的金额,以实现自己的债权。但是留置财产毕竟是动产而非现金,留置财产的价值是变动的。在留置财产被折价或者拍卖、变卖后,可能出现三种情况:

第一,留置财产的价值与债权金额相等,即留置财产折价或者被拍卖、变卖所得的价款刚好满足留置权人的债权,留置权的债权完全得以实现,债务人的留置财产也因为折价或者拍卖、变卖而被处分,不存在剩余价款返还的问题。双方当事人的债权债务关系以及担保关系均告消灭。比如,甲委托乙运输货物,约定运费1000元,因甲未向乙支付应付的运费,乙即留置了部分货物。后甲一直未付运费,乙遂要求甲在70天内支付运费。70天后,甲仍不愿意支付运费,并且与乙协商,以所留置的货物折价1000元抵偿运费,乙表示同意。此时,甲无需再向乙支付运费了,双方的运输合同关系消灭,同时,由于乙行使了留置权,乙的留置权消灭,双方的留置法律关系亦终止。

第二,留置财产的价值高于债权金额,即留置财产折价或者被拍卖、变卖所得的价款超过了留置权人的债权数额,超过的部分应当归债务人所有。如果是留置权人处分留置财产,则留置权人在扣除自己应得部分后,应当将剩余部分返还给债务人,不得占为己有,否则就构成不当得利。如果是人民法院根据本法第454条的规定对留置财产进行拍卖、变卖,则人民法院在扣除留置权人的债权额后,应当将剩余部分及时返还给债务人。

第三,留置财产的价值低于债权金额,即留置财产折价或者被拍卖、变卖所得的价款不足以清偿留置权人的债权。由于留置财产不能完全满足留置权人的债权,所以留置权人与债务人之间的债权债务关系并不因留置权的实现而完全消灭,留置权人仍可以就留置财产不足以清偿的部分要求债务人偿还。只不过剩余债权就变成了无担保物权的普通债权,留置权人也成了普通债权人。留置权人可以普通债权人的身份要求债务人偿还剩余债务;债务人拒绝偿还的,其可以向人民法院起诉。

第四百五十六条　同一动产上已经设立抵押权或者质权，该动产又被留置的，留置权人优先受偿。

【释义】 本条是关于留置权与抵押权或者质权竞合时的顺位原则的规定。

留置权行使的对象为动产。因为动产可以移动，且根据我国法律的规定，动产的很多物权公示不以登记为要件，所以难免存在同一动产上设定了相互冲突的物权的情形。在同一动产上，可能同时存在不同性质的担保物权，在权利相互冲突时，需要法律明确不同权利之间的效力关系。比如，同一动产上已设立了抵押权或者质权，该动产又被留置的，应当如何处理留置权与抵押权或者质权的关系？根据本条规定，同一动产上已设立抵押权或者质权，该动产又被留置的，留置权人优先受偿。因此，同一动产上同时存在留置权与抵押权或者质权的，留置权的效力优先于抵押权或者质权。

这样规定，主要是基于以下考虑：首先，本条总结了我国的立法经验和司法实践经验。我国法律已明确规定，同一标的物上同时存在抵押权与留置权的，留置权优先于抵押权。例如我国海商法第 25 条中规定，船舶优先权先于船舶留置权受偿，船舶抵押权后于船舶留置权受偿。前款所称船舶留置权，是指造船人、修船人在合同另一方未履行合同时，可以留置所占有的船舶，以保证造船费用或者修船费用得以偿还的权利。人民法院的审判实践也承认了留置权优先于抵押权这一原则。《最高人民法院关于适用〈中华人民共和国担保法〉若干问题的解释》中规定，同一财产抵押权与留置权并存时，留置权人优先于抵押权人受偿。其次，从法理上讲，留置权属于法定担保物权，其直接依据法律规定而产生，而抵押权与质权均为约定担保物权。法定担保物权优先于约定担保物权为公认的物权法原则。最后，不少国家和地区的立法例也承认留置权效力优先于抵押权或者质权效力。例如，《美国统一商法典》规定，任何人在通常的业务过程中就设定担保物权的货物提供服务或者提供原材料,且成文法或者法律原则规定其可以就因该种服务或者原材料的提供所占有的货物享有留置权的,该留置权优先于已经发生的担保物权,除非法律另有规定。我国台湾地区“民法”也有类似规定,其中第 932 条之一规定,留置物存有所有权以外之物权者,该物权人不得以之对抗善意之留置权人。

可以从以下两个方面理解本条:

一是留置权的效力绝对优先。在同一动产上,无论留置权是产生于抵押权或者质权之前,还是产生于抵押权或者质权之后,留置权的效力都优先于抵押权或者质权。也就是说,留置权对抵押权或者质权的优先效力不受其产生时间的影响。

二是留置权对抵押权或者质权的优先效力不受留置权人在留置动产时是善意还是恶意的影响。理论上,有的观点认为,为了防止当事人利用留置权的优先效力,恶意在已设有抵押权的动产上行使留置权,妨碍或者排除动产上抵押权的行使,法律应当明确规定,同一动产上留置权产生于抵押权或者质权之后的,只有留置权人属于善意时,留置权效力才优先于已存在的抵押权或者质权。需要指出的是,这里的“善意”指留置权人对同一动产上已存在的抵押权或者质权不知情;与之相对应的“恶意”指留置权人对同一动产上已存在的抵押权或者质权知情,而并非恶意串通的意思。留置权产生的基础是公平原则,在适用留置权规则的许多情况下,留置权人一般都使被留置动产的价值得到保全,且留置权人的债权的价值往往远小于被留置动产的价值。在这种情况下,仅以留置权人知道或者应当知道该动产上存在抵押权或者质权就否定留置权的优先效力,对留置权人是不公平的。实践中,留置权人留置某一动产时往往知道该动产上存在抵押权或者质权。例如,某一汽车所有人将该汽车送到某一修理厂修理,修理厂可能对该汽车上存在抵押权是知情的,但这并不妨碍修理厂在汽车所有人不支付修理费的情况下留置该汽车且以该留置权对抗存在在先的抵押权或者质权。基于以上考虑,本条并没有强调留置权优先于抵押权或者质权的效力以留置权人的善意为前提。当然,如果留置权人与债务人恶意串通成立留置权,其目的就是排除在动产上的抵押权或者质权,那么这已经超出了"恶意和善意"的范畴,属于严重违反诚实信用原则的恶意串通行为。在这种情况下,不但该留置权不能优先于抵押权或者质权,而且该留置权应当被视为不存在。

第四百五十七条　留置权人对留置财产丧失占有或者留置权人接受债务人另行提供担保的,留置权消灭。

【释义】 本条是关于留置权消灭原因的规定。

留置权作为一种物权,其消灭的原因是多样的。留置权可因物权消灭的共同原因而消灭,如因留置标的物的灭失、被征收等原因而消灭;也可因担保物权消灭的共同原因而消灭,如因被担保债权的消灭、留置权的行使以及留置权被抛弃等原因而消灭。

留置权行使的前提是债权人合法占有了债务人的财产,如果留置权人因某种原因丧失了这种占有,留置权是否还存在呢?同时,留置权作为法定的担保物权,当事人是否可以自己的意思表示使其消灭呢?这些问题都涉及留置权的特殊消灭事由。本条规定,留置权人对留置财产丧失占有或者留置权人接受债务人另行提供担保的,留置权消灭。

(一)留置权因留置权人对留置财产丧失占有而消灭

留置权人对留置财产丧失占有的,留置权消灭。首先,这一规定符合法理。因为留置权产生的前提条件是债权人对债务人财产的合法占有。留置权人的这种占有应当为持续不间断的占有,如果留置权人对留置财产不再控制、丧失占有,则留置权人不宜再享有此权利。其次,这一规定符合我国的立法经验和司法实践。我国海商法第25条第2款中规定,船舶留置权在造船人、修船人不再占有所造或者所修的船舶时消灭。我国的司法实践也承认,留置权人对留置财产丧失占有时,留置权消灭。例如,根据《最高人民法院关于适用〈中华人民共和国担保法〉若干问题的解释》第 114 条和第 87 条的规定,留置权人将留置物返还给债务人后,以其留置权对抗第三人的,人民法院不予支持。最后,这一规定也与不少境外立法例相似。如《日本民法典》第 302 条规定,留置权因丧失对留置物的占有而消灭。但依照第 298 条第 2 项的规定已经将留置物出租或者作为质押的标的时,不在此限。我国台湾地区"民法"第 937 条第 2 款规定,第 897 条至第 899 条之规定,于留置权准用之。其中第 898 条规定,质权人丧失其质物之占有,于 2 年内未请求返还者,其动产质权消灭。

理解此规定,需要注意的是,若留置权人非依自己的意愿暂时丧失对留置财产占有,则留置权消灭;但这种消灭并不是终局性的消灭,留置权人可以依占有的返还原物之诉要求非法占有人返还留置物而重新获得留置权。比如,甲留置了乙的财产,但丙非法占有了留置财产。根据占有保护的规定,甲有返回占有的权利,此时甲并不丧失留置权。

(二)留置权因留置权人接受债务人另行提供担保而消灭

留置权作为一种法定担保物权,其功能主要是通过留置权人留置、合法占有债务人的动产,促使债务人尽快偿还债务。如果债务人为清偿债务另行提供了相当的担保,该担保就构成了留置权的替代,债权人的债权受偿得到了充分的保障,原留置财产上的留置权理应消灭。而且,在债务人提供相当担保的情况下,如果留置财产上的留置权仍然存在,就对债务人的利益限制过多,妨碍了债务人对留置财产的利用,不符合诚实信用原则和公平原则。因此,本条同时规定,留置权人接受债务人另行提供担保的,留置权消灭。许多国家和地区也有类似规定。如《日本民法典》第 301 条规定,债务人可以通过提供相当的担保而请求留置权消灭。我国台湾地区"民法"第 937 条第 1 款规定,债务人或留置物所有人为债务之清偿,已提出相当之担保者,债权人之留置权消灭。

根据本条的规定,债务人另行提供担保导致留置权消灭的,应当满足以下两个条件:一是债务人另行提供的担保应当被债权人接受;债权人不接受新担保的,留置权不消灭。二是债务人另行提供的担保所能担保的债权应当与债权人的债权额相当。由于留置权是以先行占有的与债权有同一法律关系的动产为标的物,留置物的价值有可能高于被担保的债权额,但债务人另行提供的担保所能担保的债权不以留置物的价值为标准,一般应与被担保的债权额相当。当然在双方当事人协商一致的情况下,债务人另行提供的担保所能担保的债权也可以低于或者高于债权人的债权额。

第五分编　占　　有

第二十章　占　　有

本章共5条,主要规定了占有的调整范围、无权占有情形下的损害赔偿责任、原物及孳息的返还以及占有保护等。占有,指对不动产或者动产事实上的控制与支配。它分为有权的占有和无权的占有:前者指在占有人与占有返还请求人之间有寄托、租赁或其他正当法律关系时占有人对不动产或者动产的占有;后者指在占有人对不动产或者动产的占有无正当的法律关系或者原法律关系被撤销或无效时占有人对不动产或者动产的占有。无权占有又分善意占有和恶意占有,其法律责任及法律后果存在差别。本章的最后对占有的保护作了规定,使得在占有物被侵夺时,占有人可以采取请求返还原物、排除妨害、消除危险或者损害赔偿等方式保护自己的占有。

第四百五十八条　基于合同关系等产生的占有,有关不动产或者动产的使用、收益、违约责任等,按照合同约定;合同没有约定或者约定不明确的,依照有关法律规定。

【释义】 本条是关于有权占有法律适用的规定。

占有是对物的一种事实上的控制与支配。根据占有是否具法律上的原因,可以将占有分为有权占有和无权占有。有权占有,主要指基于合同等债的关系而产生的占有,如根据运输或者保管合同,承运人或者保管人对托运或者寄存的货物发生的占有。无权占有,主要发生在占有人对不动产或者动产的占有无正当法律关系,或者原法律关系被撤销或无效时,包括占有人将他人之物误认为己有或者借用他人之物到期不还等。

两种占有发生的原因虽然各不相同,但法律后果的处理不外乎以下两类情形:

第一,占有过程中,被占有的不动产或者动产的使用、收益以及损害赔偿责任该如何确定。对此,因有权占有和无权占有的区别而存在差别。对于因合同等债的关系而产生的占有,本条明确规定,有关被占有的不动产或者动产的使用、收益、违约责任等,按照合同约定;合同没有约定或者约定不明确的,依照合同法等有关法律的规定。比如,甲承租乙的商业房产用于经营,交付后,甲即有权占有乙所有的房产。对于甲在经营过程中,如何使用此房产、如何获得收益,由双方当事人通过租赁合同约定即可。如果当事人没有约定,则可以根据法律规定确定。如本法第720条规定,在租赁期限内因占有、使用租赁物获得的收益,归承租人所有,但是当事人另有约定的除外。关于无权占有情形下,有关不动产或者动产的使用、收益及损害赔偿责任等,本法第459~461条作了具体规定,无权占有是本编的重点。

第二,被占有的不动产或者动产被侵夺的,该如何处理。对此,不因有权占有和无权占有的区别而有不同,它们都可适用本编第462条第1款的规定,即占有的不动产或者动产被侵占的,占有人有权请求返还原物;对妨害占有的行为,占有人有权请求排除妨害或者消除危险;因侵占或者妨害造成损害的,占有人有权依法请求损害赔偿。

第四百五十九条　占有人因使用占有的不动产或者动产，致使该不动产或者动产受到损害的，恶意占有人应当承担赔偿责任。

【释义】　本条是关于无权占有不动产或者动产致其损害，恶意占有人应当承担赔偿责任的规定。

占有人占有动产或者不动产，在使用过程中可能会发生损耗或者损害，这种风险需要在当事人之间合理分配。

（一）有权占有时的责任分担

在有权占有的情况下，如基于租赁或者借用等正当法律关系而占有他人的不动产或者动产，当事人双方多会对因使用而导致不动产或者动产损害的责任作出约定。大多数情况下，因正常使用而导致的不动产或者动产损耗、折旧等，由所有权人负担，因为有权占有人所支付的对价就是对不动产或者动产因正常使用而发生的损耗的补偿。例如，甲公司将其小轿车出租给乙公司使用，乙公司每月支付给甲公司5000元使用费，半年后该车必然会因使用而发生损耗、折旧。此时，一般情况下甲公司不能向乙公司要求额外的损害赔偿，因为乙公司每月所支付的租用费即是对轿车使用价值的补偿。当然，如果乙公司采取破坏性方式使用该车，致使该车提前报废，且双方对此有事前约定，那么应按其约定处理。

实践中，在有权占有情况下，被占有的不动产或者动产因使用而产生损害，其责任确定和解决方法并不棘手。按照一般的惯例，所有权人如果要把自己的不动产或者动产租给他人使用，会先收取一定的押金，作为不动产或者动产被他人损坏后的担保。此外，相关的法律也会对特定情形下占有物损害的责任作出规定。例如，本法合同编第784条规定，承揽人应妥善保管定作人提供的材料以及完成的工作成果，因保管不善造成毁损、灭失的，应当承担赔偿责任。又如，本法合同编第832条规定，承运人对运输过程中货物的毁损、灭失承担赔偿责任。但是，承运人证明货物的毁损、灭失是因不可抗力、货物本身的自然性质或者合理损耗以及托运人、收货人的过错造成的,不承担赔偿责任。

(二)无权占有时的责任承担

关于无权占有时无权占有人需要承担何种责任,需要根据无权占有的具体情况判断。根据占有人的主观状态,无权占有可以分为善意占有和恶意占有。所谓善意占有,就是占有人在主观上认为自己有权占有标的物。所谓恶意占有,指占有人明知或者因重大过失不知自己为无权占有而仍然进行的占有。

善意占有人使用占有物致使物遭受损害的,各个国家和地区一般都规定无需承担责任。如《瑞士民法典》第938条规定,物的善意占有人,依其被推定的权利得使用并收益该物的,对权利人无损害赔偿的责任。前款情形,物消灭或受损害的,占有人无需赔偿。《日本民法典》第189条第1款规定,善意占有人取得由占有物产生的孳息。我国台湾地区"民法"第952条规定,善意占有人于推定其为适法所有之权利范围内,得为占有物之使用、收益。这些国家和地区之所以规定善意占有人不担责任,其逻辑就是,法律对于占有赋予了几种法律效力,就是权利的推定效力,占有人于占有物上行使的权利,推定其适法有此权利,而善意占有人在使用占有物时即被法律推定为物的权利人,具有占有、使用的权利。因此,对于使用被占有的物而导致的物的损害,善意占有人不应负赔偿责任。

对于恶意占有则不同,各国立法一般都明确规定,恶意占有人应当承担赔偿责任。物权法和本条都作了相同规定,即占有人因使用占有的不动产或者动产,致使该不动产或者动产受到损害的,恶意占有人应当承担赔偿责任。

第四百六十条　不动产或者动产被占有人占有的,权利人可以请求返还原物及其孳息;但是,应当支付善意占有人因维护该不动产或者动产支出的必要费用。

【释义】 本条是关于无权占有人应向权利人返还原物及其孳息并且善意占有人享有必要费用返还请求权的规定。

(一)权利人有权请求返还原物及其孳息

本条规定,不动产或者动产被占有人占有的,权利人可以请求返还原物及其孳息。根据此规定,首先,不论被侵占的标的物是动产还是不动产,权利人都有权请求返还。其次,有返还请求权的人是权利人。这里的权利人既可以是所有权人,也可以是依法对标的物享有占有使用权的人。比如,抵押权人占有抵押物,后被他人非法侵占,此时,抵押权人有权要求其返还。再次,无论善意占有人还是恶意占有人,都有义务返还。最后,应当返还的既包括原物,也包括孳息。

关于请求占有人返还的标的物除原物之外,是否应当包括孳息。对于恶意占有人,理应包括孳息。而对于善意占有人而言,是否应包括孳息,各个国家和地区的规定有所不同。有的国家立法认为,善意占有人原则上不负担从原物上获得的收益的返还义务和赔偿义务。如根据《德国民法典》第 987 条、第 993 条的规定,善意占有人既不负有返还收益的义务,也不负有损害赔偿的义务。有的国家和地区则规定,善意占有人无需返还从占有物上获得的孳息,但是如果善意占有人保留孳息,则不得向权利人请求返还其为维护该动产或者不动产而支出的必要费用。如我国台湾地区“民法”第 954 条规定,善意占有人因保存占有物所支出之必要费用,得向回复请求人请求偿还。但已就占有物取得孳息者,不得请求偿还通常必要费用。《日本民法典》第 189 条第 1 款规定,善意占有人取得由占有物所生的孳息。该法第 196 条第 1 款规定,占有人在返还占有物时,可以让回复人偿还为保存其物所支出的金额及其他必要费用。但占有人已取得孳息时,其一般所需费用归占有人负担。

考虑到,既然善意占有人被法律推定为适法享有权利的人,善意占有人对占有物的使用及收益得到法律的承认,那么对于占有物的收益,善意占有人有权保留。同时考虑到,境外关于善意占有可以保留孳息的规定,是同必要费用返还请求权相关的。如果保留孳息,则善意占有人不得向权利人请求返还其为维护该动产或者不动产而支出的必要费用。因此,本条明确规定,权利人可以请求返还原物及其孳息,但应当支付善意占有人因维护该不动产或者动产支出的必要费用。

(二)善意占有人的费用返还请求权

根据本条规定,占有人返还原物及其孳息之后,善意占有人对其因维护该不动产或者动产而支出的必要费用,有权请求权利人支付。首先,有权请求权利人支付费用的仅限于善意占有人,如果占有人为恶意,则不能要求权利人支付任何费用。其次,返还的费用限于因维护该不动产或者动产所支出的费用。所谓维护,就是确保该标的物处于良好的状态或者正常使用状态。如占有的房屋漏水了,请维修工人予以加固防漏,因此支付的修理费。最后,有权要求支付的费用应是必要的,此等费用的金额应该是合理的,而不能明显超出正常水平。如甲合法占有了乙的机动车,因该机动车部分零件损耗,需要更换方能正常使用。甲遂委托汽车修理厂维修,并指示修理厂作全面检修,更换了很多本来属于正常的零部件,支付了大量修理费。根据本条规定,甲只能要求乙支付必要的费用,即维护该车正常运行所必要的维修费用。

第四百六十一条　占有的不动产或者动产毁损、灭失,该不动产或者动产的权利人请求赔偿的,占有人应当将因毁损、灭失取得的保险金、赔偿金或者补偿金等返还给权利人;权利人的损害未得到足够弥补的,恶意占有人还应当赔偿损失。

【释义】　本条是关于被占有的不动产或者动产毁损、灭失时占有人的责任的规定。

当占有的不动产或者动产毁损、灭失时,如果占有人和占有返还请求权人之间,有寄托、租赁等关系或者其他正当的法律关系(有权占有的情形),则占有人就被占有的不动产或者动产所负的责任等,均各依其基础法律关系解决;但如果不具备寄托、租赁等正当法律关系或者虽外形上有此类关系但实为无效或者被撤销,则占有人同占有返还请求权人间的责任义务如何确定,不免发生问题。虽然关于这一情形,可以适用有关侵权行为或者不当得利的规定,但仅此不足以充分解决问题。所以本条规定此种情形下,占有人应当将因毁损、灭失取得的保险金、赔偿金或者补偿金等返还给权利人;权利人的损害未得到足够弥补的,恶意占有人还应当赔偿损失。

各个国家和地区对此也有类似规定,如《日本民法典》第 191 条规定,占有物因归责于占有的事由而灭失或者毁损时,对回复者,恶意占有人负赔偿其全部损害的义务;善意占有人以其灭失或者毁损后尚存的实际利益为限,负赔偿义务。但没有所有意思的占有人,即使其为善意,亦必须赔偿全部损害。我国台湾地区"民法"第 953 条规定,善意占有人就占有物之灭失或毁损,如系因可归责于自己之事由所致者,对于回复请求人仅以灭失或毁损所受之利益为限,负赔偿之责。第 956 条规定,恶意占有人或无所有意思之占有人,就占有物之灭失或毁损,如系因可归责于自己之事由所致者,对于回复请求人,负赔偿之责。

可以从以下三个方面理解本条规定:

(一)毁损、灭失的含义

毁损的含义易于理解,它使得被占有的不动产或者动产的使用价值或者交换价值降低。而所谓灭失,指被占有的不动产或者动产对于占有人来说,不复存在;这包括物的实体消灭和丧失下落,或者被第三人善意取得而不能返还。例如,甲的自行车被乙借用到期不还,乙在自行车链条掉脱的情形下仍执意骑行导致自行车链条断裂,即为毁损行为;如乙因疏忽大意将自行车停放于河滩处且未采取任何固定措施,致使河滩涨水将自行车冲向下游无法找回,或者乙疏忽大意、疏于保管,致使自行车被盗无法找寻等,都称为灭失。

（二）善意占有人对占有物毁损、灭失的责任

善意占有人在占有物上所行使的权利，被推定为其合法享有，其对被占有物的使用被规定为占有人的权利。但该物毕竟在法律上不属于占有人所有，如果造成占有物毁损、灭失，则占有人应当对物的真正权利人承担赔偿责任。但法律还应当考虑减轻善意占有人的责任，以贯彻法律对善意占有人的保护。因此，在确定善意占有人的责任时，应当依照不当得利的返还原则，规定善意占有人只有因物的毁损、灭失而获得利益时，才对物的权利人承担赔偿责任；如果未获得利益，则不必赔偿。所谓因物的毁损、灭失而获得利益，指占有人所受积极利益，如当物的毁损灭失由第三人造成时，占有人取得的赔偿金或者替代物；而消极利益，即占有人因物的毁损、灭失而减少支出的费用，则不在此列。例如，甲误将乙家的小羊认为己有，而村人丙打猎误射小羊，事后丙赔偿甲 500 元或者 1 只牛犊，乙可以依据本条向甲要求返还丙所赔付的 500 元或者牛犊；但如果丙未对甲进行赔偿，乙不能以小羊已亡甲节省了每日饲养费用为由，要求甲返还所省费用。

（三）恶意占有人对占有物毁损、灭失的责任

恶意占有是占有人明知或者因重大过失不知自己为无权占有而仍然进行的占有。是否为恶意占有，依占有人取得占有时的具体情况而进行判断。取得时为善意，而后得知自己为无权占有的，自其知道之时起，变为恶意占有人。恶意占有人明知自己无权而仍然占有他人之物，其占有不仅缺乏法律上的正当根据，道德上也乏善可陈，因此各国立法均对恶意占有人苛以较重的责任。

恶意占有人通常系由侵权行为取得占有，因此在决定恶意占有人责任时，应参考侵权损害赔偿的原则，损失多少赔多少，除去占有物的价值外，还包括物的权利人所失的利益。此外，占有物的价值，以物的实际价值为准；恶意占有人取得占有时的价值与物的权利人请求返还时的价值不同的，以较高的价值为准。

还需要说明的是，权利人（回复请求权人）因被占有物的毁

损、灭失所受的损害,因权利种类的不同而有差别。当权利人为所有权人时,赔偿范围应为物的价额;当权利人为运送人、质权人或者租赁人时,对于占有物仅有限定的利益,其赔偿应以其限定的利益为限。例如因占有物的灭失而不能回复所生之损害,质权人只能请求赔偿质权的价额,运送人只能请求赔偿与其运费相当的金额,剩余之额应为所有权人保留。

第四百六十二条　占有的不动产或者动产被侵占的,占有人有权请求返还原物;对妨害占有的行为,占有人有权请求排除妨害或者消除危险;因侵占或者妨害造成损害的,占有人有权依法请求损害赔偿。

占有人返还原物的请求权,自侵占发生之日起一年内未行使的,该请求权消灭。

【释义】　本条是关于占有保护请求权的规定。

占有人对于他方侵占或者妨害自己占有的行为,可以行使法律赋予的占有保护请求权,如返还原物、排除妨害或者消除危险。占有保护的理由在于,已经成立的事实状态,不应受私力而为的扰乱,而只能通过合法的方式排除,这是一般公共利益的要求。例如,甲借用乙的自行车,到期不还构成无权占有,乙即使作为自行车的物主也不可采取暴力抢夺的方式令甲归还原物;而对于其他第三方的侵夺占有或者妨害占有的行为等,甲当然可以依据本条的规定主张对占有的保护。因此可以看出,占有人无论是有权占有还是无权占有,其占有受他人侵害,即可行使法律赋予的占有保护请求权;而侵害人只要实施了本条所禁止的侵害行为,即应承担相应的责任,法律不问其是否具有过失,也不问其对被占有的不动产或者动产是否享有权利。

(一)占有保护请求权的种类

占有保护请求权以排除对占有的侵害为目的,因而属于一种物权的请求权。根据占有受侵害的不同情形,分别发生占有物返还请求权、占有妨害排除请求权和占有危险消除请求权。

1. 占有物返还请求权

占有物返还请求权发生于占有物被侵夺的情形。此种侵夺占有而构成的侵占,是指非基于占有人的意思,采取违法的行为使其丧失对物的控制与支配。需要注意的是,非因他人的侵夺而丧失占有的,如因受欺诈或者胁迫而交付的,不享有占有物返还请求权。此种情形下,原占有人要回复占有,必须依法律行为的规定,主张撤销已经成立的法律关系等去解决。此外,还需说明一点,即本条所规定占有物返还请求权的要件之一为侵占人的行为必须是造成占有人丧失占有的直接原因,否则不发生依据本条规定而产生的占有物返还请求权。例如,遗失物之拾得人,虽然拾得人未将遗失物交送有关机关而据为己有,但此种侵占非本条所规定的情形。拾得人将遗失物据为己有的行为,并非失主丧失占有的直接原因(失主最初丧失对物的占有,可能是由于疏忽大意遗忘物品等),因此失主对于拾得人不得依占有物返还请求权提起诉讼,而应依其所有权人的地位提请行使返还原物请求权。

2. 排除妨害请求权

占有被他人妨害时,占有人得请求妨害人除去妨害。妨害除去请求权的相对人,为妨害占有的人。数人相继为妨害的,以现为妨害的人为请求权的相对人;继续妨害的,占有人可请求相对人停止妨害;一次妨害的,占有人可请求相对人除去妨害。排除妨害的费用应由妨害人负担。占有人自行除去妨害的,其费用可依无因管理的规定向相对人请求偿还。

3. 消除危险请求权

消除危险请求权中的危险,应为具体的事实的危险;对于一般抽象的危险,法律不加以保护。具体的事实的危险,指其所用的方法,使外界感知到对占有的妨害。例如,违反建筑规则建设高危建筑、接近邻地开掘地窖等,而产生对邻地的危险。需要说明的是:首先,危险消除请求权中的危险,必须持续存在;请求权行使之时危险已经消失的,不得请求防止。其次,必须有客观的产生危险的事实;被请求人有无故意或者过失,法律在所不问。

占有虽非一种权利,但也属法律所保护的一种财产利益,不受他人非法的任意侵害。侵害占有的,应负侵权的损害赔偿责任。侵害占有可能发生的损害主要有:(1)使用、收益的损害,即占有人不能使用、收益占有物而生的损害;(2)支出费用的损害,即占有人对占有物支出费用,本可向物的权利人请求偿还,却因该物被侵夺而毁损灭失以致不能求偿;(3)责任损害,即占有人因占有物被第三人侵夺而发生毁损灭失后,从而产生对物的权利人的损害赔偿责任。

(二)占有人返还原物请求权的行使期间

本条最后规定了占有保护请求权中的返还原物请求权,自侵占发生之日起1年内未行使的,该请求权消灭。这里需要说明两个问题。

首先,占有保护请求权中的排除妨害请求权和消除危险请求权,原则上同妨害或者危险的持续状态紧密相连。如果妨害已经消失或者危险已经不存在,自然没有排除妨害或者消除危险请求权提请的必要;如果此种妨害或者危险造成了实际的损害,占有人当然可以提起损害赔偿请求权,而此项损害赔偿请求权应当受2年普通诉讼时效的限制;如果妨害或者危险持续发生,那么此项排除妨害或者消除危险的请求权自然不受时效限制。

其次,占有人返还原物请求权可因一定期间内不行使而消灭。各个国家和地区的规定如德国、瑞士、日本民法及我国台湾地区"民法",大多将此项期间规定为1年。例如,我国台湾地区"民法"第962条规定,占有人,其占有被侵夺者,得请求返还其占有物。占有被妨害者,得请求除去其妨害。占有有被妨害之虞者,得请求防止其妨害。第963条规定,前条请求权,自侵夺或妨害占有或危险发生后,1年间不行使而消灭。又如,《日本民法典》第201条规定,占有保持之诉,须在妨害存在期间或者妨害终止之后1年以内提起。但因工程对占有物发生的损害,不能在其工程开工后经过 1 年或者其工程竣工时提起。占有保全之诉,可以在妨害危险存在期间提起。此时,如果工程对占有物有损害之虞,准用前项但书的规定。占有回复之诉,须在被侵夺时起,1 年以内提起。该期间有的国家或地区明定为消灭时效,有的规定为除斥期间。但是从占有保护制度的设立目的和实际功能上讲,此项期间设为除斥期间更妥。其理由在于消灭时效可因事实而中断或者中止,而且它从受侵害人知道或者应当知道受侵害之时开始起算,如果按照消灭时效来规定,此项期间可能远比 1 年要长,那么将使权利处于长期不稳定的状态。并且通常情况下,占有物返还请求权因除斥期间经过而未行使的,占有人如果对物享有其他实体权利(如所有权),自然可以依照其实体权利提出返还请求,因此也没有必要在本条中规定更长的期间进行保护。

附　　录

中华人民共和国民法典（节录）

（2020年5月28日第十三届全国人民代表大会第三次会议通过　2020年5月28日中华人民共和国主席令第四十五号公布　自2021年1月1日起施行）

目　　录

第二编　物　　权

第一分编　通　　则

第一章　一般规定

第二百零五条　本编调整因物的归属和利用产生的民事关系。

第二百零六条　国家坚持和完善公有制为主体、多种所有制经济共同发展，按劳分配为主体、多种分配方式并存，社会主义市场经济体制等社会主义基本经济制度。

国家巩固和发展公有制经济，鼓励、支持和引导非公有制经济的发展。

国家实行社会主义市场经济，保障一切市场主体的平等法律地位和发展权利。

第二百零七条 国家、集体、私人的物权和其他权利人的物权受法律平等保护,任何组织或者个人不得侵犯。

第二百零八条 不动产物权的设立、变更、转让和消灭,应当依照法律规定登记。动产物权的设立和转让,应当依照法律规定交付。

第二章 物权的设立、变更、转让和消灭

第一节 不动产登记

第二百零九条 不动产物权的设立、变更、转让和消灭,经依法登记,发生效力;未经登记,不发生效力,但是法律另有规定的除外。

依法属于国家所有的自然资源,所有权可以不登记。

第二百一十条 不动产登记,由不动产所在地的登记机构办理。

国家对不动产实行统一登记制度。统一登记的范围、登记机构和登记办法,由法律、行政法规规定。

第二百一十一条 当事人申请登记,应当根据不同登记事项提供权属证明和不动产界址、面积等必要材料。

第二百一十二条 登记机构应当履行下列职责:

(一)查验申请人提供的权属证明和其他必要材料;

(二)就有关登记事项询问申请人;

(三)如实、及时登记有关事项;

(四)法律、行政法规规定的其他职责。

申请登记的不动产的有关情况需要进一步证明的,登记机构可以要求申请人补充材料,必要时可以实地查看。

第二百一十三条 登记机构不得有下列行为:

(一)要求对不动产进行评估;

(二)以年检等名义进行重复登记;

（三）超出登记职责范围的其他行为。

第二百一十四条　不动产物权的设立、变更、转让和消灭，依照法律规定应当登记的，自记载于不动产登记簿时发生效力。

第二百一十五条　当事人之间订立有关设立、变更、转让和消灭不动产物权的合同，除法律另有规定或者当事人另有约定外，自合同成立时生效；未办理物权登记的，不影响合同效力。

第二百一十六条　不动产登记簿是物权归属和内容的根据。

不动产登记簿由登记机构管理。

第二百一十七条　不动产权属证书是权利人享有该不动产物权的证明。不动产权属证书记载的事项，应当与不动产登记簿一致；记载不一致的，除有证据证明不动产登记簿确有错误外，以不动产登记簿为准。

第二百一十八条　权利人、利害关系人可以申请查询、复制不动产登记资料，登记机构应当提供。

第二百一十九条　利害关系人不得公开、非法使用权利人的不动产登记资料。

第二百二十条　权利人、利害关系人认为不动产登记簿记载的事项错误的，可以申请更正登记。不动产登记簿记载的权利人书面同意更正或者有证据证明登记确有错误的，登记机构应当予以更正。

不动产登记簿记载的权利人不同意更正的，利害关系人可以申请异议登记。登记机构予以异议登记，申请人自异议登记之日起十五日内不提起诉讼的，异议登记失效。异议登记不当，造成权利人损害的，权利人可以向申请人请求损害赔偿。

第二百二十一条　当事人签订买卖房屋的协议或者签订其他不动产物权的协议，为保障将来实现物权，按照约定可以向登记机构申请预告登记。预告登记后，未经预告登记的权利人同意，处分该不动产的，不发生物权效力。

预告登记后，债权消灭或者自能够进行不动产登记之日起九十日内未申请登记的，预告登记失效。

第二百二十二条 当事人提供虚假材料申请登记,造成他人损害的,应当承担赔偿责任。

因登记错误,造成他人损害的,登记机构应当承担赔偿责任。登记机构赔偿后,可以向造成登记错误的人追偿。

第二百二十三条 不动产登记费按件收取,不得按照不动产的面积、体积或者价款的比例收取。

第二节 动产交付

第二百二十四条 动产物权的设立和转让,自交付时发生效力,但是法律另有规定的除外。

第二百二十五条 船舶、航空器和机动车等的物权的设立、变更、转让和消灭,未经登记,不得对抗善意第三人。

第二百二十六条 动产物权设立和转让前,权利人已经占有该动产的,物权自民事法律行为生效时发生效力。

第二百二十七条 动产物权设立和转让前,第三人占有该动产的,负有交付义务的人可以通过转让请求第三人返还原物的权利代替交付。

第二百二十八条 动产物权转让时,当事人又约定由出让人继续占有该动产的,物权自该约定生效时发生效力。

第三节 其他规定

第二百二十九条 因人民法院、仲裁机构的法律文书或者人民政府的征收决定等,导致物权设立、变更、转让或者消灭的,自法律文书或者征收决定等生效时发生效力。

第二百三十条 因继承取得物权的,自继承开始时发生效力。

第二百三十一条 因合法建造、拆除房屋等事实行为设立或者消灭物权的,自事实行为成就时发生效力。

第二百三十二条 处分依照本节规定享有的不动产物权,依照法律规定需要办理登记的,未经登记,不发生物权效力。

第三章　物权的保护

第二百三十三条　物权受到侵害的，权利人可以通过和解、调解、仲裁、诉讼等途径解决。

第二百三十四条　因物权的归属、内容发生争议的，利害关系人可以请求确认权利。

第二百三十五条　无权占有不动产或者动产的，权利人可以请求返还原物。

第二百三十六条　妨害物权或者可能妨害物权的，权利人可以请求排除妨害或者消除危险。

第二百三十七条　造成不动产或者动产毁损的，权利人可以依法请求修理、重作、更换或者恢复原状。

第二百三十八条　侵害物权，造成权利人损害的，权利人可以依法请求损害赔偿，也可以依法请求承担其他民事责任。

第二百三十九条　本章规定的物权保护方式，可以单独适用，也可以根据权利被侵害的情形合并适用。

第二分编　所　有　权

第四章　一 般 规 定

第二百四十条　所有权人对自己的不动产或者动产，依法享有占有、使用、收益和处分的权利。

第二百四十一条　所有权人有权在自己的不动产或者动产上设立用益物权和担保物权。用益物权人、担保物权人行使权利，不得损害所有权人的权益。

第二百四十二条　法律规定专属于国家所有的不动产和动产，任何组织或者个人不能取得所有权。

第二百四十三条　为了公共利益的需要，依照法律规定的权限和程序可以征收集体所有的土地和组织、个人的房屋以及其他不动产。

征收集体所有的土地,应当依法及时足额支付土地补偿费、安置补助费以及农村村民住宅、其他地上附着物和青苗等的补偿费用,并安排被征地农民的社会保障费用,保障被征地农民的生活,维护被征地农民的合法权益。

征收组织、个人的房屋以及其他不动产,应当依法给予征收补偿,维护被征收人的合法权益;征收个人住宅的,还应当保障被征收人的居住条件。

任何组织或者个人不得贪污、挪用、私分、截留、拖欠征收补偿费等费用。

第二百四十四条 国家对耕地实行特殊保护,严格限制农用地转为建设用地,控制建设用地总量。不得违反法律规定的权限和程序征收集体所有的土地。

第二百四十五条 因抢险救灾、疫情防控等紧急需要,依照法律规定的权限和程序可以征用组织、个人的不动产或者动产。被征用的不动产或者动产使用后,应当返还被征用人。组织、个人的不动产或者动产被征用或者征用后毁损、灭失的,应当给予补偿。

第五章 国家所有权和集体所有权、私人所有权

第二百四十六条 法律规定属于国家所有的财产,属于国家所有即全民所有。

国有财产由国务院代表国家行使所有权。法律另有规定的,依照其规定。

第二百四十七条 矿藏、水流、海域属于国家所有。

第二百四十八条 无居民海岛属于国家所有,国务院代表国家行使无居民海岛所有权。

第二百四十九条 城市的土地,属于国家所有。法律规定属于国家所有的农村和城市郊区的土地,属于国家所有。

第二百五十条 森林、山岭、草原、荒地、滩涂等自然资源,属于国家所有,但是法律规定属于集体所有的除外。

第二百五十一条　法律规定属于国家所有的野生动植物资源,属于国家所有。

第二百五十二条　无线电频谱资源属于国家所有。

第二百五十三条　法律规定属于国家所有的文物,属于国家所有。

第二百五十四条　国防资产属于国家所有。

铁路、公路、电力设施、电信设施和油气管道等基础设施,依照法律规定为国家所有的,属于国家所有。

第二百五十五条　国家机关对其直接支配的不动产和动产,享有占有、使用以及依照法律和国务院的有关规定处分的权利。

第二百五十六条　国家举办的事业单位对其直接支配的不动产和动产,享有占有、使用以及依照法律和国务院的有关规定收益、处分的权利。

第二百五十七条　国家出资的企业,由国务院、地方人民政府依照法律、行政法规规定分别代表国家履行出资人职责,享有出资人权益。

第二百五十八条　国家所有的财产受法律保护,禁止任何组织或者个人侵占、哄抢、私分、截留、破坏。

第二百五十九条　履行国有财产管理、监督职责的机构及其工作人员,应当依法加强对国有财产的管理、监督,促进国有财产保值增值,防止国有财产损失;滥用职权,玩忽职守,造成国有财产损失的,应当依法承担法律责任。

违反国有财产管理规定,在企业改制、合并分立、关联交易等过程中,低价转让、合谋私分、擅自担保或者以其他方式造成国有财产损失的,应当依法承担法律责任。

第二百六十条　集体所有的不动产和动产包括:

(一)法律规定属于集体所有的土地和森林、山岭、草原、荒地、滩涂;

(二)集体所有的建筑物、生产设施、农田水利设施;

(三)集体所有的教育、科学、文化、卫生、体育等设施;

（四）集体所有的其他不动产和动产。

第二百六十一条　农民集体所有的不动产和动产，属于本集体成员集体所有。

下列事项应当依照法定程序经本集体成员决定：

（一）土地承包方案以及将土地发包给本集体以外的组织或者个人承包；

（二）个别土地承包经营权人之间承包地的调整；

（三）土地补偿费等费用的使用、分配办法；

（四）集体出资的企业的所有权变动等事项；

（五）法律规定的其他事项。

第二百六十二条　对于集体所有的土地和森林、山岭、草原、荒地、滩涂等，依照下列规定行使所有权：

（一）属于村农民集体所有的，由村集体经济组织或者村民委员会依法代表集体行使所有权；

（二）分别属于村内两个以上农民集体所有的，由村内各该集体经济组织或者村民小组依法代表集体行使所有权；

（三）属于乡镇农民集体所有的，由乡镇集体经济组织代表集体行使所有权。

第二百六十三条　城镇集体所有的不动产和动产，依照法律、行政法规的规定由本集体享有占有、使用、收益和处分的权利。

第二百六十四条　农村集体经济组织或者村民委员会、村民小组应当依照法律、行政法规以及章程、村规民约向本集体成员公布集体财产的状况。集体成员有权查阅、复制相关资料。

第二百六十五条　集体所有的财产受法律保护，禁止任何组织或者个人侵占、哄抢、私分、破坏。

农村集体经济组织、村民委员会或者其负责人作出的决定侵害集体成员合法权益的，受侵害的集体成员可以请求人民法院予以撤销。

第二百六十六条　私人对其合法的收入、房屋、生活用品、生产工具、原材料等不动产和动产享有所有权。

第二百六十七条　私人的合法财产受法律保护，禁止任何组织或者个人侵占、哄抢、破坏。

第二百六十八条　国家、集体和私人依法可以出资设立有限责任公司、股份有限公司或者其他企业。国家、集体和私人所有的不动产或者动产投到企业的，由出资人按照约定或者出资比例享有资产收益、重大决策以及选择经营管理者等权利并履行义务。

第二百六十九条　营利法人对其不动产和动产依照法律、行政法规以及章程享有占有、使用、收益和处分的权利。

营利法人以外的法人，对其不动产和动产的权利，适用有关法律、行政法规以及章程的规定。

第二百七十条　社会团体法人、捐助法人依法所有的不动产和动产，受法律保护。

第六章　业主的建筑物区分所有权

第二百七十一条　业主对建筑物内的住宅、经营性用房等专有部分享有所有权，对专有部分以外的共有部分享有共有和共同管理的权利。

第二百七十二条　业主对其建筑物专有部分享有占有、使用、收益和处分的权利。业主行使权利不得危及建筑物的安全，不得损害其他业主的合法权益。

第二百七十三条　业主对建筑物专有部分以外的共有部分，享有权利，承担义务；不得以放弃权利为由不履行义务。

业主转让建筑物内的住宅、经营性用房，其对共有部分享有的共有和共同管理的权利一并转让。

第二百七十四条　建筑区划内的道路，属于业主共有，但是属于城镇公共道路的除外。建筑区划内的绿地，属于业主共有，但是属于城镇公共绿地或者明示属于个人的除外。建筑区划内的其他公共场所、公用设施和物业服务用房，属于业主共有。

第二百七十五条 建筑区划内,规划用于停放汽车的车位、车库的归属,由当事人通过出售、附赠或者出租等方式约定。

占用业主共有的道路或者其他场地用于停放汽车的车位,属于业主共有。

第二百七十六条 建筑区划内,规划用于停放汽车的车位、车库应当首先满足业主的需要。

第二百七十七条 业主可以设立业主大会,选举业主委员会。业主大会、业主委员会成立的具体条件和程序,依照法律、法规的规定。

地方人民政府有关部门、居民委员会应当对设立业主大会和选举业主委员会给予指导和协助。

第二百七十八条 下列事项由业主共同决定:

(一)制定和修改业主大会议事规则;

(二)制定和修改管理规约;

(三)选举业主委员会或者更换业主委员会成员;

(四)选聘和解聘物业服务企业或者其他管理人;

(五)使用建筑物及其附属设施的维修资金;

(六)筹集建筑物及其附属设施的维修资金;

(七)改建、重建建筑物及其附属设施;

(八)改变共有部分的用途或者利用共有部分从事经营活动;

(九)有关共有和共同管理权利的其他重大事项。

业主共同决定事项,应当由专有部分面积占比三分之二以上的业主且人数占比三分之二以上的业主参与表决。决定前款第六项至第八项规定的事项,应当经参与表决专有部分面积四分之三以上的业主且参与表决人数四分之三以上的业主同意。决定前款其他事项,应当经参与表决专有部分面积过半数的业主且参与表决人数过半数的业主同意。

第二百七十九条 业主不得违反法律、法规以及管理规约,将住宅改变为经营性用房。业主将住宅改变为经营性用房的,除遵守法律、法规以及管理规约外,应当经有利害关系的业主一致同意。

第二百八十条　业主大会或者业主委员会的决定，对业主具有法律约束力。

业主大会或者业主委员会作出的决定侵害业主合法权益的，受侵害的业主可以请求人民法院予以撤销。

第二百八十一条　建筑物及其附属设施的维修资金，属于业主共有。经业主共同决定，可以用于电梯、屋顶、外墙、无障碍设施等共有部分的维修、更新和改造。建筑物及其附属设施的维修资金的筹集、使用情况应当定期公布。

紧急情况下需要维修建筑物及其附属设施的，业主大会或者业主委员会可以依法申请使用建筑物及其附属设施的维修资金。

第二百八十二条　建设单位、物业服务企业或者其他管理人等利用业主的共有部分产生的收入，在扣除合理成本之后，属于业主共有。

第二百八十三条　建筑物及其附属设施的费用分摊、收益分配等事项，有约定的，按照约定；没有约定或者约定不明确的，按照业主专有部分面积所占比例确定。

第二百八十四条　业主可以自行管理建筑物及其附属设施，也可以委托物业服务企业或者其他管理人管理。

对建设单位聘请的物业服务企业或者其他管理人，业主有权依法更换。

第二百八十五条　物业服务企业或者其他管理人根据业主的委托，依照本法第三编有关物业服务合同的规定管理建筑区划内的建筑物及其附属设施，接受业主的监督，并及时答复业主对物业服务情况提出的询问。

物业服务企业或者其他管理人应当执行政府依法实施的应急处置措施和其他管理措施，积极配合开展相关工作。

第二百八十六条　业主应当遵守法律、法规以及管理规约，相关行为应当符合节约资源、保护生态环境的要求。对于物业服务企业或者其他管理人执行政府依法实施的应急处置措施和其他管理措施,业主应当依法予以配合。

业主大会或者业主委员会,对任意弃置垃圾、排放污染物或者噪声、违反规定饲养动物、违章搭建、侵占通道、拒付物业费等损害他人合法权益的行为,有权依照法律、法规以及管理规约,请求行为人停止侵害、排除妨碍、消除危险、恢复原状、赔偿损失。

业主或者其他行为人拒不履行相关义务的,有关当事人可以向有关行政主管部门报告或者投诉,有关行政主管部门应当依法处理。

第二百八十七条 业主对建设单位、物业服务企业或者其他管理人以及其他业主侵害自己合法权益的行为,有权请求其承担民事责任。

第七章 相邻关系

第二百八十八条 不动产的相邻权利人应当按照有利生产、方便生活、团结互助、公平合理的原则,正确处理相邻关系。

第二百八十九条 法律、法规对处理相邻关系有规定的,依照其规定;法律、法规没有规定的,可以按照当地习惯。

第二百九十条 不动产权利人应当为相邻权利人用水、排水提供必要的便利。

对自然流水的利用,应当在不动产的相邻权利人之间合理分配。对自然流水的排放,应当尊重自然流向。

第二百九十一条 不动产权利人对相邻权利人因通行等必须利用其土地的,应当提供必要的便利。

第二百九十二条 不动产权利人因建造、修缮建筑物以及铺设电线、电缆、水管、暖气和燃气管线等必须利用相邻土地、建筑物的,该土地、建筑物的权利人应当提供必要的便利。

第二百九十三条 建造建筑物,不得违反国家有关工程建设标准,不得妨碍相邻建筑物的通风、采光和日照。

第二百九十四条 不动产权利人不得违反国家规定弃置固

体废物，排放大气污染物、水污染物、土壤污染物、噪声、光辐射、电磁辐射等有害物质。

第二百九十五条　不动产权利人挖掘土地、建造建筑物、铺设管线以及安装设备等，不得危及相邻不动产的安全。

第二百九十六条　不动产权利人因用水、排水、通行、铺设管线等利用相邻不动产的，应当尽量避免对相邻的不动产权利人造成损害。

第八章　共　　有

第二百九十七条　不动产或者动产可以由两个以上组织、个人共有。共有包括按份共有和共同共有。

第二百九十八条　按份共有人对共有的不动产或者动产按照其份额享有所有权。

第二百九十九条　共同共有人对共有的不动产或者动产共同享有所有权。

第三百条　共有人按照约定管理共有的不动产或者动产；没有约定或者约定不明确的，各共有人都有管理的权利和义务。

第三百零一条　处分共有的不动产或者动产以及对共有的不动产或者动产作重大修缮、变更性质或者用途的，应当经占份额三分之二以上的按份共有人或者全体共同共有人同意，但是共有人之间另有约定的除外。

第三百零二条　共有人对共有物的管理费用以及其他负担，有约定的，按照其约定；没有约定或者约定不明确的，按份共有人按照其份额负担，共同共有人共同负担。

第三百零三条　共有人约定不得分割共有的不动产或者动产，以维持共有关系的，应当按照约定，但是共有人有重大理由需要分割的，可以请求分割；没有约定或者约定不明确的，按份共有人可以随时请求分割，共同共有人在共有的基础丧失或者有重大理由需要分割时可以请求分割。因分割造成其他共有人损害的，应当给予赔偿。

第三百零四条 共有人可以协商确定分割方式。达不成协议,共有的不动产或者动产可以分割且不会因分割减损价值的,应当对实物予以分割;难以分割或者因分割会减损价值的,应当对折价或者拍卖、变卖取得的价款予以分割。

共有人分割所得的不动产或者动产有瑕疵的,其他共有人应当分担损失。

第三百零五条 按份共有人可以转让其享有的共有的不动产或者动产份额。其他共有人在同等条件下享有优先购买的权利。

第三百零六条 按份共有人转让其享有的共有的不动产或者动产份额的,应当将转让条件及时通知其他共有人。其他共有人应当在合理期限内行使优先购买权。

两个以上其他共有人主张行使优先购买权的,协商确定各自的购买比例;协商不成的,按照转让时各自的共有份额比例行使优先购买权。

第三百零七条 因共有的不动产或者动产产生的债权债务,在对外关系上,共有人享有连带债权、承担连带债务,但是法律另有规定或者第三人知道共有人不具有连带债权债务关系的除外;在共有人内部关系上,除共有人另有约定外,按份共有人按照份额享有债权、承担债务,共同共有人共同享有债权、承担债务。偿还债务超过自己应当承担份额的按份共有人,有权向其他共有人追偿。

第三百零八条 共有人对共有的不动产或者动产没有约定为按份共有或者共同共有,或者约定不明确的,除共有人具有家庭关系等外,视为按份共有。

第三百零九条 按份共有人对共有的不动产或者动产享有的份额,没有约定或者约定不明确的,按照出资额确定;不能确定出资额的,视为等额享有。

第三百一十条 两个以上组织、个人共同享有用益物权、担保物权的,参照适用本章的有关规定。

第九章　所有权取得的特别规定

第三百一十一条　无处分权人将不动产或者动产转让给受让人的，所有权人有权追回；除法律另有规定外，符合下列情形的，受让人取得该不动产或者动产的所有权：

（一）受让人受让该不动产或者动产时是善意；

（二）以合理的价格转让；

（三）转让的不动产或者动产依照法律规定应当登记的已经登记，不需要登记的已经交付给受让人。

受让人依据前款规定取得不动产或者动产的所有权的，原所有权人有权向无处分权人请求损害赔偿。

当事人善意取得其他物权的，参照适用前两款规定。

第三百一十二条　所有权人或者其他权利人有权追回遗失物。该遗失物通过转让被他人占有的，权利人有权向无处分权人请求损害赔偿，或者自知道或者应当知道受让人之日起二年内向受让人请求返还原物；但是，受让人通过拍卖或者向具有经营资格的经营者购得该遗失物的，权利人请求返还原物时应当支付受让人所付的费用。权利人向受让人支付所付费用后，有权向无处分权人追偿。

第三百一十三条　善意受让人取得动产后，该动产上的原有权利消灭。但是，善意受让人在受让时知道或者应当知道该权利的除外。

第三百一十四条　拾得遗失物，应当返还权利人。拾得人应当及时通知权利人领取，或者送交公安等有关部门。

第三百一十五条　有关部门收到遗失物，知道权利人的，应当及时通知其领取；不知道的，应当及时发布招领公告。

第三百一十六条　拾得人在遗失物送交有关部门前，有关部门在遗失物被领取前，应当妥善保管遗失物。因故意或者重大过失致使遗失物毁损、灭失的，应当承担民事责任。

第三百一十七条　权利人领取遗失物时，应当向拾得人或者有关部门支付保管遗失物等支出的必要费用。

权利人悬赏寻找遗失物的，领取遗失物时应当按照承诺履行义务。

拾得人侵占遗失物的，无权请求保管遗失物等支出的费用，也无权请求权利人按照承诺履行义务。

第三百一十八条 遗失物自发布招领公告之日起一年内无人认领的，归国家所有。

第三百一十九条 拾得漂流物、发现埋藏物或者隐藏物的，参照适用拾得遗失物的有关规定。法律另有规定的，依照其规定。

第三百二十条 主物转让的，从物随主物转让，但是当事人另有约定的除外。

第三百二十一条 天然孳息，由所有权人取得；既有所有权人又有用益物权人的，由用益物权人取得。当事人另有约定的，按照其约定。

法定孳息，当事人有约定的，按照约定取得；没有约定或者约定不明确的，按照交易习惯取得。

第三百二十二条 因加工、附合、混合而产生的物的归属，有约定的，按照约定；没有约定或者约定不明确的，依照法律规定；法律没有规定的，按照充分发挥物的效用以及保护无过错当事人的原则确定。因一方当事人的过错或者确定物的归属造成另一方当事人损害的，应当给予赔偿或者补偿。

第三分编 用益物权

第十章 一般规定

第三百二十三条 用益物权人对他人所有的不动产或者动产，依法享有占有、使用和收益的权利。

第三百二十四条 国家所有或者国家所有由集体使用以及法律规定属于集体所有的自然资源，组织、个人依法可以占有、使用和收益。

第三百二十五条　国家实行自然资源有偿使用制度，但是法律另有规定的除外。

第三百二十六条　用益物权人行使权利，应当遵守法律有关保护和合理开发利用资源、保护生态环境的规定。所有权人不得干涉用益物权人行使权利。

第三百二十七条　因不动产或者动产被征收、征用致使用益物权消灭或者影响用益物权行使的，用益物权人有权依据本法第二百四十三条、第二百四十五条的规定获得相应补偿。

第三百二十八条　依法取得的海域使用权受法律保护。

第三百二十九条　依法取得的探矿权、采矿权、取水权和使用水域、滩涂从事养殖、捕捞的权利受法律保护。

第十一章　土地承包经营权

第三百三十条　农村集体经济组织实行家庭承包经营为基础、统分结合的双层经营体制。

农民集体所有和国家所有由农民集体使用的耕地、林地、草地以及其他用于农业的土地，依法实行土地承包经营制度。

第三百三十一条　土地承包经营权人依法对其承包经营的耕地、林地、草地等享有占有、使用和收益的权利，有权从事种植业、林业、畜牧业等农业生产。

第三百三十二条　耕地的承包期为三十年。草地的承包期为三十年至五十年。林地的承包期为三十年至七十年。

前款规定的承包期限届满，由土地承包经营权人依照农村土地承包的法律规定继续承包。

第三百三十三条　土地承包经营权自土地承包经营权合同生效时设立。

登记机构应当向土地承包经营权人发放土地承包经营权证、林权证等证书，并登记造册，确认土地承包经营权。

第三百三十四条　土地承包经营权人依照法律规定，有权将土地承包经营权互换、转让。未经依法批准,不得将承包地用于非农建设。

第三百三十五条 土地承包经营权互换、转让的,当事人可以向登记机构申请登记;未经登记,不得对抗善意第三人。

第三百三十六条 承包期内发包人不得调整承包地。

因自然灾害严重毁损承包地等特殊情形,需要适当调整承包的耕地和草地的,应当依照农村土地承包的法律规定办理。

第三百三十七条 承包期内发包人不得收回承包地。法律另有规定的,依照其规定。

第三百三十八条 承包地被征收的,土地承包经营权人有权依据本法第二百四十三条的规定获得相应补偿。

第三百三十九条 土地承包经营权人可以自主决定依法采取出租、入股或者其他方式向他人流转土地经营权。

第三百四十条 土地经营权人有权在合同约定的期限内占有农村土地,自主开展农业生产经营并取得收益。

第三百四十一条 流转期限为五年以上的土地经营权,自流转合同生效时设立。当事人可以向登记机构申请土地经营权登记;未经登记,不得对抗善意第三人。

第三百四十二条 通过招标、拍卖、公开协商等方式承包农村土地,经依法登记取得权属证书的,可以依法采取出租、入股、抵押或者其他方式流转土地经营权。

第三百四十三条 国家所有的农用地实行承包经营的,参照适用本编的有关规定。

第十二章　建设用地使用权

第三百四十四条 建设用地使用权人依法对国家所有的土地享有占有、使用和收益的权利,有权利用该土地建造建筑物、构筑物及其附属设施。

第三百四十五条 建设用地使用权可以在土地的地表、地上或者地下分别设立。

第三百四十六条　设立建设用地使用权，应当符合节约资源、保护生态环境的要求，遵守法律、行政法规关于土地用途的规定，不得损害已经设立的用益物权。

第三百四十七条　设立建设用地使用权，可以采取出让或者划拨等方式。

工业、商业、旅游、娱乐和商品住宅等经营性用地以及同一土地有两个以上意向用地者的，应当采取招标、拍卖等公开竞价的方式出让。

严格限制以划拨方式设立建设用地使用权。

第三百四十八条　通过招标、拍卖、协议等出让方式设立建设用地使用权的，当事人应当采用书面形式订立建设用地使用权出让合同。

建设用地使用权出让合同一般包括下列条款：

（一）当事人的名称和住所；

（二）土地界址、面积等；

（三）建筑物、构筑物及其附属设施占用的空间；

（四）土地用途、规划条件；

（五）建设用地使用权期限；

（六）出让金等费用及其支付方式；

（七）解决争议的方法。

第三百四十九条　设立建设用地使用权的，应当向登记机构申请建设用地使用权登记。建设用地使用权自登记时设立。登记机构应当向建设用地使用权人发放权属证书。

第三百五十条　建设用地使用权人应当合理利用土地，不得改变土地用途；需要改变土地用途的，应当依法经有关行政主管部门批准。

第三百五十一条　建设用地使用权人应当依照法律规定以及合同约定支付出让金等费用。

第三百五十二条　建设用地使用权人建造的建筑物、构筑物及其附属设施的所有权属于建设用地使用权人，但是有相反证据证明的除外。

第三百五十三条 建设用地使用权人有权将建设用地使用权转让、互换、出资、赠与或者抵押,但是法律另有规定的除外。

第三百五十四条 建设用地使用权转让、互换、出资、赠与或者抵押的,当事人应当采用书面形式订立相应的合同。使用期限由当事人约定,但是不得超过建设用地使用权的剩余期限。

第三百五十五条 建设用地使用权转让、互换、出资或者赠与的,应当向登记机构申请变更登记。

第三百五十六条 建设用地使用权转让、互换、出资或者赠与的,附着于该土地上的建筑物、构筑物及其附属设施一并处分。

第三百五十七条 建筑物、构筑物及其附属设施转让、互换、出资或者赠与的,该建筑物、构筑物及其附属设施占用范围内的建设用地使用权一并处分。

第三百五十八条 建设用地使用权期限届满前,因公共利益需要提前收回该土地的,应当依据本法第二百四十三条的规定对该土地上的房屋以及其他不动产给予补偿,并退还相应的出让金。

第三百五十九条 住宅建设用地使用权期限届满的,自动续期。续期费用的缴纳或者减免,依照法律、行政法规的规定办理。

非住宅建设用地使用权期限届满后的续期,依照法律规定办理。该土地上的房屋以及其他不动产的归属,有约定的,按照约定;没有约定或者约定不明确的,依照法律、行政法规的规定办理。

第三百六十条 建设用地使用权消灭的,出让人应当及时办理注销登记。登记机构应当收回权属证书。

第三百六十一条 集体所有的土地作为建设用地的,应当依照土地管理的法律规定办理。

第十三章 宅基地使用权

第三百六十二条 宅基地使用权人依法对集体所有的土地享有占有和使用的权利,有权依法利用该土地建造住宅及其附属设施。

第三百六十三条　宅基地使用权的取得、行使和转让，适用土地管理的法律和国家有关规定。

第三百六十四条　宅基地因自然灾害等原因灭失的，宅基地使用权消灭。对失去宅基地的村民，应当依法重新分配宅基地。

第三百六十五条　已经登记的宅基地使用权转让或者消灭的，应当及时办理变更登记或者注销登记。

第十四章　居　住　权

第三百六十六条　居住权人有权按照合同约定，对他人的住宅享有占有、使用的用益物权，以满足生活居住的需要。

第三百六十七条　设立居住权，当事人应当采用书面形式订立居住权合同。

居住权合同一般包括下列条款：

（一）当事人的姓名或者名称和住所；

（二）住宅的位置；

（三）居住的条件和要求；

（四）居住权期限；

（五）解决争议的方法。

第三百六十八条　居住权无偿设立，但是当事人另有约定的除外。设立居住权的，应当向登记机构申请居住权登记。居住权自登记时设立。

第三百六十九条　居住权不得转让、继承。设立居住权的住宅不得出租，但是当事人另有约定的除外。

第三百七十条　居住权期限届满或者居住权人死亡的，居住权消灭。居住权消灭的，应当及时办理注销登记。

第三百七十一条　以遗嘱方式设立居住权的，参照适用本章的有关规定。

第十五章　地　役　权

第三百七十二条　地役权人有权按照合同约定，利用他人的不动产,以提高自己的不动产的效益。

前款所称他人的不动产为供役地,自己的不动产为需役地。

第三百七十三条 设立地役权,当事人应当采用书面形式订立地役权合同。

地役权合同一般包括下列条款:

(一)当事人的姓名或者名称和住所;

(二)供役地和需役地的位置;

(三)利用目的和方法;

(四)地役权期限;

(五)费用及其支付方式;

(六)解决争议的方法。

第三百七十四条 地役权自地役权合同生效时设立。当事人要求登记的,可以向登记机构申请地役权登记;未经登记,不得对抗善意第三人。

第三百七十五条 供役地权利人应当按照合同约定,允许地役权人利用其不动产,不得妨害地役权人行使权利。

第三百七十六条 地役权人应当按照合同约定的利用目的和方法利用供役地,尽量减少对供役地权利人物权的限制。

第三百七十七条 地役权期限由当事人约定;但是,不得超过土地承包经营权、建设用地使用权等用益物权的剩余期限。

第三百七十八条 土地所有权人享有地役权或者负担地役权的,设立土地承包经营权、宅基地使用权等用益物权时,该用益物权人继续享有或者负担已经设立的地役权。

第三百七十九条 土地上已经设立土地承包经营权、建设用地使用权、宅基地使用权等用益物权的,未经用益物权人同意,土地所有权人不得设立地役权。

第三百八十条 地役权不得单独转让。土地承包经营权、建设用地使用权等转让的,地役权一并转让,但是合同另有约定的除外。

第三百八十一条 地役权不得单独抵押。土地经营权、建设用地使用权等抵押的，在实现抵押权时，地役权一并转让。

第三百八十二条　需役地以及需役地上的土地承包经营权、建设用地使用权等部分转让时，转让部分涉及地役权的，受让人同时享有地役权。

第三百八十三条　供役地以及供役地上的土地承包经营权、建设用地使用权等部分转让时，转让部分涉及地役权的，地役权对受让人具有法律约束力。

第三百八十四条　地役权人有下列情形之一的，供役地权利人有权解除地役权合同，地役权消灭：

（一）违反法律规定或者合同约定，滥用地役权；

（二）有偿利用供役地，约定的付款期限届满后在合理期限内经两次催告未支付费用。

第三百八十五条　已经登记的地役权变更、转让或者消灭的，应当及时办理变更登记或者注销登记。

第四分编　担保物权

第十六章　一般规定

第三百八十六条　担保物权人在债务人不履行到期债务或者发生当事人约定的实现担保物权的情形，依法享有就担保财产优先受偿的权利，但是法律另有规定的除外。

第三百八十七条　债权人在借贷、买卖等民事活动中，为保障实现其债权，需要担保的，可以依照本法和其他法律的规定设立担保物权。

第三人为债务人向债权人提供担保的，可以要求债务人提供反担保。反担保适用本法和其他法律的规定。

第三百八十八条　设立担保物权，应当依照本法和其他法律的规定订立担保合同。担保合同包括抵押合同、质押合同和其他具有担保功能的合同。担保合同是主债权债务合同的从合同。主债权债务合同无效的，担保合同无效，但是法律另有规定的除外。

担保合同被确认无效后，债务人、担保人、债权人有过错的，应当根据其过错各自承担相应的民事责任。

第三百八十九条 担保物权的担保范围包括主债权及其利息、违约金、损害赔偿金、保管担保财产和实现担保物权的费用。当事人另有约定的，按照其约定。

第三百九十条 担保期间，担保财产毁损、灭失或者被征收等，担保物权人可以就获得的保险金、赔偿金或者补偿金等优先受偿。被担保债权的履行期限未届满的，也可以提存该保险金、赔偿金或者补偿金等。

第三百九十一条 第三人提供担保，未经其书面同意，债权人允许债务人转移全部或者部分债务的，担保人不再承担相应的担保责任。

第三百九十二条 被担保的债权既有物的担保又有人的担保的，债务人不履行到期债务或者发生当事人约定的实现担保物权的情形，债权人应当按照约定实现债权；没有约定或者约定不明确，债务人自己提供物的担保的，债权人应当先就该物的担保实现债权；第三人提供物的担保的，债权人可以就物的担保实现债权，也可以请求保证人承担保证责任。提供担保的第三人承担担保责任后，有权向债务人追偿。

第三百九十三条 有下列情形之一的，担保物权消灭：

（一）主债权消灭；

（二）担保物权实现；

（三）债权人放弃担保物权；

（四）法律规定担保物权消灭的其他情形。

第十七章 抵 押 权

第一节 一般抵押权

第三百九十四条 为担保债务的履行，债务人或者第三人不转移财产的占有，将该财产抵押给债权人的，债务人不履行到期债务或者发生当事人约定的实现抵押权的情形，债权人有权就该财产优先受偿。

前款规定的债务人或者第三人为抵押人，债权人为抵押权人，提供担保的财产为抵押财产。

第三百九十五条　债务人或者第三人有权处分的下列财产可以抵押：

（一）建筑物和其他土地附着物；

（二）建设用地使用权；

（三）海域使用权；

（四）生产设备、原材料、半成品、产品；

（五）正在建造的建筑物、船舶、航空器；

（六）交通运输工具；

（七）法律、行政法规未禁止抵押的其他财产。

抵押人可以将前款所列财产一并抵押。

第三百九十六条　企业、个体工商户、农业生产经营者可以将现有的以及将有的生产设备、原材料、半成品、产品抵押，债务人不履行到期债务或者发生当事人约定的实现抵押权的情形，债权人有权就抵押财产确定时的动产优先受偿。

第三百九十七条　以建筑物抵押的，该建筑物占用范围内的建设用地使用权一并抵押。以建设用地使用权抵押的，该土地上的建筑物一并抵押。

抵押人未依据前款规定一并抵押的，未抵押的财产视为一并抵押。

第三百九十八条　乡镇、村企业的建设用地使用权不得单独抵押。以乡镇、村企业的厂房等建筑物抵押的，其占用范围内的建设用地使用权一并抵押。

第三百九十九条　下列财产不得抵押：

（一）土地所有权；

（二）宅基地、自留地、自留山等集体所有土地的使用权，但是法律规定可以抵押的除外；

（三）学校、幼儿园、医疗机构等为公益目的成立的非营利法人的教育设施、医疗卫生设施和其他公益设施；

（四）所有权、使用权不明或者有争议的财产；

（五）依法被查封、扣押、监管的财产；

（六）法律、行政法规规定不得抵押的其他财产。

第四百条 设立抵押权，当事人应当采用书面形式订立抵押合同。

抵押合同一般包括下列条款：

（一）被担保债权的种类和数额；

（二）债务人履行债务的期限；

（三）抵押财产的名称、数量等情况；

（四）担保的范围。

第四百零一条 抵押权人在债务履行期限届满前，与抵押人约定债务人不履行到期债务时抵押财产归债权人所有的，只能依法就抵押财产优先受偿。

第四百零二条 以本法第三百九十五条第一款第一项至第三项规定的财产或者第五项规定的正在建造的建筑物抵押的，应当办理抵押登记。抵押权自登记时设立。

第四百零三条 以动产抵押的，抵押权自抵押合同生效时设立；未经登记，不得对抗善意第三人。

第四百零四条 以动产抵押的，不得对抗正常经营活动中已经支付合理价款并取得抵押财产的买受人。

第四百零五条 抵押权设立前，抵押财产已经出租并转移占有的，原租赁关系不受该抵押权的影响。

第四百零六条 抵押期间，抵押人可以转让抵押财产。当事人另有约定的，按照其约定。抵押财产转让的，抵押权不受影响。

抵押人转让抵押财产的，应当及时通知抵押权人。抵押权人能够证明抵押财产转让可能损害抵押权的，可以请求抵押人将转让所得的价款向抵押权人提前清偿债务或者提存。转让的价款超过债权数额的部分归抵押人所有，不足部分由债务人清偿。

第四百零七条　抵押权不得与债权分离而单独转让或者作为其他债权的担保。债权转让的，担保该债权的抵押权一并转让，但是法律另有规定或者当事人另有约定的除外。

第四百零八条　抵押人的行为足以使抵押财产价值减少的，抵押权人有权请求抵押人停止其行为；抵押财产价值减少的，抵押权人有权请求恢复抵押财产的价值，或者提供与减少的价值相应的担保。抵押人不恢复抵押财产的价值，也不提供担保的，抵押权人有权请求债务人提前清偿债务。

第四百零九条　抵押权人可以放弃抵押权或者抵押权的顺位。抵押权人与抵押人可以协议变更抵押权顺位以及被担保的债权数额等内容。但是，抵押权的变更未经其他抵押权人书面同意的，不得对其他抵押权人产生不利影响。

债务人以自己的财产设定抵押，抵押权人放弃该抵押权、抵押权顺位或者变更抵押权的，其他担保人在抵押权人丧失优先受偿权益的范围内免除担保责任，但是其他担保人承诺仍然提供担保的除外。

第四百一十条　债务人不履行到期债务或者发生当事人约定的实现抵押权的情形，抵押权人可以与抵押人协议以抵押财产折价或者以拍卖、变卖该抵押财产所得的价款优先受偿。协议损害其他债权人利益的，其他债权人可以请求人民法院撤销该协议。

抵押权人与抵押人未就抵押权实现方式达成协议的，抵押权人可以请求人民法院拍卖、变卖抵押财产。

抵押财产折价或者变卖的，应当参照市场价格。

第四百一十一条　依据本法第三百九十六条规定设定抵押的，抵押财产自下列情形之一发生时确定：

（一）债务履行期限届满，债权未实现；

（二）抵押人被宣告破产或者解散；

（三）当事人约定的实现抵押权的情形；

（四）严重影响债权实现的其他情形。

第四百一十二条 债务人不履行到期债务或者发生当事人约定的实现抵押权的情形，致使抵押财产被人民法院依法扣押的，自扣押之日起，抵押权人有权收取该抵押财产的天然孳息或者法定孳息，但是抵押权人未通知应当清偿法定孳息义务人的除外。

前款规定的孳息应当先充抵收取孳息的费用。

第四百一十三条 抵押财产折价或者拍卖、变卖后，其价款超过债权数额的部分归抵押人所有，不足部分由债务人清偿。

第四百一十四条 同一财产向两个以上债权人抵押的，拍卖、变卖抵押财产所得的价款依照下列规定清偿：

（一）抵押权已经登记的，按照登记的时间先后确定清偿顺序；

（二）抵押权已经登记的先于未登记的受偿；

（三）抵押权未登记的，按照债权比例清偿。

其他可以登记的担保物权，清偿顺序参照适用前款规定。

第四百一十五条 同一财产既设立抵押权又设立质权的，拍卖、变卖该财产所得的价款按照登记、交付的时间先后确定清偿顺序。

第四百一十六条 动产抵押担保的主债权是抵押物的价款，标的物交付后十日内办理抵押登记的，该抵押权人优先于抵押物买受人的其他担保物权人受偿，但是留置权人除外。

第四百一十七条 建设用地使用权抵押后，该土地上新增的建筑物不属于抵押财产。该建设用地使用权实现抵押权时，应当将该土地上新增的建筑物与建设用地使用权一并处分。但是，新增建筑物所得的价款，抵押权人无权优先受偿。

第四百一十八条 以集体所有土地的使用权依法抵押的，实现抵押权后，未经法定程序，不得改变土地所有权的性质和土地用途。

第四百一十九条 抵押权人应当在主债权诉讼时效期间行使抵押权；未行使的，人民法院不予保护。

第二节　最高额抵押权

第四百二十条　为担保债务的履行,债务人或者第三人对一定期间内将要连续发生的债权提供担保财产的,债务人不履行到期债务或者发生当事人约定的实现抵押权的情形,抵押权人有权在最高债权额限度内就该担保财产优先受偿。

最高额抵押权设立前已经存在的债权,经当事人同意,可以转入最高额抵押担保的债权范围。

第四百二十一条　最高额抵押担保的债权确定前,部分债权转让的,最高额抵押权不得转让,但是当事人另有约定的除外。

第四百二十二条　最高额抵押担保的债权确定前,抵押权人与抵押人可以通过协议变更债权确定的期间、债权范围以及最高债权额。但是,变更的内容不得对其他抵押权人产生不利影响。

第四百二十三条　有下列情形之一的,抵押权人的债权确定:

(一)约定的债权确定期间届满;

(二)没有约定债权确定期间或者约定不明确,抵押权人或者抵押人自最高额抵押权设立之日起满二年后请求确定债权;

(三)新的债权不可能发生;

(四)抵押权人知道或者应当知道抵押财产被查封、扣押;

(五)债务人、抵押人被宣告破产或者解散;

(六)法律规定债权确定的其他情形。

第四百二十四条　最高额抵押权除适用本节规定外,适用本章第一节的有关规定。

第十八章　质　　权

第一节　动产质权

第四百二十五条　为担保债务的履行,债务人或者第三人将其动产出质给债权人占有的,债务人不履行到期债务或者发生当事人约定的实现质权的情形,债权人有权就该动产优先受偿。

前款规定的债务人或者第三人为出质人,债权人为质权人,交付的动产为质押财产。

第四百二十六条 法律、行政法规禁止转让的动产不得出质。

第四百二十七条 设立质权,当事人应当采用书面形式订立质押合同。

质押合同一般包括下列条款:

(一)被担保债权的种类和数额;

(二)债务人履行债务的期限;

(三)质押财产的名称、数量等情况;

(四)担保的范围;

(五)质押财产交付的时间、方式。

第四百二十八条 质权人在债务履行期限届满前,与出质人约定债务人不履行到期债务时质押财产归债权人所有的,只能依法就质押财产优先受偿。

第四百二十九条 质权自出质人交付质押财产时设立。

第四百三十条 质权人有权收取质押财产的孳息,但是合同另有约定的除外。

前款规定的孳息应当先充抵收取孳息的费用。

第四百三十一条 质权人在质权存续期间,未经出质人同意,擅自使用、处分质押财产,造成出质人损害的,应当承担赔偿责任。

第四百三十二条 质权人负有妥善保管质押财产的义务;因保管不善致使质押财产毁损、灭失的,应当承担赔偿责任。

质权人的行为可能使质押财产毁损、灭失的,出质人可以请求质权人将质押财产提存,或者请求提前清偿债务并返还质押财产。

第四百三十三条 因不可归责于质权人的事由可能使质押财产毁损或者价值明显减少,足以危害质权人权利的,质权人有权请求出质人提供相应的担保；出质人不提供的，质权人可以拍卖、变卖质押财产，并与出质人协议将拍卖、变卖所得的价款提前清偿债务或者提存。

第四百三十四条　质权人在质权存续期间，未经出质人同意转质，造成质押财产毁损、灭失的，应当承担赔偿责任。

第四百三十五条　质权人可以放弃质权。债务人以自己的财产出质，质权人放弃该质权的，其他担保人在质权人丧失优先受偿权益的范围内免除担保责任，但是其他担保人承诺仍然提供担保的除外。

第四百三十六条　债务人履行债务或者出质人提前清偿所担保的债权的，质权人应当返还质押财产。

债务人不履行到期债务或者发生当事人约定的实现质权的情形，质权人可以与出质人协议以质押财产折价，也可以就拍卖、变卖质押财产所得的价款优先受偿。

质押财产折价或者变卖的，应当参照市场价格。

第四百三十七条　出质人可以请求质权人在债务履行期限届满后及时行使质权；质权人不行使的，出质人可以请求人民法院拍卖、变卖质押财产。

出质人请求质权人及时行使质权，因质权人怠于行使权利造成出质人损害的，由质权人承担赔偿责任。

第四百三十八条　质押财产折价或者拍卖、变卖后，其价款超过债权数额的部分归出质人所有，不足部分由债务人清偿。

第四百三十九条　出质人与质权人可以协议设立最高额质权。

最高额质权除适用本节有关规定外，参照适用本编第十七章第二节的有关规定。

第二节　权利质权

第四百四十条　债务人或者第三人有权处分的下列权利可以出质：

（一）汇票、本票、支票；

（二）债券、存款单；

（三）仓单、提单；

（四）可以转让的基金份额、股权；

（五）可以转让的注册商标专用权、专利权、著作权等知识产权中的财产权；

（六）现有的以及将有的应收账款；

（七）法律、行政法规规定可以出质的其他财产权利。

第四百四十一条　以汇票、本票、支票、债券、存款单、仓单、提单出质的，质权自权利凭证交付质权人时设立；没有权利凭证的，质权自办理出质登记时设立。法律另有规定的，依照其规定。

第四百四十二条　汇票、本票、支票、债券、存款单、仓单、提单的兑现日期或者提货日期先于主债权到期的，质权人可以兑现或者提货，并与出质人协议将兑现的价款或者提取的货物提前清偿债务或者提存。

第四百四十三条　以基金份额、股权出质的，质权自办理出质登记时设立。

基金份额、股权出质后，不得转让，但是出质人与质权人协商同意的除外。出质人转让基金份额、股权所得的价款，应当向质权人提前清偿债务或者提存。

第四百四十四条　以注册商标专用权、专利权、著作权等知识产权中的财产权出质的，质权自办理出质登记时设立。

知识产权中的财产权出质后，出质人不得转让或者许可他人使用，但是出质人与质权人协商同意的除外。出质人转让或者许可他人使用出质的知识产权中的财产权所得的价款，应当向质权人提前清偿债务或者提存。

第四百四十五条　以应收账款出质的，质权自办理出质登记时设立。

应收账款出质后，不得转让，但是出质人与质权人协商同意的除外。出质人转让应收账款所得的价款，应当向质权人提前清偿债务或者提存。

第四百四十六条　权利质权除适用本节规定外，适用本章第一节的有关规定。

第十九章　留　置　权

第四百四十七条　债务人不履行到期债务，债权人可以留置已经合法占有的债务人的动产，并有权就该动产优先受偿。

前款规定的债权人为留置权人，占有的动产为留置财产。

第四百四十八条　债权人留置的动产，应当与债权属于同一法律关系，但是企业之间留置的除外。

第四百四十九条　法律规定或者当事人约定不得留置的动产，不得留置。

第四百五十条　留置财产为可分物的，留置财产的价值应当相当于债务的金额。

第四百五十一条　留置权人负有妥善保管留置财产的义务；因保管不善致使留置财产毁损、灭失的，应当承担赔偿责任。

第四百五十二条　留置权人有权收取留置财产的孳息。

前款规定的孳息应当先充抵收取孳息的费用。

第四百五十三条　留置权人与债务人应当约定留置财产后的债务履行期限；没有约定或者约定不明确的，留置权人应当给债务人六十日以上履行债务的期限，但是鲜活易腐等不易保管的动产除外。债务人逾期未履行的，留置权人可以与债务人协议以留置财产折价，也可以就拍卖、变卖留置财产所得的价款优先受偿。

留置财产折价或者变卖的，应当参照市场价格。

第四百五十四条　债务人可以请求留置权人在债务履行期限届满后行使留置权；留置权人不行使的，债务人可以请求人民法院拍卖、变卖留置财产。

第四百五十五条　留置财产折价或者拍卖、变卖后，其价款超过债权数额的部分归债务人所有，不足部分由债务人清偿。

第四百五十六条 同一动产上已经设立抵押权或者质权，该动产又被留置的，留置权人优先受偿。

第四百五十七条 留置权人对留置财产丧失占有或者留置权人接受债务人另行提供担保的，留置权消灭。

第五分编 占 有

第二十章 占 有

第四百五十八条 基于合同关系等产生的占有，有关不动产或者动产的使用、收益、违约责任等，按照合同约定；合同没有约定或者约定不明确的，依照有关法律规定。

第四百五十九条 占有人因使用占有的不动产或者动产，致使该不动产或者动产受到损害的，恶意占有人应当承担赔偿责任。

第四百六十条 不动产或者动产被占有人占有的，权利人可以请求返还原物及其孳息；但是，应当支付善意占有人因维护该不动产或者动产支出的必要费用。

第四百六十一条 占有的不动产或者动产毁损、灭失，该不动产或者动产的权利人请求赔偿的，占有人应当将因毁损、灭失取得的保险金、赔偿金或者补偿金等返还给权利人；权利人的损害未得到足够弥补的，恶意占有人还应当赔偿损失。

第四百六十二条 占有的不动产或者动产被侵占的，占有人有权请求返还原物；对妨害占有的行为，占有人有权请求排除妨害或者消除危险；因侵占或者妨害造成损害的，占有人有权依法请求损害赔偿。

占有人返还原物的请求权，自侵占发生之日起一年内未行使的，该请求权消灭。

附 则

第一千二百五十九条 民法所称的“以上”、“以下”、“以内”、“届满”,包括本数;所称的“不满”、“超过”、“以外”,不包括本数。

第一千二百六十条 本法自2021年1月1日起施行。《中华人民共和国婚姻法》、《中华人民共和国继承法》、《中华人民共和国民法通则》、《中华人民共和国收养法》、《中华人民共和国担保法》、《中华人民共和国合同法》、《中华人民共和国物权法》、《中华人民共和国侵权责任法》、《中华人民共和国民法总则》同时废止。

关于《中华人民共和国民法典（草案）》的说明（节录）

——2020 年 5 月 22 日在第十三届全国人民代表大会第三次会议上

全国人民代表大会常务委员会副委员长　王　晨

各位代表：

我受全国人大常委会委托，作关于《中华人民共和国民法典（草案）》的说明。

一、编纂民法典的重大意义

编纂民法典是党的十八届四中全会确定的一项重大政治任务和立法任务，是以习近平同志为核心的党中央作出的重大法治建设部署。编纂民法典，就是通过对我国现行的民事法律制度规范进行系统整合、编订纂修，形成一部适应新时代中国特色社会主义发展要求，符合我国国情和实际，体例科学、结构严谨、规范合理、内容完整并协调一致的法典。这是一项系统的、重大的立法工程。

编纂一部真正属于中国人民的民法典，是新中国几代人的夙愿。党和国家曾于 1954 年、1962 年、1979 年和 2001 年先后四次启动民法制定工作。第一次和第二次，由于多种原因而未能取得实际成果。1979 年第三次启动，由于刚刚进入改革开放新时期，制定一部完整民法典的条件尚不具备。因此，当时领导全国人大法制委员会立法工作的彭真、习仲勋等同志深入研究后，在八十年代初决定按照“成熟一个通过一个”的工作思路，确定先制定民事单行法律。现行的继承法、民法通则、担保法、合同法就是在这种工作思路下先后制定的。2001 年，九届全国人大常委会组织起草《中华人民共和国民法（草案）》，并于 2002 年 12 月进行了一次审议。经讨论和研究，仍确定继续采取分别制定单行法的办法推进我国民事法律制度建设。2003 年十届全国人大以来，又陆续制定了物权法、侵权责任法、涉外民事关系法律适用法等。总的看，经过多年来努力，我国民事立法是富有成效的，逐步形成了比较完备的民事法律规范体系，民事司法实践积累了丰富经验，民事法律服务取得显著进步，民法理论研究也达到较高水平，全社会民事法治观念普遍增强，为编纂民法典奠定了较好的制度基础、实践基础、理论基础和社会基础。随着我国社会主义现代化事业不断发展和全面依法治国深入推进，人民群众和社会各方面对编纂和出台民法典寄予很大的期盼。

党的十八大以来，以习近平同志为核心的党中央把全面依法治国摆在突出位置，推动党和国家事业发生历史性变革、取得历史性成就，中国特色社会主义已经进入新时代。在坚持和完善中国特色社会主义制度、推进国家治理体系和治理能力现代化的新征程中，编纂民法典具有重大而深远的意义。

（一）编纂民法典是坚持和完善中国特色社会主义制度的现实需要

回顾人类文明史，编纂法典是具有重要标志意义的法治建设工程，是一个国家、一个民族走向繁荣强盛的象征和标志。新中国成立 70 多年特别是改革开放 40 多年来，中国共产党团结带领中国人民不懈奋斗，成功开辟了中国特色社会主义道路，取得了举世瞩目的发展成就，中国特色社会主义制度展现出强大生命力和显著优越性。我国民事法律制度正是伴随着新时期改革开放和社会主义现代化建设的历史进程而形成并不断发展完善的，是中国特色社会主义法律制度的重要组成部分。在系统总结制度建设成果和实践经验的基础上，编纂一部具有中国特色、体现时代特点、反映人民意愿的民法典，不仅能充分彰显中国特色社会主义法律制度成果和制度自信，促进和保障中国特色社会主义事业不断发展，也能为人类法治文明的发展进步贡献中国智慧和中国方案。

（二）编纂民法典是推进全面依法治国、推进国家治理体系和治理能力现代化的重大举措

民法是中国特色社会主义法律体系的重要组成部分，是民事领域的基础性、综合性法律，它规范各类民事主体的各种人身关系和财产关系，涉及社会和经济生活的方方面面，被称为“社会生活的百科全书”。建立健全完备的法律规范体系，以良法保障善治，是全面依法治国的前提和基础。民法通过确立民事主体、民事权利、民事法律行为、民事责任等民事总则制度，确立物权、合同、人格权、婚姻家庭、继承、侵权责任等民事分则制度，来调整各类民事关系。民法与国家其他领域法律规范一起，支撑着国家制度和国家治理体系，是保证国家制度和国家治理体系正常有效运行的基础性法律规范。编纂民法典，就是全面总结我国的民事立法和司法的实践经验，对现行民事单行法律进行系统编订纂修，将相关民事法律规范编纂成一部综合性法典，不断健全完善中国特色社会主义法律体系。这对于以法治方式推进国家治理体系和治理能力现代化，更好地发挥法治固根本、稳预期、利长远的保障作用，具有重要意义。

（三）编纂民法典是坚持和完善社会主义基本经济制度、推动经济高质量发展的客观要求

公有制为主体、多种所有制经济共同发展，按劳分配为主体、多种分配方式并存，社会主义市场经济体制等社会主义基本经济制度，是以法治为基础、在法治轨道上运行、受法治规则调整的经济制度，社会主义市场经济本质上是法治经济。我国民事主体制度中的法人制度，规范民事活动的民事法律行为制度、代理制度，调整各类财产关系的物权制度，调整各类交易关系的合同制度，

保护和救济民事权益的侵权责任制度,都是坚持和完善社会主义基本经济制度不可或缺的法律制度规范和行为规则。同时,我国民事法律制度建设一直秉持“民商合一”的传统,把许多商事法律规范纳入民法之中。编纂民法典,进一步完善我国民商事领域基本法律制度和行为规则,为各类民商事活动提供基本遵循,有利于充分调动民事主体的积极性和创造性、维护交易安全、维护市场秩序,有利于营造各种所有制主体依法平等使用资源要素、公开公平公正参与竞争、同等受到法律保护的市场环境,推动经济高质量发展。

(四)编纂民法典是增进人民福祉、维护最广大人民根本利益的必然要求

中国特色社会主义法治建设的根本目的是保障人民权益。改革开放以来,我国民事法律制度逐步得到完善和发展,公民的民事权利也得到越来越充分的保护。中国特色社会主义进入新时代,随着我国社会主要矛盾的变化,随着经济发展和国民财富的不断积累,随着信息化和大数据时代的到来,人民群众在民主、法治、公平、正义、安全、环境等方面的要求日益增长,希望对权利的保护更加充分、更加有效。党的十九大明确提出,要保护人民人身权、财产权、人格权。而现行民事立法中的有些规范已经滞后,难以适应人民日益增长的美好生活需要。编纂民法典,健全和充实民事权利种类,形成更加完备的民事权利体系,完善权利保护和救济规则,形成规范有效的权利保护机制,对于更好地维护人民权益,不断增加人民群众获得感、幸福感和安全感,促进人的全面发展,具有十分重要的意义。

二、编纂民法典的总体要求和基本原则

民法典是新中国第一部以法典命名的法律,开创了我国法典编纂立法的先河,具有里程碑意义。以习近平同志为核心的党中央高度重视民法典编纂工作,将编纂民法典列入党中央重要工作议程,并对编纂民法典工作任务作出总体部署、提出明确要求。十二届、十三届全国人大常委会都高度重视这一立法工作,将编

纂民法典纳入全国人大常委会立法规划和年度立法工作计划，确定为全国人大常委会的立法工作重点项目，积极持续推进。为做好民法典编纂工作，全国人大常委会党组先后多次向党中央请示和报告，就民法典编纂工作的总体考虑、工作步骤、体例结构等重大问题进行汇报。2016 年 6 月、2018 年 8 月、2019 年 12 月，习近平总书记三次主持中央政治局常委会会议，听取并原则同意全国人大常委会党组就民法典编纂工作所作的请示汇报，对民法典编纂工作作出重要指示，为民法典编纂工作提供了重要指导和基本遵循。

编纂民法典的指导思想是：高举中国特色社会主义伟大旗帜，以马克思列宁主义、毛泽东思想、邓小平理论、“三个代表”重要思想、科学发展观、习近平新时代中国特色社会主义思想为指导，增强“四个意识”，坚定“四个自信”，做到“两个维护”，全面贯彻党的十八大、十九大和有关中央全会精神，坚持党的领导、人民当家作主、依法治国有机统一，紧紧围绕统筹推进“五位一体”总体布局和协调推进“四个全面”战略布局，紧紧围绕建设中国特色社会主义法治体系、建设社会主义法治国家，总结实践经验，适应时代要求，对我国现行的、制定于不同时期的民法通则、物权法、合同法、担保法、婚姻法、收养法、继承法、侵权责任法和人格权方面的民事法律规范进行全面系统的编订纂修，形成一部具有中国特色、体现时代特点、反映人民意愿的民法典，为新时代坚持和完善中国特色社会主义制度、实现“两个一百年”奋斗目标、实现中华民族伟大复兴中国梦提供完备的民事法治保障。

贯彻上述指导思想，切实做好民法典编纂工作，必须遵循和体现以下基本原则：一是坚持正确政治方向，全面贯彻习近平总书记全面依法治国新理念新思想新战略，坚决贯彻党中央的决策部署，坚持服务党和国家工作大局，充分发挥民法典在坚持和完善中国特色社会主义制度、推进国家治理体系和治理能力现代化中的重要作用。二是坚持以人民为中心，以保护民事权利为出发点和落脚点，切实回应人民的法治需求，更好地满足人民日益增长的美好生活需要，充分实现好、维护好、发展好最广大人民的根本利益，使民法典成为新时代保护人民民事权利的好法典。三是坚持立足国情和实际，全面总结我国改革开放40多年来民事立法和实践经验，以法典化方式巩固、确认和发展民事法治建设成果，以实践需求指引立法方向，提高民事法律制度的针对性、有效性、适应性，发挥法治的引领、规范、保障作用。四是坚持依法治国与以德治国相结合，注重将社会主义核心价值观融入民事法律规范，大力弘扬传统美德和社会公德，强化规则意识，倡导契约精神，维护公序良俗。五是坚持科学立法、民主立法、依法立法，不断增强民事法律规范的系统性、完整性，既保持民事法律制度的连续性、稳定性，又保持适度的前瞻性、开放性，同时处理好、衔接好法典化民事法律制度下各类规范之间的关系。

三、民法典编纂工作情况

根据党中央的工作部署，编纂民法典的起草工作由全国人大常委会法制工作委员会牵头，最高人民法院、最高人民检察院、司法部、中国社会科学院、中国法学会为参加单位。为做好民法典编纂工作，全国人大常委会法制工作委员会与五家参加单位成立了民法典编纂工作协调小组，并成立了民法典编纂工作专班。

编纂民法典不是制定全新的民事法律，也不是简单的法律汇编，而是对现行的民事法律规范进行编订纂修，对已经不适应现实情况的规定进行修改完善，对经济社会生活中出现的新情况、新问题作出有针对性的新规定。编纂民法典采取“两步走”的工作思路进行：第一步，制定民法总则，作为民法典的总则编；第二步，编纂民法典各分编，经全国人大常委会审议和修改完善后，再与民法总则合并为一部完整的民法典草案。

2015年3月，全国人大常委会法制工作委员会启动民法典编纂工作，着手第一步的民法总则制定工作，以1986年制定的民法通则为基础，系统梳理总结有关民事法律的实践经验，提炼民事法律制度中具有普遍适用性和引领性的规则，形成民法总则草案，2016年由十二届全国人大常委会进行了三次审议，2017年3

月由第十二届全国人民代表大会第五次会议审议通过。制定民法总则,完成了民法典编纂工作的第一步,为民法典编纂奠定了坚实基础。

民法总则通过后,十二届、十三届全国人大常委会接续努力、抓紧开展作为民法典编纂第二步的各分编编纂工作。法制工作委员会与民法典编纂工作各参加单位全力推进民法典各分编编纂工作,系统梳理、研究历年来有关方面提出的意见,开展立法调研,广泛听取意见建议,以现行物权法、合同法、担保法、婚姻法、收养法、继承法、侵权责任法等为基础,结合我国经济社会发展对民事法律提出的新需求,形成了包括物权、合同、人格权、婚姻家庭、继承、侵权责任等 6 个分编在内的民法典各分编草案,提请 2018 年 8 月召开的第十三届全国人大常委会第五次会议审议。其后,2018 年 12 月、2019 年 4 月、6 月、8 月、10 月,第十三届全国人大常委会第七次、第十次、第十一次、第十二次、第十四次会议对民法典各分编草案进行了拆分审议,对全部 6 个分编草案进行了二审,对各方面比较关注的人格权、婚姻家庭、侵权责任 3 个分编草案进行了三审。在此基础上,将民法总则与经过常委会审议和修改完善的民法典各分编草案合并,形成《中华人民共和国民法典(草案)》,提请 2019 年 12 月召开的第十三届全国人大常委会第十五次会议审议。经审议,全国人大常委会作出决定,将民法典草案提请本次大会审议。

民法典草案经全国人大常委会审议后,全国人大常委会办公厅将草案印发十三届全国人大代表、部署组织全国人大代表研读讨论民法典草案工作,征求代表意见。同时,法制工作委员会还将草案印发地方人大、基层立法联系点、中央有关部门征求意见,并在中国人大网公布征求社会公众意见。法制工作委员会还在北京召开多个座谈会,听取有关部门、专家的意见。各方面普遍认为,编纂民法典,对于完善中国特色社会主义法律体系,以法治方式推进国家治理体系和治理能力现代化,切实维护最广大人民的根本利益,促进社会公平正义具有重要意义。

新冠肺炎疫情发生以来，全国人大常委会高度关注，栗战书委员长多次就贯彻落实习近平总书记对疫情防控工作的重要讲话精神和党中央决策部署，为疫情防控工作提供法治保障提出明确的工作要求。我们认真学习贯彻习近平总书记重要讲话精神和党中央决策部署，结合民法典编纂工作，对与疫情相关的民事法律制度进行梳理研究，对草案作了有针对性的修改完善。

2020 年 4 月 20 日、21 日，全国人大宪法和法律委员会召开会议，根据全国人大常委会的审议意见、代表研读讨论中提出的意见和各方面的意见，对民法典草案作了进一步修改完善；认为经过全国人大常委会多次审议和广泛征求意见，草案充分吸收各方面的意见建议，已经比较成熟，形成了提请本次会议审议的《中华人民共和国民法典(草案)》。

为进一步做好会议审议民法典草案的准备工作，更充分听取全国人大代表的意见，4 月 29 日，法制工作委员会将修改后的民法典草案再次发送给各省、自治区、直辖市人大常委会，请各地方以适当方式组织有关全国人大代表研读讨论，听取意见。

四、民法典草案的主要内容

《中华人民共和国民法典(草案)》共 7 编、1260 条，各编依次为总则、物权、合同、人格权、婚姻家庭、继承、侵权责任，以及附则。

……

(二)物权编

物权是民事主体依法享有的重要财产权。物权法律制度调整因物的归属和利用而产生的民事关系，是最重要的民事基本制度之一。2007 年第十届全国人民代表大会第五次会议通过了物权法。草案第二编“物权”在现行物权法的基础上，按照党中央提出的完善产权保护制度，健全归属清晰、权责明确、保护严格、流转顺畅的现代产权制度的要求，结合现实需要，进一步完善了物权法律制度。第二编共 5 个分编、20 章、258 条，主要内容有：

1. 关于通则。第一分编为通则，规定了物权制度基础性规范,包括平等保护等物权基本原则,物权变动的具体规则,以及物权保护制度。党的十九届四中全会通过的《中共中央关于坚持和完善中国特色社会主义制度推进国家治理体系和治理能力现代化若干重大问题的决定》对社会主义基本经济制度有了新的表述,为贯彻会议精神,草案将有关基本经济制度的规定修改为:"国家坚持和完善公有制为主体、多种所有制经济共同发展,按劳分配为主体、多种分配方式并存,社会主义市场经济体制等社会主义基本经济制度。"(草案第二百零六条第一款)

2. 关于所有权。所有权是物权的基础,是所有人对自己的不动产或者动产依法享有占有、使用、收益和处分的权利。第二分编规定了所有权制度,包括所有权人的权利,征收和征用规则,国家、集体和私人的所有权,相邻关系、共有等所有权基本制度。针对近年来群众普遍反映业主大会成立难、公共维修资金使用难等问题,并结合此次新冠肺炎疫情防控工作,在现行物权法规定的基础上,进一步完善了业主的建筑物区分所有权制度:一是明确地方政府有关部门、居民委员会应当对设立业主大会和选举业主委员会给予指导和协助(草案第二百七十七条第二款)。二是适当降低业主共同决定事项,特别是使用建筑物及其附属设施维修资金的表决门槛,并增加规定紧急情况下使用维修资金的特别程序(草案第二百七十八条、第二百八十一条第二款)。三是结合疫情防控工作,在征用组织、个人的不动产或者动产的事由中增加"疫情防控";明确物业服务企业和业主的相关责任和义务,增加规定物业服务企业或者其他管理人应当执行政府依法实施的应急处置措施和其他管理措施,积极配合开展相关工作,业主应当依法予以配合(草案第二百四十五条、第二百八十五条第二款、第二百八十六条第一款)。

3. 关于用益物权。用益物权是指权利人依法对他人的物享有占有、使用和收益的权利。第三分编规定了用益物权制度,明确了用益物权人的基本权利和义务,以及建设用地使用权、宅基地使用权、地役权等用益物权。草案还在现行物权法规定的基础上,作了进一步完善:一是落实党中央关于完善产权保护制度依法保护产权的要求,明确住宅建设用地使用权期限届满的,自动续期;续期费用的缴纳或者减免,依照法律、行政法规的规定办理(草案第三百五十九条第一款)。二是完善农村集体产权相关制度,落实农村承包地“三权分置”改革的要求,对土地承包经营权的相关规定作了完善,增加土地经营权的规定,并删除耕地使用权不得抵押的规定,以适应“三权分置”后土地经营权入市的需要(草案第二编第十一章、第三百九十九条)。考虑到农村集体建设用地和宅基地制度改革正在推进过程中,草案与土地管理法等作了衔接性规定(草案第三百六十一条、第三百六十三条)。三是为贯彻党的十九大提出的加快建立多主体供给、多渠道保障住房制度的要求,增加规定“居住权”这一新型用益物权,明确居住权原则上无偿设立,居住权人有权按照合同约定或者遗嘱,经登记占有、使用他人的住宅,以满足其稳定的生活居住需要(草案第二编第十四章)。

4. 关于担保物权。担保物权是指为了确保债务履行而设立的物权,包括抵押权、质权和留置权。第四分编对担保物权作了规定,明确了担保物权的含义、适用范围、担保范围等共同规则,以及抵押权、质权和留置权的具体规则。草案在现行物权法规定的基础上,进一步完善了担保物权制度,为优化营商环境提供法治保障:一是扩大担保合同的范围,明确融资租赁、保理、所有权保留等非典型担保合同的担保功能,增加规定担保合同包括抵押合同、质押合同和其他具有担保功能的合同(草案第三百八十八条第一款)。二是删除有关担保物权具体登记机构的规定,为建立统一的动产抵押和权利质押登记制度留下空间。三是简化抵押合同和质押合同的一般条款(草案第四百条第二款、第四百二十七条第二款)。四是明确实现担保物权的统一受偿规则(草案第四百一十四条)。

5. 关于占有。占有是指对不动产或者动产事实上的控制与支配。第五分编对占有的调整范围、无权占有情形下的损害赔偿

责任、原物及孳息的返还以及占有保护等作了规定。(草案第二编第二十章)

……

(八)附则

草案最后部分“附则”明确了民法典与婚姻法、继承法、民法通则、收养法、担保法、合同法、物权法、侵权责任法、民法总则的关系。民法典施行后,上述民事单行法律将被替代。因此,草案规定在民法典施行之时,同步废止上述民事单行法律(草案第一千二百六十条)。需要说明的是,2014 年第十二届全国人大常委会第十一次会议通过的《全国人民代表大会常务委员会关于〈中华人民共和国民法通则〉第九十九条第一款、〈中华人民共和国婚姻法〉第二十二条的解释》,作为与民法通则、婚姻法相关的法律解释,也同步废止。

《中华人民共和国民法典(草案)》和以上说明,请审议。